中华品牌年鉴

2023

中华品牌年鉴编纂委员会 编

中国工商出版社

菜百首饰 CAIBAI JEWELRY EST. 1956

Kingdee金蝶

Lingbao Apple 灵宝苹果

嘻厨

岗巴羊

長壽 沙田柚

恒源祥

裕阳

南阳艾

海达设备安装

養生堂

品牌联盟 赋能中国品牌

蜜丝

修文猕猴桃 XIUWENMIHOUTAO

YUN FENG

知产宝

张一元

剑南春

黄金智慧

Kispa 好爸爸

德化白瓷 DEHUA PORCELAIN

SG GROUP

中讯润滑油 ZHONGXUN

天策

同和居

Liby 立白

Beamo贝姆

贝壳 让家更美好

立白

西街口人参果

Winland 英蓝

黄金码头 GOLDWHARF

友朋四方 Friends Around

德高申通

Mittohotto

米多米来

便宜坊

联众游戏

香格里拉松茸

柞水木耳

供稿单位

责任编辑：张亚丹
封面设计：鸿　雁

图书在版编目（CIP）数据

中华品牌年鉴 . 2023 / 中华品牌年鉴编纂委员会编 . — 北京：中国工商出版社，2023.12
ISBN 978-7-5209-0228-1

Ⅰ . ①中… Ⅱ . ①中… Ⅲ . ①品牌战略 – 中国 – 2023 – 年鉴 Ⅳ . ① F279.23-54

中国国家版本馆 CIP 数据核字 (2024) 第 007909 号

书名 / 中华品牌年鉴 2023
编者 / 中华品牌年鉴编纂委员会

出版·发行 / 中国工商出版社
经销 / 新华书店
印刷 / 北京柏力行彩印有限公司
开本 / 880 毫米 ×1230 毫米　1/16　**印张** / 36　**字数** / 700 千字
版本 / 2023 年 12 月第 1 版　2023 年 12 月第 1 次印刷

社址 / 北京市丰台区丰台东路 58 号人才大厦 7 层（100071）
电话 /（010）63730074，63783283　**电子邮箱** / fx63730074@163.com

书号：ISBN 978-7-5209-0228-1
定价：380.00 元

《中华品牌年鉴》编纂委员会

主办单位：中华商标协会

协办单位：养生堂有限公司

中国年鉴事业的一次勇敢实践

（代序言）

张恒彬

《中华品牌年鉴 2023》的出版，是我国品牌界的一件大事、好事，也是年鉴界的大事、好事。

加强民族品牌建设是党中央强国富民的一项重大决策。2022 年 2 月 28 日，习近平总书记在中央全面深化改革委员会第二十四次会议上强调："加快建设一批产品卓越、品牌卓著、创新领先、治理现代的世界一流企业，在全面建设社会主义现代化国家、实现第二个百年奋斗目标进程中实现更大发展、发挥更大作用。"改革开放 40 多年来，我国已经成长为世界品牌大国，经营主体的知识产权意识大为提高。截至 2022 年底，我国有效注册商标累计达 4267.2 万件，我国马德里商标国际有效注册累计达 5.2 万件。然而，与此同时，我国实现品牌强国的目标依然任重道远。在国际市场博弈中，我国商品的品牌价值还未得到充分认可，民族品牌的振兴还处于再上台阶的奋斗阶段。适逢其时，中华品牌年鉴应运而生，记录民族品牌历史，展现民族品牌风采，助力民族品牌发展，见证经济社会进步，是一件功在当下、利在长远的大实事。

《中华品牌年鉴》作为我国全国性综合年鉴中的一个新品种，其编纂工作多有创新和突破。首先，创新了年鉴编纂体制。我国现行年鉴编纂体制是以行政职责分割成条条块块，而品牌建设和管理地域涉及全国，行业包罗万象，品牌主体涉及国有民营，企业实力有很大差异，都需要宣传和保护，所以在现行体制框架内很难确定一个主管部门。综观国际出版行业，政府办年鉴的并不多，国家机构史料的搜集整理主要依靠官方档案，而政府职责以外的史料保存主要由各类协会、学会等社会组织来承担，这些协会学会办过很多传世传代的知名年鉴。借鉴国际经验，中华商标协会是我国知识产权保护组织，品牌和商标在英语中可以是同一个单词，企业经营品牌首先要做的也是注册商标，因此由中华商标协会承担《中华品牌年鉴》编纂工作是比较合适的。相信中华商标协会一定能够不负众望，集我国品牌管理和建设之大成，开辟一条跨行业、跨部门编纂全国大型综合年鉴的创新之路。其次，改变了目前年鉴编纂使用财政资金或转移支付等政府包揽的方式，转而借鉴国外办刊机制，面向社会筹集资金。面向企业组稿也不再沿用行政统一安排、自上而下层层催稿的传统模式，而是坚持入编自愿原则，结合入编品牌自行承担编纂经费的筹资方式，较好地解决了年鉴编纂中普遍存在的组稿难和财政负担问题。再次，拓宽了信息采集渠道。除了依靠主办单位和有关协会、机构供稿外，还采编了部分互联网公共媒体刊载的品牌信息，力求保证全国品牌信息覆盖的完整性。这也很可能成为未来我国大型综合性年鉴采集史料信息的一条重要渠道。最后，拓宽了发行范围。《中华品牌年鉴》不再是本地区本行业的历史资料专刊，除了公开发行外，还免费提供给各地区和有关管理部门作为品牌管理和建设工作参考用书。上述创新实践，对我国年鉴编纂事业的改革和发展很有前瞻意义。

本卷《中华品牌年鉴》的编纂，除了坚持年鉴的存史和资政功能外，考虑到经济社会发展，以及品牌主体、品牌服务行业的需要，进一步增强了宣传展示功能，图文并茂展现了我国品牌建设的发展成就和时代风采。在内容体例安排上也力求完整，涵盖了综合史料、品牌史料、品牌服务行业史料、品牌人物史料、品牌研究史料等篇目内容，比较完整地记述了我国品牌发展现状。

当然，本卷《中华品牌年鉴》尚属创刊，不足之处在所难免。作为一次开拓性的实践，亦可为今后编纂工作所借鉴。衷心祝愿《中华品牌年鉴》伴随我国品牌建设事业茁壮成长，成为我国年鉴百花园中的绚丽一朵。

（本文作者时任中国出版协会年鉴工作委员会（年鉴研究会）副主任）

编辑说明

一、《中华品牌年鉴》是由中华商标协会主办，养生堂有限公司协办，凤凰年鉴编辑服务（北京）有限公司负责具体编纂工作的综合性、资料性年刊。自 2023 年开始逐年出版，一年一卷。

二、本年鉴坚持以马克思列宁主义、毛泽东思想、邓小平理论、“三个代表”重要思想、科学发展观、习近平新时代中国特色社会主义思想为指导，坚持辩证唯物主义和历史唯物主义的立场、观点、方法，坚持实事求是的编辑方针，力求真实、准确、客观、科学地记述中国品牌年度建设基本情况，反映我国品牌建设成长足迹和突出成就。

三、本年鉴以出版年份为卷次名称，2023 卷主要记述 2021 年 1 月 1 日至 2022 年 12 月 31 日期间中国品牌建设的基本情况；作为首卷，同时简要回溯了我国品牌发展变化历程。

四、本年鉴采用分类编辑法，除卷首专题图片外，设置有概述、特载、专文、大事记、中华老字号、国家地理标志产品、名牌撷选、品牌交流活动、品牌服务机构、中华品牌人物、品牌研究、品牌荣誉、统计资料、附录 14 个类目。

五、本年鉴采用文章和条目两种体裁，以条目体为主。主体内容均为类目、分目、条目三级结构层次；类目、分目之首一般设“综述”“概况”，提示本目基本要素；条目为基本内容单元，其标题用黑体字加【 】表示；重点条目大多配合随文图片。中华老字号、地理标志产品、名牌撷选类目各入编品牌分目均以注册商标类别排序。

六、全书以记述和说明文体为主，力求直陈其事，简洁规范。

七、鉴于 2023 年卷为创刊号，各部类大多有回溯性内容，为避免歧义，涉及时间表述均用准确年号，一般不使用“年内”“本年”等表述方式。

八、本年鉴资料涉及全国相关行业和地区，由有关行业组织、研究机构、知名专家和品牌所有人撰稿提供。主要统计资料和援引数据截至 2022 年 12 月 31 日。个别非纪实性风光图片为 2023 年拍摄。卷首专题图片由署名机构提供，各部类随文图片没有作者署名的，均为该条目撰稿单位提供。

九、本年鉴资料采集了部分网络公共媒体信息，并注明出处。

十、本年鉴配备双重检索系统，正文前有目录，正文后有索引，以方便读者查阅。

中国城市区域品牌——北京商务中心区风貌(梁子 2021 年)

要事辑览

▲2019 年 7 月 5 日，国家知识产权局党组书记、局长申长雨在第十一届中国国际商标品牌节开幕式上致辞

（中华商标协会）

▲2018 年 10 月 9 日，中国品牌建设促进会团体标准化技术委员会第一次全体会议在北京召开

（中国品牌建设促进会官网）

▲2022 年 4 月 7 日，中华品牌年鉴编委会筹委会暨编委会第一次会议在中华商标协会召开。会议通过编委会名单、年鉴编纂大纲和年鉴编纂计划

（中华商标协会）

◀ 2019 年 3 月 26 日，2019 品牌保护国际研讨会在上海举办
（中国品牌建设促进会官网）

◀ 2019 年 7 月 19 日，中国运动用品品牌集群成立大会暨“品牌力量·走进晋江”活动在晋江举行
（中国品牌建设促进会官网）

◀ 2019 年 9 月 20 日，第二届中国集群品牌论坛在北京举行
（中国品牌建设促进会官网）

▲ 2021 年 4 月 17 日，《中国知识产权》杂志主办的第十届中国知识产权新年论坛暨 2021 中国知识产权经理人年会在北京举行

（中华商标协会官网）

◀ 2021 年 5 月 9 日，第五个中国品牌日之际，新华社、中国品牌建设促进会、中国资产评估协会、国务院国资委新闻中心等单位在上海国际会议中心举办 2021 中国品牌价值评价信息发布暨中国品牌建设高峰论坛

（中国品牌建设促进会官网）

◀ 2021 年 5 月 11—17 日，第五届深圳国际品牌周作为 2021 中国品牌日深圳地方特色活动在深圳举行，主题为“引领大湾区 构建新格局”。图为第十八届深圳知名品牌成果发布会现场

（深圳工业总会）

◀2021年9月25日，首届北京国际品牌周启动仪式在北京举行，首届品牌建设与国际传播发展论坛同日举行。图为与会嘉宾共同为北京国际品牌周按下启动键

（王府井地区管委会）

◀2021年12月10日，中国广告协会第七届会员代表大会在厦门举行

（中国广告协会）

◀2022年2月21日，中央广播电视总台在北京举办第二届“中国品牌强国盛典”活动。活动推选出十大“国之重器”品牌、十大“国品之光”品牌和“年度特别贡献”品牌

（《中央广播电视总台年鉴2022》）

◀2022年4月7日，中华品牌年鉴编委会听取编辑部汇报

（中华商标协会商标品牌文化推广专业委员会）

◀2022年8月4日，中国大学生广告艺术节学院奖2021冬季征集活动荣誉颁发暨中国广告教育产教融合论坛在哈尔滨举行

（中国广告协会）

◀2022年9月15日，第八届北京王府井国际品牌节暨2022北京时装周开幕

（王府井地区管委会）

第 12 届中国国际商标品牌节

▲ 2020 年 12 月 4—7 日，中华商标协会与南昌市人民政府在南昌市共同举办第十二届中国国际商标品牌节。围绕“纵论商标经纬，共筑品牌未来”的主题，举办中国商标年会、中华品牌商标博览会等活动。图为开幕式现场

▲ 国家知识产权局副局长何志敏致辞

▲ 2020 中国商标年会现场

▲ 第十二届中国国际商标品牌节超凡沙龙

▲ 区域品牌发展市县长论坛

▲ 中华商标协会会长马夫为获奖代表颁奖

▲ 2020 中华品牌商标博览会卓越贡献奖获得者上台领奖

▲ 品牌商标建设卓越贡献奖获奖单位代表上台领奖

▲ 品牌商标杰出人物上台领奖

▲ 品牌商标领军人物上台领奖

第 28 届中国国际广告节

◀ 2021 年 12 月 10—13 日，由中国广告协会主办的第 28 届中国国际广告节在厦门国际会展中心举行。图为中国广告协会会长、国际广告协会全球副主席张国华在开幕式上致辞

◀ 第 28 届中国国际广告节展览现场

▲ 第 28 届中国国际广告节主论坛现场

▲ 2021 品牌全球化论坛现场

◀ 黄河奖颁奖典礼现场

◀ 广告市场社会共治论坛现场

▲ 广告人吐槽会现场

▲ 长城奖颁奖典礼现场

品牌纪事

▲2015 年 12 月 5 日，为庆祝中欧建交 40 年，英蓝在北京英蓝大厦举办歌剧音乐会

（英蓝集团）

▲2019 年，第二届“中国白”国际陶瓷艺术大奖赛获奖作品展在法国尼斯马塞纳博物馆举办

（泉州瓷路艺术发展中心）

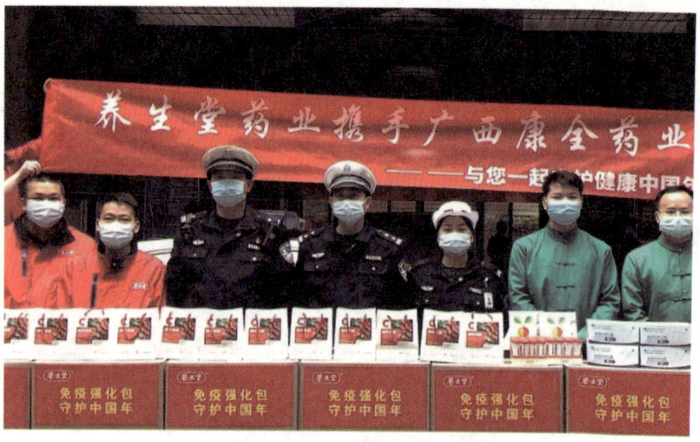

▲2021 年元旦期间，养生堂开展守护健康中国年公益活动

（养生堂）

◀2021 年 8 月 21 日，杭州英蓝中心竣工

（英蓝集团）

▲2021年4月16日，长寿区“玉树邻封·柚见花香”乡村旅游节开幕

（秀　红）

▲2021年10月10日，由农业农村部、甘肃省人民政府主办的2021年中国·定西马铃薯大会暨高峰论坛在甘肃省定西市安定区举行

（易　平）

▲2021年4月7日，2021第四届中国·灵宝苹果花节在河南省三门峡市灵宝市寺河山苹果小镇开幕

（蒙　申）

▲2021年10月15日，庆祝川红诞生70周年——筠连红茶手工制茶大赛在筠连茶业有限责任公司厂区举办

（蒙　申）

◀ 2021 年 12 月 31 日，恒源祥创始人沈莱舟绒绣像起针仪式举行

（恒源祥）

◀ 2022 年 5 月 11 日，居住产业数字化服务平台贝壳将其 A 类普通股以介绍形式在港交所主板双重主要上市，同时继续在纽交所保持主要上市地位并交易

（贝壳控股有限公司）

◀ 2022 年 6 月 8 日，世界海洋日，立白科技集团旗下的高端品牌立白御品联合长隆海洋王国、小红书开启“海，认识一下”活动

（立白集团）

目 录
CONTENTS

概 述

特 载

专 文

大事记

中华老字号

国家地理标志产品

名牌撷选

品牌交流活动

品牌服务机构

中华品牌人物

品牌研究

品牌荣誉

统计资料

附录

索引

中华品牌年鉴2023

china brand yearbook

简 目
SYNOPSIS

概述

概 述

“品牌”是近代由国外引进的市场经济概念。英文单词brand源于古挪威语“brandr”，中文译为“烙印”，为古代西方不同部落或家族在马背上打上不同烙印，用以区分财产所有权的标志。“品牌”在英文中与“商标”是同一个单词，仍然具备古代沿袭下来的基本属性，即产权专有属性。品牌专有权属于知识产权，商标、字号、专有标识标志等的持有人专有权受到国家法律保护。品牌专有权在转让或交易过程中发生的交换价值，或者品牌商品和服务在市场交易中发生的品牌溢价，即为品牌价值，体现了品牌的商品属性。因为商品或服务的市场交易价格在附加了品牌价值之后会有显著提高，所以品牌的商品属性在市场经济条件下与产权专有属性同样具有重大意义。同时，品牌的商品属性也具有其特殊性，提升品牌价值的直接目的不是用于交易品牌，而是用于附加在品牌项下的商品和服务上，通过品牌商品和服务在市场上的溢价实现品牌价值。

品牌是持有人的无形资产，为多种元素与信息的结合体，映射出品牌在长期经营中形成的社会影响力，包括信用、声誉以及市场承诺等整体社会形象，这些无形资产的总价值等于品牌价值，可以体现为商标、字号、标志标识等知识产权的交易价格。不具备一定品牌价值的商标标识和字号由于品牌属性不完整，项下的产品和服务在市场竞争中缺乏品牌优势，其知识产权交易价格也会大打折扣。因此，各类经营主体都会努力塑造品牌形象、维护品牌声誉，不断提升品牌价值，把品牌经营作为开拓市场的基础性工作予以高度重视。改革开放40余年来，中国在改革开放的潮流中不断创造辉煌，经济实力、科技实力、综合国力、国际影响力持续增强，取得了历史性的成就。随着经济社会发展和人民生活水平的提高，经过多年努力，中国品牌建设有了长足进步，从贴牌加工逐渐开始向自创品牌转型升级。

2021—2022年，中国经济继续稳中向好，在“十四五”开局之年彰显出巨大潜力和韧性。中国保持世界第二大经济体、第二大消费市场、制造业第一大国地位，货物贸易位居世界第一，服务贸易位居世界第二，在世界知识产权组织全球创新指数排名已升至第十二位，位居世界中等收入经济体之首，轻工业100余品类的产品产量居世界第一，2022年国内生产总值121万亿元，企业数量已达5200万户。

2021—2022年，中国品牌建设取得积极进展，品牌理念和实践深刻变革，品牌对经济效益的促进作用越来越明显。新兴品牌在市场竞争中加速涌现，越来越多的中国品牌，正在快速成长为高质量、高品位、高颜值的“国货之光”，受到市场认可和消费者青睐，随着5G、人工智能、大数据等技术的创新发展，品牌的质量和传播效率越来越高。同时，国内国际“双循环”发展格局更好地连通起国内市场和国际市场，为中国品牌发展提供可持续动力，中国品牌的国际影响力不断攀升，中国品牌在印度、巴西等新兴市场的谷歌和 YouTube 搜索量同比增长了66%。

一、品牌建设顶层设计

2014 年 5 月，习近平总书记指示，要“推动中国制造向中国创造转变、中国速度向中国质量转变、中国产品向中国品牌转变”。近年来，党中央、国务院持续加强品牌顶层设计，各地区各部门扎实推进品牌建设，中国品牌认可度和美誉度显著提升，不断融入“双循环”新发展格局，崛起的中国品牌正在走向世界。

2021 年，习近平总书记多次对品牌发展作出重要指示。2021 年 3 月 22 日，习近平总书记在武夷山市星村镇燕子窠生态茶园察看春茶长势时强调，“坚持绿色发展方向，强化品牌意识，优化营销流通环境，打牢乡村振兴的产业基础”。2021 年 4 月 26 日，习近平总书记在广西考察时指出，“发展特色产业是地方做实做强做优实体经济的一大实招，要结合自身条件和优势，推动高质量发展。要把住质量安全关，推进标准化、品牌化”。2021 年 5 月 10 日，第五个“中国品牌日”活动在上海拉开帷幕，国务院原总理李克强作出重要批示，指出：加强品牌建设、提升我国品牌影响力和竞争力，是优化供给、扩大需求、推动高质量发展的重要举措。各地区、各有关部门要坚持以习近平新时代中国特色社会主义思想为指导，认真贯彻党中央、国务院决策部署，坚持质量第一、效益优先，推动全社会牢固树立品牌意识，引导企业坚守专业精神、工匠精神，提升敢于在开放市场中公平竞争的勇气和能力，围绕市场特别是消费者需求，立足创新、追求卓越，在扩大对外开放、积极参与国际公平竞争中锻造品牌，努力提高产品和服务的质量与综合竞争力，使更多中国品牌成为国内外市场值得信赖的选择。

2021 年 3 月 11 日，第十三届全国人民代表大会第四次会议表决通过了《中华人民共和国国民经济和社会发展第十四个五年规划和 2035 年远景目标纲要》的决议。“十四五”规划多次提及品牌工作，包括“开展中国品牌创建行动，保护发展中华老字号，提升自主品牌影响力和竞争力”等。

2021—2022 年，中央文件中多次把品牌建设作为重要工作予以部署。2021 年 2 月 21 日，中共中央、国务院印发中央一号文件《关于全面推进乡村振兴 加快农业农村现代化的意见》，之后，《关于加快推进乡村人才振兴的意见》《关于实现巩固拓展脱贫攻坚成果同乡村振兴有效衔接的意见》相继印发，文件分别提出了“推动品种培优、品质提升、品牌打造和标准化生产”“培育一批叫得响的农民工劳务输出品牌”“打造区域公用品牌”等品牌强农指导意见。2021 年 9 月 22 日，中共中央、国务院印发《知识产权强国建设纲要（2021—2035 年）》，提出品牌竞争力大幅提升的发展目标，主要内容包括：推进商标品牌建设，加强驰名商标保护，发展传承好传统品牌和老字号，大力培育具有国际影响力的知名商标品牌；打造特色鲜明、竞争力强、市场信誉好的产业集群品牌和区域品牌等。随后，国务院印发《“十四五”国家知识产权保护和运用规划》，进一步强调了品牌强国的战略价值，要求实施商标品牌战略，加强驰名商标保护，提升品牌国际影响力，持续做好全国知识产权宣传周、中国知识产权年会等品牌宣传活动等。2021 年 10 月 28 日，国务院办公厅印发《“十四五”文物保护和科技创新规划》，提出了“推广文物资源相关知识产权和品牌授权操作指引，支持形成一批具有影响力的文化创意品牌”。2021 年 10 月 12 日，中共中央办公厅、国务院办公厅印发《关于推动现代职业教育高质量发展的意见》，提出了打造中国特色职业教育品牌。2022年2月23日，《中共中央、国务院关于做好2022年全面推进乡村振兴重点工作的意见》发布，提出“开展农业品种培优、品牌提升、品牌打造和标准化生产提升行动，推进食用农产品承诺达标合格证制度，完善全产业链质量安全追溯体系”。

二、国家品牌管理服务体系

党中央和国务院领导多次对增强民族自信、讲好中国故事、传承民族品牌文化、提高我国民族品牌竞争力作出重要指示，高度重视培养市场和品牌高级管理人才，讲好中国品牌故事，团结各界人士和海外同胞、爱国侨胞弘扬民族品牌精神，促进中华民族复兴大业。改革开放以来，经过积极的探索和努力，在我国逐渐形成了具有中国特色的品牌建设管理服务体系。

（一）相关法律

市场经济是法治经济，没有完备的法律体系作保障，无论是国家还是企业的品牌发展战略、规划都难以实施。我国开始实行市场经济政策以来，涉及市场规范和管理的法律制度不断完善，有关法律和行政法规一般都与产品或服务的生产、销售、推广等环节有一定的关联性。

品牌的本质是品牌价值，来源于品牌产品和服务的开发生产运营成本和推广宣传投入，在市场竞争和与消费者的沟通过程中被放大、拓展。被放大、拓展的品牌价值被融合为一种可以主张的权利，属于知识产权的范畴。经营品牌，实现知识产权的增殖，同样是追求投入和产出更高比率的市场行为，面临多种法律关系，包括商务关系、竞争关系以及对社会和消费者的责任关系等。对上述法律关系的规范和调整，在我国刑事和民事法律体系的原则规范下，现行法律中与品牌和品牌经营密切相关的主要有以下6部，颁布的先后顺序和主要内容如下。

《中华人民共和国商标法》1982年8月23日第五届全国人民代表大会常务委员会第二十四次会议通过，1983年3月1日起施行，2019年4月23日第四次修正。《中华人民共和国商标法》是为了加强商标管理，保护商标专用权，促使生产、经营者保证商品和服务质量，维护商标信誉，以保障消费者和生产、经营者的利益，促进社会主义市场经济的发展而制定的。主要内容包括：总则，商标注册的申请，商标注册的审查和核准，注册商标的续展、变更、转让和使用许可，注册商标的无效宣告，商标使用的管理，注册商标专用权的保护等。

《中华人民共和国专利法》1984年3月12日第六届全国人民代表大会常务委员会第四次会议通过，1985年4月1日起施行。2020年10月17日第四次修正。《中华人民共和国专利法》是为保护专利权人的合法权益，鼓励发明创造，推动发明创造的应用，提高创新能力，促进科学技术进步和经济社会发展而制定的法律。主要内容包括：发明专利申请人的资格、专利法保护的对象、专利申请和审查程序、获得专利的条件、专利代理、专利权归属、专利权的发生与消灭、专利权保护期、专利权人的权利和义务、专利实施、转让和使用许可、专利权的保护等。

《中华人民共和国标准化法》1988年12月29日第七届全国人民代表大会常务委员会第五次会议通过，1989年4月1日起施行。经2017年11月4日修订，2018年1月1日起施行。《中华人民共和国标准化法》是国家标准化工作的基本法，是国家推行标准化，实施标准化管理和监督的依据。该法是为了发展社会主义商品经济，促进技术进步，改进产品质量，提高社会经济效益，维护国家和人民的利益，使标准化工作适应社会主义现代化建设和发展对外经济关系的需要而制定的。主要内容包括：我国标准制定、管理体制、制定标准的对象和原则、实施标准的要求、监督标准实施的方式，以及对违法行为应追究的法律责任等。

《中华人民共和国产品质量法》1993 年 2 月 22 日第七届全国人民代表大会常务委员会第十三次会议通过，1993 年 9 月 1 日起施行。2018 年 12 月 29 日第三次修正。《中华人民共和国产品质量法》是为了加强对产品质量的监督管理，提高产品质量水平，明确产品质量责任，保护消费者的合法权益，维护社会经济秩序而制定的。该法所称产品是指经过加工、制作，用于销售的产品。主要内容包括：产品质量包含的特性、产品质量法适用的范围、产品质量监督管理部门、产品质量责任、违反该法的处罚、对生产者所作的禁止性规定和因产品缺陷造成人身财产损害的赔偿等。

《中华人民共和国广告法》1994 年 10 月 27 日第八届全国人民代表大会常务委员会第十次会议通过，1995 年 2 月 1 日起施行。2015 年 4 月 24 日修订，2015 年 9 月 1 日施行。2021 年 4 月 29 日第二次修正。《中华人民共和国广告法》是为了规范广告活动，保护消费者的合法权益，促进广告业的健康发展，维护社会经济秩序而制定的。主要内容包括：广告定义、广告内容准则、广告行为规范、广告监督管理、违反该法应负的法律责任等。

《中华人民共和国农产品质量安全法》2006 年 4 月 29 日第十届全国人民代表大会常务委员会第二十一次会议通过，2006 年 11 月 1 日起施行。2018 年 10 月 26 日修正。2022 年 9 月 2 日修订。《中华人民共和国农产品质量安全法》是为了保障农产品质量安全，维护公众健康，促进农业和农村经济发展而制定的。主要内容包括：农产品及农产品质量安全的定义，农产品质量安全风险管理和标准的制定、农产品产地监测、制定农产品质量安全生产的技术要求和操作规程、农产品销售、农产品质量安全监督管理、违反该法应负的法律责任等。

上述 6 部法律，分别从品牌专有权利的保护、对品牌产品知识产权的保护、对品牌产品质量、对品牌宣传权利和义务、对农业品牌产品的质量和安全等方面进行了法律规范，形成了中国特色有关品牌管理和经营的基本法律框架，是改革开放以来逐渐完善的社会主义市场经济法律体系的重要组成部分。

（二）行政管理和服务

品牌经营是市场行为，涉及公平交易和市场竞争，同时品牌经营也承担着社会责任，不负责任的品牌经营会严重损害消费者的合法权益，甚至影响社会稳定，造成社会动荡。经过改革开放四十多年来的探索实践，政府有关部门基本形成了对品牌及其产品管理和服务并重的工作格局，相关职能主要分布在以下几个部门和直属机构。

中华人民共和国国家发展和改革委员会

中华人民共和国国家发展和改革委员会是我国综合研究拟订经济和社会发展政策，进行总量平衡，指导总体经济体制改革的宏观调控部门，在我国品牌建设工作中发挥着重要的指导和协调职能。国家发展改革委牵头开展中国制造品牌培育行动，调动企业作为品牌建设主体的主观能动性，建立以质量为基础的品牌发展战略，不断优化产品和服务供给。

2016 年底，发展改革委向国务院报送了《关于设立“中国品牌日”的请示》，2017 年 4 月 24 日，国务院批复同意自 2017 年起，将每年 5 月 10 日设立为“中国品牌日”。具体工作由国家发展改革委商有关部门组织实施，在全社会进一步传播品牌发展理念，增强品牌发展意识，凝聚品牌发展共识。

中华人民共和国工业和信息化部

中华人民共和国工业和信息化部承担品牌管理和服务的职能主要有以下方面：制定并组织实施工业、通信业的行业规划、计划和产业政策；提出优化产业布局、结构的政策建议；起草相关法律法规草案，制定规章；拟订行业技术规范和标准并组织实施，指导行业质量管理工作等。

工业和信息化部和发展改革委等有关部门一起，参与推进每年“中国品牌日”活动，支持指导工业和信息化行业组织和企业开展品牌创建活动。持续做好工业质量品牌建设工作，部署开展品牌培育管理体系行业标准贯标工作，提高企业品牌建设能力，促进企业质量效益提升；继续推进产业集群区域品牌建设，组织专业机构开展品牌诊断、培训讲座、现场交流等活动；支持开展全国品牌故事大赛、品牌创新成果发布等群众性品牌活动，挖掘企业品牌建设亮点，提升工业品牌形象。

中华人民共和国农业农村部

中华人民共和国农业农村部承担品牌管理和服务的职能主要体现在对农、牧、渔业品牌产品生产和安全监督管理；对农药、兽药品牌产品的监督管理；以及相关标准的制定。以农业品牌创建为主抓手和切入点，启动实施包括品种培优、品质提升、品牌打造和标准化生产在内的“三品一标”提升行动，加强农业品牌政策创设，打造品质和创新的标杆性农业品牌，以品牌助力乡村振兴。

农业部（现农业农村部）于2007年12月发布了《农产品地理标志管理办法》，随后开始接受申请，并颁发了“农产品地理标志”专用标识。根据《农产品地理标志管理办法》规定，农业农村部负责全国农产品地理标志的登记工作，农业农村部农产品质量安全中心负责农产品地理标志登记的审查和专家评审工作。省级人民政府农业农村行政主管部门负责本行政区域内农产品地理标志登记申请的受理和初审工作。农业农村部设立的农产品地理标志登记专家评审委员会，负责专家评审。

中华人民共和国商务部

中华人民共和国商务部承担品牌管理和服务的职能主要有以下方面：拟订国内贸易发展规划，促进城乡市场发展；牵头协调整顿和规范市场经济秩序工作，拟订规范市场运行、流通秩序的政策；推动商务领域信用建设，指导商业信用销售，建立市场诚信公共服务平台等。在商品市场优化升级专项行动计划中不断提升品牌孵化能力，引导商品市场拓展品牌策划、设计包装、孵化运营、宣传推广等功能，加强品牌培育与运营；指导商品市场通过品牌创建活动，吸引国内外品牌企业入驻，提升商品品牌化、特色化水平；鼓励有条件的商品市场与生产企业合作，开发自有品牌商品。

2006年4月10日，商务部发布了《“中华老字号”认定规范（试行）》，由商务部牵头设立“中华老字号振兴发展委员会”，全面负责“中华老字号”的认定和相关工作。

2007年4月13日，商务部发布了《“中华老字号”标识规定》继续推进“中华老字号”品牌建设，并加强规范管理。

中华人民共和国国家市场监督管理总局

中华人民共和国国家市场监督管理总局是国务院直属机构，为正部级。对外保留国家认证认可监督管理委员会、国家标准化管理委员会牌子。承担品牌管理与服务的职能主要为对品牌产品交易和竞争行为的监督和管理；查处垄断、价格违法和不正当竞争行为；查处制售假冒伪劣商品等侵犯商标、专利等知识产权行为；对品牌知识产权确立和使用的监督管理；对品牌广告宣传的监督管理；对品牌产品的质量、标准及认证认可的监督管理；对食品、药品品牌产品生产、安全的监督管理；对品牌产品检测检验的监督管理等。完善计量、标准、认证认可、检验检测等质量基础设施，推进质量强国建设，推广具有核心竞争力的企业品牌，扶持具有优秀品牌的骨干企业做强做优，树立具有一流质量标准和品牌价值的样板企业；制定出台符合广告产业发展特征和发展需求的宏观政策，大力促进广告产业与农业、制造业及其他服务业全方位、深层次、宽领域融合发展，形成有利于塑造中国品牌、有利于提振需求、有利于提升我国文化软实力的广告服务能力和服务模式；持续组织开展知识产权执法行动，实施公平竞争政策，优化营商环境，充分激发全社会的创业活力、创新热情、创造动力。

国家市场监督管理总局管理的国家药品监督管理局、国家知识产权局都承担有相应品牌管理职能。

国家药品监督管理局

国家药品监督管理局是国家市场监督管理总局管理的国家局，为副部级。承担的品牌管理和服务的职能主要有以下方面：对药品（含中药、民族药，下同）、医疗器械和化妆品标准进行监管，对药品、医疗器械和化妆品质量进行监管，对药品、医疗器械和化妆品上市后风险进行监管，对药品、医疗器械和化妆品安全进行监管等。

国家知识产权局

国家知识产权局是国家市场监督管理总局管理的国家局，为副部级。承担的品牌管理和服务职能主要有以下方面：负责拟订和组织实施国家知识产权战略；保护知识产权；指导商标、专利执法工作；促进知识产权运用；负责知识产权的审查注册登记和行政裁决；负责建立知识产权公共服务体系等。负责品牌建设中有关知识产权的管理工作，加强对品牌建设中自主知识产权的保护，持续深化商标注册便利化改革；进一步开展商标品牌指导站建设工作，加强品牌建设指导站，推广普及商标品牌知识，为市场主体提供及时有效的业务指导。

（三）社会团体的品牌保护、推广和自律

在国家法律法规的规范下，在政府有关部门的指导下，伴随着我国经济、社会各项事业的发展，民间社会团体在品牌保护、推广、自律等方面发挥着越来越重要的作用，成为国家民族品牌建设不可或缺的重要组成部分。

1. 品牌知识产权保护组织

中华商标协会

中华商标协会成立于1994年，是原国家工商行政管理总局直属单位，2018年3月与原国家工商行政管理总局脱钩，业务指导单位为国家知识产权局。主要职责为宣传商标法律、加强商标代理行业自律、服务商标品牌建设、促进商标品牌国际交流等，在《国务院关于新形势下加快知识产权强国建设的若干意见》《中国制造2025》《“十三五”国家知识产权保护和运用规划》《“十三五”市场监管规划》等一系列重要文件的任务分工中承担部分职责。发布了《中国商标品牌发展指数（2022）》，“中国商标品牌发展指数”是国内首个量化测评区域商标品牌整体发展水平和建设成效的指数评价工具，自2020年起已连续三年发布，为充分发挥知识产权制度作用，促进提升我国商标品牌价值，推动中国产品向中国品牌转变提供更加有力支撑。

中国专利保护协会

中国专利保护协会成立于2003年10月，是国家知识产权局业务主管的全国性社会团体。主要职责为加强行业自律，引导企事业法人会员依法管理，提高会员开展专利工作的水平，促进企事业专利工作的健康发展；向政府反映会员的意见和要求，促进国内专利保护环境的不断改善，增强会员与政府机构以及会员之间的联系；沟通信息、交流经验，积极开展国际企事业专利保护、管理的交流与合作；遵循宪法及知识产权的法律，向会员提供有关专利保护方面的特色服务，维护会员的合法权益等。

2. 品牌自律和促进组织

中国广告主协会

中国广告主协会成立于2005年11月27日，为国有资产监督管理委员会主管的全国性协会。2006年，中国广告主协会正式加入世界广告主联合会。主要职责为推动建立有利于广告投资的社会环境和相关法律法规的完善；加强行业自律，反对不正当竞争，逐步建立广告主、媒体、广告商三方合作制约机制；为会员提供相关信息法律咨询和营销策划、业务培训等服务，推动营销传播服务行业的发展，促进企业间的沟通、交流与合作，为会员走向国际市场提供服务。

中国品牌建设促进会

中国品牌建设促进会成立于2013年6月，是业务指导单位为国家市场监督管理总局的全国性社会团体。主要职责是为企业的品牌建设和品牌价值提升提供咨询服务，开展品牌评价、发布和国内外品牌学术交流活动，举办品牌展览和品牌国内、国际论坛，开展品牌从业人员教育和培训等工作。2022年举办了“2022中国品牌价值评价信息发布”等多种活动。

中国农产品市场协会

中国农产品市场协会成立于2002年6月，是业务指导单位为农业农村部的全国性社会团体。以建立完善全国农产品市场体系、提升市场建设和市场管理水平，更好地发挥农产品市场体系对农业增效、农民增收和稳定市场供应的支撑保障作用为宗旨，主要业务范围是行业管理、信息交流、咨询服务、业务培训、国际合作、专业展览。包括以大型农产品批发市场为依托，组织名优农产品及加工新技术，新成果展示展览；建立全国农民经纪人联系网；收集分析国内外市场农产品市场信息，预测市场走势等农业产品品牌促进职能。发布了2022年中国农产品百强标志性品牌。

3. 品牌推广行业组织

中国广告协会

中国广告协会于1983年12月31日成立。是业务指导单位为国家市场监督管理总局的广告业全国性社会组织。承担着抓自律、促发展，指导、协调、服务、监督的基本职能。主要任务包括：制定行业自律规定，规范经营行为；开展企业资质评审活动，扶植优势企业发展，促进产业结构的优化调整；开展行业培训工作，努力提高从业人员的业务素质；开展广告学术理论研究，促进和引导中国广告思想理论的发展；开展国际交流与合作；开展广告发布前咨询工作，为广告主、广告公司、媒介广告部提供法律援助；开发信息资源，建立信息网络，为行业提供信息服务；参与广告业的立法立规工作，向政府有关部门反映会员单位的意见和要求，提出合理建议等。举办了第二十一届中国广告与品牌大会暨CAMA颁奖礼，发布了《2021中国品牌海外传播报告》，开展2022广告业年度品牌展映工作，推动中国品牌快速成长。

中国展览馆协会

中国展览馆协会于1984年6月成立，业务主管单位为国务院国有资产管理委员会，是全国性展览行业社会组织，世界展览业协会(UFI)的国家级会员，具备我国展览行业企业信用评价资格。协会以繁荣展览经济为中心，充分发挥“服务、代表、协调、自律”的功能，主要任务包括：为中国展览行业间的交流、学习和提高提供平台，开展与其他行业间的密切联系及同国际展览行业的交流与合作；促进展览业的改革发展，推进展览行业经营机制转换，提高展览行业的社会效益和经济效益；向各级政府反映展览行业的情况、会员的意见建议和要求；开展行业情况调查，积极开展展览理论的研究，探索与创立具有中国特色的展览管理和运营机制；组织展览行业从业人员的培训，不断提高全行业人员的整体素质和业务水平等。

除了上述三类与品牌关系密切的社会组织之外，涉及品牌评估、交易、营销、推广、信息交流和涉及品牌产品质量、标准、认证等有关行业协会，以及国民经济各产业、行业协会，也都在国家法律法规规范下和政府相关机构指导下，具有相应的品牌服务功能，发挥着促进民族品牌建设的重要作用。

三、品牌商标、地理标志产品与城市品牌

2021—2022年，我国加快品牌商标建设，品牌商标保护更加有力，品牌商标运用效益显著提高，商标公共服务效能持续提升，整体社会满意度稳步上升。

（一）商标申请注册和商标保护

全社会商标注册和商标保护意识明显提升。2021年，我国商标注册申请量为945.1万件，其中国内商标申请919.3万件，占总量的97.3%，同比增长0.8%；国外在华商标申请25.8万件，占总量的2.7%，同比增长11.6%。在全年商标注册申请中，服务商标的注册申请量为322.0万件，占总申请量的34.1%，同比增长7.3%。

2022年，我国商标注册申请量为751.6万件，同比减少20.5%。其中，国内商标申请730.4万件，占总量的97.2%，同比减少20.5%；国外在华商标申请21.2万件，占总量的2.8%，同比减少17.8%。在全年商标注册申请中，服务商标的注册申请量为253.4万件，占总申请量的33.7%，同比减少21.3%。

截至2022年底，我国有效注册商标量为4267.2万件，同比增长14.58%。其中，国内有效注册商标4064.2万件，占总量的95.2%；国外在华有效注册商标203.0万件，占总量的4.8%。

品牌商标国际注册申请保持活跃。2022年，共收到我国申请人提交的马德里商标国际注册申请5827件。截至2022年底，我国马德里商标国际注册累计有效注册量达5.2万件，同比增长7.6%。2022年，我国申请人马德里商标国际注册申请量前十位的商品和服务类别为第9类（科学仪器、计算机、数字存储媒介等）、第7类（机器、机床、马达等）、第35类（广告、商业经营等）、第42类（科学技术服务等）、第12类（运载工具等）、第10类（外科、医疗用仪器及器械等）、第5类（药品等）、第11类（照明设备、微波炉、冰箱等）、第25类（服装、鞋、帽等）、第3类（不含药物的化妆品和梳洗用制剂等）。我国申请人指定缔约方前十位为美国、俄罗斯、日本、英

国、印度尼西亚、韩国、泰国、马来西亚、越南、欧盟。我国申请人马德里商标国际注册申请量前十位的省（市）分别为广东、浙江、江苏、河北、上海、山东、北京、福建、安徽、天津。收到外国申请人指定中国的马德里商标国际注册领土延伸申请2.5万件。外国申请人指定中国的马德里商标国际注册申请量前五位的商品和服务类别为第9类（科学仪器、计算机、数字存储媒介等）、第42类（科学技术服务等）、第35类（广告、商业经营等）、第41类（教育、提供培训等）、第5类（药品等）。

商标授权确权争议案件2021年数量明显增多。2021年，受理商标异议申请17.6万件，同比增长31.1%。受理各类商标评审案件申请47.3万件，同比增长28.8%。其中，受理驳回复审申请38.3万件，复杂案件申请9.0万件。

商标授权确权争议案件2022年数量明显减少。2022年，商标异议申请量为14.6万件，同比减少17.2%。2022年商标异议成立率为45.1%，部分成立率为11.8%，不成立率为43.1%，恶意注册在异议程序中得到有效遏制。累计各类商标评审案件申请收文42.3万件，同比减少10.6%，其中驳回复审33.2万件，复杂案件申请9.1万件。

品牌商标领域“放管服”改革逐步深入，助力品牌商标申请注册提质增效。国家知识产权局制定发布《商标注册申请快速审查办法（试行）》，提高了商标授权确权效率。商标注册进一步加强全流程质量管理，进一步提升审查审理质量，商标注册申请平均审查周期稳定在4个月，一般情形商标注册周期压缩至7个月。马德里商标国际注册业务全面实现电子化，网上申请率达到97%，有效缩短了申请周期。截至2021年底，中国申请人马德里商标国际注册申请的平均形式审查周期缩短至2个月，指定中国的马德里商标国际注册领土延伸申请审查周期缩短至4个月，国际转让、变更、续展审查周期缩短至1个月。

有关部门严厉打击商标违法活动，商标保护社会满意度进一步提高。2021年全国市场监管部门共查处商标违法案件3.95万件，同比增长26.2%；案值9.83亿元，同比增长24.4%；罚没金额6.86亿元，同比下降2%。其中，查处商标侵权假冒案件3.57万件，同比增长20.6%；案值9.45亿元，同比增长23.5%；罚没金额6.37亿元，同比下降6%。依法向司法机关移送涉嫌商标侵权犯罪案件1011件。2022年，全国市场监管部门共查处商标、专利违法案件4.4万件，涉案金额16.2亿元。消费者的商标保护意识日益增强，80%的消费者对商标有一定了解，85%的消费者会在购买产品时注意正版商标标识，69%的消费者认同商标保护的重要性，并在购买过程中主动进行商标保护。对于商标保护的意义，消费者认为对于社会多方利好，主要体现在有利于保障公平竞争环境（68%）、维护企业形象与信誉（63%）和保障消费者权益（58%）。

（二）地理标志产品

地理标志品牌实现量质齐升。2022年，批准保护地理标志产品5个，核准使用地理标志产品专用标志经营主体6373家。截至2022年底，累计批准地理标志产品2493个，核准地理标志专用标志经营主体2.3万家。新核准注册地理标志商标514件；累计注册地理标志商标6927件。五常大米、赣南脐橙、中宁枸杞、盐池滩羊等地理标志品牌知名度显著提升，溢价水平逐步提高。越来越多的地理标志品牌和互联网、电子商务、文化创意、生态旅游等产业深度融合，已成为当地的重要支柱产业。

（三）城市品牌

各地充分发挥品牌功能促进城市发展，品牌与城市逐渐形成一种双赢关系。越来越多的城市开始注重城市品牌，例如上海安福路、成都宽窄巷子、杭州南宋御街等历史遗留下来的古老街区，通过在古建筑的基础上进行商业开发打造城市品牌。地域标签浓厚的品牌也能够迅速依靠与城市文化的绑定迅速出圈，获得资本青睐，长沙品牌“茶颜悦色”“文和友”等都是典型的例子。

四、品牌产品质量与创新

2021—2022 年涌现了很多创新的品牌产品和技术创新，正逐渐改变着人们的生活和工作方式，也带来更加高效便利的体验。从产品到品牌再到技术的全面革新，让更多的品牌企业认识到，只有创新，才能稳定发展，才能不断前行。

（一）产品质量

计量、标准、检验检测、认证认可等质量基础设施成为品牌建设的重要支撑。中国工业质量基础设施建设持续推进，国际承认的校准与测量能力居全球前列，主要消费品领域标准与国际标准一致性超过 95%，认证认可颁发证书数量和获证组织数量居全球第一。截至 2021 年底，我国品牌领域国家标准达 40 项，2.7 万家企业参与“百城千业万企对标达标提升专项行动”。企业产品和服务标准自我声明公开和监督制度逐步实施，企业标准“领跑者”不断增多，截至 2021 年底，已经实施自我声明公开的企业标准超过 200 万项，有力激发了企业创品牌的内生动力。

打造高质量产品仍然是塑造强势品牌的重要一环。通过推动质量品牌示范创建，区域品牌发展水平不断提升。2021 年全国共有 181 个城市参与“全国质量强市示范城市”创建活动，31 个城市获得命名，推动了广大城市提升产业和区域发展质量，培育了浙江“品字标”、深圳“圳品”等一批知名度、美誉度高的区域质量品牌。2021 年，全年制造业产品质量合格率为 93.08%，这是继 2018 年国家统计局发布的《2017 年国民经济和社会发展统计公报》后，首次将“制造业产品质量合格率”作为“发展质量效益改善”指标纳入其中。2021 年，无论是工业品、消费品还是国防装备，在产品功能特性、质量安全性、质量稳定性等方面的需求都在不断提高，“中国桥”“中国港”“中国路”“中国高铁”等中国名片享誉全球。越来越多的企业意识到提升产品质量是推进品牌建设的必要条件，“华为”品牌日渐崛起并已经成为一个新的强势品牌，其直接原因与华为手机持续提升质量直接相关。

（二）产品创新

产品是否能够不断创新依然是考验品牌能否持续的重点内容。坚持创新开始成为品牌成长的共识。新品是品牌创新的集中体现，品牌通过不断推出新品来贴近市场需求。在众多细分品类中，潮玩文创线上推出新品数量最多，这源于潮玩文创的消费趋势变化快，消费者本身具有猎奇属性；小型家电品牌热衷于对产品性能、外观、设计进行迭代后推出新品；食品饮料和线下餐饮则惯于在各种原料、配方之间交叉组合，搭配出全新的产品，以迎合消费者的口味。以农夫山泉为例，在包装饮用水领域推出了源自新水源地福建武夷山的“农夫山泉泡茶武夷山泉水”和源自吉林长白山的“长白雪天然雪山矿泉水”，进一步细分场景和人群；在茶饮料领域，推出三款新口味东方树叶（青柑普洱、玄米茶以及季节限定的桂花乌龙），并且推出焕新装“打”奶茶系列，包括红茶奶茶、乌龙奶茶和茉莉绿茶，并在年底推动冬季限定的可可奶茶；在功能饮料领域，推出了首款主打“等渗”概念的“尖叫”系列新品。通过产品创新，农夫山泉公布的2022年全年业绩：营收332.39亿元，同比增长11.9%；全年利润84.95亿元，同比增长18.6%。实现整体营收和净利润的高速增长，成为较为活跃的饮品品牌。

（三）专利和研发

品牌企业积极申请发明专利，提高研发投入。品牌企业正深刻感受到“卡脖子”的现状，意识到专利和研发对自身和行业发展的重要性。2021年，全年共授权发明专利69.6万件，每万人口高价值发明专利拥有量达到7.5件，较上年提高1.2件，中国高价值发明专利规模稳步扩大，发明专利的结构进一步优化。2021年，中国全社会研发经费投入达到2.8万亿元，研发强度达2.44%。完美日记、花西子等企业先后布局研发中心，在一些技术壁垒更高的行业，中国头部企业已经比肩国际水平，例如国内保健品上市企业汤臣倍健、仙乐健康的研发费用率相比两家日本头部保健品公司FANCL、PolaOrbis已几乎没有差距。但值得注意的是，中国有效发明专利的实施率和产业化率表现出下降趋势，从2016年的36.7%下降到2019年的32.9%，如何将技术优势转为品牌优势成为新的课题。

高研发投入带来了品牌的可观回报。企业研发投入的增长不仅提升了盈利能力，也带来品牌知名度的提升，并形成良性循环。以“特步”为例，跑鞋是个十分注重研发的品类，特步在赶超国际一线跑鞋品牌的过程中，持续开展产品研发，其品牌美誉度不断提升，获得了市场的认可。2021年4月厦门马拉松中，51%跑进3小时的跑者穿着特步160x专业碳纤维板竞速跑鞋，成为马拉松比赛中首个超过外资品牌的中国品牌。

五、品牌营销

在品牌营销环境复杂多变的时局下，品牌营销更加求稳，策略方式更加多元，新品牌通过差异、细分打开市场，经典品牌通过价值、情怀重塑形象，线上线下多渠道品牌发展勾勒出更丰富的品牌营销地图，传统广告、社交媒体、直播带货等多点发力成为品牌营销的共识。

（一）品牌发展

品牌的头部效应更加明显。受疫情居家影响，买少买精成为消费者普遍偏好，更愿意购买值得信赖的品牌产品。2021年“双11”数据显示，经典品牌在新消费、新人群、新生态上正在迅速跟进，在户外运动、白酒、珠宝、厨电等领域，强者恒强、弱者愈弱的“马太效应”也正在逐渐显现。与此同时，一大批新兴中小品牌悄然崛起，截至2021年11月11日23时，天猫商城中698个中小品牌的成交额实现从百万级到千万级的跨越；78个2020年“双11”成交额千万级的品牌，2021年“双11”成交额突破1亿元大关，275个新品牌连续3年翻倍增长，700多个新品牌成为细分品类第一名。

“国货”品牌正在被重新评价。近年来，中国在经济、科技、文化等领域的进步给国民带来了自信，百度指数显示，国货的搜索指数从2020年1月的200增长到2021年11月的400，大幅度提升，民族意识的增强促进了“国货”品牌的崛起。“H&M碰瓷新疆棉花”事件后，“国货”运动品牌的关注热度和消费热情显著提升。2021年4月，安踏、特步、李宁、FILA天猫旗舰店销售额均有大幅增长，与此同时国外品牌Nike、Adidas销售额分别同比下滑59%、76%。

品牌产品出海成为中国企业寻求新增长点

的重要战略部署。从被誉为“非洲之王”的传音控股，到估值突破千亿美金的SHEIN，再到全球下载量居首的TikTok，中国品牌全球化战略布局不断提速。华为、vivo、小米等品牌依托科技和产品率先冲破了中国产品低质的印象桎梏，赢得了海外消费者的广泛认可，出海主力也从过去的服装鞋帽逐步拓展至互联网、家电、消费电子、汽车等领域更多元、附加值更高的行业。以游戏行业为例，2021年中国自主研发游戏品牌的海外市场实际销售收入为180.13亿美元，同比增收25.63亿美元，增量已经超过国内市场。海外业务已成为中国游戏企业营收增长的主要来源之一。海外消费者对中国品牌的认知度和信任度逐步增强，2021年中国品牌信任指数较2019年上升6个百分点，是全球增量最高的国家。

（二）品牌推广

中国风被广泛应用于品牌设计之中。各种高颜值的中式品牌设计受到市场的推崇，这些设计不再仅仅停留在实用的层面，也起到了传播中国传统文化的作用。2021年，三星堆博物馆依托丰富的文化资源，相继推出图书、文具、丝巾等300余种品牌产品，将青铜大立人像、纵目面具、黄金权杖与当下年轻人喜爱的盲盒结合起来，赋予品牌更多神秘性和趣味性。剑南春与三星堆博物馆联名推出的“剑南春·青铜纪”白酒品牌，白酒瓶体采用三星堆独有的青铜釉色渲染，品牌故事叠加三星伴月的传奇，融合成为独特新颖的品牌设计。“故宫博物院”“五芳斋”“昆曲”“唐宫夜宴”等这些融合中国风元素的品牌人气火爆，中国风品牌设计越来越受到市场的青睐。

品牌广告宣传力度持续增强。2021年，中国广告业事业单位和规模以上企业的广告业务收入首次突破1万亿元，达到11799亿元，同比增长20%；广告业发展指数为110.31点，同比增长6.90%。在广告宣传方式上，线上社交媒体广告成为主要品牌传播方式，通过微博、微信、小红书、B站、快手等社交媒体平台的策略可以快速扩大品牌声量，迅速建立消费者对品牌认知的心智，加速品牌出圈。2021年，中国互联网广告市场实现广告收入5435亿元（不含港澳台地区），比上年增长9.32%，增幅较上年减缓4.53%；互联网营销市场规模约为6173亿元，较上年增长12.36%；广告与营销市场规模合计约为11608亿元，较上年增长11.01%。线上传播方式更加重视内容的立意、画面、创意等核心要点，多数品牌已经形成“兴趣内容种草、投流精准获客、沉淀品牌资产”闭环品牌营销模式。

品牌话题营销事件不断涌现。走心、沙雕、洗脑、跨界等营销事件持续吸引消费者的注意。2021年6月，蜜雪冰城在其各阵地官方账号上发布了一支魔性洗脑的宣传歌曲MV，随后在各大社交媒体引爆，微博阅读量破6亿，抖音播放量破13.5亿，同时撬动其他UP主进行二次创作，品牌迅速走红出圈。2021年7月，鸿星尔克在“郑州暴雨”中捐款5000万元，“破产式捐款”感动了无数网友，引发社交平台热议，品牌抖音直播间销量持续高涨，粉丝数量达1000余万人。

体育营销成为品牌开拓市场的新引擎。体育明星开始受到品牌青睐，体育赛事成为品牌提升大众知名度的新选项。东京奥运会品牌营销战紧盯中国市场，李宁、安踏、匹克、粒子狂热、卓比奥斯（中国香港）、HODARLA（中国台北）等中国品牌借势而为，展现品牌实力。东京奥运会开幕式上，恒源祥为难民代表团制作和赞助的礼服让人眼前一亮，加深了企业品牌和奥林匹克品牌之间的关联；奥运期间以“为奥运喝彩”活动为载体宣传推广品牌，2021年底又正式签约成为北京2022年冬奥会官方赞助商，在奥运的平台上充分展现其品牌风采。

品牌传播更加热衷演员代言和剧综植入。品牌与剧综高频连接，演员代替偶像成主流代言人选，相较于2020年，流量偶像与新品牌合作的事件数量减少，演员则更受青睐。除了对演员的倾向性更明显外，品牌在进行明星营销时，也更为注重其与品牌调性的匹配感，走长期主义之路，而非短期销售。通过态度视频、艺人直播、社交互动等方式，挖掘品牌情绪价值，构建场景化的营销内容，拉近与消费者的距离，最终让消费者对品牌形成价值认同。

（三）品牌销售

品牌产品线上线下销售渠道进一步融合。线下场景的多元化、人与人的真实互动，不仅满足了消费者的即时性需求，同时为构建消费体验感提供了场所，使得线下销售具备无法替代的价值。“盒马”等品牌的仓储式会员店在2021年迎来爆发式增长，华联、北国超市等地方品牌密集在二、三线城市布局会员店。同时受新冠肺炎疫情影响，线上购物迎来黄金发展机遇，即时配送行业向全场景、全距离、全时段发展，并加速成为本地消费的基础服务设施，2021年即时配送服务行业订单规模为279亿单。2021年5月，美团外卖开启“赋能母婴店”，凡有实体门店的母婴品牌都能入驻。与此同时，线上平台之间争夺流量的竞争越发激烈，小红书于2021年8月正式推行“号店一体”，下线淘宝外链。

六、品牌消费与市场

随着我国居民消费结构加快升级和新消费群体成为消费主力军，品牌消费蔚然兴起。2021年，品牌消费市场稳中有进，品牌消费增速稳中有快，消费者信心持续稳定。但我国的消费特征依然是多阶段并存且分布不均衡，给品牌建设带来了较大的挑战。

（一）品牌消费主体

我国消费主体的变化及消费需求的多元化，给新消费市场带来巨大的增长空间。中国消费者始终保持着品牌消费热情，麦肯锡的研究显示，超过70%的中国消费者以线上、线下相结合的方式进行消费，是真正意义上的全渠道购物者，同时消费者线下更偏向选择熟悉的知名品牌。新世代、新小镇青年、新中产以更加鲜明的消费理念、消费偏好逐渐成为市场和新消费品牌的新焦点。新世代品牌消费的社交目的更为凸显，超过50%的“00后”“95后”认为，与朋友社交闲逛、体验新店才是线下购物的主要吸引力。新中产更愿意消费但也更有主见，对产品颜值、品牌故事、品牌文化有着更高的要求。新小镇青年成为三、四线城市的消费潜力，带来下沉市场的繁荣。

（二）品牌消费市场

2021—2022年品牌消费市场随着消费趋势变化而不断演变。第一，情绪价值助力品牌开辟新战场。伴随着居民可支配收入的不断提高，中国的消费者也不再满足于产品的基础物质功能，精神层面的需求愈发凸显。比起“拥有”，更多消费者开始注重“体验”。通过产品设计为自己原本满足一定功能需求的产品添加情绪价值是很多品牌的选择。体验式品牌消费增加，不同品类的产品，附加情绪价值的具体措施也不尽相同。消费者购买品牌的目的不仅是购买产品，而是获得品牌附加的情绪价值，而且他们在探索新潮流、提升生活品质、追求有机健康等方面都表现出较大的兴趣。第二，定制类品牌消费热度较高。目前中国定制化市场仍处于“群体定制”“有限定制”阶段，由此催生了一些小众品牌，尤其在服饰鞋包领域。第三，更多的消费品牌正进入下沉市场。随着懒人经济、宠物经济、银发经济的兴起壮大，下沉市场成为主流市场，城镇化进程正在释放三、四线城市的消费潜力，拼多多、快手的成功已经印证了“下沉市场”的威力。

（三）品牌消费观念

消费者权益意识和认知水平的提升使得其有意愿也有能力对品牌价值作出更为理性的判断。疫情影响之下，消费者对外部环境的多变和未来的不确定性感受更为深刻，在消费时也变得更为审慎。消费者对待每一笔品牌消费会更加透彻、深入地了解，在消费者决策过程中，小红书、知乎等不同类型的种草平台成为消费者下单购买前做功课的重要一站。“国货”品牌消费认可度正在提升。“国货”品牌通过持续的产品创新和品牌升级，正在改变着越来越多消费者的品牌选择，从品牌印象到具体的消费选择方面，消费者对于国货的选择兼具理性与感性，性价比和支持中国品牌是用户青睐国货的主要原因。在2021年，42.5%的消费者表示相比上一年增加了对国货的消费；小红书数据显示，2021年，用户对国货品牌的搜索次数近12亿次，产生超过60亿次的讨论量，连续两年增长超过100%。

2021—2022年，我国大部分地区遭受新冠肺炎疫情的侵扰，品牌产品的生产和销售受到了明显影响，商标注册量增幅减小，品牌推广行业也受到一定冲击，但品牌建设的总体趋势稳步发展。在取得抗击新冠肺炎疫情胜利的同时，通过进一步完善管理整合资源，创新发展模式，站在了新的起跑线上，预期能够取得新的突破和成就。

（中华商标协会商标品牌文化推广专业委员会）

世界共享的中国品牌之窗——广州中国进出口商品交易会（黎旭阳 2017年）

特载

知识产权强国建设纲要（2021—2035年）

（中共中央 国务院2021年9月22日印发）

为统筹推进知识产权强国建设，全面提升知识产权创造、运用、保护、管理和服务水平，充分发挥知识产权制度在社会主义现代化建设中的重要作用，制定本纲要。

一、战略背景

党的十八大以来，在以习近平同志为核心的党中央坚强领导下，我国知识产权事业发展取得显著成效，知识产权法规制度体系逐步完善，核心专利、知名品牌、精品版权、优良植物新品种、优质地理标志、高水平集成电路布图设计等高价值知识产权拥有量大幅增加，商业秘密保护不断加强，遗传资源、传统知识和民间文艺的利用水平稳步提升，知识产权保护效果、运用效益和国际影响力显著提升，全社会知识产权意识大幅提高，涌现出一批知识产权竞争力较强的市场主体，走出了一条中国特色知识产权发展之路，有力保障创新型国家建设和全面建成小康社会目标的实现。

进入新发展阶段，推动高质量发展是保持经济持续健康发展的必然要求，创新是引领发展的第一动力，知识产权作为国家发展战略性资源和国际竞争力核心要素的作用更加凸显。实施知识产权强国战略，回应新技术、新经济、新形势对知识产权制度变革提出的挑战，加快推进知识产权改革发展，协调好政府与市场、国内与国际，以及知识产权数量与质量、需求与供给的联动关系，全面提升我国知识产权综合实力，大力激发全社会创新活力，建设中国特色、世界水平的知识产权强国，对于提升国家核心竞争力，扩大高水平对外开放，实现更高质量、更有效率、更加公平、更可持续、更为安全的发展，满足人民日益增长的美好生活需要，具有重要意义。

二、总体要求

（一）指导思想

坚持以习近平新时代中国特色社会主义思想为指导，全面贯彻党的十九大和十九届二中、三中、四中、五中全会精神，紧紧围绕统筹推进“五位一体”总体布局和协调推进“四个全面”战略布局，坚持稳中求进工作总基调，以推动高质量发展为主题，以深化供给侧结构性改革为主线，以改革创新为根本动力，以满足人民日益增长的美好生活需要为根本目的，立足新发展阶段，贯彻新发展理念，构建新发展格局，牢牢把握加强知识产权保护是完善产权保护制度最重要的内容和提高国家经济竞争力最大的激励，打通知识产权创造、运用、保护、管理和服务全链条，更大力度加强知识产权保护国际合作，建设制度完善、保护严格、运行高效、服务便捷、文化自觉、开放共赢的知识产权强国，为建设创新型国家和社会主义现代化强国提供坚实保障。

（二）工作原则

——法治保障，严格保护。落实全面依法治国基本方略，严格依法保护知识产权，切实维护社会公平正义和权利人合法权益。

——改革驱动，质量引领。深化知识产权领域改革，构建更加完善的要素市场化配置体制机制，更好发挥知识产权制度激励创新的基本保障作用，为高质量发展提供源源不断的动力。

——聚焦重点，统筹协调。坚持战略引领、统筹规划，突出重点领域和重大需求，推动知识产权与经济、科技、文化、社会等各方面深度融合发展。

——科学治理，合作共赢。坚持人类命运共同体理念，以国际视野谋划和推动知识产权改革发展，推动构建开放包容、平衡普惠的知识产权国际规则，让创新创造更多惠及各国人民。

（三）发展目标

到 2025 年，知识产权强国建设取得明显成效，知识产权保护更加严格，社会满意度达到并保持较高水平，知识产权市场价值进一步凸显，品牌竞争力大幅提升，专利密集型产业增加值占 GDP 比重达到 13%，版权产业增加值占 GDP 比重达到 7.5%，知识产权使用费年进出口总额达到 3500 亿元，每万人口高价值发明专利拥有量达到 12 件（上述指标均为预期性指标）。

到 2035 年，我国知识产权综合竞争力跻身世界前列，知识产权制度系统完备，知识产权促进创新创业蓬勃发展，全社会知识产权文化自觉基本形成，全方位、多层次参与知识产权全球治理的国际合作格局基本形成，中国特色、世界水平的知识产权强国基本建成。

三、建设面向社会主义现代化的知识产权制度

（四）构建门类齐全、结构严密、内外协调的法律体系

开展知识产权基础性法律研究，做好专门法律法规之间的衔接，增强法律法规的适用性和统一性。根据实际及时修改专利法、商标法、著作权法和植物新品种保护条例，探索制定地理标志、外观设计等专门法律法规，健全专门保护与商标保护相互协调的统一地理标志保护制度，完善集成电路布图设计法规。制定修改强化商业秘密保护方面的法律法规，完善规制知识产权滥用行为的法律制度以及与知识产权相关的反垄断、反不正当竞争等领域立法。修改科学技术进步法。结合有关诉讼法的修改及贯彻落实，研究建立健全符合知识产权审判规律的特别程序法律制度。加快大数据、人工智能、基因技术等新领域新业态知识产权立法。适应科技进步和经济社会发展形势需要，依法及时推动知识产权法律法规立改废释，适时扩大保护客体范围，提高保护标准，全面建立并实施侵权惩罚性赔偿制度，加大损害赔偿力度。

（五）构建职责统一、科学规范、服务优良的管理体制

持续优化管理体制机制，加强中央在知识产权保护的宏观管理、区域协调和涉外事宜统筹等方面事权，不断加强机构建设，提高管理效能。围绕国家区域协调发展战略，制定实施区域知识产权战略，深化知识产权强省强市建设，促进区域知识产权协调发展。实施一流专利商标审查机构建设工程，建立专利商标审查官制度，优化专利商标审查协作机制，提高审查质量和效率。构建政府监管、社会监督、行业自律、机构自治的知识产权服务业监管体系。

（六）构建公正合理、评估科学的政策体系

坚持严格保护的政策导向，完善知识产权权益分配机制，健全以增加知识价值为导向的分配制度，促进知识产权价值实现。完善以强化保护为导向的专利商标审查政策。健全著作权登记制度、网络保护和交易规则。完善知识产权审查注册登记政策调整机制，建立审查动态管理机制。建立健全知识产权政策合法性和公平竞争审查制度。建立知识产权公共政策评估机制。

（七）构建响应及时、保护合理的新兴领域和特定领域知识产权规则体系

建立健全新技术、新产业、新业态、新模式知识产权保护规则。探索完善互联网领域知识产权保护制度。研究构建数据知识产权保护规则。完善开源知识产权和法律体系。研究完善算法、商业方法、人工智能产出物知识产权保护规则。加强遗传资源、传统知识、民间文艺等获取和惠益分享制度建设，加强非物质文化遗产的搜集整理和转化利用。推动中医药传统知识保护与现代知识产权制度有效衔接，进一步完善中医药知识产权综合保护体系，建立中医药专利特别审查和保护机制，促进中医药传承创新发展。

四、建设支撑国际一流营商环境的知识产权保护体系

（八）健全公正高效、管辖科学、权界清晰、系统完备的司法保护体制

实施高水平知识产权审判机构建设工程，加强审判基础、体制机制和智慧法院建设。健全知识产权审判组织，优化审判机构布局，完善上诉审理机制，深入推进知识产权民事、刑事、行政案件“三合一”审判机制改革，构建案件审理专门化、管辖集中化和程序集约化的审判体系。加强知识产权法官的专业化培养和职业化选拔，加强技术调查官队伍建设，确保案件审判质效。积极推进跨区域知识产权远程诉讼平台建设。统一知识产权司法裁判标准和法律适用，完善裁判规则。加大刑事打击力度，完善知识产权犯罪侦查工作制度。修改完善知识产权相关司法解释，配套制定侵犯知识产权犯罪案件立案追诉标准。加强知识产权案件检察监督机制建设，加强量刑建议指导和抗诉指导。

（九）健全便捷高效、严格公正、公开透明的行政保护体系

依法科学配置和行使有关行政部门的调查权、处罚权和强制权。建立统一协调的执法标准、证据规则和案例指导制度。大力提升行政执法人员专业化、职业化水平，探索建立行政保护技术调查官制度。建设知识产权行政执法监管平台，提升执法监管现代化、智能化水平。建立完善知识产权侵权纠纷检验鉴定工作体系。发挥专利侵权纠纷行政裁决制度作用，加大行政裁决执行力度。探索依当事人申请的知识产权纠纷行政调解协议司法确认制度。完善跨区域、跨部门执法保护协作机制。建立对外贸易知识产权保护调查机制和自由贸易试验区知识产权保护专门机制。强化知识产权海关保护，推进国际知识产权执法合作。

（十）健全统一领导、衔接顺畅、快速高效的协同保护格局

坚持党中央集中统一领导，实现政府履职尽责、执法部门严格监管、司法机关公正司法、市场主体规范管理、行业组织自律自治、社会公众诚信守法的知识产权协同保护。实施知识产权保护体系建设工程。明晰行政机关与司法机关的职责权限和管辖范围，健全知识产权行政保护与司法保护衔接机制，形成保护合力。建立完善知识产权仲裁、调解、公证、鉴

定和维权援助体系，加强相关制度建设。健全知识产权信用监管体系，加强知识产权信用监管机制和平台建设，依法依规对知识产权领域严重失信行为实施惩戒。完善著作权集体管理制度，加强对著作权集体管理组织的支持和监管。实施地理标志保护工程。建设知识产权保护中心网络和海外知识产权纠纷应对指导中心网络。建立健全海外知识产权预警和维权援助信息平台。

五、建设激励创新发展的知识产权市场运行机制

（十一）完善以企业为主体、市场为导向的高质量创造机制

以质量和价值为标准，改革完善知识产权考核评价机制。引导市场主体发挥专利、商标、版权等多种类型知识产权组合效应，培育一批知识产权竞争力强的世界一流企业。深化实施中小企业知识产权战略推进工程。优化国家科技计划项目的知识产权管理。围绕生物育种前沿技术和重点领域，加快培育一批具有知识产权的优良植物新品种，提高授权品种质量。

（十二）健全运行高效顺畅、价值充分实现的运用机制

加强专利密集型产业培育，建立专利密集型产业调查机制。积极发挥专利导航在区域发展、政府投资的重大经济科技项目中的作用，大力推动专利导航在传统优势产业、战略性新兴产业、未来产业发展中的应用。改革国有知识产权归属和权益分配机制，扩大科研机构和高校知识产权处置自主权。建立完善财政资助科研项目形成知识产权的声明制度。建立知识产权交易价格统计发布机制。推进商标品牌建设，加强驰名商标保护，发展传承好传统品牌和老字号，大力培育具有国际影响力的知名商标品牌。发挥集体商标、证明商标制度作用，打造特色鲜明、竞争力强、市场信誉好的产业集群品牌和区域品牌。推动地理标志与特色产业发展、生态文明建设、历史文化传承以及乡村振兴有机融合，提升地理标志品牌影响力和产品附加值。实施地理标志农产品保护工程。深入开展知识产权试点示范工作，推动企业、高校、科研机构健全知识产权管理体系，鼓励高校、科研机构建立专业化知识产权转移转化机构。

（十三）建立规范有序、充满活力的市场化运营机制

提高知识产权代理、法律、信息、咨询等服务水平，支持开展知识产权资产评估、交易、转化、托管、投融资等增值服务。实施知识产权运营体系建设工程，打造综合性知识产权运营服务枢纽平台，建设若干聚焦产业、带动区域的运营平台，培育国际化、市场化、专业化知识产权服务机构，开展知识产权服务业分级分类评价。完善无形资产评估制度，形成激励与监管相协调的管理机制。积极稳妥发展知识产权金融，健全知识产权质押信息平台，鼓励开展各类知识产权混合质押和保险，规范探索知识产权融资模式创新。健全版权交易和服务平台，加强作品资产评估、登记认证、质押融资等服务。开展国家版权创新发展建设试点工作。打造全国版权展会授权交易体系。

六、建设便民利民的知识产权公共服务体系

（十四）加强覆盖全面、服务规范、智能高效的公共服务供给

实施知识产权公共服务智能化建设工程，完善国家知识产权大数据中心和公共服务平台，拓展各类知识产权基础信息开放深度、广度，实现与经济、科技、金融、法律等信息的共享融合。深入推进“互联网+”政务服务，充分利用新技术建设智能化专利商标审查和管

理系统，优化审查流程，实现知识产权政务服务“一网通办”和“一站式”服务。完善主干服务网络，扩大技术与创新支持中心等服务网点，构建政府引导、多元参与、互联共享的知识产权公共服务体系。加强专业便捷的知识产权公共咨询服务，健全中小企业和初创企业知识产权公共服务机制。完善国际展会知识产权服务机制。

（十五）加强公共服务标准化、规范化、网络化建设

明晰知识产权公共服务事项和范围，制定公共服务事项清单和服务标准。统筹推进分级分类的知识产权公共服务机构建设，大力发展高水平的专门化服务机构。有效利用信息技术、综合运用线上线下手段，提高知识产权公共服务效率。畅通沟通渠道，提高知识产权公共服务社会满意度。

（十六）建立数据标准、资源整合、利用高效的信息服务模式

加强知识产权数据标准制定和数据资源供给，建立市场化、社会化的信息加工和服务机制。规范知识产权数据交易市场，推动知识产权信息开放共享，处理好数据开放与数据隐私保护的关系，提高传播利用效率，充分实现知识产权数据资源的市场价值。推动知识产权信息公共服务和市场化服务协调发展。加强国际知识产权数据交换，提升运用全球知识产权信息的能力和水平。

七、建设促进知识产权高质量发展的人文社会环境

（十七）塑造尊重知识、崇尚创新、诚信守法、公平竞争的知识产权文化理念

加强教育引导、实践养成和制度保障，培养公民自觉尊重和保护知识产权的行为习惯，自觉抵制侵权假冒行为。倡导创新文化，弘扬诚信理念和契约精神，大力宣传锐意创新和诚信经营的典型企业，引导企业自觉履行尊重和保护知识产权的社会责任。厚植公平竞争的文化氛围，培养新时代知识产权文化自觉和文化自信，推动知识产权文化与法治文化、创新文化和公民道德修养融合共生、相互促进。

（十八）构建内容新颖、形式多样、融合发展的知识产权文化传播矩阵

打造传统媒体和新兴媒体融合发展的知识产权文化传播平台，拓展社交媒体、短视频、客户端等新媒体渠道。创新内容、形式和手段，加强涉外知识产权宣传，形成覆盖国内外的全媒体传播格局，打造知识产权宣传品牌。大力发展国家知识产权高端智库和特色智库，深化理论和政策研究，加强国际学术交流。

（十九）营造更加开放、更加积极、更有活力的知识产权人才发展环境

完善知识产权人才培养、评价激励、流动配置机制。支持学位授权自主审核高校自主设立知识产权一级学科。推进论证设置知识产权专业学位。实施知识产权专项人才培养计划。依托相关高校布局一批国家知识产权人才培养基地，加强相关高校二级知识产权学院建设。加强知识产权管理部门公职律师队伍建设，做好涉外知识产权律师培养和培训工作，加强知识产权国际化人才培养。开发一批知识产权精品课程。开展干部知识产权学习教育。进一步推进中小学知识产权教育，持续提升青少年的知识产权意识。

八、深度参与全球知识产权治理

（二十）积极参与知识产权全球治理体系改革和建设

扩大知识产权领域对外开放，完善国际对

话交流机制，推动完善知识产权及相关国际贸易、国际投资等国际规则和标准。积极推进与经贸相关的多双边知识产权对外谈判。建设知识产权涉外风险防控体系。加强与各国知识产权审查机构合作，推动审查信息共享。打造国际知识产权诉讼优选地。提升知识产权仲裁国际化水平。鼓励高水平外国机构来华开展知识产权服务。

（二十一）构建多边和双边协调联动的国际合作网络

积极维护和发展知识产权多边合作体系，加强在联合国、世界贸易组织等国际框架和多边机制中的合作。深化与共建“一带一路”国家和地区知识产权务实合作，打造高层次合作平台，推进信息、数据资源项目合作，向共建“一带一路”国家和地区提供专利检索、审查、培训等多样化服务。加强知识产权对外工作力量。积极发挥非政府组织在知识产权国际交流合作中的作用。拓展海外专利布局渠道。推动专利与国际标准制定有效结合。塑造中国商标品牌良好形象，推动地理标志互认互保，加强中国商标品牌和地理标志产品全球推介。

九、组织保障

（二十二）加强组织领导

全面加强党对知识产权强国建设工作的领导，充分发挥国务院知识产权战略实施工作部际联席会议作用，建立统一领导、部门协同、上下联动的工作体系，制定实施落实本纲要的年度推进计划。各地区各部门要高度重视，加强组织领导，明确任务分工，建立健全本纲要实施与国民经济和社会发展规划、重点专项规划及相关政策相协调的工作机制，结合实际统筹部署相关任务措施，逐项抓好落实。

（二十三）加强条件保障

完善中央和地方财政投入保障制度，加大对本纲要实施工作的支持。综合运用财税、投融资等相关政策，形成多元化、多渠道的资金投入体系，突出重点，优化结构，保障任务落实。按照国家有关规定，对在知识产权强国建设工作中作出突出贡献的集体和个人给予表彰。

（二十四）加强考核评估

国家知识产权局会同有关部门建立本纲要实施动态调整机制，开展年度监测和定期评估总结，对工作任务落实情况开展督促检查，纳入相关工作评价，重要情况及时按程序向党中央、国务院请示报告。在对党政领导干部和国有企业领导班子考核中，注重考核知识产权相关工作成效。地方各级政府要加大督查考核工作力度，将知识产权强国建设工作纳入督查考核范围。

“十四五”国家知识产权保护和运用规划

（国务院2021年10月28日印发）

为贯彻落实党中央、国务院关于知识产权工作的决策部署，全面加强知识产权保护，高效促进知识产权运用，激发全社会创新活力，推动构建新发展格局，依据《中华人民共和国国民经济和社会发展第十四个五年规划和2035年远景目标纲要》和《知识产权强国建设纲要（2021—2035年）》，制定本规划。

一、规划背景

“十三五”时期，党中央、国务院把知识产权保护工作摆在更加突出的位置，加强顶层设计，部署推动一系列改革，出台一系列重大政策，建立健全国务院知识产权战略实施工作部际联席会议制度，重新组建国家知识产权局，完善知识产权法律法规体系，推进知识产权领域司法改革，有效提升了知识产权领域治理能力和治理水平。五年来，各地区、各有关部门深入实施《“十三五”国家知识产权保护和运用规划》，持续推进知识产权战略实施，知识产权创造能力稳步提高，国内每万人口发明专利拥有量从“十二五”末的6.3件增加到15.8件，专利、商标、版权、植物新品种等知识产权数量位居世界前列，质量稳步提升。知识产权运用效益持续提高，交易运营更加活跃，转移转化水平不断提升，专利密集型产业增加值占国内生产总值（GDP）比重超过11.6%，版权产业增加值占GDP比重超过7.39%。知识产权保护力度明显加大，保护体系不断完善，保护能力持续提升，知识产权保护社会满意度提高到80.05分。知识产权公共服务体系进一步健全，知识产权服务业加快发展。知识产权人才队伍不断壮大，全社会尊重和保护知识产权意识明显提升。知识产权国际合作不断深化，与世界知识产权组织、共建“一带一路”国家和地区、金砖国家、亚太经合组织等的知识产权合作扎实推进，形成“四边联动、协调推进”的知识产权国际合作新局面。总的看，“十三五”规划主要目标任务如期完成，知识产权事业实现了大发展、大跨越、大提升，知识产权保护工作取得了历史性成就，有效支撑了创新型国家建设和全面建成小康社会目标实现。

当今世界正经历百年未有之大变局，新一轮科技革命和产业变革深入发展，国际力量对比深刻调整，国际环境日趋复杂，不稳定性不确定性明显增加，新冠肺炎疫情影响广泛深远。我国正处于实现中华民族伟大复兴的关键时期，经济已由高速增长阶段转向高质量发展阶段，创新驱动发展战略深入实施，现代产业体系建设加快推进，高水平对外开放不断深化。创新是引领发展的第一动力，保护知识产权就是保护创新。知识产权保护工作关系国家治理体系和治理能力现代化，关系高质量发展，关系人民生活幸福，关系国家对外开放大局，关系国家安全。当前，知识产权对激励创新、打造品牌、规范市场秩序、扩大对外开放正发挥越来越重要的作用，但我国知识产权工作还面临不少问题和短板，主要表现为：关键核心技术领域高质量知识产权创造不足，行政执法和司法衔接机制不够完善，知识产权侵权易发多发和侵权易、维权难的现象仍然存在，知识产权转移转化成效有待提高，知识产权服务供给不够充分，海外知识产权纠纷应对能力不足，知识产权制度促进经济社会高质量发展的作用需要进一步发挥等。“十四五”时期，做好知识产权工作要统筹国内国际两个大局，增强机遇意识和风险意识，在危机中育先机、于变局中开新局，充分发挥知识产权制度在推动构建新发展格局中的重要作用，为全面建设社会主义现代化国家提供有力支撑。

二、总体要求

（一）指导思想

坚持以习近平新时代中国特色社会主义思想为指导，全面贯彻党的十九大和十九届二中、三中、四中、五中全会精神，统筹推进“五位一体”总体布局，协调推进“四个全面”战略布局，坚持稳中求进工作总基调，立足新发展阶段，完整、准确、全面贯彻新发展理念，构建新发展格局，坚持以推动高质量发展为主题，以全面加强知识产权保护为主线，以建设知识产权强国为目标，以改革创新为根本动力，深化知识产权保护工作体制机制改革，全面提升知识产权创造、运用、保护、管理和服务水平，深入推进知识产权国际合作，促进建设现代化经济体系，激发全社会创新活力，有力支撑经济社会高质量发展。

（二）基本原则

坚持质量优先。坚持高质量发展方向不动摇，加快推动知识产权工作由追求数量向提高质量转变，促进知识产权高质量创造、高效益运用、高标准保护、高水平服务，更好服务现代化经济体系建设。

坚持强化保护。加强知识产权全链条保护，统筹推进知识产权审查授权、行政执法、司法保护、仲裁调解、行业自律、公民诚信等工作，构建严保护、大保护、快保护、同保护的工作格局，全面提升保护能力，着力营造公平竞争的市场环境。

坚持开放合作。推动知识产权更大范围、更宽领域、更深层次对外开放，统筹推进知识产权国际合作，积极参与全球知识产权治理体系建设，加强知识产权领域多边合作，持续提升知识产权国际影响力和竞争力，服务开放型经济发展。

坚持系统协同。树立系统观念，健全知识产权工作协同推进机制，强化部门协同、上下联动、区域协作、社会共治，综合运用法律、行政、经济、技术、社会治理等手段，提高知识产权领域系统治理效能。

（三）主要目标

到2025年，知识产权强国建设阶段性目标任务如期完成，知识产权领域治理能力和治理水平显著提高，知识产权事业实现高质量发展，有效支撑创新驱动发展和高标准市场体系建设，有力促进经济社会高质量发展。

——知识产权保护迈上新台阶。知识产权保护法治化水平不断提高，知识产权保护衔接机制更加完善，知识产权侵权惩罚性赔偿制度有效实施，侵权易发多发现象得到有效遏制，知识产权保护社会满意度达到并保持较高水平，关键核心技术领域高质量知识产权更多涌现，有效提升产业链供应链现代化水平，知识产权制度激励创新的基本保障作用充分发挥。

“十四五”时期知识产权发展主要指标

指标	2020年	2025年	累计增加值	属性
1. 每万人口高价值发明专利拥有量①（件）	6.3	12	5.7	预期性
2. 海外发明专利授权量（万件）	4	9	5	预期性
3. 知识产权质押融资登记金额②（亿元）	2180	3200	1020	预期性
4. 知识产权使用费年进出口总额（亿元）	3194.4	3500	305.6	预期性
5. 专利密集型产业增加值占 GDP 比重（%）	11.6③	13.0	1.4	预期性
6. 版权产业增加值占 GDP 比重（%）	7.39④	7.5	0.11	预期性
7. 知识产权保护社会满意度（分）	80.05	82	1.95	预期性
8. 知识产权民事一审案件服判息诉率（%）	—	85	—	预期性

注：①“每万人口高价值发明专利拥有量”是指每万人口本国居民拥有的经国家知识产权局授权的符合下列任一条件的有效发明专利数量：1. 战略性新兴产业的发明专利；2. 在海外有同族专利权的发明专利；3. 维持年限超过10年的发明专利；4. 实现较高质押融资金额的发明专利；5. 获得国家科学技术奖、中国专利奖的发明专利。

②“知识产权质押融资登记金额”是指经国家知识产权局登记的知识产权质押融资金额。

③、④为2019年值。

——知识产权运用取得新成效。知识产权转移转化体制机制更加完善，知识产权归属制度更加健全，知识产权流转更加顺畅，知识产权转化效益显著提高，知识产权市场价值进一步凸显，专利密集型产业增加值和版权产业增加值占 GDP 比重稳步提升，推动产业转型升级和新兴产业创新发展。

——知识产权服务达到新水平。知识产权信息化、智能化基础设施建设取得显著成效，知识产权保护实现线上线下融合发展，知识产权公共服务体系进一步完善，知识产权服务业有序发展，服务机构专业化水平明显提升，进一步促进创新成果更好惠及人民。

——知识产权国际合作取得新突破。我国在全球知识产权治理体系中的作用更加凸显，知识产权国际协调更加有力，“一带一路”知识产权合作实现新进展，海外知识产权获权维权能力进一步提高，有力推进高水平对外开放。

三、全面加强知识产权保护，激发全社会创新活力

（四）完善知识产权法律政策体系

健全知识产权法律法规。开展知识产权基础性法律研究。统筹推进专利法、商标法、著作权法、反垄断法、科学技术进步法、电子商务法等相关法律法规的修改完善。加强地理标志、商业秘密等领域立法，出台商业秘密保护规定。完善集成电路布图设计法规。推进修订植物新品种保护条例。制定中医药传统知识保护条例。完善与国防建设相衔接的知识产权法律制度。全面建立并实施知识产权侵权惩罚性赔偿制度，加大损害赔偿力度。研究建立健全符合知识产权审判规律的特别程序法律制度。适应科技进步和经济社会发展需要，依法及时推动知识产权法律法规立改废释。（中央宣传部、最高人民法院、最高人民检察院、科

技部、工业和信息化部、司法部、农业农村部、商务部、国家卫生健康委、市场监管总局、国家国防科工局、国家林草局、国家中医药局、国家知识产权局、中央军委装备发展部等按职责分工负责）

专栏1 商业秘密保护工程

健全商业秘密保护政策。完善行政执法程序，细化处罚标准，完善刑事司法程序，加强商业秘密行政执法与民事、刑事司法审判的联动配合，合理划定举证责任。加强商业秘密司法鉴定能力建设，提升司法鉴定水平。

提升市场主体商业秘密保护能力。推动行业组织加强商业秘密保护自律，指导市场主体制定并严格执行全面的商业秘密管理制度，推动有条件的地方建设国家级商业秘密保护基地。建立健全跨境商业秘密保护援助体系。开展商业秘密保护及法律风险培训，强化市场主体特别是中小企业商业秘密保护意识。（市场监管总局牵头，最高人民法院、最高人民检察院、公安部等按职责分工负责）

完善知识产权保护政策。健全大数据、人工智能、基因技术等新领域新业态知识产权保护制度。研究构建数据知识产权保护规则。完善开源知识产权和法律体系。完善电子商务领域知识产权保护机制。健全遗传资源获取和惠益分享制度，建立跨部门生物遗传资源获取和惠益分享信息共享制度。制定传统文化、民间文艺、传统知识等领域保护办法。建立与非物质文化遗产相关的知识产权保护制度。完善体育赛事节目、综艺节目、网络直播等领域著作权保护制度。完善红色经典等优秀舞台艺术作品的版权保护措施。完善服装设计等时尚产业知识产权保护政策。健全药品专利纠纷早期解决机制，制定相关配套措施。完善中医药领域发明专利审查和保护机制。健全绿色技术知识产权保护制度。完善高校知识产权保护管理规定。建立知识产权侵权损害评估制度。（中央宣传部、中央网信办、最高人民法院、教育部、财政部、生态环境部、文化和旅游部、市场监管总局、广电总局、国家林草局、国家中医药局、国家药监局、国家知识产权局等按职责分工负责）

专栏2 数据知识产权保护工程

构建数据知识产权保护规则。深入研究数据的产权属性，探索开展数据知识产权保护相关立法研究，推动完善涉及数据知识产权保护的法律法规。完善数据知识产权保护政策，探索建立分级分类的数据知识产权保护模式。推动建立数据知识产权保护行业规范，加强数据生产、流通、利用、共享过程中的知识产权保护。研究推动数据知识产权保护国际规则制定。

促进数据资源利用和安全保护。支持有条件的地区开展数据知识产权保护和运用试点。在保护个人信息安全和国家数据安全的基础上，促进数据要素合理流动、有效保护、充分利用。积极开展数据知识产权保护国际合作与交流。（中央宣传部、中央网信办、最高人民法院、外交部、工业和信息化部、公安部、司法部、商务部、市场监管总局、国家知识产权局等按职责分工负责）

完善维护国家安全的知识产权政策。研究制定事关国家安全的关键核心技术知识产权保护规则。依法管理涉及国家安全的知识产权对外转让行为，完善知识产权对外转让审查制度。完善知识产权反垄断、公平竞争相关法律法规和政策措施。推进我国知识产权有关法律规定域外适用。研究建立针对进口贸易的知识产权境内保护制度。完善跨境电商知识产权保护规则。（中央宣传部、中央网信办、国家发展改革委、科技部、工业和信息化部、商务部、市场监管总局、国家国防科工局、国家知识产权局等按职责分工负责）

（五）加强知识产权司法保护

完善知识产权司法保护体系。加强知识产权司法资源配置，加强知识产权审判体系建设。健全知识产权案件上诉机制，完善专门法院设置。深入推进知识产权民事、刑事、行政案件“三合一”审判机制改革。完善知识产权检察体制机制。建立健全与审判机制、检察机制相适应的案件管辖制度和协调机制。完善知识产权司法案件繁简分流机制，开展适应知识产权审判特点的简易程序试点，提高审判质量和效率。探索依当事人申请的知识产权纠纷行政调解协议司法确认制度。推动建立跨行政区域知识产权案件审理机制，充分发挥法院案件指定管辖机制作用，有效打破地方保护。（最高人民法院、最高人民检察院等按职责分工负责）

提升知识产权司法保护能力。加强司法保护与行政确权、行政执法、调解、仲裁、公证存证等环节的信息沟通和共享，促进行政执法标准和司法裁判标准统一，形成有机衔接、优势互补的运行机制。强化民事司法保护，研究制定符合知识产权案件规律的诉讼规范。完善刑事法律和司法解释，加大刑事打击力度，准确适用知识产权领域行政执法移送刑事司法标准和刑事案件立案追诉标准，规范刑罚适用。加强知识产权司法工作人员培养和选拔，加强技术调查官队伍建设。（最高人民法院、最高人民检察院、公安部等按职责分工负责）

（六）加强知识产权行政保护

健全知识产权行政保护机制。加强中央在知识产权保护的宏观管理、区域协调和涉外事宜统筹等方面事权。加强知识产权快保护机构建设。在条件成熟的地区建设国家知识产权保护试点示范区。加强知识产权行政执法指导制度建设。建立行政保护技术调查官制度。健全知识产权侵权纠纷行政裁决制度。健全跨区域、跨部门知识产权行政保护协作机制。加强商贸流通领域知识产权保护，制定商品交易市场知识产权保护国家规范，持续推进知识产权保护规范化市场建设，净化消费市场。（国家知识产权局牵头，中央宣传部、文化和旅游部、市场监管总局等按职责分工负责）

专栏3 知识产权保护机构建设工程

提升知识产权保护机构服务能力。在优势产业集聚区布局建设一批知识产权保护中心，构建知识产权快速协同保护体系，提供集快速审查、快速确权、快速维权于一体的知识产权一站式综合服务，加快提升知识产权快速协同保护运行管理能力。加强人员配备和职业化专业化建设，优化人才选聘机制和管理激励机制，加大培训力度，打造知识产权保护高素质、复合型人才队伍。

加强维权援助统筹协调。强化部门协同和区域协作。推动维权援助体系向基层延伸，完善中国知识产权维权援助线上服务平台，加强全国维权援助资源整合，实现维权援助服务全国一张网。（国家知识产权局负责）

提高知识产权行政保护效能。更好发挥全国打击侵犯知识产权和制售假冒伪劣商品工作领导小组作用，加强部门协同配合，开展关键领域、重点环节、重点区域行政执法专项行动，重点查处假冒专利、商标侵权、侵犯著作权、地理标志侵权假冒等违法行为。加大行政处罚力度，加强侵权纠纷行政裁决，有效遏制恶意侵权、重复侵权、群体侵权。完善专利、商标侵权判断标准。加强植物新品种保护体系建设。强化知识产权海关保护。加强特殊标志、官方标志、奥林匹克标志保护。加强知识产权行政执法和行政裁决队伍人员配备和能力建设，提升知识产权行政执法装备现代化、智能化水平，利用新技术手段畅通投诉举报渠道，提升打击侵权假冒行为的效率及精准度。依法规制知识产权滥用行为，不断完善防止知识产权滥用相关制度。（中央宣传部、农业农村部、文化和旅游部、海关总署、市场监管总局、国家林草局、国家知识产权局等按职责分工

负责）

专栏4 植物新品种保护体系建设工程

*完善植物新品种保护体制机制。*推动建立实质性派生品种制度，研究加入《国际植物新品种保护公约》(UPOV)1991 年文本，有效激励种业自主创新。加快国家植物品种测试徐州、三亚中心建设，探索建立品种权区域性审查协作中心和第三方测试机构。加快国家种质资源库、遗传物质保存库和无性繁殖植物保存圃等基础设施建设。加快建立国际测试报告互认机制，深度参与国际在线申请平台建设，鼓励向海外申请品种权。

*提升植物新品种保护能力。*大力开展维权打假专项行动，加大品种权行政执法案件查处力度，定期向全社会公布典型案例。探索建立品种保护专业审查员制度，建立国家品种保护培训基地，培养一批种业知识产权管理、新品种审查测试、行政执法、政策研究等领域的高素质专业人才。（农业农村部、国家林草局、国家知识产权局等按职责分工负责）

专栏5 地理标志保护工程

*实施地理标志保护提升行动。*推进建立地理标志统一认定和立体化保护机制。深化地理标志专用标志使用核准改革试点，强化地理标志专用标志使用监管，推动市场主体使用地理标志专用标志覆盖率达到 80% 以上。构建新型地理标志保护标准体系，推进地理标志保护基础通用国家标准的制定。开展地域特色农产品资源普查，建立资源目录。建成 100 个国家地理标志产品保护示范区。完善地理标志保护监管年度报告制度。探索建立地理标志联动保护机制，推动形成生产地、流通地、销售地联动查处地理标志侵权违法行为的工作格局。（国家知识产权局牵头，市场监管总局、农业农村部等按职责分工负责）

*实施地理标志农产品保护工程。*加强原生地种质资源和特色品种保护培育，强化特色品质保持技术集成和监测。加强生产环境保护和设施条件改善，完善地理标志农产品质量技术规程，推进全产业链标准化，打造一批地理标志农产品核心基地。推进地理标志农产品与绿色有机农产品、重要农业文化遗产等融合发展，打造区域农产品公用品牌。加强地理标志农产品质量安全监管，全面实施追溯管理。建立健全地理标志农产品培育、保护和发展机制。（农业农村部、国家知识产权局等按职责分工负责）

（七）加强知识产权协同保护

完善知识产权纠纷多元化解决机制。培育和发展知识产权调解组织、仲裁机构、公证机构。鼓励行业协会、商会建立知识产权保护自律和信息沟通机制。建立健全知识产权调解、仲裁、公证、社会监督等人才的选聘、培养、管理、激励制度。推动完善知识产权纠纷投诉受理处理、诉讼调解对接、调解仲裁对接、行政执法与调解仲裁对接等机制。探索维权援助社会共治模式，鼓励高校、社会组织等开展维权援助工作。建立完善知识产权侵权纠纷检验鉴定工作体系，加强知识产权鉴定机构专业化、规范化建设，推动建立知识产权鉴定技术标准。建立国防领域知识产权纠纷多元化处理机制。（国家知识产权局牵头，中央宣传部、最高人民法院、司法部、国家国防科工局、中央军委装备发展部、中国贸促会等按职责分工负责）

加强知识产权领域诚信体系建设。推进建立知识产权领域以信用为基础的分级分类监管模式，积极支持地方开展工作试点。制定覆盖专利、商标、版权等领域的信用信息基础目录。推进知识产权领域信用承诺制建设。规范知识产权领域严重失信主体名单认定标准和程序，依法依规对严重失信主体实施惩戒。推进知识产权信用修复制度建设。推动全国知识产权信用信息共享平台与全国信用信息共享平台实现数据共享。（中央宣传部、国家发展改革委、农业农村部、人民银行、市场监管总局、国家林草局、国家知识产权局等按职责分工负责）

（八）加强知识产权源头保护

促进知识产权高质量创造。健全高质量创造支持政策，加强人工智能、量子信息、集成电路、基础软件、生命健康、脑科学、生物育种、空天科技、深地深海探测等领域自主知识产权创造和储备。加强国家科技计划项目的知识产权管理，在立项和组织实施各环节强化重点项目科技成果的知识产权布局和质量管理。优化专利资助奖励等激励政策和考核评价机制，突出高质量发展导向。完善无形资产评估制度，形成激励与监管相协调的管理机制。（科技部、工业和信息化部、财政部、国家知识产权局等按职责分工负责）

提高知识产权审查质量和审查效率。完善适应创新发展需求的知识产权审查管理体系，优化专利、商标审查协作机制。提升专利商标审查机构能力水平，强化专利、商标、版权、地理标志、植物新品种全流程审查质量管控，提升知识产权授权确权质量。提高专利、商标审查业务精细化管理水平，优化审查资源配置，加强智能化技术运用，提升审查效能，缩短审查周期。完善专利、商标审查模式，加强审查与产业发展的政策协同和业务联动，满足产业绿色转型和新领域新业态创新发展等社会多样化需求。（中央宣传部、工业和信息化部、农业农村部、国家林草局、国家知识产权局等按职责分工负责）

专栏6 一流专利商标审查机构建设工程

建设高水平审查员队伍。对标国际先进水平，完善审查人才培养体系，优化队伍结构，健全保障和激励机制，增强审查人员职业荣誉感。

提高审查智能化便利化水平。以大数据、云计算、人工智能等技术为支撑，以智能审查和智能检索为核心，加强智能分类建设，推进专利、商标审查系统智能化建设。优化远程审查保障。完善数据资源保障，提高基础数据完整性、安全性、可靠性、适用性。

提升审查质量。适时修改专利审查指南，制定专利申请指南，完善商标审查审理标准。建立健全专利、商标审查质量保障和评价体系。加强审查业务指导体系协同。专利审查质量用户满意度指数保持在85以上，商标审查质量满意度保持在较高水平。

提高审查效率。发明专利审查周期压缩至15个月以内，专利无效结案周期控制在6个月以内。商标变更和续展首次审查周期压缩至15天以内，商标转让首次审查周期压缩至1个月以内，商标驳回复审案件平均审理周期压缩至5.5个月以内，商标异议审查周期进一步压缩。（国家知识产权局负责）

强化知识产权申请注册质量监管。完善以质量和价值为导向的知识产权统计指标体系，健全知识产权质量统计监测和反馈机制。严格规范专利申请、商标注册和版权登记行为，严厉打击不以保护创新为目的的非正常专利申请和代理行为，以及不以使用为目的的恶意商标注册和代理行为，依法依规对相关行为进行处置。加强信用监管和行业自律，严厉打击无资质专利代理等违法违规行为。（国家知识产权局牵头，中央宣传部、国家统计局等按职责分工负责）

四、提高知识产权转移转化成效，支撑实体经济创新发展

（九）完善知识产权转移转化体制机制

推进国有知识产权权益分配改革。强化国家战略科技力量，深化科技成果使用权、处置权、收益权改革，开展赋予科研人员职务科技成果所有权或长期使用权试点。充分赋予高校和科研院所知识产权处置自主权，推动建立权利义务对等的知识产权转化收益分配机制。有效落实国有企业知识产权转化奖励和报酬制度。完善国有企事业单位知识产权转移转化决策机制。（国家发展改革委、教育部、科技部、财政部、人力资源社会保障部、国务院国资委、中科院、国家国防科工局、国家知识产权局等按职责分工负责）

优化知识产权运营服务体系。推动在重

点产业领域和产业集聚区建设知识产权运营中心。培育发展综合性知识产权运营服务平台，创新服务模式，促进知识产权转化。支持高校和科研院所加强市场化知识产权运营机构建设，提升知识产权转化能力。加强知识产权运营专业化人才队伍建设。建立完善专利开放许可制度和运行机制。拓宽专利技术供给渠道，推进专利技术供需对接，促进专利技术转化实施。指导规范知识产权交易，完善知识产权质押登记和转让许可备案管理制度，加强数据采集分析和披露利用。加强知识产权转移转化状况统计调查。（中央宣传部、教育部、科技部、财政部、国家统计局、国家知识产权局等按职责分工负责）

积极稳妥发展知识产权金融。优化知识产权质押融资体系，健全知识产权质押融资风险管理机制，完善质物处置机制，建设知识产权质押信息平台。支持银行创新内部考核管理模式，推动银行业金融机构用好单列信贷计划和优化不良率考核等监管政策，在风险可控的前提下扩大知识产权质押贷款规模。鼓励知识产权保险、信用担保等金融产品创新，充分发挥金融支持知识产权转化的作用。在自由贸易试验区和自由贸易港推进知识产权金融服务创新。健全知识产权价值评估体系，鼓励开发智能化知识产权评估工具。（国家知识产权局牵头，中央宣传部、国家发展改革委、财政部、人民银行、银保监会、证监会等按职责分工负责）

促进产业知识产权协同运用。推动企业、高校、科研机构知识产权深度合作，引导开展订单式研发和投放式创新。围绕关键核心技术联合攻关加强专利布局和运用。引导建立产业专利导航决策机制，优化战略性新兴产业发展模式，增强产业集群创新引领力。推动在数字经济、智能制造、生命健康、新材料等领域组建产业知识产权联盟，构筑产业专利池。促进技术、专利与标准协同发展，研究制定标准必要专利许可指南，引导创新主体将自主知识产权转化为技术标准。健全知识产权军民双向转化工作机制。（教育部、科技部、工业和信息化部、市场监管总局、中科院、国家国防科工局、国家知识产权局、中央军委装备发展部等按职责分工负责）

专栏7 专利导航工程

完善专利导航工作体系。推动出台地方专利导航产业发展配套落实措施。引导企业、高校、科研机构、行业协会等推广实施专利导航指南国家标准，突出专利导航服务、评价、培训、组织实施标准化引领。加强专利导航理论研究、实务指导、技术支撑，推动建设专利导航业务指导中心，支持在重点区域、重点产业园区建设专利导航服务基地。开展专利导航示范项目建设，加强专利导航项目评价，引导规范专利导航市场化服务。

深化专利导航运用模式。完善以产业数据、专利数据为基础的专利导航决策机制，创新专利导航服务模式，打造专利导航深度应用场景。组织开发专利导航数据产品、分析工具、应用平台。推动实施重点领域、重点产业专利导航项目，引导关键核心技术攻关，加强产业专利布局，助力保障产业链供应链稳定和安全。（国家知识产权局牵头，教育部、科技部、工业和信息化部、中科院等按职责分工负责）

（十）提升知识产权转移转化效益

提升创新主体知识产权管理效能。推动创新主体加强知识产权管理标准化体系建设，推动实施创新过程知识产权管理国际标准。推动中央企业建立完善知识产权工作体系，打造一批具备国际竞争优势的知识产权强企。深化实施中小企业知识产权战略推进工程。分级分类开展企业、高校、科研院所知识产权优势培育和建设工作。引导创新主体建立健全知识产权资产管理制度，推动企业做好知识产权会计信息披露工作。建立健全财政资助科研项目形成知识产权的声明制度和监管机制。（教育部、科技部、工业和信息化部、财政部、国务院国资委、税务总局、市场监管总局、中科院、国家知识产权局等按职责分工负责）

专栏8 中小企业知识产权战略推进工程

提升知识产权管理水平。鼓励有条件的中小企业实施企业知识产权管理规范国家标准，加大中小企业知识产权托管服务力度。

提升知识产权运用能力。开展工业企业知识产权运用试点工作，发挥知识产权运营平台和运营基金作用，促进中小企业知识产权转移转化，鼓励国有企业通过并购等方式支持中小企业知识产权转移转化，完善中小企业知识产权维权援助工作机制。

拓宽中小企业知识产权融资渠道。鼓励各类金融机构创新知识产权金融服务，丰富金融产品供给，加大中小企业知识产权质押融资支持力度，完善风险分担补偿机制。（工业和信息化部牵头，中央宣传部、人民银行、国务院国资委、市场监管总局、银保监会、证监会、国家知识产权局等按职责分工负责）

推动知识产权融入产业创新发展。培育专利密集型产业，探索开展专利密集型产品认定工作，指导地方制定专利密集型产业培育目录，健全专利密集型产业增加值核算与发布机制，加强专利密集型产业培育监测评价。实施商标品牌战略，加强驰名商标保护，提升品牌国际影响力。实施版权创新发展工程，打造版权产业集群，强化版权发展技术支撑。推动地方建立地理标志产品产值统计制度，健全地理标志产业发展利益联结机制，发挥龙头企业带动作用，吸引更多市场主体参与地理标志产业融合发展。完善绿色知识产权统计监测，推动绿色专利技术产业化，支撑产业绿色转型。（中央宣传部、农业农村部、市场监管总局、国家统计局、国家知识产权局等按职责分工负责）

专栏9 商标品牌建设工程

建立健全商标品牌推进工作体系。完善产品质量监督体系，健全监督信息交流共享机制提升商标品牌质量。引导行业协会、高校、科研机构等服务商标品牌发展，对品牌质量进行研究、评价、监测。发展区域品牌，推动新型农业、先进制造业、现代服务业等产业集群品牌商标化。推动设立商标品牌指导站，强化商标品牌培育帮扶指导。

推动企业实施商标品牌战略。加强商标品牌资产管理，强化商标使用导向。支持开展商标海外布局，培育具有市场竞争力、国际影响力的知名商标品牌，支持开展中国国际商标品牌节等宣传活动，加强中国商标品牌的全球推广。（国家知识产权局牵头，工业和信息化部、农业农村部、市场监管总局等按职责分工负责）

专栏10 版权创新发展工程

构筑版权产业发展新优势。面向省、市、县及园区持续推进版权示范工作。建设国家版权创新发展基地。建立全国版权展会授权交易体系。持续推进文化文物单位文化创意产品开发试点工作。完善版权登记体制机制。优化资源配置，打造一批符合国家战略、反映产业和区域特点的优质版权产业集群。

推进版权交易、保护、服务一体化发展。拓宽版权作品国际合作与宣传渠道。打造一批精品广播电视和网络视听版权资源。推动中国优秀作品走出去、外国优秀作品引进来。推进版权保护技术、标准的研究和应用，加强各类作品价值评估、登记认证、质押融资等服务。探索在版权确权、用权、维权中引入区块链技术。（中央宣传部牵头，文化和旅游部、广电总局等按职责分工负责）

助力区域经济协调发展。优化央地合作会商机制，持续推动知识产权强省强市建设，面向省、市、县及园区深入开展知识产权强国建设试点示范工作，探索支撑创新发展的知识产权运行机制。强化区域间合作互助，促进东、中、西部和东北地区知识产权工作共同发展。鼓励地方探索构建符合区域发展需求的知识产权政策体系。推动京津冀高端知识产权服务业集聚发展。强化长三角区域一体化知识产权保护。推动粤港澳大湾区打造知识产权国际合作高地。推动成渝地区双城经济圈建立知识产权金融生态区。支持深圳建设中国特色社会主义先行示范区，打造保护知识产权标杆城市。支持香港建设区域知识产权贸易中心。加强涉农知识产权运用，助力乡村振兴。（国家知识产权局牵头，国家发展改革委、农业农村部、人民银行、国家林草局等按职责分工负责）

专栏11 知识产权助力乡村振兴工程

推进专利技术强农。开展专利信息帮扶，提升农业专利技术成果转化应用水平。

推进商标品牌富农。开展涉农产品商标品牌培育，遴选优质地理标志产品进行扶持，加强涉农品牌宣传。

推进地理标志兴农。开展地理标志助力乡村振兴行动，推动建设地理标志特色优势园区实施农业生产"三品一标"提升行动，推进品种培优、品质提升、品牌打造和标准化生产，打造地理标志农产品引领乡村特色产业发展的县域样板。

推进新品种惠农。加强优秀植物新品种培育和产业化，促进农作物育种创新，加快培育具有自主知识产权的优良品种，培育和转化运用一批优质林草新品种。（农业农村部、市场监管总局、国家林草局、国家知识产权局等按职责分工负责）

五、构建便民利民知识产权服务体系，促进创新成果更好惠及人民

（十一）提高知识产权公共服务能力

加快知识产权新型基础设施建设。依托全国一体化大数据中心体系，完善国家知识产权大数据中心和公共服务平台，提升知识产权公共服务智能化水平。推进地方知识产权公共服务平台和专题数据库建设，优先支持战略性新兴产业集群所在地建设知识产权公共服务平台，推动知识产权公共服务平台与行业、产业信息服务平台互联互通，提高知识产权公共服务可及性和普惠性。加强知识产权网络安全建设，健全网络安全综合防控体系，持续增强网络安全综合保障能力。（国家知识产权局牵头，中央网信办、国家发展改革委、财政部等按职责分工负责）

专栏12 知识产权公共服务信息化智能化建设工程

建设国家知识产权大数据中心。汇聚全球专利、商标、地理标志、集成电路布图设计等知识产权数据，实现知识产权数据与经济、科技、产业等信息融合。利用机器学习、人工智能等技术，加强对知识产权注册登记、公布公告、纠纷调解、质押许可等信息的智能监测进行创新态势分析等主题挖掘。提供智能数据服务，实现对各类知识产权数据的智能分析，为科学决策等提供数据支撑。

完善国家知识产权公共服务平台。对接全国一体化政务服务平台、国家"互联网＋监管"系统，优化知识产权行政执法保护支撑、行政复议、知识产权注册簿登记簿应用、电子商务领域知识产权保护、知识产权代理监管、非正常申请监管、知识产权咨询等政务服务。面向社会公众提供专利、商标、地理标志、集成电路布图设计等一站式智能查询检索服务，实现知识产权公共服务便利化、集约化、高效化。（国家知识产权局牵头，中央网信办、国家发展改革委、财政部等按职责分工负责）

完善知识产权公共服务体系。完善知识产权公共服务网络，健全公共服务支持创新工作机制。推动公共服务骨干节点分级分类建设，省级公共服务机构实现全覆盖，地市级公共服务机构覆盖率力争达到50%，鼓励有条件的县（市、区）设立综合性公共服务机构。支持开展跨行政区域知识产权公共服务合作。优化知识产权公共服务网点布局，提升高校、科研机构、科技社团、公共图书馆、科技情报机构、

产业园区生产力促进机构等知识产权信息公共服务能力。重点支持技术与创新支持中心、高校国家知识产权信息服务中心、国家知识产权信息公共服务网点有序发展。（国家知识产权局牵头，教育部、科技部、工业和信息化部、文化和旅游部、中科院、中国科协等按职责分工负责）

提高知识产权公共服务供给水平。加强知识产权数据标准制定，提高数据质量，维护数据安全，完善知识产权基础数据资源管理和服务规范。加强知识产权信息传播利用，加大知识产权基础数据开放力度，促进数据资源共享。完善知识产权信息利用相关规范，开展知识产权信息利用研究分析和发布。积极参与国际知识产权数据标准制定，加强国际知识产权数据交换。加大政府购买服务力度，创新公共服务形式，丰富公共服务产品供给。加强知识产权公共服务规范化、标准化建设，明晰知识产权公共服务事项和范围，建立知识产权公共服务清单制度。（国家知识产权局负责）

（十二）促进知识产权服务业健康发展

培育发展知识产权服务业。引导知识产权代理、法律、信息、咨询、运营服务向专业化和高水平发展，拓展知识产权投融资、保险、资产评估等增值服务，促进知识产权服务业新业态新模式发展。加快制定实施知识产权服务业基础标准、支撑标准、产品标准、质量标准。深入实施专利代理机构执业许可审批告知承诺改革。引导国际高水平知识产权服务机构依规在华设立常驻代表机构。开展品牌价值提升行动，培育一批国际化、市场化、专业化知识产权服务机构。建设国家知识产权服务出口基地。全国执业专利代理师达到4万人。完善知识产权服务业统计制度。支持知识产权服务行业协会组织开展公益代理和维权援助。（国家知识产权局牵头，中央宣传部、司法部、商务部、国家统计局等按职责分工负责）

促进知识产权服务业与区域产业融合发展。聚焦重点区域、重点产业需求，优化知识产权服务业集聚区建设，引导知识产权服务链上下游优势互补、多业态协同发展。建立知识产权服务对接重点产业、重大项目工作机制，重点提供专利导航等高端服务。鼓励知识产权服务机构为创新主体提供全链条、专业化知识产权服务，支持企业创新发展和产业转型升级。（国家知识产权局牵头，工业和信息化部等按职责分工负责）

加强知识产权服务业监管。规范计划制定、名单抽取、结果公示、数据存档等各项抽查检查工作程序，实现“双随机、一公开”监管全覆盖。建立知识产权服务业监管长效机制。健全跨部门、跨区域协同监管机制。完善年度报告、经营异常名录、严重失信主体名单制度，开展信用评价并推广应用评价结果。建立知识产权服务业质量监测机制，利用新技术手段快速精准发现违法违规行为线索，提升监管效能。充分发挥知识产权服务行业协会作用，加大行业自律惩戒力度。建设知识产权服务业评价系统，及时公开服务机构和从业人员评价数据。（国家知识产权局负责）

六、推进知识产权国际合作，服务开放型经济发展

（十三）主动参与知识产权全球治理

积极参与完善知识产权国际规则体系。加强与世界知识产权组织的合作磋商，推动完善知识产权及相关国际贸易、国际投资等国际规则和标准。积极参与遗传资源、传统知识、民间文艺、非物质文化遗产、广播组织等方面的知识产权国际规则制定。积极研究和参与数字

领域等新领域新业态知识产权国际规则和标准的制定。（中央宣传部、外交部、商务部、文化和旅游部、国家知识产权局等按职责分工负责）

积极推进与经贸相关的多双边知识产权谈判。妥善应对国际知识产权争端，加强与主要贸易伙伴的知识产权合作磋商。在相关谈判中合理设置知识产权议题。深入参与世界贸易组织有关知识产权谈判。积极推进同其他国家和地区自贸协定知识产权议题谈判。研究推动与更多国家和地区开展地理标志协定谈判。（中央宣传部、外交部、商务部、国家知识产权局等按职责分工负责）

（十四）提升知识产权国际合作水平

加强知识产权国际合作机制建设。巩固和完善"一带一路"知识产权合作，充分利用"一带一路"知识产权合作平台，扩大合作项目规模和储备。深度参与金砖国家、中美欧日韩、中日韩、中国—东盟等小多边知识产权合作，加强与各方政策和业务规则交流，支持产业界积极参与相关合作机制。完善跨境司法协作安排，加强防范打击侵犯知识产权犯罪国际合作。（中央宣传部、最高人民法院、最高人民检察院、外交部、公安部、商务部、海关总署、国家知识产权局等按职责分工负责）

专栏13 "一带一路"知识产权合作工程

加强"一带一路"知识产权合作机制建设。打造共建"一带一路"国家和地区知识产权高层次合作平台。将知识产权合作同"数字丝绸之路"、"创新丝绸之路"等建设协调推进。推进知识产权信息、数据资源等领域合作。

强化知识产权能力提升项目实施。向共建"一带一路"国家和地区提供专利检索、审查、培训等多样化服务。开展面向共建"一带一路"国家和地区的知识产权培训。（国家知识产权局牵头，外交部、商务部、国际发展合作署等按职责分工负责）

优化知识产权国际合作环境。深化与国际和地区组织、重点国家和地区的知识产权合作，完善合作布局。加强面向周边和发展中国家的知识产权培训，支持发展中国家知识产权能力建设。加强药物及新冠病毒疫苗研发等重点领域的知识产权国际合作。与贸易对象国建立企业知识产权事务沟通协调机制。（中央宣传部、外交部、工业和信息化部、商务部、国家卫生健康委、市场监管总局、国际发展合作署、国家药监局、国家知识产权局、中国贸促会等按职责分工负责）

（十五）加强知识产权保护国际合作

便利知识产权海外获权。强化知识产权审查业务合作，拓展"专利审查高速路"国际合作网络，重点推动相关国家共享专利、植物新品种等审查结果。引导创新主体合理利用世界知识产权组织全球服务体系等渠道，提高海外知识产权布局效率。（国家知识产权局牵头，中央宣传部、农业农村部、国家林草局等按职责分工负责）

加强知识产权海外维权援助。建立国际知识产权风险预警和应急机制，建设知识产权涉外风险防控体系。建立国际趋势跟踪研究基地，加强对商业秘密保护、互联网企业走出去等重点前沿问题的研究。提升海外知识产权信息服务能力，建立健全国外展会知识产权服务站工作机制。鼓励保险机构开展知识产权海外侵权保险业务。积极发挥贸易投资促进机构作用，不断加强知识产权海外服务保障工作。（中央宣传部、商务部、市场监管总局、银保监会、国家知识产权局、中国贸促会等按职责分工负责）

专栏14 对外贸易知识产权保护工程

*加强海外知识产权纠纷应对指导体系建设。*建立与知识产权有关的贸易对象国调查报告机制。拓展打击知识产权侵权犯罪国际执法协作渠道，开展重大案件跨国联合执法行动。建立海关跨境合作机制，加强知识产权海关执法信息情报交换共享。

*提升海外知识产权风险防范能力。*制定跨境电商知识产权保护指南，引导跨境电商平台防范进出口贸易中的知识产权风险，有效支持跨境电商平台企业国际化发展。加强对海外知识产权制度环境的研究，编制发布重点国家知识产权保护国别指南。（中央宣传部、中央网信办、最高人民检察院、公安部、商务部、海关总署、国家知识产权局等按职责分工负责）

七、推进知识产权人才和文化建设，夯实事业发展基础

（十六）加强知识产权人才队伍建设

优化知识产权人才发展环境。推进知识产权学科建设，支持学位授权自主审核单位依程序设置知识产权一级学科点，支持有关单位依程序设置知识产权二级学科点，研究设置知识产权硕士专业学位。推动知识产权相关专业升级和数字化改造，开发一批知识产权精品课程。鼓励支持有条件的理工科高校开设知识产权相关专业和课程。设立一批国家知识产权人才培养基地。做好知识产权职称制度改革实施工作，完善知识产权人才评价体系。（教育部、人力资源社会保障部、国家知识产权局等按职责分工负责）

提升知识产权人才能力水平。完善知识产权人才分类培训体系，健全人才保障机制。加强知识产权理论研究，完善知识产权研究管理机制，强化智库建设，鼓励地方开展政策研究。加强知识产权行政管理、行政执法、行政裁决人员培养，分层次分区域持续开展轮训。加强企事业单位知识产权人才培养，建设理论与实务联训基地。建立知识产权服务业人才培训体系，提高服务业人才专业能力。大力培养知识产权国际化人才。（国家知识产权局牵头，中央宣传部、市场监管总局等按职责分工负责）

（十七）加强知识产权文化建设

构建知识产权大宣传格局。围绕知识产权强国建设，统筹传统媒体与新兴媒体，用好融媒体，健全知识产权新闻发布制度。建立健全政府活动宣传、媒体传播报道、学界文章影响、国际文化交流相互促进的知识产权传播大矩阵。持续做好全国知识产权宣传周、中国知识产权年会等品牌宣传活动。讲好中国知识产权故事，展示文明大国、负责任大国形象。（国家知识产权局牵头，中央宣传部、中央网信办、广电总局等按职责分工负责）

专栏15 知识产权普及教育工程

*推动知识产权普及教育进校园。*支持大中小学开展知识产权基础性普及教育。鼓励知识产权专家进校园，促进知识产权教育与学校创新实践活动相融合，持续推进全国中小学知识产权教育工作和全国大学生版权征文活动。推动技工院校普及知识产权教育，将知识产权普及教育作为全国专业技术人员继续教育的重要内容。

*推动知识产权进干部培训课堂。*优化知识产权课程设置，加强对党政领导干部和国有企业负责人的知识产权宣传培训。（国家知识产权局牵头，中央组织部、中央宣传部、教育部、人力资源社会保障部、中国科协等按职责分工负责）

厚植知识产权文化理念。增强全社会尊重和保护知识产权的意识，推动知识产权文化与法治文化、传统文化、创新文化、诚信文化深度融合。大力宣传锐意创新和诚信经营的典型企业，引导企业自觉履行尊重和保护知识产权

的社会责任。开展贴近时代、贴近百姓、贴近生活的知识产权文化惠民活动。加强知识产权文化基础设施建设。探索建立“互联网+”知识产权保护云博物馆。加大对中西部地区知识产权文化建设投入。开展知识产权文化建设理论和学术研究，以文化为媒，提升文化软实力。（国家知识产权局牵头，中央宣传部、司法部、文化和旅游部等按职责分工负责）

八、实施保障

（十八）加强组织领导

坚持党对知识产权工作的全面领导，充分发挥国务院知识产权战略实施工作部际联席会议作用，完善工作机制，形成工作合力，确保党中央、国务院关于知识产权工作的各项决策部署落到实处。各地区、各有关部门要强化责任意识，密切协调配合，结合实际进一步明确工作重点，落实好本规划部署的各项任务措施。国家知识产权局要加强组织协调，明确责任分工，细化目标任务，加强宣传解读，制定年度推进计划，确保规划有序推进。相关社会组织和行业协会要积极参与规划实施，主动作为，发挥作用。（国家知识产权局牵头，有关部门与地方各级人民政府按职责分工负责）

（十九）鼓励探索创新

各地要发扬基层首创精神，针对规划实施中的痛点、难点问题，主动作为、创新思路，积极探索积累务实管用、科学精准的具体举措，不断丰富完善有关政策措施。各有关部门要营造有利环境，支持有条件的地区先行先试。（地方各级人民政府与有关部门按职责分工负责）

（二十）加大投入力度

完善多渠道投入机制，推进规划重大工程项目落地，促进规划有效实施。加强对知识产权工作的政策和资源支持。鼓励社会资本积极参与，创新投入模式和机制，充分发挥市场在资源配置中的决定性作用。（有关部门与地方各级人民政府按职责分工负责）

（二十一）狠抓工作落实

国家知识产权局会同有关部门加强对规划实施情况的跟踪监测，通过第三方评估等形式开展规划实施的中期评估、总结评估，总结推广典型经验做法，发现规划实施中存在的问题并研究解决对策。强化监督检查，确保任务落实，重要情况及时报告国务院。（国家知识产权局牵头，有关部门按职责分工负责）

国家发展改革委等部门关于新时代推进品牌建设的指导意见

（发改产业〔2022〕1183号）

各省、自治区、直辖市及计划单列市、新疆生产建设兵团发展改革委、工业和信息化主管部门、农业农村（农牧）厅（局、委）、商务主管部门、国资委、市场监管局（厅、委）、知识产权局，各中央企业：

品牌是高质量发展的重要象征，加强品牌建设是满足人民美好生活需要的重要途径。近年来，我国品牌建设取得积极进展，品牌影响力稳步提升，对供需结构升级的推动引领作用显著增强。同时也要看到，新一轮科技革命和产业变革深入发展，品牌发展理念和实践深刻变革，我国品牌发展水平与全面建设现代化国家的要求相比仍有差距。为高质量推进品牌建设工作，全面提升我国品牌发展总体水平，提出意见如下。

一、总体要求

（一）总体思路

以习近平新时代中国特色社会主义思想为指导，全面贯彻党的十九大和十九届历次全会精神，深入贯彻习近平总书记关于品牌建设的重要指示精神，立足新发展阶段，完整、准确、全面贯彻新发展理念，构建新发展格局，以深化供给侧结构性改革为主线，以满足人民群众日益增长的美好生活需要为根本目的，坚持质量第一、创新引领，开展中国品牌创建行动。适应新时代新要求，进一步引导企业加强品牌建设，进一步拓展重点领域品牌，持续扩大品牌消费，营造品牌发展良好环境，促进质量变革和质量提升，推动中国制造向中国创造转变、中国速度向中国质量转变、中国产品向中国品牌转变，久久为功促进品牌建设高质量可持续发展。

（二）发展目标

到2025年，品牌建设初具成效，品牌对产业提升、区域经济发展、一流企业创建的引领作用更加凸显，基本形成层次分明、优势互补、影响力创新力显著增强的品牌体系，品牌建设促进机制和支撑体系更加健全，培育一批品牌管理科学规范、竞争力不断提升的一流品牌企业，形成一批影响力大、带动作用强的产业品牌、区域品牌，中国品牌世界共享取得明显实效，人民群众对中国品牌的满意度进一步提高。

到2035年，品牌建设成效显著，中国品牌成为推动高质量发展和创造高品质生活的有力支撑，形成一批质量卓越、优势明显、拥有自主知识产权的企业品牌、产业品牌、区域品牌，布局合理、竞争力强、充满活力的品牌体系全面形成，中国品牌综合实力进入品牌强国前列，品牌建设不断满足人民群众日益增长的美好生活需要。

二、培育产业和区域品牌

（一）打造提升农业品牌

实施农业品牌精品培育计划，聚焦粮食生产功能区、重要农产品保护区、特色农产品优势区和现代农业产业园等，打造一批品质过硬、特色突出、竞争力强的精品区域公用品牌。深入实施农业生产“三品一标”(品种培优、品质提升、品牌打造和标准化生产）提升行动，加强绿色、有机和地理标志农产品培育发展，打造一批绿色优质农产品品牌。开展脱贫地区农业品牌帮扶，聚焦特色产业，支持培育一批特色农产品品牌。加强科技创新、质量管理、市场营销，打造一批产品优、信誉好、产业带动性强、具有核心竞争力的合作社品牌、家庭农场品牌和农业领军企业品牌。发展乡村新产业新业态，围绕休闲农业、乡村服务业等，打造一批新型农业服务品牌。

（二）壮大升级工业品牌

大力实施制造业“增品种、提品质、创品牌”行动，形成有影响力的“中国制造”卓著品牌，培育一批先进制造业集群品牌。引导装备制造业加快提质升级，推动产品供给向“产品＋服务”转型，在轨道交通、电力、船舶及海洋工程、工程机械、医疗器械、特种设备等装备领域，培育一批科研开发与技术创新能力强、质量管理优秀的系统集成方案领军品牌和智能制造、服务型制造标杆品牌。鼓励消费品行业发展个性定制、规模定制，在汽车、纺织服装、消费类电子、家用电器、食品、化妆品等领域，培育一批高端品牌、“专精特新”企业。推动电子信息产业创新发展和原材料产业关键技术攻关，培育一批竞争力强的品牌企业。加强工业产品质量安全监管，督促企业落实质量主体责任，提升质量管理数字化水平，提高产品技术质量性能、稳定性和可靠性。

（三）做强做精服务业品牌

加强服务品牌意识，提升服务品牌价值。推动金融、物流、研发设计、商务咨询、人力资源、节能环保等生产性服务业向专业化和价值链高端延伸，培育具有国际竞争力的生产性服务品牌。推动商贸、健康、养老、托育、文化、旅游、体育、家政、餐饮等生活性服务业向高品质和多样化升级，创新发展体验服务、共享服务、智慧服务等新业态新模式，培育专业度高、覆盖面广、影响力大、放心安全的服务精品，推动形成服务优质、应用面广的在线服务品牌。面向产业数字化发展需求，围绕人工智能、5G、工业互联网、智慧城市、智慧农业等领域，培育优质数字化品牌。实施“数商兴农”，培育电商优质品牌。

（四）培育区域品牌

鼓励各地围绕区域优势特色产业，打造竞争力强、美誉度高的区域品牌。支持产业联盟、行业协会商会、企业等共建区域品牌，在商标标识、质量标准等方面加强协调，宣传推介区域品牌形象。构建区域品牌质量标准、认证和追溯体系，推动产业集群质量品牌提升。充分发挥集体商标、证明商标制度作用，加强区域品牌运用、价值评估和知识产权融资，强化区域品牌使用管理和保护。加强地理标志的品牌培育和展示推广，推动地理标志与特色产业发展、生态文明建设、历史文化传承、乡村振兴等有机融合，提升区域品牌影响力和产品附加值。

三、支持企业实施品牌战略

（一）提升技术和质量水平

支持企业深入开展质量提升行动，实施全产业链质量提升，加强企业技术创新和产业链协同联动，促进技术迭代和质量升级。支持企业推进生产自动化、智能化、绿色化，构建规范化、标准化、精细化的运营体系。鼓励企业推广先进质量管理模式，开展质量管理数字化升级，建立全周期全流程质量安全追溯体系。鼓励企业完善测量管理体系，夯实高质量发展的计量能力和水平。开展对标达标提升行动，鼓励企业制定高于国际标准、国家标准水平的企业标准，推动形成一批具有引领带动作用的企业标准“领跑者”和一批具有市场竞争力的“领跑者”标准。

（二）塑造提升品牌形象

鼓励企业推进产品设计、文化创意、技术创新与品牌建设融合发展，建设品牌专业化服务平台，提升品牌营销服务、广告服务等策划设计水平。实施商标品牌战略，加强商标品牌指导站建设，培育知名商标品牌。引导企业诚实经营，信守承诺，积极履行社会责任，塑造良好品牌形象。支持企业强化商标品牌资产管理，提升品牌核心价值和品牌竞争力。

（三）丰富品牌文化内涵

积极推动中华文化元素融入中国品牌，深度挖掘中华老字号文化、非物质文化遗产、节庆文化精髓，彰显中国品牌文化特色。推进地域文化融入品牌建设，弘扬地域生态、自然地理、民族文化等特质。培育兼容产业特性、现代潮流和乡土特色、民族风情的优质品牌。

（四）发挥大型骨干企业示范引领作用

推动大型骨干企业特别是中央企业进一步发挥示范引领作用，深入实施中央企业品牌提升专项行动，加大品牌建设投入，积极推进全面品牌管理，促进品牌建设与企业经营良性互动，形成一批具有中国特色的品牌建设实践经验。支持大型骨干企业融入国家形象塑造，参与国际重大交流活动，传递中国品牌理念，不断增强全球消费者对中国制造、中国建造、中国服务的品牌认同。

四、扩大品牌影响力

（一）鼓励品牌消费

以质量品牌为重点，促进消费向绿色、健康、安全发展。广泛开展品牌宣传推广工作，推进品牌故事“走基层、入民心”，引导消费者认可、信任优质品牌。鼓励企业在重大装备和重点工程中使用优质品牌产品。创新数字化消费新场景，鼓励有条件的地方和企业持续培育新型消费。依托中国品牌日系列活动和中国农民丰收节、全国消费促进月、双品网购节等重要活动，营造品牌消费良好氛围。

（二）引导品牌国际化

鼓励企业实施品牌国际化战略，拓展国际市场。引导企业构建研发、采购、生产、品牌建设推广、售后服务一体化体系，开展商标海外布局。鼓励品牌企业与国际品牌企业合作，提高品牌国际化运营能力。引导行业龙头企业带动中小企业联合开展海外品牌建设推广，合作共建展销中心、营销渠道、服务网络、研发体系和公共海外仓。支持企业参加海外品牌展示和推广活动。

（三）积极参与国际合作

推动完善品牌相关的知识产权国际规则和标准。推进重点领域计量、标准、检验检测、认证认可结果国际采信、互认。推动行业协会、品牌服务机构与国外相关组织开展合作交流。鼓励品牌研究和标准化活动国际合作，积极开展品牌评价、品牌管理等领域国际标准的制修订，加快品牌标准应用和标准信息共享。

五、夯实品牌建设基础

（一）加强品牌保护

统筹推进商标、字号、专利、著作权等保护工作，加强驰名商标保护，严厉打击商标侵权等违法行为。完善跨部门、跨区域知识产权执法协作机制，加强知识产权信息公共服务资源供给，推进商标、地理标志等知识产权数据共享，依法依规加强知识产权领域信用体系建设。支持企业加强商标品牌保护，完善商标品牌维权与争端解决机制，推进商标数据国际交换与应用，推动商标品牌保护、纠纷处置的跨国协作。加强国家海外知识产权纠纷应对指导中心、国家海外知识产权信息服务平台等建设，开展海外纠纷应对指导服务。

（二）强化质量基础设施

建设若干国家级质量标准实验室。推进品牌培育、品牌管理、品牌评价等标准化建设，构建完善的品牌标准体系。开展“标准化+”行动，促进全域标准化深度发展。推动标准升级迭代和国际标准转化应用，加快建立健全质量分级制度，推动实施中国精品培育行动。推动国家现代先进测量体系建设，加强计量测试技术研究。鼓励符合条件的地区建设检验检测认证公共服务平台，实施质量基础设施拓展伙伴计划，打造质量基础设施集成服务基地。

（三）加强人才队伍建设

支持企业实施品牌人才提升计划，完善品牌人才引进和培养培训机制，提高品牌创建、运营和管理能力。鼓励企业联合高等院校开设品牌理论和应用管理课程，培养一批具有国际视野和品牌管理专业素质的企业家、管理人才。支持企业加强品牌适用人才培训，鼓励企业和专业机构、职业学校开展品牌管理职业培训，培养品牌建设专业人才。弘扬工匠精神，培养造就一批高素质技术技能人才。

六、组织保障

（一）加强组织协调

坚持党对新时代品牌建设工作的领导，把党的领导贯彻到品牌建设工作的各领域各方面各环节。深入贯彻落实党中央、国务院决策部署，充分认识品牌建设的重大意义，强化组织实施，完善工作机制。国家发展改革委要加强统筹协调，会同中宣部、工业和信息化部、农业农村部、商务部、国务院国资委、市场监管总局、国家知识产权局等部门，按照职能分工，对品牌建设加强指导，协同配合，形成合力，扎实推进品牌建设工作。

（二）营造良好环境

深化“放管服”改革，加快构建适宜品牌

发展的产业生态和制度环境，健全品牌发展法律法规，完善市场监管。支持自由贸易试验区在推进品牌建设方面深化改革创新，发挥示范引领作用。持续开展国际消费中心城市培育建设，推动城市商圈、重点商业街区、社区生活网点、步行街等错位发展、优化布局。不断完善品牌建设支持政策，鼓励企业加大品牌建设投入、建立品牌管理体系、提高品牌培育能力。健全国家质量奖励制度，鼓励地方对质量水平先进、品牌影响力突出的组织实施激励。

（三）培育品牌标杆

鼓励重点行业和领域企业开展品牌建设行动，培育一批重点行业和领域精品品牌，打造世界知名品牌企业和品牌产品。发挥品牌标杆示范作用，引导区域、行业、企业开展对标提升行动，增强品牌培育和管理能力。适时总结推广全国品牌建设典型经验和做法。

（四）加强品牌宣传

深入开展中国品牌日、“质量月”、全国知识产权宣传周等活动，推动全社会形成爱护品牌、享受品牌的良好氛围。围绕“中国品牌 世界共享”主题，持续办好中国品牌博览会、中国品牌发展国际论坛、行业和地方特色品牌创建活动等。鼓励开展中国品牌海外展示专题活动，讲好中国品牌故事。

国家发展改革委
工业和信息化部
农业农村部
商　务　部
国务院国资委
市场监管总局
国家知识产权局
2022年7月29日

CHINA
BRAND
YEARBOOK

专文

中国品牌发展历史回眸

周律

品牌是商品经济发展到一定阶段的产物。最早的品牌形式是在小农经济出现剩余商品的时候开始出现，近代和现代社会商品经济的快速发展，为品牌的兴起提供了坚强的物质基础。随着经济全球化的迅速发展，品牌已经成为国家综合竞争力的具体体现，品牌建设已成为占领国际市场、配置全球资源、带动经济持续发展的重要手段。中华民族的品牌意识最早萌芽于宋朝，近代取得了一定的发展。中华人民共和国成立后为品牌发展奠定了一定的物质基础，改革开放后取得了长足进步。经过国人不懈努力，目前中国品牌的影响力不断扩大，认可度和美誉度显著提升，越来越多的自主品牌深受国内外消费者青睐。中华民族品牌发展走过了一条不平凡的道路，它见证着历史的变迁，折射着文明与进步，承载着人民对美好生活的向往。

一、初露头角：中国古代品牌发展历史

随着生产力的提高和商品经济逐步发展繁荣，宋朝出现了最早的品牌形式，到明清时期，我国的资本主义生产关系开始萌芽，商品经济较宋朝更为发达，品牌雏形有了更大的发展。

（一）品牌形式开始出现（宋、元）

我国古代品牌形式最初来自标记。新石器时代仰韶文化、红山文化、马家窑文化出土的很多陶罐上均绘有符号，刻有人鱼合一标记的半坡人面鱼纹陶盆就是这个时期的典型代表。西周墓葬出土的文物上刻有封建领主的标志和各种官工印记，如山东寿光出土的“己侯钟”刻有“己侯作宝钟”铭文。春秋时代开始出现的“物勒工名”制度，工匠把自己的名字刻在器物上，以方便管理者检验产品质量。汉朝时，以能工巧匠名字命名的实物招牌开始流行，《汉书王遵传》记载有“箭张禁，酒赵放”，《乐府诗集·羽林郎》描述有“头上蓝田玉，耳后大秦珠”，史书《三辅决录》引韦诞奏言：“用张芝笔，左伯纸及臣墨……”这些标记的使用说明商人已经有了一定的品牌意识。

宋朝是我国封建社会商业贸易的繁荣时期，具有明显品牌指示并辅之以清晰消费导向的广告作品开始出现。北宋时期山东济南刘家针铺使用的“白兔”商标是最早可追溯的品牌形式，在针铺的包装纸上图文并茂，特别注明“认门前白兔儿为记”，并附有广告词：“收买上等钢条，造功夫细针，不误宅院使用，转卖兴贩，别有加饶，请记白。”这一品牌形式不仅包含有标记，还带有广告传播的用途。在《清明上河图》中，字号广泛应用于牌匾、包装、旗帜上，宋代吴自牧的《梦粱录·铺席》中记载：“杭城市肆名家，有名者如中瓦前皂儿水，杂货场前甘豆汤，戈家蜜枣，市西坊南和济惠民药局，官巷前仁爱堂熟药铺，修义坊三不欺

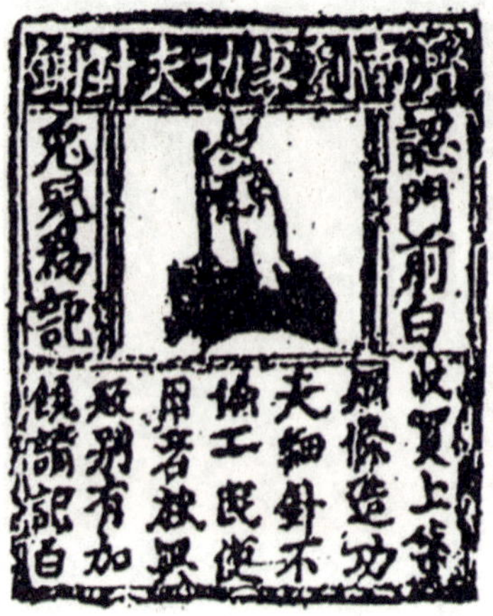

北宋时期山东济南刘家针铺使用的“白兔”商标

药铺……”这些字号朗朗上口，寓意美好，在百姓中广为流传。在一座元朝墓葬中同样发现了印有商业广告的产品包装纸，品牌表述清晰准确：“潭州升平坊内白塔街大尼寺相住危家，自烧洗无比鲜红紫艳上等银朱，水花二朱，雌黄，坚实匙筋。买者请将油漆试验，便见颜色与众不同，四方主顾请以门首红字高牌为记。”宋元时期的品牌通过牌匾、包装、旗帜等多种方式体现，品牌的传播和扩散已经达到非常自觉的阶段。

品牌雏形的出现得益于宋朝的经济和社会基础。第一，宋朝的手工业生产有了很大进步。当时，各种手工业作坊的技术、规模和内部分工的细密程度，都超越以往。第二，宋朝改市坊分隔制为街市制，促进了商业的繁荣。市坊分隔结构被打破，街道两旁的居民住宅不再受坊墙限制，可以自由开口，形成热闹的商住一体的街市局面。据史料记载，当时经营生活用品的店铺多达20几种，宋都开封有商业行300余个，行当基本涵盖了生活需求的各个方面，普通百姓的消费需求不断攀高，商品经济飞速发展。第三，造纸业和印刷业开始广泛应用，使得通过印刷广告传播品牌的成本大幅降低。

（二）品牌雏形的发展（明、清）

明清时期，我国的资本主义生产关系开始萌芽，商人对品牌越来越重视，品牌雏形得以继续发展。第一，商人将自己的招牌和字号视为自己商业生涯的象征和传家之宝，对招牌的形式与制作都非常讲究。他们珍惜品牌的信誉，重视品牌的延伸和发展，很多老字号流传至今，如“六必居”（1530年）、“同仁堂”（1669年）、“王致和”（1669年）、“全聚德”（1864年）、“内联升”（1853年），等等。第二，品牌文字更加考究，往往寄托着美好的寓意。例如，烤鸭店“全聚德”意思是“以德聚全，以德取财”，药店“同仁堂”意思是“同修仁德”。还有一些品牌有着鲜明的特色，比如月盛斋，是穆斯林清真羊肉铺，“月盛斋”意为“斋月里开张，月月兴盛”，亦为“生意像穆斯林斋月一样兴盛”。第三，商业广告显著增多，具有一定知名度和影响力的品牌开始出现。明朝嘉靖年间，京城酱菜铺的老板请当朝宰相严嵩为其品牌“六必居”题名，有了这一“名人效应”，六必居的生意有了明显的提高。但是明朝的资本主义萌芽并没有根深蒂固，中后期的清朝对资本主义实行严格的抑制，闭关锁国的结果不仅限制了商品经济的发展，也极大制约了品牌的发展。

“六必居”金字大匾

二、步履维艰：中国近代品牌发展历史（1840—1948年）

中国近代品牌的发展是一段荆棘丛生的历史，资本主义生产方式和市场规则的渗透，使民族品牌一出生就参与到残酷的竞争中，艰难成长，展现了非凡的智慧和勇气。

（一）品牌的舶来品时代（1840—1910年）

晚清时期，中国门户洞开，西方列强开始对中国进行大规模的经济入侵和政治控制，中国也被迫开始接受近现代意义上的商标制度。但是这一制度设立的初衷是保护外国商标，以便于其商品在中国的倾销。在19世纪50—70年代，英国、法国、美国、德国、日本等国相继颁布商标法，19世纪80年代商标制度开始步入国际化轨道。西方列强为了保护自己的品牌，先后与清政府签订不平等条约。1902年，清政府与英国政府在上海签订《续议通商行船条约》，其中规定："中国现亦应允保护英国贸易牌号，以防中国人民违犯、迹近假冒之弊。"同时规定南、北洋大臣在各自管辖境内设立牌号注册局，负责贸易牌号注册。1903年，清政府和美国、日本签订的通商行船条约中也有类似规定。1904年，清政府颁布《商标注册试办章程》和《商标注册试办章程细目》，该章程规定无论华商、洋商欲专用商标的都须依章程注册，并对商标申请及其优先权、商标审查、侵害商标专用权的处罚等做了规定。《商标注册试办章程》是中国历史上第一个商标成文立法，是中国近现代商标法制的开端。

为了维护统治，清朝政府发起洋务运动，采用西方先进生产技术，创办了一批近代企业，也随之产生创建了一些品牌。比如，1899年，我国近代著名实业家张謇创办了大生纱厂，其生产的棉纱产品创立使用"魁星牌"，同时不断引进国外先进技术，聘请国外技术人员来厂工作，提升产品质量。"魁星牌"成为我国近代棉纱行业中最早的知名品牌。

大生纱厂工程师与技工

在积贫积弱的晚清，大量国外的品牌、产品、广告进入百姓社会生活中。一方面，鸦片战争以后，国外品牌从各个通商口岸进入内陆地区，从钟表等"洋货"逐步向纺织品等日常用品扩大，英国"链条"牌线团、法国"永兴"牌帽子、德国"礼和"牌针织内衣、美国"五福"牌和"三牛"牌棉纱、日本"铁锚"牌毛巾等被国人熟悉接纳。另一方面，大量国外广告进入大众视野，1902年英美烟草公司为宣传自己的"翠鸟牌"烤烟香烟，在当时发行量最大的《申报》上投放整版广告，并策划使上海所有的人力车夫穿上绣有"烤"字的广告背心，引起轰动。国外品牌的流入，在一定程度上为民族品牌日后发展提供了经验。

（二）民族品牌的艰难成长（1911—1948年）

1911年辛亥革命之后，我国商标法律制度逐步完善。1923年5月，北洋政府颁布《商标法》和《商标法施行细则》，成立农商部商标局；9月，农商部商标局编辑出版了第一本《商标公告》。1927年，南京国民政府设立全国注册局，包括办理商标等注册事项。1928年，南京国民政府将全国注册局中的商标注册业务工作部门独立，划转成为工商部的商标局。1930年，南京国民政府颁布了《商标法》和《商标法施行细则》，该法吸收了国外商标制度的经验做法，确立了商标申请注册自愿原则，商标善意在先使用制度和正当使用抗辩事由等，还规定了较为完备的商标异议、撤销和无效评定等程序。

这一历史时期，外商品牌不断流入，民族品牌在多重压迫下艰难成长。第一，商标使用更加普遍。一些具有现代产业性质的企业开始尝试使用商标，在青岛、大连、上海、宁波等沿海地区和经济发达的内地城市，商品包装上逐渐开始打上“商标”的字样。一些具有现代经营意识的老字号，也开始尝试使用商标，尤其在两次世界大战的间隙，一些民族品牌得到了发展机遇，“美丽牌”香烟、“三星牌”牙膏等成为当时比较著名的品牌。第二，广告宣传更加多样。品牌宣传的载体从牌匾、纸媒等扩展到橱窗、路牌、霓虹灯、交通工具和广播等媒介；品牌的创意水平也日渐提高，比如福昌烟草公司，在1918年首次通过悬念广告提升品牌知名度，当时上海各报头版同时刊登一个红色的喜蛋，且没有任何文字说明，引起人们兴趣后谜底揭晓，才知道是福昌烟草公司为新生产的“小囡牌”香烟设计的广告，“小囡牌”一炮走红。“九一八”事变后，福昌烟草公司仅用10多天时间就创作出了《马占山将军》系列广告，马占山牌香烟一经推出就受到了欢迎。第三，民族品牌更加深入人心。抗战爆发后，为了挽救濒临灭绝的中国品牌，国货机制工厂联合会曾发起了一次“用国货最光荣”的保护运动，在各种学生运动的浪潮中，也常常会听到类似“爱国用国货”的口号，品牌第一次和中国的政治命运结合在一起，并正式成为社会生活和国力象征的一部分。

“马占山”牌香烟广告

三、峥嵘岁月：中国计划经济时代品牌发展历史（1949—1977年）

中华人民共和国成立，彻底改变了近代以来100多年中国积贫积弱、受人欺凌的悲惨命运，中华民族百废待兴，品牌事业亟待重新发展。毛泽东在《加快手工业的社会主义改造》的按语中说：“提醒你们，手工业中许多好东西，不要搞掉了。王麻子、张小泉的刀剪一万年也不要搞掉。我们民族好的东西，搞掉了的，一定都要来一个恢复，而且要搞得更好一些。”从中华人民共和国成立到改革开放之前的30年时间里，我国建立起众多工业部门，形成沿海、内地和西部三层工业布局与产业体系，为品牌建设打下了物质基础，而不同企业产品质量的差异性及人民群众对好商品的向往为品牌建设奠定了社会基础。因此，虽然实行计划经济，但品牌也在当时的经济活动中发挥着积极意义，对人民群众的生产生活产生了深远的影响，创立了“永久自行车”“灯塔肥皂”等众多品牌。

从中华人民共和国成立到改革开放之前，我国建立了与经济体制相对应的品牌法律制度。从中华人民共和国成立之初是新民主主义混合经济阶段，政务院于1950年颁布了《商标注册暂行条例》，这是中华人民共和国成立后第一部比较完备的商标法规，实行的是商标自愿注册制度。1956年，我国社会主义改造基本完成。1957年，随着社会主义制度的确立，为了适应新的经济体制，国务院同意并转发了《中央工商行政管理局关于实行商标全面注册的意见》，我国开始实行商标强制注册制度，要求各企业、合作社使用的商标必须注册。1963年，国务院颁布《商标管理条例》及其《施行细则》，对商标采取全面注册原则，未使用注册商标的商品不得出厂销售，同时提出商标是代表商品一定质量的标志，商标管理机关应会

20世纪70年代结婚"三大件"：国产手表、自行车、缝纫机

同有关部门对商品的质量进行监督和管理。

在社会生活中，品牌也扮演着重要的角色。消费者对品牌的认可度普遍提高，认识到购买品牌产品，不仅买的是产品，更是买的一种品质。在当时被国人称为结婚"三大件"的国产缝纫机、自行车、手表产品中涌现出一批知名品牌，如"蝴蝶""蜜蜂""燕牌"缝纫机；"飞鸽""永久""凤凰"自行车；"上海""北京"牌手表，等等。

"文革"期间，品牌的发展受到一定影响，主要是商标管理制度基本被弃之不用，商标的使用缺乏有效的约束，品牌"重名"屡见不鲜，妨碍了品牌的发展。

四、高歌猛进：中国改革开放以来的品牌发展历史（1978—2022年）

我国品牌的大发展是在改革开放后才开始的。中共十一届三中全会后，企业具有了一定经营自主权，从而在竞争的市场中逐步具备了品牌意识的自觉。纵观改革开放四十多年发展，我国现代品牌发展的动力是上下互动的，通过政府引导、市场竞争、企业发展，形成了具有现代意义的中国特色社会主义品牌发展路径。

（一）现代品牌破冰启蒙阶段（1978—1983年）

改革开放以来，我国市场主体的活力被极大激发，品牌在市场竞争中的作用重新得到国家和企业的重视。

为鼓励企业不断提高产品质量、打造强势品牌，国家相关部门首先开始加强顶层设计。第一，加强对知名品牌的认定和保护工作。1979年，国家颁布《中华人民共和国优质产品奖励条例》，开始每年对工业产品中的优质品颁发国家质量奖，依次分为国家优质产品、部门优质产品和省、自治区、直辖市优质产品，当时人们俗称为"国优""部优""省优"。第二，重新对商标制度进行立法。为了有利于发展社会主义商品经济，原国家工商行政管理局起草了《中华人民共和国商标法》（草案，以下简称《商标法》），1982年8月第五届全国人民代表大会常务委员会第二十四次会议审议通过了《商标法》，自1983年3月1日起施行。此次立法确立了我国《商标法》的基本原则并沿用至今，制度设计围绕商标权及其保护展开，商标制度成为当时品牌保护最基本的法律制度。

改革开放之初，企业开始不断推进品牌工作。第一，一些老字号首先开展商标恢复行动，全聚德、便宜坊、吴裕泰、内联升等品牌纷纷重新挂起招牌，率先走上品牌复兴之路。第二，全国范围内开始逐步恢复广告业务，"参杞补酒"成为第一个电视广告的国产品牌，之后

中国第一条电视广告"四格示意图"

更多的广告陆续搬上电视。1979年3月，《人民日报》刊文《上海恢复商品广告业务》，肯定了上海电视台为“幸福可乐”等商品播放广告的做法。《文汇报》刊登的一则瑞士雷达表的通栏广告，成为当时第一个在媒体上做广告的国外品牌。

（二）现代品牌涌现阶段（1984—1991年）

这一历史时期，国家和企业进一步重视品牌工作，涌现出一大批中国自主品牌。但同时由于品牌转让、品牌交易等品牌经营理念和机制还不完备，也造成了一些知名品牌因经营不善而消失。

国家相关部门对品牌的评定力度加强。第一，国家质量奖更名为国家优质产品奖。1987年，国家废止《中华人民共和国优质产品奖励条例》，再度颁布《国家优质产品评选条例》，设立国家优质产品奖，对达到国际先进水平的优质产品颁发国家优质产品奖证书和标有“优”字标志的奖牌。第二，开始重点保护中国驰名商标。1984年，我国加入《保护工业产权巴黎公约》，成为其第95个成员国，开始依据该公约的规定对驰名商标给予扩大的法律保护。1991年，国家工商行政管理总局以公众评选的方式首次批量认定“中国驰名商标”，包括茅台（酒）、凤凰（自行车）、青岛（啤酒）、琴岛—利勃海尔（电冰箱）、中华（香烟）、北极星（钟表）、永久（自行车）、霞飞（化妆品）、五粮液（酒）、泸州（酒），并对这些商标实施扩大保护。

创新品牌开始涌现，企业积极主动塑造自主推广品牌。第一，自1984年，许多后来叱咤风云的品牌开始起步。这一年，万科前身“深圳现代科教仪器展销中心”成立，王石任法定代表人；联想的前身“中国科学院计算技术研究所新技术发展公司”成立，柳传志任副总经理；张瑞敏接任濒临倒闭的海尔前身“青岛电冰箱总厂”厂长；潘宁研发出中国第一台双门电冰箱，创立科龙公司的前身“珠江冰箱厂”，创建“容声”牌冰箱；广东三水县三水酒厂厂长李经纬推出运动型饮料“健力宝”。第二，广告开始走向大众化时代。随着电视的普及，越来越多的电视广告出现在大众视野中，街头的广告牌也在逐渐增多，一些品牌开始请明星为其代言，广告创新的方式进一步得到提升。

1984年，健力宝诞生

与此同时，在日趋激烈的市场环境中，一些国内的品牌逐渐退出了历史舞台。第一，当时国外企业在华直接投资会受到很多限制，为了绕过政策壁垒，国外企业多通过中外合资合作的形式进入中国市场，在合资的过程中，一些国内知名品牌被弃用、冷落。比如，在饮料行业，沈阳的“八王寺”、广州的“亚洲”、重庆的“天府可乐”、武汉的“大桥”、青岛的“崂山”等都是当时各地的知名品牌，在与国外可口可乐和百事可乐合并过程中，这些品牌的商标没有继续使用或使用强度减弱，后来逐渐在市场上消失；再如，“乐口福”麦乳精在20世纪80年代属于风靡全国的营养饮品，一个以制药为主的外资集团公司介入后，没有将“乐口福”麦乳精作为主要的盈利产品，也没有进行配方改良，最终导致这一知名品牌逐渐被市场淘汰。第二，贴牌加工的生产经营方式强化了外商品牌的发展。在这一阶段，我国许多企业都属于“三来”企业，通过为外资品牌进行贴牌生产来赢得发展空间。许多外商品牌在中国市场上抓住了这个扩大市场影响、提升品牌知名度和建立品牌忠诚度的大好机会，并获得了由品牌所带来的巨大经济效益。

（三）现代品牌竞争提升阶段（1992—2000年）

1992年，邓小平在南方谈话中指出："我们应该有自己的拳头产品，创出我们中国自己的名牌，否则就要受人欺负。"至此，中国品牌建设进入实质性提升阶段，国内国际品牌竞争日益加剧。

国家顶层设计进一步重视品牌工作。第一，创名牌得到重视。1992年，中共中央宣传部、国家新闻出版署、中华新闻工作者协会等部门组织的"中国质量万里行"活动正式启动，之后成了一个持续性开展的活动，这一活动的开展对中国名牌事业的发展起了明显的促进作用。1996年，国务院颁布实施《质量振兴纲要（1996—2010年）》，明确提出"实施名牌战略，振兴民族工业"。1997年，国家经贸委和国家质量技术监督局联合发布了《关于推动企业创名牌产品的若干意见》，进一步强调："只有创出一批具有市场竞争力的名牌产品，才能促进我国工业整体素质的提高。实施名牌战略，发展中国名牌，已成为一项十分迫切的现实任务。"第二，法律法规进一步完善。1993年2月，第七届全国人民代表大会常务委员会第三十次会议通过《关于修改〈中华人民共和国商标法〉的决定》，加大了对商标的保护力度。1994年10月，第八届全国人民代表大会常务委员会第十次会议通过《中华人民共和国广告法》，广告宣传同样进入法治化的轨道。第三，进一步加强驰名商标保护工作。1990年，国家工商行政管理局在《关于大力加强企业商标工作的通知》中指出："驰名商标的多少，在一定程度上表明了一个国家的经济实力和水平。我国要大力发展社会主义商品经济，并且要走向世界，参与国际经济大循环，到国际市场上去竞争，就必须创一大批在国内国际上都驰名的商标。"

企业之间的品牌竞争愈发激烈。20世纪90年代，非公有制经济得到迅速发展，产品数量和品种越来越多，市场竞争加剧，很多行业都爆发了激烈的品牌大博弈；同时，越来越多的国外品牌进入中国市场，国内品牌受到一定冲击。1996年，国外品牌彩电的大规模上市，使国内彩电的厂商面临严峻挑战，长虹作为当时国内彩电品牌的龙头企业，以同样的技术和质量，比进口品牌便宜18%的价格的大额度让利消费者，拢住了国内许多彩电消费者的心。同时国内其他彩电品牌，同样用让利的手段在国内品牌与进口品牌的竞争中获胜，这次品牌博弈对国内市场产生了深远的影响。经过一轮又一轮的市场洗礼，很多企业开始明白，一定要有自己强有力的品牌，才能在市场竞争中取胜。1997年4月，"农夫山泉"第一家工厂开机，"农夫山泉有点甜"的广告语开始深入千家万户，到2022年，农夫山泉市值超过5000亿港元。

（四）现代品牌国际融入阶段（2001—2012年）

2001年中国加入世界贸易组织之后，市场经济愈加繁荣，对外开放力度不断增强，竞争愈加激烈，"品牌"逐渐进入党和国家的正式文件中，市场上专业化的品牌经营逐渐走向成熟。

国家顶层设计持续完善。第一，党中央越来越重视自主创新与品牌的关系。2002年1月，党的十六大明确提出，要尽快"形成一批有实力的跨国企业和著名品牌"。此后，在2003年、2004年和2005年的《政府工作报告》中，均提出要发展具有自主知识产权和知名品牌的大公司、大企业集团。2005年12月，党的十六届五中全会审议通过《关于制定国民经济和社会发展第十一个五年规划的建议》，进一步提出要发展自主品牌。2006年的《政府工作报告》中首次提出要“大力实施品牌战略，鼓励开发具有自主知识产权的知名品牌”。第二，商标法律制度进一步与国际接轨。为了适应中国加入世界贸易组织进程的需要，2001年，全国人大常委会对《商标法》进行了第二次修正，增加对驰名商标保护的内容，扩大商标保护的范围，增加了商标侵权行为的规定。第三，规范名牌管理和驰名商标认定。为了推进名牌战略的实施，2001年12月，国家质量监督检验检疫总局发布《中国名牌产品管理办法》，2002年2月进一步制定了《中国名牌产品标志管理办法》，同时成立“中国名牌战略推进委员会”，开始每年举办一次“中国名牌产品”评选，2005年推出“中国世界名牌产品”的评选，2006年国家质量监督检验检疫总局印发《关于进一步加快实施名牌战略的意见》。与此同时，很多省、市在这一阶段制定了各地的名牌发展政策，掀起了创名牌活动。2003年，国家工商行政管理总局颁布《驰名商标认定和保护规定》，对驰名商标认定和保护的程序进行梳理和完善，对实际工作中形成的认定标准和证据要求进行总结归纳，规范对驰名商标案件有关问题的处理。第四，多措并举推动品牌建设。2005年，商务部等八部委印发《关于扶持出口名牌发展的指导意见》。2006年，商务部推出了“品牌万里行”工程，打造“品牌建设十大体系”，通过多种方式促进自主品牌快速发展，同时印发《商务部关于实施“振兴老字号工程”的通知》，重振一批老字号。2007年1月，商务部印发《商务领域品牌评定与保护办法》。2011年7月，工业和信息化部等七部委联合发布《关于加快我国工业企业品牌建设的指导意见》，提出“重点培育一批具有国际影响力的自主品牌”的建设目标，发展品牌经济逐渐成为各级政府关注的重点工作，品牌经济提升加速，全国掀起了创建自主品牌的浪潮。

国内品牌市场竞争持续趋于白热化。第一，国有企业品牌做大做强，进入竞争系列。国务院于2003年成立国务院国有资产监督管理委员会，各省、市（地）两级地方政府也相继组建地方国有资产监督管理委员会，国有企业体制改革进入新的阶段，代表中国自主品牌的国有企业成为中国国家经济的重要力量，“中粮”“中国南车”等一系列关系国计民生的重点领域的国有品牌进入竞争系列。第二，民营企业日益活跃，成为我国市场经济中最具活力的因素，促进了我国自主品牌的创新和发展。2005年2月，国务院颁布《关于鼓励支持和引导个体私营等非公有制经济发展的若干意见》，放宽了非公有制经济的市场准入，在国家政策层面优化了民族品牌的发展环境，加入世界贸易组织让民企品牌学习接触到了更多国外品牌的运营经验。在经过品牌竞争的磨砺后，民营企业越来越认识到品牌对于市场竞争的紧迫性和必要性，并成为我国品牌建设的主力军。农夫山泉、小米、好孩子等一批民企品牌崛起。据统计，2010年民营企业500强中有62.4%的企业采取加强品牌建设的措施，有332家企业拥有自主品牌，有244家企业的营业收入全部来自自主品牌。第三，越来越多的国外品牌进入中国市场。在进入中国市场的过程中，国外品牌投资规模和投资领域不断扩大，逐步发展到汽车、通信、啤酒、饮料、家电等各大行业，一些跨国企业通过合资控股、收购、兼并等方式，夺取对中国品牌的控制权，扩大市场份额。如“北冰洋”“正广和”等多个本土饮料品牌相继被归入可口可乐和百事可乐旗下。

中国品牌的国际影响力持续释放。第一，我国自主品牌积极参与国际竞争。一方面，“美加净”“露美”“熊猫”等合资后日渐衰弱的品牌陆续被我国企业“赎回”，春兰在与飞利浦的合作中吸取其他品牌失败的教训，以51%的股权取得主动权。另一方面，国内企业开始通过国际并购的方式扩大品牌在国际市场的影响力，2002 年 TCL 并购法国汤姆逊彩电业务，2010 年吉利并购沃尔沃等，我国自主品牌通过并购、重组等方式积极占领国外市场。与此同时，国家在政策上也积极鼓励有实力的企业“走出去”，极大推动了中国品牌参与国际化进程。第二，中国品牌通过广告宣传进一步扩大影响。一方面，我国企业主动出击，2003 年，海尔在东京银座的灯箱广告，成为中国品牌首次在世界黄金商业区投放的广告。美的赞助国际泳联赛事、华为赞助德国和意大利等国家的足球俱乐部等，这些广告宣传均使中国品牌在国际市场的知名度得到提升，实现了中国品牌的国际化发展。另一方面，中国品牌的集体形象进一步提升，2009 年 12 月，由商务部牵头制作的“中国制造，世界合作”的广告开始在全球主流媒体上播出，通过全球广告来提升“中国制造”的国际形象。

中国海尔的“Haier”灯箱广告在日本东京银座亮灯

企业品牌建设的路径持续多元。第一，逐渐出现有销售力和创意性的广告。“车到山前必有路，有路必有丰田车”“太平洋保险保太平”等创意广告层出不穷，也给企业创造了丰厚的利润。第二，越来越多的企业重视商标注册。我国的商标制度采取注册原则，经营主体经营的品牌如果没有注册为商标是不能获得商标专用权的，由于品牌商标被侵权的案例不断出现，企业越来越重视商标的申请和保护。自 2001 年起，我国商标注册申请数量开始超越美国，成为商标申请量最多的国家，连续 15 年位居世界第一。第三，包装产品越来越精美。随着包装产品逐步替代散装产品，导致作为品牌基础元素的包装成为很重要的角色，人们在商标设计和包装设计上，开始有意识地设计精美或是构思巧妙的包装，以此来吸引消费者。第四，企业开始有意识地进行专门的品牌管理。部分企业成立品牌管理部门，部分企业将品牌管理纳入市场部、企划部或其他部门的职能，也有部分企业将品牌管理外包广告公司等代管，多数企业开始从产品、广告、设计、促销等多种手段来整体管理品牌。第五，越来越多的品牌开始逐步下沉。2003 年继“淘宝”出现，大量电商进入大众市场，深度分销拉开了序幕。

同时，国家有关品牌管理政策也有一些调整。2012 年，国家质量监督检验检疫总局取消了有关名牌产品的评定；2013 年《商标法》修订，“驰名商标”定位为商标保护的一条法律途径，并禁止“驰名商标”作为称号宣传。

（五）现代品牌战略升级阶段（2013—2022 年）

2014 年 5 月，习近平总书记在河南考察行程中提出了“三个转变”的重要指示，即“推动中国制造向中国创造转变、中国速度向中国质量转变、中国产品向中国品牌转变”。自此，党中央将品牌战略提升至国家战略高度，开启了中国建设品牌强国的新征程。

国家品牌战略内容更加丰富。党的十八大以来，品牌战略已经成为我国国家经济战略之一，并被赋予了更加重要的意义。

第一，国务院关于品牌的政策文件密集出台，包括《国家创新驱动发展战略纲要》《中国制造2025》《中共中央、国务院关于完善产权保护制度依法保护产权的意见》《国务院关于新形势下加快知识产权强国建设的若干意见》《国务院办公厅关于发挥品牌引领作用推动供需结构升级的意见》等。

2021年9月，中共中央、国务院印发《知识产权强国建设纲要（2021—2035年）》，对推进商标品牌建设提出了明确要求，“加强驰名商标保护，发展传承好传统品牌和老字号，大力培育具有国家影响力的商标品牌”，共同大力推进我国民族品牌建设。2022年12月，国家知识产权局等17部门发布《关于加快推动知识产权服务业高质量发展的意见》，加快推进知识产权服务业高质量发展，为加快知识产权强国建设提供有力支撑。

第二，品牌战略基本覆盖所有行业，包括农业、制造业、服务业。自2014年开始，国务院下发的《关于加快发展生产性服务业 促进产业结构调整升级的指导意见》《关于加快科技服务业发展的若干意见》等多个文件都要求创建培育“知名品牌”，农业部、商务部等多部委在其政策文件中对品牌战略作出部署。2017年5月国家工商行政管理总局发布的《工商总局关于深入实施商标品牌战略 推进中国品牌建设的意见》，更是将品牌战略引向深入。

第三，政府部门积极参与品牌战略实施，包括加强品牌保护力度、支持品牌宣传推介活动、建设品牌诚信体系、提供品牌信息公共服务、推动品牌价值评价机制、建立商标品牌指导站等，这些政策措施为品牌孕育成长提供了更多的机会。2017年，根据《国务院关于同意设立“中国品牌日”的批复》，我国将每年5月10日设立为“中国品牌日”，通过各级电视台、广播电台，以及平面、网络等媒体，在重要时段、重要版面开展自主品牌公益宣传，讲好中国品牌故事。

第四，政府部门不再直接参与品牌价值评定工作，而将品牌的价值交由市场来评价。

中国品牌更加具有市场竞争力。在消费升级的大背景下，国内品牌更加注重产品方面的提升，同时电商的迅速发展，让企业更加注重品牌的维护。

中国经济导报
China Economic Herald
中华人民共和国国家发展和改革委员会主管
每年5月10日为“中国品牌日”
各地争创品牌行动风生水起
张勇：国家发展改革委推进“两学一做”学习教育要坚持融入日常抓在经常
清理规范涉企经营服务性收费再出实招
让品牌引领推动供需结构升级

2017年5月9日《中国经济导报》对首届“中国品牌日”活动进行宣传

国内品牌发展势头强劲。国内品牌在注重品质、性价比、消费需求的基础上，依靠技术、质量和服务塑造品牌形象，进而形成竞争新优势。以李宁、回力等为代表的传统国内品牌更加注重结合现代潮流和技术手段进行升级发展，进而获得良好的经营表现；以网易严选、盒马鲜生等为代表的新国产品牌，在商业模式上进行升级，强调品质，以高性价比的商品和服务获取发展动力；茅台、云南白药、同仁堂等老字号借助传统文化方面的独特优势，引起消费者的关注并完成升级发展。

中国品牌的国际影响力不断增强。我国经济发展迅速，已经成长为世界第二大经济体，中国品牌也开始异军突起，在小家电、家纺等越来越多的领域，国产品牌开始在海外掀起消费热潮，一批以科技创新推动自身发展的品牌更是成为“国货之光”，华为、大疆、小米等成为中国品牌的标志性企业。世界品牌实验室(World Brand Lab)每年发布的《世界品牌500强》名单中，入选的中国品牌数量从2012年23个逐年递增，2022年增至45个，中国距离品牌强国越来越近。

（本文作者为中华商标协会商标品牌文化推广专业委员会特聘专家）

2021—2022 年中国品牌的营销热点及策略方向

王 昕

2021—2022 年，对中国品牌而言，注定是期待和不确定并存的一段时间。其中，期待主要表现在两个维度：一方面，中国宏观经济在疫情等多重不利因素的影响下，整体上依然保持了稳定的增长态势，显示出大国经济环境抵御风险的能力和稳定性，成为中国品牌发展的内生型动力。另一方面，随着中国在全球经济结构中重要地位的确立和彰显，商业品牌和国家形象的国际化传播成为中国国际传播领域的热点和焦点，构成了中国品牌发展的外向型动力。不确定性则主要来自短时期内疫情对市场流通和消费能力的限制和制约，面对短期的压抑及停滞，企业不再醉心于流量变现和直接销量，转而更加注重品牌营销的长期价值，不同行业的代表性企业领衔，积极进行品牌的长期规划和战略布局，令品牌建设的重要意义得到进一步凸显，也使得这一时期成为后疫情时代中国品牌实现长足发展的新起点。

从品牌传播的时空场域而言，2021—2022 年，物理空间的人员流动和流量聚集的局限叠加元宇宙、5G 以及智能物联网等技术体系的综合化效应，品牌传播已完全进入多媒体融合，多场景细分和多种传播颗粒度可调的全新时代，为中国品牌的发展创造了新的空间和新的可能，推动品牌营销传播进行整体流程的蜕变式创新，正式开启了面向元宇宙环境下多重消费时空关系的品牌营销实践序幕。在这一背景下，数字空间中单纯强调所谓交互性、场景化和精准化的营销传播，已逐渐成为品牌建设和发展的“标配”，热度依旧但无惊艳之感，长期处于数据、程序化、系统推荐等技术封锁中、逐渐麻木，激情褪去的企业主，开始重新反思数据和流量思维带来的喧闹表象背后品牌建设的本质价值，意识到品牌是关于消费者长期关系的投资，更加注重直接效果和长期关系的平衡。在这种思想的影响下，中国品牌更加注重消费者心理过程建设，强调品牌价值在目标消费者心智中的传递和认同。在这种情况下，当前中国品牌实践的重点，可以总结为以下四个方面。

一、品牌年轻化

在当前的中国品牌发展中，与年轻群体的连接成为决定品牌未来发展空间和长期生命力的重要因素，相较于这一概念最初出现时主要为解决品牌老化的问题，近年来这一目标则逐渐转化为品牌发展的共同追求，不同行业、不同品类的品牌均开始将与年轻群体的沟通作为自身发展的战略目标，进行了一系列部署和推进，在这其中，保健品等传统意义上偏向于相对高龄市场的品牌在其中的表现尤为抢眼。例如，2021 年“五一”劳动节期间，养生堂通过定制“春光游览专线”的方式，不但提供了一站式出行方式，还联合顶级涂鸦艺术团体 @PSSSST 街头艺术 ，为本次活动的春光 BUS

2021年五一期间，养生堂通过定制“春光游览专线”方式提供一站式出行方式

定制车体画面，与此同时，积极开发线下门店连接年轻用户的能力，推动各城市连锁门店的“网红化”升级改造，将中国传统文化、民间舞蹈、历史知识融入门店活动，与游客玩在一起。在有趣好玩的互动中普及出游期间健康重要性，参与即得养生堂免疫伴手礼，包括口罩、VC 泡腾片等防疫物品。

养生堂的上述操作，除品牌年轻化的探索目标外，还可以清晰感知到的是品牌在细节中的用心。其一是与当时的抗疫背景紧密结合，既服务了防疫抗疫，又体现了品牌关怀。其二是注重内容与目标人群生活方式的契合。例如，对于年轻群体而言，对养生保健的认同感不高，但对于抗疫免疫、早起瑜伽等健康生活习惯的关注度则较高，所以养生堂在营销过程中更加强调与消费者之间的深度绑定，从而摆脱了保健产品常见的品牌精神较为空泛的问题，取得了较好的整体效果。其三是注重形式载体与目标人群的审美一致。无论是涂鸦艺术还是网红门店，艺术的形式只是表象，营销中追求的核心是文化层面的一致性和贯通性，对于品牌而言，要真正实现与年轻人群的心灵连接，文化语境的融合贯通不可或缺，否则很容易出现理解上的难度甚至是跨圈层传播中的“文化折扣”现象。如何面向不同人群去诠释相近理念，就是品牌年轻化探索中需要解决的重要问题。以养生堂为例，面向中老年群体的健康理念或许是保健和养生，但面向年轻群体的健康理念，可能就应当强调其他的内涵，如 Q 肌胶原蛋白肽固体饮料产品强调“美白”、养生堂蛋白粉产品强调“活力”、天然维生素 E 强调“美颜”，这些都是“健康”理念面向不同人群的精细化表述，文字的背后是对于消费者心理和人性需求的深刻洞察。类似的营销策略，在日化行业中也可以看到成功案例。例如，2021 年 5 月，立白以“解油杂货铺”为主题进行全国巡展，用插画艺术方式生动呈现了被改造焕新的菜市场及无忧餐厨的空间，这一波营销操作，也存在着巧妙的话题转述，对于年轻群体而言，洗碗的洁净力未必是他们关注的重点，但是充满艺术气息的餐厨空间却承载着他们对于美好生活的期待，契合了年轻群体的关注点，立白提倡的“解油无忧”生活理念也自然更加深入人心。

2021年5月，立白“解油杂货铺”全国巡展首站落地北京三源里菜市场

立白的品牌年轻化探索，还体现在其对于合作明星的选择方面。不同于其他日化类品牌，立白近年来的合作明星选择具有明显的年轻化倾向，品牌与面向年轻群体的新生代人气艺人的合作明显加强。例如，2022 年，立白尝试以“立白小白白”为载体，与多位明星艺人合作，邀请了包括石杭鹭、邱丹枫、康汐、潘启言等新生代的人气明星艺人以品牌好物推

2022年，立白尝试以“立白小白白”为载体，与多位明星艺人合作

荐官的形式，通过种草视频、微博互动、粉丝互动等合作方式，在全网给品牌带来了200万以上的曝光量，有效带动年轻人群对品牌的认知和口碑，有力地提升品牌整体声量以及扩大品牌认知人群。

二、品牌人格化

数字媒体时代，每个物理空间存在的主体，都具备了生成“数字分身”的能力和潜质，品牌的拟人化传播现象也随之出现。其中，既有杜蕾斯、天猫、奔驰、宝马等品牌的调侃式“互怼”，又有传统品牌凭借数字空间中的个性表达成为兼具娱乐性和话题性的文化标签而迅速出圈。从视觉方面，近年来多品牌都在倾力打造自身清晰的视觉符号和可视化标签，如淘宝的“猫”、京东的“狗”、腾讯的“企鹅”，对于视觉符号的占用，能够激发消费者的品牌联想，还能够帮助消费者坚固对于某一品牌的人格化印象。再如，坚果品牌三只松鼠的成功，与视觉符号对其品牌人格构建和萌系印象的养成密不可分。2021年5月23日，养生堂旗下成长快乐举办品牌20周年“生日趴”并宣布品牌焕新升级战略，从产品到视觉，正式开启品牌人格化升级的探索之路。

从语言方面，特点鲜明，犀利直接的语言风格是塑造品牌人格的要素。从“七匹狼”到“江小白”，语言的“扎心”程度，在某种程度上决定了特定品牌在商业海洋中的特异性和识别力。究其原因，语言是价值观最为直接的表现，对于消费者的感染力甚至超过视觉符号，一旦激发社会文化的认同，往往具有较强的穿透力和生命力，能够帮助消费者形成固化认知和人格识别，从而帮助品牌形成面向社会大众的普遍印象。以江小白为例，根源于草根文化的“扎心”真实成了这一品牌的文化内核，在品牌人格的作用下，消费者对于其产品力呈现出较高的宽容度，而对其文化属性则更为重视。出现了消费文化为主，产品的使用价值反而退居次之的新消费现象。同时，2022年4月，“立白小白白”品牌IP“白少”进行形象升级。此次升级优化了“白少”的整体形象设计，并细化性格特征：阳光开朗、热衷分享的潮流达人，有主见、注重产品品牌及品质，并且热爱运动，能做出需要的一切高效、安全、便捷的专物

2021年5月，养生堂与去哪儿旅行合作推出春光巴士

专洗的好物。通过此次升级，“白少”能更好地代表品牌形象，更利于品牌传播。

品牌人格化，是新时期消费多样化的重要体现，未来随着基本需求的普遍化满足，使用功能的同质化将成为不同行业市场的主要特征。在这一背景下，消费者的精神消费、文化消费，在整体品牌竞争优势和差异中所占的影响也将越来越大，品牌在消费者长期沟通和稳定关系中的价值更加重要，品牌通过人格化塑造，形成的传播目标，不仅是以更易于接受的形象进入消费者认知，而更为重要的是要找到与消费者沟通的正确打开方式，品牌的人格特质，应当与目标消费群体的文化特质相契合，将二者置于同一个文化语境下，才能实现长期关系的塑造和稳定。

三、品牌联名

近年来，品牌联名作为一种流行的营销策略，不断有新的案例出现。究其原因，除了能够囊括更好的文化元素，从而带来更广泛的社会触达之外，最重要的还是此种模式有助于品牌实现文化突围和破圈传播。然而，应该注意的是，联名的核心不是简单的文化元素堆砌或拼接，而应当追求品牌文化和IP文化之间有机融合形成的叠加效应。其中，商业品牌自身的文化属性是否清晰完整？品牌联名的文化IP与品牌用户的文化价值观之间是否具备契合的特质？这些都是品牌联名最终效果的决定性因素。例如，养生堂与樱桃小丸子联名推出的产品礼盒，为我们提供了一个值得深度分析的生动案例。

2021年“双11”期间，养生堂合作国内定格动画大师蒸汽工厂，率先推出首支3D小丸子动画视频《小丸子的针叶樱桃之旅》。广告片讲述樱桃小丸子进入巴西彼得罗利纳针叶樱桃林，找寻樱桃的故事，趣味传递“针叶樱桃不是樱桃，VC含量是等量普通樱桃的244倍”的产品知识点，从而在受众心中建立起“养生堂天然维生素C，100%来自巴西针叶樱桃”这一产品认知。此后，养生堂邀请微博及小红书KOL，通过TVC二创、图文种草等形式加强IP联名内容传播，唤起目标受众对樱桃小丸子这一“童年回忆杀”的共同记忆，同时将养生堂天然维生素C“针叶樱桃”和樱桃小丸子两者自然联系在一起，将品牌与IP内容的深度关联植入消费者心智。

2021年10月，养生堂与樱桃小丸子合作

近年来，品牌联名中，虚拟IP与实体品牌之间的合作案例越来越多，显示出联名营销中品牌对于年轻消费群体的重视。2022年5月，Liby立白在产品功效上积极创新，解决养宠家庭痛点，创新提出“减少毛发附着”的核心卖点，推出行业首款专门针对有宠家庭洗衣的洗护产品；与年轻人群喜欢爱玩的宠物养成知名游戏“动物餐厅”

2022年5月，Liby立白推出首款有宠家庭专业洗衣凝露

和年轻人聚集的社交平台抖音“抖 in 生活范儿”三方联名深度整合营销，将“声量”与“销量”强绑定，实现“好玩、好暖、好量”。就此次联名营销的效果来看，数据显示，此次整合营销传播活动总曝光量超 2 亿，立白品牌在 2022 年度首次达到行业全网声量 NO.1，8 月较 7 月环比上涨 1236%；友宠直播爆发系数 13200%，商品曝光人群 349.78 万，超过 43% 的 Z 世代人群，品牌在年轻化人群积淀中借助联名营销取得了显著成效。

2022年4—7月，养生堂B族维生素片合作孔庙和国子监博物馆推出联名包装

联名营销的另外一个新的特点，就是推出联名包装和联名产品。例如，2022 年 4—7 月，养生堂 B 族维生素片合作孔庙和国子监博物馆推出 4 款联名包装，分别为锦绣前程装、金榜题名装、独占鳌头装、鱼跃龙门装，这是国内 B 族维生素品类首次推出联名款产品。一片补充 8 种 B 族维生素的功效加上国子监祈福的好寓意，吸引考生及家长圈层的关注。除联名款产品外，本次联名还推出文具套装、祈福袋、雨伞等系列周边产品，深受消费者好评。

从近年来品牌联名的实践来看，此类营销活动的效果主要取决于以下三个方面。

（一）联名能否实现 IP 文化氛围的保留和意义延展

商业品牌与文化 IP 的结合，不应当停留在对于 IP 文化属性的单方面消耗层面，否则就成为简单的广告“冠名”。对于商业品牌而言，自身也应当具备一定的品牌人格，与文化 IP 的捆绑，有利于提升品牌人格在消费者心目中的固有印象和既有地位。例如，英蓝自 2006 年开始，举办英蓝圣诞歌剧音乐会、英蓝夏季音乐会以及其他主题音乐会，来自全球的艺术家以及音乐爱好者齐聚一堂，将看似简单的艺术活动升格为金融街的艺术名片，实现了品牌联名的深度捆绑效应。与此同时，英蓝集团还出版了多套歌剧丛书、音乐会 DVD，赠送给音乐爱好者，一方面进行歌剧等音乐艺术的普及和推广工作，另一方面也提升了自身品牌的艺术文化属性，有助于构筑和强化自身品牌的人格化呈现。

（二）联名能否激活特定文化圈层的消费者的心智资源

商业品牌与文化 IP 的联名，大都建立在

英蓝举办的音乐会现场

小米与德芙巧克力联名推出的七夕礼盒

希望与同类文化群体共享心智资源的愿望之上，因此联名活动中对于特定文化圈层消费者的洞察应当作为重要的前置性条件进行关注和思考，如果偏离了消费者对于文化 IP 的理解和认同，联名的效果往往会大打折扣。例如，小米与德芙巧克力联名推出的七夕礼盒，从产品设计到主题响应，都具备一定精细化设计的特点，但由于偏离了女性消费者对于手机这种电子消费品的购买决策行为特点和习惯，在营销执行过程依然存在一定的局限。

（三）联名能否在功能消费的场景中融入文化消费的多元属性

联名营销的效果，最终应当落实在消费场景之中。例如，春节期间，养生堂与老百姓大药房达成战略合作，不仅提供樱桃小丸子 IP 联名产品的独家供应，还与老百姓大药房联合推出保温杯、抱枕、帆布袋、红包的独家周边。同时养生堂还邀请 KOL 到线下门店进行探店打卡，利用 KOL 流量及内容优势，回到线上进行再传播，渠道叠加转化提升受众触达率，形成品牌的用户认知积累。

综上，品牌联名并非文化元素的拼贴和搬运，要真正在营销过程中实现较好的联名效果，需要整体的结构性设计和细节化打造。

四、品牌社会责任

近年来，中国品牌在市场运营和自身发展过程中，体现出较强的社会责任意识和主动担当能力。这一变化说明，中国企业普遍意识到自身发展与环境和谐之间的重要意义，企业在谋求商业盈利、行业发展和社会进步之间动态寻找着自身的位置。与此同时，企业在社会责任中的积极作用，本身就是品牌营销的有效方式，如果应用得当，能够取得事半功倍的积极效果。具体而言，企业社会责任的发挥有以下三个特点：

首先，在社会事件或自然灾害中发挥自身价值。例如，2021 年 7 月，河南多地遭遇极端强降雨，贝壳公益基金会第一时间向中国扶贫基金会捐赠 100 万元，支持采买并发放粮油包 5673 份，向河南省红十字会追加捐赠 1000 万元。面对河南极端暴雨灾害，当地众多贝壳合作品牌门店自发开放为临时服务点，供附近居民休息、上网和手机充电。在两名小朋友被卷入洪水时，郑州德佑升龙城嵩山路店门店的齐冲、王成玉等多名经纪人义无反顾冲入水中救人，链家经纪人张龙龙发现有一名女士即将被水流冲走时，不假思索地跳进水中救人，在最危急的时刻勇敢地伸出援助之手，受到群众赞扬。2022年11月6日7时30分，贝壳冠名2022北京马拉松比赛。在疫情的背景下，群众性体育运动的成功举办具有非常重要的社会意义，同时也彰显了企业承担社会责任的意识和担当，具有较强的时代特质。

2021年10月22日，在第十八届中国标准化论坛上，立白集团被评选为碳足迹和碳标签典型领跑企业

其次，在推动产业普及，培养后备人才方面积极作为。例如，从2017年开始，联众推出全新大型棋牌竞技综合赛事“联众棋牌嘉年华”，在“国际象棋首届网络车轮赛”中，邀请中国首位女子国际象棋世界冠军谢军、女子特级国际象棋大师居文君等坐镇北京主赛场，与来自拉萨、兰州、呼和浩特、重庆四座城市分赛场的上百名学生选手对弈，为这些城市的青少年带来与“名师”切磋的机会，赛事还设立公益基金，投入于国际象棋棋具采购、教育培训等，激发青少年棋牌兴趣爱好的养成，助推国际象棋运动的普及与发展。

最后，将自身树立为行业榜样，积极成为社会责任标兵。例如，早在2016年，立白在行业内率先提出“绿色健康战略”，并将绿色健康深入到产品整个生命周期中，实现绿色原料、绿色配方、绿色技术、绿色制造、绿色产品。立白集团是洗涤行业中唯一获得“中国轻工业绿色洗涤用品重点实验室”的企业。2017年9月1日，国家工业和信息化部正式发布了2017年第一批绿色制造示范名单，广州立白（番禺）有限公司成为国内洗涤日化行业唯一获评“绿色工厂”的单位。立白品牌也一直持续强化绿色发展理念，为消费者提供更安全、健康、低碳、环保的天然洗护产品，谋求人和自然环境健康和谐共存，实现地球生态环境的可持续性发展。经过数年努力，在2021年10月22日的第十八届中国标准化论坛上，立白集团被评选为碳足迹和碳标签典型领跑企业，获得“碳足迹与碳标签”证书。这一荣誉是对企业多年持续坚持履行社会责任，树立榜样效应的肯定和鼓励。

综上，2021—2022年是中国后疫情时代的开端，也是中国品牌营销发展的重要转型机遇期。“中华老字号”继续走向国际社会，“恒源祥”赞助第23届奥运会难民代表团特色服装服饰，为第16届夏季残奥会中国体育代表团提供入场礼服，并在2021年最后一天，以非物质文化遗产——海派绒线编结技艺钩编而成的绒线花花束——荣誉之花，摘取了北京冬奥会颁奖花束的桂冠。在传承与创造的相互交融中，以元宇宙为代表的新技术逻辑，以新零售为代表的新消费环境，以产业结构调整和双循环结构为特点的新经济环境，深刻影响着中国品牌的实践探索和价值构建。

（本文作者为中国传媒大学国家广告研究院副院长）

大事记

大事记（2021）

1月

4—6日

4日，A股和港股新年开市，港股上市公司农夫山泉上涨10.38%，市值6815亿港元，创上市以来新高。5日，农夫山泉股价上涨6.52%，总市值突破7000亿港元；A股上市公司万泰生物股价上涨5.43%，市值突破1000亿港元大关。6日，农夫山泉股价持续走高，再创上市以来新高，最高点达67.80港元，最新收盘市值7310.20亿港元；万泰生物再现涨停，股价收报256.30港元，市值达到1111.32亿港元。

5日

香港交易所上市复核委员会通知汇源果汁公司决定实施除牌的决定。

12日

由中关村互动营销实验室主办、北京师范大学新闻传播学院承办的《2020中国互联网广告数据报告》发布会在北京师范大学京师大厦和腾讯会议、B站直播间同步举办。报告显示，2020年中国互联网克服全球新冠肺炎疫情的影响，互联网广告全年收入4971.61亿元，比2019年度增长13.85%，增幅较上年减缓4.35个百分点，仍维持增长态势。

2月

7日

北京知识产权法院正式立案受理抖音诉腾讯垄断纠纷案。

同日，国务院反垄断委员会正式发布关于《平台经济领域的反垄断指南》。

24日

中华商标协会会长马夫会见英中贸易协会（CBBC）营商环境总监袁圆一行，双方就商标品牌领域的工作进行深入沟通交流。

3月

16日

由人民日报数字传播有限公司主办、中国公共关系协会新闻与传播委员会协办的“征途·奋斗——庆祝建党百年楼宇屏媒联动活动”启动仪式举行。人民日报数字传播联合新潮传媒、迪岸双赢传媒等十余家楼宇和户外媒体公司，通过定期定时推送内容，充分发挥楼宇屏媒的传播力、影响力，做大《人民日报》建党百年主题宣传在“屏”端渠道的传播广度。

同日，华为在深圳总部召开《创新和知识产权白皮书（2020）》发布会。宣布将从2021年开始实施专利许可收费计划，规定单台5G手机的专利许可收费上限为2.5美元。华为将面向手机厂商收取专利许可费。

25—26日

中华商标协会（CTA）受英国特许商标律师协会（CITMA）主席Richard Goddard邀请，参加CITMA春季会议。中华商标协会国际交流发展委员会副主任沈兰英出席会议。

30日

中华商标协会（CTA）与世界知识产权组织（WIPO）马德里信息推广司共同举办的第一期“CTA海外商标沙龙”在线上举办，主题内容为“马德里体系之国际注册替代国内注册/How to replace your domestic registration by an international registration”。

同日，小米科技创始人雷军在小米春季新品发布会的第二场宣布，小米更换新LOGO并正式启用。小米新LOGO从原来的方形变成椭圆形，由国际著名设计师原研哉设计。原研哉为小米品牌视觉融入东方哲学的思考，从“科技与生命的关系”出发，提出全新的设计理念。

4月

7日

中华商标协会商标海外维权委员会发布《中华商标协会会员企业2020年度国际商标监测预警报告》。

2021上海国际广告节“数字爆物”首席营销官峰会在上海静安英迪格酒店举办。峰会邀请来自元气森林、瑞琪奥兰、每日黑巧、OATLY、小鹏汽车等流量新品牌，宝洁、联合利华等传统快销巨头品牌，爱奇艺、饿了么、快手、微博等一线互联网公司，益普索、文明广告、CCE Group、萤若科技、蔚迈等行业一线的精英高管们出席本次活动并担任演讲嘉宾，在各自的专业领域分析、讨论数字化时代下新品牌、新营销的最新趋势。

10日

国家市场监督管理总局对互联网巨头阿里巴巴“二选一”垄断行为作出行政处罚，罚款182.28亿元，金额创下历史纪录。

17日

北汽新能源旗下高端品牌极狐联合华为发布极狐阿尔法S华为HI版。这是华为的第一辆车——不仅搭载华为HI解决方案，同时也是首款搭载华为激光雷达方案的智能电动车。

19日

中国信息通信研究院在首届济南国家级人工智能创新应用先导区高端峰会上发布的《2020年全球人工智能产业地图》显示，中国AI企业数量全球排名第二。

20日

中华商标协会马夫会长参加中华商标协会知识产权纠纷人民调解委员会丰台中心调解揭牌仪式。揭牌仪式后召开各部门与企业代表座谈会。

21日

中华商标协会主办的“从反不正当竞争法角度谈商标品牌保护”研讨会在北京举办。

22日

湖南省长沙市天心区人民法院一审判决广州洛旗餐饮管理有限公司和广州凯郡昇品餐饮管理有限公司败诉。二者向原告湖南茶悦文化产业发展集团有限公司赔偿经济损失及合理维权费用170万元。2017年以来，洛旗公司与凯郡昇品公司在其公司官网、微信公众号上使用与原告装潢相同或者近似的标识设计，构成不正当竞争侵权。

23日

由中华商标协会主办,《中华商标》杂志承办，罗思（上海）咨询有限公司协办的“探索中欧地理标志新机遇——CTA商标品牌沙龙”在北京举办。

同日，公安部召开新闻发布会，通报“‘十三五’期间，全国公安机关共侦破侵犯知识产权和制售伪劣商品犯罪案件9万起，抓获犯罪嫌疑人13万名，涉案价值470亿元”。

25日

国家知识产权局发布《二〇二〇年中国知识产权保护状况》白皮书。从保护成效、制度建设、审批登记、文化建设和国际合作等多个方面，总结2020年中国知识产权保护实践做法和进展情况，介绍一年来知识产权保护工作成效。

26日

《中国知识产权保护与营商环境新进展报告（2020）》发布。《报告》指出，2020年中国知识产权保护围绕统筹协调、法治保障、行政执法、司法保护、社会共治、宣介传播等方面扎实推进，保护体系更加完善，保护成效更加突出。

同日，国家知识产权局启动2021年“知识产权服务万里行”活动。该活动以“知识产权服务走基层办实事、支撑经济高质量发展”为主题，主要有5个方面的重点任务：一是开展知识产权服务业吸纳就业创业行动；二是开展地理标志助力乡村振兴行动；三是开展知识产权质押融资“入园惠企”行动；四是开展知识产权转移转化行动；五是开展知识产权惠企助企行动。

5月

8日

由北京市知识产权局主办、北京商标协会承办的2021年“5·10中国品牌日”北京商标品牌发展论坛在京举行。本次论坛以“商标战略引领发展中国品牌世界共享”为主题。会上，北京商标协会执行副秘书长赵雷宣布“北京老字号企业商标监测预警平台”上线启动。

9日

新华社、中国品牌建设促进会、中国资产评估协会、国务院国资委新闻中心等单位在上海国际会议中心举行“2021中国品牌价值评价信息发布暨中国品牌建设高峰论坛”。上海市人大常委会副主任肖贵玉，新华社党组成员、秘书长宫喜祥，中国资产评估协会会长耿虹等出席会议并致辞。

10日

由上海市经济和信息化委员会、上海市知识产权局主办的第七届中国品牌经济（上海）论坛在G60长三角科创走廊策源地上海松江区举行。本次论坛以“中国制造迈向中国创造，品牌经济赋能制造强国”为主题。来自国内外企业家、学者等300余人参加，线上收看直播人数超30万人次。

10—12日

由国家发展改革委联合中共中央宣传部、工业和信息化部、农业农村部、商务部、市场监管总局、知识产权局和上海市人民政府共同举办的2021年中国品牌日活动，主题为“中国品牌，世界共享；聚力双循环，引领新消费”。采用线上线下相结合的方式在上海举行。“华龙一号”核反应堆型、嫦娥五号着陆器、“雪龙二号”极地考察船等国家名片，东风、光明集团、上海电气、小红书等新老品牌，共享品牌发展盛宴。

11日

中华商标协会秘书长吴东平参加“第七期中法法律与司法交流周”活动期间，受邀赴法国驻华使馆出席“知识产权法最新趋势”会议。

11—17日

第五届深圳国际品牌周作为2021中国品牌日深圳地方特色活动，主题为“引领大湾区构建新格局”。由深圳工业总会联合深圳11个区政府，以及国际组织和国家、省、市、区87个单位共同举办。

15—16日

由中国广告协会和杭州市余杭区政府共同主办的2021（第十七届）中国广告论坛暨首届中国绿色直播生态博览会在杭州市未来科技城学术交流中心举行。本届论坛的主题为“时代定义广告，广告顺应时代，构建中国广告新发展格局”。

16日

由品牌联盟（北京）咨询股份公司主办的2021中国品牌节（第十四届）女性论坛于北京辽宁大厦举行。论坛以“找自我，知自我，活自我”为主题，品牌研究机构品牌联盟(Top Brand Union，TBU)在论坛上发布“2021中国品牌女性500强”榜单。

17—19日

中华商标协会作为世界知识产权组织（WIPO）——商标、工业品外观设计和地理标志法律常设委员会（SCT）观察员受邀参加第四十四届SCT会议。

18日

网易云音乐与索尼音乐娱乐达成全新版权合作，网易云音乐将获得索尼音乐娱乐数年期的海量曲库授权。同时，双方还将在音乐宣发、流媒体服务、在线K歌、音乐Mlog等层面开展更多创新探索和全新合作。索尼与网易云音乐系首度达成直接版权协议，显示此前腾讯音乐独占索尼音乐大陆地区版权的局面成为历史。

20日

由今日商讯主办的“2021中国企业品牌建设峰会暨媒体发展论坛”在南京举行。本次峰会以“凝聚品牌价值，促进企业发展”为主题，同期举办中国企业品牌建设峰会、中国媒体发展高峰论坛、中国品牌企业展览交流会、中国品牌企业高层闭门晚宴等主题活动。

26日

由陕西省企业品牌建设促进会主办的2021第三届大健康产业品牌（西安）峰会在西安召开。本次峰会以“引领健康产业高质量发展，共创陕西大健康知名品牌”为主题，通过主题报告、分场研讨、经验交流、项目对接、产品展示等形式进行。

28日

2021第十五届中华老字号博览会正式开幕，是全国消费促进月“老字号嘉年华”及上海市第二届“五五购物节”的重点活动之一。本届老字号博览会展出面积为1.1万平方米，同比增长近30%，吸引来自全国12个省市242家知名老字号企业齐聚上海，参展品牌达402个。

同日，第十三届中国国际商标品牌节新闻发布会暨阿道夫总协办签约仪式在京举行。

28—29日

中华商标协会与中国通信工业协会在京共同主办“2021 LINK ELITES信息技术产业知识产权大会”，中华商标协会秘书长吴东平出席活动并致辞。

28—30日

由中华商标协会与广东省知识产权保护中心（广州商标审查协作中心）共同主办的“商标诉讼实务高级研修班”在线上举办。

6月

2日

全国打击侵犯知识产权和制售假冒伪劣商品工作领导小组发布《2021年全国打击侵犯知识产权和制售假冒伪劣商品工作要点》，报告指出：规范“直播带货”等网络经营活动秩序，严厉打击制售侵权假冒商品和发布虚假广告、虚假宣传行为，集中整治电商刷单网站和平台，依法严厉打击电商刷单炒信、买卖快递单号等行为。

6日

第十届顺风车日峰会在江苏省邳州市举行，来自全国近150名顺风车站长齐聚邳州，共同探讨党建引领下的民间公益事业发展新局面。

19—20日

由中华商标协会与常州市市场监督管理局（知识产权局）共同主办、中国（常州）知识产权保护中心协办的“商标注册保护与企业名称登记管理的相关问题解读”培训班在常州举办。

25—27日

由《中国企业报》集团、人民日报《新闻战线》杂志社、首都经济贸易大学中国品牌研究中心共同主办的2021中国品牌发展高峰论坛暨中国品牌人物峰会在浙江横店举行。本届论坛以“聚力赋能，彰显品牌力量”为主题，论坛下设“中国品牌人物圆桌对话”“中国品牌企业家论坛”，就“全球疫情和贸易战双重夹击下中国品牌如何突围？”“企业社会责任与企业家精神”等议题与企业家代表在现场展开深入研讨。

29日

第七届GDMS全球数字营销峰会在上海跨国采购会展中心召开，百位品牌营销领域拓荒者聚焦私营定制、私域流量、社交媒体&直播电商、新零售、B To B营销、内容营销等领域，带来前瞻性洞察与分享。同时举办“GDMS × The Trade Desk：品牌出海营销论坛”“全域新增长——悠易2021数智营销专场”“意略明专场”“快手磁力引擎分论坛”四大合作伙伴专场。

7月

6日

由第一财经、第一财经商业数据中心（CBNData）主办的“看长·2021中国新消费品牌增长峰会”在上海举办。峰会现场发布《2021中国新消费品增长力白皮书》及“Growth50·2021中国新消费品牌年度增长力榜”“2021中国新消费品牌年度潜力榜”“2021中国新消费品牌年度出海榜”“2021中国新消费品牌年度上市公司榜”“2021中国新消费品牌年度投资机构榜”等多项榜单。

8日

中华商标协会与世界知识产权组织（WIPO）马德里体系相关部门就“合力推动马德里体系在中国的运用”举行视频会议。

14日

由中华商标协会等主办，北京中商协知识产权咨询有限公司承办的第四届（2021）中华商标创意设计大赛启动。

16日

第31届青岛国际啤酒节在青岛西海岸新区金沙滩啤酒城开幕。中国会展经济研究会会长袁再青面向中外游客及全球媒体发布：青岛国际啤酒节品牌价值368亿元。这是青岛国际啤酒节举办30年以来，首次由国内权威机构进行品牌价值评估和发布。

17—18日

中华商标协会“商标行政与司法典型案例评析”高级研修班在京举办。

20日

由中华商标协会与世界知识产权组织中国办事处共同主办，浙江省市场监督管理局承办，杭州高新区管委会、滨江区人民政府、浙江省商标协会和杭州市市场监督管理局共同协办的“商标国际注册马德里体系高级研修班”在杭州举办。

21日

鸿星尔克宣布向河南灾区捐赠5000万元物资，登上微博热搜第一位；同时大量网友涌入鸿星尔克直播间，购买鸿星尔克产品，使得鸿星尔克23日当日销售额同比增长超52倍。

22日

由中华商标协会与世界知识产权组织中国办事处共同主办，武汉市市场监督管理局（市知识产权局）承办的“马德里商标国际注册与保护高级研修班”在武汉举办。

31日

由中国品牌创新发展工程主办的2021第八届中国行业影响力品牌峰会在北京召开。本次峰会以“奋进新百年·开启新征程”为主题，峰会包含名企发言、巅峰对话、名企云客厅、名企百人谈等多个环节。

8月

13—14日

由中华商标协会主办、上海百一知识产权代理有限公司协办的“商标保护和品牌建设实务”培训班在上海举办。

18日

中华商标协会发布《关于配合“蓝天”行动开展反对商标恶意抢注自律行动的通告》。

19—22日

第五届中国—阿拉伯国家博览会在宁夏银川举办。本次博览会首次启动线上博览会，设置了“三维云展馆”“二维云商城”等，搭建了更为高效便捷的经贸合作平台，收获签约成果总计277个，计划投资和贸易总额1566.7亿元。中华人民共和国主席习近平向第五届中国—阿拉伯国家博览会致贺信，贺信强调：“中国愿同阿拉伯国家一道，共谋合作发展，共促和平发展，实现互利共赢，高质量共建‘一带一路’，推动中阿战略伙伴关系迈上更高水平，携手打造面向新时代的中阿命运共同体！”

20日

《2021嘉兴·胡润世界500强》发布，“胡润世界500强”企业总价值比2020年增长50万亿元，达到375万亿元，苹果公司以15.8万亿元价值蝉联“胡润世界500强”榜首，同比增长15%。微软、亚马逊和Alphabet分别以13.7万亿元、11.7万亿元和11.2万亿元位列第二至第四位，“世界四大巨头”近两年平均增加了一万亿美元的价值。47家中国上榜企业总价值36万亿元，高于排在其后的日本和法国的总和。中国排名第一的仍然是腾讯，价值下降3%为4.5万亿元，世界排名保持第六位；其次是阿里巴巴，价值下降18%为3.8万亿元，世界排名下降两位为第九位。

同日，中华商标协会发布《关于对近期商标恶意抢注涉事会员单位进行自律的通告》。

23日

中国上海合作组织数字经济产业论坛、2021中国国际智能产业博览会在重庆开幕。两个活动采用“线上+线下”相结合的方式，来自全球的133位重要嘉宾，在“云”端碰撞交流，共商数字经济繁荣发展之路。中华人民共和国主席习近平向中国—上海合作组织数字经济产业论坛、2021中国国际智能产业博览会致贺信。贺信强调：“在上海合作组织成立20周年之际，中国愿同各成员国弘扬‘上海精神’，深度参与数字经济国际合作，让数字化、网络化、智能化为经济社会发展增添动力，开创数字经济合作新局面。”

同日，中华商标协会代理分会会长白刚就“奥运健儿姓名商标恶意抢注问题”参与中国教育电视台《e视界》栏目访谈。

9月

2—7日

2021年中国国际服务贸易交易会，以“数字开启未来，服务促进发展”为主题在北京举办。本届服贸会共举办5场高峰论坛，200场论坛会议、推介洽谈和边会，线上搭建展台6511个，上传展品3万多件，吸引了来自153个国家和地区的1.2万多家企业线上线下参展参会。本届服贸会交易洽谈达成各类成果1672个，参展参会企业数量和国际化程度，均超过上届水平，为世界经济贸易复苏增长注入更多信心和动力。

2日

中华人民共和国主席习近平在2021年中国国际服务贸易交易会全球服务贸易峰会致辞中宣布：“我们将继续支持中小企业创新发展，深化新三板改革，设立北京证券交易所，打造服务创新型中小企业主阵地。”

7 日

由中华商标协会与新媒体与大数据联盟、北京值得买科技股份有限公司等共同发起的“中国企业影响力实验室”举行挂牌成立仪式。

10—12 日

由中共呼和浩特市委、市政府与品牌联盟(北京)咨询股份公司共同主办的 2021 中国品牌节第十五届年会在呼和浩特开幕。本届年会以“绿色与科创”为主题，组织十大招商引资项目签约落户呼市，并公布了“敕勒川味道”区域公用品牌。来自全国各地的上千名品牌学者、企业家，集体发出“品牌助力乡村振兴”的呼和浩特倡议，成为本届年会的点睛之笔：用品牌赋能乡村产品，用公益推动乡村振兴，免费助力乡村品牌建设。在 2021 中国品牌节第十五届年会上，中国品牌节创始人兼秘书长、品牌联盟董事长王永发布了“华谱榜”“2021 中国品牌 500 强”“中国十大节庆品牌”等权威榜单，引发主流媒体与公众广泛热议。

15 日

由中国企业评价协会、清华大学房地产研究所、北京中指信息技术研究院主办，北京中指信息技术研究院中国房地产 TOP10 研究组承办的“2021 中国房地产品牌价值研究成果发布会暨第十八届中国房地产品牌发展高峰论坛”在北京召开。会上发布的《2021 中国房地产品牌价值研究报告》显示：2021 全国房地产品牌企业品牌价值均值为 476.89 亿元，同比增长 16.1%。其中，中海地产、万科、保利发展、碧桂园、融创中国和华润置地的品牌价值分别为 1392 亿元、1353 亿元、1349 亿元、1006 亿元、962 亿元和 915 亿元，品牌价值稳步增长，持续保持行业领先地位。

同日，由商务部流通业发展司、文化和旅游部产业发展司、中国商业联合会共同指导，北京市商务局、北京市文化和旅游局、北京市东城区人民政府、北京时尚控股有限责任公司联合主办的“第八届北京王府井国际品牌节”开幕。开幕现场上演时尚新品首发主题秀，王府井地区管委会、王府井集团分别与北京时装周组委会进行战略合作伙伴签约。

17 日

在国家知识产权局国际合作司指导下，由中华商标协会与日本贸易振兴机构北京代表处共同主办的“第三次中日商标制度研讨会”在京举办。

22 日

中共中央、国务院印发《知识产权强国建设纲要（2021—2035 年）》。

25 日

由中国广告协会、中国企业联合会管理现代化工作委员会联合分众传媒打造的“国货发展高峰论坛”在上海举行。雪花啤酒等中国品牌齐聚上海，分享身为中国品牌崛起的经验与心得。

同日，由全国工商联主办的 2021 中国民营企业 500 强峰会在湖南长沙举行，发布《2021 中国民营企业 500 强调研分析报告》及“2021 中国民营企业 500 强”榜单。华为投资控股有限公司以 8913.68 亿元的营业收入规模，连续 6 年位居民营企业 500 强榜首、制造业民营企业 500 强榜首。此外，京东集团、恒力集团有限公司名列前三强。

28 日

中华商标协会和世界知识产权组织中国办事处共同主办的“商标国际注册马德里体系座

谈会”在京举行。

30日

微信官方发布公告称，腾讯微信支付正与银联云闪付在支付、服务两个层面推进更深入的互联互通。一方面，微信支付已与银联云闪付App正式实现线下条码的互认互扫；另一方面，云闪付App全面支持Q币、QQ音乐和腾讯视频的充值服务，微信小程序逐步支持云闪付支付。此前，阿里巴巴旗下多款App已支持微信支付的消息登上热搜。

10月

1日

因新冠肺炎疫情延期一年的2020迪拜世博会开幕，主题为“沟通思想，创造未来”，还有“流动性”“可持续性”“机遇”三大副主题，园区也以此划分为三大展区。中华人民共和国主席习近平为中国馆作视频致辞。以“构建人类命运共同体——创新和机遇”为主题。中国北斗卫星导航系统、中国国铁集团的高铁模拟驾驶舱、上汽集团无人驾驶新能源概念车“鲲”、优必选公司的智能机器人、主题剧场等亮点，展示中国在航天探索、现代交通、信息技术、人工智能、智慧生活等领域发展成果。中国海尔作为智慧绿色场馆中国馆的空气解决方案提供商，在碳中和趋势下，在节能低碳、绿色建筑方面充分展现出中国空调品牌的责任和担当。特斯联作为唯一一家中国科技公司，入选迪拜世博会官方首席合作伙伴。

8日

国家市场监督管理总局责令美团停止违法行为，全额退还独家合作保证金12.89亿元，并根据《中华人民共和国反垄断法》对其处以34.42亿元罚款。

9日

国务院新闻办举行“奋力开启知识产权强国建设新征程”新闻发布会。国家知识产权局局长申长雨在发布会上表示，中国将继续大力实施创新驱动发展战略，加快知识产权强国建设，加大知识产权保护力度，进一步激发全社会的创新创造活力。

15日

中华商标协会秘书长吴东平与丰台区市场监管局副局长陶洪为中华商标协会知识产权纠纷人民调解委员会成功调解的一起典型案件的双方当事人发放调解协议，该案入选北京知识产权保护中心典型案例。

15—19日

第130届中国进出口商品交易会在广州举办。首届珠江国际贸易论坛成为本届广交会的一大亮点。这是广交会历史上第一次举办国家级的国际贸易论坛，主题为“以中国的新发展为世界提供新机遇”。中华人民共和国主席习近平发贺信指出，广交会创办65年来，为服务国际贸易、促进内外联通、推动经济发展作出了重要贡献。开幕式上，时任国务院总理李克强发表主旨演讲，并到展馆参观调研。

18—19日

由中华商标协会与中国民族文化艺术基金会、甘肃省陇南市人民政府共同主办的“区域特色产业发展领导力对话论坛”在陇南举行，协会、陇南市人民政府、美团公司三方共同签署《陇南区域品牌发展战略合作框架协议》。

28日

国务院印发《“十四五”国家知识产权保护

和运用规划》，明确了“十四五”时期开展知识产权工作的指导思想、基本原则、主要目标、重点任务和实施保障措施，对未来五年的知识产权工作进行了全面部署。

30 日

中华商标协会组织会员参加国家知识产权局主办的“第 9 次中日韩知识产权用户研讨会”。

11月

5 日

海尔集团发布公告称，在海尔集团第八届职工代表大会上，海尔集团创始人张瑞敏辞任董事局主席并受邀担任名誉主席；同时，周云杰当选新一届董事局主席并受聘为首席执行官，梁海山担任公司总裁。

5—10 日

第四届中国国际进口博览会（简称进博会）在上海举行。本届进博会共有 58 个国家和 3 个国际组织参加国家展，来自 127 个国家和地区的近 3000 家参展商亮相企业展，国家展本年首次线上举办。企业展继续设置食品及农产品、汽车、技术装备、消费品、医疗器械及医药保健、服务贸易六大展区。

16 日

受新冠肺炎疫情影响，中华商标协会再次发布《关于第十三届中国国际商标品牌节延期举办的通知》。

18 日

国家反垄断局在国家市场监督管理总局办公大楼正式挂牌。

24—25 日

由中华商标协会主办、南京优注宝信息科技有限公司提供技术支持的“商标民事侵权实务培训班”在线上举办。

12月

1 日

蒙牛乳业创办人牛根生辞任蒙牛乳业非执行董事及战略与发展委员会成员，退休并拟将更多时间投入慈善工作。在 2008 年中国品牌节年度人物峰会上，时任蒙牛乳业董事长牛根生曾入选“品牌中国 30 年 30 人”，2009 年又获“中国 60 年 60 位品牌功勋人物”。

7 日

第二十四届北京·香港经济合作研讨洽谈会知识产权合作专题活动以线上线下相结合的方式举行，与会嘉宾共论知识产权强国建设，交流京港两地在知识产权保护和优化营商环境等方面的经验，展望未来京港两地的知识产权合作与发展。

8 日

中华商标协会品牌影响力专业委员会在“2021 中国品牌影响力论坛”上揭牌成立，中华商标协会会长马夫出席成立大会并致辞。

10 日

中华商标协会组织会员参加国家知识产权局与美国律师 CNIPA 联络委员会共同举办的“中美知识产权实务线上研讨会”。

10—13 日

由中国广告协会主办、厦门市政府和国际广告协会支持，以“琴岛之城，谱写广告新篇章；鼓浪之滨，推动品牌快成长”为主题的第28届中国国际广告节于福建省厦门市举办。

20日

山西汾酒发布公告：因到龄退休，李秋喜申请辞去公司董事长、董事、董事会战略委员会主任委员、提名委员会委员职务。李秋喜曾一手塑造汾酒品牌内涵，创造过销售传奇。2010年，李秋喜获“2010中国十大品牌年度人物”，2019年获第十四届品牌年度人物峰会“中国品牌70年70人”。

21日

2021年全国知识产权保护工作会议召开。本次会议以线上线下方式举行。会上，国家知识产权局知识产权保护司介绍了相关重点工作开展情况。市场监管总局执法稽查局、国家知识产权局有关部门、各地知识产权管理部门及知识产权保护中心有关负责人参加会议。北京、河北、上海、江苏、浙江、河南、四川等地作典型发言。

24日

在国家知识产权局运用促进司指导下，中华商标协会编制发布“中国商标品牌发展指数（2021）”，对2020年全国各省（自治区、直辖市）商标品牌发展综合水平进行指数测评。测评显示：2020年度，广东、浙江、北京、江苏、上海等地商标品牌发展指数位居全国前列。我国商标品牌发展总体状况良好，但东高中西低、南强北弱的区域差异依然显著。经济强省在商标品牌运用推进、质量提升和效益实现等方面优势突出，且有扩大趋势。在商标品牌潜力挖掘、服务环境优化等方面，中西部省份进步明显。

26日

由品牌联盟（Topbrand Union）主办的2021中国品牌节第16届年度人物峰会，在北京香格里拉酒店举行。第十一届、第十二届全国人大常委会副委员长、民建中央原主席、中华思源工程扶贫基金会理事长陈昌智出席活动并致辞。本次峰会以“谁为中国赢得尊敬”为主题，中国品牌节发起人兼秘书长、品牌联盟董事长王永致辞并揭晓五大榜单。于登云、卫哲、方锦龙、刘诗雯、李斌、何均国、苗绿、范渊、南存辉、顾萃被评为“2021中国十大品牌年度人物”。

（中华商标协会商标品牌文化推广专业委员会）

大事记（2022）

1月

11日

国家知识产权局印发《知识产权公共服务“十四五”规划》，这是我国知识产权公共服务领域首个五年规划。规划提出“十四五”时期我国知识产权公共服务的发展目标，同时明确主要指标，设置4个方面11项任务举措以及4项保障措施。

27日

国家知识产权局印发《关于持续严格规范专利申请行为的通知》，提出逐步减少对专利授权的各类财政性资助，每年至少减少25个百分点，直至在2025年以前全部取消。

2月

22日

中国中小商业企业协会领导一行应邀到阿里巴巴北京总部参访交流，双方围绕数字化、新零售、专精特新以及今后的合作展开交流座谈。

23日

中华商标协会品牌影响力专业委员会主办的“中国品牌改变世界”主题论坛在北京举办。论坛宣布“2022中国品牌影响力组委会”成立，并召开“中华商标协会品牌影响力专业委员会第一次会议”。中国社会科学院中国舆情调查实验室首席专家刘志明发布“中国品牌影响力指数研究计划”，品牌联盟（北京）咨询股份公司董事长王永发表闭幕致辞：“期待在各方共建共享的基础上，实现共赢和品牌影响力建设的长期发展。”

3月

8日

第十三届全国人民代表大会第五次会议举行第二次全体会议，听取最高人民法院院长周强关于最高人民法院工作的报告。报告提出2021年全国法院审结一审知识产权案件54.1万件，保护创新激励创造。

16日

国家知识产权局发布《关于印发〈推动知识产权高质量发展年度工作指引（2022）〉的通知》。

29日

国家知识产权局发布《关于持续严厉打击

商标恶意注册行为的通知》。

4月

20日

博鳌亚洲论坛2022年年会“亚洲知识产权：趋势与机遇”分论坛在海南省博鳌举行。与会嘉宾共同探讨当今时代新技术、新业态、新趋势给知识产权保护带来的新机遇和新挑战，认为知识产权保护是推动全球经济持续复苏的重要驱动力。数据显示，2020年中国版权产业的行业增加值为7.51万亿元人民币，占GDP的比重为7.39%。2021年全国著作权登记总量达626万余件，同比增长24.30%。

20—26日

全国知识产权宣传周活动举办，宣传周活动的主题是“全面开启知识产权强国建设新征程”。宣传周活动紧扣知识产权强国建设纲要和“十四五”规划推进实施，通过组织开展新闻发布、培训宣讲、案例宣介、文化竞赛等多种活动，增强全社会尊重和保护知识产权的意识。

25日

最高人民检察院、国家知识产权局共同下发《关于强化知识产权协同保护的意见》，内容包括：1. 总体要求；2. 建立常态化联络机制；3. 建立健全信息共享机制；4. 加强业务支撑；5. 加大办案协作力度；6. 加强人才交流培训；7. 深化研究合作；8. 加强宣传配合和国际合作；9. 建立奖惩机制。

27日

国家知识产权局正式发布2021年中国知识产权保护状况白皮书。白皮书显示，2021年我国知识产权保护制度建设、审批登记、文化建设、国际合作等方面均取得积极进展。自1998年起，我国已连续20多年编制发布知识产权保护状况白皮书，向国内外各界介绍我国知识产权保护状况。

28日

国家知识产权局知识产权发展研究中心举行线上新闻发布会，并以中英文双语形式正式发布《中国电子商务知识产权发展研究报告（2021）》。

5月

9日

由中国高等院校市场学研究会、华东师范大学主办，新华社《中国名牌》杂志社和科特勒咨询集团联合主办，中国高等院校市场学研究会品牌专业委员会、华东师大亚欧商学院、华东师大国家品牌战略研究中心承办的“2022第六届中国品牌日特别论坛”以线上方式举办，社会各界5000多人参加。论坛主题聚焦“企业家精神实现品牌驱动增长”，来自学界和业界多名专家发布主旨演讲。

10日

由长城新媒体集团和“中国品牌日”河北省宣传活动组委会主办、主题以“品牌崛起 筑梦未来”的2022“中国品牌日”河北系列活动于石家庄冀云·融媒体中心启动。由长城新媒体集团独家打造的“‘品牌崛起·河北名片’提升工程”也在现场同步启动。

同日，“2022上海国际品牌创新发展论坛”在线上举办。论坛以“聚焦全国统一大市场 激发品牌建设新动能”为主题，是上海新冠肺炎疫情防控期间国内外了解上海品牌发展的一扇窗口，是切实推进上海国际化品牌服务高地建设的一场重要活动。

10—12日

2021年“中国品牌日”活动由国家发展改革委、中共中央宣传部、工业和信息化部、农业农村部、商务部、国家市场监督管理总局、知识产权局共同举办，以线上线下相结合的方式在上海举行。活动主题为“中国品牌，世界共享；聚力双循环，引领新消费”。

13日

由中国中小商业企业协会指导、金蝶云·星空与金蝶信科联合主办的“VUCA（乌卡）环境下您的经销商还好吗暨产融互联、百亿资金纾困中小企业云峰会”举行，共同探索消费品行业产融共生之道。

23日

2022年“中国品牌日”陕西主题活动于陕西宾馆（陕西大会堂）成功举办。本次活动由中国品牌建设促进会、中华商标协会、新华社民族品牌工程办公室等为指导单位，由陕西省品牌建设促进中心、陕西省品牌建设标准化技术委员会、中国经济信息社陕西经济研究中心主办。中国品牌建设促进会理事长刘平均、中华商标协会会长马夫、新华通讯社总经理室副总经理潘海平，以及陕西省知识产权局党组书记、局长侯社教在活动上致辞。

6月

8日

首个知识产权公共服务窗口在三亚市崖州湾科技城挂牌设立，将有效利用现有公共服务资源，为社会公众和创新创业主体提供便民利民的专业化知识产权公共服务。

同日，义乌市市场监管局对义乌市致尚知识产权代理有限公司、义乌市晶世源日用品有限公司、义乌市边峰农产品有限公司等三家公司，以不正当手段扰乱商标代理市场秩序并涉嫌诈骗的行为作出移送义乌公安局处理的决定。上述三家公司向有关商标注册人发送名为“商标初审通知书”的到付快递，收件人需支付一定费用才可顺利签收，名为“商标初审通知书”的快递里面只有一张“商标初步审定公告”A4纸，其信息为三家公司从互联网获取。三家公司共获取非法所得35.7万元。此类案件是利用知识产权的新型犯罪，义乌市市场监管局提醒广大市民，如遇此类快递可直接拒收。

11日

由中华商标协会主办、万慧达知识产权冠名协办、北京君策知识产权发展中心与北京工商大学法学院共同承办的“万慧达杯第二届中华商标协会全国高校商标热点问题辩论赛决赛”如期开赛，上海交通大学夺得本次辩论赛冠军，湘潭大学获得亚军。

20日

国家知识产权局发布《关于印发〈国家知识产权保护示范区建设方案〉的通知》。

21日

由《品牌文化》杂志社、塔木德富豪会联合主办的2022大健康产品品牌发展研究会在湖南长沙举行，研讨会以“新趋势 新思维 新营销”为主题，就大健康产业未来发展“兼容，精准，专业，持续，共享”密钥共助企业发展新高度进行讨论。

7月

6日

国家知识产权局办公室发布《关于严厉打击代理伪造地理标志申请材料行为》的通知。

12日

2022年上半年知识产权相关工作统计数据发布。

13日

山东省2022“中国品牌日”活动在聊城市举办，活动以“好品山东 潮涌水城”为主题，由山东省委宣传部、省市场监管局、省发展改革委、聊城市人民政府共同主办。

20日

国家知识产权局发布《关于印发〈展会知识产权保护指引〉的通知》。

29日

国家发展改革委联合工业和信息化部、农业农村部、商务部、国务院国资委、国家市场监督管理总局、国家知识产权局等部门印发《关于新时代推进品牌建设的指导意见》提出，培育产业和区域品牌，打造提升农业品牌，壮大省级工业品牌，做强做精服务业品牌；夯实品牌建设基础，加强品牌保护，强化质量基础设施，加强人才队伍建设。

30—31日

由中国心理学会心理学普及工作委员会、中国老教授协会职业教育委员会共同主办的2022第四届中国心理品牌建设高峰论坛在线上举办，论坛以“心理服务社会”为主题，20余位心理学家做主题演讲。

8月

3—4日

由中国广告协会和哈尔滨市政府共同主办的2022第十八届中国广告论坛在哈尔滨市举行。本届论坛以“数智新时代，广告新生态”为主题，邀请经济学家解读时政、广告学者分析新策、营销精英分享案例，给各行业同仁搭建一个信息分享和沟通的平台。

8日

由品牌联盟、中国会展经济研究会联合主办的2022第十六届中国品牌节年会在湖南省长沙市正式启幕。本届品牌节年会以“开放与奋进”为主题，年会现场揭晓了“2022世界品牌500强”“2022中国品牌500强”“2022中国首席品牌官500强”“2022中国十大优秀品牌案例”“2022品牌助力乡村振兴优秀案例”“华普奖”“金谱奖”等众多奖项。

14日

由国家知识产权局、陕西省政府共同主办的第六届丝绸之路博览会“一带一路”知识产权合作论坛在西安市举行。此次论坛由陕西省知识产权局、知识产权出版社有限责任公司联合承办。论坛以“加强知识产权保护 创造幸福美好生活”为主题，采取线下线上相结合的方式，为“一带一路”沿线国家和地区以及社会各界提供知识产权交流合作平台。论坛包括主旨演讲和圆桌论坛等环节，邀请了有关国际知识产权组织、“一带一路”沿线国家、跨国企业、政府机构、高校、新闻媒体和知名专家学者等代表参加。

18日

由中国商报社、中国商界杂志社、《品牌人物》栏目组、中国品牌研究中心共同主办的2022中国品牌发展高峰论坛暨中国品牌人物峰会在杭州举行。论坛以“品牌引领强企梦·赋能高质量发展”为主题，论坛现场举行2022品牌强国人物和企业典型案例的颁授仪式。北京市新发地农业产品股份有限公司董事长张玉玺、通鼎集团董事局主席沈小平、远东控股集团董事局主席蒋锡培被授予2022品牌强国年度人物。

24日

深圳工业总会联合相关机构举办的“第十一届五洲工业发展论坛”在深圳广电大厦一楼演播大厅举行。根据大会主题和新冠肺炎疫情防控相关要求，经深圳市政府批准与十一区政府联合持续举办的第六届深圳国际品牌周同期举办。

9月

1日

中国国际服务贸易交易会打击侵权假冒高峰论坛在北京国家会议中心举办。论坛由世界知识产权组织、国家市场监督管理总局、北京市政府、全国打击侵权假冒工作领导小组办公室、中国消费者协会共同主办。世界知识产权组织中国办事处、欧盟驻华使团等代表发言，国家知识产权局、商务部、最高人民法院分享了经验，相关行业协会、中外企业代表和专家作了对话交流。全国打击侵权假冒工作领导小组成员单位、北京市打击侵权假冒工作领导小组成员单位，市场监管相关部门，以及部分国家驻华使馆、行业组织、企业代表参会。本次论坛以“保护知识产权、共享放心消费”为主题。

8日

习近平总书记在致2022全国专精特新中小企业发展大会的贺信中指出，中小企业联系千家万户，是推动创新、促进就业、改善民生的重要力量。希望专精特新中小企业聚焦主业，精耕细作，在提升产业链供应链稳定性、推动经济社会发展中发挥更加重要的作用。各级党委和政府要坚决贯彻落实党中央决策部署，为中小企业发展营造良好环境，加大对中小企业支持力度，坚定企业发展信心，着力在推动企业创新上下功夫，加强产权保护，激发涌现更多专精特新中小企业。

17日

由浙江省老字号企业协会、杭州钱塘老字号研究院承办的第十九届中国中华老字号百年品牌高峰论坛暨中华老字号掌门人大会在杭州举行，以“宋韵文化 国潮消费”为主题，各企业代表与嘉宾发言，论坛现场颁发“杰出贡献奖”和“华夏工匠奖”。

29日

世界知识产权组织发布《2022年全球创新指数》。数据显示，中国在创新领域的全球排名近年来持续稳步提升，2022年排名上升至第11名。

10月

宁夏回族自治区党委、政府印发《宁夏回

族自治区知识产权强区建设纲要（2021—2035年）》。宁夏回族自治区市场监督管理厅（知识产权局）组织开展严厉打击商标恶意注册行为专项行动，加大对商标恶意抢注行为的打击力度，保护经营主体合法权益，维护社会公共利益，规范风清气正的商标注册管理秩序。

11月

5日

中国中小商业企业协会受邀参加2022云栖大会—中小企业云上创新论坛。论坛聚集政府、资本、媒体、机构畅谈云上加速创新趋势，高成长企业分享数字化实践，发布《云上创新指导手册》和中小企业服务平台，为中小企业科技创新、科技创业和社会普惠贡献数字力量。中国中小商业企业协会专职副会长任兴磊开场致辞。阿里云中小企业事业部总经理潘立维发表主题演讲《云上成就创新梦想》。论坛举行了中小企业服务平台《中小企业云上创新指导手册》发布仪式，并举办开放式的圆桌论坛：因云而聚，畅谈云上趋势。

11日

由全国糖酒商品交易会组委会、中国轻工企业投资发展协会主办的2022中国品牌营销论坛在成都举行。论坛以“探索食品饮料新机遇”为主题，探讨中国食品饮料发展现状，从资本视角、行业视角、渠道视角、平台视角及营销视角等多维度解析中国大消费的现状、洞察未来新趋势。500余位食品饮料相关行业决策者、从业者及媒体参加了本次论坛。

30日

国家知识产权局商标局发布《商标代理机构备案办理须知》，要求从事国家知识产权局主管的商标事宜代理业务的商标代理机构，依法及时向国家知识产权局备案。

12月

6日

国家知识产权局办公室发布《关于印发〈知识产权行政保护案件请示办理工作办法〉的通知》。

8日

由人民日报社主办的2022中国品牌论坛在北京举行，论坛以“推动中国品牌建设高质量发展”为主题，通过线上线下相结合的方式举行，政府主管部门代表、企业负责人、专家学者120余人参加。本届论坛发布了2022中国品牌案例。

9日

由南方周末主办的2022中国民族品牌创新发展论坛在上海落幕。活动有经济学界、民族品牌、研究智库等100位专家代表参加，共同探索新发展格局下民族品牌的未来趋势及创新路径。

13日

国家知识产权局办公室发布《关于印发〈知识产权保护规范化市场创建示范管理办法〉的通知》。

20日

中国联通与腾讯、京东、阿里、百度4家战略投资者在2022中国联通合作伙伴大会上签署战略合作协议。中国联通与4家战略投资者将全面开展新一轮合作，包括在数字信息基础设施、高品质生活、产业升级、科技创新、智慧运营、网络安全、人才培养等多个领域，实现全方位、宽领域、深层次的合作。

20日

由世界品牌实验室(World Brand Lab)评选的2022年(第十六届)“五星钻石奖”(Five Star Diamond Brand)在上海举行的“世界经理人峰会”上揭晓。作为全球奢华商品和服务领域的最高奖项，除了香奈儿、路易威登、维珍航空等老品牌入选外，注重消费者沟通并以品牌创新见长的周大福、星巴克、五粮液、安缦酒店、青岛银行也一同入选“五星钻石奖”。

21日

第29届中国国际广告节在厦门市开幕。本次活动由中国广告协会主办，厦门市人民政府支持，广告节包含高峰论坛、赛事颁奖、展览展示等凝聚行业前沿力量的内容。

29日

贵州茅台酒股份有限公司发布公告，2022年度生产茅台酒基酒5.68万吨左右，系列酒基酒3.50万吨左右。公告显示，茅台酒在2022年实现营收1077亿元左右。这是茅台酒史上首次真正意义上的营收破千亿元。同时，茅台酱香系列酒实现营收157亿元左右，同比增长24.65%。

同日，由华东师范大学、中国高等院校市场学研究会品牌专业委员会联合主办，华东师范大学国家品牌战略研究中心承办的第七届“2022中国品牌科学与应用论坛暨全球品牌战略研讨会”以线上方式举办，近2000位与会者在线参加了本届研讨会。

（中华商标协会商标品牌文化推广专业委员会）

广州北京路商业街（张丹邵 2023年）

中华老字号

综 述

中华老字号是指历史底蕴深厚、文化特色鲜明、工艺技术独特、设计制造精良、产品服务优质、营销渠道高效、社会广泛认同的品牌（字号、商标等）。我国商业品牌文化有着深远的历史传承，中华老字号的发展和延续源远流长，有些历史品牌经历了千百年来的市场打磨，越来越朝气蓬勃，充满活力。在我国分布广泛、品类繁多的历史传承产品和服务，约定俗成，为广大消费者喜闻乐见，承载着中华传统文明和文化自信。

根据商务部等五部门印发的《中华老字号示范创建管理办法》，示范创建工作中对“中华老字号”名称的认定和管理体现了政府对商号品牌宣传的管理职能，是经当事人自愿选择的一种行政管理措施。根据商务部的规定，企业申报“中华老字号”应当具备以下基本条件：在中华人民共和国境内依法设立；依法拥有与中华老字号相一致的字号，或与中华老字号相一致的注册商标的所有权或使用权且未侵犯他人注册商标专用权，传承关系明确且无争议；主营业务连续经营30年（含）以上，且主要面向居民生活提供商品或服务；经营状况良好，且具有较强的可持续发展能力；具有符合现代要求的企业治理模式，在设计、研发、工艺、技术、制造、产品、服务和经营理念、营销渠道、管理模式等方面具备较强的创新能力；在所属行业或领域内具有较强影响力；未在经营异常名录或严重违法失信名单中。

商务部会同相关部门原则上每3年认定并公布新一批次中华老字号名录。目前，经商务部审核认定的“中华老字号”共1128件。本篇目收录的9个中华老字号品牌，均已经过商务部审核认定，登入中华老字号名录，并拥有与中华老字号相一致的字号，或与中华老字号相一致的注册商标的所有权，均为市场熟知的知名品牌，具有深厚的品牌文化底蕴和强大的品牌影响力。

（中华商标协会商标品牌文化推广专业委员会）

老字号品牌荟萃的北京大栅栏商业街（莫丽燕 2019年）

白塔寺药店

【注册商标类别】第5类

【商标标识】

【概况】 白塔寺药店为药店品牌，于1998年在原国家工商行政管理局商标局注册，注册类别有第35类、第30类、第5类，包括图形和文字“白塔寺药店”商标的所有人为北京金象复星医药股份有限公司白塔寺药店，注册地为北京市西城区阜成门内大街165号 。

白塔寺药店大门外景

白塔寺药店始建于清同治十二年（1873），是一家以经营道地中药饮片、高档参茸滋补品为特色的药店。拥有150年历史的白塔寺药店秉承“以德经商，以德待客”的经营理念，在发挥特色的同时扩大经营品种和经营范围，现已成为经营道地中药饮片和高档参茸补品，以及全国名、特、优、新中西药品、进口药品和家庭医疗器械的大型综合药店。白塔寺药店因位邻阜成门内的妙应寺白塔而得名。现在，大堂牌匾系老舍先生的夫人、著名书画家胡絜青女士于1980年3月题写。

1980年重张开业的白塔寺药店

白塔寺药店的前身为老北京的“琪卉堂”和“大和堂”。北平和平解放以后，“琪卉堂”“大和堂”药店成为中国医药公司北京市公司第二门市部。1955年转由北京市药材公司管理，称北京市药材公司第二门市部，改前店后厂式经营为专门的零售药店。此后20多年间，白塔寺药店一直有着“国营二门”的简称。20世纪70年代末，在原址翻建五层大楼（与西城区药材公司机关合用），1980年重张开业更名为白塔寺药店。2003年，为配合政府对阜景文化街的改造，药店由原来的5层降为2层。扩建后的白塔寺药店，依然坚持着“老字号”药店的经营特点，严格把控药品的进货，保证药材的品质上乘，让老百姓放心。

白塔寺药店以“济世养生”为己任，“以德经商，以德待客”为理念，并始终以中药饮片的“饮片精纯、质量上乘，药品齐全”为特色经营而享誉京城。进入20世纪80年代后，经过改造的白塔寺药店，在保持名店经营特色和老字号优良传统的基础上，提出了“以药品质量为生命线，创建放心药店，重塑国有企业社会形象”的奋斗目标，坚持“以市场为导向，强调信誉、特色和质量共存”，严把药品进货验收、检测复核、效期管理、储存养护、药品调剂，以及计量、价格、服务等各个环节、各道工序。

1999年，白塔寺药店被北京市卫生局确定为中药饮片精品店之一，原卫生部部长钱信忠为“中药饮片精品店”题写了牌匾；赵丽蓉手书“货真价实”的牌匾现一直挂在白塔寺药店的大门之上。白塔寺药店长期以来注重在“精”字上下功夫，始终把“来源地道、质量上乘、炮制精细”作为中药饮片的经营准则，把“对消费者负责”的态度作为经营饮片的落脚点。

作为中华民族优秀传统文化和中医药文化的传承者，白塔寺药店在150年的发展历程中，充满着传奇色彩。从过去传统意义的老铺发展成为今天的现代化企业，白塔寺药店自身就是一部经济与文化交相辉映的历史，也是一部中华民族企业的兴衰和发展史，在我国中医药行业中具有代表性。1998年经中华人民共和国国内贸易部认定，白塔寺药店为全国首批“中华老字号”。2006年经中华人民共和国商务部认定，白塔寺药店为全国第一批“中华老字号”单位。

（白塔寺药店）

【耀咖啡厅对外营业】 2022年10月1日位于白塔寺药店一层西侧的“耀咖啡厅”正式对外营业。依托白塔寺历史风貌保护区网红打卡地的流量，联合专业运营力量，白塔寺药店以现有空间为载体，将中医药文化与咖啡、茶饮、茶点、文创等有机融合，积极拥抱新时代年轻群体，在传承与创新中展现老字号的独特魅力。

耀咖啡外景

（白塔寺药店）

【白塔寺药店文创】 2022年8月30日，白塔寺药店文创堂正式开业，以中医药文化为设计基础的白塔寺药店文创商品，凭借纯粹的原创和爆表的颜值，迅速火爆文创圈。白塔寺药店文创商品成为2022年中国（北京）国际服务贸易

文创商品售卖现场

交易会老字号专场的亮点，2022年中国国际进口博览会上手拿白塔寺药店文创成为打卡进博会的时尚。

（白塔寺药店）

【研学和直播】 白塔寺药店推出的中医药研学课程包括：香囊的制作、中药药皂、中药手工贴画、传统的痱子粉制作等。通过与研学教育机构、各大高校、社区等合作，将中医药的悠久历史和白塔寺药店中药饮片的特色强势结

中医药研学课程教学现场

合，不仅可以响应国家持续健康地发展中医药事业的号召，更可以向全国扩大宣传白塔寺药店经营特色，提高白塔寺药店的知名度。

（白塔寺药店）

【改造诊疗艾灸室】 2022 年 5 月，白塔寺妙应堂中医诊所重新改造艾灸诊疗室，增添诊疗器具，丰富诊疗项目，整体诊疗环境大幅提升，为广大顾客提供更优质的诊疗服务。

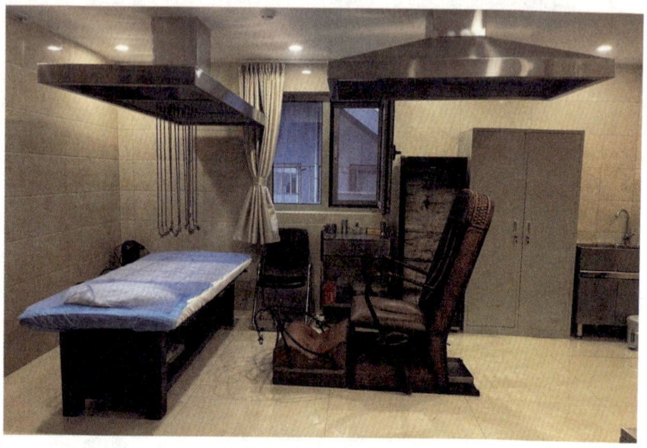

艾灸诊疗室内景

（白塔寺药店）

【新店开业】 2022年，北京白塔寺药店连锁有限公司分别设立北河沿分店、西长安街分店、大兴分店。

西长安街店内景

（白塔寺药店）

龙顺成

【注册商标类别】第 6 类

【商标标识】

龍順成
始于同治元年

【概况】 龙顺成为中国红木行业百年企业、国有控股企业，也是家具行业“中华老字号”企业，具有国家一级文物修复资质，长期参与故宫古家具修复工作。隶属于金隅集团旗下北京金隅天坛家具股份有限公司。注册资本 13000 万元，资产总额 2.7 亿元。1987 年在国家商标局注册，包括图形和文字（简体及繁体）。龙顺成商标的所有人为北京市龙顺成中式家具有限公司（简称龙顺成），注册地为北京市东城区永定门外大街 64 号。

龙顺成历史可追溯至 1862 年（清同治年间），历经几代传承获得长足发展。总部设立在北京市东城区金隅龙顺成文化创意产业园内，生产制造中心位于西三旗非遗传承基地，自营门店有沙子口旗舰店、安贞体验店、王府井文创店，可为广大客户提供强大的生产及销售服务保障。

公司产品涵盖紫檀、黄花梨等材质的重器产品，花梨、酸枝木等材质的常规红木家具，以及文玩文创产品系列，是行业内产品种类丰富、品质精良、业务类型多元化的红木家具企业。龙顺成家具素有“百年牢”之美誉，百余年来以精湛的工艺、精致的产品、精心的服务获得广大用户的一致好评。

清同治元年，即 1862 年，清王朝开始进入没落期，逐渐走向衰退，宫廷造办处木匠王永顺在“鲁班馆”附近开办了一个家具小作坊，取名“龙顺”，主要业务是修复一些故宫里的老家具，而且还负责故宫新家具的制作。几年后，因与他人合股经营，遂将字号改称龙顺成。1956 年，全国开始公私合营，龙顺成合并当时在鲁班馆附近大大小小 34 家木器店后延用“龙顺成”字号，厂名改为“龙顺成木器厂”。

北京龙顺成京作非遗博物馆（贾彩珍）

1963年，龙顺成迁址永定门外大街64号，扩大硬木家具生产，产品亮相广交会，在外贸部门帮助下开展京作硬木家具出口业务，为国家赚了不少外汇；1985年，北京市硬木家具厂与北京市中式家具厂合并，更名为“北京市中式家具厂”，主要生产经营传统硬木家具和高档中式家具。

20世纪80年代，龙顺成为北京饭店贵宾楼进行中式装修并配套家具，服务于第十一届亚运会，得到时任国际奥委会主席萨马兰奇的赞扬；后又陆续为全聚德、长城饭店、建国饭店、友谊宾馆等设计制作京作硬木家具。

2008年，龙顺成京作硬木家具制作技艺入选国家级非物质文化遗产名录；2010年，被商务部认定为“中华老字号”；同年，更名为“北京市龙顺成中式家具有限公司”，按照金隅集团整合战略，划归天坛家具公司管理。2013年，被中国家具协会评为“中国红木家具优秀企业”；2019年，为新中国70周年大庆献礼，承接“天安门524工程”；2021年，成为北京2022年冬奥会和冬残奥会官方生活家具供应商。

龙顺成商标为中国驰名商标。2008年6月，龙顺成“京作”硬木家具制作技艺入选国家级非物质文化遗产名录；2011年5月，被商务部认定为“中华老字号”；2012年12月，荣获国家文物局颁发的“可移动文物修复一级资质”单位；2014年3月服务于APEC会议；2017年7月服务于故宫博物院馆藏木器修复工程；2018年5月作为重点保护传承项目入选“国家传统工艺振兴计划”；2019年4月服务于国庆70周年天安门项目；2021年4月26日成为北京2022年冬奥会和冬残奥会官方生活家具供应商。此外，龙顺成为APEC会议主会场、颐和园延赏斋、香山勤政殿、北海团城、首都机场元首接待厅、国家图书馆古籍馆、中国国家版本馆等重要场所配置的家具，获得各国元首和高端用户的一致赞誉。

（龙顺成）

【获冬奥会和冬残奥会官方生活家具供应商】 2021年4月25日，龙顺成官宣成为北京2022年冬奥会和冬残奥会官方生活家具供应商。龙顺成品牌为北京冬奥村、首都体育馆等重点场馆的贵宾厅、要客区、村长办公室、文化展示区等涵盖11个通用场馆提供了18个品类、435件中式京作红木家具展陈。

（龙顺成）

【刘更生获“大国工匠年度人物”称号】 2022年3月2日，由中华全国总工会、中央广播电视总台联合举办的2021年“大国工匠年度人物”发布仪式在CCTV1综合频道播出，金隅龙顺成刘更生获“大国工匠年度人物”称号。刘更生不仅是本届全国机械冶金行业的唯一受表彰人员，更是北京市属国企有史以来首位入选代表。

（龙顺成）

【非遗博物馆获2022年“全国工人先锋号”】 2022年4月28日，京作非遗博物馆荣获2022年“全国工人先锋号”，这是博物馆在2021年获得北京市总工会授予的“工人先锋号”之后获得的又一项荣誉称号。博物馆汲取宫廷“国宝重匣”的装饰风格，凸显龙顺成“源自宫廷”的文化渊源，陈列多件明清时期的大国重器，讲述京作家具发展史。

（龙顺成）

【“金隅杯”手工木工大赛发布暨第五届龙顺成鲁班工匠节举办】 2022年7月13日，在北京市总工会、金隅集团工会、各相关行业协会及广大新闻媒体的共同见证下，龙顺成举办“金隅杯”手工木工大赛发布暨第五届龙顺成鲁班工匠节活动。

（龙顺成）

【推出“木局”文化空间】 2022年8月31日，龙顺成“木局”文化空间亮相环球贸易中心。“木局”文化空间提供多元化、沉浸式的体验服务，在创新文化体验形式的同时，融合非遗&创新，开发出一系列深入生活、回归本真、文化创新的产品及服务，成为北京东城区新晋“网红打卡地”。

（龙顺成）

【亮相中国国家版本馆】 2022年8月，龙顺成洞窟架柜等家具亮相中国国家版本馆，助力更好发挥版本典藏、展示、研究、交流功能作用，打造彰显文化自信、展现时代气度的新标识，构筑传承悠久文明、赓续中华文脉的种子库，塑造展示良好国家形象、促进文明交流互鉴的金名片。

（龙顺成）

【手工木工技能竞赛在龙顺成举办】 2022年9月28日，2022年北京市职工职业技能大赛手工木工技能竞赛决赛在金隅天坛龙顺成国家级非物质文化遗产传承基地成功举办。比赛高潮迭起、引人入胜，搭建起手工木工行业交流平台，激励更多产业工人走技能报国之路，比赛受到《人民日报》《工人日报》等数十家媒体争相报道。

（龙顺成）

【亮相二十大新闻中心】 2022年10月，龙顺成作为国家级非遗京作硬木家具制作技艺的传承保护单位，参与党的二十大新闻中心非遗作品的布局陈设。从工艺技法到艺术风格都具有典型的京味儿特色，多宝格、如意翘头案等多件家具精品亮相新闻中心非遗展区，展示非遗特色，传播中国传统文化，彰显龙顺成作为首都国企的责任担当。

（龙顺成）

【获北京市文化旅游体验基地称号】 2022年12月14日，经北京市文化和旅游局审核，金隅龙顺成文化创意产业园获北京市文化旅游体验基地称号。北京市文化旅游体验基地发布活动在园区举行，以活动举办为契机，龙顺成通过古旧家具展、鲁班学堂体验等形式展现国家级非遗传承技艺，传播京作非遗文化。

（龙顺成）

【160周年大国工匠典藏展览举办】 2022年，举办“2022北京龙顺成家具160周年大国工匠典藏展览”，共甄选40余件典藏重器，展览重器皆由龙顺成第五代传承人刘更生监制，凸显京作传统文化。从家具器型、雕刻、工艺等点滴细节诠释了龙顺成160年的京作匠心传承，品位卓绝。

（龙顺成）

【亮相中国国际服务贸易交易会】 2022年，中国（北京）国际服务贸易交易会上，龙顺成以品牌160周年为契机，展示京作非遗技艺、榫卯文化和“大国工匠”刘更生领衔制作的家具。现场观众络绎不绝，“龙顺成×雪莲”联名款文创受到追捧，两大中华老字号跨界联名展示老字号融合发展、破圈融合新形式，开创老字号企业发展新局面。

（龙顺成）

【获工美杯金奖】 2022年，“大国工匠”刘更生作品小叶紫檀有束腰雕龙纹大罗汉床获“工美杯”金奖。这是2022年“工美杯”传统硬木家具类别唯一的金奖，也是仅有的四件获评“北京传统工艺美术珍品”荣誉的作品之一，这也是近年来硬木家具行业在“工美杯”评选中获得的最好成绩。

（龙顺成）

菜百首饰

【注册商标类别】 第 14 类

【商标标识】

菜百首饰

CAIBAI JEWELRY

— EST. 1956 —

【概况】 菜百首饰为黄金珠宝零售品牌，2018 在国家商标局注册，包括图形和文字（中英文）“菜百首饰 CAIBAI JEWELRY BAI EST.1956”商标的所有人为北京菜市口百货股份有限公司（简称菜百股份），注册地为北京市西城区广安门内大街 306 号。

菜百股份是商务部第一批命名的“中华老字号”企业，作为国有控股企业，是西城区国资委的重要子公司。主要经营黄金饰品、贵金属投资产品、贵金属文化产品和钻翠珠宝饰品等在内的各品类、多款式黄金珠宝商品，同时推出“菜百传世”“菜百悦时光”子品牌。菜百股份总店也是一家在北京市文物局正式备案的博物馆——北京菜百黄金珠宝博物馆，为消费者提供集“博物馆式的鉴赏、专业知识的普及、体验式的购物、个性化的定制”于一体的沉浸式购物体验。

菜百首饰成立于 1956 年，前身是菜市口百货商场；1985 年，开始进入黄金珠宝行业；1994 年，菜百公司的黄金珠宝销售额首次突破 1 亿元大关，成为全国首个亿元柜组；1997 年，菜百首饰被北京市商委授予“京城黄金第一家”称号；2000 年，菜百首饰再次改制，改为北京菜市口百货股份有限公司（菜百股份）；2004 年菜百股份被授予“中国黄金第一家”的称号；2006 年菜百股份成为商务部第一批命名的“中华老字号”企业；2014 年，菜百股份成立电商子公司，进入全渠道、多元化、覆盖多地域的经营模式；2017 年，作为北京市唯一一家商贸企业，获批国家级服务贸易标准化试点项目；2021 年 9 月 9 日菜百股份在上交所主板上市，成为西城区国有控股企业主板自主上市的第一家。

2011 年，菜百股份全年销售首过百亿元，创造中国黄金珠宝行业单店销售纪录。在质量管理方面，菜百股份始终坚持“以质取胜”的经营理念，早在 1998 年就通过了 ISO9000 质量体系认证。作为上海黄金交易所综合类会员单位，通过直接采购上金所标准金保证原料质量。菜百股份制定较国家及行业标准更为严格的“菜百首饰”质量标准，并引入第三方权威检测机构来保证产品质量。

截至2022年底，在华北、华东、西北地区已开设数家门店，坚实拓展连锁版图。电商业务涵盖线上十余家店铺，包含官方商城、天猫、京东、抖音、小红书等多个线上渠道，还创立开发菜百自营商城，加强多维度品牌营销与宣传。

在品牌运营方面，作为中国珠宝首饰文化推广先锋企业，菜百股份与世界黄金协会、国际铂金协会、戴比尔斯永恒印记等众多国际推广组织保持良好的合作关系。菜百股份与故宫、颐和园、天坛、首都博物馆等文化机构进行战略合作，推出自主文创产品系列，将首饰作为中华传统文化的载体，打造“菜百首饰”注重情感传达、文化内涵的品牌定位。

在取得成就的同时，菜百股份多年来不忘回报社会，每年坚持开展公益活动，积极履行社会责任，开展参与“希望工程1+1”捐款，资助千名小学生；参与100365活动，连年出资捐助百名贫困大学生；菜百金质服务团队组织“五进”活动（即“进社区、进学校、进机构、进农村、进企业”），为群众提供首饰免费保养及咨询活动。积极组织开展“学子阳光项目”“经典菜百金，精准扶贫困”“同走百万步，共铸学子梦”等多个公益品牌项目，为有需求的大学生、青少年、高龄产妇送去帮助和温暖，爱心从北京播散到西藏、青海等祖国的多个地方。

多年的努力也得到社会、行业和消费者的认可，菜百股份获“全国文明单位”“全国质量诚信标杆典型企业”和“全国模范劳动关系和谐企业”，被授予“中国黄金第一家”的称号，并曾获“中国质量奖提名奖”“企业信用评价AAA级信用单位”“中国黄金行业社会责任杰出贡献奖”“最具影响力十大品牌”“中国改革开放40周年珠宝行业社会贡献奖”“北京市人民政府质量奖提名奖”等诸多荣誉和称号。

（菜百首饰）

【荣获多项大奖】2021年，菜百股份参加北京市西城区商务局主办的“2021年老字号时尚创意大赛”活动，菜百股份天坛文创饰品包装盒荣获包装类一等奖；颐和园、中国航天文创饰品包装盒荣获包装类二等奖；颐和园金贵系列套装包装盒荣获包装类三等奖；东方花园蝶影系列饰品、首都博物馆－虎福锁金饰、颐和园－颐铜牛摆件（金）、天坛－足金天心石吊坠荣获产品类二等奖；颐和园－足金灵鼍金饰荣获产品类三等奖。

（菜百首饰）

【参加网络直播促销月活动】2022年6月，“2022北京网络直播促销月”正式拉开帷幕，菜百股份作为北京市商务局重点推介的直播基地之一，受邀参加此次活动的启动仪式。

（菜百首饰）

【爱心助孤基地揭牌】2022年7月，北京菜百黄金珠宝博物馆暑期科普夏令营——北京市青少年志愿服务艺术展启动仪式暨中国SOS儿童村“爱心助孤基地”揭牌仪式于菜百首饰总

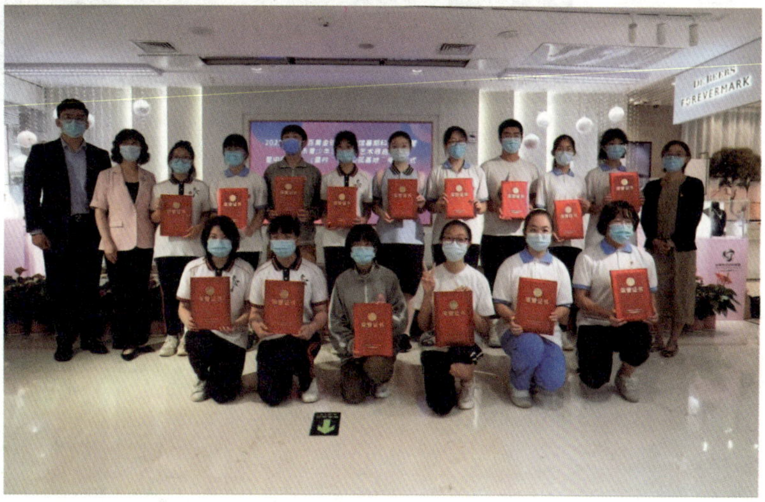

2022年7月，爱心助孤基地志愿者合影

店顺利举行。菜百股份充分发挥博物馆公益科普教育职能，通过艺术展的形式，提供美育教育，传播志愿精神，培养担当民族复兴大任的新时代好少年。

（菜百首饰）

【传世品牌形象亮相菜百总店】2022 年 9 月，菜百股份子品牌菜百传世品牌形象专区首次亮相菜百首饰总店，并隆重推出“福运升、生肖运、童乐荟、当潮时、囍相逢、耀芳华、典藏韵、联名 IP”八大产品系列。菜百传世古法系列饰品风格更加国潮化、年轻化，融合古法錾刻、锤碟等特色工艺，自发售以来，深受广大年轻群体的青睐，成为关注度较高的黄金珠宝明星品类之一。

（菜百首饰）

【兔年贺岁金条首发】2022 年 11 月，2023 癸卯（兔）年贺岁金条在北京菜市口百货股份有限公司全国首发，这是中国金币集团有限公司连续发行的第二轮第九组贺岁金条，菜百股份连续第 21 年北京地区独家销售。此组金条以其“权威发行、专业铸造、品质精良、宜礼宜藏”的特有优势，开启 2023 贺岁季如意福途（伏兔）、大展宏图（兔）的美好祝福。

（菜百首饰）

菜百传世品牌形象专区

张一元

【注册商标类别】第 16 类

【商标标识】

【概况】 张一元是拥有百年历史的茶叶品牌，1991 年在商标局注册，包括图形和文字。张一元商标的所有人为北京张一元茶叶有限责任公司（简称张一元），注册地为北京市宣武区（现西城区）西砖胡同 2 号院 7 号楼（枫桦豪景 C1 配楼）。张一元茶庄的创办人张昌翼，字文卿，祖籍安徽歙县。张文卿于清光绪二十六年（1900 年）开设张玉元茶庄。光绪三十四年（1908 年）张文卿在前门外观音寺街路南购房开设一间门脸的店铺，取名“张一元”茶庄，店名取自“一元复始、万象更新”之意。1912 年张文卿又在大栅栏开设张一元文记茶庄。以“文”字表示为张文卿所开。三个茶庄以张一元文记为主，也就是现在的张一元总店。茶庄开业后，由于店址优越、经营得法，以质量上乘而声名远扬。茶庄主营茉莉花茶、绿茶、红茶等各类茶叶。张一元商标为中国驰名商标。张一元是“中华老字号”，产品通过线上线下销售遍布全国各省、自治区、直辖市。自创店起，张一元就开始制作和售卖茉莉花茶，在花茶领域，张一元茉莉花茶制作技艺被列入国家级非物质文化遗产保护名录。总店位于北京市西城区大栅栏商业街，2012 年单店销售首次突破亿元，被授予“中国茶业首家亿元店”荣誉称号，连续 11 年单店销售过亿元，2021 年起单店年销售额突破 2 亿元。2020 年北京市授予张一元总店“北京市模范集体”荣誉称号。2021 年张一元代表产品“龙毫”，一年售出 82 万罐，成为首个亿元单品。张一元在全国名茶产区已建立 31 个生产基地、400 余家连锁店和电子商务公司，拥有国家认可委员会（CNAS）认可的茶叶检测实验室、大型标准化产业园及生产仓储物流中心。

张一元品牌荣获“茉莉花茶十大经典品牌”，张一元代表产品“龙毫”蝉联全国茶叶质量评选特别金奖，张一元西湖龙井茶（狮峰明前臻选）荣获第十一届“中绿杯”全国名优绿茶产品质量推选活动特别金奖，张一元金骏眉获第二届世界红茶质量评选金奖。

（张一元）

【年度买赠活动】 2022 年 1 月 1 日至 2 月 6 日，

张一元前门店（索芳）

举办过大年，喝龙毫，多档买赠活动。1月25日，农历腊月二十三是北方传统的小年儿。张一元准备年味礼品，给新老茶客送福。4月15日至5月5日，张一元名优绿茶展卖季开幕，开展多档买赠活动。8月19日至10月7日，张一元2022茉莉花茶展卖季盛情开幕；多档买赠活动连同会员积分回馈同时启动。9月1日至10月7日，全国各地的张一元店铺会员可以到所属门店领取回馈礼品。

（张一元）

【明前茶抢鲜上市】 2022年3月11日，张一元首款明前茶“金奖惠明”抢鲜上市。仅5天时间，1800元一斤的头茬儿“金奖惠明”被茶友们抢购一空。3月22日，张一元西湖龙井立足产地，坚守正宗，明前西湖龙井限量发售。

（张一元）

【茉莉花茶制作工艺入选国家级非遗项目】 2022年11月29日，我国申报的“中国传统制茶技艺及其相关习俗”在摩洛哥拉巴特召开的联合国教科文组织保护非物质文化遗产政府间委员会第17届常会上通过评审，列入联合国教科文组织人类非物质文化遗产代表作名录。其中包括国家级非遗项目“张一元茉莉花茶制作技艺”。

（张一元）

【新冠疫情防控志愿者团队】 2020—2022年，张一元组织志愿者团队，从2020年开始就积极参与新冠肺炎疫情防控，身体力行坚守在新冠肺炎疫情防控第一线。北京新冠肺炎疫情防控工作多次面临严峻挑战。张一元作为百年老字号茶企，响应西城区国资委号召和金融街资本工作部署，组织安排干部职工积极下沉社区参加疫情防控工作，在卡口值守、维持现场队伍秩序等，用实际行动展现着张一元企业干部职工的优良作风和精神风貌。

（张一元）

恒源祥

【注册商标类别】 第20类

【商标标识】

恒源祥®

【概况】 “恒源祥”1989年注册为商标，商标所有人为恒源祥（集团）有限公司（简称恒源祥集团）。恒源祥于1927年在上海创立，是中华老字号品牌，最早以生产经营绒线为主。1991年，恒源祥实施品牌运营，转型成为从事手编毛线产销的现代化企业。1998年开始，恒源祥从单品类走向多品类经营。2021年，恒源祥集团拥有十多家产业公司，经营产品涵盖绒线、针织、服饰、家纺、日化、童装等大类，旗下有“恒源祥”“彩羊”“小囡”等品牌。

恒源祥，源于清末书法大家赵之谦的对联：“恒罗百货，源发千祥。”恒，取其意恒古长存，即天时；源，取其意源泉勃勃、源源不断、生生不灭，即地利；祥，意为吉祥如意，即人和。

（恒源祥）

【赞助北京奥运会等国际赛事】 2005年12月22日，恒源祥集团签约成为2008年北京奥运会赞助商；2008年11月30日，恒源祥成为中国奥委会合作伙伴；2012年11月20日，恒源祥成为2013—2016年中国奥委会赞助商。恒源祥共为北京、伦敦、里约三届奥运会中国体育代表团打造了礼仪服饰。2019年11月18日，恒源祥正式成为北京2022年冬奥会和冬残奥会官方赞助商；国际奥委会同年宣布恒源祥在东京奥运会和北京冬奥会期间为国际奥委会成员及工作人员提供官方正装。2021年，恒源祥集团用绒线制作的非遗作品《绒之百花·春之镜像》亮相北京冬奥村的中国传统技能技艺文化展示体验区。

2015年4月15日，恒源祥集团主办的2015劳伦斯世界体育奖颁奖典礼在上海大剧院举行。2017年，恒源祥成为国际武术联合会全球合作伙伴；同年，首届轮滑全项目世锦赛——2017恒源祥世界全项目轮滑锦标赛在南京举办。

（恒源祥）

【获“上海好商标”称号】 2021年1月，上海市商标品牌协会认定“恒源祥”为首批“上海好商标”。3月，恒源祥集团被全国服装标准化技术委员会授予2020年度标准化工作先进单位，并在2021品牌强国论坛上入选中国创新品牌500强，品牌价值469.82亿元。6月，恒源祥集团被全国纺织品标准化技术委员会毛纺织品分技术委员会授予2020年度标准化工作先进单位。7月，恒源祥集团连续12届获得“上海市文明单位”称号；恒源祥品牌被授予“百年上海工业·市民最喜爱的品牌（消费品类）”称号；11月，集团获“2021年度上海市首发经济引领性本土品牌”称号。

（恒源祥）

【获江苏科技进步奖】 2021年1月，恒源祥集团与苏州大学等联合研发的天然染料纺织品印染关键技术及产业化项目获2020年度江苏省科学技术三等奖。11月，恒源祥羊毛被获“上海品牌”认证证书。

（恒源祥）

【“同心向党 共绣党旗”活动】 2021年6月22日，由恒源祥发起的“同心向党 共绣党旗”活动在中国共产党诞生地所在区上海市黄浦区进行成果发布。国家级非遗技艺——上海绒绣“共绣党旗”活动于2020年6月22日在中共一大会址纪念馆启动，全国百家单位承绣百面党旗。活动深入社区、乡村、机关、企业、部队、大中小学校以及红色场馆、爱国主义教育基地，开展专场活动数百场，完成绒绣党旗100面，参与人数超过10万人次。

（恒源祥）

2021年6月22日，由恒源祥发起的“同心向党 共绣党旗”活动在中国共产党诞生地所在区上海市黄浦区进行成果发布

【藏羚羊放归大自然主题活动】 2021年7月7日，由三江源国家公园可可西里管理处和恒源祥集团共同举办的“尊重生命，放归自然”藏羚羊放归大自然主题活动在可可西里索南达杰保护站举行。5只被救助的藏羚羊放归大自然。

2021年7月7日，“尊重生命，放归自然”藏羚羊放归大自然主题活动现场

（恒源祥）

【中学生作文大赛“恒源祥文学之星”全国总决赛】 2021年7月13日，中国中学生作文大赛

2021年7月13日，中国中学生作文大赛（2020—2021）“恒源祥文学之星”全国总决赛颁奖典礼现场

(2020—2021)“恒源祥文学之星”全国总决赛在山东济南举行。包括香港、澳门赛区在内的全国17个赛区约2000万名中学生参与，各赛区一等奖获得者参加全国总决赛。通过笔试、口试、即兴演讲三大环节，从“听、说、读、写”四个方面考察综合素质，诞生20名“文学之星”和20名“恒源祥文学之星”提名奖，以及4个单项奖。

（恒源祥）

【为奥运会难民代表团打造礼仪服饰】 2021年7月23日，在日本东京，难民代表团身着恒源祥打造的礼仪服饰亮相第32届奥运会开幕式，引起广泛关注。难民代表团礼服包括西服、衬

2021年7月23日，难民代表团身着恒源祥打造的礼仪服饰亮相第32届奥运会开幕式

衣、丝巾、领带、皮鞋、皮带和难民代表团的徽章，服装整体上采用象征和平的蓝色。

（恒源祥）

【为东京残奥会中国代表团打造入场礼服】 2021年8月24日，第16届夏季残疾人奥林匹克运动会在日本东京开幕，恒源祥为中国体育代表团提供入场礼服。礼服以简单素雅为设计主基调，由湖蓝色的上衣、浅棕色的裤子组成，强调“清新、舒畅、振奋”。

2021年8月24日，恒源祥为中国体育代表团提供第16届夏季残疾人奥林匹克运动会入场礼服

（恒源祥）

【恒源祥联合体质量月活动】 2021年9月1日，“品质筑梦冬奥 品牌圆梦百年”——2021年恒源祥联合体质量月开幕。开幕仪式以线上直播的形式进行。质量月期间开展了恒源祥联合体第11届全员技能大赛、秋冬季产品质量监督抽查、慰问一线员工以及恒源祥联合体全员线上知识竞答等系列活动。

2021年9月1日，“品质筑梦冬奥 品牌圆梦百年”——2021年恒源祥联合体质量月开幕，一线员工在工作现场宣誓

（恒源祥）

【参与首届“北京国际品牌周”】 2021年9月25日，以“品牌的力量”为主题的首届“北京国际品牌周”在北京梅地亚中心启动。恒源祥集

2021年9月25日，恒源祥参加首届北京国际品牌周启动仪式

团董事长、总经理陈忠伟在会上发表主题演讲。

（恒源祥）

【“恒爱行动——百万家庭亲情一线牵”云启动】 2021年12月28日，2021年“恒爱行动——百万家庭亲情一线牵”云启动仪式在中央广播电视总台央广音频客户端云听举行。2005年起，“恒爱行动”累计捐赠1233139件爱心毛衣，其中2020—2021年度编织爱心毛衣74171件。本年度“恒爱行动”以“编织梦想 情暖冬奥”为主题，得到北京冬奥组委的大力支持。全国共申领毛线79761斤，其中30个省（区、市）和新疆生产建设兵团、香港紫荆社以及86家中央和国家机关参与。

2021年，“恒爱行动”活动受助儿童展示“编织梦想 情暖冬奥”主题

（恒源祥）

【“星辰大海”礼服亮相第34届中国电影金鸡奖颁奖典礼】 2021年12月30日，第34届中国电影金鸡奖颁奖典礼在厦门举行。演员代表身着恒源祥定制的夹克衫和系列礼服亮相电影节发布会、颁奖典礼等多场次活动，近75家媒体平台关注并同步直播。“星辰大海青年演员优选计划”之“时尚计划”由恒源祥携手中央广播电视总台电影频道联合发起，为入选“优选计划”的青年演员定制队服及礼服。

2021年12月，恒源祥为第34届中国电影金鸡奖定制夹克衫和系列礼服

（恒源祥）

【为沈莱舟绣像】 2021年12月31日，为迎接恒源祥创办95周年，恒源祥集团以国家级非遗技艺上海绒绣为恒源祥创始人沈莱舟绣制绒线像，缅怀创始人，传承恒源祥文化、思想、理念。

（恒源祥）

【销售网点扩大】 2021年，恒源祥集团线下销售网点省级覆盖率为100%，地、市级市场网点覆盖率超过80%，县级市场网点覆盖率超过30%；线上销售渠道覆盖天猫、京东、唯品会和拼多多等主流电商平台，品牌在以抖音、快手为核心的兴趣电商平台及以小程序为核心的社交电商平台均有布局和完整规划。据阿里巴巴集团2018年“天猫国潮老字号焕新记”排名统计，恒源祥产品海外电商销售覆盖188个国家和地区。

（恒源祥）

【共同主办《中国当代美学文选2022》发布会暨中国当代美学高层论坛】2022年11月6日，由上海市美学学会、上海交通大学人文艺术研究院、恒源祥集团共同主办的《中国当代美学文选2022》发布会暨中国当代美学高层论坛召开，由人民文学出版社出版，力求全面反映中国当代美学研究动态的首部论文汇编《中国当代美学文选2022》正式发布，来自上海和全国的文选编委、作者及专家学者共30多人以线下与线上相结合的方式出席了本次论坛。

（恒源祥）

【2022“星辰大海青年演员优选计划”系列活动】2022年，由电影频道融媒体中心与恒源祥联合发起的2022“星辰大海青年演员优选计划”之时尚计划开展了系列活动。系列活动包括7月在武汉举办的第36届大众电影百花奖，9月在北京举办的第29届大学生电影节、中秋云歌会，11月为入选2022“优选计划”的青年演员定制队服及礼服亮相第35届金鸡奖颁奖典礼等。电影频道与恒源祥共创的融媒体周播栏目《恒好星辰》全年共制作34期，并通过“恒好星辰”特别直播在抖音平台实现“星辰大海”明星同款队服以及“恒好星辰”系列产品同步售卖。

（恒源祥）

【为北京冬奥会提供颁奖花束】2022年北京冬奥会上，恒源祥设计的非物质文化遗产“海派绒线编结技艺钩编而成的绒线花花束——荣耀之花”成为北京冬奥会颁奖花束。绒线花花束永不凋谢、低碳环保的特性，十分契合北京冬奥会的办赛理念。北京冬奥会闭幕后，颁奖花束持续受到热捧，受邀在香港回归25周年特别活动、第七届中国非物质文化遗产博览会、2022上海进博会、上海首届“自由 · 向尚”国潮年轻力大会等国内外重大活动中展出，成为关注焦点。围绕颁奖花束拍摄的短片《永不凋零的冬奥会颁奖花束》，获得国内外九项传播大奖，其中包括国际五大创意奖之一的伦敦国际奖铜奖，这是恒源祥在传播赛道上获得的首个国际大奖，进一步扩大了颁奖花束及品牌的影响力和美誉度。

恒源祥为北京冬奥会设计的颁奖花束——非物质文化遗产“海派绒线编结技艺钩编而成的绒线花花束——荣耀之花”

（恒源祥）

便宜坊

【注册商标类别】第30类

【商标标识】

八百年古都 六百年焖炉

【概况】便宜坊（biàn yì fāng）创建于明朝永乐十四年（1416年），是商务部首批认定并授予牌匾的“中华老字号”。1988年8月20日在商标局注册。便宜坊商标的所有人为北京便宜坊烤鸭集团有限公司（简称便宜坊集团），注册地为北京。

便宜坊集团使用便宜坊商标在餐厅及食品包装上。1403年，明成祖朱棣迁都北京，随着京杭大运河的疏通兴修、紫禁城的修建，孕育了便宜坊这个百年老字号，也有了“八百年古都北京城，六百年焖炉便宜坊”的佳话。江浙人口迁至北京的人中有一位姓王的商人，落籍在宣武门外的“塌坊”中。当时这里是囤积大米的米市口（清朝后改称“米市胡同”）。这位王姓商人在米市口创办传承600多年的便宜坊。这位王姓商人因陋就简，将南方所传之烤鸭技巧与本地条件相结合，在地上用砖直接砌起烤鸭炉，讲究的是“上三下四中七层”，先将炉子用秫秸烤热，再入鸭子，出来之后别具风味。由于烤鸭味美价廉，很快人们便争相购买，众口传颂。这些东西价钱便宜，又在“塌坊”内经营，人们便顺口称为“便

便宜坊前门店（索芳）

宜坊”了。1958年6月，周恩来总理到崇文区（现东城区）视察期间在便宜坊用餐。在了解品牌的历史与现实情况后，将“便宜”二字释义为“便利人民、宜室宜家”。“便利人民”是社会主义精神，“宜室宜家”是传统文化，二者的结合，就是便宜坊老字号的新精神。

北京烤鸭有焖炉和挂炉两大流派，其口味特点各不相同，便宜坊是焖炉烤鸭的代表，创建于明朝永乐十四年（1416年），焖炉烤鸭制作技艺于2008年列入国家级非物质文化遗产名录。焖炉烤鸭的制作特点是“鸭子不见明火”，将鸭胚放在炉中，关上炉门，凭炉内炭火和烧热的炉壁焖烤而成。要求掌炉人具有很高的技术，必须掌握好炉内的温度。烤好的焖炉烤鸭成品呈枣红色，外皮油亮酥脆，肉质洁白、细嫩，口味鲜美。便宜坊将周总理释义的“便利人民，宜室宜家”确定为经营理念，在传承发展中，形成了以焖炉烤鸭为龙头、以鲁菜为基础、融各家菜系精华为一体的便宜坊菜系。便宜坊在秉承传统工艺基础上，根据现代人的饮食习惯和营养配比需求，研制开发出了“花香酥”和“蔬香酥”创新烤鸭，并获得了国家级专利。北京奥运会期间，集团又实现了技术上的新突破，研发出傲韵烤鸭，首次实现了烤鸭入味。便宜坊集团根据节令，推出了24节气特色产品，挖掘恢复了传统菜品清酱肉、桶子鸡。

便宜坊商标为中国驰名商标，拥有国家专利4项。现有直营店6家，合作店4家、合资店1家、加盟店23家。便宜坊集团发展至今，受到了消费者和行业的认可，近年来荣获“中国餐饮正餐类十大品牌”“中华优秀饮食文化示范企业”“全国商业3·15诚信宣言守信企业”“中国连锁餐饮十佳品牌”“中国餐饮30年卓越企业奖”“中国正餐50强企业”“中国京菜名店”“改革开放40年中国餐饮协会老字号新辉煌企业”“2019中国国际服务贸易交易会积极贡献奖”等荣誉。在历届中国国际服务贸易交易会、国际进口博览会、中国国际消费品博览会、科隆中国节等大型国际活动中较好地展示了中国品牌、老字号风采。

（便宜坊）

【参加第四届中国国际进口博览会】2021年11月5日至10日，便宜坊集团受邀参加第四届中国国际进口博览会（下称“进博会”），进博会于上海国家会展中心举办。由北京市商务局组织，以“国潮京范 老号新生”为主题的北京老字号展区，集结18家北京老字号，参展企业均具有200年以上历史。此次，便宜坊集团展示焖炉烤鸭、鲜花饼和小鸭酥等特色产品及文创产品。便宜坊小鸭酥造型可爱、价格亲民，玫瑰饼口味清甜、口感绵密，受到消费者的喜爱与好评。

（便宜坊）

【构建会员管理系统】2021年11月，便宜坊酒仙桥店通过与微盟智慧餐饮合作，构建以“企微运营”为核心的一体化会员管理系统，加速向新餐饮业态转型升级。基于对用户消费习惯的深入洞察，将“预订”服务转移至企业微信。截至2022年9月，便宜坊酒仙桥店累计转化储值会员超1.6万人，累计会员储值金额近100万元。

（微盟官网）

剑南春

【注册商标类别】第33类

【商标标识】

【概况】 剑南春是中国著名传统白酒品牌，“中华老字号”品牌，产地四川省绵竹市，生产企业为四川绵竹剑南春酒厂有限公司。

绵竹地区气候温和，物产丰富，有着得天独厚的酿酒环境。剑南春及其系列品牌包括东方红、剑南系列、绵竹系列等30多个品牌，上百个品种，多次获得国家级、部级、省级质量奖。

剑南春酒的酿造已有1500多年的历史，“天益老号”酿酒作坊始于南齐时期，是国内历史久远，保存完整，并且至今仍在生产的传统酿酒作坊，被认定为全国重点文物保护单位，入围世界文化遗产预备名单。李肇在《唐国史补》中提到的名酒中便有剑南烧春。

作为唐代宫廷御酒，被记载于《旧唐书·德宗本纪》中，宋代李昉《太平广记》有“剑南之烧春”的记载，元代宋伯仁《酒小史》载有“剑南烧春，杨世昌蜜酒”。唐朝皇室的长期御用造就了剑南春“大唐御酒”的历史地位，是当今中国载入正史并至今尚存的唐朝名酒。酿酒用水来自地下深层珍稀矿泉水，堪称世界顶级冰川水，是全中国唯一用雪水渗析矿泉酿造的名酒。剑南春精选“高粱、大米、糯米、小麦、玉米”五种优质粮食，只取酿造精华，其传统酿造技艺被认定为国家级非物质文化遗产。剑南春拥有多个数万吨级原酒陶坛库，其规模在中国白酒行业中始终保持前列。传承千年的古法技艺和精益求精的匠心坚持，成就千年如一品质。从古代皇室的宫廷御酒，到现代社会的名酒精英，剑南春以质量为基础，以诚信为准则，以文化为动力，将继续用匠心传承千年“大唐御酒”，持续打造中国名酒金字

剑南春酒坊遗址

剑南春酒厂外景

剑南春酒厂生产线

招牌。

剑南春产品销量处于行业前列，在 1979 年、1984 年、1989 年由轻工业部举办的全国评酒会上连续三届蝉联“全国名酒”称号，2005 年剑南春首家获得中国食品工业协会“纯粮固态酿造白酒认证标志”。2006 年被商务部认定为首批“中华老字号”。2008 年，“剑南春酒传统酿造技艺”入选国家级非物质文化遗产名录。剑南春凭借着极强的品牌力，获得国家级、部级奖项百余次，畅销全国并销往海外及中国港澳台地区。2017 年 12 月，联合国举办“剑南春中国艺术璀璨之约”活动，剑南春成为首个代表中国走进联合国的白酒企业。2018 年 1 月，剑南春连续两年受邀登陆纽约时代广场，向全球华人送上新春祝福。同年 12 月，剑南春成为首家带领消费者探索南极大陆的白酒企业。2019 年 5 月，剑南春与曼彻斯特城缔结全球战略合作关系，达成史上首次中国白酒与足球豪门的跨界合作。

剑南春天益老号酿酒作坊故址

剑南老街牌坊

（剑南春）

【**获年份酒检测专利**】2009 年，剑南春“挥发系数鉴别年份酒的方法”获国家发明专利权。该技术成功地破解困扰酒类行业多年的世界性技术难题，为国家制定年份酒检测的技术标准提供可靠的技术支撑，为中国白酒国际化作出贡献。

（剑南春）

【**终极烈酒挑战赛获奖**】2018 年 3 月，剑南春参加国际三大权威烈酒比赛之一“终极烈酒挑战赛”，以 97 分第一名的优异成绩获全场最高奖项“主席奖杯”。

（剑南春）

同和居

【注册商标类别】第42类

【商标标识】

【概况】 中华老字号同和居隶属于北京华天饮食控股集团有限公司，旗下设有同和居饭店和同和居食府两个独立的法人企业，共有五家直营门店，现有职工300余人。为五钻级酒家，北京市著名商标，中国餐饮100强企业。同和居牌匾是中国末代皇帝溥仪的胞弟溥杰亲手所书。在首届“京味美食节”上，同和居是唯一同时喜获“名店、名菜、名厨”三项殊荣的“老字号餐饮十大品牌”。

同和居位于北京市西城区月坛南街乙71号（原北京市西四南大街3号），北京市“二星级”定点旅游涉外企业，目前有81间含豪华套和标准间的客房可满足商务人士出行便利，22个不同风格的雅间可供不同人群用餐需求。

同和居是北京城较早经营山东风味菜的北京老字号，开业于清道光二年（1822年）。以主营山东福山帮菜著称，以烹饪“河鲜”“海鲜”最为擅长，精于“熘、爆、扒、炒、烩”，菜品突出“清、鲜、脆嫩”等特点，特别是“烤馒头、三不粘、糟熘系列”堪称京城“三绝”。

同和居创业之初本是一家名不见经传的小店，后因御厨袁祥福的加入使得小店名声大噪，之后便以“同怀和悦”为意，定下“同和居”的字号，意指来此用餐能够让大家共畅情怀、天地人和、顺应天意、万事吉祥如意。在“童叟无欺、诚信经营”的理念主导下，同和居连续多年被食品卫生监督部门评为“优秀餐饮店”，获“北京市西城区餐饮行业诚信经营单位”，并在2020年荣获“餐饮业质量安全提升工程示范单位”。

随着餐饮行业的迅速发展，同和居始终秉持“以客户为中心，诚信第一，放心安全”的理念，服务于京城百姓。鲁迅先生的日记云：“午饭于西四牌楼同和居，甚于口。”作为北京最早经营鲁菜的中华老字号，同和居多年来得到中外名流、政客的广泛关注和追捧。清末皇帝溥仪胞弟溥杰为同和居题写字号牌匾，国画大师齐白石、画家韩美林、相声演员姜昆等都曾是同和居的座上嘉宾。收藏家王世襄为同和居新楼开业题藏头联“同味齐称甘旨，和羹善用盐海”。1999年澳门特别行政区首届行政长官何厚铧来京，特地光临同和居，这些来宾都交口称赞同和居的菜肴和服务，并与同和居的厨师长及服务人员合影留念。“同和居”连续多年被评为北京市著名商标。

同和居由山东福山张祖述在清道光二年（1822年）创办，原址位于西四牌楼十字路口西南角。1994年7月28日，迁至北京市西城区月坛南街（三里河）乙71号贵阳饭店二楼（由北京华天饮食集团公司与贵阳工商康养产业投资发展有限公司共同出资）。开设寓意为“天和”“地和”“人和”的大小7个雅座单间，有卡拉OK设施及KTV包间，就餐环境有了较大的改善，接待顾客就餐能力有所提高。

2006年10月8日，同和居被商务部认定为“中华老字号”。2007年6月，“同和居鲁菜烹饪技艺”列入西城区非物质文化遗产保护项目。2009年9月9日正式挂牌北京同和居饭店有限责任公司。2010年10月18日由北京华天饮食控股集团公司出资的北京同和居食府全资子公司成立。同和居正式开启企业连锁经营发展之路。2017年同和居“首批集体鲁菜技艺传承研修班”14名高中级学员在社会各界人士的关注下正式毕业。齐白石老人的后人亲临现场祝贺。2018年12月，北京市应急管理局评定同和居为“北京市安全文化建设示范企业”。同年北京同和居食府日坛分店正式营业，这是同和居首次在外区开设的分店。2020年8月25日和2020年9月10日，北京同和居食府角门东分店（同和居食府银泰店）和北京同和居食府甜水园分店（同和居食府棕榈泉店）相继正式营业。此刻正逢新冠肺炎疫情肆虐，为了把老字号继续发扬光大，同和居主动适应市场发展新常态，在激烈的餐饮市场竞争新形势下不但没有停住前进脚步，反而在这种逆市发展形势下继续探索开拓市场的新机遇。2021年，同和居荣获北京市消费者协会诚信服务承诺先进单位。2022年，同和居食府棕榈泉店获得“大众点评精选餐厅”称号。

全国五一劳动奖章获得者——同和居副经理张紫薇

（同和居）

【抗疫便民菜摊】 2020年初，在突然而至的新冠肺炎疫情冲击面前，同和居率先响应华天集团的号召，“不关店、不断货、不涨价”。支起便民菜摊，从严冬穿过寒春到酷暑，外摆菜摊扩展到十几张，增设冷藏柜，配置帐篷，被消费者称为“三里河美食一条街”。

（同和居）

【推出网络营销】 2021年，同和居创新经营思路进行生产自救，积极转型，拓宽堂食外带、复工团餐、社区餐饮等服务；推出远程预点餐、网上直播、群接龙团购等宣传创收渠道；拓展线上线下相融合的网络营销方式，让消费者通过电商渠道购买到各直营门店老字号特色产品，满足不同的消费需求。同和居成为北京烹饪协会认定的特殊时间第一批放心餐厅。

（同和居）

【信息化安全生产管理】 2021年，同和居饭店利用信息化建立健全各岗位安全清单，强化安全生产管理，做到底数清、情况明、管控细，助力安全生产工作提质增效。同和居所属门店全部上线巡店助手App，为公司优质发展奠定良好安全基础。

（同和居）

都一处

【注册商标类别】 第43类

【商标标识】

【概况】 都一处（dū yí chù）始创于清乾隆三年（1738年），是商务部首批认定并授予牌匾的“中华老字号”。1991年12月20日在国家商标局注册。都一处商标的所有人为北京便宜坊烤鸭集团有限公司（简称便宜坊集团），注册地为北京。便宜坊集团使用都一处商标在餐厅及食品包装上。

相传，乾隆十七年（1752年）除夕，乾隆皇帝到通州微服私访。回宫途经前门大街，腹中饥渴，此时所有商铺都已打烊，唯王记酒铺仍掌灯营业，乾隆便带随从进店用餐，因酒醇菜香，龙心大悦。当听掌柜说此店还没字号时，乾隆帝感慨道：“这个时候，京都只有你一家营业，就叫‘都一处’吧！”回宫后，乾隆御笔亲书“都一处”，并派人精制成蝠头匾，由太监送到店里。皇帝驾临，又赐牌匾，都一处便名声大震，从此名人雅士、官府要员纷纷前来聚宴，生意日渐兴隆。

数百年来，都一处形成了精湛的烧麦制作工艺，从和面到成熟共16道工序。尤其是走槌压皮技艺独到，用走槌压出的皮呈24个花褶，代表24个节气，缺一不可。制皮和包馅的过程，也极具艺术观赏性。成形的烧麦外观独特，封口露馅不干，犹如含苞待放的花朵。在近300年的经营中，都一处不仅因乾隆帝赐匾而驰名，更有技艺绝活“都一处烧麦”吸引着五洲四海的宾朋佳客。都一处是中华老字号、北京老字号、北京市著名商标，拥有3项非物质文化遗产。都一处品牌的知名度、美誉度、忠诚度不断提升。在经营蒸蒸日上的同时，都一处更得到了社会行业及广大消费者的认可，“都一处烧麦制作技艺”被列入国家级非物质文化遗产名录，“都一处烧麦”荣获商务部餐饮最高奖项“金鼎奖”“中华名小吃”。都一处被认定为北京市著名商标，多次获北京餐饮十大品牌等荣誉。

（都一处）

【推出什锦烧麦品牌】 2020年9月，都一处前门店积极参与北京餐饮行业联合发起的制止餐饮浪费行动，推出每笼4种口味的什锦烧麦品牌，每笼8个烧麦，每种口味两个。满足了顾

都一处烧麦馆（莫丽燕）

客想品尝多种口味的烧麦，但又难以每样都买一笼的实际情况。既满足了消费者需求，又在一定程度上制止了可能发生的餐饮浪费现象。

（海外网）

【参与北京中轴线餐饮文化主题活动】2022年11月，都一处参与北京烹饪协会联合美团、大众点评共同发起的“百味千店妙中轴——北京中轴线餐饮文化主题活动”，弘扬传承北京餐饮文化，支持北京中轴线保护和申遗，对原有包间、景观位进行升级改造，通过美团、大众点评等线上平台进行推广，让更多消费者体验中轴景致与饮食文化的交融。

（新浪财经）

CHINA
BRAND
YEARBOOK

国家地理标志产品

综 述

根据世界贸易组织在《有关贸易的知识产权协定》（简称 TRIPs 协定）的定义，地理标志是指鉴别原产于一成员国领土或该领土的一个地区或一地点的产品的标志，该标志产品的质量、声誉或其他确定的特性应主要决定于其原产地。因此，地理标志主要用于鉴别某一产品的产地，即是该产品的产地标志。地理标志也是知识产权的一种。

地理标志产品，是指产自特定地域，所具有的质量、声誉或其他特性本质上取决于该产地的自然因素和人文因素，经审核批准以地理名称进行命名的产品。地理标志产品包括：来自本地区的种植、养殖产品，以及原材料全部来自本地区或部分来自其他地区，并在本地区按照特定工艺生产和加工的产品。我国目前共有三个部门对地理标志进行注册、登记和管理。一是以国家知识产权局为主导的，以《中华人民共和国商标法》为主要依据的“集体商标”和“证明商标”注册保护体系；二是以国家市场监督管理总局主导的，以《地理标志产品保护规定》为主要依据的“地理标志保护产品”登记保护体系；三是以农业农村部为主导的，以《农产品地理标志管理办法》为主要依据的“农产品地理标志”认证保护体系。

按照 TRIPs 协定要求，世界贸易组织成员要对地理标志进行保护。1999 年 8 月 17 日，国家质量技术监督局发布了《原产地域产品保护规定》，标志着有中国特色的地理标志产品保护制度的初步确立。2000 年 1 月 31 日，绍兴酒成为中国第一个受到保护的地理标志产品。截至 2022 年，我国公布的地理标志产品共 6927 件。

地理标志专门保护制度已成为我国保护地理标志知识产权、推动区域特色经济发展、提升特色产品质量、助力乡村振兴、传承传统文化、促进对外开放的重要依托和保障。地理标志产品不仅是历史物质文明的传承，也是历史精神文明的传承，体现特定地域的历史地理风貌，积累深厚的文化底蕴，形成独特的地理标志文化。

本篇目收录的 11 个地理标志产品品牌，分属于不同区域和产品类别，在保护产地环境，综合开发优势资源中发挥着重要作用，都是当地特色产业发展的“金字招牌”，有的成长为推动当地经济增长的支柱型产业，有的发展为国际熟知的“中华名片”。

（中华商标协会商标品牌文化推广专业委员会）

南阳艾

【注册商标类别】第5类

【商标标识】

南阳艾

【概况】 南阳艾是河南省南阳市特产。“南阳艾”2021年在国家商标局注册，注册为纯文字“南阳艾”，权利人为南阳艾草产业协会，申请人地址为河南省南阳市新华路王府饭店2号楼566室。

南阳是人类认识艾草和应用艾草的发源地。早在3万年前，南召猿人在南召县小店镇空山村空山洞发明应用了冰台取火。冰台取火是人类由蛮荒步入文明的标志事件。南阳市种植艾草历史悠久，栽培经验丰富。据考证，至少有2000年以上的历史，东汉大科学家张衡在《南都赋》中写到“若其园圃……其香草则有薛荔蕙若，薇芜荪苌”。南阳是医圣张仲景故里，其著作《伤寒杂病论》中，“柏叶汤”和“芎归胶艾汤”两个方剂均记载有艾叶的使用。《明嘉靖南阳府志校注》第一册中将艾列入南阳土特产。由此可知，南阳艾成为南阳地区的土特产之一由来已久。

南阳艾草品质优良，主要体现在纯阳之性。南阳位于中原的南阳盆地。南阳艾的独特性是地处北纬33°，艾草的生物学特性决定了它生理顶峰期、经济成熟期与端午节巧妙吻合。所以，南阳艾阳气最足最纯，艾叶肥厚含绒量高。2018年，南阳艾被国家中医药管理局列为华中地区道地中药材主要品种。艾草加工企业已开发出药用、灸用、食用、日用工业品等6大系列、160多个品种艾制品，艾绒产品占据全国市场70%以上，南阳是全国最大的艾产业种植基地、生产基地和销售基地。

南阳艾品牌名称中的“南阳”取自产地河南省南阳市；“艾”是多年生草本植物，叶子有香气，可入药，内服可做止血剂，又供灸法上用。南阳市野生艾年开发利用12万吨，艾种植面积近30万亩，全市在工商部门注册艾种植加工企业1551家（其中种植601家、生产加工950家），服务机构393家，批发零售3132家，艾产品涵盖保健和衣、食、住、行等方面近200个品类，全国经营南阳艾产品的网络电商有3000余家，遍布淘宝、京东等电子商务平台。南阳市的艾产品占据全国市场的70%以上，艾产业年产值达112亿元。

2021年6月，南阳艾地理标志证明商标

获得国家知识产权局核准注册。《南阳艾 艾绒》地方标准（DB 4113/T 021—2022）已经南阳市市场监督管理局批准发布，并于2022年12月10日实施。建设南阳艾草种质资源保护与创新基地和“南阳艾”生态种植示范区，收集艾草种质资源50余种。截至2022年8月，南阳市艾草种植面积近2万公顷，带动近10万农户增收，艾草全产业链注册公司3771家，年销售额达180亿元。

（彭印龙客）

【南阳艾地理标志证明商标获国家知识产权局核准注册】 2021年6月21日，南阳艾地理标志证明商标获得国家知识产权局核准注册。商标注册证也叫地理标志证明商标。作为对农产品区域公共品牌保护的重要知识产权，地理标志基于其与特定地区特定产品的特殊品质之间的天然联系，能够大大增加地方特色农产品的附加值，使农民获得强大的消费者市场优势，在强农、富农，促进农业规模化、产业化、现代化发展，拉动地区经济等方面起到积极且不可取代的重要作用。此前，由于缺乏具有地域保护标志的产品国家认证，南阳艾草产业发展受到严重制约。在南阳市委、市政府的领导下，南阳市组织相关单位及专家进行了专门研究。经综合比较论证，拟定南阳市申请“南阳艾”——地理标志证明商标作为南阳艾草保护标志，并从2018年开始，整理申报材料上报国家工商行政管理总局。南阳艾商标注册证获批，将有力推动南阳艾草产业进一步发展。

（彭印龙客）

【南阳艾草文化博览馆开馆】 2022年5月12日，南阳艾草文化博览馆开馆。南阳市委书记朱是西为博览馆揭牌，南阳市市长王智慧致辞。南阳艾草文化博览馆集中展示艾与灸的起源发展、特色人文、医药价值、现代技术和助农扶贫等，与南阳世界月大观园有机融合，成为展示南阳“一花一草”的窗口和名片。

南阳艾草文化博览馆

（彭印龙客）

【南阳艾地理标志品牌登上央视】 2022年5月28日，南阳联合中央广播电视总台，推出南阳艾地理标志品牌展示宣传，宣传南阳艾国家地理标志特色产业品牌名片，让世界认识了解南阳艾，助力南阳市打造“世界艾乡”。本次推出的南阳艾地理标志品牌展示宣传，通过中央广播电视总台财经频道（CCTV-2）《第一时间·城市天气预报》栏目郑州窗口，于每天早上7:02播出，中央广播电视总台官网、中国气象局官网、学习强国客户端等平台同步播出。

（彭印龙客）

【南阳艾获“我心中的老家地理标志”公益评选第一名】 2022年6月，河南省首届“我心中的老家地理标志”公益评选活动颁奖典礼在郑州市国家知识产权创意产业园举行，南阳艾获一等奖。此次活动由河南省市场监督管理局（知识产权局）指导，河南省知识产权保护协会、河南新闻影视艺术中心、中国（昆明）区域地理标志产品促进与服务中心主办。

（彭印龙客）

【第五届中国艾产业发展大会开幕】 2022年9月26日，2022年第十届仲景论坛暨第五届中国艾产业发展大会在南阳市开幕。大会以“传承创新·开放合作·发展共享”为主题，搭建全国艾草产业合作、交流平台，展示南阳艾产业发展成果，提升南阳艾草在全国的影响力及知名度，成为南阳市打响南阳艾品牌、打造“世界艾乡”的重要平台。

（彭印龙客）

2022年第十届仲景论坛暨第五届中国艾产业发展大会开幕

【南阳艾艾绒地方标准发布】 2022年11月，《南阳艾 艾绒》地方标准（DB 4113/T 021—2022）经河南省市场监督管理局批准备案后正式公开发布。该标准针对南阳艾艾绒进行规范，对艾绒质量进行分级，是继南阳艾后又一个系列标准。该标准由南阳医学高等专科学校南阳道地药材（艾草）研究院博士王宇卿带领团队主持制定。2019年，地方标准发布权限由省级下放到省辖市，市中医药发展局对接市市场监管局，组织高校、科研院所、企业联合制定中医药产业地方标准。2021年，《南阳艾标准化种植技术规程》《南阳艾》经市市场监管局批准发布，实现南阳艾地方标准零的突破。《社会艾灸馆建设规范》也已通过南阳市地方标准审查会并发布。

（彭印龙客）

德化白瓷

【注册商标类别】第21类

【商标标识】

德化白瓷®
DEHUA PORCELAIN

【概况】德化白瓷产自福建省泉州市德化县，入选福建文化标识。2006年12月27日，国家质检总局批准对“德化白瓷”实施地理标志产品保护，产品范围为福建省德化县。

德化于后唐长兴四年（933年）建县，是千年古县，亦是千年瓷都。德化陶瓷制作始于新石器时代，距今约3700年，是中国陶瓷文化发祥地之一。德化陶瓷的发展得益于本地的高岭土矿源，品质优，二氧化硅小于68%，三氧化二铝大于18%，而三氧化二铁低于0.1%，不含硫化物，因此德化的瓷土在国际上被誉为“中国雪”。

德化白瓷烧制始于宋代，宋元时期成为“海上丝绸之路”的代表出口商品。德化陶瓷以“白”见长，德化白瓷胎釉纯白、瓷质致密、温润如玉，被誉为“象牙白”“鹅绒白”“猪油白”等。德化白瓷带有晶莹的光泽，器体在光线照耀下，可映见指影，有白中晕泛粉红的，有白中微闪润黄的，宛若象牙，釉水莹厚与瓷体密贴，光色如绢。白瓷雕塑线条修长流畅，深刻圆浑，线条清晰，衣袂转折经剔薄修饰，轻盈飘举；雕塑素瓷资质细腻、清雅透亮。

德化白瓷瓷雕技艺享誉天下，工艺独特，

何朝宗款观音坐像

技法主要有捏塑、浮雕、刻花、剔花、镂雕等，始于宋，盛于明。以明代何朝宗为代表的德化艺术大师们，将德化瓷艺推向当时世界顶峰。何朝宗的《观音大士造像》亦称“何来大士”，堪称绝世佳品，有谚曰：“除非观音离南海，何来大士现真身。”何朝宗创造了东方的“维纳斯”——观音系列作品，其作品采用优质胎釉材料烧制，瓷质“如脂似玉、莹润透彻”，在国际上被视为“东方艺术”珍品。英国、法国、德国、美国、日本等国家博物馆，以及国际知名收藏家以藏有何朝宗作品为傲；北京故宫博物院收藏其盘膝观音菩萨、达摩，泉州文馆会收藏其渡海观音，均为国家一级文物。何朝宗被世人尊称为“瓷圣”，跻身于世界伟大艺术家之林，其作品是“Blanc de Chine · 中国白”德化白瓷的典型代表。

欧洲赞誉明代德化白瓷为“中国瓷器之上品”。法国人普拉德在《1692年巴黎通讯地址实用手册》一书中首次提出“Blanc de Chine”一词，是西方第一个把德化白瓷称为“中国白”的人。自此，德化白瓷有了“中国白”的美誉。通过把这两个词融合为“Blanc de Chine · 中国白”，作为德化白瓷专有品牌，经过长期使用传播，使德化和德化白瓷再现辉煌，享誉海内外。

民国时期，德化瓷雕艺人苏学金塑瓷梅花作品获得巴拿马太平洋万国博览会金奖，许友义的观音、花木兰等瓷雕作品先后在日本、美国等地举办的国际博览会上获得特等奖和金奖，许友义为福建省仙游县龙纪寺制作的500尊罗汉被列为省级文物。中华人民共和国成立后，德化研制生产的建白瓷可与明代的“象牙白”“猪油白”相媲美，建白瓷系列还有莹玉红、玉白瓷、珠白瓷、冻玉瓷等，因厂家采用的原料所含成分及烧制不尽一致，产品各具特色而分别命名。

德化白瓷具有白度高、光泽度好、热稳定性强、机械强度大、耐温、耐压、耐磨、耐腐蚀，并具有釉色纯净温润、致密度高、透光度好等理化特色。白度达到80度以上，吸水率小于0.5%，致密度达到2.5以上，断面呈贝壳状，日用瓷器热稳定性从180℃到20℃热交换一次不裂。德化白瓷采用氧化硅含量较高的瓷土制成，瓷土内氧化钾含量高达6%，烧成后玻璃相较多，烧成温度较高，种类以瓶、罐、杯、盘等日用瓷器为主，其中兼有雕塑艺术的陈设瓷器，多用贴花、印花、堆花作装饰。德化现有陶瓷企业逾4700家，从业人员10多万人，是全国最大的陶瓷工艺品生产和出口基地、全国最大的陶瓷茶具和花盆生产基地之一。

德化获评国家级出口陶瓷质量安全示范区、中国民间文化艺术之乡、中国陶瓷历史文化名城，被称为中国瓷都。2015年联合国教科文组织世界手工艺理事会命名德化为世界陶瓷手工艺之城（The World Crafts Council affiliated with UNESCO named Dehua as a World Craft City for Porcelain in 2015）。德化瓷烧制技艺列入国家首批非物质文化遗产保护名录。德化尾林—内坂窑址和屈斗宫窑址列入《世界遗产名录》，成为首批瓷窑类的世界文化遗产。

（泉州瓷路艺术发展中心）

【“中国白”国际艺术家驻地计划】2016年，“中国白”国际艺术家驻地计划设立。该活动每年举办，以公开、公平和公正的原则，选拔国内外优秀的当代陶瓷艺术家和跨界艺术家到德化进行驻地创作，通过演讲、采风、公开演示性创作、作品展览、创作感想讲座等环节，开拓德化白瓷工艺师和艺术爱好者的国际视野，转变艺术创作观念。除中国艺术家外，驻地项目已有来自法国、美国、瑞士、荷兰、意大利、西班牙、葡萄牙、塞尔维亚、罗马尼亚、匈牙利、新加坡、韩国等几十位国外艺术家参加驻地计划项目，成为国内外颇有影响力的国际陶瓷艺术交流平台。

（泉州瓷路艺术发展中心）

【“中国白”第一届国际陶瓷艺术大奖赛】 2017年，第一届“中国白”国际陶瓷艺术大奖赛在法国里昂举办，中国、美国、法国、意大利等逾20多个国家的244位艺术家参赛，第一届大奖赛获奖作品展览暨颁奖典礼和一带一路·泉州——“刺桐古韵·瓷恒茶香”展在法国里昂汇流博物馆举办。习近平总书记在福建工作期间曾两次到德化县深入调研，并指示：“德化发展的最大优势、最大希望在于陶瓷”“要敢于带着梦想闯世界”“精美的瓷器做出来、摆出来，还要传出去”。“中国白”国际陶瓷艺术大奖赛旨在推动陶瓷艺术的国际交流，推动陶瓷艺术和当代艺术融合与创新发展，推动陶瓷产业的升级发展，践行习近平总书记“一带一路”倡议、文明互鉴、讲好中国故事。

（泉州瓷路艺术发展中心）

第一届“中国白”国际陶瓷艺术大奖赛获奖作品

【“中国白”第二届国际陶瓷艺术大奖赛】 2019年，第二届“中国白”国际陶瓷艺术大奖赛在法国尼斯举办，40个国家和地区的569位艺术家785件作品参赛。10月6日，获奖作品展在法国尼斯马塞纳博物馆开幕。10月8日，颁奖典礼在尼斯歌剧院举行。中法文化论坛中方主席、全国人大常委会副委员长陈竺，法方主席拉法兰，原中国文化部部长蔡武，中国驻法国大使卢沙野，泉州市及德化县领导，尼斯市长等近400位中外嘉宾出席。

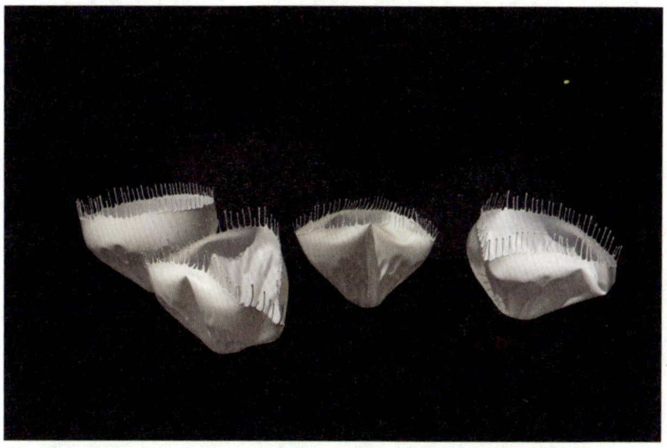

第二届“中国白”国际陶瓷艺术大奖赛获奖作品

第一届大奖赛举办地法国里昂汇流博物馆

（泉州瓷路艺术发展中心）

【“中国白”国际陶瓷艺术论坛】 2017年，“中国白”国际陶瓷艺术论坛设立。旨在打造德化与国际艺术家、专家进行交流互动的

2021第三届“中国白”国际陶瓷艺术大奖赛新闻发布会在北京798艺术中心举行

国际化平台，邀请国际知名艺术机构负责人、艺术家讲演对话，与当地工艺大师、艺术院校师生、企业家交流互动，使德化了解国际陶瓷艺术的最新发展和前沿创作理念。2017年2月21日，第一届国际陶瓷论坛“一带一路·共融发展——中国白·再出发”在福建泉州德化县文庙举办。第二届论坛于2019年6月24日 在德化凤凰山大讲堂举办。两届论坛分别由白明（中国美协陶瓷委员会主任、清华大学美术学院陶瓷艺术系主任）、Catherine Chevillot（法国文化遗产总监、法国罗丹博物馆馆长）、Romane Sarfati（法国塞弗尔国家陶瓷城主席）、Géraldine Lenain（佳士得中国瓷器及艺术品国际部主席）、Christine Cayol（法国罗丹博物馆理事、中法文化论坛副主席）、赵梦（国际陶瓷艺术家、哈佛大学费正清中国研究中心负责人、意大利法恩扎国际陶瓷艺术大奖赛金奖获得者）、Judith Schwartz（国际陶瓷协会副主席，美国纽约大学荣誉教授、博士）、Christine Shimizu（法国文化遗产总监、赛努奇亚洲艺术博物馆荣誉馆长、曾任法国塞弗尔国立陶瓷博物馆总策展人）、杨学太（华侨大学美术学院副院长）等主讲，时任泉州市市长王永礼致辞，与当地工艺师、企业家和师生们互动交流。两次论坛均有逾1000人参加。

（泉州瓷路艺术发展中心）

【“中国白”第三届国际陶瓷艺术大奖赛】 2021年，由非营利性公益组织泉州瓷路艺术发展中心承办的第三届“中国白”国际陶瓷艺术大奖赛启动，主题“无界”（Boundless），旨在全球疫情环境下，用艺术创意打破边界，通过文化促进各国间合作与交流。来自世界五大洲50个国家的747名艺术家参赛，参赛作品943件（组），共有33个国家165位艺术家的165件（组）作品入围参与终评。大奖赛于2023年10月完成终评，并同时举办第三届“中国白”国际陶瓷艺术论坛、获奖及入围作品展览。“Blanc de Chine · 中国白”是中国在国际上颇具影响力和极高艺术识别度的中华品牌，在美学史上享有独特的地位，象征着中华民族的品格。

（泉州瓷路艺术发展中心）

【“人民之艺”联展】 2021年6月21日，德化县庆祝中国共产党成立100周年——“人民之艺”联展在县陶瓷博物馆举行开幕仪式。此次联展旨在庆祝中国共产党成立100周年，重温党的光辉历程和丰功伟绩，弘扬爱国主义精神，展现瓷都文艺工作者的艺术风貌。在现场，共计369件艺术作品展出，其中瓷雕作品205件，不乏陶瓷艺术大师的匠心之作。如中国陶瓷艺术大师邱双炯立足中国共产党创建史实，以瓷铭史，精心创作的《红船印迹》，表现了1921年7月，中国共产党在南湖红船诞生的历史伟业。该作品以嘉兴南湖画舫为原型，通过瓷雕艺术传达了开天辟地、敢为人先的红船精神。

（德化县陶瓷同业公会）

北京2022年冬奥会和冬残奥会特许商品“文君瓶”发布会现场

【“文君瓶”发布会举行】 2022年1月7日，北京2022年冬奥会和冬残奥会特许商品“文君瓶”发布会在北京首钢园举行。“文君瓶”以德化白瓷为载体，把中国瓷文化精髓和现代奥林匹克精神融为一体，既承载了“中国白”独特的文化魅力，也展现了中国虚怀若谷、沉稳低调的君子之风，是对北京2022年冬奥会的美好憧憬。“文君瓶”已经被选为本届冬奥会奥林匹克大家庭以及国际残奥委会官方礼物。“文君瓶”作者为中国美协陶瓷委员会主任、清华大学美术学院陶瓷艺术系主任白明。

（德化县陶瓷同业公会）

【“何朝宗杯”陶瓷工业设计大赛颁奖仪式暨陶瓷高峰论坛】 2022年5月27日，第五届“何朝宗杯”陶瓷工业设计大赛颁奖仪式暨陶瓷高峰论坛在中国德化启幕。征集期历时111天，收到来自全球30个国家和地区，以及海峡两岸265所设计高校投稿的4596件有效作品。

（德化县陶瓷同业公会）

岗巴羊

【注册商标类别】 第29、31类

【商标标识】

【概况】 岗巴羊是西藏自治区岗巴县特产，成年岗巴羊体格中等，眼大微突出，鼻梁稍隆起，耳直往前略微下垂。具有“腿短肚大”的外形特征。体躯毛色主要为白色，头部、眼周围和两颊有褐色、黑色、棕色斑块或斑点。两耳、嘴端、四肢下部也有类似的色斑。少数颈部和体躯杂色。尾长下垂，属脂尾型，上宽下尖。公羊大多有螺旋形大角，角尖大多向外延伸。母羊大多无角或小角。羊肉肌肉颜色浅红至深红，脂肪和肌肉分层明显，脂肪呈乳白色至浅黄色。肉质细嫩、味道鲜美、无膻味。2017年3月28日，“岗巴羊”注册地理标志证明商标（31类，注册号16527446；29类，注册号16527440）；2014年12月，国家质检总局批准对“岗巴羊”实施地理标志产品保护。

岗巴羊群

岗巴羊产地西藏自治区岗巴县，耶汝藏布流域横贯岗巴县全境，河流主要有耶汝藏布、奎曲、亚曲三大水系，其支流星罗棋布，共有大小河流10余条，另有大小泉水100余处。龙中温泉水质富含多种矿物元素，水温较高，水质优良。岗巴县属高原温带半干旱季风气候区，春季寒暖适中、多大风和瑞雪；夏季气候温和、光照充足、昼夜温差大；秋季天高气爽、风少雨小、寒暖适中；冬季寒冷干燥、季风频繁。年平均气温1.5℃，最热月为7月，平均气温9.2℃；最冷月为1月，平均气温 -8℃。年无霜期60天左右，年日照时数在3200小时以上，年降雨量，分布均匀，适宜养殖岗巴羊。

岗巴羊是西藏第一个入选地理标志保护示范区产品。岗巴羊凭借肉质细嫩、无膻味等特点，在市场上获得了良好口碑，岗巴羊逐渐成为拉动日喀则市岗巴县经济发展、带动农牧民增收的一把“金钥匙”。岗巴羊所生活地区，更是远离工业和人为的污染，在温暖的季节，

牧民会实施暖季饲养管理：5—11 月，每天放牧 8~10 小时，放牧地区为广阔低密度的高原。由于常年生活在高海拔、高寒缺氧的极端环境中，岗巴羊生长速度缓慢，同龄大的羊，体重只有普通羊的一半。虽然个头小，但岗巴羊抗严寒、耐饥饿，耐受力特别好。每当冬季遇大雪，草场被埋没时，羊群往往卧圈 2~3 日，待雪融后，羊群出圈，精神面貌依然如常，岗巴羊身强体壮为其他地区羊群所不及。

岗巴羊在西藏本地市场上享有较高的知名度，产业也成为岗巴县脱贫攻坚和乡村振兴的重要抓手。每年藏历十月，是大量宰杀季节，岗巴羊的羊肉经过风吹冰冻，由湿变干，吃起来味道可口，香而不膻。牧民们除自己消费外，很大一部分会运到日喀则等地交换农产品，部分出口到锡金。受高原条件制约，岗巴羊长期以来一直使用传统养殖模式，羊群生长过度依赖草场资源，对比区外的全舍饲的先进养殖方式，很难实现规模效应和产业效益，经济增长与生态保护之间的矛盾愈发突出。岗巴羊年产量仅 20 万只，供不应求，甚至西藏本地出现很多冒充的岗巴羊。为助力岗巴羊发展，2018 年起，中国中化用科学方法加快羊种改良，节约饲养成本，提高养殖效益，不断探索适合西藏羊肉养殖的新模式。2022 年，岗巴县完成第一个自治区级农牧民合作社质量提升整县推进试点示范县创建工作，培植农牧民养羊专业合作社 25 家。2019 年以来，累计分红 2256 万元。

（范 迪）

【裕民养羊专业合作社成立】2019 年 2 月 22 日，岗巴县昌龙乡成立裕民养羊专业合作社，采取集体集中经营的模式，通过村民个体入股的方式，优化岗巴羊养殖结构，壮大村集体经济，2019 年合作社成立时仅有 800 只羊，发展壮大到如今的 3000 余只，2021 年创收 65 万元，分红 40 万元，村民人均年收入提高到 1.8 万元。

裕民养羊专业合作社正在牧羊的村民

（范 迪）

【“本来风物分享会”品质美食品鉴活动举办】2021 年 12 月 11 日，由本来生活网主办的“本来风物分享会”品质美食品鉴活动在北京方太幸福家举办。活动当日，五星级大厨刘龙率领团队，以西藏岗巴羊为主要食材，在现场边教学边烹饪了几道精心设计的菜肴。刘龙是中央广播电视总台 CCTV2《回家吃饭》、北京卫视养生堂《养生厨房》、河北卫视《家政女皇》、重庆卫视《健康到家》等美食栏目常驻嘉宾、世界厨师联合会国际 B 级裁判员、中国饭店协会酒店星厨委员会副秘书长，在一线酒店有着近十年的工作经历，具有烹饪教学工作 10 年经验。由他制作的岗巴羊汤，以极致鲜美的味道获得嘉宾们的一致称赞。

本来风物分享会活动现场

（范 迪）

柞水木耳

【注册商标类别】第29类

【商标标识】

柞水木耳

【概况】 柞水黑木耳是陕西省商洛市柞水县特产，全国农产品地理标志。黑木耳，侧生于树木上，形似人的耳朵。柞水县因柞树多而得名，柞树是生产食用菌黑木耳、香菇的优等菌材。柞水黑木耳味道鲜美，个大肉厚，营养丰富，具有很高的药用价值，是外界公认的保健食品，有山珍之称。

2010 年 12 月 24 日，中华人民共和国农业部批准对“柞水黑木耳”实施农产品地理标志登记保护；2020 年 4 月 20 日，习近平总书记在陕西考察调研，点赞柞水木耳。柞水木耳地理标志证明商标于 2011 年 5 月 23 日由柞水县无公害绿色农产品开发协会在 29 类即“2912，木耳”商品上申请注册，2012 年 4 月 20 日获得国家商标局核准注册公告。协会十分重视对该商标的培养和管理工作，专门制定了《“柞水木耳”地理标志商标使用管理规则》，并为“柞水木耳”进行电视、网络等媒体的大力宣传和品牌塑造，使该商标在市场上赢得广大消费者的信赖，具有较高的知名度。

柞水木耳通常在田间、山地、缓坡、林下空旷地区种植，良好的通风可减少真菌霉变和其他细菌的感染，提高了木耳的商品价值。木耳椴木栽种过程中没有任何添加剂和化学成分，通过菌丝体分泌出的各种酶类，降解柞树中各类有机质，然后加以吸收利用，品质与野生木耳无异，味道鲜美，个大肉厚，营养丰富，具有很高的药用价值。据化验分析，每百克黑木耳中含钙 375 毫克，含铁 185 毫克；黑木耳的胶质体还具有很强的吸附力，能把残余人体内消化系统中的灰尘、杂质集中起来，排出体外。

柞水人民有栽培黑木耳的习惯，积累了丰富的经验，其历史可追溯至明清时期，在当时被当作郧耳出售，价格远高于川耳。

1978 年改革开放后，在政府的适度引导下，柞水人民依托当地自然条件，将丰富的资源优势转化为经济优势；2012 年获得地理标志证明商标保护后，柞水木耳售价比原来高出 30% 左右，收入也不断增加，1 公斤收入 120 多元；2017 年 10 月 10 日，首届柞水木耳文化节在柞水县西川现代农业园区开幕。2018 年，采取“三变改革 + 集体经济 + 贫困户”的模式，引导农户积极参与柞水木耳地理标志产业链拓展，鼓励企业吸纳贫困户、土地、人力等资源，帮扶贫困户种植木耳2800万袋，吸附全县60%以上有劳动能力的贫困家庭，带动7个镇1550户贫困户发展木耳产业实现增收脱贫；2018年，柞水县制定了《柞水县木耳产业发展总体规划》和《柞水木耳产业发展指导意见》，推进地栽木耳示范栽植1万亩1亿袋、年产量5000吨、产值3亿元的“1153”目标；同年5月，柞水木耳入选国家品牌计划，连续一个月在中央广播电视总台11个频道滚动播放；2019年，柞水木耳入选全国十大产业扶贫案例。柞水木耳先后获得第十四届中国杨凌农业高新科技成果博览会后稷金像奖、第十七届中国杨凌农业高新科技成果博览会后稷特别奖、第九届中国国际农产品交易会金奖等荣誉；2020年，柞水县木耳种植面积3万余亩，总产量3025吨，产值达1.82亿元，专业合作社、加工企业共7家，带动就业人数约3.16万人，人均收入超过8000元。2021年，柞水县正式退出贫困县序列。柞水木耳已成为走向全国、迈出国门的金字招牌。

（何　玲）

【柞水木耳专营店在南京开业】2022年6月1日，柞水木耳专营店开业暨工会系统消费帮扶启动仪式在南京市高淳区举行，柞水木耳专营店正式落户南京市高淳区。柞水县人大常委会副主任、总工会主席王晓波，南京市高淳区人大常委会副主任、总工会主席王三伢共同为苏陕协作消费帮扶柞水木耳高淳专营店揭牌。以柞水木耳为代表的陕南“山货土货”走出陕西，开拓南京地区市场，搭建了产销对接平台，助力巩固脱贫攻坚成果与乡村振兴有效衔接。

柞水木耳专营店开业

（何　玲）

【第六届柞水木耳文化节举办】2022年6月21日，第六届柞水木耳文化节开幕式在小岭镇金米村广场举行。商洛市委副书记赵晓宁出席并讲话，陕西省农业农村厅副厅长张盈安、商洛市人大常委会副主任冯永清、商洛市政协副主席杨建军出席开幕式。与会领导共同推鎏沙杆启动第六届柞水木耳文化节。开幕式上，播放了柞水木耳专题片，发布了柞水木耳吉祥物，为柞水木耳品牌基地县、陕西好商标——柞水木耳、柞水县木耳品牌发展中心、东西部协作江苏消费帮扶南京柞水木耳专营店进行授牌。

第六届柞水木耳文化节开幕式

（何　玲）

筠连红茶

【注册商标类别】第30类

【商标标识】

筠连红茶

【概况】 筠连红茶是四川省宜宾市筠连县特产。筠连红茶是地理标志证明商标，2010年被国家工商行政管理总局商标局核准注册，后于2020年进行续展，现为有效注册商标。商标标识仅由文字构成，该标识权利人为四川省宜宾市筠连县农业局茶叶技术推广站。

筠连红茶古称黄芽茶，曾作为皇宫贡茶，当地曾流行“天子未尝黄芽茶，百草不敢先开花，阳雀报汛将茶采，筠连茶叶销华夏”的赞语。筠连茶叶生产的历史可上溯三千年，悠久的茶文化积淀，是筠连红茶得以较好发展的重要优势。筠连县位于云贵高原乌蒙山区，境内以低山丘陵为主，土壤多为黄泥土和紫土，降水丰富，日照充足，几乎没有伏旱，最适合红茶的生长。因此，筠连红茶的生产具有天然的优势。虽然“川红”是中华人民共和国成立后发展起来的，但是其品质在国际茶叶市场上与“安徽祁红”“云南滇红”相媲美，成为中国三大高香工夫红茶之一。

20世纪50年代后，筠连县是“川红”茶叶的主要生产基地。出于与苏联、东欧等社会主义国家加强联系的需要，四川等地的茶叶产区大量开发红茶生产，扩大红茶出口，所产“川红”茶叶直接销往苏联和东欧社会主义国家。1951年2月，西南区农林部和贸易部组建了7个红茶技术推广站，筠连为其中之一。从1951年春起，中国茶叶西南区公司筠连红茶技术推广站在筠连县内举办多次红毛茶初制培训班，向茶家传授红毛茶技术。经过多年的发展和积淀，筠连县茶叶生产的基础设施愈加完备，茶叶生产、加工、销售体系也日趋成熟，筠连茶文化深入大街小巷，茶文化深厚浓重。

筠连红茶由筠连与红茶共同构成，是以证明商标形式保护的地理标志。筠连指代四川省宜宾市筠连县，红茶为产品名称，故筠连红茶整体所表示的含义是红茶产自筠连县并且具有不同于其他红茶的特定品质，该特定品质是由筠连县当地独特的自然因素或人文因素所造就的。

2010年4月，浙江大学CARD农业品牌研究中心联合《中国茶叶》杂志社，对中国红茶品牌进行系统、全面的价值评估，该价值评估体系参照国际通用的品牌价值评估方法，从品牌带动力、发展力和经营力等多个角度进行考量。在此次品牌价值评估中，筠连红茶区域品牌价值首次评估为1.11亿元，这是筠连红茶品牌首次参与品牌价值的评估。2010年以来，筠连红茶连续8年参与品牌价值评估，并且近十年来筠连红茶品牌价值稳步上升，在国内红茶品牌价值中的排名平缓上升。2017年，筠连红茶地理标志证明商标经浙江大学中国农业品牌研究中心评估其区域公用品牌价值7.66亿元，由2016年的第77位上升到2017年的73位，并刊登在《中国茶叶》第5期，相较2010年，筠连红茶品牌价值上升6.55亿元，增幅达590%以上。

1985年，“筠红工夫—早白尖”获得第24届（里斯本）世界食品博览会金质奖；1986年，“筠红碎茶—早白尖”获得第25届（日内瓦）世界食品博览会金质奖；1992年，（香港）世界食品博览会上，益智精髓茶和醉仙宝茶分别获金质奖和银质奖；2011年12月6日，国家质检总局批准对筠连红茶实施地理标志产品保护；2014年11月，筠连红茶被中华人民共和国农业部批准为农产品地理标志；2014年12月，筠连红茶被四川省工商行政管理局认定为四川省著名商标；2019年11月15日，筠连红茶入选中国农业品牌目录。

2017年，筠连县茶园总面积20.78万亩，茶叶总产量1.4万吨，茶叶综合产值21.71亿元，筠连县农民人均茶叶收入1503元，筠连红茶经评估区域品牌价值达7.66亿元。2021年，筠连县茶园面积28.6万亩，全县产茶突破1.9万吨，其中红茶8201吨、绿茶7959吨、苦丁茶3032吨。茶农收入达10.55亿元，加工产值达13.72亿元，红茶区域公共品牌价值9.13亿元，综合产值达70.01亿元。筠连县采取“国资+龙头企业+专合社”模式，组建筠连茶业公司，建成年产3500吨初精制加工厂，培育精制川茶示范标杆企业，公司实现年产值3亿元以上、利税1500万元以上。依托四川酒茶集团牵头组建茶业进出口公司，推动茶叶出口，年出口茶叶1000吨以上，创汇400万美元。

（蒙　申）

【四川川之南茶城正式运营】2021年2月27日，由四川川之南茶叶市场管理有限公司、邮政储蓄银行筠连支行主办的四川川之南茶城首届茶商大会在筠连县举行。与会领导和嘉宾共同启动川之南茶城运营。启动仪式结束后，与会领导和企业家代表在筠连县会议中心召开茶商座谈会。县领导以及外地茶商代表、本地茶叶企业代表和县级相关单位部门负责人参加会议。

（蒙　申）

【川红小镇被定为四川首批特色小镇】2021年6月20日，四川省人民政府网站发布《四川省人民政府办公厅关于公布四川省特色小镇名单和创建名单的通知》，将17个小镇定为“四川省特色小镇”，24个小镇被定为四川省特色小镇创建对象。筠连县川红小镇被确定为四川首批特色小镇。

（蒙　申）

【筠连县、筠连红茶入选“百县·百茶·百人”典型名单】2021年7月，由中华茶人联谊会与央视网共同发起，中华茶人联谊会、中国茶产业联盟、中国国际茶文化研究会、海峡两岸茶业交流协会共同主办的“百县·百茶·百人”茶产业助力脱贫攻坚、乡村振兴先进典型公益推选活动评审会在北京召开。本次活动旨在共同助推产茶县（市）巩固脱贫攻坚成果，实现乡村振兴，助力行业高质量发展。活动自2021年3月23日启动，截至2021年6月底，共有来自18个省、自治区、直辖市的153个县（市、区）参与申报。与会代表现场审议了申报县（市、区）材料，经过投票、讨论，最终确定了“百县·百茶·百人”茶产业助力脱贫攻坚、乡村振兴先进典型公益推选活动评审结果。宜宾市筠连县、筠连红茶入选。

（蒙 申）

庆祝川红诞生70周年筠连红茶手工制茶大赛现场

【筠连红茶手工制茶大赛举办】 2021年10月15日，为庆祝川红诞生70周年——筠连红茶手工制茶大赛在筠连茶业有限责任公司厂区举办。本次大赛由筠连县委、县政府主办，县委宣传部、县农业农村局、县农产品品牌办公室、筠连茶业有限责任公司承办。来自四川省内外的30家茶企业参赛选手参加本次手工制茶大赛。比赛中，参赛队员严格按照大赛规则，采用统一制成的萎凋叶制茶，经过8个小时的制作，各参赛选手将手工制作的红茶送往评委处进行初步评审打分，初步评审后，再次将手工红茶排序，进行盲评。评审专家对红茶外形、汤色、香气、滋味、叶底等方面进行综合评审打分后，来自宜宾醒世茶业有限责任公司的参赛选手何志聪获得本次大赛第一名。

（蒙 申）

定西马铃薯

【注册商标类别】第 31 类

【商标标识】

定西马铃薯

【概况】 定西马铃薯是甘肃省定西市特产。甘肃定西种植马铃薯已有200多年的历史。定西气候凉爽、雨热同季、海拔较高、隔离条件良好、昼夜温差大，这种得天独厚的地理区位、土壤条件和气候优势，与马铃薯生长、繁育、仓储所必需的条件吻合。在长期栽培和自然选择下，定西马铃薯形成自己独特的产品特征，块茎呈圆、卵、椭圆等形，有芽眼，皮红、黄、白或紫色，体积大小适中，重量在150—250g之间，表皮光滑，芽眼浅且少，肉白，肉质细腻。断面抗氧化能力强，切开后长时间不变色，干物质等内在营养含量高，宜于煮、蒸、炸、烤，同时也是鲜食和马铃薯淀粉加工的上好原料。

2008 年 1 月 21 日，定西马铃薯注册证明商标；2012 年 4 月定西马铃薯注册商标被认定为“中国驰名商标”；2013 年，“定西马铃薯脱毒种薯”被国家质检总局认定为国家地理标志保护产品；2016 年 3 月，定西马铃薯获农业部农产品地理标志登记；2018 年 1 月，定西马铃薯被国家质检总局认定为国家地理标志保护产品。

定西马铃薯

定西市历届党委、政府高度重视马铃薯产业发展，经过两代人的努力，马铃薯产业实现从无到有、从弱到强、从劣到优，实现从小土豆到大产业的蜕变，一些定西马铃薯的精深加工也逐渐发展起来。其中，马铃薯鲜粉是根据现在人们快节奏的生活专门定制的火锅、麻辣烫的食材，用传统工艺和现代技术相结合做出的真空的 100% 纯鲜土豆粉。

定西坚持“占领低端市场、巩固高端市场、开拓超级市场，挺进国际市场”的营销战略，与北京新发地、上海江桥、广州江南等大型终端市场建立了稳定营销关系，逐年提升定西马铃薯的市场知名度和占有率。2021 年，定西市安定区共外销鲜薯50万吨，实现销售收入6亿元，为保价格、增收入奠定了坚实基础。

2021年，全区马铃薯种植面积880582亩，较上年增加了57772.2亩，同比增长7.02%；马铃薯总产160万吨，较上年增加14万吨；平均亩产1.91吨，较上年增长6.1%。马铃薯加工能力70.85万吨，马铃薯产业总产值达38亿元。农民人均从马铃薯产业中获得收入2580元，占农民人均可支配收入的30%，马铃薯成为安定区域经济发展的战略性主导产业和区域性首位产业。

定西马铃薯商标的运用产生成效。以定西马铃薯中国驰名商标为引领，先后申请注册爱兰、凯凯、莱克土豆、薯宝庄园等50多件鲜薯商标品牌，注册鲜薯淀粉商标37件。有百泉、薯香园、鼎盛农业科技等一批全国先进企业，鲜薯外销、扩繁薯种品系、鲜薯淀粉等享誉市场，畅销全国，远销海外。目前已有101家企业使用定西马铃薯地理标志证明商标，其中80家取得地理标志专用标志，为定西马铃薯产业助推乡村振兴起到积极作用。助力1.3万农民就业，人均实现增收22500元。

2019年，定西马铃薯进入中国农业品牌目录，获得2019中国农民丰收节“千企万品助增收”“最受市场欢迎名优农产品”称号。2020年，定西马铃薯成为“甘味”农产品区域公用品牌。安定区先后被国家质检总局命名为“马铃薯产业知名品牌创建示范区”“国家马铃薯脱毒种薯综合标准化示范区”，被农业部等九部委命名为“中国特色农产品优势区”“国家现代农业产业园”。2018年，安定区被中国农民丰收节中国最美食材推介活动组委会授予“十大马铃薯主食化示范基地县”称号，2020年被甘肃省发展和改革委员会授予“消费扶贫甘肃省农产品供应示范基地”。

（易 平）

【定西马铃薯大会暨高峰论坛举行】 2021年10月10日，由农业农村部、甘肃省人民政府主办，甘肃省农业农村厅、定西市人民政府承办的2021年中国·定西马铃薯大会暨高峰论坛在甘肃省定西市安定区举行。甘肃省委副书记、省长任振鹤出席论坛，并宣布中国·定西马铃薯大会开幕。中央农村工作领导小组办公室副主任、农业农村部党组副书记、副部长刘焕鑫，省委副书记孙伟出席并讲话。副省长孙雪涛主持大会，定西市委书记戴超致欢迎辞。北京大学新结构经济学研究院、南南合作发展学院院长林毅夫（线上），中国工程院院士罗锡文，中国农业科学研究院副院长黄三文，中国食品工业协会副秘书长徐坚发表主旨演讲。

中共甘肃省委副书记、甘肃省人民政府省长任振鹤在论坛上致辞

（易 平）

【定西马铃薯首次出口巴基斯坦和孟加拉国】 2022年，经兰州海关所属金城海关查验合格，定西马铃薯首次出口巴基斯坦和孟加拉国。金城海关主动了解辖区马铃薯生产企业出口意愿和实际困难，启动业务跟踪办理机制，加强线上线下联动，通过提前审核申报材料、跟进企业备货情况、关员线上指导、实施远程视频查验等多种方式，保障定西马铃薯快速通关出口海外市场。

（易 平）

灵宝苹果

【注册商标类别】第31类

【商标标识】

灵宝苹果 Lingbao Apple

灵宝苹果 LINGBAO APPLE

【概况】 灵宝苹果是河南省三门峡市灵宝市特产。灵宝苹果是地理标志证明商标，分别于2012年、2014年被国家工商行政管理总局商标局核准注册。商标标识包含三个部分：汉字部分灵宝苹果＋英文部分LINGBAO APPLE＋图形部分，商标权利人为灵宝市果品产业协会，地址位于河南省灵宝市。

灵宝苹果的栽培历史，清代县志有记载。1921年，灵宝引进苹果种植，开启了黄土高原现代苹果发展产业的序幕；1923年，灵宝实业家李工生从烟台、青岛等地购回西洋新品种苹果树苗，几经周折，终获成功。1932年，《阌乡县志》载："苹果，有亦不多。"20世纪30年代，灵宝县苹果园近3000亩，年产20余万斤。品种有倭巾、国光、伏花皮等。直到中华人民共和国成立后才有了突破性进展。

1956年，灵宝县在海拔1300米高的寺河山建起300亩国营园艺场，被誉为"亚洲第一高山果园"；1992年，灵宝县苹果总产15万吨，行销全国20多个省、自治区、直辖市，不仅在中国港、台地区受欢迎，而且在独联体、蒙古国和东南亚各国也很受欢迎；党的十一届三中全会后，苹果生产成为灵宝市发展经济的龙头，发展到10万亩；2002年初，国营灵宝市园艺场引进中国农大最新科研成果SOD新技术和山西农科院的富钙、富锌多维营养苹果专利；2002年8月，灵宝市30万亩苹果通过国家验收，获无公害农产品标志，之后全市按照"稳定面积、主攻质量、叫响品牌、提升效益"的发展思路，推行规模化、标准化、商品化、无公害化生产，打造灵宝苹果名片。

灵宝苹果商标是由灵宝与苹果共同构成的、以证明商标形式保护的地理标志。灵宝指代河南省辖县级市，苹果为产品名称，故灵宝苹果整体所表示的含义是苹果产自灵宝市并且具有不同于其他苹果的特定品质，该特定品质是由灵宝市当地独特的自然因素或人文因素所造就。

1989年4月，灵宝苹果在全国11个省（市）协作区苹果鉴定评比中获同类产品第一名；1998年，灵宝苹果被中国果品流通协会授予"中华名果"称号；2003年7月，灵宝苹果获国家质检总局颁发的"原产地标记注册证书"；2004年1月，灵宝苹果获"河南省名牌产品”称号；2005年，灵宝苹果成功加入全球最具影响力的地理标志组织——欧瑞金；2006年，灵宝苹果获“中国名牌农产品”称号；2009年，灵宝苹果先后获“河南省十大最具影响力地理标志产品”“中国十大名优苹果”称号；2010年，灵宝苹果获“第八届中国国际农产品交易会金奖产品”和“中国农产品区域公用品牌建设价值百强”称号，品牌价值41.10亿元，居全省农产品品牌价值第一位、全国第十一位；2011年，灵宝苹果品牌在中国农产品区域公用品牌价值评估中再次升值，品牌价值达43.27亿元；2012年，灵宝苹果获得首批国家生态原产地保护产品。2012年，灵宝SOD苹果在首届中国森林食品交易博览会上获国家级金奖；同年，灵宝苹果品牌经中国农产品区域公用品牌价值评估，价值达44.11亿元，居全国农产品区域公用品牌价值第14位、县市级苹果类第一位；2013年，灵宝苹果在亚洲品牌协会暨中国品牌年度总评榜颁奖典礼上经（ABAS）专家系统委员会评审，获“中国生态原产地知名品牌”称号；2017年12月25日，河南省灵宝市灵宝苹果中国特色农产品优势区入选中国特色农产品优势区名单（第一批）；2018年9月29日，农业农村部批准对灵宝苹果实施国家农产品地理标志登记保护；2019年11月15日，灵宝苹果入选中国农业品牌目录；2020年7月27日，灵宝苹果入选中欧地理标志第二批保护名单；2022年10月，入选2022年农业品牌精品培育计划。

截至2019年，灵宝苹果种植面积90万亩，年产苹果140万吨，苹果产业化集群总产值为207亿元，惠及贫困户3470户、8200余人，已经成为当地脱贫致富的支柱产业；2020年，“灵宝苹果”品牌价值评估为186.42亿元，连年稳居全国县级苹果品牌第一位；2021年，灵宝苹果60000公顷，总产量13亿公斤。

2021中国品牌价值评价信息发布暨中国品牌建设高峰论坛在上海举办。灵宝苹果品牌经专家评审、技术机构测算、品牌评价发布工作委员会审定，品牌强度为853，品牌价值为196.52亿元。比2020年186.42亿元升值10.1亿元，连年稳居全国县级苹果品牌第一位。在苹果类品牌价值中，灵宝苹果位居全国第二位。

2021年，灵宝市创建全国绿色食品原料（苹果）标准化生产基地面积19.2万亩，涉及150个行政村的10235户农户；认证苹果绿色食品企业11家，基地环境和产品（原料）质量达到绿色食品标准，逐步实现基地创建与产业发展双赢。

（蒙　申）

【2021灵宝年货节举办】 2021年1月26日—2月10日，灵宝市电子商务公共服务中心举办2021灵宝年货节。利用拼多多“豫见灵宝”“豫见灵宝特产店”、抖音、快手等网上主流平台直播，通过邀请具备实际带货能力的网络达人、培养网红主播和自身线上运营，对灵宝苹果等优质农特产品进行推广及直播带货，营造年味儿氛围。

（蒙　申）

【第四届苹果花节举办】 2021年4月7日，2021第四届中国·灵宝苹果花节在河南省三门峡灵宝市寺河山苹果小镇拉开帷幕。灵宝市在人们踏青赏春的美好时节，依托丰富的果品产业资源，通过举办苹果花节，大力发展旅游

2021第四届中国·灵宝苹果花节直播间

业，突出“旅游＋节会”“旅游＋产业”“旅游＋文化”“旅游＋电商”，着力推进果品产业与旅游业融合发展，全面开创灵宝市乡村振兴新格局。

（蒙 申）

【灵宝苹果亮相“2021中国国际电子商务博览会”】 2021年4月11日，2021中国国际电子商务博览会暨数字贸易博览会在义乌召开。本届电商博览会以“发展高质量电商 构建新经济格局”为主题，共有来自美国、日本、韩国、新加坡、尼日利亚等国家在华企业代表和国内19个省市的1082余家企业参展，设有国际标准展位2103个，展览面积5万平方米。2020年以来，义乌通过“党建＋电商”等形式，创新打造“百县万品”消费助农新模式，借助义乌全球市场和完备供应链优势，将欠发达地区特色农副产品通过义乌线上线下市场销往国内外市场。推进农产品流通现代化、发展农村电商和产销对接。灵宝市本地农产品灵宝苹果借此机会在展会上展出，为世人所关注。

（蒙 申）

【第二届河南·灵宝苹果绿色包装设计大赛举办】 2021年9月6—25日，灵宝市举办“平安百年 果真生态”第二届河南·灵宝苹果绿色包装设计大赛。此次活动对接郑州轻工业、河南工业大学、河南大学等8所高校包装设计专业，发

“平安百年 果真生态”第二届河南·灵宝苹果绿色包装设计大赛现场

动院系力量加入大赛，历时15天，共报名参与活动360人次，访问量1103790次，累计投票272582次。最终海选作品8套，用于引导果农、企业使用环保型可降解材料生产的包装箱、发泡网。

（蒙 申）

【灵宝苹果百年庆典活动举行】 2021年9月29日，2021年中国农民丰收节·第十五届中国（灵宝）苹果文化节·灵宝苹果百年庆典活动在寺河山苹果小镇举行。开幕式上举办了绿色苹果包装设计大赛颁奖仪式、灵宝市人民政府

中国（灵宝）苹果文化节直播现场

与中国果品流通协会“灵宝绿色苹果高质量发展共建战略合作”签约仪式、灵宝旅游战略合作签约仪式、商超对接活动签约仪式。大会以“以果为媒，交流协作，促进灵宝绿色苹果产业高质量发展，加快乡村振兴步伐”为主题，以擦亮叫响灵宝苹果品牌，提升灵宝苹果产业总体水平为目的，开展宣传推介、开幕式、第二届绿色苹果包装设计大赛、商超对接、“丰收的灵宝·希望的灵宝”助农直播、专列游果乡、灵宝绿色苹果摄影展宣传、灵宝绿色苹果推介、农产品展销推介、消费帮扶绿色果王争霸赛、苹果产业发展高峰论坛、2021年度中国苹果产业榜样品牌发布、灵宝苹果百年突出贡献人物颁奖等13项系列活动。开幕式上，

中国农业科学院郑州果树研究所所长王力荣对灵宝苹果绿色生产体系建设情况进行说明；中国苹果产业协会秘书长高继海宣布公函，灵宝被认定为“中国绿色苹果之乡”；灵宝市委副书记、市长张志刚代表灵宝市人民政府与中国果品流通协会签订《灵宝绿色苹果高质量发展共建战略合作协议》。

（蒙　申）

【举办灵宝苹果百年突出贡献人物评选活动】 2021年7月13日，灵宝市委办公室印发《关于开展灵宝苹果百年风云人物评选工作的通知》，成立市委工作领导小组，全面推进“灵宝苹果百年风云人物”评选，表彰百年来为苹果产业发展作出突出贡献的人物。经过2个月的宣传发动、座谈交流、入村走访等，截至2021年9月中旬，共收到各单位、各乡（镇）推荐公示初评人物及事迹介绍110人（份）。通过评审组委会筛选和研判，确定推荐灵宝苹果百年突出贡献人物10名、提名人选19名。10月19日，在灵宝市文化活动中心举行灵宝苹果百年突出贡献人物颁奖典礼，授予李工生、李福来、王平灿、苏书卷、于海洲、林秉厚、刘崇孝、刘天送、高启明、王振礼“灵宝苹果百年突出贡献人物”荣誉称号。

（蒙　申）

【2021年绿色果王争霸赛举行】 2021年10月19日，第十五届中国（灵宝）苹果文化节绿色果王争霸赛在灵宝市文化广场举行。此次果王争霸赛的评判内容包括苹果外观品质评比和果实内在品质两个部分计8个指标。大赛共收到参赛作品84个，涉及各乡镇、果品专业合作社、果业龙头企业、苹果生产示范户、种植大户等。在本次大赛现场，灵宝市电子商务公共服务中心组织企业现场直播，借助果王争霸、群果汇集的机会，进一步在线上推介宣传灵宝苹果。

2021年灵宝苹果绿色果王争霸赛初评现场

（蒙　申）

【专家助力灵宝苹果技术服务】 2021年，灵宝市园艺局先后邀请“泰山学者”毛志泉，“中原学者”王力荣，郑州果树研究所、国家苹果产业体系岗位专家阎振立，三门峡农科院果树所所长韩立新等16位专家，举办高质量发展论坛及研讨会，共同为灵宝苹果产业发展出谋划策，加快苹果产业转型升级。完善制定苹果绿色生产技术标准《灵宝苹果绿色生产关键技术规程》《灵宝苹果绿色生产99道工序》等文件6个，从苹果绿色生产关键技术、绿色苹果评定、质量追溯管理、区域公用品牌管理、电商经营管理等方面建立一套完整系统的果品全产业链标准体系，实现果品“从果园到舌尖”全过程监管。紧抓苹果、葡萄、桃、石榴等果品生产关键节点，采取理论和实际操作相结合的方式，进行水肥管理、石硫合剂熬制、疏花疏果、人工授粉、果树修剪、秋施基肥等技术培训，全年累计培训果农3万余人。

（蒙　申）

西街口人参果

【注册商标类别】 第31类

【商标标识】

西街口人参果

【概况】 西街口人参果是云南省昆明市石林彝族自治县西街口镇的特产。2022年1月14日注册地理标志证明商标，权利人为石林彝族自治县西街口镇农业综合服务中心，地址为云南省昆明市石林彝族自治县西街口镇西街口村，其商标标识构成为西街口人参果文字以及图形（图形为石林县的著名景点“石林”设计演变而来）。

人参果原产于南美洲，20世纪90年代引入中国，在我国多地有种植，其中以云南石林人参果最具特色。1995年，石林县圭山镇和合村农户从武汉引进试种人参果；1996年4月，石林县西街口镇老木凹村农户从圭山镇和合村引进种植，经驯化选育，筛选出优质丰产的石林人参果；2008年3月，石林县人参果专业合作社成立，合作社以市场为导向，组织社员按

西街口人参果

第三届中国石林人参果旅游文化节现场

照合作社的种植要求规范化管理，确保产品质量和市场稳而不乱；2015年，石林县举办首届中国石林人参果旅游文化节，提高石林人参果的知名度，推广石林西街口人参果特色品牌，推进石林高原特色农业发展；2019年9月，石林县举行第五届人参果文化旅游节，中国科普宣传日石林县科普示范基地授牌仪式及人参果产业合作协议签订仪式。经过多年的培育，石林县西街口镇成为石林人参果的核心产区，其生产的人参果品质最佳，其外观为典型的圆果，皮薄如纸、肉嫩多汁，清爽的甜感，自带着一股蜜瓜的清香；2020年，西街口镇向国家知识产权局申请注册“西街口人参果”地理标志证明商标，该商标于2022年1月14日注册成功，正式获得法律保护。在获得地理标志保护以后，西街口以及石林县以西街口人参果为主产业切实有效促进了石林县经济发展。

石林彝族自治县自1995年从武汉引进人参果试种，经过近27年的发展，成为全国乃至全世界最大的商品人参果种植基地、集散地、销售中心和人参果优质种苗繁育中心，西街口的人参果因为维生素硒含量高、品质好而远销北京、上海、广州等地，因此也成为石林家喻户晓的农产品。石林人参果也被授予“2020年最受欢迎的果品区域公用品牌100强”称号。2015年至2020年，石林县连续举办了6届“中国石林人参果文化旅游节”。石林人参果成为老百姓的致富果，遍地的石头缝成了寸土寸金的聚宝盆，石林县也成为全国较大的商品人参果种植基地、集散地和销售中心。2021年，通过举办“云上”开采节，以直播的方式向公众介绍人参果基本情况、产业园建设情况以及推介全域旅游路线等。2022年，石林县被列为云南省“一县一业”特色县，全县人参果种植面积达16.9万亩，产量达28万吨，农业产值达15.8亿元。入选2022年云南省“绿色云品”品牌目录区域公用品牌名单。从1995年引种至今，石林县人参果由当初的零星种植发展到目前的超过15万亩，12000户群众靠种植人参果脱贫致富。

2021年8月18日，石林人参果“云上”开采节启动仪式在西街口镇路花村人参果种植基地举办，活动通过“石林融媒”微信公众号和“石林融媒”App同步进行直播

（易 平）

【“一县一业”的打造】 2022年，石林县被列为云南省“一县一业”特色县。为进一步打好脱贫攻坚战、实施乡村振兴战略，促进人参果产业转型升级、农旅深度融合发展，石林县举全县之力，打造石林人参果国际品牌。根据云南省人民政府《关于创建“一县一业”示范县加快打造世界一流“绿色食品牌”的指导意见》和省农业农村厅《关于组织开展“一县一业”示范县创建申报工作的通知》相关文件精神，石林县结合实际，向云南省农业农村厅申报创建云南省“一县一业”示范县石林人参果产业，并于2022年获批。

（易 平）

【系列举措出台】 2022年，在西街口人参果获得地理标志证明商标保护以后，石林县出台一系列举措。第一，重引领。实施石林县地理标志（2022—2024）三年行动计划，构建石林县地理标志运用和价值提升体系。在人参果方面，与云南农业大学，省、市农科院合作，开展人参果新品种杂交选育、多倍体育种、石漠化土地高产栽培、病虫害绿色防控、抗逆性研究、功能成分监测等一系列科研工作。通过在栽培过程中进行单株优选，选育出了圆果一号、圆果二号、圆果三号、大紫4个优良主栽品种，在丰产性、稳定性、抗逆性、口感品质等方面都有较好的表现，其中圆果二号已推广到全国各地种植。第二，优服务。实施农业品牌提升行动，推动“石林阿诗玛”“石林人参果”等区域公共品牌创建。第三，强优势。建立昆明首个地理标志产品保护示范区，成为昆明市地理标志对外展示的最佳名片，结合昆明的信息、服务、人才、技术等优势，为地理标志产品“走出大山”开拓市场提供支持，实现地理标志产品品牌化、产业国际化，最终实现地理标志助推石林县乡村振兴的目的。

（易 平）

【省内科研机构合作加强】 2022年，石林县加强与云南省内科研机构合作，构建人参果产业发展技术体系。与昆明市农业科学研究院合作，开展人参果优质品种选育，脱毒种苗快繁研究，种植模式创新、提升工程，地方标准体系和优质丰产技术体系构建等；与云南省农科院合作，开展云南省现代水果产业体系昆明试验站建设，构建石林人参果产业体系；与云南农业大学合作，开展人参果脱毒种苗研究、植物新品种DUS测试、新品种创制，人参果种植标准制定，人参果加工产品研发等。从人参果品种、种苗、种植、加工、销售到产学研一体化研究，进一步加强与昆明市农科院、省农科院、云南农业大学合作，依托人参果“科技小院”，科技特派团等，加快提升人参果产业科技转化能力，打造人参果产业一体化发展平台，将石林建成全国人参果产业研发中心，打造人参果新品种研发基地、优质种苗供应基地、产品集散地和交易中心、加工产品研发中心、生产技术研发和人才培育输出中心。

（易 平）

香格里拉松茸

【注册商标类别】第31类

【商标标识】

香格里拉松茸

【概况】香格里拉松茸是云南省香格里拉市的特产。香格里拉是云南鲜松茸的主要产地之一，也是迪庆州高原特色农产品的品牌。迪庆州位于云南省西北部，滇、藏、川三省区交界处，自然环境破坏少，境内没有污染严重的企业，原生态保存完好。香格里拉松茸以产量大、高海拔、无污染、气味芳香浓郁、蘑菇核糖核酸成分充足、营养丰富、体格健壮等享誉市场。2022年1月14日，香格里拉松茸成功注册地理标志证明商标。

香格里拉松茸

1985年，香格里拉松茸就已经被开发。作为国内松茸主产区，云南松茸产量在全国占比高达40%。而香格里拉松茸的产量占云南出口量的65%以上，香格里拉松茸交易市场也是全国唯一一个以松茸这一单品命名的野生菌交易市场，每年在这里交易的松茸量超过2000吨，其销售收入是香格里拉高海拔地区各族群众脱贫致富的重要经济来源。2003年，香格里拉被云南省林业厅授予“松茸之乡”美誉，

精品级松茸

2019年，香格里拉松茸通过有机产品认证。使得香格里拉松茸市场竞争力不断提高，成为消费者信任的绿色产品。

香格里拉松茸主要产品有鲜松茸和松茸制品两大类，制品又分为清水罐头、冰冻松茸、盐渍松茸等多种产品，每种产品有不同的等级规格。在迪庆经营鲜松茸的企业主要有香格里拉圣宝食品进出口公司，经营制品的企业有香格里拉野生食品进出口有限责任公司、香格里拉智园松茸加工厂、香格里拉县祥和食品有限责任公司、迪庆州外贸公司等。2005年，迪庆州企业自营出口鲜松茸69.8吨，制品135吨，出口创汇437万美元。此外，向云南省内外客商供货500余吨，产值近7000万元，两项产值1.08亿元人民币，松茸成为迪庆州唯一的大宗出口商品。近年来，香格里拉市搭建平台，建立起松茸产品开发的产业链，同时借助快速发展的电子商务交易平台销售模式，完善物流基础设施建设，松茸产品销售从单一模式向多元化新模式转变，松茸产业不断做大做强，成为真正的富民产业。

（圆　圆）

【“航空 + 高铁 + 陆运”立体运输模式建立】 2021年6月，在迪庆州政府的支持下，云南顺丰在香格里拉市举办“顺丰松茸寄递解决方案发布会”，吸引全国数百家松茸经销商参会，实现香格里拉松茸产业“产、销、运”三方有效对接；同年8月，顺丰航空联合迪庆机场，开通全国首条松茸全货机航线，实现香格里拉松茸从产地直飞，并与临散航空资源、中铁快运等合作，打造“航空 + 高铁 + 陆运”的立体运输模式，为香格里拉松茸“飞”入千家万户架起了一条空中走廊。“始于松茸，而不止于松茸”，多年来，云南顺丰速运通过建设“农特产品专属物流通道”，助力迪庆州打造东部涉藏地区物流枢纽，促进迪庆州物流产业高质量发展，实现带动地方特色产业、地区经济发展的目标。

（圆　圆）

【香格里拉一对松茸拍出25万元】 2021年8月16日，2021香格里拉松茸拍卖会在香格里拉国际松茸拍卖中心举行。来自全国各地竞拍嘉宾激烈竞逐，一对重量为695克，长度分别为22厘米、20厘米，直径分别为5.5厘米、6厘米的精品级松茸，以25万元的价格拍出。当日，香格里拉松茸拍卖中心正式成立，帮助消费者和香格里拉松茸采挖者建设一个直接对话交流的平台。通过拍卖中心，不同品质、不同价格、不同消费群体以公开、公平、公正，价高者得的方式，满足消费者和松茸采挖者共同的需求。同时，打造中国顶级松茸品牌，传播香格里拉松茸文化。

（圆　圆）

【云南省人大常委会调研组实地调研松茸园区】 2021年9月1日，云南省人大常委会副主任李培率调研组到迪庆州调研地方立法工作情况和推动高水平对外开放工作。调研组一行先后到香格里拉藏龙生物开发股份有限公司、香格里拉松茸园区进行实地调研，查看企业和园区产销经营情况，并与负责人座谈交流，详细了解相关情况，询问当前存在的困难和需要协调解决的问题。调研组强调，地方人大常委会机关要依法充分履职，协调督促州人民政府及相关部门，帮助解决企业发展中遇到的困难和问题，全力支持民贸民品企业更好地发展经营，为推动地方经济高质量发展积极努力。

（圆　圆）

【第三届“松茸之乡”格咱松茸采摘节暨百家企业进格咱助力乡村振兴活动举行】 2022年7月15日，第三届“松茸之乡”格咱松茸采摘节暨百家企业进格咱助力乡村振兴活动在格咱乡举行。此举旨在规范松茸采摘，更好地打开销售渠道，持续打响松茸品牌，突出优势特色，为松茸产业赋能，培育壮大乡村产业。香格里拉市人大常委会主任李文武参加活动。特邀专家、企业代表针对松茸保护分别进行交流发言，对松茸保育宣誓，并颁发“绿色宝库 松茸之乡”线上活动最终奖项。活动现场，120家微商、代购、网红群体在感受香格里拉淳朴民风、民俗，享受蓝天白云、秀美山川的同时把香格里拉松茸带到全国各地。

（圆　圆）

第三届“松茸之乡”格咱松茸采摘节暨百家企业进格咱助力乡村振兴活动现场

修文猕猴桃

【注册商标类别】第31类

【商标标识】

[修文猕猴桃]
XIUWENMIHOUTAO

【概况】 修文猕猴桃是贵州省贵阳市修文县特产。修文猕猴桃是本地野生猕猴桃嫁接培育成功的优良品种——贵长，单果重70~100克，果体长圆柱形，果皮棕褐色，密披细毛，果肉呈翠绿色，横均面有浅色条纹，果心为白色或浅黄色，果籽黑褐色或紫褐色，具有果肉细嫩，肉质多浆，果汁丰富，清甜爽口，酸甜适度的独特品质。

2011年3月21日，修文猕猴桃注册地理标志证明商标；2014年12月24日，国家质检总局批准对修文猕猴桃实施地理标志产品保护。2018年2月12日，中华人民共和国农业部正式批准对修文猕猴桃实施农产品地理标志登记保护。

修文县是一个野生猕猴桃资源十分丰富的县域。1988年，在修文籍离休老干部马怀麟的倡导下，建起以猕猴桃为主的鲜果基地，栽种猕猴桃1292亩；1992年，县科技人员逐步认识猕猴桃的品种及其特性，并通过观察试验，逐步了解县境内气候对猕猴桃的影响，初步掌握猕猴桃的种植技术和管理方法；1993—1997年，猕猴桃种植面积逐步扩大，建立以

修文猕猴桃

修文猕猴桃剖面

修文县猕猴桃园艺场为核心基地，辐射红星、平滩、大塘、水口等村连片种植猕猴桃5600多亩。通过逐步探索，系统总结出一套猕猴桃栽培实用技术，筛选出以“贵长”为主栽品种，在此期间还认识到猕猴桃生产的发展不能再搞行政命令，要转变为依靠经济手段来促进发展，适应市场的变化；1996年，修文县农业综合办公室组建国有独资的修文县果品公司（1999年改制为股份有限公司），负责全县猕猴桃基地建设、猕猴桃产品营销，果品公司与农户签订合同，互相约定责任与义务，产销联在一起，让农民心目中把猕猴桃从产品变成商品，愿意投入，继续发展。在农户种植猕猴桃积极性调动起来的大气候下，通过探索论证，县猕猴桃生产实现从非耕地向耕地、从坡地向良田好土，从粗放经营到集约化经营的“三个转移”，为大面积推广种植猕猴桃，发展猕猴桃产业奠定样板、品种等基础。

1998年，通过调查和总结10年栽种猕猴桃的经验和教训，聘请有关专家论证，猕猴桃生产发展大有潜力，特别是选定的贵长品种，更有发展优势。修文县委、县政府决定把发展猕猴桃生产作为修文县调整农业产业结构，增加农民收入的大产业来发展。在实现“三个转移”的基础上，提高基地建设标准和技术标准。在基地建设和管理过程中，始终把科技放在第一位。依托省果科所、省农科院制定《猕猴桃生产技术规程》。不用城镇垃圾改良土壤，不施用无机化学肥料，不施用大果灵，不滥施农药，保证“贵长”猕猴桃的纯天然、无公害。1999年，修文县境内开始猕猴桃规模化种植。2000年11月7日，贵州省农业厅聘请专家，组成鉴评委员会，对“六广河”牌修文猕猴桃进行鉴评。经专家实地考查，该产品达到“贵州省优质农产品”的相关标准。经省农业厅审定，授予修文县“六广河”牌修文猕猴桃“贵州省优质农产品”称号，颁发证书，并向国家商标局成功申报“六广河”牌优质猕猴桃商标。当年，猕猴桃种植面积3万亩，参加种植农户3000户，总产量达800万公斤，产值2800万元，受益户人均增收500元以上；2002年，县境内种植猕猴桃达6万亩，涉及10个乡（镇），123个村，11000个农户，34500多人。其中，种植200亩的12户，100～200亩的26户，50～100亩的112户，其他的种植户一般为3～10亩。猕猴桃产量1200万公斤，受益户4000多户、16000多人，受益户人均增收200元以上。

修文猕猴桃已有30多年的发展历史。2021年，全县种植面积16.7万亩，居全国第三，贵州省第一，挂果面积12.5万亩，鲜果产量7万吨，综合产值25亿元。30多年的发展过程中，修文县不断以完善组织保障、做好品质把控、严格市场管理、搞好产品研发以推动修文猕猴桃产业不断实现高质量发展。

（圆　圆）

【纳入中欧互认产品清单】 2021年3月1日，《中华人民共和国政府与欧洲联盟地理标志保护与合作协定》正式生效，修文猕猴桃被纳入互认产品清单。根据该协定，中欧双方各275个、总计550个地理标志保护产品实现大规模互认，将让这些产品在更加便捷进入对方市场的同时，获得更高水平的知识产权保护。

（圆　圆）

【中国农民丰收节（修文猕猴桃丰收季）庆祝活动】 2021年9月27日，贵阳修文“中国农民丰收节”（修文猕猴桃丰收季）庆祝活动举行，集中宣传推介修文猕猴桃，表彰了一批猕猴桃产业发展方面的先进典型，并举行签约仪式，进一步畅通了修文猕猴桃“黔货出山”渠道。修文县县委书记管庆良等领导介绍修文乡村振兴工作，宣读修文县上半年农业产业发展成绩单，并推介阳明文化和“国家地理标志保护产品”——修文猕猴桃等城市名片。活动现场还

“中国农民丰收节”(修文猕猴桃丰收季)庆祝活动签约仪式现场

宣读《2021中国品牌价值评价结果通知书》。签约仪式上，沈阳光明果品有限公司、贵州首杨企业管理有限公司、京东世纪贸易有限公司、贵阳农产品物流发展有限公司、贵阳地利农产品物流园有限公司、贵州果业集团有限公司、辽宁佳乐供应链管理有限公司等企业与修文猕猴桃产业进一步实现牵手，助力修文猕猴桃打开山门。当天，活动现场还同时举行修文猕猴桃斗果大会，数十家猕猴桃企业及种植大户参赛，向游客、嘉宾、市民推介自己的品牌，邀请大家品尝猕猴桃。嘉宾、游客通过手机微信，为自己认为最美味的猕猴桃点赞，其中不少人与种植户现场达成交易意向。随后举行授牌仪式，沈阳光明果品有限公司、贵州首杨商业管理有限公司、京东世纪贸易有限公司等企业代表为修文猕猴桃定制果园合作企业授牌。仪式还对本届修文猕猴桃斗果大会脱颖而出的“斗果大王”进行表彰，同时表彰本届修文猕猴桃“销售之星”。

（圆　圆）

【大数据赋能修文特色猕猴桃产业】 2021年，修文县先后建设修文农业云综合应用平台、修文农产品质量安全追溯和物联网大数据云平台系统及猕猴桃产业展示中心，实现360余家果园5.2万余亩猕猴桃种植的全履历和可追溯，38家猕猴桃种植园接入物联网大数据平台，智物联覆盖面积11443亩。随着大数据、物联网、人工智能技术等的进步，数字经济蓬勃发展，智能制造、网络购物等新业态、新模式层出不穷，深刻改变着人们的经济形态和生活方式。修文县抢抓数字经济机遇，推动农业、制造业、零售业与大数据深度融合，实现各产业高质量智能发展。

（圆　圆）

【科技支持修文猕猴桃产业发展】 2021年，修文县成立贵州修文猕猴桃研究院和中国－新西兰猕猴桃“一带一路”联合实验室贵州中心，为修文猕猴桃提供强有力的科技支撑团队。研究成果在贵州省产区推广应用，提升改造老果园，推广应用新技术，提升市场竞争力、品牌价值和科技水平等。同时，根据产业发展实际，修文县组建以县委书记、县长为班长，分管领导为常务副班长，相关部门主要领导及分管领导为成员的修文猕猴桃产业发展工作专班，充分调动全县资源，推进修文县猕猴桃产业高质量发展。在品质把控上，修文县采取公布修文猕猴桃采收指标监测情况，以媒体宣传、园区广告牌横幅、市场宣传查处等方式，控制猕猴桃早采、早购、早销，同时严格质量标准推进绿色种植技术，实行定制果园系统化管理。

（圆　圆）

【修文猕猴桃区域公用品牌价值达23.35亿元】 2021年，修文县入选2021年全国绿色食品原料标准化生产基地名单，成为贵州省首个全国绿色食品原料（猕猴桃）标准化生产基地。经中国品牌建设促进会评估，2021年修文猕猴桃区域公用品牌价值达23.35亿元。在“修文猕猴桃”公用品牌的基础上，当地已培育出“7不够”“采上果”“米小猴”“高小猕”等多个企业品牌，实现出口俄罗斯、日本和东南亚。

（圆　圆）

长寿沙田柚

【注册商标类别】第 31 类

【商标标识】

長壽
沙田柚

长寿沙田柚

【概况】 长寿沙田柚是重庆市长寿区的特产。长寿沙田柚为地理标志集体商标，由重庆市长寿区沙田柚行业协会于 2006 年 10 月 24 日申请，2009 年 3 月 21 日被核准注册，指定使用在第 31 类“柚子”商品之上，2016 年 5 月转让至重庆市长寿区农产品商贸流通协会名下。经续展，商标专用权期限 2019 年 3 月 21 日至 2029 年 3 月 20 日，经商标局备案登记的地理标志集体商标成员共计 49 家。

长寿沙田柚是水果柚子的一种，也叫古老钱沙田柚，原产地在广西容县沙田村。清乾隆四十五年（1780 年），夏纪纲将沙田柚作为贡品献给乾隆皇帝，乾隆食之连声称赞。从此沙田柚成为皇家贡果，名扬四海。清光绪年间重庆长寿地区乡贤引种至长寿龙溪河畔，在长寿地区独特自然条件和人文因素共同作用下，造就了具有独特品质的长寿沙田柚。长寿沙田柚在长寿区栽培历史已有百余年。

长寿沙田柚的外形像一个葫芦，单果重 600~750 克，顶部有微微的凸起，皮薄多肉，汁多味浓，细嫩化渣，醇甜如蜜，营养丰富，极耐贮藏，素有天然罐头的美誉，产量高，易于管理，是当地群众理想的经济作物。长寿沙田柚主要品种有古老钱、菊花心、车爪圈、赖格宝、沙榛等。

长寿沙田柚除柚子果肉之外，果皮、果籽都有重要经济价值。长寿沙田柚的柚皮中精油比重为0.3%~0.9%，挥发性成分良好，作用众多，在食品、医药、日化等方面有广泛应用。在医药方面，柚皮精油对肠胃有温和的调理作用，能促进消化液的分泌，排除肠胃浊气，抑菌消炎和消除自由基等。还可用于制作沙田柚精油，沙田柚精油香气层次均一，主要表现出柚子的清香味，还带有一点区别于其他柚类的独特的薄荷味。长寿沙田柚的柚皮质量占全果的43%~48%，柚皮瓤中含有很多类似维生素、矿物质、天然色素、果胶等营养成分，也含有诸如黄酮、可溶性多糖、膳食纤维、柠檬苦素等生理活性成分，这些成分在制药或直接加工食品方面有重大作用，可以实现柚子皮的废物利用，节约资源。柚子籽中含有脂肪、无机盐、蛋白质、粗纤维等，特别是黄柏酮、黄柏内酯、类柠檬苦素、磷脂、脂溶性维生素、矿物元素等一些非营养性的生理活性物质。

长寿沙田柚入选国家地标保护示范区/运促工程名单地理标志产品品牌，是重庆市名特优新产品。英国女王伊丽莎白二世到访中国时长寿沙田柚曾被指定为款待水果。2001年被评为中国国际农业博览会名牌产品；2006年获中华名果荣誉称号；2011年，3.8斤长寿沙田柚王拍卖价格4.8万元；2019年底，长寿沙田柚博物馆在长寿区邻封镇魏家河坎正式动工；2020年7月20日，长寿沙田柚入选中欧地理标志首批保护清单。

2021年，长寿区沙田柚投产面积10万亩，总产量8000万个，其中甲级果约6000万个。邻封镇作为主要柚子产区，长寿沙田柚种植面积已达5.3万亩，预计可产柚子4000万余个。

（秀　红）

【打造柚香文化开展特色教育】2021年1月，邻封中心校利用地处全国沙田柚之乡的优势，因地制宜有针对性打造柚香文化，开展特色教育。学校已举办7届柚香节，出版《柚香》诗集3期。

（秀　红）

【“玉树邻封·柚见花香”乡村旅游节开幕】2021年4月16日，“玉树邻封·柚见花香”长寿区乡村旅游节开幕。旅游节以当地特色长寿沙田柚文化、产业为基础，吸引了诸多游客前往，有效带动了当地柚子产业和旅游产业发展。

（秀　红）

【长寿沙田柚博物馆主体建筑全面完工】2021年10月8日，长寿沙田柚博物馆主体建筑全面完工。该博物馆位于邻封镇魏家河坎，全面建成后占地10亩、建筑面积1600平方米。

长寿沙田柚博物馆

（秀　红）

【邻封镇政府精准服务助力“长寿沙田柚”销售】2021年10月，长寿沙田柚进入果实成熟期，作为全镇人民的致富果，邻封镇通过实施精准对点服务，完善基础配套设施，优化电商物流，发展乡村旅游，为长寿沙田柚保驾护航。邻封场镇进行风貌整治、上坪村精准帮扶、郑家岩观景平台扩建、柚林观光步道建设、东林寺公路扩宽等项目建设，不断完善镇域水系、路系、沟系等配套设施，累计修建人行便道19.2公里，建成观景平台3个、停车场4个，提升游客旅游观光体验舒适度。吸引15家电商企业入驻，做强做精“长寿柚”品牌；“线上叫卖+线下物流”协同发力，引进10余家快递公司进村助销长寿柚，建成快递服务点40余个，实现镇域电商物流全覆盖，确保长寿柚直达直销。挖掘生态产业优势，利用万亩柚林“绿色氧吧”的舒适体验和一碧万顷的视觉效果，打造休闲、观光、采果为一体的农旅融合模式，推出“邻封一日游”精品旅游线路，举办“长寿柚擂台赛”“长寿邻封彩色油菜赏花季”“长寿柚乡村文化旅游节”等文旅活动，走上以柚兴旅的致富道路。

（秀　红）

【柚子采摘带动乡村旅游发展】 2021年12月，长寿沙田柚进入丰收采摘季，柚子采摘体验活动带动了当地农户乡村旅游发展。当地不断加大长寿沙田柚品质提升和衍生产品开发，围绕乡村旅游，加强宣传力度，不断提升长寿沙田柚知名度，通过绿色生态化管理，长寿沙田柚的品质得到不断提升。

（秀　红）

【长寿沙田柚获国际市场出口通行证】 2022年8月15日，经重庆海关批准，重庆市长寿区焦邻沙田柚股份合作社申请出境的新鲜水果获得出口水果果园注册登记资格，长寿沙田柚获得了出口国际市场的通行证。

（秀　红）

【首批长寿沙田柚走出国门】 2022年12月8日，邻封镇举行长寿沙田柚出口发车仪式。首批1600余件长寿沙田柚发往新加坡，这标志着长寿沙田柚首次走出国门、走向世界。这次长寿柚出口新加坡，迈出了长寿柚走向国际化的第一步。长寿沙田柚出口对提高长寿柚的知名度、美誉度有很大助推作用，对邻封镇乡村振兴产生积极而深远的影响。

（秀　红）

邻封镇举行长寿沙田柚出口发车仪式现场

名牌撷选

综 述

“名牌”是“知名品牌”的简称，人们通常称知名度高的品牌为名牌。品牌的知名度主要来自媒体宣传，包括品牌的公众形象、历史渊源、文化底蕴、时尚潮流，以及对质量、价格、售后服务的承诺等，对消费可以产生巨大的引导作用。同时，名牌培育也是一个实践过程，涉及企业经营的方方面面，知名品牌的成长需要在市场竞争中经受长期的消费体察考验，才能做到经久不衰。

品牌知名度是品牌价值的重要组成部分，品牌价值可以表现为品牌专有权的交易价格，取决于品牌商品在交易中发生的品牌溢价幅度。品牌商品为了保证品牌溢价的稳定和增长，在努力创新产品样态、提高产品质量、拓展销售网络、优化售后服务的同时，必须长期坚持不懈地通过媒体宣传来提高品牌的知名度。提高品牌知名度一般主要有两种方法：一是品牌企业要身体力行并通过公共媒体的宣传，塑造自身爱国、守法、良知、公益、诚信等公众形象，向社会施加影响。二是通过广告对品牌商品的品质、时尚、性价比、售后服务等市场所关注要素的宣传，向消费者施加影响。其中公众形象宣传的作用比较深入久远，涉及国家立法、政府管理和公众关注等方方面面，在提高品牌知名度上更具有战略意义；而广告宣传具有明显的促销作用，对企业经营业绩的影响更为直接和及时。根据品牌发展的不同阶段，合理配置好这两种品牌宣传的适用比例，不断提高品牌知名度，是企业名牌之路的必然选择。本篇收录的 18 个品牌，分属于不同商标类别，都具有相应的品牌价值，一直在努力提高品牌知名度、创建名牌的道路上积极进取，且成绩斐然。

（中华商标协会商标品牌文化推广专业委员会）

名牌商品的橱窗——上海南京路商业街（钟向平 2019年）

立白

【注册商标类别】第1—45类

【商标标识】

【概况】 立白是中国洗护用品的知名品牌，1994年创立于广东省广州市。“立白”自创立之初即申请注册了商标，历经二十余载的发展，商标注册标识也经历几代变化，商标的所有人为广州立白企业集团有限公司（简称立白集团），注册地为广东省广州市陆居路2号。

立白集团创立初期的主要产品为洗衣粉，拥有全国销量领先的洗衣液、洗洁精、洗衣凝珠、洗衣粉、洗衣皂和助洗类等产品。依托于强大的科技研发实力，立白全线产品秉持“天然洗护”的研发理念，接连推出的天然皂液、不烫手洗衣粉、食品用洗洁精、PDE海洋生物活性酶洗衣液、15分钟洁净无残留洗衣凝珠等创新型产品获得业内外高度认可，丰富了立白产品的多样性，也满足了消费者天然、安全、健康的洗护产品的多样化需求。

“天然洗护，给你绿色健康的家”是立白的承诺，也是立白一贯的坚持。2016年，立白在行业内率先提出“绿色健康战略”，并将绿色健康深入产品整个生命周期中，实现绿色原料、绿色配方、绿色技术、绿色制造、绿色产品。立白集团是洗涤行业中唯一获得“中国轻工业绿色洗涤用品重点实验室”的企业。2017年9月1日，工业和信息化部正式发布2017年第一批绿色制造示范名单，广州立白（番禺）有限公司成为国内洗涤日化行业唯一获评“绿色工厂”的单位。立白品牌持续强化绿色发展理念，为消费者提供更安全、健康、低碳、环保的天然洗护产品，谋求人和自然环境健康和谐共存，实现地球生态环境的可持续性发展。

立白商标于2006年被认定为中国驰名商标。立白集团汇聚全球顶尖科技，拥有行业唯一院士专家工作站、一个博士后科研工作站、两个国家级高新技术企业、四个省级科技研发中心，中国发明专利数量居国内同行之首。截至2021年底，立白集团拥有有效中国发明专利及中国实用新型专利195件，外观设计专利105件。立白集团每年都有创新产品问世。2017年，立白实现销量双位数的增长，洗涤剂销量在中国及世界销量领先。根据央视市场研究股份有限公司针对全国具有代表性的县级以上城市4万个家庭样本户在2012年至2021

年购买洗衣液、洗衣粉、洗洁精、洗衣皂行为之研究结果，立白在全国销量处于持续领先地位，深受消费者的喜爱与认可。

2021年，立白连续9年上榜凯度消费者指数“品牌足迹”中国前50榜单，2021年位列家居护理类首位，领跑家居护理行业。

（立白）

【以新锐歌曲和MV引导新春潮流】2021年2月4日，立白与抖音巨量引擎《新春时光机》联合共创，携手新时代潮流领军者马思唯和潮流音乐厂牌，打造质感与潮流兼备的贺年单曲及MV《GODLIKE》，还策划了线下潮流音乐节，拉近新年社交。

2021年2月4日，立白与抖音巨量引擎《新春时光机》携手合作

（立白）

【成为《为歌而赞》独家战略合作伙伴】2021年3月12日，立白品牌作为国内首档跨屏互动音乐综艺《为歌而赞》独家战略合作伙伴，整合内容流量生意三场连通，率先打造业内首个抖音超品日，打造出行业范本级案例。

（立白）

【产品焕新升级发布会举行】2021年4月9日，“解油无忧，立白搞定”立白产品焕新升级发布会在北京举行。发布会上，立白全系列洗洁精产品焕新亮相，立白品牌形象大使章子怡与立白总裁陈泽滨一起开启立白“解油杂货铺”全国行动，为全国消费者带来餐厨“解油”方案。

2021年4月9日，立白全系列洗洁精产品亮相

（立白）

【“解油杂货铺”全国巡展首站落地】2021年5月7日至9日，立白“解油杂货铺”全国巡展首站落地北京三源里菜市场。展示了立白提倡的“解油无忧”生活理念。

2021年5月，立白“解油杂货铺”全国巡展首站落地北京三源里菜市场

（立白）

【与国家体育总局训练局战略合作】2021年7月9日，立白与国家体育总局训练局达成合作。训练局授权立白除菌去渍洗衣液、立白多用途除菌喷雾、立白手洗专用天然皂液为“体

2021年7月9日，立白与国家体育总局训练局达成合作

育·训练局国家队运动员备战保障产品”。

（立白）

【助力国家击剑队健康参赛】 2021年7月13日，立白成为国家击剑队官方赞助商。立白以“快、准、狠”的除菌专业性，以及“天然、除菌、洁净”的产品力为体育健儿出征东京奥运会提供有力的健康保障。

（立白）

【成为碳足迹和碳标签典型领跑企业】 2021年10月22日，在第十八届中国标准化论坛上，立白集团被评选为碳足迹和碳标签典型领跑企业，获得“碳足迹与碳标签”证书。

（立白）

【获颁国内首张“双易”认证优秀评级证书】 2021年11月25日，立白集团正式获得检测认证专业机构莱茵颁发的塑料软包装“双易”认证优秀评级的证书，这是国内首张“双易”认证的优秀评级证书。立白集团成为行业首个

2021年11月25日，立白集团获得检测认证专业机构莱茵颁发的塑料软包装“双易”认证优秀评级证书

通过单一材质设计技术实现“易回收、易再生”性能软包装的企业。

（立白）

【推出高端品牌立白精品】 2022年9月6日，青提茉莉天然洗洁精获产品数字化零碳标签认证，是立白旗下首款碳中和洗洁精。立白持续致力于绿色环保生态发展，不断研发创新高端天然洗护产品。立白精品是立白王牌洗洁精品类“天然洗护新升级”的高端品牌，甄选东方植物精华，打造自动去油新体验。

（立白）

【打造首届立白感恩欢购节】 2022年9月9日，立白打造首届立白感恩欢购节。立白感恩欢购节，以9月9日为固定爆发日期，通过为消费者营造出节日仪式感，产品促销拉动，全面提升消费者购买体验。活动期间，实现14大销售省区总声量行业第一，超八成消费者喜爱广告创意，品牌喜爱度和推荐度均有效提升。

（立白）

中讯润滑油

【注册商标类别】第 1—45 类

【商标标识】

中讯润滑油®
ZHONGXUN

【概况】“中讯润滑油”品牌旗下的产品包括能源产品和能源服务两大类，2016 年 10 月 14 日在国家商标局注册。“中讯润滑油”商标包括图形和文字（中英文）的所有人为江苏中讯高科投资集团有限公司（简称中讯高科），注册地为江苏省。

中讯高科使用“中讯润滑油”商标的初期产品为第 4 类：润滑油、润滑剂、石油（原油或精炼油）、切割油、导热油、挥发性混合燃料、燃料、蜂蜡、蜡烛、除尘制剂。后来扩展到第 1-45 类全系列。主要产品有：金属加工液、特种合成润滑油、特种合成润滑脂、工业润滑脂、工业设备润滑油、船舶润滑油、车用润滑油、国防特种润滑油、航天航空润滑油九大系列产品及技术服务等。

“中讯润滑油”品牌名称取自于中国古代经典《礼记 · 礼器》名句“因天事天，因地事地，因名山升中于天”的“中”字和《礼记 · 乐记》中的名句“治乱以相，讯疾以雅”的“讯”字，合起来称之为“中讯”。在包含“成功之道”“优雅行为”“高尚品德”“可取法则”“中和之美”等诸多要素的汇集之中，以“中国奋讯（中国振作，奋起进取）”作为品牌名称的内涵，让品牌工程和品牌团队在铭

记、传承和光大中华民族的箴言、美德、责任之中，助力民族复兴，推进中国梦进程，展示“中讯润滑油”品牌的核心理念。

“中讯润滑油”商标为中国的新锐品牌，中讯高科拥有专利技术及独有技术106项，全部应用于“中讯润滑油”品牌产品和服务，每年都有新专利产品问世。“中讯润滑油”产品销售全国内地31个省、自治区、直辖市，全国拥有合作代理商及门店（厂）3500多家。“中讯润滑油”连续多年被授予“中国润滑油自主品牌十强”“全国润滑油行业质量领先品牌”“中国十大名优品牌”等称号。中讯高科严格执行ISO9001、IATF16949等多项质量体系，积极参加来自MERCEDES-BENZ、PORSCHE、API之类众多的第三方认证，使品牌更加的行稳走远。来自《人民政协报》、人民网、中国网、《中国经济时报》、中央电视台《中国质量万里行》、香港《大公报》、香港《文汇报》等数十家境内外媒体多次对中讯润滑油、中讯高科等品牌元素进行报道。2022年，中讯润滑油品牌推出多种创新技术，中讯润滑油品牌共使用在70多种产品之中。

（中讯高科）

【获得“诚信品牌”和“新锐品牌”荣誉】2021年3月，中讯润滑油被授予“全国产品与服务质量诚信品牌”，产品涵盖金属加工液、特种合成润滑油、特种合成润滑脂、工业润滑脂、工业设备润滑油、船舶润滑油、车用润滑油、国防特种润滑油、航天航空润滑油全系列。2021年9月，中讯高科被授予中华人民共和国第十四届运动会爱心企业。2021年12月，中讯润滑油被授予“中国润滑油行业新锐品牌”称号。

（中讯高科）

【获得“服务能力等级资质证书”和“API”产品认证】2022年1月，中讯高科召开中讯润滑油品牌发展大会，提出“中讯高科中长期发展规划”，通过3个再升级（全面升级合作伙伴计划、全面升级区域技术服务、全面升级顾客利益保障模式），努力打造市场布局更合理、沟通渠道更流畅、品牌数据更精准的领先业界的民族新锐品牌。

（中讯高科）

【中讯高科中长期发展规划】2022年2月，中讯润滑油获得“中国招标投标·环保工业企业服务能力等级资质证书”（一级）。2022年3月，中讯润滑油获得API产品认证。

（中讯高科）

【获得梅赛德斯－奔驰机油认证】2022年7月，中讯高科润滑油获得Mercedes-Benz（梅赛德斯－奔驰）机油认证。中讯高科润滑油以“绿色高科，低碳润滑”为发展理念，除获得Mercedes-Benz（梅赛德斯－奔驰）认证之外，中讯高科润滑油还严格执行ISO9001、IATF16949等多项质量体系，积极关注来自ACEA、PORSCHE、API之类众多的其他第三方认证，把第三方权威认证视为对品牌产品的检验标准之一。

（中讯高科）

养生堂

【注册商标类别】第 3、5、30 类

【商标标识】

【概况】“养生堂”品牌是为消费者提供大健康产业产品的品牌，“龟鳖养生胶囊”“非医用营养液”等商品于 1993 年 10 月在国家商标局注册，商标所有权人为海南养生堂有限公司，注册地为海南海口市金盘工业开发区 C 型厂房五楼 D 座。后经商标变更程序，变更所有权人为养生堂有限公司（简称养生堂），注册地为浙江省杭州市西湖区双浦镇夏铜街 1 号 3 幢 3 层。

养生堂有限公司成立于 1993 年 3 月，自成立之初便启用与企业字号相同的“养生堂”作为产品品牌，并于 1993 年 10 月申请注册第 5 类、第 30 类上保健品、食品上的“养生堂”商标，1993 年底使用“养生堂”商标的“养生堂龟鳖丸”上市。养生堂采用全龟全鳖配伍，超低温冷冻粉碎工艺，创制具备确切“免疫调节”功效的龟鳖丸。龟和鳖的组合物及其制备，获得美国、韩国、日本专利。1995 年，养生堂朵而胶囊上市，是养生堂首款建立在“以内养外”健康美容理念，“补血养颜，肌肤细腻红润有光泽”的产品诉求基础上推出的产品，开创内服美容品的先河。1996 年，养生堂成立包装饮用水公司，创立“农夫山泉”品牌，是包装饮用水行业排行前列的企业，于 2020 年在港股上市。2001 年，成长快乐系列产品上市。同年，养生堂收购北京万泰，专注于诊断试剂与疫苗业务的板块，于 2019 年在 A 股上市。2003 年，天然维生素 E 上市，凭借超高的性价比迅速占据市场优势。2007 年，天然维生素 C 上市。10 年后，养生堂儿童天然维生素 C 上市，每片 52.8 毫克维生素 C 全部来自欧盟有机认证针叶樱桃，专为儿童设计。2017 年养生堂 B 族维生素上市，严选美国、英国、瑞士等进口优质原料，先进包衣技术，有效防潮、隔氧，锁定营养素不流失。同年，养生堂蛋白粉上市，严选东北黑土孕育的非转基因大豆分离蛋白及进口优质乳清蛋白，4:1 创新配比，符合国人饮食结构及健康状况。同年，养生堂以“天然补水不用水”理念进军化妆品领域，上市养生堂桦树汁补水系列产品，主打“不额外添加一滴水”的护肤产品。2019 年养生堂钙 DK 上市，掀起补钙新

方法热潮，维生素 D_3+ 维生素 K_2 完成补钙闭环。新品的陆续上市，拓宽了养生堂健康产品线，为消费者提供了更为丰富的健康选择。

养生堂从品牌创立起便确立“为生命健康提供产品与服务”的使命，“让所有商店都有我们的产品，让人人都享用得起，在人类健康领域被承认是做得最好的”的愿景，长期致力于创新研发更多天然健康的产品。养生堂品牌涉足药品、保健品、食品、化妆品、生物医药等大健康领域，为更多人的生命健康提供更优质的产品与服务。随着养生堂业务领域的不断拓宽，养生堂商标逐步运用在生物医药、食品、化妆品等领域，并进行全类保护注册。

养生堂商标于 1999 年被国家工商行政管理局商标局认定为驰名商标，并于同年被商标局列入全国重点商标保护名录。2004—2022 年，养生堂始终被世界品牌实验室列入“中国 500 最具价值”的品牌名单，品牌价值逐年提升。2008—2015 年被中国民营企业联合会、中国统计协会、中国管理科学研究院企业发展研究中心评定为“中国民营 500 强”企业。养生堂产品全国年销售额超 10 亿元。养生堂旗下的农夫山泉公司是国内包装饮用水市占率前列的企业，是港股上市企业；旗下的万泰生物公司是 A 股上市企业，主要从事体外诊断试剂及疫苗研发生产，于 2012 年推出全球唯一的戊肝疫苗，2019 年打破世界垄断，推出全球第三支、国内首支 HPV 疫苗。在新冠肺炎疫情期间紧急上市新冠检测试剂盒、抗原检测试剂盒，研发的新冠疫苗在海外进行三期临床试验。养生堂公司是抗击新冠肺炎疫情表现突出单位、浙江省防控新冠肺炎疫情市场保供贡献突出企业，是重要的民生保障型企业。

2021 年，养生堂集团主营业务收入 374 亿元，其中保健品公司收入 10 亿元，新推出胶原蛋白肽产品、深海鱼油产品。2021 年 3 月，Q 肌胶原蛋白肽固体饮料产品上市，演员任嘉伦成为 Q 肌系列形象代言人，10 月上线 Q 肌第一款内服美容零食产品胶原蛋白肽白芸豆果汁果冻（夏黑葡萄味）。8 月，养生堂深海鱼油产品上市。该产品为美国原装进口，原料源自挪威萃取深海小鱼种，与养生堂原有鱼油产品共同满足人们不同的健康需求。2021 年 10 月，天然维生素 E 凭借天然成分、配方、纯度和明确功效，获评“芭莎国际美妆大奖年度美颜胶囊”。

2022 年 5 月，养生堂成长快乐 DHA 藻油上市，产品源自裂壶藻，不经食物链传递，更安全，产品好吃又好玩，独立条包方便随身携带。5 月，养生堂天麻氨基丁酸片上市，主打 0 褪黑素，以中西复配的创新配方推动品类升级。5 月，Q 肌红枣富铁软糖和 γ- 氨基丁酸胶原蛋白肽软糖上线。10 月，养生堂小小粒维生素 C 上市，是国内市场上唯一 0.3g/ 粒的小小颗粒维生素 C，可吞可含可嚼，精准满足小孩儿、成人、老人的服用习惯，成为药业公司新的增长点。2022 年，养生堂品牌再次被列入中国 500 最具价值品牌名单，位列第 424 位，品牌价值 127 亿元。

（养生堂）

【入选 2020 年商标授权确权十大典型司法案例】2021 年 4 月，在由北京知识产权司法保护研究会主办的“2020 年知识产权十大典型司法案例”评选中，养生堂作为当事人的（2019）京行终 7352 号养生堂商标无效宣告案入选。该案由北京高级人民法院作出判决，撤销在药品零售服务上注册的与养生堂公司在药品上驰名养生堂商标相同的商标，维护了养生堂驰名商标的合法权益。该案涉及新增服务注册过程中可能导致公众将相关诉争商标与相关引证商标相混淆的情况和引证商标驰名的背景下《中华人民共和国商标法》第三十条的适用，即跨类别的商品与服务的类似认定问题。法院的最终判决结果和这次入选十大商标确权典型案例，为类似案件中解决驰名商标保护与其他权利冲突提供了一个法律范本，体现出国家对知名企业知名品牌的保护力度加大的趋势。

（养生堂）

【成长快乐产品品牌升级】2021年5月23日，养生堂成长快乐举办品牌20周年“生日趴”并宣布品牌焕新升级战略。养生堂成长快乐从产品配方到包装设计进行全方位升级，满足中国儿童营养的补给需求，并以新产品新形象正式开启品牌人格化升级的探索之路。

2021年5月23日，养生堂成长快乐举办品牌20周年庆典

（养生堂）

【与去哪儿旅行合作推出春光巴士】2021年5月，养生堂春光巴士空降国内热门旅游城市杭州、昆明、成都、西安、南京、武汉、青岛、厦门等8城，联手去哪儿旅行甄选当地5大热门景点，为人们提供一站式出行新方式。养生堂联合顶级涂鸦艺术团体@PSSSST街头艺术，为活动定制车体画面。将养生堂天然维生素C原料针叶樱桃的故乡巴西彼得罗利纳“搬”到消费者面前，深入到各个城市的大街小巷，让消费者仿佛置身巴西果园。养生堂积极响应“健康中国行”的号召，从出游健康出发，联合八城龙头药房，超千家线下门店同步开启临时救助站。在每辆春光巴士配备随车医

2021年5月，养生堂联合去哪儿旅行在国内热门旅游城市开展活动

师和药箱，为水土不服、感冒不适等症状的乘客提供即时咨询与服务。养生堂与各城连锁共同打造年轻人也爱逛的网红门店，将中国传统文化、民间舞蹈、历史知识融入门店活动，在有趣好玩的互动中普及出游期间健康重要性，参与即得养生堂免疫伴手礼。

（养生堂）

【与Keep合作课程】2021年9月，养生堂蛋白粉携手Keep共同打造晨间课程《早起瑜伽8式新轻年免疫UP》，传递品牌自律向上的“新轻年潮养”理念。直接参加课程跟练人数超21万，通过专题页参与线上挑战赛人数近16万。

2021年9月，养生堂蛋白粉携手Keep打造晨间课程

（养生堂）

【与樱桃小丸子合作】2021年“双11”期间，养生堂合作国内定格动画团队蒸汽工厂，推出首支3D小丸子动画视频《小丸子的针叶樱桃之旅》。广告片讲述樱桃小丸子进入巴西彼得罗利纳针叶樱桃林，找寻樱桃的故事，趣味传递“针叶樱桃不是樱桃，维生素C含量是等量普通樱桃的244倍”的产品知识点，在受众心中建立起“养生堂天然维生素C，100%来自巴西针叶樱桃”的产品认知。虎年春节前夕，养生堂联合《樱桃小丸子》动画原班人马，制作了国内首支IP品牌定制化动画片，用熟悉的画风描绘了小丸子和100%来自巴西针叶樱桃的养生堂天然维生素C的新故事，潜移默化地在受众心中刷新养生堂年轻化的品牌形象。养生堂在“双11”营销和新年营销期间分别推出两波樱桃小丸子联名定制周边。“双11”推出的联名款限量礼盒包含飞行棋、帆布袋、贴纸；新年期间推出红包、保温杯、抱枕被，洋溢着喜气满满的春节气氛。养生堂分阶段打通线上线下渠道，“双11”前期凭借与樱桃小丸子联名产品及周边引起消费者兴趣，快速积累人气及流量；在“双11”流量高峰期站内首发IP限量装天猫小黑盒，站外进行UD投放引流站内，配合超头主播带货，三管齐下达到品效合一的结果，获得“阿里妈妈双11超级秀可思官方案例”荣誉。春节期间，养生堂与老百姓大药房达成战略合作，不仅提供樱桃小丸子IP联名产品的独家供应，还与老百姓大药房联合推出保温杯、抱枕、帆布袋、红包的独家周边。同时，帮助老百姓大药房进行IP形象门店布建，为门店吸引更多年轻客流。养生堂还邀请KOL到线下门店进行探店打卡，利用KOL流量及内容优势，回流线上引发二次传播，渠道叠加转化提升受众触达率，形成品牌的用户认知积累。养生堂打破IP营销旧有的既定思维，在两个营销周期的IP联名合作，一步步加深养生堂与樱桃小丸子IP的绑定关系，不断融合IP内容中的亲和气质、情感价值、文化磁场，优化自身产品在大众认知上的塑造，实现IP营销的正面能量最大化。该IP项目获得第22届IAIAWARDS国际广告奖银奖。

（养生堂）

【与京东战略合作】2022年1月，养生堂天然VC联合京东上线央视春晚项目，首次亮相国家级传播平台。合作拓宽了品牌传播广度，极大提升了品牌影响力。基于这次项目，养生堂药业有限公司开启与京东的全年深度战略合作，参与京东平台5月S级超级品牌日、8月A+级健康大牌日活动等，通过全年长线链路营销共建，拉升品牌“新轻年”心智，达成品销协同效应，实现品牌、经销商、平台三方的深度合作。2022全年电商全网拉新购买用户数，京东同比增长49%，天猫同比增长34%；品牌消费资产沉淀，京东同比增长59%，天猫同比增长23.6%。

（养生堂）

【制作短片《偷影子的人》】2022年3月，在养生堂天然维生素E上市20周年之际，献礼“三八”国际劳动妇女节推出品牌短片《偷影子的人》。短片兼具体现产品物理性功能与品牌精神性功能，并通过#偷影子的人#概念与线下品牌活动，提升品牌在用户心中的好感度，

2022年3月，养生堂制作妇女节献礼短片《偷影子的人》

同时提升品牌知名度。活动在人群密集的地铁站搭建统一的金色调互动装置，在厦门吕厝站由“时间的影子”组成贴纸墙、长沙五一广场站“让更美好的被看见”的体感互动中，大众可撕掉影子贴纸跟过去的阴影告别。参与者可拍出金色剪影照片并带走，凸显品牌“金色影子”的品牌印记。

（养生堂）

【与国子监 IP 合作】 2022 年 4—7 月，养生堂 B 族维生素片合作孔庙和国子监博物馆推出 4 款联名包装，分别为锦绣前程装、金榜题名装、独占鳌头装、鱼跃龙门装。这是国内 B 族维生素品类首次推出联名款产品。一片补充 8 种 B 族维生素的功效加上国子监祈福的好寓意，吸引考生及家长圈层的关注。除联名款产品外，本次联名还推出文具套装、祈福袋、雨伞等系列周边产品，深受消费者好评。

（养生堂）

【成长快乐品牌地推活动】 2022 年 5 月起，养生堂成长快乐推出“一起成长更快乐”的品牌口号。养生堂成长快乐深耕小红书，倡导父母要和孩子一起成长的育儿观。养生堂成长快乐用品牌的新式育儿理念对话新时代父母，打造潮流妈妈智慧之选的品牌心智，使品牌年轻化。同时，养生堂成长快乐在商场开展“一

2022年5月起，养生堂成长快乐在全国多地商场开展品牌地推活动

起成长更快乐”百城地推活动，线上线下同主题联动，立体触达消费者，传递品牌理念，输出品牌优势。在 2023 年 2 月艾昆纬（IQVIA）发布的 2022 年第四季度中国零售药店统计报告中显示，成长快乐成为儿童含矿多维类产品市场占有率第一。

（养生堂）

【与小红书合作打造 # 早 C 晚 E# 内服美容新潮流】 2022 年 6 月，养生堂天然维生素 C 和养生堂天然维生素 E 两大明星产品与小红书平台达成战略合作，共同创造内调护肤的潮流新趋势 # 早 C 晚 E#，即早上服用维生素 C 美白肌肤，晚上服用维生素 E 达到祛斑抗衰效果。# 早 C 晚 E# 站内曝光 1.27 亿 +，养生堂搜索排名成为 TOP1，# 早 C 晚 E# 成为小红书女性维生素品类的重要选择。

（养生堂）

【联合 B 站打造 # 烟火人间 # 主题季活动】 2022 年 7—8 月，借势暑期夜生活复苏的契机，养生堂 B 族维生素联合长视频平台哔哩哔哩发起 # 越夜越嗨，B 需有你 # 暑期内容营销活动。活动期间，基于夜生活场景痛点与产品关联内容的输出，引发站内外网友的积极讨论，多个合作达人视频登上热门榜单，并通

过夜生活、熬夜、加班等场景化内容输出，强化 B 族维生素“夜生活”这一消费场景。活动通过首次电商宠粉日极大提升品牌曝光与店铺拉新，同时品牌联动线下酒吧、餐饮店等渠道，通过消费者打卡互动，探索保健品种草新路径。

（养生堂）

【与抖音合作 88 全民挑战赛】2022 年 8 月，养生堂联合抖音官方发起 # 新轻年体能挑战赛 #，特邀黄健翔、王诗玥作为“新轻年潮养官”发出“英雄帖”，用户抖音跟拍，与两大“代际潮养官” pk 10s 高抬腿，活动总曝光 3.5 亿。活动将“新轻年”理念落地到渠道合作中，打造“新轻年”连锁同盟，助力连锁以全新形象、全新服务、全新门店体验提升转化率和顾客黏性。活动期间，养生堂与联盟连锁共创“新轻年”人物志进行朋友圈广告投放，邀连锁高管团带队参与“新轻年”体能挑战赛，与当地网红同台竞技，在购物中心开展“新轻年潮养运动 bar 大型推广互动”等，活动品项销售环比增长 2 倍以上。

（养生堂）

【天然 VC 获 FA 认证】2022 年 12 月，养生堂天然维生素 C 咀嚼片获得 FA 认证（食品真实品质认证），这是国内首个也是唯一获得该项认证的天然维生素 C 产品。为了协助规范维生素 C 行业标准，由养生堂药业有限公司牵头，中轻食品检验认证有限公司、中国食品发酵工业研究院、中国医学科学院药用植物研究所等机构部门联合起草，于 2022 年 5 月 1 日发布《维生素 C 产品中抗坏血酸的稳定碳同位素比

养生堂获食品真实品质认证证书

值 (13C/12C) 测定方法》，并于同年 8 月 1 日正式实施，2022 年 7 月 20 日发布并实施《天然维生素 C 粉（针叶樱桃来源）》团体标准。基于以上检测技术与标准，国家科技部认定的食品真实品质认证 (FA 认证) 机构可以对市面上维生素 C 产品进行验证，通过产品真实属性评估、产品第三方型式试验、初始工厂环境及生产流程检查、生产线末端随机抽样、原料及终产品检测、流通市场抽检评测等手段对产品进行检测及认证并判定其是否为天然维生素 C。养生堂天然维生素 C 系列产品经过严格的型式试验、产品维生素 C 检测、工厂检查，成功获得 FA 认证证书。证实养生堂天然维生素 C 是 100% 来自巴西针叶樱桃的天然维生素 C；同时工艺过程可溯源：在巴西采摘针叶樱桃后新鲜榨汁，冷藏运输后干燥成粉，最后运到位于中国海南的工厂直压成片，全程物理转化。

（养生堂）

好爸爸（Kispa）

【注册商标类别】 第 3、11、15、21、23、28、37、45 类

【商标标识】

【概况】“好爸爸”作为广州立白企业集团有限公司（简称立白集团）旗下的高端亲肤洗护品牌，商标标识历经几次迭代更新，目前所使用的商标标识于 2017 年在国家商标局注册，包括图形和文字（中英文），商标的所有人为广州立白企业集团有限公司，注册地为广东省广州市荔湾区陆居路 2 号。

好爸爸专注解决有孩家庭的衣物、餐具洗护问题，专为有孩家庭研制，一直以亲肤无刺激，宝宝、贴身衣物及大人衣物也适用的强大功能所著称，致力于提供亲肤低敏、安全健康的高端洗护产品。从刚出生的婴儿开始，到大人的衣着安全，给孩子、大人安全的衣着体验，得到广大消费者的认可。

好爸爸始终坚持与消费者建立情感链接。品牌定位：专为有孩家庭研制的高端亲肤洗护品牌。产品理念：亲肤无刺激。品牌口号：亲肤 0 添加，全家大小安心用。

好爸爸品牌诞生于 2008 年，始于品牌创始人对于为中国有孩家庭打造更好的洗护产品的愿望。为此苛选安心、安全的洗涤方案，从原料选取到成品制造，好爸爸遵循“原生态洗护，亲肤 0 添加”产品理念，历经 14 载，集结行业优秀专业人才，深入研究有机洗护成分，依托全球丰富的生态资源进行成分筛选，进一步完善有机洗护成分提取及功效研究，最终运用到产品配方中。

在尼尔森对好爸爸洗衣液品牌健康度调研中，好爸爸在大人小孩安心用、专为有孩家庭研制的品牌形象上有绝对优势，而在含有天然植物成分、亲肤无刺激、不伤手、不含荧光增白剂、天然温和、年轻等品牌形象方面均有相对优势。好爸爸产品覆盖衣洗及餐洗全品类，包括洗衣液、洗衣露、洗衣粉、洗衣皂、洗衣凝珠、柔顺剂、洗洁精等，满足有孩家庭在衣洗及餐洗方面的全方位需求，核心覆盖中超高端、高端、中高端价格段产品。根据尼尔森数据，截至 2021 年 12 月，好爸爸洗衣液在超高端价格段位列第三，高端价格段位列第二，中高端价格段位列第六，成为有孩家庭安心放心的高端品牌。主要产品系列线有 0 添加樱花系列、亲肤系列、亲肤倍净系列、薰香系列、除

菌除螨除味系列。

2008 年，“好爸爸”的前身“去渍霸”作为北京奥运会专供洗涤用品上市，去渍霸赞助中国国家网球队，冠军选手代言去渍霸。2009 年，小沈阳代言去渍霸。2010 年，周迅代言去渍霸。2012 年，黄磊代言去渍霸。2013 年，赞助《爸爸去哪儿》引发全国亲子话题。2014 年，去渍霸全新升级更名为好爸爸，希望通过品牌的力量呼吁爸爸们关注并陪伴孩子成长。2015 年，创新产品洗衣露上市。2016 年，携手迪士尼，共造“奇妙时刻，快乐好爸爸”。2017 年，好爸爸赞助《放开我北鼻》第二季，全球首支上海迪士尼乐园实景拍摄的电视广告上映。2018 年，黄磊和易烊千玺一起，共同开启品牌的“双代言时代”。全新机洗亲肤洗衣露升级高端亲肤洗涤产品正式发布。2019 年，“钻石瓶”好爸爸智净浓缩 + 亲肤机洗露上市。

2012 年，好爸爸教室广告获 2012 年日化类电视广告效果排行榜第一。2013 年，好爸爸《以柔克刚篇》电视广告获“年度最佳创意广告”称号。2017 年，获凯度全球品牌足迹中国区最具成长力品牌，“亲肤抱”整合营销获金旗奖全场大奖及营销实效金奖，好爸爸天然亲肤洗衣露获 2017 搜狐时尚“女性挚爱洗涤单品”称号。2018 年，获凯度全球品牌足迹中国区极具成长力品牌，获德国红点设计大奖－产品设计红点奖，获 TMA 年度最具移动营销创新精神品牌，获广州 4A 干货大会年度优秀案例。

（好爸爸）

【独家冠名《妈妈，你真好看》】 2021 年 4 月，好爸爸独家冠名湖南卫视台网联播综艺节目《妈妈，你真好看》；12 月，获得第 28 届国家广告节整合营销金奖。

2021年12月，好爸爸独家冠名湖南卫视台网联播综艺节目《妈妈，你真好看》获得第28届国家广告节整合营销金奖

（好爸爸）

【“为爱露一手”618 爆品营销】 2021 年 5—6 月，好爸爸“为爱露一手”618 爆品营销，获

2021年，好爸爸“为爱露一手”营销获得奖项

得第22届IAI传鉴国际广告奖社会化营销类铜奖，第十三届（2021—2022）虎啸奖社交媒体营销类铜奖，第十届TopDigital创新营销类家居日用类铜奖。

（好爸爸）

【“我有好爸爸 陪我一起皮”双11整合营销】 2021年11月，“我有好爸爸 陪我一起皮”双11整合营销，获得第13届金鼠标数字营销大赛数字媒体整合类银奖，第十三届（2021—2022）虎啸奖内容营销类铜奖及整合营销类铜奖。

2021年，好爸爸获第十三届金鼠标数字营销大赛数字媒体整合类银奖，第十三届虎啸奖内容营销类铜奖及整合营销类铜奖

（好爸爸）

【2021新品研发】 2021年，好爸爸专注新品研发，推出系列新品，包括内衣露、果蔬餐具净、洗碗粉、樱花亲肤凝珠、樱花亲肤柔顺剂等新品，新品销售额贡献超2亿元，目标达成率超过130%，在当年内有10件产品外观设计通过国家知识产权局专利局授权，这些专利的授权有效保护了产品的研发设计成果。

（好爸爸）

【推出樱香柔软系列】 2022年2月，好爸爸全新推出樱香柔软系列，2022年销量突破1.5亿元，继续提升品牌高端形象，强化精致妈妈人群渗透，突破性改善渠道经营利润，获得消费者高度认可。

（好爸爸）

【24小时原生态云赏樱慢直播大事件】 2022年4月，好爸爸推出打造24小时原生态云赏樱慢直播，以“原生态守护，樱爱0添加”为主题，打造品牌影响力，创新差异占领消费者认知，全网累计曝光总量超过1.74亿，全网总讨论量超过1989万，官抖粉丝破百万，花式带货持续刷新好爸爸抖音销售业绩。

（好爸爸）

【88品牌节】 2022年8月，好爸爸品牌线上+线下打造88品牌节，打造品牌形象店及品牌mini秀，活动期间新品达成率超500%，助推好爸爸品牌强曝光。

（好爸爸）

【内衣专用樱花洗衣露销售业绩上扬】 内衣专用樱花洗衣露2022年全年销量同比增长150%，线下市场份额稳居TOP3，线上转化率最高达到15%，加购率最高达到18%。

（好爸爸）

立白小白白

【注册商标类别】第3、5类

【商标标识】

【概况】“立白小白白”为广州立白企业集团有限公司（简称立白集团）旗下的衣鞋精细洗护品牌，最早于2019年在商标局注册，商标的所有人为广州立白企业集团有限公司，注册地为广东省广州市荔湾区陆居路2号。

立白集团使用“立白小白白”商标的初期产品为鞋子清洁类产品及洗衣液、助洗剂类产品。2019年，“立白小白白”商标开始用于生产鞋子清洁类及洗衣类产品，由立白集团逾20年行业经验的顶级科研团队基于衣鞋专业洗护需求打造，主要产品有：小白鞋清洁剂，适用于运动鞋的皮面、布面、网面塑料材质表面的鞋子清洁；小白鞋增白剂，适用于小白鞋、旅游鞋、运动鞋PU、塑料、橡胶材质的鞋子白色部位增白护理；小白鞋喷喷净，适用于鞋子的干洗或水洗，干洗以光亮皮质鞋面为主，网面鞋、布面鞋等干洗、湿洗均可用；白衣净洗衣液，适用于常规材质衣物尤其针对白色衣物的日常洗涤、顽渍喷雾，用于衣物顽固污渍的去除，可去除肉汁酱油渍、辣椒油渍、衣领袖口渍、血渍等；羽绒服泡沫干洗剂，适用于羽绒服、毛料、光面衣料等衣物的干洗清洁，可去除衣物上的汗渍、果汁、茶渍、红酒渍、酱油渍等顽固污渍；袜子专用洗衣液，适用于棉、麻、毛、合成纤维及混纺等多种质地衣物，贴身衣物同样适用。除上述几款产品外，立白小白白产品还包括有小白鞋清洁湿巾等产品。

“立白小白白”品牌名称来源于“立白”与“小白白”的相结合，前者代表品牌属于立白集团，并依靠立白集团的行业经验及顶尖科研团队成长；后者代表品牌的理念与内涵，旨在为追求品质高效生活的18~35岁的年轻消费者提供精致、高效、便捷的织物＆鞋子洗护和穿着体验，让高效、洁净深入到他们的日常生活中。

“立白小白白”产品销售全国内地各省、自治区、直辖市，在国内大型零售系统永辉、大润发均有进场销售；在天猫、京东、拼多多、唯品会等各大主流电商渠道均有产品上架销售。

2021年，“立白小白白”品牌推出4款新产品，“立白小白白”共上架销售13款产品，品牌产品年销售额超1000万元人民币。

（立白小白白）

【小白鞋清洁剂与增白剂产品包装升级】2021年1月，“立白小白白”启动小白鞋清洁剂与增白剂的产品包装升级计划，将原有公模包装瓶进行升级设计，更改为“立白小白白”品牌专用的私模瓶子，针对产品特点进行更人性化、更便于操作使用的设计。立白小白白对该包装瓶进行国家外观专利申请，并于6月获得专利证书授权。包装瓶的升级优化，为产品毛利带来2%的提升。

（立白小白白）

【立白小白白天猫旗舰店上线】2021年3月，“立白小白白”品牌首家独立旗舰店——天猫旗舰店正式开店上线。作为品牌形象和产品立价的主阵地，店铺上线后次月销售额即突破60万元人民币，2021年全年销售额超250万元人民币，超9万人次消费者购买，为品牌的销量及曝光量带来双提升。

（立白小白白）

【IP形象诞生】2021年7月，“立白小白白”品牌IP形象“白少”诞生。IP形象以白色狗狗和年轻少年两者的形象特征相结合，主形象定位为青年年龄段，以年轻、富有活力的形象，凸显品牌轻快亲和的调性，借此形象高效沟通品牌目标消费者，提升品牌好感度和辨识度。

（立白小白白）

2021年7月，“立白小白白”品牌IP形象“白少”诞生

【专洗专护系列上市】2021年9月，“立白小白白”专洗专护系列首款产品——羽绒服泡沫干洗剂上市。羽绒服泡沫干洗剂针对羽绒服、毛料、光面衣料等衣物，采用专研复配表活配方，高效去除衣物上的汗渍、果汁、茶渍、红酒渍、酱油渍等顽固污渍，温和清洁不伤衣，不影响衣服原有的保暖性，让羽绒服的穿着寿命更长。11月，“立白小白白”专洗专护系列另一款新品袜子专用洗衣液上市，产品添加天然椰子油精华成分，深入袜子纤维，精准去除贴身衣袜常见的汗渍、污渍；高效去除贴身衣袜常见的有害细菌，48小时长效贴身守护，由内而外深层祛味；产品拒绝洗后发干发硬变形，维护袜子纤维原始弹性。2021年底，两款产品销量突破2.8万瓶，为“立白小白白”打开专洗专护的精细化洗护市场奠定了强有力的基础。

（立白小白白）

【品牌消费者销量突破7300万】2021年11月，根据天猫品牌数据银行后台数据显示，“立白小白白”品牌消费者总量突破7300万，同比增长437%；品牌认知、兴趣、购买及忠诚消费者量均有增长，品牌整体消费者链路流通更健康，为品牌消费者资产沉淀打下良好基础。

（立白小白白）

【IP形象升级】2022年4月，“立白小白白”品牌IP“白少”进行形象升级。此次升级优化了“白少”的整体形象设计，并细化性格特征：阳光开朗、热衷分享的潮流达人，有主见、注重产品品牌及品质，并且热爱运动，能做出需要的一切高效、安全、便捷的专物专洗的好

2022年4月，“立白小白白”品牌IP“白少”进行形象升级

物。通过此次升级，“白少”能更好地代表品牌形象，更利于品牌传播。

（立白小白白）

【衣鞋泡泡净新品上市】 2022年5月，立白小白白衣鞋泡泡净（爆炸盐）新品上市。该产品通过“经销商专供+包销”的模式，作为品牌以低成本探索蓝海市场的尝试，产品上市后表现良好，仅8个月时间，出货额突破150万元。该产品为品牌后续探索渠道专供装、品牌新品的可持续发展模式提供了宝贵经验。

（立白小白白）

【冬季系列新品上市】 2022年8月，“立白小白白”品牌上市羊绒羊毛专用洗衣液及羽绒服专用洗衣液两款新品，连同此前的羽绒服干洗剂产品，共同组成冬季系列，在各大渠道进行主推打爆。截至2022年12月底，“立白小白白”冬季产品在全网成交金额同比增长超450%，销售额达500万元，其中羊绒羊毛专用洗衣液在天猫渠道类目排名进入行业Top4。

（立白小白白）

【明星合作提升品牌声量】 2022年，“立白小白白”尝试与多位明星艺人合作，石杭鹭、邱丹枫、康汐、潘启言4位新生代的人气明星艺人以品牌好物推荐官的形式，通过种草视频、微博互动、粉丝互动等合作方式，在全网给品牌带来200万以上的曝光，有效带动年轻人群对品牌的认知和口碑，有力地提升品牌整体声量以及扩大品牌认知人群。

（立白小白白）

【联合斯凯奇品牌整体曝光量超50万】 2022年9月，“立白小白白”携手斯凯奇在天猫“99大促”期间进行品牌合作。双方的天猫旗舰店通过直播连麦、资源互换、赠品互送等方式，有效提升了品牌在大促期间销量超平日126%，同时为店铺新增会员218%，拓展了品牌人群。

（立白小白白）

【抖音小店销量突破500万元】 2022年，“立白小白白”重点打造培养品牌的抖音小店，通过达人直播、千川投流、种草视频等形式，在抖音渠道进行发力。其中，千川投流主推品小白鞋喷喷净推广销售价加价率高达247%，整体投放投资回报率（ROI）突破1.6%，有效辅助品牌突破增长瓶颈，同时实现2022年品牌在抖音小店整体销量突破500万元的佳绩。

（立白小白白）

【整体出货销量同比提升97%】 2022年，“立白小白白”品牌全渠道整体出货量突破2600万元，同比提升达97%，品牌的整体利润超额11倍，真正实现销量+利润双超标完成，为品牌发展奠定坚实基础。

（立白小白白）

蜜丝

【注册商标类别】第3类

【商标标识】

【概况】“蜜丝”为女性生活护理品牌，2020年在国家知识产权局商标局注册，商标的所有人为广州立白企业集团有限公司（简称立白集团），注册地为广东省广州市荔湾区陆居路2号。

立白集团使用“蜜丝”商标的初期，产品主要为内衣洗衣液。2020年“蜜丝”商标开始用于洗衣液相关产品生产，2022年“蜜丝”品牌产品主要为洗衣液和个人护理产品。主要产品有：蜜丝丁香精粹内衣裤洗衣液、蜜丝氨基酸内衣专护洗衣液、蜜丝专效去血渍内衣裤洗衣液，用于内衣裤清洗；蜜丝香氛浓缩洗衣液－橙果派对、蜜丝香氛浓缩洗衣液－紫藤低语，用于日常衣物清洗；蜜丝真丝羊毛羽绒洗衣液，用于真丝羊毛羽绒服等精致衣物清洗及护理；蜜丝精油留香珠－新月蔷薇、蜜丝精油留香珠－日光牡丹，用于日常衣物留香及除螨。丰富的产品系列让蜜丝能够更好地满足不同消费者的不同衣物护理场景。

蜜丝是立白集团旗下高端女性生活护理品牌，专注女性温和护理，旨在为新生代都市女性提供自然温和、舒适放松的家居护理产品和个人护理产品。蜜丝秉承“专注女性美和健康”的品牌理念，无论从原料选材还是到成品打磨都极致讲究，从深入内衣洗护场景出发，延伸到精致洗及个护，鼓励女性关注自己、乐享生活，为都市精致女性提供私密温和护理的解决方案。蜜丝立足立白优势，有强大的后盾力量，不断钻研创新产品系列，优化品牌产品线。2021年蜜丝共研发推出14款新产品，为消费者提供更加全面的产品线，满足消费者不同的个人护理需求。

除了钻研研发外，蜜丝还深耕渠道建设。蜜丝品牌产品在线上线下多渠道同时销售，满足了消费者不同的消费习惯，为消费者提供购物便利。蜜丝开设了线上天猫旗舰店、小红书官方店和抖音官方店，在拼多多、京东等多平台依托立白官方店进行销售。线下渠道中，蜜丝品牌入驻了大润发及众多分销商渠道。多渠道同时发展壮大，帮助蜜丝品牌快速成长，取得较好销售成绩。

（蜜丝）

【入选天猫官方推荐好评好物】 2021年4月，蜜丝爆款产品氨基酸内衣专护洗衣液凭借强大品牌力与产品力，入选天猫官方推荐好评好物——内衣洗衣液好评榜，累计热销90多万件。强大的品牌力与产品力为蜜丝品牌沉淀了许多忠实用户。

（蜜丝）

【蜜丝天猫官方旗舰店正式开店】 2021年4月，蜜丝品牌官方天猫旗舰店正式开店。蜜丝有了属于自己品牌的销售阵地，为蜜丝品牌发扬壮大奠定了基础，拓宽了品牌发展的广阔前景。

（蜜丝）

【小红书超话阅读破最高】 2021年下半年，蜜丝品牌锁定小红书宣传渠道，聚焦蜜丝主推品种草造势，站内#蜜丝内衣洗衣液#话题阅读量超过400万，相关内容曝光量触达多层次消费者，站外种草与消费者“自来水”为品牌带来巨大的曝光，强大产品力让蜜丝火速圈粉，为品牌带来一大批忠实用户。

（蜜丝）

【香氛浓缩洗衣液新品上市】 2021年12月，蜜丝香氛浓缩洗衣液新品上市。蜜丝香氛浓缩洗衣液创新香氛精油爆珠，植物蛋白精华+多重精油萃取，打造香氛爆珠，去除多种异味，持久留香锁香48小时，三重天然洁净因子，高效去污；2倍浓缩配方，省水省量，温和亲肤，九大零添加；定量泵头，留香+除菌+洁净一瓶搞定。蜜丝香氛浓缩洗衣液独特的爆珠设计，吸引了消费者。

（蜜丝）

【精油留香珠系列新品上市】 2022年1月，蜜丝精油留香珠系列产品上市，该系列包含新月蔷薇、日光牡丹两款产品，分别为不同的香型。产品由全球顶级香精公司专研调配，专业留香技术可长达30天持久留香。产品特别添加棉柔因子能够呵护衣物纤维，保持衣物柔顺。产品包含专业除螨成分，实现高效除螨。新品上市完善了蜜丝品牌的产品架构，为消费者提供了更多精致生活的选择。

（蜜丝）

【跨界联动内衣品牌奶糖派】 2022年7月，蜜丝跨界联动内衣新锐品牌奶糖派，品牌旗舰店与品牌自媒体深度联动，定制了主推品内衣洗衣液作为联动产品，在品牌旗舰店推出买赠互动活动，带动产品销售。品牌自媒体联动活动双向吸粉，提高品牌影响力。

（蜜丝）

【私处护理系列新品上市】 2022年8月，蜜丝私处护理系列新品上市，包含蜜丝私处护理安心啫喱和蜜丝私处护理泡泡慕斯两款产品。产品采用专业的微生态平衡专利，以欧盟认证乳酸搭配法国益生元，以菌养菌促进私处菌群平衡；产品的弱酸性配方，贴近私密环境pH值；柔滑舒适肤感、温和清洁无刺激。

2021—2022年蜜丝开发推出系列产品

（蜜丝）

Liby立白

【注册商标类别】第3、5类

【商标标识】

（原注册商标）

（2022年新注册商标）

【概况】“Liby立白”为立白集团立白品牌旗下专为年轻人提供更创新便利的衣物洗护方案年轻副品牌，2020年在国家商标局注册，包括图形和文字“Liby立白”，商标的所有人为广州立白企业集团有限公司（简称立白集团），注册地为广东省广州市荔湾区陆居路2号。

立白集团使用“Liby立白”商标的初期产品为洗衣液、洗衣凝珠类产品。2021年，“Liby立白”商标开始用于洗衣液、洗衣凝珠、助洗剂产品，由立白集团逾20年行业经验的顶级科研团队基于年轻人群织物专业洗护需求打造，主要产品有洗衣液、洗衣凝珠、留香珠、柔顺珠、除菌除螨珠，适用于棉、麻、毛、合成纤维及混纺等多种质地衣物，贴身衣物同样适用。

“Liby立白”品牌名称来源于“立白”与“Liby”的相结合，前者为母品牌立白，代表品牌属于立白集团，并依靠立白集团的行业经验与市场成就以及顶尖科研团队成长；后者代表品牌的理念与内涵，体现大胆和先锋的品牌态度，旨在为追求品质高效生活的18~34岁年轻消费者提供创新便利的、好玩愉悦的衣物洗护和穿着体验，是新一代衣物洗护方案的形象体现。

“Liby立白”产品在天猫、京东、抖音、拼多多、唯品会等各大主流电商渠道均有产品上架销售，销售至全国内地各省、自治区、直辖市。

2021年，“Liby立白”品牌推出9款新产品，“Liby立白”共上架销售11款产品，品牌产品年销售额超8.5亿元人民币。

（Liby立白）

【专业护衣系列洗衣凝珠上市】2021年1月，“Liby立白”专业护衣系列洗衣凝珠首款产品——Liby立白浓缩除菌柔顺洗衣凝珠上市。针对年轻人群使用传统洗衣产品瓶瓶罐罐分瓶倒入、定量难控等操作不便利，以及细菌污渍洗不净引起皮肤问题、衣物容易发黄发旧发硬的洗衣痛点，产品采用专研复配浓缩配方，以创新WIFI造型实现3腔三效、一颗定量，轻松一抛搞定衣物洁净、除菌、柔顺需求。1颗相当于 8 盖普通洗衣液，高效去除衣物上的汗渍、果汁、酱油渍等 7 天顽固污渍；产品含有德国巴斯夫专研除菌成分，有效去除常见有害细菌，添加进口 CSS 柔顺因子，深入衣物纤维根部抚平毛躁，衣物洗后柔软蓬松。10 月，“Liby 立白”专业护衣系列洗衣凝珠另外两款新品——Liby 立白浓缩除菌护色洗衣凝珠、Liby 立白浓缩除菌祛味洗衣凝珠上市。两款产品分别采用 3D 色彩防护专利技术、异味控制专利技术，有效防止深浅衣物混洗易串色、根源祛除汗臭等常见异味，让衣物常洗常新。三款产品上市后，截至 2021 年底，销售额突破 8900 万元，其中柔顺款 WIFI 洗衣凝珠获 2021 年天猫金妆奖年度新品，为“Liby 立白”打开了多腔洗衣凝珠的市场，夯实了洗衣凝珠份额的领导地位。

（Liby 立白）

【专业护衣系列助洗凝珠上市】2021 年 1 月，“Liby 立白”专业护衣系列助洗凝珠产品——Liby 立白衣物留香珠上市。迎合消费者对于衣物留香、天然需求的增长趋势，产品采用专研天然海盐载体配方，水溶膜包裹固态留香颗粒，遇水快速溶解释香无沉淀残留，无须计量，一颗持久留香 72 小时，三款香型（空谷玫瑰、白月小苍兰、绿意草木）可随心搭配使用。同月，“Liby 立白”专业护衣系列助洗凝珠另外一款新品——Liby 立白护衣柔顺珠上市。针对普通柔顺剂需在漂洗阶段后置加入的洗衣痛点，产品采用创新阳离子包裹技术，实现洗衣液、柔顺珠同时投入使用，一步搞定；含进口柔顺因子，有效减少静电、褶皱产生，衣物洗后柔软舒适；采用微胶囊技术，衣物洗后持久留香 72 小时，两款香型（淡雅樱花、怡神薰衣草）可选，匹配不同人群的喜好。4 月，“Liby 立白”专业护衣系列助洗凝珠第三款产品——Liby 立白衣物除菌除螨珠上市，产

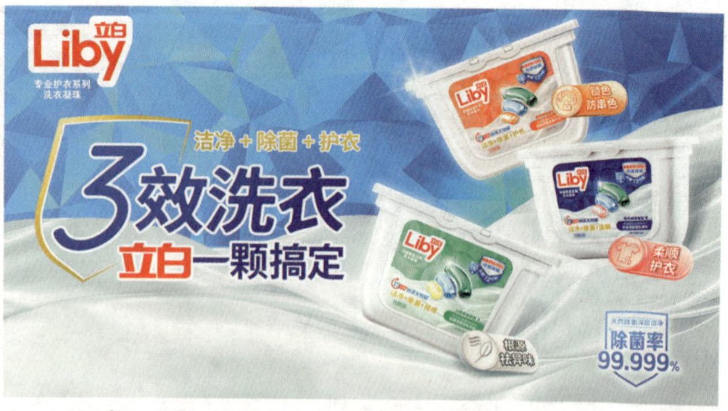

2021年，“Liby立白”上市三款专业护衣系列洗衣凝珠产品

品采用专研浓缩配方，有效去除常见有害细菌，衣物洗后穿着更安心。三款产品的上市进一步丰富了“Liby 立白”布局，巩固了消费者对于“Liby 立白 = 凝珠”的认知。

（Liby 立白）

【《鬼灭之刃》IP 整合营销传播活动】2021 年 4 月，Liby 立白联合极具市场价值、受新时代人群青睐的二次元 IP《鬼灭之刃》，通过联名包装和整合营销活动，多维度精准沟通 Z 世代及圈层人群，在保持品牌内容话题趣味性的同时唤起粉丝爱好者的好奇和关注，有效实现 Liby 立白品牌营销和生意增长双重突破。创新、多元的互动形式结合京东“京喜市集”的高质量活动资源，助力 Liby 立白品牌实现品效合一，活动整体曝光量超 1 亿，年轻人群占比有效提升，活动销量超 755 万元。

2021年4月，Liby立白联合二次元IP《鬼灭之刃》开展整合营销传播

（Liby 立白）

【金靖"双十一"整合营销传播活动】2021年10月，Liby立白通过"创意+种草"双线内容爆发，携金靖打造系列创意"病毒"短视频，精准沟通目标人群，快速提升产品认知心智，并借助KOL、KOC深度沟通Liby立白浓缩除菌柔顺洗衣凝珠的产品优势，扩大外围产品口碑效应，加快引导消费决策。活动期间，销售额超2580万元，在多个天猫、京东"双11"榜单上名列前茅，帮助Liby立白品牌塑造有趣、好玩的品牌形象，强化"Liby立白=凝珠"的消费者心智认知，助力品牌知名度、认知度、美誉度。

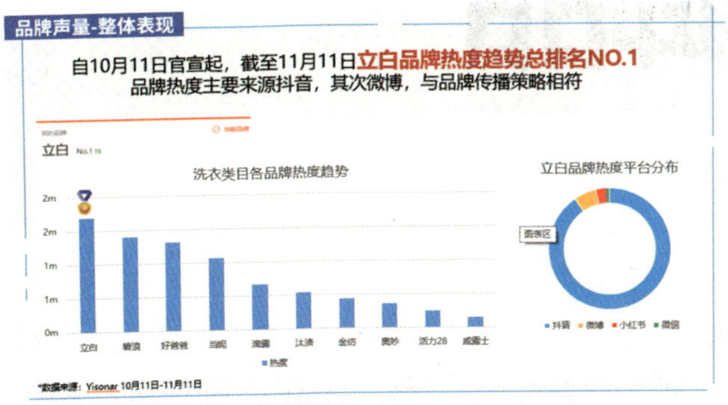

2021年10月，Liby立白联合金靖打造系列创意短视频，收到良好效果

（Liby立白）

【"一颗搞定 才是真简单"整合营销传播活动】2022年4月，Liby立白精准聚焦年轻人活跃阵地，通过更具趣味的形式，开展"一颗搞定才是真简单"整合营销传播活动；实现有效传播。联动电商打造简单星期一优惠狂欢日，有效撬动转化。营销聚焦白领人群聚集地职场，铺设品牌画风与传播主题，通过"立白简单有限责任公司"成立与彭昱畅入职为爆点事件，直击职场烦琐痛点，引发共鸣。全网总曝光量5.3亿，话题阅读量高达2.8亿，互动超115万次。活动期间，Liby立白在家清行业全网声量NO.1，4月家清行业社交声量NO.2，主推WIFI系列产品环比增长217%，实现Liby立白凝珠品类市占率持续第一。

（Liby立白）

【友宠星人洗衣凝珠上市】2022年5月，Liby立白在产品功效上积极创新，解决养宠家庭痛点，创新提出"减少毛发附着"的核心卖点，推出行业首款专门针对有宠家庭洗衣的洗护产品；与年轻人群喜欢爱玩的宠物养成知名游戏"动物餐厅"和年轻人聚集的社交平台抖音"抖in生活范儿"三方联名深度整合营销，将"声量"与"销量"强绑定，实现"好玩、好暖、好量"。整合营销传播活动总曝光量超2亿，2022年度首次达到行业全网声量NO.1，8月较7月环比上升1236%；友宠直播爆发系数13200%，商品曝光人群349.78万，超过43%的新时代人群，助力品牌年轻化人群积淀。

（Liby立白）

【Liby立白"机洗新选择 凝珠领导者"双十一整合营销】2022年10月，Liby立白展开"机洗新选择 凝珠领导者"整合营销活动，进一步夯实行业地位，强化消费者"Liby立白=凝珠"的品牌认知。Liby立白通过与天猫"领导者"深度合作、中国日化首个数字代言人官宣等热点活动，结合权威性趣味性兼具的创意公关与助推高势能曝光的创新工具，紧跟"双11"节点波段式发布赋能电商。覆盖150+行业权威媒体报道，品牌植入初见成效，"领导者"的年轻演绎充分打通电商人群资产，助力实现"双11"全渠道商品交易总额（GMV）达成率超115%。

（Liby立白）

立白御品

【注册商标类别】第3类

【商标标识】

立白御品

【概况】“立白御品”是广州立白企业集团有限公司（简称立白集团）旗下高端家清品牌。“御品”商标较早于国家知识产权局注册并于2021年申请注册“立白御品”商标，所有人为广州立白企业集团有限公司，注册地为广东省广州市荔湾区陆居路2号。

立白御品作为高端衣物天然洗护领导品牌，始终致力于带给消费者高品质的洗衣和生活体验。秉承“新科技引领，享天然洗护”的品牌理念，立白御品以海洋精华洗衣液系列产品开启洗护新境界。

立白御品海洋精华洗衣液持续探索海洋科技，是行业较早将海洋黑科技应用洗衣市场的品牌，开创海洋派洗衣新蓝海。立白御品海洋精华洗衣液萃取大西洋深海活性精粹，独有的PDE海洋生物活性酶复合配方获得国家专利技术，专效清洁人体分泌污渍（汗渍、皮屑、皮脂类污渍）；独特的迷你魔法香氛技术，给消费者带来不一样的海洋香氛体验。

立白御品的产品矩阵为立白御品海洋精华智净护衣洗衣液、立白御品海洋精华至彩炫白洗衣液、立白御品海洋精华手洗内衣特护洗衣液。依靠海洋“黑科技”，海洋精华产品系列成为立白科技含量及功效最好的产品。立白御品海洋精华智净护衣洗衣液深海有机红海藻PDE活性酶，三元复合酶专利配方体系能够轻松去除常见污渍及特殊污渍，立白御品海洋精华至彩炫白洗衣液特含3D护色因子、德国HP66K防串色科技及SRP御渍技术，具有抵御污渍再沉积、防串色、防止衣物发黄发灰变旧等功能；立白御品海洋精华内衣特护洗衣液具有3倍去血渍效果，特别添加除菌因子，给予消费者轻松而极致的内衣护理体验。同时，立白御品联合国际三大顶级香精公司，在行业首次创新性应用微胶囊锁香技术，打造出独特的海洋香氛，让衣服持久留香48小时，在洗衣护衣的同时畅享清新、愉悦的海洋香气，仿佛置身自然、自在、舒适的海洋环境，享受洗衣的乐趣，享受衣物洗净后舒适、清新的感觉。

2022年，立白御品品牌自媒体全域运营，持续输出品牌热点内容，多渠道沉淀品牌忠诚粉丝。初步建立在消费者心智中的品牌和产品认知，品牌“海洋”形象被广泛感知，品牌粉丝数突破33万。

（立白集团）

【“6·8”国际海洋日活动】2022年6月8日是世界海洋日，立白御品携手长隆集团把“深海”带到消费者身边，与大家共同体验“更洁净、更留香、更柔顺”的神奇海洋新科技，感受丰富精彩的海洋派生活方式。活动现场举办系列趣味活动专区，让现场用户零距离感受产品和体验产品，向消费者传递“海洋派生活方式”品牌理念和产品核心卖点，活动总曝光量超过2000万人次。

（立白集团）

【独家冠名《花儿与少年》露营季】2022年第三季度，立白御品独家冠名《花儿与少年》露营季，以微博平台为核心，全域全渠道捆绑《花儿与少年》综艺营销。传播结合立白御品品牌和产品，向消费者传递品牌理念和产品核心卖点，全面强化消费者对立白御品品牌心智。总曝光量96亿，其中台端39亿，网端57亿，#花少夏季露营穿搭大赛#话题内容全网阅读量达4.7亿。

2022年第三季度，立白御品独家冠名《花儿与少年》露营季

（立白集团）

【花式洗衣大赛活动】2022年第三季度，立白御品捆绑《花儿与少年》综艺IP，线上发起“御见花少，一起花式洗衣大赛”活动。活动聚焦微信视频号，同步抖音平台，撬动私域和公域短视频流量，全面提升立白御品品牌和产品传播曝光度，微信视频号合计收录超过6000，活动短视频，视频总曝光量超过3000万。

（立白集团）

【入选“域见超新星”】2022年8月，立白御品入围腾讯域见公布的2022年“域见超新星”新锐品牌榜单。“域见超新星”于2021年由腾讯携手超80家生态合作伙伴发起。2022“域见超新星”面向新锐品牌推出两大榜单，表彰腾讯生态优秀新锐品牌，同时扶持潜力新星品牌，为新锐品牌提供更优质的孵化平台。来自品牌、产品、行业、创投四大领域的40余位新消费专家组成“造星联盟”评审团，从“品牌力、产品力、增长力”三大维度综合打分评选出2022“域见超新星”。

（立白集团）

【入选《升级和创新消费品指南》】2022年9月8日，工业和信息化部发布《升级和创新消费品指南（轻工 第九批）》建议名单，立白御品海洋精华系列洗衣液位居其列，以创新性的洗衣黑科技入选创新消费品建议名单。

（立白集团）

金蝶

【注册商标类别】第 9、35、36、37、38、41、42、45 类

【商标标识】

【概况】“金蝶”商标于 1994 年在国家知识产权局注册，商标所有人为金蝶软件（中国）有限公司，公司注册地为深圳。

金蝶国际软件集团有限公司（简称金蝶国际或金蝶）始创于 1993 年，是香港联交所主板上市公司，总部位于中国深圳，是领先的企业 SaaS 云服务公司。以“致良知、走正道、行王道”为核心价值观，以“全心全意为企业服务，让阳光照进每一个企业”为使命，致力成为“最值得托付的企业服务平台”。

从 ERP 资源计划力到 EBC 数字战斗力，金蝶在云服务领域持续探索，屡获国内外知名研究机构认可：唯一跻身 Gartner 2021 年高生产力 aPaaS 平台全球前十的中国企业级 SaaS 厂商，获中国第一；唯一入选 Gartner 云 ERP 全球市场指南 (Market Guide) 的中国企业级 SaaS 厂商；唯一获 IDC 2020 年度 SaaS 客户满意度大奖的中国厂商，获 ERP SaaS 客户满意度排名第一；唯一入选 IDC 2021 亚太区制造 ERP SaaS 竞争力象限的中国厂商，位居挑战者 (Contenders) 象限；唯一连续 4 年获得 IDC 中国企业应用 SaaS ERM 市场占有率第一厂商；唯一连续 18 年稳居 IDC 中国成长型企业应用软件市场占有率第一厂商。

在 IDC 2022 年发布的《IDC 中国 EA SaaS 公有云服务市场跟踪报告（2021 年上半年）》数据显示，金蝶在中国大、中、小型企业资源管理云服务市场排名第一，金蝶在 SaaS EA（企业级应用软件云服务）、SaaS ERM（企业资源管理云服务）、财务云市场占有率维持排名第一，并连续 18 年稳居中国成长型企业应用软件市场占有率第一。金蝶凭借技术领先全栈可控的大型企业管理云服务及平台、稳定成熟的中小企业管理云服务，斩获三料冠军。

金蝶云·星空作为中型企业及高成长型企业 SaaS 市场领导者，市场份额及客户满意度遥遥领先，连续 4 年市场占有率第一。金蝶云·星空基于领先的可组装低代码 PaaS 平台，全面服务客户研发、智造、营销、供应链、财务等领域转型，支持 IPD、精益、阿米巴等先

进管理理念在 3.1 万余家客户实践，一起助力企业“产品力、获客力、交付力、口碑力、收益力”全面提升，重构企业数字战斗力。

（金蝶）

【8 家客户入选工信部认证企业上云典型案例】 2021 年 5 月，工业和信息化部公示 2020 年企业上云典型案例遴选结果（共 80 家企业），其中 8 家金蝶云·星空客户上榜，占比领先。客户分别为安徽省司尔特肥业股份有限公司、正兴车轮集团有限公司、昆岳互联环境技术（江苏）有限公司、沈阳欣泰降机械制造有限公司、新疆七色花信息科技有限公司、云南嘉缘花木绿色产业股份有限公司等。

（金蝶）

【签约褚氏农业与云南农大】 2021 年 7 月，金蝶软件（中国）有限公司与云南褚氏农业有限公司、云南农业大学进行战略合作签约。此次合作对于柑橘产业链的发展具有里程碑式的意义，三方共创共建柑橘产业链生态可信数字平台，充分发挥金蝶云·星空产品优势与云南农业大学的技术优势，共同为平台的建成提供专业技术支持，补齐种植、营销等领域的业务数字化空白。

金蝶软件（中国）有限公司与云南褚氏农业有限公司、云南农业大学战略合作签约仪式现场

（金蝶）

【2021 年度获奖表彰】 2021 年，金蝶“华为海洋基于公有云的企业全业务场景协同解决方案”入选工业和信息化部 2020 年度信息技术应用创新解决方案典型案例，金蝶入选 2020 年度广东省中小企业公共服务示范平台（信息服务）。

（金蝶）

【入选国家中小企业公共服务平台】 2022 年 1 月，工业和信息化部公布 2021 年度国家中小企业公共服务示范平台名单，金蝶入选国家中小企业公共服务示范平台之一。工业和信息化部要求示范平台不断提高服务能力和组织带动社会服务资源的能力，主动为中小企业开展公益性服务，积极承担政府部门委托的各项任务，及时反映中小企业发展面临的困难问题及政策建议，在提升产业链供应链现代化水平、助力制造业做实做强做优等方面发挥好支撑作用。

（金蝶）

【获五项“2021 CEIA 中国企业 IT 大奖”】 2022 年 1 月，由政企市场专业媒体企业网 D1Net、信众智（CIO 智力输出及共享平台）和中国企业数字化联盟共同举办的“2021 CEIA 中国企业 IT 大奖”正式揭晓。金蝶云·星空获“最佳成长型企业 SaaS 一体化服务商”“最佳财务 SaaS 提供商”“最佳企业管理云服务提供商”“最佳 MES SaaS 提供商”等多个称号，金蝶获“信创优秀 ERP 提供商”。

（金蝶）

【获第 3 届中国工业互联网大赛全国领军组第 6 名】 2022 年 1 月，金蝶云·星空针对中小企业的“PLM+ERP+MES 一体化”企业级工业互联网平台，“九天揽月 海底戏鳖”企业级工业互联网团队获得第3届中国工业互联网大赛领军组三等奖，是首个得到全国最高级别大赛奖项认可的为中小企业服务团队和工业互联网平台。

（金蝶）

【参加工信部中小企业发展政策座谈会】2022年2月，工业和信息化部中小企业局主导的“进一步支持中小企业发展政策有关工作座谈会”在中国工业互联网研究院召开。金蝶软件作为企业代表受邀参加本次会议，金蝶中国政府公共事务部携手中型企业事业部工业互联网方案总监计晓军共同参会。金蝶作“以管理创新帮助中小企业进行数字化转型，进行高品质发展”的主题发言，反映中小企业面临的发展难点，结合客户标杆案例说明金蝶在推进“专精特新”中小企业数字化转型做出的努力，并向工业和信息化部领导提出了推动中小企业数字化发展的具体建议，得到高度肯定。

（金蝶）

【金蝶云·星空V8.0发布】2022年3月，在历经100+公有云客户灰度验证后，金蝶云·星空发布新一代版本V8.0。与V8.0新功能一起发布的，还有首次走向前台的原创的中国管

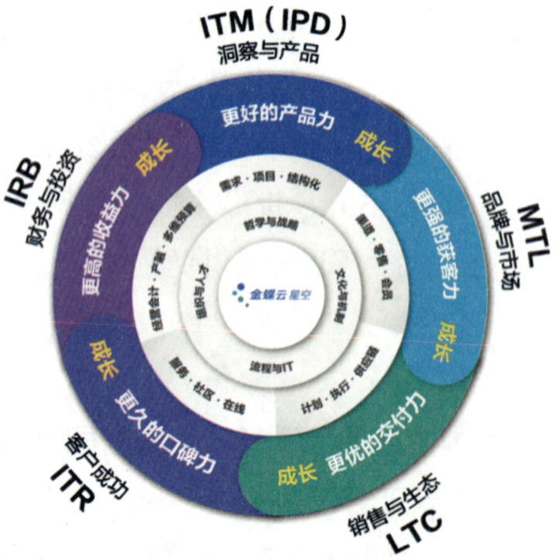

2022年3月，金蝶云·星空发布原创中国管理模式“五力成长飞轮”

理模式：成长型企业数字化转型的实践方法论“五力成长飞轮”。企业通过数字化变革提升产品力、获客力、交付力、口碑力、收益力等企业全价值链的竞争力，根据自身的发展需求，分别从研发、生产制造、销售、经营等角度切入，再通过整体价值链的首尾相连，互为增益和相互促进，快速滚动，形成飞轮效应，实现“专精特新”发展。

（金蝶）

【与高顿签订战略合作协议】2022年4月29日，金蝶软件（中国）有限公司与高顿教育集团签约“金蝶×高顿战略合作框架协议”。基于金蝶数字化云服务与用户生态基础，结合高顿专业财经培训理念与全景式的学习资源，双方共建“金蝶-高顿数字化财税学习云平台”。该平台向数百万企业与千万财务从业人员提供普惠财经学习课程与服务，提升整体财务人员关键素养与技能，助力企业财税组织与人才不断进化。

2022年4月29日，金蝶软件（中国）有限公司与高顿教育集团签约“金蝶×高顿战略合作框架协议”

（金蝶）

【发布中小企业专项行动】2022年5月11日，在2022年全国中小企业服务月工作推进会上，金蝶发布中小企业专项行动，数字化赋能中小企业高质量发展。金蝶将培育一批“专精特新”中小企业工作列入助力中小企业智慧成长计划，

出台政策措施，建立培育机制，打造各省区、地市专精特新“小巨人”对口扶持企业动态库。联合组建中小企业志愿者服务团队。在全国各地组建中小企业志愿者服务团队，成立数字化赋能志愿服务支队，开展各种公益精益帮扶活动；免费为国家级、省级专精特新“小巨人”企业提供数字化管理咨询诊断服务。

（金蝶）

【金蝶云·星空旗舰版发布】2022年6月8日，金蝶云·星空旗舰版全国首发。区别于简单场

2022年6月8日，金蝶云·星空旗舰版全国首发，正式发布“四大成长计划”

景的堆砌，星空旗舰版提供四大可组装能力，满足企业从应用、技术、数据、生态等多个层面的成长需求；企业追求的不是单一的某种功能，而是将能力数字化，将数据作为资产的可组装，星空旗舰版能链接金蝶全系列产品，基于客户需求进行组装；除了协同上下游供应链外，星空旗舰版更是助力企业实现全要素能力的质变，链接外部的成熟技术，组装更强大的数字战斗力。金蝶正式发布的“四大成长计划”，面向全国中小企业，与EXIN国际信息科学考试学会、亚马逊云科技、携程商旅、德勤四大生态伙伴合作直达客户，协同共生。

（金蝶）

【连续7年蝉联e-works 3项奖项】2022年8月，金蝶云·星空连续7年蝉联由e-works数字化企业网颁发的2021年度中国智能制造优秀推荐产品“金蝶云·星空智能制造云”、2021年度中国智能制造优秀推荐产品“金蝶云·星空PLM云”、2021中国智能制造解决方案杰出供应商“金蝶云·星空”奖项。

（金蝶）

【中密控股获2022 IDC中国未来企业大奖】2022年9月，2022 IDC中国未来企业大奖案例名单公布，国内机械密封件行业唯一A股上市公司中密控股，以“智慧中密，韧性成长”数字化转型案例获“数字韧性特别奖”。基于金蝶云·星空平台，中密实现了链接客户2500多家，从卖密封件到提供“智造服务”；链接产业链上下游伙伴1100多家，提升敏捷协同效率；链接4家组织，服务全国超1000多员工实现高效业务协作；链接万物，涉及10万多种物料的供应协同和成品件的智能管理。

（金蝶）

【成立专精特新创见者俱乐部】2022年9月，金蝶联合华为云成立“专精特新创见者俱乐部”，推出“专精特新创见者赋能计划”。利用金蝶在全国各行各业尤其是制造业的客户数量优势，汇聚起来成立一个俱乐部，让行业内拥

2022年9月，金蝶联合华为云成立“专精特新创见者俱乐部”

有独特、新颖见解的企业家或专家，共享宝贵经验，为专精特新企业赋能，让更多企业共同成长。

（金蝶）

【获服务型制造示范平台】 2022年9月，由工业和信息化部评选的第三批服务型制造示范平台名单公布，金蝶云·星空一体化协同供应链服务平台入选深圳市国家级服务型制造示范平台。

（金蝶）

【牵头成立中国中小企业国际合作协会数字化治理工作委员会】 2022年11月，金蝶软件（中国）有限公司联合西安交通大学、第四范式（北京）技术有限公司、金蝶信用科技（深圳）有限公司、青藤时代（深圳）科技有限公司共同发起成立中国中小企业国际合作协会数字化治理工作委员会（简称工委会）。工委会致力于推动中小企业上云用云和智能化技术改造，提高企业数字化应用水平；推广工业互联网平台应用场景，推动解决行业内中小企业数字化转型共性问题；以产业链供应链带动中小企业提升，促进产业集群数字化发展，建设数字经济创新发展示范区，促进中小企业转型升级和创新发展。

2022年11月，中国中小企业国际合作协会数字化治理工作委员会成立现场

（金蝶）

【入选工信部2022年工业互联网创新领航案例】 2022年12月，由工业和信息化部组织的2022年工业互联网平台创新领航应用项目遴选结果公示，深圳步科电气有限公司、广东葆德科技有限公司与金蝶软件（中国）有限公司合作的数字化转型项目入选。

（金蝶）

贝姆

【注册商标类别】第11类

【商标标识】

【概况】“贝姆”2014年12月29日注册为商标，商标所有人为贝姆热能科技集团有限公司(简称贝姆集团)。“贝姆”是公司的企业标识，公司注册地为北京市。

贝姆集团成立于2014年，总部位于北京，是一家专注于能源类产品和能源系统一体化解决方案的供应商。以“科技兴企谋发展，优质服务争一流，专业铸就高品质，诚信经营创佳绩”为企业文化，争创能源类企业领先品牌。2022年，贝姆集团当选中国中小商业企业协会副会长单位，董事长李志军任副会长。

贝姆北京总部从事产品的销售、工程的安装和售后维修工作。在广东省佛山设有工厂，负责产品的研发、生产、客服物流和大客户销售工作。贝姆的产品包括燃气壁挂炉、燃气锅炉、燃气热水器、燃气灶、油烟机、电锅炉、空气源热泵、燃气安全报警设备等。贝姆的服务包括能源类项目的执行实施以及后期的一体化运维等。

贝姆的logo由图形字母和文字两部分组成。从文字上看，Beam代表“光与热”，mo ≈ more表示“更多”的意思，整个Beamo单词呈现出“更多的温暖与关怀”的联想，与贝姆集团从事的天然气能源行业、壁挂炉产品属性相吻合。

从图形上看，Beamo的首位字母“B”提炼出来“1”和“旗帜”，升华为标志的代表元素，“1”寄意Beamo成为行业No.1的美好愿望，在先进科技的引领下，追求“行业领先，争创一流”的品牌奋斗目标；旗帜象征Beamo引领行业品质和提升专业服务，立志成为尖端科技产品的一面旗帜。

贝姆集团获得多项荣誉，先后被评为北京市“专精特新”中小企业、国家技术高新企业、中关村技术高新企业、中国AAA级诚信企业、北京市燃气协会理事单位、中国城市燃气协会理事单位，北京燃气集团、中石化设备公司、中石油昆仑能源公司、新奥燃气、华润燃气等集团入围供应商，京东等大型电商销售平台合作商。

2022年，贝姆品牌推出2种新专利产品，贝姆品牌共使用于17种产品，其中有6种为壁挂炉产品，总销售额为1.2亿元人民币。贝姆集团积极探索智慧园区综合能源服务、智慧园区解决方案、智慧园区解决方案仿真平台SimuWorks、综合能源利用应用案例零碳小镇等项目和方案。

贝姆集团研发生产基地

贝姆部分研发专利表

专利类型	专利名称	专利号/受理号	受理/授权日期
发明专利	一种基于生物质燃料的加热锅炉设备及其方法	ZL201910003242.9	2020-05-19
实用新型	一种壁挂炉智能恒温装置	ZL201620127797.6	2016-07-13
实用新型	一种壁挂炉热水循环装置	ZL201620127522.2	2016-07-06
实用新型	一种即热式燃气壁挂炉	ZL201620127523.7	2016-07-06
实用新型	一种燃气壁挂炉用换热系统	ZL201620127774.5	2016-07-06

贝姆2022年主要业绩表

项目名称	用户名称	开竣工日期	质量标准
自如家电维护服务	北京自如生活企业管理有限公司	2022.1—2022.12	合格
2022年海保发公司公租房项目壁挂锅炉技术服务项目	北京市海淀区保障性住房发展有限公司	2022.1—2022.12	合格
链家企服维修服务	北京链家房地产经纪有限公司	2022.1—2022.12	合格
贝壳家电维护服务	贝壳找房科技有限公司	2022.1—2022.12	合格
平谷区马坊2022—2023年采暖季超质保期煤改气设备管护项目	北京市平谷区马坊镇人民政府	新承接	—
大兴庄镇煤改清洁能源采暖设备超免费质保期长效管护服务项目煤改气项目	北京市平谷区大兴庄镇人民政府	新承接	—
平谷区熊儿寨乡2022—2023年采暖季超质保期煤改清洁能源设备管护项目	北京市平谷区熊儿寨乡人民政府	新承接	—
平谷区滨河街道办事处2022—2023年采暖季超质保期煤改清洁能源设备管护项目	北京市平谷区滨河街道办事处	新承接	—
2022—2023年度金盏乡“煤改清洁能源”设备维护服务（煤改气）	北京市朝阳区金盏乡人民政府	新承接	—
大华山镇煤改清洁能源采暖设备超免费质保期长效管护服务项目煤改气	北京市平谷区大华山镇人民政府	新承接	—
海淀区2022—2023年度分户煤改清洁能源脱保期维修保养服务项目（七标段）	北京海融达新能源科技发展有限公司	新承接	—
（重招）北京石油2022—2024年项目设备-电锅炉等取暖设备招标设备采购	中国石化销售有限公司北京石油分公司	新承接	—

（贝姆集团）

【入选北京市“专精特新”中小企业】 2021年，贝姆入选北京市“专精特新”中小企业。作为基层创业的普通中国品牌企业，贝姆热能科技集团有限公司通过专精特新企业认定，是有关政府部门对贝姆在技术、产品、服务及未来发展前景上的充分认可及高度肯定，也是贝姆发展路程上严把品质、精益求精、不断创新的实质性证明。

（贝姆集团）

【获得“北京市用户满意评价证书”】 2021年，贝姆集团获得“北京市用户满意评价证书”，贝姆始终坚持“客户至上”的服务准则，积极了解用户需求与上下游生态企业发展趋势，不断通过技术创新和提升服务水平，让客户获得满意的工程服务，实现客户价值最大化，成为客户值得信赖的合作伙伴。

（贝姆集团）

【代表行业协会参加倡议活动】 2022年11月2日，“学习宣传贯彻落实党的二十大精神 服务双碳战略 推动绿色发展 共建生态文明 建设美丽中国”倡议活动在北京举行。贝姆热能集团作为中国中小商业企业协会副会长单位参加活动，贝姆集团董事长李志军代表发言。该活动由中国环境保护产业协会等10家单位共同发起，中国中小商业企业协会等38家全国性行业协会联合倡议，共同为推动生态文明建设、建设美丽中国助力。2022年，贝姆集团当选中国中小商业企业协会副会长单位，董事长李志军任副会长。

2022年11月2日，贝姆集团董事长李志军参加中国中小商业企业协会参与组织的倡议活动

（贝姆集团）

【取得燃气燃烧器具安装维修企业资质】 2022年，贝姆集团被授予燃气燃烧器具安装维修企业资质。该资质的取得，是贝姆集团全面进入燃气具销售领域的标志，对提升贝姆集团的企业形象、提高市场竞争力、推动燃气具销售等延伸业务的发展具有重要意义。

（贝姆集团）

云峰

【注册商标类别】第19类

【商标标识】

【概况】“云峰”是排水管道品牌，2006年在国家商标局注册，商标所有人为云峰管业股份有限公司（简称云峰管业），注册地为浙江省嘉兴市嘉善县姚庄镇俞家汇东方路988号。

云峰商标核定使用商品项目为国际分类第19类，包括混凝土建筑构件、水泥管、水泥电杆、建筑用嵌砖、非金属墙砖、铺路沥青、建筑玻璃、水泥架、混凝土箱涵、钢筋混凝土玻璃钢复合管、玻璃钢管道及制品。

山高云为峰，海阔天是岸。尽管前面还有很多险峻的山峰，尽管行业变革的浪潮风起云涌，健履登峰未有止的心态，是企业的自我认知。没有比脚更长的路、没有比人更高的山，山登绝顶云境开，这不仅是开疆者的境界，也应是企业的胸怀。“每个人心中都有一座山。”朝觐者，高山仰止；征服者，踏遍千山；执着者，移山填海。这是企业超越行业瓶颈突破自我的决心。云峰品牌是2017年浙江省知名商号。2015年销售收入超过1.5亿元，年度上缴各项税款近千万元。云峰管业股份有限公司创建于2001年1月，是丁栅镇当时的1号工程。在镇政府的大力支持下，经过5个月时间的筹建，快速投产。之后的20年内，云峰管业陆续投入资金近2亿元，创办混凝土方桩车间、排水管车间、玻璃钢夹砂管车间、芯模振动车间，研发专利产品钢筋混凝土玻璃钢复合管，增加特大口径顶管产品、预制装配式箱涵、各种规格预制窨井及配件等其他建筑市政配套产品。云峰管业是国内管道行业中规模庞大、品种繁多、规格较齐全的管道企业，为江浙沪地区及周边省市重点工程提供管道材料产品，为城市雨污水处理排放工程完成配套，助力改善污水纳管及城市内涝状况。

2001—2021年，云峰管业持续为江浙沪及其他地区的重点工程项目提供管道材料，先后为上海世博会、外滩改造工程、苏州河改造工程、迪士尼乐园工程、浦东机场、虹桥新区、上海市中心改造工程等重大项目提供相关材料。

云峰管业历年重大项目表

序号	用户名称	工程名称	货物名称
1	中铁八局集团有限公司	迪士尼乐园	F 型顶管
2	上海第一市政有限公司	上海外滩改造工程	F 型顶管
3	中国建筑第二工程有限公司	浦东机场改造工程	玻璃钢夹砂管
4	上海公路桥梁有限公司	虹桥枢纽	玻璃钢夹砂管
5	上海卢湾市政有限公司	上海市中心积水点改造工程	玻璃钢夹砂管
6	上海建工集团有限公司	上海苏州河合流污水改造工程	玻璃钢夹砂管、F 型顶管
7	上海基础公司	千岛湖引水工程	F 型顶管
8	上海建工集团股份有限公司	加拿大 SAIA 项目	F 型顶管
9	中国二十冶集团有限公司	乾溪新村排水系统新建工程	F 型顶管
10	上海宝冶集团有限公司	宝山区月浦城区排水系统工程项目部	F 型顶管、钢筋混凝土管
11	太仓市给排水安装工程有限公司	2020 及 2021 年度污水圆形预制成品检查井采购	预制成品检查井
12	浙江省隧道工程集团有限公司	开发区电力隧道（一期）土建一标	F 型顶管
13	上海市政建设有限公司	常州市江边污水处理厂管网扩建工程	F 型顶管
14	上海市基础工程集团有限公司	杭州市第二水源输水通道工程江南线平原项目部	钢筋混凝土管
15	中国二十冶集团有限公司	张华浜东排水系统工程	F 型顶管、钢筋混凝土管
16	中铁上海工程局集团市政工程有限公司	虹桥污水处理厂工程 1.3 标工程	F 型顶管、钢筋混凝土管
17	上海建工二建集团有限公司	虎林排水系统新建工程	F 型顶管
18	上海市基础工程集团有限公司	白龙港污水处理厂提标改造工程 BLGC7 标	钢筋混凝土管

云峰管业实用新型专利表

序号	实用新型专利名称	专利号	序号	实用新型专利名称	专利号
1	钢筋混凝土玻璃钢复合预制箱涵	2016202497634	9	一种玻璃钢复合顶管	2017216939502
2	一种玻璃钢夹砂顶管	201721693307X	10	一种玻璃钢的夹砂缠绕设备	2017216933065
3	一种钢筋树脂混凝土管及其连接套	2017217625004	11	一种玻璃钢异型窨井	2017217640502
4	一种三箱玻璃钢化粪池	2017216937704	12	一种 F 型钢承口玻璃钢顶管	2017216945876
5	一种内模	2014206871251	13	一种玻璃钢纤维混凝土复合管	2015200721768
6	一种脱模机构	2014206877370	14	一种耐磨损玻璃纤维钢纤维复合管	2019220623323
7	一种玻璃钢纤维混凝土复合管生产设备	2014206883615	15	一种新型高强度玻璃钢化粪池	2019222259628
8	一种玻璃钢顶管	2017216942280	16	一种玻璃钢的夹砂管缠绕固定装置	201922244358X

（续表）

序号	实用新型专利名称	专利号	序号	实用新型专利名称	专利号
17	一种便于安装的玻璃钢纤维混凝土顶管	201922226063X	23	一种 F 型钢承口玻璃钢复合管	2019222261079
18	一种钢筋树脂混凝土管固定套件	2019222260095	24	耐高压钢筋混凝土玻璃钢复合管	2010202261751
19	一种玻璃钢异型窨井盖	2019220623338	25	钢筋混凝土玻璃钢复合钢管	2010201033921
20	一种耐腐蚀玻璃钢管道	2019220616226	26	钢筋树脂混凝土管	2009201146240
21	一种玻璃钢纤维混凝土复合管生产用上料装置	2019220616211	27	模块式玻璃钢管道	2011200952139
22	一种耐用性能好的玻璃钢顶管	2019220615647	28	混凝土玻璃钢复合管道	200820084144X

云峰管业主持或参加编制的行业相关标准表

序号	标准号	标准类别	标准名称	主持或参加
1	GB/T 16752—2017	国家标准	《混凝土和钢筋混凝土排水管实验方法》	参加
2	JC/T 2456—2018	行业标准	《预制混凝土箱涵》	参加
3	T/CBMF 73—2019	协会标准	《城市综合管廊用预制混凝土箱涵钢膜》	参加
4	CBMF 18—2017	行业标准	《预制混凝土箱涵工艺技术规程》	参加
5	T/CCPA 19—2020	行业标准	《内衬玻璃钢钢筋混凝土复合管》	参加
6	T/ZZB 0986—2019	团体标准	《钢筋混凝土玻璃钢复合管》	主持
7	T/ZZB 1375—2019	团体标准	《定长缠绕玻璃纤维增强塑料顶管》	主持
8	Q/SDYF 04—2016	企业标准	《玻璃纤维增强塑料夹砂整体检查井》	主持
9	Q/SDYF 03—2016	企业标准	《钢筋混凝土玻璃钢复合管》	主持
10	Q/SDYF 03—2016	企业标准	《预制装配化钢筋混凝土箱涵》	主持
11	Q/SDYF 04—2018	企业标准	《凝土 （钢筋混凝土） 玻璃钢复合管施工及验收规范》	主持

云峰管业发明专利表

序号	发明专利名称	专利号	序号	发明专利名称	专利号
1	一种玻璃钢纤维混凝土复合管	2014106531447	5	基于传感器阵列统计特征的火源定位方法	2011101750355
2	一种玻璃钢纤维混凝土复合管生产设备	2014106534695	6	一种多机器人系统合作定位危险气味源方法	2010106096315
3	一种玻璃钢纤维混凝土复合管的制备方法	2014106537373	7	基于图像处理的车牌自动识别方法	2010100396566
4	模块式玻璃钢管道及其用于地埋破损管道的修复方法	2011100830827	8	一种皮层脑电信号的反馈系统随机共振增强方法	2011103314670

（云峰管业）

【成立管道材料研发中心】2018 年，云峰管业经认定成为国家高新技术企业，并与同济大学、上海玻璃钢研究所、苏州混凝土与水泥制品研究院等单位合作，成立浙江省内唯一的管道材料研发中心。截至 2021 年，云峰管业共拥有发明专利 8 项（另有 4 项进入申报流程）、实用新型专利 28 项（另有 11 项进行申报流程），主持或参加编制行业相关标准 11 项，通过各类体系认证 4 项。

（云峰管业）

【参加中国混凝土与水泥制品协会水泥混凝土管涵分会年会】2020 年 9 月 27 日，中国混凝土与水泥制品协会水泥混凝土管涵分会年会在上海召开，会议以“不忘初心 砥砺奋进 再创辉煌”为主题。云峰管业董事长姚春贤在会上介绍云峰管业研发的钢筋混凝土玻璃钢复合管、预制装配化混凝土箱涵、整体窨井三种产品的研发过程、生产工艺、产品优势以及工程应用等情况。9 月 28 日，中国混凝土与水泥制品协会水泥混凝土管涵分会领导以及全国各地企业代表 400 余人到云峰管业进行参观考察。

2020年9月27日，云峰管业董事长姚春贤在中国混凝土与水泥制品协会水泥混凝土管涵分会年会上做相关介绍

2020年9月28日，中国混凝土与水泥制品协会水泥混凝土管涵分会领导以及全国各地企业代表400余人到云峰管业参观考察

（云峰管业）

【公益回报社会】2022 年 1 月 30 日，云峰管业董事长姚春贤到嘉兴市嘉善县姚庄镇俞北村为村内 70 周岁以上老人每人送上节日红包。云峰管业秉承“回报社会”初心，坚持每年为嘉兴市嘉善县姚庄镇俞北村的 70 周岁以上老人送上节日红包，并为村内老年茶室更换桌椅。2010 年以来，云峰管业共计捐赠 300 余万元。每逢“七一”建党节、“八一”建军节，云峰管业董事长姚春贤都到村内走访慰问困难党员和群众，送上慰问品和关怀。春节期间，云峰管业赞助举办文艺演出，丰富老百姓的文化生活。云峰管业还积极参与助学、助困项目，帮助寒门学子完成升学梦。

2022年1月30日，云峰管业董事长姚春贤（左一）到嘉兴市嘉善县姚庄镇俞北村为村内70周岁以上老人送节日红包

（云峰管业）

米多米来

【注册商标类别】 第29、30、35、43类

【商标标识】

Mittohotto 米多米来

【概况】“米多米来”为健康、营养、方便的24小时中餐自助便当店品牌，2020年在国家商标局注册。中英文商标的所有人为北京米多好多科技有限公司（简称米多好多），注册地为北京市。

米多好多“Mitto Hotto”24小时自助便当店采用“非餐饮+零售”模式，是中餐零售的创新，是自动化、数字化和智能化新技术在餐饮领域的新应用，更是门店效率、食安优化、食材精准管控的极致革新。米多好多“Mitto Hotto”24小时自助便当店采用“零”添加的健康、放心食品，完全采用自助售餐机运营，实现24小时不打烊，可实现真正意义上的“无人值守”。“Mitto Hotto”24小时自助便当店以“直营+加盟”模式输出价值，打造中国首家中小微企业信赖的24小时自助便当店品牌。米多好多公司拥有强大的供应链，以智能终端系统保驾护航，提供ISO22000/HACCP食品安全管理体系认证的食品安全保障，降低经营成本，提升经营效率，并为消费者提供美味健康的中式餐食。

青岛鼎新益民食品有限公司蔬菜加工区

青岛鼎新益民食品有限公司内包装间

青岛鼎新益民食品有限公司内包装间

青岛鼎新益民食品有限公司工厂蔬菜区

米多米来的品牌理念和初衷是为辛勤工作了一天的人在“街角留一盏温暖的灯”“一个人也要好好吃饭”。米多好多的愿景是在繁华都市街角，不论多早多晚，总有一家有着24小时不打烊温暖灯光的店。进入其中让您身心放松，品尝便当让您体味正宗菜肴风味，让您心底温暖，给您心灵慰藉，洗去浑身疲惫，更加关注关爱自己。米多好多在食品研发、食品生产等领域深耕数年，研发高品质预制菜，筹备优质食材、打造精良工艺，并搭配智能化自助无人售餐设备，以适应新生代消费群体的需求。米多好多公司始终致力于中餐工业化的发展，以为市场提供安全营养的产品为己任，不断探索与研发安全健康、口味丰富的产品，让消费者轻松享受大厨风味，享受温暖。2021年，米多好多的米多米来产品入驻特需采购网，为国防需要供应特需会餐D类食品。

米多好多积极拓展中餐工业化产品在海外的市场，以中国味道传播中国文化。米多好多申请的多项国家专利全部应用于米多米来品牌产品，并且以每年推出十多个新品的速度持续创新。米多米来产品销售全国各省、自治区、直辖市，并向国外布局，与欧洲、英国、日本、新西兰等国洽谈出口业务。

米多好多旗下的山东国盛通成食品科技有限公司是全渠道中餐工业化供应商，作为Mitto Hotto自助便当店自有供应链的重要一环，秉承“食安第一”的原则，为用餐的顾客提供方便快捷、丰富多样、营养美味的餐品。青岛鼎新益民食品有限公司作为米多好多旗下中餐工业化工厂，位于山东省青岛市黄岛区宝山镇，工厂一期投资5000万元，占地8460平方米，年可生产食品1365吨。工厂采用万级医疗洁净厂房，进口的全自动生产设备，全程无菌化操作，采用宇航员食品安全的标准HACCP认证，ISO9001质量管理体系认证，以及ISO22000食品安全管理体系认证，生产全过程严格把控食品质量安全。生产加工的产品不添加任何防腐剂和添加剂，可常温保存12个月，是专业预制菜食品加工厂，可OEM高端定制。

（米多好多）

【自主开发自助便当机】2021年，米多好多自主开发米多米来Mitto Hotto自助便当机，可提供“营养米饭+中餐菜肴”。2022年9月，第一代Mitto Hotto 24小时自助便当机研制开发完成，加工的中餐菜肴涵盖八大菜系，种类达300多种；24小时自助便当机植入强大的智能终端系统，拥有6大模块，通过模块化管理，保证每台机器加热、出餐、补货、支付等有条不紊地进行。24小时自助便当机亦可独立运营，单机可链接场景非常广泛，包括写字

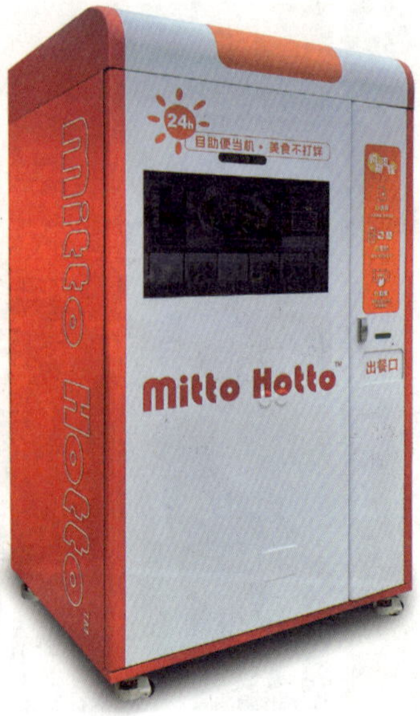

自助便当机

高铁供餐

楼、火车站、景区、商场、社区等，还可与外卖软件链接，随时完成外卖订单。

（米多好多）

【参与中欧抗疫绿丝带行动】 2020 年 3 月，米多好多积极参与光华设计基金会等单位共同发起的中欧抗疫绿丝带行动，捐助中式菜肴 5000 盒，共计 20 万元，为援助在欧洲受新冠肺炎疫情袭扰的外国人和海外华人华侨，贡献出自己的一份力量。

（米多好多）

【新冠疫情期间坚持高铁供餐】 2021—2022 年，米多好多在新冠肺炎疫情期间，原料、物流、员工等受到多种因素影响，承受着运营成本高攀、经营严重亏损的巨大压力，始终坚守生产第一线，为哈尔滨局、郑州局、西安局等铁路局部分高铁运营车辆供应餐食。

（米多好多）

【抗疫捐助行动】 2022 年 3 月，上海市新冠肺炎疫情期间，社区居民特别是困难户人员亟待支援。米多好多及时向黄浦区老旧城区居民和困难户人员捐助 110 箱米多米来食品，受到社会好评。

（米多好多）

友朋四方

【注册商标类别】第33、35、36、37、41、42类

【商标标识】

【概况】“友朋四方”为物业服务品牌，主营业务为物业管理，2003年在国家商标局注册，包括图形和文字（中英文）。友朋四方商标的所有人为厦门友朋四方物业管理有限公司（简称友朋四方），注册地：厦门市思明区鹭江道268号远洋大厦6层A单元。

友朋四方物业成立于1999年，国家一级资质物业服务企业，为福建省物业管理协会常务理事单位，厦门市物业管理协会副会长单位，厦门市工商联（总商会）副监事长单位。友朋四方致力于基础物业服务、社区商业的多元化物业发展方向，管理项目涵盖住宅、商业综合体、写字楼、产业园区、学校、银行、政府项目等多种物业类型。

友朋四方扎根福建，辐射浙江、江西等周边省地市，在厦门、福州、平潭、漳州、三明、龙岩、宁德、温州、赣州等地区提供服务，管理总面积超1000万平方米。友朋四方涉猎不同行业领域，拥有5家全资子公司，1家控股公司，1家合资公司。友朋四方曾获“全国安康杯先进单位”；连续四年获福建省“安康杯”竞赛先进单位；获“福建省工人先锋号”“福建省五一劳动奖状”“福建省模范职工之家”“福建省和谐企业”“厦门市守合同重信用企业”等荣誉。多个在管项目获国家级、省级、市级物业管理示范项目称号，在厦门市物业行业信用评价中也连续被评为信用A级企业。

《论语》子曰：“有朋自远方来，不亦乐乎？”浓缩成友朋四方四个字，即是公司名称之由来。中国人历来礼宾好客，友朋四方品牌的文化渊源，旨在为客户创造人性化人居感受。友朋四方坚持“以人为本、业主至上、服务第一”的宗旨，友朋四方品牌的外延涉及房屋租售、房屋托管、房屋美居、毛坯装修等多个服务领域。友朋四方坚持“为员工打造平台、为业主提供服务、为城市创造美丽、为社会创建和谐”的企业使命，为社会发展作出新贡献。

2008年4月，友朋四方顺利通过建设部审核，升为物业管理国家一级资质，成为厦门市为数不多的物业服务国家一级资质企业之一。

2016年11月，友朋四方与平潭土地开发集团合作成立麒麟友朋物业

2020年7月6日，厦门友朋四方物业管理有限公司人民调解委员会正式揭牌

2016年11月，友朋四方与平潭土地开发集团合作成立麒麟友朋物业，率先开启国企与私企混改的先河。麒麟友朋公司主要负责平潭综合实验区各安置小区的安置房、保障房及其他公建项目的物业管理服务，并不断开展市场化运作，扩大企业规模。

新冠肺炎疫情期间，友朋四方凝心聚力、群策群力，积极投入疫情防控工作，热心捐赠防疫物资，为防控新冠肺炎疫情提供强有力的支持和保障，得到社会大众的认可，获得各级政府和相关部门的表彰。

2020年7月6日下午，厦门友朋四方物业管理有限公司人民调解委员会揭牌仪式在远洋大厦六楼的友朋四方总部举行，厦门市思明区司法局人民调解工作分管领导，鹭江司法所所长，鹭江街道小学社区主任等一行十余人出席仪式。人民调解委员会的成立对平安厦门、法治厦门建设具有重要意义。

2020年11月1日，首个“厦门企业家日”在厦门国际会展中心启动，友朋四方董事长范清华作为厦门市工商联副主席及企业家代表应邀出席活动。启动仪式上对2017—2020年度脱贫攻坚突出贡献单位进行授牌，友朋四方作为获奖企业上台接受表彰。

2020年11月1日，在首个厦门企业家日上，友朋四方获得2017—2020年度脱贫攻坚突出贡献单位表彰

2021年，友朋四方品牌服务7个新项目，管理面积超1000万平方米，总营收达亿元人民币。

（友朋四方）

【获“安康杯”竞赛优胜单位称号】 2022年8月，友朋四方获2020—2021年度全国“安康杯”竞赛优胜单位称号。“安康杯”是全国各地各级普遍开展的以“强意识，查隐患，促发展，保竞赛”为主题的竞赛活动，旨在表彰企业在提升安全管理、加强安全文化建设、强化安全教育培训、维护职工安全健康权益等方面的工作成效。全国参赛企业数达65.4万多家，有600家企业获得该奖项。

（友朋四方）

【承办消防技术比赛】 2022年9月27日，由友朋四方承办的厦门市第二十八届暨思明区第十九届职工技能物业消防技术比赛在五一广场举行。本次活动由厦门市劳动竞赛委员会主办，厦门市总工会、思明区总工会为指导单位。8家物业单位参赛，组成8支参赛代表队，共48位参赛选手同场竞技。其中，友朋四方3名参赛选手分别获得个人项目第一名、第二名、第四名。

（友朋四方）

2022年9月27日，友朋四方承办厦门市第二十八届暨思明区第十九届职工技能物业消防技术比赛

【党建带工建示范点建设】 2022年，友朋四方获“福建省民营企业党建带工建示范点”称号，全厦门市共有15家企业获此荣誉。友朋四方在实践中不断探索企业经营发展的有效途径，形成符合时代特点、充满活力、富有效率的工作机制。

（友朋四方）

2022年，友朋四方获“福建省民营企业党建带工建示范点”称号

贝壳

【注册商标类别】第35、36类

【商标标识】

【概况】“贝壳”商标于2013年在国家知识产权局注册，“贝壳”文字、“beike”英文、“小房子”图形等均已注册。商标所有人为贝壳控股有限公司，贝壳是该公司提供服务的标识，公司注册地为上海市。

贝壳为科技驱动的新居住服务商，致力于推进居住服务产业数字化、智能化进程，通过聚合、培养、助力优质服务者，为中国家庭提供包括二手房、新房、租赁、装修等全方位的高品质居住服务。贝壳以VR看房、楼盘字典、ACN经纪人合作网络三大核心技术力量，赋能中、小经纪品牌和从业者，重塑房屋交易的人、房、客的服务业态，为消费者提供有品质的交易服务。

贝壳品牌脱胎于链家，由原链家网改造升级而来，于2018年4月底正式上线。2020年8月13日，贝壳作为中国居住产业数字化服务平台在纽交所正式挂牌上市，股票代码“BEKE”，成为中国居住服务平台第一股。2021年，贝壳开启“一体两翼”战略，在稳固房地产经纪的基础上，发展家居家装及普惠租赁业务。2021年，贝壳集团全年成交额（GTV）3.85万亿元人民币，全年总收入808亿元人民币。2022年5月，贝壳（2423.HK）正式在港交所挂牌上市，成为首家以“双重主要上市+介绍上市”形式返港的中国企业。2022年，贝壳二手房房源超460万套，新房合作楼盘超6000个，租赁房源达226万套，并提供22种品类、超过20000个SKU的家装家居产品，丰富用户的居住消费选择。贝壳业务覆盖国内31个省份150个城市，连接入驻合作新经纪品牌超过250个，连接经纪门店超过5.1万家，服务超过45万经纪人。

贝壳品牌寓意源于自然界的贝壳，贝壳是五彩斑斓的，是形状各异的，它象征着人们对美好家庭和生活的向往；贝壳给人坚强的力量，让每一位漂泊的人找到安稳的堡垒，释放柔软真实的自我。

贝壳旗下拥有“链家”“德佑”两大房地产经纪品牌。链家成立于2001年，取“链接每个家的故事”之意，链家商标于2017年被认定为驰名商标。链家始终致力于提供安全有品质的服务，在行业率先承诺“不吃差价”、首倡“真房源”、推出“交易不成、佣金全退”“电话营销、扰一赔百”等18项安心服务承诺。链家在全国28个城市开设超过8000家直营门店，旗下经纪人近15万。德佑成立于2002年，名称源于拉丁文“Deovolente”，寓意是“顺承天意、一切顺利”。德佑于2015年加入贝壳集团，2017年底正式成为加盟型房地产经纪品牌，通过“平台赋能、品牌增信、全网合作、品质运营”的运营模式，助力中、小规模的房地产中介加速成长，帮助加盟商降低经营成本，提升管理效率和作业效率，并为消费者提供更好的服务体验。德佑入驻全国98个城市，加盟店近2万家。

贝壳荣获诸多荣誉和奖项。2019年8月，在2019博鳌房地产论坛上，贝壳获评“2019年度影响力品质居住服务平台”。同月，贝壳首次入选中国互联网协会、工业和信息化部网络安全产业发展中心联合发布的2019年中国互联网企业100强榜单。2021年6月，贝壳首次上榜凯度Brand Z最具价值全球品牌排行榜。2022年9月，贝壳入围2022中国民营企业500强榜单，位列第106位。2022年11月，中国互联网协会发布了《中国互联网企业综合实力指数报告（2022）》以及2022年中国互联网综合实力前百家企业榜单，贝壳位列第12名。

贝壳热心公益事业，积极贡献长远、可持续的社会价值。贝壳“星光家乡行动”携手壹基金，鼓励经纪人为家乡捐赠儿童服务站，助力乡村振兴。截至2021年底，超过7.6万名经纪人参与该公益项目，在全国助建17所儿童服务站。2022年5月，中华全国总工会正式授予贝壳公益团队“全国工人先锋号”称号。

（贝壳）

【河南洪灾援助】2021年7月，河南多地遭遇极端强降雨，贝壳公益基金会第一时间向中国扶贫基金会捐赠100万元，支持采买并发放粮油包5673份，向河南省红十字会追加捐赠1000万元。面对河南极端暴雨灾害，当地众多贝壳合作品牌门店自发开放为临时服务点，供附近居民休息、上网和手机充电。在两名小朋友被卷入洪水时，郑州德佑升龙城嵩山路店门店的齐冲、王成玉等多名经纪人义无反顾冲入水中救人；链家经纪人张龙龙发现有一名女士即将被水流冲走时，不假思索地跳进水中救人，受到群众赞扬。

（贝壳）

【VR技术获多项大奖】2021年10月，以“VR让世界更精彩——融合发展 创新应用”为主题的2021世界VR产业大会云峰会在南昌举办，贝壳集团的“如视VR技术”获得“虚拟现实产业应用成果奖”“2021中国VR50强企业”“世界VR产业大会VR年度创新奖”等多项大奖。贝壳集团在三维实景重建和虚拟现实技术的建设和实践中取得行业性突破，研发的“如视VR技术”为消费者描绘居住数字空间美好蓝图。2021年迪拜世博会期间，贝壳通过自主研发的激光三维扫描相机伽罗华和云端VR场景构建算法，实现对世博会中国馆物理空间1：1线上复刻，打造“云上中国馆”。

（贝壳）

【商标侵权案胜诉】2021年12月1日，由四川省绵阳市中级人民法院审理的贝壳集团诉四川贝壳智汇房地产营销策划有限公司侵害贝壳商标权利案审理终结。判决贝壳集团胜诉，四川贝壳智汇房地产营销策划有限公司应立即停止侵权行为，变更侵权企业字号，并赔偿贝壳集团经济损失50万元人民币。

（贝壳）

【“云柜台”入驻济南站】2021年12月7日，济南不动产登记中心和贝壳济南站在贝壳交易服务中心联合举办发布会，全国首创的不动产登记“云柜台”正式入驻贝壳济南站。“云柜台”是济南市不动产登记中心开发的“远程见证平台”。贝壳通过政府赋能，搭建不动产区块链交易平台，将柜台从线下延伸到线上，实现线上申请、远程审核，让百姓足不出户、24 小时都可以办理过户手续。

（贝壳）

【“一体两翼”战略开启】2021 年末，贝壳董事长兼 CEO 彭永东正式宣布启动“一体两翼”战略，“一体”即房产经纪事业群，“两翼”分别为整装大家居事业群与惠居事业群。贝壳基于线上线下一体化、ACN 为基础设施和底层操作系统，从房产交易行业横向拓展到家装、家居及其他服务领域。2021 年 7 月，贝壳宣布与圣都家装达成协议，为整装大家居产业打下基础。贝壳积极响应“房住不炒”“租购并举”等政策，于 2021 年 11 月成立惠居事业群，探索“住有所居、租购并举”的商业新模式，提升城市新市民和青年的租住体验。

（贝壳）

【开发 1+X 职业技能等级证书】2021 年贝壳利用产教融合优势，响应国家号召与市场需求，联合行业协会、专业院校及行业知名优秀企业

贝壳集团参加2021新居住服务者教育论坛

共同拟定标准，开发的一整套 1+X 职业技能等级证书入选第四批职业技能等级证书试点名单，是居住服务业首个落地实施的 1+X 职业技能等级证书。贝壳领头编写了配套的《新居住数字化经纪服务》系列学习教材，为房产经纪人培养提供前沿、专业的培训。2021 年 6 月，贝壳集团教育中心总经理薛红蕾在第二届新居住服务者教育论坛上表示，贝壳积极加强校企合作，推动产教融合，共建服务者培养体系。

（贝壳）

【热心社区公益】2021 年，贝壳聚焦“社区便民、社区助老、可持续社区”三个方向，通过联合品牌门店、经纪人协作的方式为社区带来更多温暖与便捷服务。2021 年高考期间，与贝

2021年高考期间，贝壳为家长和考生提供服务

壳合作的新经纪品牌门店联合设立“高考服务站”，为家长和考生提供物资补给、休息场地等服务，近 1.4 万门店参与，覆盖 70 余城市。2021 年，贝壳发起教老人用手机的公益项目“我来教您用手机”，开设手机培训课程 9000 节，服务老人近 30 万人次。2021 年 10 月 14 日，贝壳推出 5 集系列纪录片《老有手机》，讲述几位叔叔阿姨参加手机班，学习使用智能手机的故事。

（贝壳）

【建立房源保真体系】2021年，为解决房源信息不实问题，贝壳以“楼盘字典”为基础，结合7×24小时循环验真系统，建立房源保真体系。采用VR录入技术将房源情况真实、动态地呈现出来，给消费者安心的选房体验。2021年，贝壳推进“楼盘字典”提供真房源基础设施，收录真实房源超2.57亿套，覆盖超过100个城市。

（贝壳）

【在香港交易所挂牌交易】2022年5月11日，贝壳通过介绍方式在香港交易所完成双重主要上市，正式开始挂牌交易。贝壳联合创始人、董事长兼CEO彭永东表示：“从链家到贝壳，我们见证并参与居住领域数十年发生的变化——科技重塑居住体验，服务者价值崛起。我们相信，从‘有尊严的服务者，更美好的居住’使命出发，贝壳可以让未来的中国家庭，住得更美好。”

（贝壳）

【房源数据抓取首案胜诉】2022年6月17日，针对房源“黑灰产”推推99软件，长期盗用贝壳房源图及房源数据一案，北京市海淀区人民法院做出房地产行业首例知识产权行为保全裁定与一审判决，判令推推99软件立即停止抓取、储存、传播贝壳房源数据的行为，并赔偿经济损失500万元。本案是房地产行业首例知识产权行为禁令，为房地产领域建立数据产权制度及立法提供了判例支撑。同时，本案明确认可了贝壳真房源数据的商业价值与行业价值，指出了虚假房源的社会危害性，极大地提升了行业积累开发、运营真房源数据信息的信心。

（贝壳）

【冠名赞助2022北京马拉松】2022年11月6日7时30分，由贝壳冠名的2022贝壳北京马拉松在天安门广场前起跑。比赛终点设在奥林匹克公园景观大道，参赛规模3万人。经过激烈角逐，选手阿奴拜克·库弯和夏雨雨分别以2小时14分34秒和2小时28分57秒的成绩夺得男、女组别冠军。

2022年11月6日，2022贝壳北京马拉松在北京举办

（贝壳）

【获2022人民网“匠心产品奖”】2022年12月29日，由人民网主办的“2022人民财经高峰论坛”在北京举行。凭借对传统家装产业的理解与数字化技术深度赋能，贝壳“智慧工地产品及服务”获第十九届人民匠心奖“匠心产品奖”。同时，贝壳智慧家装服务平台案例入选由人民网财经研究院与中国信通院联合发布的《数造新实体——数字技术赋能实体经济案例研究（2022年）》蓝皮书，成为行业典型性、先进性数实结合案例。

（贝壳）

黄金码头

【注册商标类别】第14、35、36类

【商标标识】

黄金码头
GOLD WHARF

【概况】“黄金码头”于2012年3月在原国家工商总局商标局注册，集团在香港、福建等两地注册公司。商标所有人为福建黄金码头珠宝集团有限公司（黄金码头集团）。黄金码头集团是一家集黄金珠宝设计、开发、批发、零售、配货、电子商务等业务于一体的集团企业，同时参与多板块领域：私募基金、智慧停车、人工智能、影视投资、环保产业及国外项目投资等。

黄金码头品牌源于中国的码头。码头是船舶停靠的地方，是中国文化、大众生活中的常见事物。码头代表人气热闹，游子归家，爱侣离别，相聚的港湾。黄金码头致力于以一颗游子之心，缔造一个有温度的珠宝品牌，为国民提供一个极具品质、极具体验、极具价值的珠宝港湾。

黄金码头集团自设3D硬金工厂、5G工厂，在深圳拥有5000平方米珠宝全品类大型批发展厅，产品涵盖3D硬金、5G足金、5D无氰硬金、素金、古法金、金镶玉、彩宝、钻石等。黄金码头集团是国内近百家知名珠宝品牌的指定供货商，为品牌商的销售提供有力的产品支持。同时优选一线著名珠宝品牌进行加盟经营，形成以福建、深圳为核心，全国重点省份逐步深耕的大型综合性珠宝企业集团，致力于将公司打造成黄金珠宝领域龙头企业。

黄金码头集团先后获得“中国改革开放40周年珠宝行业先进企业奖”“中国改革开放40周年中国影响力品牌”“信用中国·行业诚信示范单位”“中国珠宝电商最具影响力领先平台”等荣誉，并被授予“中国中小商业企业协会副会长单位”称号。

黄金码头集团的企业愿景：做一个受人尊重，员工自豪的企业。企业使命：缔造幸福人生，创造社会价值，做商业文明的引领者。价值观：诚实守信，仁德好学（人才观）；需求为本，体验为王（客户观）；产品过硬，掷地有声（产品观）；服务有效，合作共赢（服务观）；回馈社会，责任担当（社会观）。

2015年9月，黄金码头品牌亮相“厦门9·8洽谈会”；2016年6月，黄金码头参加第十四届中国·海峡国际交易博览会；2016年9

月，黄金码头参加深圳 2016 国际珠宝展览会；2016 年 10 月，黄金码头携手腾格尔成为 2017 莆田春晚战略合作伙伴；2017 年 6 月，黄金码头参加第十五届中国 · 海峡国际交易博览会；2017 年 11 月，深圳黄金码头盛大开业，近 5000 平方米的大型展厅亮相水贝。

2018 年 5 月，深圳黄金码头参加上海珠宝展；2018 年 9 月，黄金码头携手台湾今生金饰、K 时代亮相深圳珠宝展；2019 年 7 月，法国前 LV 设计总监劳伦兹 · 鲍默来黄金码头参观指导，并签订合作协议；2020 年 6 月，黄金码头总冠名中国好声音 · 莆田赛区。

（黄金码头集团）

【参加中国中小商业企业协会两会直播访谈】2021 年 3 月 2 日，中国中小商业企业协会副会长兼珠宝商分会会长、黄金码头集团董事长林国春携中国中小商业企业协珠宝商分会秘书长、北京华府世家黄金珠宝有限公司总经理徐燕参加中国中小商业企业协会两会直播间直播访谈，聚焦两会关注的话题，为黄金珠宝产业建言献策。

2021年3月2日，黄金码头集团领导参加中国中小商业企业协会两会直播间直播访谈

（黄金码头集团）

【中国黄金集团董事长考察指导】2021 年 4 月 26 日，中国黄金集团有限公司党委书记、董事长卢进一行来莆田考察调研黄金珠宝产业。黄金码头集团董事长林国春随市委、市政府领导陪同卢进参观北高黄金珠宝产业园，分享在产业园开发、企业管理、市场化改革、企业品牌建设等方面的先进经验。调研期间，卢进一行来黄金码头集团进行考察。

2021年4月26日，中国黄金集团有限公司来黄金码头集团考察调研

（黄金码头集团）

【林国春出任北京文投艺术品有限公司董事兼总经理】2021 年 7 月 14 日，由文投控股股份有限公司、中国黄金集团黄金珠宝股份有限公司、北京国匠文化产业发展有限公司、北京工美珠宝艺术品有限公司及北京世纪天弘文化传媒有限公司等共同出资设立的北京文投艺术品

2021年7月14日，北京文投艺术品有限公司在北京文投创新工场园区召开第一次股东大会及第一届董事会第一次会议现场

有限公司在北京文投创新工场园区召开第一次股东大会及第一届董事会第一次会议。会议选举聘任黄金码头集团董事长林国春为北京文投艺术品有限公司新任董事兼总经理。

（黄金码头集团）

【获"中国黄金报携手黄金珠宝行业 30 年风云人物之领军人物"荣誉称号】2021 年 9 月 8 日，由中国黄金报社、北京黄金经济发展研究中心主办，中金文化传媒有限公司承办的"砥砺三十载，共筑百年梦——2021（第八届）中国黄金珠宝盛典暨中国黄金报创刊 30 周年庆典"活动在深圳罗湖水贝 IBC 环球商务中心举行。黄金码头集团董事长林国春受邀出席，并获"中国黄金报携手黄金珠宝行业 30 年风云人物之领军人物"称号。中国黄金珠宝盛典是中国黄金报社在珠宝首饰领域重点打造的活动品牌，是珠宝首饰业每年度规模最大、参与最广泛、最具影响力和公信力的论坛活动之一。

（黄金码头集团）

【与中国黄金洽谈合作】2021 年 11 月 24 日，黄金码头集团董事长林国春陪同莆田市人大常委会主任、莆田市人民政府副市长一行专程来到中国黄金集团总部，对加快中国黄金集团相关项目落地莆田以及推进中国（莆田）国际黄金珠宝文化论坛筹备工作进行交流。

（黄金码头集团）

2021年11月24日，黄金码头集团董事长林国春陪同莆田市领导到中国黄金集团总部调研

【出席首届中国（莆田）国际黄金珠宝文化论坛】2021 年 12 月 17—18 日，由中国国际商会、中国珠宝玉石首饰行业协会、中国黄金协会和莆田市人民政府通力合作，共同主办的"首届中国（莆田）国际黄金珠宝文化论坛"在莆田市会展中心召开。福建黄金码头珠宝集团有限公司董事长林国春受邀出席，并接受新华社中国财富网的专访。论坛以"世界大变局下黄金珠宝业新发展路径"为主题，以全球视野探讨新时期行业发展新趋势，结合莆田市产业优势，探讨莆田黄金珠宝产业高质量发展的路径。相关专家、学者以及相关行业和企业的代表对全球及国内外黄金珠宝产业市场情况、发展逻辑，文化产业和消费人群发展情况，企业自身发展等方面进行了解读。活动现场进行了黄金珠宝供应链科技项目、国检中心福建珠宝实验室项目、旧金回收提炼加工项目、黄金珠宝人才培养基地项目四个重点项目签署协议。

在首届中国（莆田）国际黄金珠宝文化论坛召开期间，福建黄金码头珠宝集团有限公司董事长林国春接受新华社中国财富网的专访

（黄金码头集团）

英蓝Winland

【注册商标类别】第36、37、41类

【商标标识】

Winland/英蓝

【概况】“英蓝”商标2016年在国家商标局注册，包括中英文字“英蓝”“Winland”，为地产开发和综合体运营服务品牌。商标所有人为北京英蓝置业有限公司（简称英蓝），“英蓝”是该公司的企业标识，注册地为北京市西城区金融大街7号。

英蓝创立于1992年，是一家专注于规划、投资、建设和运营高端金融综合体建筑的开发商，英蓝不仅关注建筑的外在形态和使用功能，还注重打造建筑的艺术气质和文化内涵，关注建筑体和周边城市环境的和谐共生。

英蓝以“艺术提升建筑品质，铸就流传下去的作品，奉献城市永恒记忆”作为企业发展的根基和品牌属性。基于多年的实践经验，英蓝拥有鲜明的品牌内涵：以建筑为载体，营造艺术氛围，展现文化内涵，注重建筑体与城市环境空间的融合，旨在促进所在区域城市品牌价值的提升。英蓝主持设计并建造的建筑综合体包括北京英蓝国际金融中心、杭州英蓝中心、厦门英蓝国际金融中心等。

作为金融机构伙伴，办公、安全运营、服务方案提供商，英蓝结合中国国情和国际先进经验，在中国内地开创符合国际一流标准的物业管理服务体系和文化，经过20年的实践，得到国际金融界的认可。这一体系和文化在中国内地具有唯一性，在金融服务业享有美誉和独特客户品牌效应。英蓝对建筑、艺术、金融的追求激励着员工与合作伙伴一路同行。

北京英蓝国际金融中心外景

北京英蓝国际金融中心是英蓝的代表作，位于北京金融街7号，2004年投入运营使用，是北京金融街唯一只租不售、单一业主持有经营的、国内最高运营标准和安全保障体系的金融办公大楼。高盛、摩根大通、瑞士银行、加拿大皇家银行、纽约梅隆银行、富国银行、汇丰银行、星展银行、彭博、淡马锡、香港证券交易所、普华永道、德勤、全球银行间通讯协会（S.W.I.F.T）、施罗德集团（Schroders）、景顺控股（Invesco）、富达国际（Fidelity）、卡塔尔控股等几十家全球知名外资金融机构均入驻于此，是外资国际金融机构总部在中国的聚集地，是北京金融街国际化的标志。

厦门英蓝国际金融中心位于厦门金融大街1号、两岸金融中心核心区，项目正对临海矗立，离金门群岛一步之遥。项目以此为灵感创造了“门”字的建筑形态和新月形的环抱式布局，建筑宏丽，中轴线正对台湾岛中间，象征两岸和平统一，是一个具有地标性和昭示性的建筑。

厦门英蓝国际金融中心外景

（英蓝集团）

【杭州英蓝中心竣工】2021年，位于杭州香积寺350号的杭州英蓝中心竣工，2022年投入运营使用，项目地处2500年历史的世界文化遗产京杭大运河畔，与有着千年历史的佛教寺庙香积寺隔街相邻，是杭州市中心的商务地段。为保护区域历史文化和自然环境，减轻高层建筑对寺庙产生的压迫感，街区内呈现出古制建筑与现代建筑的形式对比之美、均衡之美，项目损失容积率、牺牲经济利益主动从规定用地红线内退30米，将该区域80米高楼降至9米，设计建造历时8年。以古为意，与古为新，杭州英蓝中心是一个具有都市化辐射力的现代城市综合体，也是当代艺术和生活方式聚集地。杭州英蓝中心获第29届IPA国际地产大奖“综合体开发”和“写字楼开发”两项大奖。

杭州英蓝中心外观

（英蓝集团）

【“龙马精神”大型装置机械艺术品赴法巡演】2021年，英蓝集团“龙马精神”大型装置机械艺术品赴法国南特巡演，2022年赴法国图卢兹巡演，深受民众喜爱。“龙马精神”大型装置机械艺术品是2014年为纪念中法建交50周年，在中法两国元首的共同支持下，英蓝集团出资创意，与中法两国100多位艺术家合作制作共同完成的。“龙马精神”大型装置机械艺术品规模、艺术创造、工艺和技术均为世界顶尖水平。该作品龙头马身，长度近18米、宽5米、腾起高度超过12米，重逾50吨，承载着积极向上的民族精神和崇高的道德境界，背置“中国亭”寓意“中国梦”的实现。

“龙马精神”大型装置机械艺术品

“龙马精神”2014年在北京首次展出。2015年在法国南特、2016年在法国加莱、2017年在加拿大首都渥太华，2018年国庆在西安等地进行了多场展示和巡演。2019年11月22到24日，“龙马精神”在澳门演出，庆祝中华人民共和国成立70周年，澳门特别行政区成立20周年。每次展示巡演都将中国传统文化故事和当地风情文化相结合，增进当地民众对中华文化的了解。

（英蓝集团）

【举办“中国白”国际陶瓷艺术大奖赛】2021年，英蓝集团发起第三届“中国白”国际陶瓷艺术大奖赛，共征集来自50个国家的747位艺术家报名，参赛作品943件/组。较第二届“大奖赛”，参与国别增加10个，参与洲域增至五大洲，总参赛艺术家增加178位，增幅为31.28%，影响力进一步扩大。中国是“瓷”的国度，“瓷”是中国的象征，Blanc de Chine“中国白”是中国在世界上最具有影响力和极高艺术识别度的“白瓷”，在美学史上享有独特的地位，象征着中华民族的品格。为了保护与传承、弘扬这段灿烂的历史，推动中国陶瓷艺术开始新的探索与创新，英蓝集团捐资建立了非营利性的公益组织“泉州瓷路艺术发展中心”，塑造了德化区域品牌，发起“中国白”国际陶瓷艺术大奖赛，“中国白”国际艺术家驻地项目、“中国白”国际论坛，推

“中国白”国际陶瓷艺术大奖赛颁奖现场

动当代陶瓷艺术的国际交流，旨在推动陶瓷艺术与当代艺术的融合发展。

（英蓝集团）

2022年，怀沙林外景

【举办英蓝音乐会】 2021—2022年，英蓝与各使馆、相关机构合作举办5场音乐会，分享美好之声，与中央音乐学院携手举办4场青年音乐家系列音乐会，为中国古典音乐界的新生力量提供发展的平台，带来别样的音乐体验。英蓝自2006年开始举办英蓝圣诞歌剧音乐会、英蓝夏季音乐会以及其他主题音乐会，来自全球的艺术家以及音乐爱好者齐聚一堂，成为金融街的艺术名片，英蓝集团还出版了多套歌剧丛书、音乐会DVD，赠送给音乐爱好者，进行歌剧等音乐艺术的普及和推广工作。

赠送音乐会DVD给爱好音乐的小朋友们

（英蓝集团）

【捐资种植“怀沙林”】 为纪念文怀沙先生题写的111字《敦煌赞》和敦煌之行，英蓝集团创意并捐资种植111亩胡杨林，命名为“怀沙林”，并修建“怀沙纪念林广场”，以此传承代表中华民族的文化的敦煌历史，弘扬国学，受益后人。2022年，胡杨已郁郁成林。

（英蓝集团）

【举办Carte Blanche艺术空间展览】 2021—2022年，英蓝Carte Blanche与奥地利驻华大使馆、英国驻华大使馆、艺廊机构合作举办了4场展览，推动中外文化艺术的沟通与交流。Carte Blanche位于北京金融街7号英蓝国际金融中心，创立于2019年，以开放的态度呈现多元化的现当代艺术。

（英蓝集团）

海达

【注册商标类别】第 37 类

【商标标识】

海达设备安装
HAIDA SHEBEIANZHAUNG
北京市海达设备安装有限公司
BEIJINGSHIHAIDASHEBEIANZHUANG CO.LTD

【概况】“海达”2022 年 12 月 2 日注册为商标，商标所有人为北京市海达设备安装有限责任公司。“海达”是公司的企业标识，公司注册地为北京市。

海达成立于1986 年，总部位于北京市，是具有建筑工程施工总包、市政施工总承包、建筑装修装饰工程专业承包、消防设施工程专业承包、建筑机电工程专业承包燃气、热力、压力管道 GB1/GB1(PE)/GB2 资质的施工企业。以“艰苦创业、开拓进取、科技兴企、诚实守信”为核心价值观，以“为客户提供更好服务，为股东创造更大价值，为员工搭建广阔舞台”为企业使命，致力于“成为世界一流工程公司、建设集团”。

海达 logo 是字母 H 和 D 的组合，通过线条的尖角、粗细的变化，展示出工程建筑的形象，表达了海达的主营业务。H 的头部部分用红色表示，像一面旗帜，表现了海达砥砺奋进，力争上游，追求卓越的经营理念，为业主提供更加完善的服务和优质的产品，成为高科技、高品位的现代化企业。

海达获得业内诸多奖项和认证：企业信用等级证书、国家高新技术企业认证、ISO9000 质量管理体系认证、IS014000 环境管理体系认证、OHSAS18000 职业健康安全管理体系认证、北京市朝阳区环境保护协会会员等。

海达是北京市海淀区最早被认可的锅炉安装企业，是首批入围北京市燃气集团有限责任公司燃气工程施工名单的企业。海达是北京市燃气协会理事单位，在提高燃气全行业的人才培养、技能水平的提高、企业管理手段的提升等方面发挥了重要作用。海达是北京市政工程行业协会会员单位，公司的市政工程施工管理能力赢得了行业的认可，促进了公司市政工程业务的稳定快速发展。海达获得企业信用等级证书，不仅代表着国家相关部门及权威机构对海达信用体系建设的充分肯定，同时也是海达履约能力、投标信誉、综合实力与竞争力的体现。

2022 年，海达承接各类施工项目 86 个。其中已验收合格项目 24 个，一级住宅工程 3 个，大型热力工程 4 个，一级公共建筑工程 3 个，总营业额为 8000 万元。

海达承接的北京市西城区政府公务员宿舍天然气工程

永丰天然气锅炉房建设项目

海达承接的解放军军事医学科学院(国家蛋白质科学中心)天然气工程

海达近年部分项目汇总表

类别	工程项目
燃气	中国人民解放军装备学院天然气工程
燃气	北京市西城区政府公务员宿舍天然气工程
燃气	中国劳动关系学院燃气切、接线工程
燃气	北京香山旅游文化发展有限公司燃气工程
燃气锅炉	北京市海淀区“海淀北部地区整体开发”永丰产业基地（新）HD00-0403-013、122 地块 R2 二类居住用地、A33 基础教育用地项目锅炉房工程
生活垃圾处理	莲塘镇城市生活垃圾填埋综合处理建设项目
生活垃圾处理	武阳村生活垃圾填埋场 2# 新建工程
污水处理	富山乡新盘村污水处理厂工程
污水处理	南头村污水处理厂改造工程
排水管道	南昌县沿河东路排水管道项目
排水管道	伍龙路排水管道工程
道路	府东路提升改造项目
道路	文武路城市道路建设项目
机电	恒丰农机机电有限公司设备 2 号车间
机电	永新县锦华机电设备有限公司机电设备及配件制造项目
热力	清华大学供暖管网改造工程
热力	庞各庄中心幼儿园热力工程
供热制冷运维	国防科技创新研究院锅炉房改造项目
供热制冷运维	马坊村电锅炉项目

（海达）

【承接北京香山旅游文化发展有限公司燃气工程】 2021 年，海达承接北京香山旅游文化发展有限公司燃气工程项目。项目内容是对以祁家村中路与黑塔中街交叉口的已设计 dn315 中压 A 天然气管线为气源，由此管线接 dn300 中压 A 天然气管线随祁家村中路分别向北、向南敷设至本工程 A 地块、C 地块以及 D 地块。

（海达）

【承接燃气工程项目】 2022 年，海达燃气业务快速发展，承接了中国劳动关系学院燃气切、接线工程项目，北京市海淀区“海淀北部地区整体开发”永丰产业基地（新）HD00-0403-013、122 地块 R2 二类居住用地、A33 基础教育用地项目锅炉房工程，以及北京市民政工业总公司久敬庄采暖及公服燃气工程。

（海达）

联众

【注册商标类别】第41类

【商标标识】

【概况】“联众”商标于2013年在国家商标局注册，包括图形和文字（中英文）“联众”，商标的所有人为北京联众互动网络股份有限公司（简称联众），“联众”是公司的企业标识，注册地为北京市海淀区王庄路1号B座12层1201。

联众创立于1998年，是中国在线棋牌游戏的开创者，并逐步发展成为国际化的体育娱乐集团，在世界智力体育领域内彰显着中国品牌的力量。

联众创立之时，适逢中国互联网产业发轫之初。创业之初，联众独辟蹊径，专注于为玩家提供在线棋牌休闲游戏，“联众”品牌成为一代人互联网在线游戏的最初记忆。二十余年来，联众始终致力于中华传统棋牌文化的传承与发扬，积极推动着国际化智力竞技运动的发展。2014年6月30日，联众在香港联交所主板公开上市（股票代码：HK.06899）。2019年8月，联众旗下“联众电竞娱乐”登陆美国纳斯达克主板，股票代码AESE，成为纳斯达克电竞第一股。

作为在线棋牌游戏的开创者，联众旗下拥有200余款棋牌休闲游戏，涵盖客户端、网页端、移动端，注册用户在全球范围内超过7亿，多次获得“最佳休闲网络游戏运营平台”“中国十大游戏运营平台”等荣誉奖项。

在传承发扬中华棋牌文化的同时，联众积极推动智力运动在全球范围内的融合发展。凭借自身在棋牌领域的优势资源和经验，联众公司与国际智力运动联盟、世界桥牌联合会、国家体育总局棋牌运动管理中心等权威组织机构保持着良好的合作关系，共同带来多项国内外重大、高端智力运动赛事，不仅在创造社会、文化、竞技价值方面发挥着重要作用，更成为中国智力体育与世界沟通对话的品牌。

2014年10月，在联众公司的推动下，世界三大顶级桥牌赛事之一的“世界桥牌综合锦标赛”在创办52年来首次走出欧美，落地中国。来自56个国家和地区的2000多名桥牌爱好者参赛，中央电视台体育频道对赛事进行了大规模的直播；2016年9月，由联众公司承办的“世界网络桥牌冠军赛”在北京举

2016年9月，“棋圣”聂卫平跨界担当“世界桥牌综合锦标赛”解说

办，比尔·盖茨率队参赛，通过名人效应让更多年轻人了解桥牌。2015 年，联众公司赞助支持“国际麻将联盟”的成立，协助承办“首届世界麻将运动会”，成为麻将运动迈向规范化、竞技化、运动化的新起点；2017 年 4 月，国际智力运动联盟宣布竞技麻将成为正式的智力运动项目。

2017 年，联众推出全新大型棋牌竞技综合赛事“联众棋牌嘉年华”，在“国际象棋首届网络车轮赛”中，邀请中国首位国际象棋女子世界冠军谢军、女子特级大师居文君等国际象棋大师坐镇北京主赛场，与来自西部拉萨、兰州、呼和浩特、重庆四座城市分赛场的上百名学生选手对弈，为西部城市的青少年带来与“名师”切磋的机会，赛事还设立公益基金，投入于国际象棋棋具采购、教育培训等，激发青少年棋牌兴趣爱好的养成，助推国际象棋运动的普及与发展。

在国内深厚积淀的基础上，联众积极拓展海外市场。2016 年，联众成立联盟电竞，旗下电竞馆落地北美、欧洲等多地，战略合作伙伴包括 Simon Property，Brookfield Property，TV Azteca 等最大的欧美企业集团。同时，联盟还打造了自有电竞赛事品牌“Big League”“Esport Superstars” 和“Legend Series”，在全球电竞浪潮中展现中国品牌的力量。

在不断提升产品与服务创造更多经济效益的同时，联众不断践行企业社会责任。2008 年 1 月，联众公司和中国红十字基金会联合发起成立“体育关爱基金”，该基金是中国红十字基金会旗下最早成立的关于捐助青少

2017年4月，“国际象棋首届网络车轮赛”拉萨分赛场

年体育教育发展的专项救助基金，为全国10个省市110所中、小学捐赠价值数百万元体育器材。

通过长期以来致力于智力体育领域的广泛布局，联众构建了集在线游戏、智力体育赛事、节目制作与发行、体育娱乐等为一体的独有智力运动生态圈。联众继续致力于中华传统棋牌文化的传承与发扬，并积极推动国际化智力竞技运动的发展，秉承“快乐每一天”的服务宗旨，为用户提供更为优质的产品与服务，稳步向全球化的体育娱乐集团目标迈进。

（联众）

【与HyperX延续合作】2021年1月，联众旗下联众电竞与惠普公司的游戏外设团队、游戏和电竞领域的品牌续签了一份长期合作协议，HyperX继续独家冠名位于美国拉斯维加斯卢克索酒店中的联众电竞全球旗舰电竞馆，这是“联众”品牌与国际化品牌的友好合作。

（联众）

【与爱奇艺合作】2021年1月，联众游戏与视频平台巨头爱奇艺签署合作协议，爱奇艺引入联众游戏优质产品，为用户带来不同场景下的丰富娱乐体验。由双方联合运营的《全城斗地主》网页游戏登录爱奇艺游戏中心，“联众”品牌触达更多用户。

（联众）

【与Trovo达成合作】2021年5月，联众电竞宣布与新兴移动直播平台Trovo就赛事执行及平台内容构建达成合作协议。双方共同创建全新电竞系列赛事Trovo Titans，该赛事持续280天、超过100场次，覆盖北美、拉丁美洲及欧洲地区，是联众在全球化征程中的又一次迈步。

（联众）

【出席游戏创新大会】2021年9月，联众出席“BIGC 2021北京国际游戏创新大会”，并分享“新媒体环境下的棋牌游戏创新营销”为主题的演讲。

（联众）

【与辽宁北方新媒体公司合作】2021年10月，联众与辽宁北方新媒体有限公司达成合作，将棋牌教育、赛事等视频内容通过GTV网络棋牌频道推广至客厅大屏幕，让棋牌娱乐从“PC屏”“移动屏”扩展至“电视屏”。

（联众）

【联众赛事内容登录抖音平台】2021年12月，联众旗下公司孵化的抖音账号“麻将竞技君”推出全网首创的棋牌PGC内容，直播创下5万人同时在线的数据。“联众”品牌走入当下最受欢迎的短视频平台。

（联众）

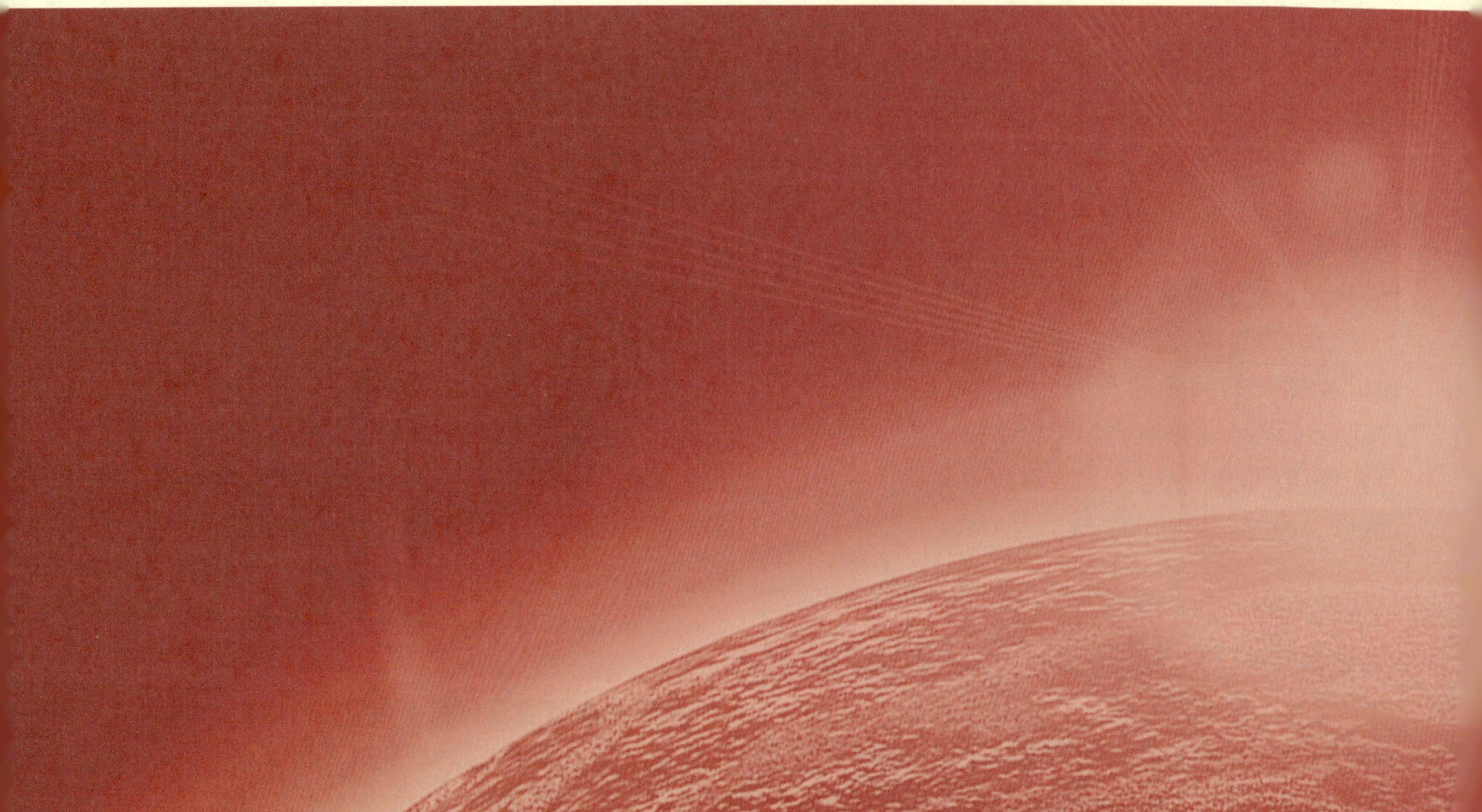

CHINA
BRAND
YEARBOOK

品牌交流活动

综 述

品牌交流活动是指有多个品牌参与的会议、会展、论坛等社会活动。活动主办者的目的是促进品牌交流，推动品牌合作，展示品牌风貌，并为品牌维权、推广、交易等需求提供服务。品牌单位参与交流活动是为了树立品牌形象，扩大品牌影响力，增加品牌价值，促进品牌产品或服务的经营销售。大型品牌交流活动会有效促进举办地经济的繁荣和发展，因此得到举办地政府的大力支持和参与。

品牌交流活动的主办单位除举办地政府之外，传统上为知识产权保护组织、行业组织或商会组织和 NGO 组织。近年来，有关高等院校和研究机构也开始举办全国性的品牌论坛等品牌学术和实务交流活动。在国家政策的支持下，民办品牌服务机构异军突起，策划、组织品牌交流活动形式多样、范围广、内容丰富，传播力度大，受到举办地政府和品牌单位的欢迎，在社会上引起广泛关注。

本篇目收录国内多省市品牌参与的活动、同行业多品牌参与的活动，某地举办有外地品牌参与的活动，暂未收录地方区域内品牌交流活动和高校、研究机构内部组织的品牌学术交流活动。本篇目收录的品牌交流活动均为目前我国影响大、特色突出的大型品牌交流活动，在国内具有较大影响，适合众多品牌选择参与，努力扩大品牌影响力，蓄增品牌价值。

（中华商标协会商标品牌文化推广专业委员会）

王府井国际品牌节举办地——北京王府井商业街（莫丽燕 2019年）

中国品牌日

【概况】2014年5月10日，习近平总书记在河南考察时提出“推动中国制造向中国创造转变、中国速度向中国质量转变、中国产品向中国品牌转变”的重要论述，掀开中国品牌建设新篇章。在这之后不久，时任全国政协经济委员会委员、原国家质检总局副局长、中国品牌建设促进会理事长刘平均向全国政协提交了关于加强中国品牌建设的提案。在提案中，刘平均委员明确提出在国家层面设立“中国品牌日”的具体建议。2015年，全国政协经济委员会在这一提案的基础上提出《关于实施品牌战略，推动中国制造向中国创造转变》的集体提案，全面论述了在全国范围大力推动品牌建设的必要性、迫切性和重要性。2016年1月5日，全国政协召开“加快推进品牌建设”双周协商座谈会，刘平均委员在发言中再次提出设立“中国品牌日”以提升全社会的品牌意识、树立国家品牌形象的建议，得到与会者的热烈响应。2016年6月10日，国务院办公厅发出《关于发挥品牌引领作用推动供需结构升级的意见》。《意见》具体提出设立“中国品牌日”的倡议，为“中国品牌日”的最终设立奠定基础。2017年4月24日，为纪念习近平总书记提出“三个转变”重要论述的日子，国务院批复国家发改委《关于设立中国品牌日的请示》，同意自2017年起将每年的5月10日设立为中国品牌日。“中国品牌日”的诞生，标志着中国品牌建设从产品和企业层面，跨越行业层面，直接上升到国家战略层面。

自2017年设立至2022年，中国品牌日已走过6个年头。2017年中国品牌日活动，以“深化供给侧结构性改革，全面开启自主品牌发展新时代”为主题，通过召开媒体通气会、举办品牌发展研讨会、媒体开辟品牌主题专栏等方式，阐述品牌建设的重要意义，宣传推介中国品牌，有力地凝聚了品牌发展社会共识，为品牌建设营造了良好环境。2018年中国品牌日活动，围绕“中国品牌·世界共享”主题，于5月10日至12日在上海展览中心举办首届中国自主品牌博览会和中国品牌发展国际论坛。时任国务院总理李克强专门就活动的举办作出重要批示，指出“要瞄准人民群众的新需要和不断升级的市场需求，着力增品种、提品质、创品牌，弘扬企业家精神和工匠精神，使更多中国品牌伴随中国制造走向世界、享誉世界”。时任国务院副总理胡春华出席有关活动，并在论坛发表主旨演讲。2019年中国品牌日活动，以“中国品牌，世界共享；加快品牌建设，引领高质量发展；聚焦国货精品，感受品牌魅力”为主题，通过举办中国品牌发展国际论坛，搭建交流互鉴平台；组织有关行业协会设置自主品牌消费品体验区，宣传推介国货精品；引导各地结合本地实际开展品牌日特色活动，加快形成品牌建设的社会自觉。时任国务院总理李克强专门作出重要批示，要求“引导企业大力弘扬专业精神、工匠精神，坚守诚信，追求卓越，在市场公平竞争、消费者自主选择中涌现更多享誉世界的中国品牌，让中国与世界共享更好的中国产品与服务”。时任国务委员王勇赴上海出席有关活动，并发表主题讲话。2020 年云上中国品牌日活动，针对新冠肺炎疫情防控形势，主题确定为“中国品牌，世界共享；全面小康，品质生活；全球战‘疫’，品牌力量”。活动首次全程采用“现场直播 + 云上办展”方式，举办云上中国自主品牌博览会和中国品牌发展国际论坛，同时引导各地组织开展特色品牌创建活动。时任国务院总理李克强对活动作出重要批示，指出要“坚持质量第一效益优先，打造更多名优品牌，更好满足群众消费升级和国家发展的需要”。时任国务院副总理韩正出席有关活动，宣布开幕并启动云上品牌博览会。2021 年中国品牌日活动，在严格落实新冠肺炎疫情防控常态化要求前提下，采用线上线下结合模式，以“中国品牌，世界共享；聚力双循环，引领新消费”为主题，通过举办中国品牌发展国际论坛、中国自主品牌博览会，以及引导各地自行组织开展特色品牌创建活动等形式，集中宣传展示我国品牌建设的新成果、新形象。时任国务院总理李克强对活动作出重要批示，强调“加强品牌建设、提升我国品牌影响力和竞争力，是优化供给、扩大需求、推动高质量发展的重要举措。要坚持质量第一效益优先，推动全社会牢固树立品牌意识，引导企业坚守专业精神、工匠精神，提升敢于在开放市场中公平竞争的勇气和能力，围绕市场特别是消费者需求，立足创新、追求卓越，在扩大对外开放、积极参与国际公平竞争中锻造品牌，努力提高产品和服务的质量与综合竞争力，使更多中国品牌成为国内外市场值得信赖的选择”。时任上海市委书记李强、时任国家发改委主任何立峰、上海市市长龚正出席活动开幕式并现场巡馆。2022 年中国品牌日活动在国家发改委等部门统一协调安排下，克服疫情影响，宣传展示活动在全国各地根据实际情况分别进行，同样取得显著成效。

（中华商标协会商标品牌文化推广专业委员会）

【2021 中国自主品牌博览会】 2021 年第五次中国品牌日期间，各省、区、市积极推进中国自主品牌博览会工作。通过设立线上线下展馆，扩大品牌影响力和传播力。各省、区、市将通过工匠面对面、T 台走秀、文化演绎、名人互动、现场发布会等形式在展会现场举办特色活动。北京 56 家企业展现“京心智造”，北京展馆共有参展企业 56 家，其中 16 家线上线下同时参展。黑龙江 40 家食品企业展示 200 余件产品，以“品味龙江”为主题，以“龙江好米”“黄金奶仓”“健康五谷”“肉中贵族”“绿野仙饮”为主线，展示省优秀食品企业和品牌。福建 50 家品牌企业线上参展，15 家品牌企业线下参展，主要围绕做好数字经济、海洋经济、绿色经济三篇文章，聚焦在创造高品质生活上实现更大突破。四川展馆以“魅力天府”为主题，融合了三星堆、自贡彩灯、熊猫等特色元素，在线下、云上展馆设置品耀天府、智造天府、锦绣天府、物华天府、开放天府五大特色展区。湖南 20 家品牌企业参展，全方位展示湖南品牌风采和湖南制造大省、红色热土、首倡之地、文创之都、绿色发展的独特魅力。线下贵州馆展区位于上海展览中心东一馆一层，布展面积 225 平方米，立足于打造永不落幕的品牌盛会，依托数字技术，创新设计思路，系统化、数据化、特色化设计贵州自主品牌主题展馆。河北以“冀品新生活”为年度主题，线下展馆面积 207 平方米，设置健康食品、创意家居、时尚消费三个主题展示板块，遴选 12 家消费品行业知名自主品牌参展。专题展示与人们日常生活息息相关的消费品品

牌发展成就，推介河北消费品知名自主品牌和具有广阔前景的创新型产品，扩大河北自主品牌知名度和影响力，助推全省经济高质量发展。湖北馆以“楚类拔萃”为展馆主题和馆名，云上湖北馆将集中展示69个参展品牌，分为“锚定蓝图”“众智铸鼎”“勤耕阔野”“民生福祉”和“楚楚动人”五大创意场景，虚拟馆在设计上注重沉浸式的体验创新和艺术化的场景创新，力争营造多元化视觉体验。线下湖北馆从69个优秀品牌中甄选21家代表性品牌，以“大企担当”“健康担当”“民生担当”“秀美担当”为主线，将展馆划分为“众智铸鼎”“守正创新”“民生福祉”和“楚楚动人”4个展区。宁波30家企业参展，结合宁波自身临港产业与文化特点，宁波展厅设置了“精品甬城”“匠心甬城”“智造甬城”三大展区，展厅面积近250平方米。山西省线上展馆设置创新山西、智造山西、服务山西、特色山西、大美山西五大板块，遴选39家省内知名品牌企业和创新型品牌企业集中亮相。线下展馆位于上海展览中心东一馆，以山西省的省花——榆树梅的形状进行空间造型设计，寓意山西高质量转型发展的生机和活力，并将从线上39家企业中甄选出15家企业参展，充分展现山西品牌发展成就。天津市共有17家企业的20余个自主品牌到场参展，设置“津芯智造”“津新优材”“津心良药”“津薪相承”四大板块，以及非遗文化展示等内容，增强现场体验感。云上天津展区，共分为“津品典藏”“津芯智造”“津心良药”“津薪相承”“津新细作”“津彩纷呈”六大主题场景，集中展示36家自主知名企业的45个品牌。内蒙古展馆以“爱上内蒙古”为主题，设置“区域公用品牌”“内蒙古绿色农畜”“内蒙古味道”“内蒙古制造”等四大区域，推选出51家自治区内知名品牌企业和创新型品牌企业在线上展厅集中展示，并从中甄选出21家企业代表在线下展厅集中展示。吉林展馆围绕打造“吉致吉品”吉林品牌整体形象，从品牌建设工作和农业、工业、服务业品牌建设成果四大板块13个维度，充分展示“十三五”期间吉林振兴发展成就，展现“十四五”时期吉林发展新蓝图。安徽省以“皖美智造”为主题，设计集智聚能、领跑未来、别出新裁、济世康民、数字创意、悦享生活6个板块，遴选了51家企业参加线上展览，19家知名自主品牌企业和8家创新型中小企业参加线下展览。江西展馆以“赣出精彩”为主题，以红色、金色、绿色、古色“四色江西”为主线，一共遴选出29家自主品牌和文化品牌，按照“红色基因”“金色希望”“绿色家园”和“古色底蕴”4个分区，重点展示江西近年来品牌发展举措、品牌创建成效和江西特色文化。河南的活动主题是“中国品牌，世界共享；聚力双循环，引领新消费”，采取线上线下相结合的方式进行，21家河南品牌作为河南省经济高质量发展的代表一同在沪亮相。广东展馆以“粤响全球”为主题，设置了“广东创新”“广东智造”“广东数字”“广东服务”“广东生活”五大板块，集中展示62家享誉全国的品牌粤企，着力讲述“广东品牌”故事，展示广东自主品牌发展成果。

（中国食品安全网）

【2021中国品牌价值评价信息发布】 2021年5月9日，第五个中国品牌日之际，新华社、中国品牌建设促进会、中国资产评估协会、国务院国资委新闻中心等单位在上海国际会议中心举行“2021中国品牌价值评价信息发布暨中国品牌建设高峰论坛”。上海市人大常委会副主任肖贵玉，新华社党组成员、秘书长宫喜祥，中国资产评估协会会长耿虹等出席会议并致辞。国际标准化组织品牌评价技术委员会顾问组主席、中国品牌建设促进会理事长刘平均发表主旨演讲，部分优秀品牌企业家发表感言。来自国家各部委有关领导、地方政府领导、各

地市场监管局领导、行业协会和企业负责人以及媒体代表等500余人参加会议。2013年首次开展制造业品牌价值评价发布，覆盖一二三产业及涵盖部分区域品牌，中国品牌建设促进会遵循品牌评价国际标准和国家标准，坚持“科学、公正、公开、公认”工作原则，连续八年开展公益性品牌价值评价工作。

（中国国家品牌网）

【2022第六届中国品牌日特别论坛】 2022年5月9日，由中国高等院校市场学研究会、华东师范大学主办、新华社《中国名牌》杂志社和科特勒咨询集团联合主办，中国高等院校市场学研究会品牌专业委员会、华东师大亚欧商学院、华东师大国家品牌战略研究中心承办的“2022第六届中国品牌日特别论坛”以线上方式举办。论坛主题聚焦“企业家精神实现品牌驱动增长”，来自学界和业界的多位专家发表主旨演讲。中国高等院校市场学研究会会长、北京大学光华管理学院教授符国群，新华社《中国名牌》杂志社总编辑周志懿分别为论坛致辞。论坛由中国高等院校市场学研究会副会长、华东理工大学教授景奉杰主持。

（中国名牌杂志社）

【2022“中国品牌日”河北系列活动启动】 2022年5月10日，以“品牌崛起 筑梦未来”为主题的2022“中国品牌日”河北系列活动于石家庄冀云·融媒体中心启动。本次活动由长城新媒体集团和“中国品牌日”河北省宣传活动组委会主办。由长城新媒体集团独家打造的“‘品牌崛起·河北名片’提升工程”在活动现场同步启动。该工程旨在宣传推广河北品牌，将借助“学习强国”河北学习平台、冀云·融媒体平台、长城网、《河北经济日报》等主流媒体的影响力，为代表河北特色的100个以上品牌、100张以上“品牌名片”量身推出更有针对性和影响力的品牌宣传方案。主办方相关负责人表示，通过开展“中国品牌日”系列活动，旨在全方位、多角度、立体化展现河北各区域的品牌创建热情，提升河北品牌的影响力、认知度和竞争力。

（河北省人民政府网站）

【2022上海国际品牌创新发展论坛在线举办】 2022年5月10日，“2022上海国际品牌创新发展论坛”在线举办。论坛旨在深入贯彻《中共中央 国务院关于加快建设全国统一大市场的意见》，在落实新发展理念，构建新发展格局，融入全国统一大市场建设中打响上海“四大品牌”，以此推动上海经济高质量发展，创造高品质生活。上海新冠肺炎疫情防控期间，论坛以“聚焦全国统一大市场激发品牌建设新动能”为主题，为国内外了解上海品牌发展提供窗口。本次活动由上海联合产权交易所、上海国际品牌创新服务基地主办，上海市检验检测认证协会、上海市在沪企业（商会）联合会联合主办、上海黄浦江南品牌文化促进中心承办，上海美加净日化有限公司为战略合作单位。商务印书馆、品牌中国战略规划院长三角研究中心在线联合发布了由姜卫红编撰的“品牌三部曲”：《站在新的文明起点上——中国品牌经济体系、政策与价值取向》《迈向全球城市的密钥——上海品牌发展历史研究》《品牌：深刻地改变一切》。“品牌三部曲”对我国品牌建设进行总结提炼，也直面问题，击中了我国品牌建设中不少痛点、难点，同时也提出了不少中肯的建议。来自研究机构、平台机构、企业、媒体的各路品牌专家、学者、企业家、品牌经理、媒体人等200多人参加了此次在线论坛。

（人民网－上海频道）

【2022中国品牌日·中山品牌系列活动】 2022年5月10日，“2022中国品牌日·中山品牌系

列活动”在中山市紫马奔腾广场举行启动仪式，活动由中山市企业品牌促进会主办，中山市市场监管局、市发展改革局、市工信局、市商务局、市科技局、市工商联等为指导单位，以“抢抓机遇开创中山高质量发展新局面”为活动主题，持续宣传中山品牌，提升中山品牌的知名度，帮助企业做好品牌内涵建设、支持企业高质量发展。有关单位和50家企业代表现场参加活动启动仪式。中山市市场监管局副局长罗乘东出席启动仪式并致辞，指出近年来中山市深入实施质量强市战略，连续出台《关于加快推进质量强市建设的实施方案》《中山市政府质量奖管理办法》等政策措施，大力开展质量提升行动，支持市场主体创建自主品牌，鼓励企业积极争创政府质量奖，培育高质量品牌。强调，中山企业要大力推进企业品牌建设，加强全面质量管理，促进质量管理创新，提高质量水平和竞争能力，努力打造出更多消费者满意的优质中山品牌，全面提升“中山制造”品质。

（中山市人民政府网）

【2022中国品牌日东湖论坛】2022年5月10日，2022中国品牌日东湖论坛暨“湖说品牌”上线启动仪式在武汉东湖举行。本次活动由华中科技大学新闻与信息传播学院和华视传媒集团主办，东湖品牌研究院承办。论坛以“品牌破局、增长有道”为主题，来自政、企、学、研、媒的各界专家代表进行品牌历史回顾、现实透析与未来前瞻，通过洞悉百年巨变之势、讲述品牌强国方略，为中国品牌的价值链重塑和世界化历程提供新动能与新引擎。华中科技大学新闻与信息传播学院副院长、教授李华君主持进行《“双循环”新格局下的中国品牌增长困境与机遇》论坛对话环节。与会专家指出，百年巨变下的世界品牌激荡之势仍未停滞，所有变革、冲突、创新凝聚于品牌。在多

2022中国品牌日东湖论坛暨“湖说品牌”上线启动仪式现场

元消费、数字经济、国潮崛起时代，中国品牌需要利用传统品牌需求缝隙找到品类细分赛道，利用新型技术、内容、渠道等抓住互动式消费的市场增量，并赋予“国潮”内涵的扩大和衍生意义，注重民族文化与科技潮流输出，打造具有较强识别度、时尚话语权、文化软实力的品牌自信，在锻造具有中国气派的世界一流品牌之路上行稳致远。“湖说品牌”旨在通过对中国品牌发展模式的反思和扬弃，揭开关于品牌发展的困局和隐痛、突破与创新，建立起一套适合中国品牌事业快速发展的理论及实践模式。对话当下，聚焦增长，解码时代发展新格局，缔造品牌营销新战略。本届论坛由华视传媒集团高级副总裁、东湖品牌研究院执行院长王书锦主持。中国传媒大学广告学院院长、教授赵新利，中国人民大学新闻学院教授林升栋，复旦大学新闻学院院长助理、教授张殿元，南京大学新闻传播学院副院长、副教授

2022中国品牌日东湖论坛交流现场

“中国品牌日”陕西主题活动现场(2022年)

朱江丽，深圳大学传播学院副院长、教授黄玉波，华南理工大学新闻与传播学院院长助理、副教授张庆园，上海外国语大学新闻传播学院副教授顾明毅等视频出席并致辞。

（搜狐－华视）

【2022年“中国品牌日”陕西主题活动】2022年“中国品牌日”陕西主题活动5月23日于陕西宾馆（陕西大会堂）举办。本次活动由中国品牌建设促进会、中华商标协会、新华社民族品牌工程办公室等为指导单位，由省品牌建设促进中心、省品牌建设标委会、中国经济信息社陕西经济研究中心主办。中国品牌建设促进会理事长刘平均、中华商标协会会长马夫、新华社总经理室副总经理潘海平及陕西省知识产权局党组书记、局长侯社教在活动上致辞。中国品牌建设促进会理事长刘平均提出，“中国品牌日”应宣传优秀品牌，让好品牌引领中国的消费。我们应加强区域品牌建设，建设区域品牌产业园、产业链。考虑到陕西历史悠久，丝路文化底蕴深厚，陕西省可打造旅游目的地品牌，引领中国旅游品牌走向世界。主题论坛环节，来自质量、商标、工业、农业、服务业等领域的知名专家分别就质量品牌建设、智能营销服务理念、区块链知识产权保护等主题发表主旨演讲。活动上宣布第四届中国质量奖（提名奖）企业、2021年“陕西好商标”名单，陕西“中国精品”名录，并启动第十届全国品牌故事大赛西安赛区活动。

（中国发展网）

【2022年山东省“中国品牌日”活动】2022年7月13日，山东省2022“中国品牌日”活动在聊城市举办。活动以“好品山东 潮涌水城”为主题，由省委宣传部、省市场监管局、省发展改革委、聊城市人民政府共同主办。活动现场阐释“好品山东”品牌内涵、对《山东省“十四五”质量发展规划》进行政策解读，发布2022年山东省高端品牌企业培育名单并向企业代表授牌，启动第二届“好品山东”品牌故事大赛，展示山东省质量基础设施协同服务应用成效。现场展示聊城品牌建设成果，介绍聊城市质量基础设施“一站式”服务及率先推行区域联盟协同机制的工作经验。聊城市、濮阳市、邯郸市市场监管局主要负责人共同为“聊质通”云服务平台上线运行揭幕，签署《冀鲁豫质量基础设施服务联盟合作协议》，冀鲁豫三省交界地区质量基础设施服务联盟正式成立。活动现场宣布2023“中国品牌日”（山东）活动的举办城市为日照市，并进行旗帜交接仪式。

（齐鲁晚报·齐鲁壹点）

中国国际商标品牌节

【概况】 中国国际商标品牌节（简称商标品牌节）是由原国家工商行政管理总局批准，中华商标协会和地方政府共同主办的商标品牌领域国际性展会，自2005年起，每年举办一届。包括中国商标年会、中华品牌博览会等一系列内容丰富、形式多样的主题活动，是宣传知识产权法律法规、推广商标品牌建设经验的讲台，也是展示自主品牌形象、促进中外商标品牌界交流合作的舞台，更是推动中国产品向中国品牌转变、助力经济高质量发展的重要平台。自2005年以来，商标品牌节已连续在深圳、长沙、青岛、成都、大连、苏州、海口、昆山、桂林、唐山、银川、南昌举办了12届，时任全国政协副主席罗豪才、全国政协副主席郝建秀、全国人大常委会副委员长蒋正华、全国政协副主席齐续春、全国人大常委会副委员长周铁农分别应邀出席历届商标品牌节开幕式并视察中华品牌商标博览会。每届商标品牌节均邀请国家市场监督管理总局、国家知识产权局领导及相关司局领导、举办地省市领导出席，来自国家相关部委、法院、地方政府、各级市场监管和知识产权部门、知识产权国际组织、境外政府和民间机构以及国内外知名企业的代表数千人参会、参展，《人民日报》、新华社、中央广播电视总台等数十家中央媒体对历届商标品牌节相关活动进行宣传报道，在国内外产生了广泛的影响。近年来，国务院《“十四五”国家知识产权保护和运用规划》、国家知识产权局《2020—2021年贯彻落实〈关于强化知识产权保护的意见〉推进计划》将商标品牌节列为知识产权重大宣传活动，近几届参会参展人数均逾3000人，日益受到国内外政府部门、知识产权国际组织、知名企业家及商标品牌领域专家学者、从业者的广泛关注，在强化知识产权创造、保护、运用、管理、服务全链条，促进我国品牌经济发展方面的作用日益凸显。由于新冠肺炎疫情原因，2021年、2022年“第十三届中国国际商标品牌节”连续推迟至2023年举办。

（中华商标协会）

【2005年首届中国商标节】 经原国家工商行政管理总局批准，由中华商标协会、深圳市人民政府和中国国际展览中心集团公司主办，博鳌亚洲论坛协办的2005中国商标节（即首届中国商标节）于2005年12月9日至11日在深圳市举行。时任全国政协副主席罗豪才、郝建秀出席开幕式并参观了展览。本届中国商标节的主题为“走进商标 创造财富”，主要由“2005国际商标保护年会”“2005中外商标博览会”以及“走进商标新时代”大型专题文艺晚会三部分组成。2005商标国际保护年会的主题是商标的国际保护与国际合作，主要内容包括世界各主要国家和地区商标保护法律制度的比较、商标专用权的国际保护与合作、中国驰名商标的认定和保护制度等，参加人员以国

2005年首届中国商标节开幕式

内为主，日本、韩国、马来西亚等亚洲国家，法国、意大利、英国等欧洲国家，美国以及中国香港、中国澳门、中国台湾地区也派代表参加了此次年会。2005 中外博览会以“中国商标建设成就展”为核心，展出面积达 3 万平方米，全方位呈现中外企业商标品牌形象，共设中国商标建设成就展区、2005 中国企业商标 50 人展区、商标服务展区、驰名商标展区、商标综合展区、海外商标品牌展区六大部分，充分展示和宣传商标在社会经济活动中的地位和作用。

（中华商标协会）

【第二届中国商标节】 经原国家工商行政管理总局批准，由长沙市人民政府、中华商标协会主办，第二届中国商标节于 2007 年 11 月 3 日

第二届中国商标节开幕式

在湖南省长沙市举行。时任全国人大常委会副委员长蒋正华出席开幕式。时任世界知识产权组织助理总干事王彬颖等出席开幕式。本届商标节的主题为“加强商标保护 促进和谐发展”，旨在促进全社会提高商标意识，促进企业提高驾驭商标的能力和水平，促进全社会形成有利于保护知识产权和推动自主创新的良好氛围，推动商标的国际间交流合作。来自世界知识产权组织、国际商标协会、世界主要国家和地区商标协会、欧洲内部市场协调局的有关人士，原国家工商总局有关领导和司局负责人，全国各地工商行政管理机关商标工作负责人，商标法律服务机构，中外知名企业的代表等共计 2000 余人参加了开幕式。本届商标节由 2007 中国商标年会、2007 中国商标知识大赛、“消费者喜爱的商标”调查活动、2007 中外商标文化博览会、2007“加强创新保护、促进和谐发展”文艺晚会五项活动组成。

（中华商标协会）

【第三届中国商标节】 经原国家工商行政管理总局批准，由中华商标协会、青岛市人民政府共同主办的第三届中国商标节于 2009 年 11 月 9 日在青岛市举办。本届商标节以“实施商标战略 建设创新型国家”为主题，3000 余位来自全国各地及海外的知识产权政府部门、国际组织、学术界、代理机构，以及众多驰名、著名商标企业的代表参加了 2009 中国商标年会，开展了驰（著）名农产品商标、地理标志展销会暨企业商标文化博览会，商标管理工作 60 年成就展，消费者最喜爱的绿色商标调查，商标设计大赛等一系列活动。第十届全国人大常委会副委员长蒋正华出席开幕式及参加系列活动。中央电视台《新闻联播》播出了商标节开幕的消息，并在新闻频道播出了对“消费者最喜爱的绿色商标调查”“娃哈哈中国商标设计大赛”活动的采访，中央人民广播电台、《法制日

第三届中国商标节开幕式

报》、新华社、新华网、人民网、新浪网等各大媒体也都对商标节有关新闻进行了报道。

（中华商标协会）

【第四届中国商标节】 由中华商标协会和成都市人民政府共同主办的第四届中国商标节于2011年9月6日在成都市举办，来自全国各地的企业、工商行政管理系统、学术界和政府部门的1000多名代表和来自世界数十个国家和地区的80多名商标专业人士参会。时任国家工商行政管理总局副局长付双建、世界知识产权组织副总干事王彬颖出席开幕式。本届商标节主题是“商标引领发展 创新美化生活”，包括以“实施商标战略，促进西部发展”为主题的中国商标年会、集中展示全国商标战略示范城市和示范企业风采的商标战略成果展示及商品展

第四届中国商标节开幕式

销会、首届中国商标金奖颁奖、2009—2010年度公众推选最具影响力的十件商标大事评选结果发布、2009消费者最喜爱的绿色商标调查结果发布及2011优秀商标代理机构表彰等一系列活动。

（中华商标协会）

【第五届中国国际商标品牌节】 第五届中国国际商标品牌节于2013年6月13在辽宁省大连市举办。本届商标品牌节由中华商标协会和大连市人民政府共同主办，主题为“呼唤商标力量 促进繁荣发展”。时任全国政协副主席齐续春、世界知识产权组织副总干事王彬颖和国家相关部委领导以及部分国家和地区的商标主管部门官员、国内外著名知识产权专家学者、著名企业家、品牌策划师等相关人士1000余人出席

第五届中国国际商标品牌节开幕式

开幕式。20个国家（地区）和国际组织的百余位外宾参加本届商标品牌节。举行了2013中国商标年会、驰名商标精品及地理标志产品展销、“年度公众推选最具影响力的十件商标大事”等主题活动，共吸引上万人参加。经原国家工商行政管理总局批准，自本届（2013年）开始，“中国商标节”更名为“中国国际商标品牌节”，并由以前的每两年举办一届改为每年举办一届。

（中华商标协会）

【第六届中国国际商标品牌节】2014 年 11 月 8 日至 10 日，由中华商标协会主办的第六届中国国际商标品牌节在江苏省苏州市举办。第十一届全国人大常委会副委员长周铁农、世界知识产权组织品牌与外观设计部门马德里注册局资深顾问陶俊英和国家相关部委领导，以及部分国家和地区的商标主管部门官员、国内外著名知识产权专家学者、企业家等相关人士近千人参加了本届商标品牌节。本届商标品牌节主题为“助推民族品牌建设 促进商标国际交流”，举办了 2014 中国商标年会、中华品牌博览会、2014 中华商标协会优秀代理机构会员表彰、中华商标协会会员企业商标文化展示等主题活动。中华品牌博览会展区面积 3 万平方米，参展企业多达 560 家，展出商品覆盖衣食住行，进馆参观者高达 15 万人次。据不完全统计，博览会现场销售额高达 500 万元、电商平台销售 1.5 亿元、参展企业促成订单近亿元，其中四川馆首日销售额即达 20 多万元，累计 150 万元。

第六届中国国际商标品牌节开幕式

（中华商标协会）

【第七届中国国际商标品牌节】由中华商标协会和海口市人民政府主办的 2015 中国国际商标品牌节，于 2015 年 10 月 16 日至 19 日在海南省海口市举办。第十一届全国人大常委会副委员长周铁农、世界知识产权组织马德里注册局

第七届中国国际商标品牌节开幕式

资深局长大卫 · 穆思、国家相关部委领导，以及部分国家和地区的商标主管部门官员、国内外著名知识产权专家学者、企业家等相关人士近千人参加了本届国际商标品牌节。本届国际商标品牌节以“实施商标战略 发展品牌经济”为主题，举办了 2015 中国商标年会、2015 中华品牌博览会及 2014—2015 优秀商标代理案例表彰、2015 中华商标协会优秀代理机构会员表彰、会员企业商标文化展示、《商标代理组织诚信宣言》签字等一系列主题活动。举行了以“信用、创新、法治”为主题的第二届中国品牌经济高峰论坛。本届国际商标品牌节有 927 人参会，包括世界知识产权组织，美国、欧盟、韩国等主要国家和地区商标主管部门官员、国际商标协会等行业组织代表以及知名跨国公司高管人员。

（中华商标协会）

【第八届中国国际商标品牌节】由中华商标协会主办的 2016 中国国际商标品牌节于 2016 年 10 月 27 日在江苏省昆山市举办。第十一届全国人大常委会副委员长周铁农、世界知识产权组织副总干事王彬颖和中央有关部委、原国家工商总局有关司局、江苏省政府有关部门、全国各级工商和市场监管部门的领导，世界知识产权组织，中、美、欧、日、韩等国知识产权部门的官员，中外知名企业家、知名知识产权

第八届中国国际商标品牌节开幕式

专家学者，代理机构以及国内知名媒体等各个方面1500余名相关人士参会。本届国际商标品牌节以“创新驱动 品牌引领”为主题，举办了2016中国商标年会、2016中华品牌博览会及中华商标协会会员企业优秀商标文化展示等一系列主题活动。商标五方（中美欧日韩）会谈年会首次在商标节期间举办，并设置“有效遏制恶意商标注册”专题研讨会。中华品牌博览会规模约3.6万平方米，全国各地近500家企业参展。《人民日报》、新华社、中央电视台、中央人民广播电台、新华网、人民网、《经济日报》、《法制日报》、《中国知识产权报》、《中国工商报》、《中国消费者报》和《工商行政管理》半月刊等数十家中央知名媒体及江苏省当地媒体对本届商标品牌节予以宣传报道。本届商标品牌节注册参会人数达1000余人，其中外宾130余人，参会、参展人数共计3000余人。

（中华商标协会）

【第九届中国国际商标品牌节】 中华商标协会和原广西壮族自治区工商局共同主办的2017中国国际商标品牌节于2017年9月1日在广西壮族自治区桂林市举办。本届商标品牌节围绕“商标品牌保护 创新共享发展”主题，举办中国商标年会、中华品牌博览会等活动。第十一届全国人大常委会副委员长周铁农，国家有关部委、原国家工商总局有关司局、广西壮族自治区政府有关部门、桂林市政府有关部门、全国各级工商和市场监管部门以及国际知识产权组织代表，中外知名企业家，知识产权领域专家学者，商标代理机构人士等2000人参会，注册参会人数1168人。中国商标年会设置24个论坛。主论坛为第四届中国品牌经济高峰论坛，时任国家工商总局副局长兼商标局局长刘俊臣出席并作主旨演讲。WIPO（世界知识产权组织）、INTA（国际商标协会）、Marques（欧洲商标权人协会）、JPAA（日本弁理士会）等纷纷举办主题论坛。中华品牌博览会面积达2万余平方米，全国各地近500家企业参展。广西品牌成果展最终签约金额即达30.8亿元。西藏自治区拉萨市参展企业与相关企业达成4项合作协议，签约金额达369万元。新华网首次对商标品牌节开幕式、主论坛和两个分论坛进行现场视频直播，中央电视台《晚间新闻》、《经济日报》、《中国知识产权报》、《中国工商报》、《中国消费者报》等中央媒体及新浪网、腾讯网、今日头条等网络媒体对商标品牌节活动进行了报道。

第九届中国国际商标节开幕式

（中华商标协会）

【第十届中国国际商标品牌节】 由中华商标协会、河北省工商行政管理局、唐山市人民政府共同主办，河北省商标协会和原唐山市工商局

第十届中国国际商标品牌节为下届国际商标品牌节授旗

承办的第十届中国国际商标品牌节于2018年8月31日在河北省唐山市举办。第十一届全国人大常委会副委员长周铁农等领导出席了商标品牌节开幕式。世界知识产权组织副总干事王彬颖发来贺信。本届商标品牌节围绕“创造、保护、运用”主题，举办了中国商标年会、中华品牌商标博览会及一系列主题活动，来自国家部委、各级法院、地方工商和市场监管部门、商标代理机构、知名媒体以及学术界、企业界的4000余名代表参会。中华品牌商标博览会526家企业1500余人参展。中国商标年会近1800人注册参会，其中外宾百余位，来自42个国家和地区。举办23个论坛和沙龙，主论坛——第五届中国品牌经济高峰论坛，时任国家知识产权局党组书记、副局长刘俊臣作主旨演讲。中华品牌商标博览会展览面积13000平方米，分为品牌商标展、地理标志展和河北商标品牌展，526家企业1500余人参展，观众人数达7万人次。举办“中华商标创意设计大赛”“发现地标之美”“优秀商标代理机构及金牌商标代理机构”“2017—2018优秀代理案例”等表彰发布活动。中央广播电视总台、中国教育电视台、中央广播电视总台、新华社、《人民日报》、中国新闻社、《经济日报》、《法制日报》、腾讯网、新浪网、搜狐网、《知识产权报》、《河北日报》、《燕赵都市报》等30余家国内知名媒体的100余位记者参与报道。

（中华商标协会）

【第十一届中国国际商标品牌节】 由中华商标协会与银川市人民政府、宁夏回族自治区商务厅、宁夏回族自治区市场监督管理厅、宁夏回族自治区博览局共同主办的第十一届中国国际商标品牌节于2019年7月5日在宁夏回族自治区银川市举办。国家知识产权局党组书记、局长申长雨，宁夏回族自治区政府副主席王和山等领导出席了开幕式。本届商标品牌节围绕“加强商标品牌保护 共建创新发展之路”主题，中国商标年会举办23个论坛和沙龙，2000余人参会，来自33个国家和地区嘉宾百余人。中华品牌商标博览会展览面积15000平方米，设置地理标志展、品牌商标展和服务商标展3个展馆，有748家企业1500余人参

第十一届中国国际商标品牌节开幕式

展。开展（第三届）中华商标创意设计大赛、首届全国高校商标热点问题辩论赛等一系列主题活动。国家部委、各级法院、地方市场监管部门、商标代理机构、知名媒体，以及学术界、企业界的3600余名代表参会。中央广播电视总台、新华社、人民网、《经济日报》、《法制日报》、《中国市场监管报》、《中国知识产权报》、《中国消费者报》、《宁夏日报》等多家国内知名媒体的百余位记者参与报道。

（中华商标协会）

【第十二届中国国际商标品牌节】2020年12月4日至7日，中华商标协会与南昌市人民政府以“纵论商标经纬 共筑品牌未来”为主题，在南昌市共同举办第十二届中国国际商标品牌节。时任国家知识产权局副局长何志敏出席开幕式并致辞，南昌市人民政府副市长李松殿等领导出席开幕式。本届国际商标品牌节围绕国家知识产权战略及商标品牌战略实施，举办了2020中国商标年会、2020中华品牌商标博览会等系列主题活动，共有3000余名来自国家市场监督管理总局和国家知识产权局等相关部委、各级法院、地方市场监督管理和知识产权部门、高等院校、企业、律师事务所及商标代理机构的代表参会参展。中国商标年会举办17场论坛和沙龙。主论坛——第七届中国品牌经济高峰论坛主题为“商标链接世界 品牌助力内需”，原国家工商行政管理总局副局长刘玉亭等出席论坛并发表演讲。国家知识产权局商标局在商标年会上举办“齐力商标事业生态建设 助力营商环境持续优化”宣讲活动，知识产权保护司举办《海外重点国家商标维权指南》发布仪式，公共服务司举办“加强商标信息利用 助力品牌价值提升”交流研讨。中华品牌商标博览会展览面积20000平方米，分为地理标志产品、商品品牌商标、服务品牌商标三个展区，来自全国各地的近500家品牌企业、1500余名展商参展，其中国际企业9家。并开展了“品牌商标建设贡献奖”“品牌商标领军人物”“中华品牌商标博览会金奖”“年度优秀商标代理机构”“年度优秀商标法务团队/个人”等表彰活动。新华社、人民网、《经济日报》、《法制日报》、《中国市场监管报》等中央媒体及江西本地知名媒体均对本届商标品牌节进行了报道，中央广播电视总台《新闻联播》、《晚间新闻》栏目播出相关新闻。

第十二届中国国际商标品牌节开幕式

（中华商标协会）

第28届中国国际广告节

【概况】中国国际广告节（简称中国广告节）原称“全国创意优秀广告作品展”，首届举办城市为北京市，始于1982年。自2000年更名为“中国广告节”，2008年更名为“中国国际广告节”，在安徽省合肥市举办。从2020年开始，正式长期落地福建省厦门市举办。中国广告节自1982年开始，现已连续举办29届。中国广告节是经国家市场监督管理总局批准，由中国广告协会主办的广告业界盛会，是中国广告业最具权威、最专业、规模最大、影响最广的国家级展会。它集国家级专业比赛评比、媒体展会、设备展会、商务交流、高峰论坛会议等为一体，起到推动中国广告业发展，促进国内与国际广告业交流、合作的重要作用。随着中国广告节的专业化、市场化、国际化发展，中国广告节逐渐成为国际广告业考察中国市场最便捷的通道，成为国际广告节及广告赛事的最佳推广、展示平台。戛纳国际广告节、纽约广告节、伦敦广告节、亚太广告节、日本电通赏、ONE SHOW等国际最高水准的广告赛事的优秀作品展陆续进驻中国广告节；国际知名企业领袖、传媒风云人物、广告大师的身影也越来越频繁地出现在中国广告节的参会嘉宾和演讲嘉宾中；跨国广告集团也越来越重视参与中国广告节，以参赛、参展、参会等形式与中国广告节亲密接触。

由中国广告协会主办，厦门市政府和国际广告协会支持，以“琴岛之城，谱写广告新篇章；鼓浪之滨，推动品牌快成长”为主题的第28届中国国际广告节，于2021年12月10日至13日在福建省厦门市举办。本届中国国际广告节总展览面积为40724平方米，共举办广告四新展、大国好货创新联展、世界优秀广告作品展、媒介·广告企业展示交流会、中国户外媒体创新体验馆等专业展览。举办了第28届中国国际广告节主论坛、中国广告市场社会共治论坛、中国内容商业大会、品牌全球化论坛、2021中国传媒趋势论坛、“演替·共生”营销科学论坛、中国互动广告高峰论坛、中国广电新型主流媒体台长高峰论坛暨产业经营峰会、中广协网络直播产教融合专项论坛、中国体育营销趋势峰会——相信体育的力量媒体分享会等13场高峰论坛、研讨会，汇聚广告业内创意精英，就新形势下，广告业新业态、新模式、新技术发展趋势展开了专业的主题演讲和高端互动对话。适应新形势和参展参会客商的新需求举办了中央级媒体2022品牌营销资源品鉴会、雅迪传媒专场内容营销品鉴会、中国网络领军品牌2022营销资源品鉴会、内容玩家—网易传媒态度营销峰会等多场资源品鉴会或营销会，共发布营销资源149.2亿元，较27届增加7亿元，增长4.9%；举办营销资源发布会23场，较27届增加2场；参与对接营销资源113个，对接机构114家，与27届基本相当。营销资源对接积极踊跃，共同构建起行业资源共建共享的广告生态圈，助力我国广告业快速发展。其中，中国网络领军品牌2022营销资源品鉴会汇集了一点资讯、知乎、凤凰网、掌阅科技、雅迪传媒、百度、芒果TV、华奥传播、美团、风行、趣头条、网易传媒及京东物流等知名头部企业，共发布营销资源金额73亿元，较27届增加2亿元，增长2.8%；举办营销资源发布13场，参与对接营销资源83个，对接机构78家。而中央级媒体2022营销资源品鉴会则汇集了中央广播电视总台、CCTV电影频道、华风集团和张默闻策划集团等，共发布营销资源43.2亿元，较27届增加4亿元，增长13.1%；举办营销资源发布会8场，较27届增加2场，参与对接营销资源20个，对接机构21家，成效显著。

据不完全统计，本届中国国际广告节共吸引媒体机构550家，传播曝光量超10亿，新闻总价值超过5000万元。其中线上直播渠道总计观看人次超过2600万，较去年增长超过4倍。中央广播电视总台CCTV-1综合频道《朝闻天下》《晚间新闻》、CCTV-2财经频道《正点财经》《经济信息联播》、CCTV-4中文国际频道《今日环球》《中国新闻》、福建电视台《福建卫视新闻》《东南晚报》《清新福建文旅频道》等电视类媒体报道12条。《厦门日报》《厦门晚报》《海峡导报》《海西晨报》《城市捷报》《中国市场监管报》等纸媒报道16篇。人民网、新华网、《中国日报》、中新网等权威党政媒体，腾讯、搜狐、网易、凤凰网、一点资讯、今日头条等资讯平台客户端及网络报道共计1873篇。海外网站包括Yahoo、AP News（美联社）、PR Newswire（美通社）、MarketWatch、SeekingAlpha等资讯、财经网站发布报道354条。微信公众号包括广电时评、广电实战、中国广告网、公关界的007、文案与美术、执牛耳传媒、户外媒体内参等头部及其他行业自媒体发布文章334篇；微博话题#第28届中国国际广告节#阅读量超843.8万；短视频共计124条。中国国际广告节的影响力和品牌力不断凸显，以节助城，“一城一节、双得益彰”，极大提升了厦门城市的影响力和美誉度。

（中国广告协会）

【中国广告业大奖颁奖典礼】 2021年12月11日，由中国广告协会主办的中国广告业大奖颁奖典礼在厦门国际会议展览中心举行，其中“黄河奖”共征集参评作品4320件，颁发全场大奖、金奖、银奖、铜奖和优秀作品奖201件；“长城奖”共征集参评作品4000余件，颁发金奖、银奖、铜奖作品135件，以及学术类奖项10个，囊括了2021年度业内最具引领性、创新性的优秀作品。

广告节主论坛现场

黄河奖颁奖典礼现场

黄河奖领奖合影

长城奖颁奖典礼合影

（中国广告协会）

【第四届 3·15 消费者权益保护公益广告大赛颁奖典礼】 2021 年 12 月 11 日，由国家市场监督管理总局主办，中国广告协会承办的“第四届 3·15 消费者权益保护公益广告大赛”颁奖典礼在厦门国际会议展览中心举行，共颁发金、银、铜奖和优秀作品 71 件。其中《别让预付方式消费困住了自己》《3·15 是您坚强的后盾》《谨防消费陷阱》《厚道经营方能长远发展》四个作品的作者获得大赛金奖。

（中国广告协会）

【广告主金伙伴授牌】 2021 年 12 月 11 日，由中国广告协会主办的 2021 年度媒企盛典暨广告主金伙伴授牌仪式在厦门国际会议展览中心举行。通过对年度媒企合作案例的盘点、梳理和表彰，真实反映中国媒体广告人、企业营销者在品牌推广、产品行销一线工作中成果；并通过邀请数位企业主参会，讲述品牌态度，数家强劲媒体助阵，表达媒体态度，媒企同台分享如何挖掘领军企业与优质金伙伴携手的价值所在。

（中国广告协会）

【第 28 届中国国际广告节主论坛】 2021 年 12 月 11 日，由中国广告协会主办的“第 28 届中国国际广告节主论坛”在厦门国际会议展览中心举办。以“助力‘双循环’，赋能‘国品潮’”为主题，包括中央广播电视总台、百度、阿里、京东、快手、爱奇艺、分众、迪思等企业高层从不同维度精准把脉、剖析“双循环”发展新格局的市场变化，破解国牌崛起的赋能之道，吸引参会者近 600 人，网络平台直播浏览量超 200 万。

（中国广告协会）

【2021 品牌全球化论坛】 2021 年 12 月 11 日，由中国广告协会主办的“2021 品牌全球化论坛”在厦门国际会议展览中心举办。围绕“品牌出海当自强”论坛主题，解读最新的出海政策、跨境电商平台规则，分享海外消费洞察、跨境实战经验，共同探讨品牌出海新机遇，并在会上发布《2021 中国品牌海外传播报告》，助力中国品牌在风云变幻的国际宏观环境砥砺前行、乘风破浪。

（中国广告协会）

【2021 中国广电新型主流媒体台长高峰论坛暨产业经营峰会】 2021 年 12 月 11 日，由中国广告协会主办的“2021 中国广电新型主流媒体台长高峰论坛暨产业经营峰会”在厦门国际会议展览中心举行。以“融媒体纵深发展推动打造

新型主流媒体平台”为主题，广泛联动中国广告融媒体领域大咖，一同探讨建设新型主流媒体的实践路径与模式。主要围绕新型主流媒体战略定位、发展趋势、行动要点、重点工作等重要话题展开讨论交流。产业经营峰会将围绕新型主流媒体产业布局、垂直领域、生态闭环、创新模式等重要话题展开讨论交流。

（中国广告协会）

【“演替·共生”2021营销科学论坛】2021年12月11日，由秒针系统主办的“演替·共生2021营销科学论坛”在厦门国际会议展览中心举办。邀请11位来自协会、品牌、媒体、代理及第三方等机构的营销科学践行者代表为营销科学工作者们带来了一场营销科学盛宴，并现场发布《2022中国社交及内容营销趋势》《2022 KOL营销趋势白皮书》及《2022智能消费电子行业营销白皮书》三份IP报告及白皮书，帮助行业各方抢先前瞻2022年营销趋势，助力制定新一年营销策略。

（中国广告协会）

【中国广告市场社会共治论坛】2021年12月12日，由中国广告协会、中国工商报社共同主办的“中国广告市场社会共治论坛”在厦门国际会议展览中心举办。旨在通过研讨推进中国广告市场的社会共治，促进广告行业健康、科学发展，邀请政府、企业、高校及社会组织的专家学者就政府监督、行业自律、社会监督和企业自治等进行探讨，力促形成善治共赢局面。“广告市场社会共治论坛”是中国国际广告节上的重要论坛之一，本次论坛主要内容包括：广告监管政策解读；广告违法案件分析和执法介绍；广告监管形势研究报告；市场主体合规自治等。论坛参与者主要来自各地市场监管系统，广告主企业、广告经营者（数字和传统代理公司）、广告发布者、互联网广告平台（兼具广告主、广告经营者、广告发布者特征）、广告代言人经纪机构，广告教学研究机构，法律服务机构，地方广告行业协会，以及有关会员单位。论坛聚焦业内关注的广告市场规范热点问题，演讲交流内容突出实务，给参与受众实际工作予以启发。

（中国广告协会）

【中国内容商业大会】2021年12月12日，由中国广告协会主办的“中国内容商业大会”在厦门国际会议展览中心举行。围绕“阳光赋能，创新无界”主题，囊括众多品牌广告主、MCN机构以及相关时尚潮流行业人士，共同

中国广告市场社会共治论坛会场

探寻流量红利消退的背景下，娱乐营销的变革与迭代、舆论引导、广告代言等，拓展营销新玩法并倡导营销阳光正能量。本次论坛以“阳光赋能·创新无界”为主题，“阳光”意指广告也要讲导向，“创新”意在市场永远不变的法则就是永远在变。共同探索年轻市场新动向，探寻新形势下的舆论引导、广告代言，拓展营销新玩法并倡导营销阳光正能量。其中“新玩法”介绍了新时代内容商业的服务和投放形式、品牌的营销新方式、私域流量的提升、短视频IP的孵化和使用形式等；“新营销”介绍达人营销、内容营销、品牌营销、直播服务等；“新内容”剖析了内容平台和健康垂类品牌营销之所长，并将媒体与品牌结合，全方面对行业发展进行分析与总结。此外，针对“反诈”话题，现场还邀请警官朱艳平，抖音达人王乃迎、痞幼、说车的小宇、财才说进行了圆桌论坛，科普反诈知识。

（中国广告协会）

【2021中国传媒趋势论坛】 2021年12月12日，由中国广告协会主办的“2021中国传媒趋势论坛”在厦门国际会议展览中心举办。该论坛素有中国广告传媒业“风向标”的称号。此次论坛以“新消费时代的传播革命”为主题，聚焦“智”媒时代的媒体变革、大IP时代的内容营销、新消费新场景新传播以及品牌年轻化的创新与实践四大内容进行全面解读，共话未来传媒趋势。论坛的演讲嘉宾来自具有代表性和专业性的专家学者、知名广告公司以及中国具有代表性的传媒与品牌企业，涵盖主流媒体、移动门户、大数据平台、广告主、广告公司等多个领域。参会者近300人，网络平台直播浏览量超50万。

（中国广告协会）

【中广协网络直播产教融合专项论坛】 2021年12月13日，由中国广告协会主办的“中广协网络直播产教融合专项论坛”在厦门国际会议展览中心举办。就网络直播行业发展趋势、元宇宙运用及职教定位等进行密切的交流和资源分享。分为新趋势、新技术和新产教三个篇章，专注直播电商、数字内容和虚拟技术等领域，聚焦紧跟趋势推进校企一体化和职教新发展、培养优质复合型数字化人才向社会“零距离”输送、赋能人才反哺企业促使就业转型升级和带动区域经济高速发展等几个维度进行分享。数百位院校领导、媒体平台负责人、品牌主参与论坛分享。论坛借由丰富的主题演讲和专项讨论，形成了多个具有前瞻性的观点，对职业院校数字传媒专业建设、技术运用、培养机制改革和校企合作等产生了极大的裨益，吸引32万余人在线共同观看，引发网易、凤凰和讯网等权威媒体的报道。

（中国广告协会）

中国广告论坛

【概况】 中国广告论坛是中国广告协会主办的重要年度活动之一，也是中国广告、传媒领域级别高、规模大、影响广的大型专业活动。2005 年首届起至今，历经十余载，中国广告论坛已经成为引领行业发展的风向标，在广告经营单位创新发展、战略规划、转型升级等方面发挥了重要的指导作用，被业界称为“中国广告达沃斯会议”。

（中国广告协会）

论坛举办地——杭州市未来科技城学术交流中心

【第十七届中国广告论坛】 2021 年 5 月 15—16 日，由中国广告协会和杭州市余杭区政府共同主办的 2021（第十七届）中国广告论坛暨首届中国绿色直播生态博览会在杭州市未来科技城学术交流中心举行。本届第一个论坛板块“时代定义广告，广告顺应时代，构建中国广告新发展格局”探讨年度宏观经济发展趋势以及市场走势，重新思考对行业的认知、对战略机遇的把握，充分利用广告业的优势作用，激发出更大的内需活力，造就新的消费市场，更好结合广告与时代，构建中国广告新发展格局。第二个论坛板块“构建中国广告新发展格局——新品牌、新消费、新营销”就 2020 或 2021 上半年广告营销界爆款案例在论坛现场进行专享演说，分享全案打造与执行背后的故事。同时重点阐述案例产品或平台传播影响力的塑造以及对社会的影响：营销创意如何突破广告之界限，引起消费者的追捧，形成社会话题，对社会大众产生深远影响，等等。第三个论坛板块“构建中国广告新发展格局——新营销的发展与规范”就如何能在新消费业态和新营销健康发展的前提下，促进新消费增长，加速线上线下融合发展；如何推进选；如何从直播合规、新营销 新消费、新渠道 新增长、新创意 新影响、新商机 新合作五大方向切入，促进新营销的规范化建设，探索打造绿色直播生态等进行专题演讲。本届论坛现场入座近 1000 人，观展近 1000 人。

（中国广告协会）

【第十八届中国广告论坛】 由中国广告协会和哈尔滨市政府共同主办的 2022（第十八届）中国广告论坛于 2022 年 8 月 3—4 日在哈尔滨市举行。

本届论坛以“数智新时代，广告新生态”

圆桌论坛：城市元宇宙会客厅

为主题，邀请经济学家解读时政、广告学者分析新策、营销精英分享案例，给各位行业同仁搭建了一个信息分享和沟通的优质平台。论坛将元宇宙元素融合其中，以“内容 + 技术 + 创新”三位一体的精彩呈现为创意赋能，为营销赋能。论坛及哈尔滨联名的“尊享版数字藏品”以雪花造型为外轮廓，彰显哈尔滨“大美冰城”的美誉。论坛与稻米全产业链国家龙头企业乔府大院联名的“品牌版数字藏品”也亮相现场，展现了“数字艺术 + 农业”虚实融合的新可能。由中国广告协会指导、数字元宇宙工作委员会与蓝色光标蓝色宇宙共同执行的“中国数字藏品营销标准”工作组，向行业同仁发出邀请。论坛助力哈尔滨“创意设计之都”城市建设，围绕如何更好打造“创意设计之都”进行了充分交流，并助推了创意设计领域的八大项目签约。哈尔滨“创意设计之都”城市建设交流会围绕哈尔滨市“创意设计之都”建设，提升哈尔滨城市文化品质，创意设计赋能品牌、提升哈尔滨城市品牌影响力，创意设计赋能城市产业发展等方面深入交流，为哈尔滨创意产业发展提出具体思路和解决方案。论坛特别设置“城市元宇宙会客厅”板块，深入探讨如何通过城市的个性化 IP 文旅和会展产品，为哈尔滨打造元宇宙时代领先的城市品牌形象和精神地标。大会正式启动首届“我是城市筑梦师”城市元宇宙创新创意大赛，并启动中国首部产业元宇宙纪录片《灵境》的拍摄。论坛开幕式上，好品中国（黑龙江）产业孵化基地与哈尔滨中央红集团股份有限公司、分众传媒与黑龙江省农业商会“国牌崛起”计划、中国广告协会与哈尔滨五常市大米协会、中广协网络直播产教融合中心黑龙江基地、中国广告协会品牌发展创意设计中心入驻哈尔滨新区创意设计产业园、哈尔滨新区与北京正和岛信息科技有限公司、十二之天微电影影视文化创意公园项目、哈尔滨经济技术开发区与黑龙江广告协会进行了战略签约，以此助推行业各方抓住哈尔滨加快振兴发展、晋位赶超的机遇，深入考察、扩大交流、加强合作，实现互利双赢、共同发展，为“冰城夏都”注入更为强劲的发展动力。论坛期间，大学生广告艺术节学院奖

国家广电人才“全媒体运营师”岗位培训项目启动仪式

中国广告教育产教融合论坛2021冬季征集活动颁发荣誉证书

“我是城市筑梦师”——首届城市元宇宙会客厅创新创意大赛启动仪式

2021冬季征集活动荣誉颁发暨中国广告教育产教融合主题论坛圆满举行。广告人文化集团与高校、企业、行业三方在论坛上共同发起成立中国广告教育产教融合联合基地示范工程。中国广告协会产教融合中心“校企共建中广协产教融合中心黑龙江示范基地”签约揭牌。中国广告协会联合广播电视总局人才中心开展的“全媒体运营师”培训项目以及第二届中国广告协会网络直播创新创业实战技能大赛也在论坛上进行了启动。论坛现场入座及参会将近1000人，线上观众近100万人。中央广播电视总台财经频道、新华社、人民网及中国网等主流媒对论坛举办情况进行了报道。据统计，“2022中国广告论坛”关键词搜索相关网页信息超636万，资讯千余篇，覆盖100个以上媒体及资讯、视频门户，宣传曝光量达亿量级。参与中国广告论坛的媒体上百家，这些媒体代表来自不同媒介领域，善用不同的媒介渠道，他们对中国广告论坛不同角度和层次的宣传报道，构成了强大的宣传阵容体系。多家平台对论坛进行直播，观看数量达到100万次。微博关于#中国广告论坛#的话题累计阅读量超1172万，落地期新华网两篇论坛通稿阅读量分别高达174万、107万；央视新闻、人民网等各类稿件及视频阅读量总计超过600万。

第二届中广协网络直播创新创业实战技能大赛启动仪式

（中国广告协会）

中国品牌节

【概况】 中国品牌节由《经济日报》原总编辑艾丰，知名媒体人、正和岛首席架构师刘东华，品牌联盟（北京）咨询股份公司董事长王永和数百位品牌企业创始人于2006年8月8日在北京人民大会堂共同倡议发起创立，历经16载的发展，始终致力推动中国品牌的产业化与国际化，已先后在北京、青岛、大连、贵阳、成都、武汉、呼和浩特和长沙等城市成功举办了16届，被誉为“中国品牌界的奥运会”。

“中国品牌节”系列活动的主办单位是品牌联盟(Topbrand Union)，系列活动主要包括中国品牌节年会、中国品牌节女性论坛、中国品牌节年度人物。目前，中国品牌节已经成为中国自主品牌形象的综合传播平台，是中国首个全国性大型品牌活动，曾四届登陆CCTV-1《新闻联播》，单届最高规模达18000人以上，同时也是中国品牌互相交流、学习、促进、提升的资源合作平台。

2006年8月8日首届中国品牌节在人民大会堂举行

中国品牌节女性论坛(原名品牌女性高峰论坛)，是品牌联盟自2008年开始打造的品牌女性与女性品牌的双重价值展示平台。论坛包含开幕式、主题演讲、高峰对话、荣耀盛典等环节。目前女性论坛已经成功举办了14届，是品牌女性学习知识、交流情感、拓展人脉、开阔视野、展示魅力的渠道，同时也是引领中国女性发展新潮流的年度风向标。

论坛每年都会评选出“中国十大品牌女性”榜单，为品牌联盟对中国品牌女性（包含港澳台地区）观察和研究的成果作品，是一份真实客观反映品牌女性现状，没有任何利益诉求的研究性榜单。郎平、刘晓庆、杨绵绵、靳羽西、杨澜、于丹、董明珠、蒙曼、闾丘露薇、陈春花、鞠萍、金晶等都曾荣获“中国十大品牌女性”称号，登上品牌女性颁奖礼的荣耀舞台。

2021年开始重磅推出“中国品牌女性500强”，结合品牌女性的专业能力、财富影响力、社会责任、公众形象、关注度等重要指标，并且通过专家评委对品牌女性的知名度、美誉度等指标进行评分，进而对品牌女性进行数据分析、综合评估。最终按照综合指数排序，公布位居前500名的品牌女性。“2021中国品牌女性500强”榜单中，董明珠、郎平、屠呦呦居前三。

中国品牌节年度人物峰会是颇具影响力的年终个人品牌盛会，于每年12月举办。自2006年成立至今，品牌年度人物峰会系列活动始终坚持挖掘、表彰品牌人物，鼓励、推介年度风云新锐人物，聚焦“品牌”“人物”两个核心竞争力，并致力寻找年度内为中国品牌赢得尊敬的人物。目前该活动已经成为发现和推介为中国品牌事业作出卓越贡献的杰出人物的重要平台。

该活动始终以“谁为中国赢得尊敬”为主题，围绕品牌理念、年度推崇、人物标识、卓越贡献四大核心元素，不仅表彰“以中华情怀描绘品牌梦想蓝图，以民族智慧开创品牌全球格局”的年度品牌人物，还为推动个人品牌标准的建立，打造年度品牌人物的最高权威奖项而努力。

（品牌联盟）

【2021中国品牌节女性论坛】2021年5月16日，以“找自我·知自我·活自我”为主题，由品牌联盟主办的2021中国品牌节第十四届女性论坛在北京举行。为期两天的高峰论坛上，政府领导、企业家、专家学者、文体名流和媒体代表等嘉宾齐聚一堂，盛会也引起了媒体的高度关注和支持。其中，主办媒体由分众传媒主办，华铁传媒、中新经纬、隧道酷媒、宾臣传媒、女友传媒、七十二传媒为媒体协办，新浪财经、经典调频FM969、BOSS俱乐部为媒体支持，快手为指定直播平台。本届论坛紧贴时下焦点，针对一线女性医护、育龄女性就业、职场女性晋升、女性领导力、女性实现自我价值、女性社会安全等问题进行深入研讨；聚焦新时代女性精神，组织女性创业、品牌营销、女性领导力等多视角分论坛，深入探讨女性实现自我价值的方式与路径。论坛还通过围绕“打造用户品牌，占领用户心智”“独立女性的精神支撑来自何方”等主题展开探讨，并邀请了十位德高望重的老艺术家就“中国文艺经典中的女性之光”等话题开展了高峰对话，进一步阐述了“品牌女性”是当代成功女性的典范，“国家发展、民族兴旺、社会进步“的中流砥柱。此外，大会还发布了“2021中国品牌女性500强”“2021中国十大品牌女性”、颁发“中国品牌女性文化艺术功勋人物奖”等十余个奖项。

贵州松桃梵净山苗族文化旅游产品开发公司董事长石丽平身着民族服饰登台领奖

而“中国品牌女性500强”研究榜单在

高峰对话《打造用户品牌，占领用户心智》现场

中国品牌女性文化艺术功勋人物奖颁奖现场

老艺术家们现场演唱《唱支山歌给党听》

2021中国品牌节第十五届年会启动仪式

2021年首次发布，即引发社会各界高度关注；榜单前十的女性，分布在企业、科学、体育、文艺四大行业。

（品牌联盟）

【2021中国品牌节年会】 2021年9月11日，由品牌联盟（北京）咨询股份公司与呼和浩特市政府共同主办，燕谷坊集团、华软资本集团协办的2021中国品牌节第十五届年会，在呼和浩特香格里拉大酒店大宴会厅开幕。来自全国1000余位精英翘楚、行业大咖，汇集产业、金融、科技、资本及媒体等多个行业的企业代表出席了本次盛会。年会以“绿色与科创”为主题，为期三天时间，组委会安排了开幕式、主题演讲、高峰对话、颁奖盛典、行业分论坛、品牌之旅、草原健康行等十多场主题鲜明的活动。活动内容紧扣我国“十四五”规划的主要目标，依托呼和浩特“科创基因”优势，集中对呼和浩特城市品牌、敕勒川草原风光、城市文旅亮点、当地民俗特色等进行宣传推广，积极推动呼和浩特产业绿色化、智能化转型与融合化发展。中国品牌节创始人兼秘书长、品牌联盟董事长王永讲到，中国品牌节至今已连续举办十四届，并得到了各级政府、众多企业和社会媒体的认同。本届中国品牌节年会将紧紧围绕着“造势”“聚资”“汇智”，为呼和浩特打通政商互融新路径，构建起双向通畅、发展有益的新型合作关系。高峰论坛环节，来自学术界、产业界的嘉宾围绕《绿色、科创、品牌，助推青城高质量发展》《品牌：青城论道》《双碳目标下的挑战与机遇》三大主题展开对话讨论。论坛嘉

呼和浩特招商引资合作项目签约仪式

宾紧扣内蒙古“十四五”战略发展规划，探讨“双碳”目标背景下，呼和浩特城市品牌建设之道与科创产业的发展机遇。会议期间，呼和浩特市委相关领导现场推介呼和浩特特色产业，表示下一步将围绕乳类制品、谷物杂粮、肉类水产、水果蔬菜、食用油脂、特色餐饮、文旅产品等七大品类，通过培育食材基地、设立线上线下示范店、开展主题体验活动等，力争将“敕勒川味道”打造成为国内知名的区域公用品牌。活动当天，还同期举办了四场平行论坛，包括2021中国品牌节大健康产业与数智化论坛、2021中国品牌节元宇宙论坛、2021中国品牌节公益品牌建设发展座谈会、2021中国品牌节企业家运动与健康座谈会。年会得到人民网、新华网、中新网、光明网、央广网、中华工商网、华夏蒙商网、内蒙古新闻网、《呼和浩特商报》、北方经济网、新浪网、搜狐网、网易、腾讯网、凤凰网、中国网、财联社、中新经纬等数十家媒体的关注与支持，通过网络媒体、电视媒体、现场直播、短视频、自媒体等多元化的传播渠道，全方位报道年会现场盛况。

2021中国品牌节第16届年度人物峰会现场合影

（品牌联盟）

【2021中国品牌节年度人物峰会】 2021年12月26日，由品牌联盟（Top-brand Union）主办的2021中国品牌节第16届年度人物峰会，在北京香格里拉酒店举行。峰会以“谁为中国赢得尊敬”为主题，全国人大常委会领导出席活动并致辞。中国品牌节发起人兼秘书长、品牌联盟董事长王永致辞并揭晓五大榜单。科技、经济、文化、体育等多个领域，涌现出了一批杰出人物，为中国赢得尊敬。王永代表主办方品牌联盟致辞。王永从“草根”的角度，为大家讲了三句心里话：第一句话是“不容易”，包括峰会延期举办的不易、大家从各地赴京参会的不易、全民抗疫的不易；第二句话是“算大账”，经济账再大也大不过民生的账；第三句话是“向前看”，人生就像曾跑过的百公里级戈壁马拉松，向前看也能坚持到终点。

中国品牌节发起人兼秘书长、品牌联盟董事长王永发布榜单

（品牌联盟）

【2022 中国品牌节年会】2022 年 8 月 7—9 日，第十六届中国品牌节年会在湖南长沙北辰国际会议中心举行。本次活动以“开放与奋进”为主题，主体为“1923”模式，即 1 场大型开幕式、9 场重要活动、23 场平行论坛，致力于奉献一场无与伦比的中国品牌节年会，为中国品牌事业的发展和长沙城市品牌建设建言献策。

2022年8月7日，第十六届中国品牌节年会开幕前全体唱国歌

第十六届中国品牌节年会由品牌联盟、中国会展经济研究会联合主办，长沙市人民政府、湖南省工商业联合会、湖南省体育局、湖南省科学技术协会、华夏文化促进会联合支持，长沙市商务局、浏阳市人民政府、湖南省商标品牌协会等协办，神农架四季小镇冠名，奥康集团战略合作。开幕式上，十三届全国政协副主席、民革中央常务副主席郑建邦通过视频发表致辞。他从国家品牌、城市品牌、企业品牌三个角度指出，品牌是态度和承诺，并强调传播是品牌发展的助推器。湖南省委常委、长沙市委书记吴桂英宣布本届品牌节年会正式开幕。中国品牌节发起人兼秘书长、品牌联盟董事长王永正式发布《2022 世界品牌 500 强》榜单，是本届品牌节年会的最大亮点。其中，苹果、微软和谷歌分别以7998.09亿、6674.35 亿、4055.32亿美元的品牌价值分列榜单前三。

2022年8月7日，王永在开幕式上发布《2022中国品牌500强》榜单

开幕式上还举行了世界品牌 500 强专家评审委员会聘任仪式。《2022 中国品牌 500 强》榜单同期发布，中国石油、中国石化、国家电网为前三名。前十强主要以央企为主，台积电的入选引人关注。《中国品牌 500 强》榜单始于2010 年，曾在 2010、2012、2019、2020、2021 年度的中国品牌节年会上发布。据王永介绍，《2022 世界品牌 500 强》和《2022 中国品牌 500 强》的发布，都是践行四句话的原则：一家之言、自成体系，持续迭代、力求公认。除了这两项重磅榜单，《华谱奖》《金谱奖》《2022 中国首席品牌官 500 强》《2022 中国品牌专家 500 强》《2022 中国十大优秀品牌案例》《2022 品牌助力乡村振兴优秀案例》等一系列研究榜单也在 8 月 8 日晚上的奥康之夜 · 荣耀盛典上公布。

（品牌联盟）

第8届王府井国际品牌节

【概况】 北京王府井国际品牌节于2010年创办，旨在通过中国商业地标“王府井”，打造“高端化、品牌化、国际化”的传播、交流、合作平台，现已成功举办8届，成为不断提升王府井影响力、驱动王府井发展的重要引擎。品牌节围绕“美好生活”主题，打造“王府井嘉年华”系列活动，推出“商业＋时尚”“商业＋文化”“商业＋生态”“商业＋科技”四大板块活动内容，开启王府井美好生活方式。组织王府井街区商家围绕“新消费、新场景”主题，开展王府井“金秋购物季”，打造消费盛宴。各项品牌展示发布和文化旅游推广活动持续至国庆节假期。

2022年9月15日晚，由商务部流通业发展司、文化和旅游部产业发展司、中国商业联合会共同指导，北京市商务局、北京市文化和旅游局、北京市东城区人民政府、北京时尚控股有限责任公司联合主办的“第八届北京王府井国际品牌节”开幕。北京市东城区领导孙新军、吴松元、汤钦飞、李妍、赵海英、赵海东出席开幕仪式。

来自商务部、文旅部、北京市、东城区的多位领导致辞并启动开幕特效。开幕现场上演时尚新品首发主题秀——“2022北京时装周·王府井集团时尚美学之夜”，传递王府井“商业＋时尚”理念，为本届品牌节高端造势。王府井地区管委会、王府井集团将分别与北京时装周组委会进行战略合作伙伴签约，联动王府井优质资源，促进商业与时尚互融共进，助推打造北京国际消费中心城市建设的王府井范式。此外，在开幕式上，奥运冠军、时尚人士等嘉宾将通过微访谈形式进行双奥主题现场互动，传递北京冬奥精神，深化奥运理念。

第八届北京王府井国际品牌节延续“高端化、品牌化、国际化”方向，具有四个突出特点，即坚持文化引领，高水平推动文化艺术策展与街区公共空间交互融合，丰富线下场景社交属性；注重培育夜间经济，以王府井入选国家级夜间文化和旅游消费集聚区为契机，开展多元主题夜间消费活动，丰富

2022北京时装周BRTV合影

2022年9月15日，签约仪式现场

2022年9月15日，北京时装周系列活动

夜间消费体验，为广大市民提供多彩选择，让城市夜晚“亮”起来、人气“聚”起来、商气“火”起来、财气“旺”起来；注重凝聚社会力量，探索建立“管委会+国资平台公司+产业运营公司”的三方协同机制，积极吸纳优质市场主体参与活动策划执行；注重商家广泛参与，发挥商会统筹协调作用，引导街区商家之间实现空间、资源联动和经营联动。

（王府井地区管委会）

【王府井嘉年华开启美好生活方式】 2022年9月15日晚，第8届王府井国际品牌节主题活动“王府井嘉年华”在王府井商业街举办。结合2022北京时装周系列活动，在北京市百货大楼外将进行13场时尚新品走秀、在王府井步行街北段及工美大厦将举办1个潮玩市集和1场室内展示，有时尚潮玩设计分享会、时尚品牌、文化IP、设计师品牌线下展售、联合展出并进行线上直播，增加传播度，助推商业转化。在“商业+文化”方面，推出“好好读书”主题阅读活动，营造浓郁文化氛围。在“商业+生态”方面，举办“老照片”和“双奥之城”等静态艺术展，从老照片中感受岁月变迁、时光魅力，从“双奥”故事回顾十四年来首都北京城市转型发展和变革成就，展现“双奥之城”独特魅力。在“商业+科技”方面，推出未来机器人等科技元素叠加传统商业的体验活动，让广大市民可以直观且趣味性的感受现代科技魅力以及科技带来的美好生活体验。

（王府井地区管委会）

【王府井金秋购物季】 第8届王府井国际品牌节于2022年9月15日推出“王府井金秋购物季”活动，至国庆节假期后结束。围绕市民群众“吃住行游购娱”全要素生活服务链条，街区商家开展精彩纷呈特色活动，满足多元化、个性化消费需求。apm商场开展“皮克斯·皮一下”全国首展和“都市丛林秀”伍德吃托克户外市集；百货大楼“925美好生活节”推出全品类促销活动以及雅诗兰黛、兰蔻等国际品牌新品推展和主题巡展体验活动；澳门中心整合楼内餐饮品牌，推出高品质消夏外摆；吉祥大戏院带来“国粹吉祥金秋演出季”；王府中环举办“鄂尔多斯·刘雯联名系列2022新品首发”，19号府新消费品牌孵化基地联合冯唐推出第三次个人书道展——“野有茶”艺术展。通过精彩纷呈的商家活动，围绕市民群众“吃住行游购娱”全要素生活服务链条，满足多元化、个性化消费需求。

（王府井地区管委会）

深圳国际品牌周

【概况】深圳国际品牌周是经深圳市政府批准，深圳工业总会联合十区政府（新区管委会）于2017年创办的“打造更具时代引领性的深圳品牌”的系列活动之一，产生了较大国际影响力。按照2018年市政府审议通过的《深圳市推进消费品工业增品种、提品质、创品牌工作方案》关于办好深圳国际品牌周等重大品牌活动的要求，为丰富完善活动内容，经市政府统一安排，报经国家发改委同意，将深圳国际品牌周作为“中国品牌日深圳地方特色活动”纳入国家“中国品牌日”活动序列。深圳国际品牌周持续时间为7~10天，每届的内容包括主场活动、各区分会场特色主题活动、专场活动，共计约20场。截至2022年，前五届已举办67场活动，参与展示的品牌企业数量近5000个，线上线下参与受众群体近2000万人次，活动整体上有着规模大、层次高、范围广、国际化、公益性等特点，已成为广泛传播深圳实施名牌战略成果，引领深圳品牌融入粤港澳大湾区，向全国乃至全球展示深圳创新型国际化都市形象的舞台。

（深圳工业总会）

【第五届深圳国际品牌周】2021年5月11—17日，经深圳市政府统一安排，第五届深圳国际品牌周作为2021中国品牌日深圳地方特色活动，以“引领大湾区 构建新格局”为主题举行。由中国工业经济联合会、中国工业环保促进会指导，联合国工业发展组织中国南南工业合作中心、南南合作金融中心、中共深圳市委宣传部、深圳市发展和改革委员会、深圳市工业和信息化局、深圳市商务局、深圳市市场监督管理局、深圳市人民政府外事办公室、深圳市人民政府发展研究中心、深圳市工商业联合会、深圳市科学技术协会、《中国品牌》杂志社支持，深圳工业总会联合深圳十一区政府（新区、合作区管委会），以及国际组织和国家、省、区、市87个单位共同举办。第五届深圳国际品牌周由两大主场活动、十一区特色主题活动、6场品牌专场活动、5场品牌直播夜轮番上演。4大成果重磅发布，270个品牌、300余项创新成果集中展示；高端论坛峰会大咖云集，汇聚16位行业专家；6大品牌专场，聚焦品牌营销实战；5场品牌直播夜，开启全新线上体验；全媒体宣传矩阵造势，200余家主流媒体全力传播；24场活动集聚300

2021年5月11日，第五届深圳国际品牌周启幕仪式

余万人参与；覆盖超2000万受众群体，全面展示粤港澳大湾区品牌创新发展成就。“深圳知名品牌建设服务平台”正式启动，并同步发布《深圳市中小企业做品牌创名牌“十四五”实施方案（纲要）（2021—2025）行动计划》。第七届“国际信誉品牌”、第十八届“深圳知名品牌”、第十九届“深圳企业创新纪录”、“2020粤港澳大湾区企业创新力榜单”四大奖项集中发布。稳健医疗、CCD郑中设计、贝特瑞、飞亚达、领威、拓邦、裕同、兆威8个“国际信誉品牌”，茜子（She's）、北科生物、科安达等59个新一届“深圳知名品牌”，海岸城、华亚数控、深圳航运等203个复审品牌；神牛、法本信息、宏业基等129家企业的177项“深圳企业创新纪录”集中亮相。“2020粤港澳大湾区创新力榜单”首度发布。航盛电子、广东精铟、中集天达、兆威机电、金溢科技等20家企业入选“创新成就榜”；速腾聚创、研祥智慧、麦科田、兰度生物等30家企业入选“高成长创新榜”；真迈生物、海柔创新等40家企业入选“未来创造之星榜”；航盛电子董事长杨洪、兆威机电总经理叶曙兵、大普微首席技术官李卫军等50位人物入选“创新杰出人物榜”。2021粤港澳大湾区质量品牌高峰论坛上，每年在达沃斯世界经济论坛发布全球品牌价值500强的国际著名品牌价值评估咨询机构Brand Finance连续第三年联合深圳工业总会

深圳知名品牌建设服务平台启动仪式

独家发布“中国品牌价值500强”中英文榜单。国研新经济研究院创始院长、湾区新经济研究院院长朱克力博士，Longitude龍睿国际品牌咨询CEO、国家市场监督管理总局中国品牌建设促进会常务理事及国际品牌专家姚承纲，深圳质量创新技术联盟学术委员会专家委员、华为公司原副总裁李刚，TCL实业控股股份有限公司首席执行官、TCL电子控股有限公司首席执行官王成，中国国际贸易促进委员会深圳市委员会商事认证业务负责人黄春萱发表专题演讲，结合企业实际情况或各自研究成果分享了新时期的品牌建设新理念。各区分会场特色主题活动是本届“深圳国际品牌周”推动品牌与消费者近距离接触的重要内容，罗湖区、盐田区、南山区、宝安区、龙华区、坪山区、光明区、深汕特别合作区等分别结合各自特色产

第七届国际信誉品牌发布现场

第十八届深圳知名品牌成果发布会现场

2021年粤港澳大湾区“数字化”发展高峰论坛

业，开展“解密珠宝品牌”“生命健康 盐田品牌”“点亮数字中国 助力高质量发展”“探讨新形势下的循环经济发展”“聚焦品牌建设 激发企业内生动力”“助力建设数字龙华发展”“生命健康产业推介会”等系列活动，推动湾区品牌融合创新发展。

（深圳工业总会）

【第六届深圳国际品牌周】 2022年8月24日，深圳工业总会联合相关机构举办的“第十一届五洲工业发展论坛”在深圳广电大厦一楼演播大厅隆重举行。同时，根据大会主题和疫情防控相关要求，将经深圳市政府批准与十一区政府（新区、合作区管委会）联合持续举办的第六届深圳国际品牌周同期举办。第六届深圳国际品牌周以“创新引领、品牌赋能、文化奠基”为主题，包括品牌成果发布、各区特色主题活动、品牌专场活动、直播嘉年华等近20场活动，参与受众超百万，时间持续7~10天，活动覆盖面广，时间跨度长，助力深圳企业家找准行业风向标，共探品牌发展新趋势，提供品牌破局的新解题思路，打造一场别样的品牌盛宴。本届活动由中国工业经济联合会、中国工业环保促进会指导，联合国工业发展组织中国南南工业合作中心、南南合作金融中心、中共深圳市委宣传部、深圳市工业和信息化局、深圳市发展和改革委员会、深圳市科技创新委员会、深圳市商务局、深圳市市场监督管理局、深圳市人民政府外事办公室、深圳市政府发展研究中心、深圳市科学技术协会、深圳市工商业联合会、新华社《中国名牌》、《中国品牌》杂志社等单位支持，深圳工业总会联合深圳十一区政府（新区、合作区管委会），以及国际组织和国家、省、区、市71个单位共同举办。深圳工业总会联合深圳广电集团、深圳知名品牌评价委员会，以及中央广播电视总台、深圳科兴传媒等机构共同推出“‘专精特新’深圳知名品牌培育行动”正式启动，该行动聚焦市政府高度重视的“专精特新”企业，重点从品牌战略规划培训工程、品牌数字化工程、品牌知识产权保护工程、品牌知识产权证券化工程四个方面开展培育，帮助“专精特新”企业“做品牌、创名牌”，打造一批更具时代引领性的深圳知名品牌，提升深圳品牌国际影响力。每年在达沃斯世界经济论坛发布“全球品牌价值500强”的国际著名品牌价值评估咨询机构Brand Finance联合深圳工业总会独家发布“2022年中国品牌价值500强”中英文榜单。发布经深圳知名品牌评价委员会全体会议评选产生的72个第十九届“深圳知名品牌”和复审通过的253个历届深圳知名品牌。与联合国工业发展组织共同认定发布11个品牌为第八届“国际信誉品牌”。深圳知名品牌培育评价活动是遵照深府[2003] 64号文件要求开展

第六届深圳国际品牌周、第六届深圳工业大奖启动仪式

2021粤港澳大湾区企业创新力榜单创新杰出人物成果发布

第八届国际信誉品牌成果发布

的公益性品牌建设活动，迄今已连续开展20年，前19届活动共培育评价产生893个“深圳知名品牌”占全市企业总数的万分之四，销售额合计占全市销售总额的49.94%、纳税额占42.03%、出口额占35.49%。华为等60个深圳知名品牌企业位列国际细分市场前三位；迈瑞等171个深圳知名品牌企业位列国内细分市场占有率第一。以推动企业开展自主创新、提升生产力水平的第二十届“深圳企业创新纪录”审定发布活动，共审定发布138家企业的188个项目为第二十届“深圳企业创新纪录”。前20届，共审定发布1522家企业的3053项创新纪录，位居全国首位。该活动已经成为我

第六届深圳百优工匠成果发布

市企业开展自主创新的演兵场、展示创新成果的大舞台。以展示粤港澳大湾区创新趋势和创新成果，引领和推动湾区企业协调创新为宗旨的“粤港澳大湾区企业创新力榜单”迄今已举办两届，分设企业和个人两大类。2021年“粤港澳大湾区企业创新力榜单”共有90家企业、50位个人上榜。以弘扬工业精神培养优秀一线人才为宗旨的第六届“深圳百优工匠”活动，共评定表彰了100名“深圳百优工匠”，10名“深圳卓越工匠”，10家“深圳工匠培育示范单位”。深圳工业总会与市关工委联合开展“工业强国青少年培育活动基地”建设工作，2021年联合认定了洲明、科安达等6家企业为第四批“工业强国青少年培育活动基地”。目前已共建19个基地，开展不同主题青少年活动1200场次，为传播工业文化发挥了积极作用。各区分会场特色主题活动是本届“深圳国际品牌周”推动品牌与消费者近距离接触的重要内容，从8月24日起，各区分别结合各自特色产业，开展“单项冠军企业走进金蝶暨数字化转型专题研讨会”“珠宝展”“先进企业巡展”等系列活动，展示品牌建设成果，推动行业品牌联动融合，推动湾区品牌融合创新发展。

（深圳工业总会）

CHINA
BRAND
YEARBOOK

品牌服务机构

综 述

品牌服务机构是指为品牌持有人提供品牌专业服务的经营主体，包括商标代理等专有权保护服务机构和广告宣传、品牌推广等提升品牌价值的专业服务机构，以及对品牌经营提供支持的专业信息服务机构。

商标代理服务机构主要职能是维护品牌的专有权。包括在市场监管部门登记从事商标代理业务的服务机构和从事商标代理业务的律师事务所。商标代理服务机构往往称为知识产权公司、商标事务所等，办理的业务主要包括：代理商标注册申请、变更、注销等商标事宜；代理商标行政复议、诉讼案件；代理商标马德里国际注册有关事宜；代理驰名商标等知名商标的申请及相关事宜。多数商标代理机构也同时代理专利业务，承接商标标识的设计业务，并逐渐开始介入品牌交易服务工作。

广告宣传机构的品牌服务主要是通过广告宣传，增强品牌影响力。一般指依法在市场监管部门登记，经营广告代理、发布、设计、制作广告业务的专业广告公司。其中综合性广告公司的品牌服务主要是向品牌客户提供市场和媒体调查咨询；市场整合营销咨询；广告媒体代理、企业和产品形象设计、广告策划和影视及平面广告的设计制作。专门经营广告发布业务的广告公司拥有自己的广告发布媒体，主要从事户外广告、印刷品广告、影视广告、网络广告等发布业务。我国公共媒体也都设有广告经营部门，经市场监管部门批准经营广告发布业务。专业广告设计公司拥有专业设计人才和专业设备，包括影视广告的策划制作，户外广告的设计制作和广告牌匾、招牌字号及印刷品广告的设计和制作等。

品牌推广服务机构一般为依法在市场监管部门登记的经济咨询类企业，为品牌提供市场调查、营销咨询、品牌经营规划、品牌推广活动策划并组织实施。在国家政策鼓励下，我国已经涌现出一批能够组织多种形式的会展、论坛等全国性品牌交流活动的民办品牌推广服务机构，随着专业化水平的不断提升，这类机构在国家品牌战略中越来越发挥着重要作用。

品牌信息服务机构一般为依法在市场监管部门登记的数据公司，通过收集整理商业数据，为品牌提供数据资讯服务和信息分析服务，并开展相应的品牌价值评估服务，正在逐渐成长为综合性广告公司的上游产业。这类机构的迅速崛起，对我国品牌发展战略的实施、品牌管理和服务整体水平的提高，开始发挥着重要作用。

本篇目收录的 8 家品牌服务机构，均处于行业头部，包含了上述品牌服务机构的所有类别，也都是同行业的知名品牌，品牌服务水平和质量可以反映我国品牌服务机构的前端水平。

（中华商标协会商标品牌文化推广专业委员会）

中国商标专利事务所有限公司

【概况】中国商标专利事务所有限公司原名为中国商标事务所、中国商标专利事务所（中文简称中商专，英文简称CTP），创始于1990年，是中国政府最早批准的五家涉外知识产权代理机构之一，伴随着中国商标注册申请和知识产权管理体制的改革而成立和发展。前身中国商标事务所，是隶属于原国家工商行政管理总局的司局级单位，获得国内外商标、专利等知识产权代理资格，成为当时全国为数不多的同时具有国内外商标、专利代理资格的知识产权代理机构之一。1999年依照中国政府指示划归国资委管理，更名为中国商标专利事务所，2003年遵循国家政策改制为有限公司。坚持以“快捷、优质、高效、周到”的服务宗旨，为保护知识产权提供全方位的优质服务。中商专是中华商标协会副会长单位，中华全国专利代理人协会、中国知识产权研究会、中华商标协会、国际许可证贸易工作者协会（LES）、国际商标协会（INTA）等国内外知识产权组织的会员单位。

（中商专）

【参加“知识产权走基层，服务经济万里行”成都站活动】2017年11月10日，由国家知识产权局主办，成都市知识产权局承办的“知识产权走基层，服务经济万里行”成都站活动正式启动。中商专总裁张海燕作为特邀专家为“知识产权故事会”作题为《中国铁路的逆袭之路与“双十一”的血雨腥风》的主题讲座，与大家分享了中国铁路总公司的“逆袭之路”——如何从财大气粗的“铁老大”逆袭成为十分注重商标保护的“商标巨人”的经验，引用大量数据，讲述了如何让企业做好知识产权战略布局，实现企业真正的可持续发展。

（中商专）

【设立北京大学中国商标专利事务所奖学金】2017年12月1日，北京大学2017年奖教金、奖学金颁奖典礼在北大英杰交流中心阳光厅拉开序幕。中商专董事长宋义兴女士、总裁张海燕受邀参加典礼并向本年度获得“北京大学中国商标专利事务所奖学金”和“北京大学张海燕奖学金”的北大优秀学子们颁发荣誉证书。中商专自2017年捐资设立“北京大学中国商标专利事务所奖学金”，用于奖励法学院、光华管理学院、生命科学学院、化学与分子工程学院和哲学系品学兼优的本科生。公司总裁张海燕早在2015年就在北大设立了“北京大学张海燕奖学金”，以个人名义捐款支持哲学系和历史系的优秀学子。在本年度颁奖典礼中，经过综合测评，有5位同学获得“北京大学中国商标专利事务所奖学金”，2位同学获得“北京大学张海燕奖学金”。中商专董事长宋义兴和总

2017年12月1日，中商专领导与获得奖学金同学合影

裁张海燕为7位品学兼优的同学颁发荣誉证书并对他们表示祝贺。

（中商专）

【获北京大学2018育人贡献奖】 2018年12月14日，北京大学2018年奖教金、奖学金捐赠人交流会在北大全球大学生创新创业中心举行。中商专总裁张海燕、执行总裁周海军应邀出席会议，并获授北京大学“敬教育人 泽被燕园”2018育人贡献奖。

（中商专）

【拜访国家创新与发展战略研究会】 2018年11月14日，中商专总裁张海燕、执行总裁周海军一行拜访国家创新与发展战略研究会，并与副会长兼秘书长王博永、秘书长助理于泳、办公室主任朱浩、研究部主任徐庆超等人进行了友好会谈，建立了合作共识。

2018年11月14日，中商专领导拜访国家创新与发展战略研究会

（中商专）

【签约2018北京文博会】 2018年10月25日，中商专参加第五届北京市文化融合发展项目合作推介会，期间与第十三届中国北京国际文化创意产业博览会文化创意产业重点项目签署了两份重要的战略合作协议。

2018年10月25日，北京文博会上中商专领导与签约单位领导亲切握手

（中商专）

【参加“一带一路”知识产权高级别会议】 2018年8月28日，中商专总裁张海燕受邀参加“一带一路”知识产权高级别会议。本次会议由国家知识产权局、国家版权局、商务部、北京市人民政府和世界知识产权组织（WIPO）共同主办，以“包容、发展、合作、共赢”为主题。来自“一带一路”沿线50个国家和地区的知识产权机构，世界知识产权组织和18个

驻华使馆、6 个联合国驻华机构的 120 余名外宾，以及来自国务院知识产权战略实施工作部际联席会议成员单位，地方知识产权系统，国内企业、代理机构及学术界的 180 余名中方代表等共 300 余人参加此次会议。中商专参会旨在深入知识产权、商标、出版等多个领域，在国家“一带一路”的发展下，国际合作不断深化，有效地提升了与其他国家和地区知识产权创造运用的水平，激发中商专知识产权服务创新活力，推动中商专知识产权服务新发展。

（中商专）

【中国国际商标品牌节获奖】 2018 年 8 月 31 日晚，2018 中国国际商标品牌节在河北省唐山市南湖国际会展酒店举行颁奖典礼。中商专获首批“商标代理服务金牌示范单位”和“优秀商标代理机构”奖项，中商专总裁张海燕代表中商专出席颁奖典礼并登台领奖。

2018年8月31日，中商专入选首批商标代理服务金牌示范单位颁奖现场

（中商专）

【参与第九届中国专利年会】 2018 年 8 月 30 日至 31 日，第九届中国专利年会在北京亦庄国际会展中心举行，中商专总裁张海燕受邀出席。本届年会以“专利，助推对外开放”为主题，依旧以高端对话形式进行，标题是“四十年开放路：企业家精神与知识产权”。主持人为北京大学知识产权学院副院长张平教授，对话嘉宾分别为巴斯夫股份公司高级副总裁、全球知识产权总负责人 Udo Meyer 博士、美的集团全球法律负责人周宇博士及中商专总裁张海燕。

2018年8月30日，中商专总裁张海燕参加专利年会嘉宾对话

（中商专）

北京黄金智慧知识产权代理有限公司

【概况】北京黄金智慧知识产权代理有限公司（简称黄金智慧）于2003年8月筹办，2004年3月经北京市工商局登记批准、国家工商总局备案成立。是由一家从事商标代理的公司，发展为集商标、专利、版权、地理标志等知识产权服务，以及科技、法律、现代农业等一体化的保护、咨询、运营和管理集团。旗下有北京北智律师事务所、北京金永海智专利代理事务所、北京地理标志科技发展有限公司、广东分公司、山西分公司、郑州公司、上海办事处、香港联络处等关联机构。黄金智慧是在2003年国务院取消商标代理机构和商标代理人资格核准行政审批后，创立的国内第一批民营商标知识产权代理机构，先后担任中华商标协会常务理事、副会长、商标代理分会副会长、地理标志分会会长及国际商标协会（INTA）会员、广东省山西商会常务副会长、北京地理标志产业协会首任会长、北京农智地理标志研究院首任理事长、中国知识产权研究会副理事长单位等。目前涉外进出口业务已覆盖全球150多个国家和地区。

业务办理制定了完备的规章制度和严格的流程标准，如在商标注册及确权业务方面制定了严格的在先查询、禁用标志、禁注标志、相对权利、撤异评诉等20多道工序；内部管理制定了10道严格的商标文件处理流程，签收、扫描、命名、分文、核检等，力求做到任何一份有时限的文件100%精准。黄金智慧受到客户和业界的认可，各项业务也逐年增长，商标业务代理量居行业前列，每年律所代理的各类诉讼案达千件。很多案件在行业和社会上产生广泛影响。如雀巢旗下徐福记集团委托的“叙

2018年8月31日晚，在2018中国国际商标品牌节欢迎招待会上，黄金智慧获全国首批“商标代理服务金牌示范单位（2018–2021）”奖，董事长杨永岗登台领奖

福记”商标无效宣告案胜诉，“SOGAL”商标无效宣告并撤销复审行政评审及诉讼案，“马可波罗”商标异议、无效宣告及行政诉讼纠纷系列胜诉案，汾酒股份委托的“汾玫白竹及图”商标无效宣告案，在争议程序代理“欧神诺”瓷砖获驰名商标强保护案等都产生了较大影响。黄金智慧代理的案件在2015—2019连续五届商标节上获得全国优秀商标代理案例奖。2006年，代理的广东兴发集团有限公司使用在铝合金型材上的“兴发牌”商标在争议案件中被国家工商总局商标评审委员会认定为驰名商标，成为当时全国仅有的12件商标评审委员会认定的驰名商标之一，认定结果在中央人民政府网站进行了公告；代理的“葫芦岛刺参”地理标志证明商标两次拟驳回审查意见修正案荣膺2019中国国际商标品牌节26件优秀商标代理案例奖之一；受世界咏春联会主席、咏春拳一代宗师叶问之子叶准委托，代理“叶问”商标异议胜诉案在2016中国国际商标品牌节上评为全国23件“优秀商标代理案例”之一；代理胜诉的联邦家私、欧派家具、冷酸灵牙膏、中华牙膏、MashiMaro流氓兔、AMOUAGE阿曼香水等国内外知名商标香港集体抢注案被第三届中国商标节组委会授予“商标代理组织抗辩胜诉案例评选优胜奖”(第一名)，该案的成功在国内引起了轰动，为长期困扰国内知名

2009年11月，在2009(第三届)中国商标节最具代表性的20个商标抗辩胜诉案例评选中，黄金智慧被评为第一名

2012—2020年，北京黄金智慧知识产权代理有限公司连续九年获全国优秀商标代理机构奖，图为2017年颁奖仪式上公司代表上台领奖

品牌在境外的商标抢注案件提供了新的解决思路和途径。代理的“微信”商标案更是引起了社会公众的广泛关注。

黄金智慧董事长杨永岗入选共青团中央《中华儿女》杂志2018年全国两会特刊封面人物

黄金智慧客户遍布各领域，长期服务于腾讯Tencent、雀巢-徐福记、VIVO手机、唯品会、中储棉、字节跳动、蒙娜丽莎瓷砖、立白、丽珠医药、兴发铝业、尚品宅配、九毛九餐饮、杏花村汾酒、南风化工、大运集团、ABC女性护理用品、西藏珠峰冰川、好想你枣业、索菲亚家居、欢聚时代、万荣县人民政府、南海商标协会等数十家央企、跨国公司、全国性集团公司、地方人民政府、社会团体等。

（黄金智慧）

【中华商标协会会长走访黄金智慧】2021年7月7日，中华商标协会会长马夫一行走访了协

2021年7月7日，中华商标协会马夫会长走访黄金智慧与员工合影

会常务理事单位北京黄金智慧知识产权代理有限公司，并召开座谈会，就近期相关工作进行了交流。黄金智慧董事长杨永岗、副总经理郭江峰、法务一部经理黄琴、行政部经理张萍等参加会议。杨永岗向马夫一行介绍了黄金智慧即将竣工的新北京办公区，并参观了接待室、档案室、机房、党员活动室、业务部、国际部、办公大厅、活动休闲区等功能区，其后在会议室召开了座谈会。马夫感谢黄金智慧一直以来对协会各项工作的支持，对协会近期的工作进行了介绍，并就2021年中国国际商标品牌节、协会相关专业委员会工作以及商标领域的国际及地区交流等事项进行了充分的交流。马夫表示，希望黄金智慧与协会继续加强联系，发挥优势，深入在商标领域的理论研究，在推动地理标志品牌建设方面不断探索和实践，为协会相关工作的开展多提建议，为更好地服务国家商标品牌战略、服务企业共同努力。

（中华商标协会）

【设立黄金智慧专项助学金】 2021年7月，黄金智慧紧急捐助10万元支援郑州大学防汛救灾工作，设立“黄金智慧”洪涝受灾学生专项助学金，确保受灾学生能够顺利上学、安心求学。

（黄金智慧）

【捐赠10万元支援山西抗洪救灾】 2021年10月，山西出现重大秋汛汛情，造成局部地区严重雨涝灾害。10月12日，面对家乡严重的洪涝灾害，北京地理标志产业协会会长、北京黄金智慧知识产权代理有限公司董事长、山西运城籍学者型企业家杨永岗代表黄金智慧向众多山西籍知名企业家发起支援家乡的倡议，并带头向闻喜县红十字会捐赠人民币10万元，以实际行动定点支援闻喜县石门乡店上村的抗洪救灾和灾后重建工作。

（黄金智慧）

【协办中国法学会立法学研究会第三次会员大会】 2021年11月20日至21日，黄金智慧参与协办的以“习近平法治思想与新时代立法”为主题的中国法学会立法学研究会第三次会员大会暨2021年学术年会在郑州大学法学院主会场召开。为配合疫情防控工作，本次会议在北京设置分会场，北京和郑州两地的专家学者六十余人线下参加会议，其他地方的立法学研究者与实务工作者通过线上方式参与了本次会议。大会共收到375篇论文，其中青年论坛论文120篇，直接参会人员475人，还有约10万人次通过网络直播平台观看了直播。

（黄金智慧）

【入选2020—2021中国知识产权服务机构优秀代理榜TOP50】 2022年7月24日，黄金智慧入选知产宝&知产力正式公布的“2020—2021中国知识产权服务机构优秀代理榜TOP50”。

该榜单在商标、专利的代理数量的基础上，综合考量了代理机构在商标及专利代理业务中的授权率、客户质量，以及在复审和无效阶段的表现等因素。最终通过多个维度的评选，共有50家中国优秀知识产权代理机构入选榜单。

（黄金智慧）

【承办“西樵大饼”地理标志证明商标启用发布会】 2022年8月31日，黄金智慧广东分公司受广东省佛山市南海区市场监督管理局委托组织承办的“西樵大饼”地理标志证明商标启用发布会在广东省佛山市南海区西樵镇举办。本次活动由广东省佛山市南海区人民政府主办，标志着“西樵大饼”作为南海首件国家地理标志证明商标正式启用。广东省佛山市南海区人民政府、佛山市知识产权保护中心、北京地理标志产业协会、南海区市场监管局有关负责同志以及各镇（街道）人民政府相关领导和嘉宾出席活动。发布会现场，根据南海有关扶持办法，西樵饼业协会以“西樵大饼”地理标志证明商标权利人的身份，获得南海区政府扶持奖励100万元。南海区西樵饼业协会分别与三家西樵大饼生产企业签订商标许可使用合同。2016年，南海正式启动“西樵大饼”地理标志证明商标申报工作，并委托北京黄金智慧知识产权代理有限公司进行专业指导和代理申报，“西樵大饼”终于在2022年6月28日获得国家知识产权局注册，成为南海首件地理标志证明商标。

（黄金智慧）

2022年8月31日，“西樵大饼”地理标志证明商标启用发布会现场

【成为中国知识产权服务能力排名四强商标服务机构】 2022年11月6日，以“知识产权构筑国家安全”为主题的2022第9届强国知识产权论坛暨第4届强国科创论坛在北京辽宁大厦举行。各部委、北京市政府、知名智库负责人、科研院所、国内外企业及服务业代表近100人参加了会议，论坛设在腾讯网、凤凰网直播，全网近6万人观看。强国知识产权论坛组委会发布“2022知识产权（含反垄断）服务能力排名暨强国知识产权论坛课题成果”表彰名单。黄金智慧入选2022年中国知识产权服务能力排名Top5商标服务机构（四强）、董事长杨永岗获“年度十佳知识产权咨询师”称号。

（黄金智慧）

浙江裕阳知识产权代理有限公司

【概况】 浙江裕阳知识产权代理有限公司（简称裕阳），创始于1998年，是浙江省第一家民营商标代理机构。裕阳业务涵盖“商标、专利、版权、诉讼、项目申报、法律”等IP核心领域，涉足国内外市场“金融、信息技术、电信、传媒、能源、航空、地产、制造、教育、贸易”等近百类行业，为合作伙伴提供“咨询、申请、诉讼、调解、许可、转让”全方位优质服务。负责人：余秀旸。企业地址：浙江省杭州市拱墅区体育场路105号凯喜雅大厦8层。

截至2022年，裕阳拥有从业人员200余名，其中专利代理人50余名、商标代理人30余名、具有律师资格人员10余名，专业代理人员执业经验丰富，技术功底扎实，精通中国及美、日、欧盟等主要工业国家知识产权法律法规，能熟练使用中、英、德、法等多种工作语言。裕阳IP价值观：敬畏、服务、诚信、担当、协作。1998年，裕阳在杭州创立；2000年，裕阳成立浙江省首家民营商标代理机构；2004年，裕阳专利事务所成立，裕阳从商标代理业务发展为知识产权综合服务；2007年，公司律师事务所成立，标志着裕阳“三所合一”时代的到来；2015年，裕阳旗下知夫子信息科技公司成立，成了中国最早一批知识产权服务信息化管理的企业；2021年，知夫子知识产权金融服务平台诞生，与政银共同构建打造“低成本、平台化、专业化、全要素、一站式”的知识产权金融服务平台。

2021—2022年，裕阳人员、业务、创收和利润率等各项指标均保持良好的增长态势，先后获得“2021年全国优秀商标代理机构”“2021年度浙商数字化服务标杆企业”“2021年度杭州市数字经济系统优秀项目奖”“2022年全国优秀商标代理机构”等多项荣誉。2021年，裕阳开发并运营“政府+银行+企业”共同组成的低成本、平台化、专业化、全要素一站式知识产权金融服务平台，打通市场监管局、金融办等知识产权、金融方面数据信息，为高新技术企业及其他拥有知识产权的企业解决融资难、融资贵、融资慢等共性问题，成为企业知识产权分析数据化、智能化的工具。

（裕阳）

【开展建党百年纪念活动】 2021年7月1日，裕阳知识产权党支部组织开展建党百年纪念

2021年7月1日，建党百年纪念活动合影

活动，党员、积极分子纷纷表示，站在“两个一百年”奋斗目标的历史交汇点上，将牢牢把握党对知识产权事业的全面领导，深入贯彻落实习近平总书记关于知识产权工作的重要指示批示精神，坚定不移走好中国特色知识产权发展之路，为“知识产权强国建设”贡献力量。

（裕阳）

【协办浙江知识产权保护高峰论坛】 2021年5月10日是第五个中国品牌日，在浙江省高级人民法院和浙报集团的指导下，由浙江浙法传媒集团、《浙商》杂志、浙江杭州未来科技城（海创园）管委会主办，裕阳知识产权协办的“深化品牌保护 赋能经济发展 2021浙江知识产权保护高峰论坛”在杭州未来科技城举行。来自浙江的司法机关、新闻媒体、法律界和企业界代表齐聚一堂，共同聚焦知识产权保护，深入探讨浙江品牌建设。

2021年5月10日，2021浙江知识产权保护高峰论坛现场

（裕阳）

【联合举办“浙江天平”知识产权云课堂】 2021年浙江省知识产权保护大会提出打造知识产权强国建设先行省的目标。在全省知识产权保护

2021年6月28日，法院知识产权庭法官为企业讲解法律知识

日益完善的当下，2021年6月28日，浙江裕阳知识产权、浙江省高级人民法院、浙江浙法传媒集团、《浙商》杂志联合举办本次云课堂系列活动，邀请法院知识产权庭法官为企业面对面讲解相关法律知识。

（裕阳）

【获传化国际科创园“2021年度优秀服务机构”】 2022年1月17日，杭州传化科技城举办“以生态共赴科创新程”2022迎新会。在本次活动中，浙江裕阳知识产权代理有限公司获“2021年度优秀服务机构”。

2022年1月17日，获奖机构代表合影

（裕阳）

四川国恒天策知识产权运营管理有限公司

【概况】 四川国恒天策知识产权运营管理有限公司（简称天策）创建于 1998 年 9 月，是四川省从事国内外商标事务代理的民营服务机构。公司现有包括知识产权专业、法律专业、财税专业等不同领域的专家、顾问及各类专业员工近 200 人，其中 40% 为硕士以上学历，60% 拥有各类专业资格证以及中高级职称，95% 拥有本科以上学历。公司业务涵盖知识产权规划咨询服务、基础代理服务、大数据（信息化）服务、知识产权托管服务、科技成果转化服务、法律服务、项目服务、人才培养等服务，已成为一家综合性、集团化服务机构；也是四川省最具实力的知识产权代理服务机构之一。

天策公司旗下拥有和联营的 10 余家企业，包括 1 家知识产权代理事务所，2 家知识产权转移转化运营管理公司，2 家知识产权大数据（信息）服务公司，1 家知识产权资产管理公司，1 家知识产权项目咨询公司，2 家知识产权律师事务所（联营）。天策公司被授予全国知识产权维权援助优秀合作单位、国家知识产权局知识产权分析评议服务示范创建机构、中国知识产权发展与运用联盟会员单位。

（天策）

【获知识产权保护优秀企业荣誉】 2020—2022 年，天策公司及员工分别荣获“知识产权保护优秀企业”优秀商标代理机构、“守合同重信用”等资质和荣誉，被成都市、四川天府新区、高新区等单位聘为知识产权智库维权援助机构、知识产权智库机构成员。

荣誉证书
四川省成都市天策商标专利事务所
2020年度
知识产权保护优秀企业
质量榜样·传媒大奖组委会
四川日报报业集团·消费质量报社
成都市商标协会
二〇二一年一月

2020年度知识产权保护优秀企业荣誉证书

（天策）

【参与政策意见】 2021—2022 年，国家对《商标法》《专利法》等知识产权法律法规进行修订，不断引导行业和全社会推进知识产权强国

2022年12月1日，商标代理监督管理规定学习会议

建设，全面提升知识产权创造、运用、保护、管理和服务水平。天策积极参与各类地方政策的意见征集，近两年共计组织参与20余次地方各类知识产权政策意见，从行业发展、机构管理规范等角度建言献策。同时在企业内部针对《商标代理监督管理规定》等各项新政策、新制度组织各类专题学习活动，强化企业从业人员对法规政策的理解和把握。

（天策）

四川省民营企业品牌价值百强榜发布现场

【知识产权托管业务】2021—2022年，按照国家知识产权大国向知识产权强国建设的发展思路，天策提前布局，在稳住基础业务发展的同时，不断深耕知识产权运用和保护，创新推出知识产权托管运营商业逻辑，将“知产”变“资产”，通过运营让企业知识产权经济价值得到呈现，以及促进该部分资产的保值和增值。近两年时间，共计完成托管20余项知识产权，完成托管价值转化上千万元。同时参加2021年10月20日四川资阳知识产权园区揭牌仪式，以此为基础推动四川资阳知识产权产业园区的建设工作。

2021年10月20日，四川资阳知识产权产业园区揭牌仪式

（天策）

【参加省工商联会议】2021年12月17日，天策总经理王荔作为四川省知识产权服务与创新发展促进会会长单位代表，参加了2020年和2021年省工商联、省知识产权服务中心联合发布的“四川省民营企业品牌价值百强榜”发布工作会议。

（天策）

【多种形式为客户服务】2021—2022年，天策受邀赴区县、企业、行业协会等开展包括省知识产权党员专家服务团专项（乐山）活动等在内的各类主题业务培训、交流活动共计20余场。通过多种形式积极为企业客户提供各类业

2022年6月7日，四川省知识产权党员专家暨博士服务团送服务到基层（乐山站）工作座谈会

务服务，并得到客户和行业的高度认可。

（天策）

2022年8月，天策公司党员参与防疫志愿工作

【抗疫捐赠】 2020—2022年，天策公司积极组织参与各类抗击新冠肺炎疫情活动，组织员工参与抗疫工作，号召员工捐款捐物，筹集爱心资金、购买抗疫物资支援抗疫一线，并积极参加省新阶联、省女企业家商会和九三高新委员会等发起的社会捐款活动。2020年，公司出资购买500套防护服定向捐赠给四川省人民医院、成都市红十字会；同年，免费提供价值100万元的“知擎者旗舰版”使用账号给相关企业和行业机构，助力复工复产；并义务帮助成都盒悦餐饮管理有限公司对“雨衣妹妹”商标维权及保护工作。

（天策）

【重视党建工作】 2021—2022年，天策一直重视党建工作，近两年公司党支部共发展6名党员，在建党100周年和中共二十大期间，积极组织公司党员干部进行主题学习和分享，并积极组织内部党员活动，联系外部党组织联合开展相关主题党员活动。

（天策）

上海胜加广告有限公司

【概况】上海胜加广告有限公司（简称胜加），法定代表人：孙卫东。企业地址：上海市长宁区愚园路753号D栋。商标名称为“胜加”“SGAD”“SG”，注册商标类别是第16、24、35、41、42、24、38、20、9、45类。SG胜加商标所有人为上海胜加文化传播有限公司，授权给上海胜加广告有限公司使用，“SG胜加”是该公司的企业标识。

上海胜加广告有限公司成立于2003年，总部设于上海。目前已发展为国内独树一帜的内容传播集团。集团下设胜加广告（上海/北京）、胜观数字营销（上海/广州）、佰川、洞见(Mindsight)、胜加公关、后木增长、坤元传媒等多家专业品牌机构，全员人数超150人。核心能力涵盖品牌战略咨询、产品竞争战略、内容创意及整合传播运动、品牌IP创制、核心平台内容运营等，能够为品牌提供从战略咨询、策略策划，到传播创意、内容制作、传播落地的全链路品牌服务体系。

“为品牌和产品讲述有意思也有意义的故事，帮助出色的企业变得伟大”是胜加始终贯彻的使命、愿景、价值观。作为近年来中国最具影响力的本土创意集团、“广告界的故事大王”，胜加不畏“打破标准”的胆识和眼光，不仅输出具有行业引领性的思想和作品，也为中国广告的发展进步作出积极探索。2019年12月至2022年12月，胜加连续4年被行业权威媒体广告门和数英网评定为行业第一，获得创意奖项全场大奖28个，金奖149个，其余奖项共计669个，为方太、凯迪拉克、美团、中国平安、联想、伊利、卡萨帝、王老吉、Timberland等一线国内外品牌提供创意及整合营销传播服务。胜加作为目前中国广告协会（CAA）理事单位、中国4A协会联席

SG胜加集团总部外景

理事长单位、中国商务广告协会（CAAC）数字营销委员会理事单位、中国独立创意机构联盟（CIA）成员，积极参与行业发展研讨与实践。2022 年，胜加继续担任中国 4A 协会理事长单位，并被选举提名为创意营销专业小组组长，将和其他小组成员企业一起，继续向相关领域的企业及从业者分享创意经验、促进互相交流。

（胜加）

【获多项行业表彰及案例大奖】 2021 全年胜加获奖共计 203 项，其中包括 38 项金奖、8 项全场大奖 / 评审团大奖 / 类别大奖，成为历年获奖数量最多的年份。2022 年，胜加陆续获得上海国际广告奖“年度创意代理企业”，金瞳奖“年度代理公司”“年度商业短片代理公司”“年度 PR 代理公司”，4A 创意奖“2022 年度最佳代理商”等多项行业表彰。同年，胜加出品的案例也保持了出色的水准和竞争力，在中国广告营销大奖、金瞳奖、上海国际广告奖、4A 创意奖、中国国际广告长城奖、艾菲奖等国内国际营销奖项中共计赢下 119 个奖项，其中包括 8 个全场大奖和评审团大奖，以及 38 个金奖。

（胜加）

【知乎品牌服务】 2021 年 1 月 13 日，胜加为知乎品牌十周年上线全新品牌片《有问题就会有答案》，提出全新品牌主张，将精英化的社区平台转化为面向主流社会的中心化内容平台，经过半个月的互联网传播后，品牌升级的认知度高达 42.1%，喜爱度高达 82.7%，新的品牌定位认同率高达 90.1%，2021 年 1 月百度指数整体同涨高达 76%。

知乎十周年《有问题就会有答案》案例展示

（胜加）

【凯迪拉克品牌服务】 2021 年 2 月 22 日，胜加为凯迪拉克打造《你是我特别的光》春节营销活动，通过“一眼就认出”的核心创意，展现出凯迪拉克车灯、人与春节之间的情感关联，总计曝光量超 8910 万。面对不同车型产品，胜加从产品端特性出发为凯迪拉克布局品牌年轻化战略，为凯迪拉克构建起年轻、时尚、有温度的品牌形象。

凯迪拉克2021春节大片《你是我特别的光》案例展示

（胜加）

【美团品牌服务】 2021 年 8 月 10 日，凭借直指

美团买药《真的值得更多人知道》案例展示

人心的真诚叙事，胜加为美团买药打造爆款案例《真的值得更多人知道》，让大众知道美团可以提供深夜送药服务，同时成功塑造暖心守护的品牌形象。最终达成超 4 亿曝光量，用户使用美团买药品牌的意愿增长 6%，品牌推荐度增长 13%。

（胜加）

【方太深耕战略合作】 2022 年，胜加与方太达成合作 20 周年。20 年间，大大小小经典案例为品牌形象和产品力建设添砖加瓦。通过 20 年的长线合作，胜加帮助方太从占位厨房专家，到跃升为高端厨电领导者，再到立足为“因爱伟大”的行业领袖。胜加以策略驱动传播，以文化滋养创意。多年来，为方太提供产品营销传播、品牌战略咨询、节点整合营销运动等多维度服务，更进一步为方太制定和建立起更具人文魅力的品牌文化及价值观，提炼出“中国家庭幸福观”“方太创新三论”等文化理论，从文化角度塑造品牌地位，让品牌更具文化厚度。2022 年 12 月 19 日，胜加与方太更是凭借 20 年的无间合作及营销成绩，摘得由全球营销领域权威媒体 Campaign 颁发的 2022 Greater China Agency Marketer Partnership of the Year（大中华区年度最佳营销伙伴）金奖荣誉。

（胜加）

【参与抗疫捐赠行动】 2022 年 3 月 29 日，胜加参与到纯真星球配送物资的行动中，并第一时间向宝山吴淞街道志愿者捐赠物资；创建多个以党建为引领、以移动互联网为载体、以青年团队队员为主体、以精准服务为纲要的新冠肺炎疫情互助社群，成为集宝山、徐汇、黄浦、浦东等多区信息速递的窗口、为民服务的平台；为上海多区的广告行业从业者广泛捐赠生活物资，四次捐赠物累计超 0.5 吨，惠及约 1000 人；开展“同心抗疫”主题宣传活动，助力上海新冠肺炎疫情防控保卫战和复工复产工作，让广告人的温暖汇集起来传递给社会。

（胜加）

【成立 20 周年庆祝活动】 2022 年 12 月 23 日，上线“老友记·20 周年”纪念银币申领活动；2022 年 12 月 27 日上线限定系列周边（主题纪念徽章、NFT 数字藏品球衣）；2022 年 12 月 12 日发布周年主题短片《20 年，转身看未来》。在关键的发展节点上，胜加重申“为胜利加分”的核心理念，为下一个 20 年开启崭新的局面。

2022 Greater China Agency Marketer Partnership of the Year获奖荣誉（左）；《中国广告》杂志胜加20周年特刊之方太集团副总裁、首席品牌运营官孙利明专访（右）

胜加20周年纪念银币

（胜加）

上海德高申通地铁广告有限公司

【概况】 上海德高申通地铁广告有限公司（简称德高申通），是由上海申通地铁集团有限公司与全球户外广告公司法国德高集团组成的中外合作企业。德高申通自2022年1月1日起，共计运营上海地铁1号线至18号线及浦江线共计19条线路的媒体，运营站点503座。1964年德高集团在法国创立，是街道设施理念的创始者，2005年德高进入中国市场，2007年德高集团正式开启与上海地铁的合作。德高申通提供艺术与服务相结合的设计，致力于以高标准来提供最高质量的产品，专业的工程师与设计师确保媒体与周边环境完美融合，从而打造出既具有吸引力又实用的地铁媒体。在日常运营维护中，以最高标准的被轨交运营方和广告主所认可的产品维护与清洁行动，为城市地下景观作出贡献。秉持对城市环境神态负责的企业态度，始终致力能源保护，减少环境足迹，在追求经济发展的同时，尊重人类和环境的需求。同时，可持续发展作为集团战略的核心要素之一，是德高申通业务增长和创新的重要驱动力。上海地铁不断发展，运营里程从2007年的119公里（包含1至5号线、95个站点媒体）发展至2021年的831公里（包含18条线路、503个站点媒体）。地铁广告媒体数量也从2007年的6221个发展至2021年的10724个。上海每天都有超过1000万人次在看上海地铁广告，德高申通凭借丰富的媒体形式、多重选择的媒体方案、精准的数据追踪和严谨的质料标准，获得了众多品牌与客户的信任。截至2022年1月，德高申通已为超3500个品牌提供高品质的广告投放服务。2014年起响应上海地铁绿色发展理念和可持续发展战略，将原本白炽灯箱逐步升级为更节能环保的LED光源，同时新安装的灯箱结构均采用了节能环保的LED光源，截至2022年，全线80%的媒体均为LED光源。根据德高申通可持续性发展要求，上海地铁内的电子媒体已实现100%环保处理。废弃物则秉持零填埋的理念，对广告废弃物交由资质单位进行处理；并在未来逐步增加电子媒体比例，以减少广告废弃物的产生。2014年起德高集团每年投入全媒体用电量等额的清洁能源费，实现100%绿色电力，获得《国际可再生能源证书(I-REC)》，2022年成为由国际非营利气候组织和碳信息披露项目发起的RE100（100%使用绿电）成员。2022年，德高申通揽获了上海国际广告奖、中国国际广告长城奖等奖项19个奖杯及奖状。德高申通服务的案例“王老吉姓氏图腾罐亮相地铁”获得IAI金奖、金投赏铜奖、长城奖铜奖。案例“天猫618第一个吃螃蟹的人”获得长城奖银奖、虎啸奖铜奖。截至2022年12月，德高申通累计揽获各大广告节奖状、奖杯133个。坚持履行企业社会责任并且时刻牢记作为公共媒体平台的影响力和公信力，严格按照《上海市户外广告设施管理办法》(2017) 第二十六条（户外广告内容的要求）

规定，全面落实公益广告内容所占的面积或者时间比例不得低于10%的要求。积极配合上海市市场监督管理局开展一系列的禁止传销宣传，在“远离传销，守护幸福”主题宣传活动中，联合企事业单位，投入大量媒体进行禁传宣传，呼吁市民远离传销。

（德高申通）

【上海地铁核心站点媒体改造升级】2021—2022年，德高申通对地铁媒体进行了整体规划布局与建设，以核心站为单位进行整体改造升级；对站点内地标性媒体进行升级换代；以

徐家汇站地标性媒体“光影角”

电子媒体的加速推进数字化媒体的整体布局。对核心站点陆家嘴站进行了全站媒体升级，上海地铁中首次采用V型吊装方法的LCD电子屏在14号线陆家嘴站厅发布；2组L型LED电子屏新媒体“光影角”在14号线站厅发布；陆家嘴2号线站厅及站台包柱由胶贴升级至灯箱；站厅12封灯箱升级为超级动感灯箱。核心站点徐家汇站地标性媒体“光影角”：新增一组弧形电子屏，利用2组屏幕夹角构成专属地标性媒体区域。核心站人民广场、静安寺、东昌路多点改造新建，将传统12封灯箱升级为超级灯箱以提升上海地铁媒体商业价值。15号线桂林路站站厅墙面新建电子屏，搭建普法平台，弘扬法治文化，组建德高申通地铁集团“上海法治国企文化墙”宣传阵地。

（德高申通）

【地铁元宇宙体验空间】2021—2022年，德高申通在上海地铁汉中路站发布了全国首个地铁元宇宙体验空间，以“不变的是生活”为主题，呈现地铁AR元宇宙艺术展，为乘客带来全新广告视角体验，来鼓励人们拥抱变化、保持对美好生活的信心与期待。户外广告元宇宙的首次尝试对于全行业的元宇宙赛道探索有实践性意义，为户外广告行业探索元宇宙边界提供了实际参考指导。

地铁元宇宙体验空间场景

（德高申通）

【CRM系统迭代更新】2022年，德高申通CRM系统进行了全面的迭代升级。全新CRM系统能够帮助销售更高效地处理日报、周报等事务性工作，更有条理地管理品牌、客户和销售之间的关系，更精准地了解品牌和客户，促进沟通效率，并可据此提供更多相应的业务支持和服务。

（德高申通）

【iSTD媒体销售及管理系统升级】2022年完成了iSTD媒体销售及管理系统的升级，提高广告媒体的管理及销售水平。广告主可以在系统选购任意线路/站点的媒体，选择合适的发

布时间及时长进行广告投放。本系统包含媒体展示、创意案例展示、站点信息查询、线路/站点流量查询、智能推荐媒体、在线下单等主要功能；还包含在线客服、常用工具、公共文件、个人名片等辅助功能，更好地帮客户及广告销售人员选购合适的广告媒体。媒体的展现方式非常丰富，除了媒体基本信息及详细费用外，还可以展示媒体的案例视频及高清图片；媒体的选购可以从媒体类型、线路、站点及投放人群属性来快速定位。

（德高申通）

【获上海地铁 1 至 18 号线及浦江线广告经营权】2021 年底，德高申通运营上海地铁 15 年广告经营合同到期，德高中国通过招标分别获得上海地铁 1 至 13 号线（含浦江线）和 14 至 18 号线未来 15 年的广告经营权，根据招标文件，由德高广告（上海）有限公司和上海申通地铁资产管理有限公司成立一家新企业，即上海德高申通地铁广告有限公司，经营上海地铁 1 至 18 号线及浦江线的广告发布业务，经营期限为 2022 年 1 月 1 日至 2036 年 12 月 31 日，开启了第 2 个 15 年的合作。

上海德高申通地铁广告有限公司揭牌仪式

（德高申通）

【参与法制宣传】2022 年 12 月，为纪念《中华人民共和国宪法》公布实施 40 周年，由上海市国资委指导、申通地铁集团带领、德高申通落实的展示国企法治文化的“上海法治国企文化墙”在 15 号线桂林路站站厅正式发布。对桂林路站厅整体媒体改造升级，由灯箱、电子屏、体感互动设备、音频设备为乘客及市民打造具备良好参与及体验感的普法教育主题站。发布上海市市场监督管理局《反垄断法》普法公益广告，旨在通过地铁公共媒体向乘客们普及最新《反垄断法》的实施，提升全社会公平竞争意识，共同营造统一开放、公平有序的市场竞争环境。

桂林路站厅整体媒体改造升级

（德高申通）

品牌联盟（北京）咨询股份公司

【概况】品牌联盟（北京）咨询股份公司（简称品牌联盟），成立于1996年，并于2016年8月登陆新三板，是一家国家高新技术企业和新三板创新层企业，也是知名活动IP“中国品牌节”的创始发起方和永久主办机构。品牌联盟以“赋能中国品牌”为使命，关注中央企业品牌顶层设计，提供一站式、多维度品牌建设方案，包含品牌研究、品牌咨询、品牌教育、公关传播、品牌活动，致力成为受人尊敬的品牌链接与提升平台，推动中国品牌群体崛起。品牌联盟发起主办的中国品牌节系列活动，包含中国品牌节年会、中国品牌节女性论坛、中国品牌节年度人物峰会，已经成为中国品牌领域进行趋势判断、行业分享、品牌交流、品牌展示的重要平台。2022年4月起，品牌联盟开始联合中新经纬、新华社《中国名牌》杂志共同编制及每月发布“世界品牌大事记”和“中国品牌大事记”。

中国品牌节年会是每年8月8日在全国各主要品牌城市巡回举办的规格高、参与广、影响大的年度品牌盛会，被誉为中国品牌界的“奥运会”，现已在北京、青岛、大连、贵阳、成都、武汉、呼和浩特、长沙等城市连续成功举办16届，平均每届规模达5000余人次，单届最高达18000人以上。品牌联盟发布的“世界品牌500强”“中国品牌500强”“华谱奖”“金谱奖”“中国品牌人物500强”“中国品牌女性500强”“中国首席品牌官500强”“中国品牌专家500强”“中国品牌大事记”“全球品牌大事记”等一系列研究榜单，推介一批为品牌强国建设作出贡献的集体和个人。

品牌联盟为成都、武汉、长沙、青岛、郑州、呼和浩特、贵阳、中关村、顺义区等城市

2011年8月7日，第五届中国品牌节现场

和地区提供了品牌形象策划，参与起草了《关于加强中央企业品牌建设的指导意见》和《商务部推进品牌建设工作建议》等重要文件。品牌联盟成功为中国节能、中国石化、中国华电、中国交建、中信集团、中国有色、中粮集团、中国航天、国家电投、中国煤科等央企总部，以及中国火箭、武钢集团、长城润滑油、中信建设、中交二航局等中央企业下属企业提供品牌咨询服务。此外，还为茅台集团、五粮液集团、汾酒集团、华晨汽车、青岛啤酒、北京同仁堂等地方知名国企提供品牌咨询服务，并与吉利控股集团、海尔集团、居然之家、西贝餐饮等众多中国500强品牌达成了紧密合作。

（品牌联盟）

【为顺风车车主提供防疫福包】 2021年初，品牌联盟董事长王永发起的公益顺风车项目组，响应政府有关部门就地过年的倡议，免费提供10000份车主防疫福包，为不返乡的车主送去温暖。

（品牌联盟）

【入选“2020中国管理咨询机构50大”】 2021年2月1日，中国企业联合会管理咨询委员会发布了“2020中国管理咨询机构50大”榜单。该榜单根据2019年管理咨询机构营业收入为基准进行综合排序，品牌联盟榜上有名，以1.6402亿元的营业收入位列第16名。此前，在中国国际公共关系协会（CIPRA）发布的2020年中国公关传播行业榜单中，品牌联盟则以164.02百万元的营收位列财富榜第16名、利润榜第8名。

（品牌联盟）

【主办中国品牌节第十四届女性论坛】 2021年5月16日，由品牌联盟主办的2021中国品牌节第十四届女性论坛在北京圆满召开。第十届全国人大常委会副委员长、中国关心下一代工作委员会主任顾秀莲，第十一届、第十二届全国人大常委会副委员长，民建中央原主席，中华思源工程扶贫基金会理事长陈昌智等重要嘉宾应邀莅临。该届论坛以“找自我·知自我·活自我”为主题，现场发布了“2021中国十大品牌女性”榜单。

（品牌联盟）

【中标英科医疗公关传播全案咨询项目】 2021年6月，品牌联盟中标英科医疗的公关传播全案咨询项目。近20人的项目团队，持续服务160天，调研探访11次，媒体探访23家，撰写稿件近100篇，帮助医疗头部企业更好地肩负全球防疫担当，取得显著效果。项目组还与一批中央媒体保持积极的公关联系，并与中央部委有关部门及知名公募基金投资人建立良好的沟通关系。

2021年6月，品牌联盟董事长王永在中标英科医疗调研现场

（品牌联盟）

【为青岛国际啤酒节评估品牌价值】 2021年7月16日，第31届青岛国际啤酒节盛大开幕。时任中国会展经济研究会会长袁再青在开幕式上发布：2021年初，品牌联盟受青岛市及青岛黄岛发展集团委托对青岛国际啤酒节进行品牌价值评估。之后，在中国会展经济研究会的牵

头组织下，品牌联盟联合北京中企华资产评估公司进行了科学严谨的评估。

（品牌联盟）

【举办中国品牌节第十五届年会】2021年9月11—12日，由品牌联盟主办的2021中国品牌节第15届年会在呼和浩特顺利举行。该届年会以“绿色与科创”为主题，“呼和浩特招商引资合作项目签约仪式”亮相开幕式；通过区域公用品牌“敕勒川味道”发布、城市草原健康行、文旅发展论坛等环节，在聚智、汇资、造势层面直接助推呼市营销及产业发展；呼和浩特发起“品牌助力乡村振兴”倡议，以品牌力量推动乡村振兴战略实施。该届年会上还发布了“2021中国品牌500强”“2021节庆品牌100强”“2021华谱奖”等一系列榜单。

2021年9月11日，第15届中国品牌节年会现场

（品牌联盟）

【中标中国中铁、同仁堂等国企品牌咨询项目】2021年10月，品牌联盟先后中标了两个国企品牌咨询项目，服务对象分别为亚洲最大的多功能综合型建设集团中国中铁，以及中国第一个驰名商标所在企业北京同仁堂，从“十四五”顶层设计方面发力，力助中国中铁提升商誉与品牌建设水平，助力同仁堂品牌战略定位及品牌创新发展。自2020年中战略研讨会上将“央企品牌咨询”确立为咨询业务发展新方向以来，品牌联盟已与中国石化、中国华电、长城润滑油、武钢集团、中信建设、中交二航局等中央企业及子公司达成合作。

（品牌联盟）

【召开品牌联盟年会制定“六五”规划】2022年1月21日，品牌联盟年会以“2022，虎力全开，为梦想不止步”为主题在北京举行。董事长王永在主题为《2022，重新出发》的发言中提出公司的“六五规划（2021—2025）”：2021年成为品牌活动领军者，2022年成为央企品牌咨询专家，2023年成为中国咨询行业5强，2024年成为品牌商学教育领导者，2025年成为中国最具影响力的品牌研究机构和咨询机构。

（品牌联盟）

【中标国家电投、中国煤科等央企品牌建设项目】2022年4月12日，品牌联盟中标国家电力投资集团2022年度品牌建设咨询服务项目。品牌联盟专业团队助力国家电投，快速有效推进品牌建设工作，支持其“十四五”高质量发展。10月中旬起，品牌联盟受中国煤炭科工集团委托制定《中国煤科品牌建设战略规划》，助力其进一步提高企业核心竞争力，加快建设具有全球竞争力的世界一流科技创新型企业。2022年，品牌联盟团队基于大量内部访谈和外部调研，结合中国中铁品牌工作实际，编制了《中国中铁品牌建设

"十四五"规划》，并完成系统内宣传贯彻；继而编制完成《中国中铁品牌管理办法》《中国中铁品牌价值评估办法》等规章制度，帮助中国中铁品牌建设实现标准化、专业化、系统化。通过一系列成功的品牌咨询案例，品牌联盟进一步夯实了"央企品牌咨询专家"的地位。

（品牌联盟）

【赋能岳西区域共用品牌建设】2022 年 7 月，品牌联盟为积极响应国家乡村振兴战略，开展"岳西区域品牌建设"的实施工作。夯实岳西"云上岳西，康养福地"的城市定位，全面清晰的阐释城市理念，塑造鲜明的城市形象系统，拍摄独聚魅力的城市宣传片，为今后岳西区域品牌的宣传推广并未岳西翠兰区域共用品牌的打造打好坚实基础。

（品牌联盟）

【王永当选"2022 中国传播年度人物"】2022 年 10 月 29 日，第十一届中国传播领袖论坛暨蒲公英盛典在北京丽都皇冠假日酒店举办。品

2022 年 10 月 29 日，品牌联盟董事长王永获"2022 中国传播年度人物"

牌联盟（北京）咨询股份公司董事长、中国品牌节发起人兼秘书长王永博士应邀出席，并荣膺有"中国传播行业最高荣誉"之称的"2022 中国传播年度人物"大奖。苏秦会创办人兼执行会长陈向阳、Page Society 中国市场高级顾问李曦为他颁奖。

（品牌联盟）

【与自主企业品牌吉利汽车达成合作】2022 年 10 月，品牌联盟与中国自主汽车标杆性品牌——吉利汽车达成合作，负责吉利核心动力技术——雷神技术品牌及吉利品牌战略车型——吉利中国星星越 L Hi·P 车型的营销代

2022 年 1 月 8 日，吉利星越 L Hi·P 亮相中华品牌节年会盛典

理服务。制定《吉利汽车品牌建设五年规划纲要》，为吉利汽车量身定制含品牌发展计划、品牌领袖形象打造计划、战略车型市场营销计划、核心技术品牌市场推广计划在内的一揽子品牌提升规划，助力吉利汽车品牌形象全面提升。

（品牌联盟）

北京知产宝网络科技发展有限公司

【概况】 北京知产宝网络科技发展有限公司（简称知产宝），为中关村高新技术企业、北京市知识产权服务品牌机构、北京市知识产权信息公共服务网点。注册地为北京市，“知产宝”为公司现在使用的户外广告品牌。

北京知产宝网络科技发展有限公司成立于2014年。自2015年起，知产宝整合数据、媒体、培训，建立国内首个创新领域数据产品与服务商业模块。知产宝先后获得高新科技企业、中关村高新科技企业、4A级信用企业认证，并正处于“专精特新”认证过程中。2022年，知产宝扩展数据广度，在已拥有中国司法数据、全球专利数据、商标数据的基础上，获得工商数据、涉诉数据等全量数据使用合规授权，自此构筑起创新数据矩阵与合规数据矩阵，长期以来服务于中国优质创新服务企业。经过9年的发展，知产宝已经形成了覆盖创新完整生命周期的创新数据矩阵，以及关联商业与司法数据的合规数据矩阵。依托数据与专业优势，知产宝已成为专业商业数据与法律数据信息提供商与服务商，不断在用更多维度为中国创新主体提供更加全面的数据产品与工具以及专业高效的商业咨询服务。提供以数据分析产品与服务为基础的创新与合规全产业链条与应用场景服务。

创新数据矩阵包含全量裁判文书、裁判规则、行政处罚文书数据，商标行政文书数据，专利口审及复审数据，创新主体工商信息，股东股权数据信息，全球专利、商标数据库。供全国创新主体基于该标准化产品对自身创新问题、创新机遇、创新布局进行梳理与研究。

合规数据矩阵包括工商、全国经营主体及海外上市企业数据，全领域立案至结案阶段关键数据，投资、诉讼、行业整合性数据。供各经营主体洞察自身合规问题，制定行动预案与商业策略。

在向客户提供标准化数据产品的同时，知产宝多年来不断积累客户需求，针对不同客户与不同应用场景，演化出了基于客户需求的定制化数据服务。包含但不限于对创新与合规数据的统计与分析、专利分析与导航、知识产权价值评估、企业合规风险提示、公众认知调查等多种形式的定制化服务。2014年，知产宝搭建（www.iphouse.cn）知识产权法律数据库和先进、强大的数据处理技术与可视化系统。搭建了为广大企业和个人用户提供全新的知识产权行业应用软件服务（SaaS）、数据信息服务、技术开发服务。以业内最齐全的知识产权司法数据信息为储备，以大数据分析为特色，服务于司法机关、政府部门、权利人企业、律师事务所、知识产权代理机构和研究机构，提供有价值的知识产权数据分析，为用户决策提供参考。2020年，知产宝将数据模块扩展至专利数据、商标数据、专利复审数据、商标评审数据等知识产权全生命周期相关数据模块，并形成20余个子数据库。

在《中国市场监管报》指导下，知产宝共同建设移动端数据信息综合服务平台型应用知可维维权 App。知可维以即时举证、信息举报高效分配、流程可控可看等手段，由市场监管报为经营主体与市场监管部门搭建高效能打击侵权假冒的桥梁。该服务平台致力于建立经营主体与市场监管部门间知识产权保护信息的有效传递，做到信息及时同步，降低经营主体在知识产权投诉案件中的维权成本，提升维权效率，更加全方位地为市场创新主体提供知识产权维权与保护服务。

（知产宝）

知产宝信息平台

【举办三知论坛】 2016 年以来，由最高人民法院和中国法学会知识产权法学研究会作为指导单位，三大知识产权平台“知之汇”“知产力（知产宝旗下媒体品牌）”“知产宝”每年联合主办的三知论坛，由知识产权界专家、学者及实务人士参与，会中讨论的学术成果向社会各界免费开放。三知论坛致力于知识产权司法保护的理论和实证研究，正在成为国内乃至国际知识产权保护的公益学术高端论坛品牌，以及国内知识产权保护和研究的重要基地。2019 年，南湖法院嘉兴科技城人民法庭暨知识产权审判庭被确定为三知论坛永久会址。

（知产宝）

【成为北京市知识产权公共信息服务网点】 2021 年，知产宝成为北京市知识产权公共信息网点单位。知产宝积极推动知识产权信息传播，利用与知识产权专业服务相融合，不断提升服务质量，知产宝常年向社会免费或者低成本提供公益性信息服务，满足服务对象多层次知识产权信息服务需求。在成为北京市知识产权公共信息网点单位的三年间，知产宝通过进一步丰富分析维度和不同类型数据间的关联程度，在知识产权生命周期全环节分析的基础上，进一步结合多种类型的商业主体，对上市公司、科创企业、跨境研发企业、医药企业、新材料企业等主体开展了数据分析，并与轻工业相关行业协会加强合作，拓展了相关领域的数据分析应用场景。

与市场监管报合作开发的知可维 App

（知产宝）

CHINA
BRAND
YEARBOOK

中华品牌人物

中华品牌人物

刘平均 汉族，河南永城人，东南大学科技经济与行政管理专业毕业。1972年5月参加工作，同年7月加入中国共产党，在职研究生学历，高级工程师。曾任江苏省标准局副局长，国家技术监督局管理研究所党委书记兼副所长、代所长，中国标准研究中心临时党委书记兼副主任，国家质量技术监督局计划财务科学技术司司长，国家质量监督检验检疫总局国际合作司司长、科技司司长。2005年任国家质量监督检验检疫总局党组成员、国家标准化管理委员会主任。2008年任国家质量监督检验检疫总局副局长、党组成员。现任中国品牌建设促进会理事长、国际标准化组织品牌评价技术委员会顾问组主席。

中国品牌建设的领军人物。长期负责质量监督管理以及标准化工作，并积极投身国家品牌建设以及国际品牌价值评价和标准化建设，成为中国品牌建设的领军人物。2005年，出任国家标准化管理委员会主任，推动落实以企业为主体的标准化工作机制等重大改革措施，提升了中国在国际标准化组织的排名，促成中国当选常任理事国。2012年，联合美国、德国标准化协会创新了品牌价值发展理论，在“有形资产”评价指标基础上代表中方提出“质量”和“服务”指标，加上德、美提出的“技术创新”和“固定资产”指标，形成“五要素”品牌评价指标体系。2014年，在他的参与下，中方推动国际标准化组织批准成立品牌评价技术委员会，中国获得该委员会秘书国地位，委员会秘书处设在中国品牌建设促进会，刘平均当选为委员会顾问组主席。2019年，在他的主持下，中国、奥地利牵头制定了品牌评价国际主标准 ISO 20671: 2019《品牌评价基础和原则》并正式颁布实施，进一步增强了中国在品牌评价中的国际话语权。

中国特色标准化体系及品牌评价机制建设的推动者。2012—2013年，在他的参与下，我国先后成立了全国品牌评价标准化技术委员会和中国品牌建设促进会，为推动中国自主品牌建设、建立品牌评价制度，搭建了以标准化为支撑的组织框架和技术基础。在这一框架内，中国标准化研究院等单位研究制定并于2014年发布了四项品牌评价国家标准。随后，我国通过科技支撑计划项目、品牌价值提升工程等研究项目不断深化研究和实践，形成了较为成熟的品牌价值发展理论，并先后发布30多项品牌领域的国家标准。这标志着中国特色品牌评价机制和标准体系基本建立，有力推动了我国品牌价值评价的制度化和标准化建设进程。在他的领导下，中国品牌建设促进会在国家市场监督管理总局指导下，联合相关单位，依据品牌评价相关国家标准，从2013年第一次围绕制造业品牌，到2021年涵盖企业品牌、产品品牌、自主创新品牌、地理标志产品区域品牌、中华老字号品牌和城市品牌，先后进行了8次公益性的品牌价值评价发布工作，取得良好社会和经济效果，得到社会的充分肯定。

设立“中国品牌日”的最早倡议者。2014年5月，习近平总书记在河南考察时提出了“推动中国制造向中国创造转变、中国速度向中国质量转变、中国产品向中国品牌转变”的重要论述。在这之后不久，刘平均作为全国政协经济委员会委员向全国政协提交了关于加强中国品牌建设的提案，明确提出在国家层面设立“中国品牌日”的具体建议。2016年1月，在全国政协“加快推进品牌建设”双周协商座谈会上，他再次提出设立“中国品牌日”以提升全社会的品牌意识、树立国家品牌形象的建议，得到与会者的热烈响应。2016年6月，国务院办公厅颁发题为《关于发挥品牌引领作用 推动供需结构升级的意见》文件，提出设立“中国品牌日”的倡议，为“中国品牌日”的最终设立奠定了基础。2017年4月，国务院批复国家发改委《关于设立中国品牌日的请示》，批准将每年5月10日确定为“中国品牌日”。

刘保孚 北京市人，1934年生，中共党员，高级经济师。1950年参加工作，曾任国家工商行政管理局广告监督管理司司长，中国广告协会副会长，中华商标协会副会长、秘书长，《中国广告年鉴》主编，长期从事与品牌相关的广告监督管理和商标保护组织领导工作。退休后先后担任中国广告协会、中国商务广告协会顾问。积极推动我国品牌发展建设的法制、管理、教育、研究、文化等相关工作。在《经济日报》《中国工商报》等发表众多广告与品牌的专栏文章，著有纪实文录《广告风云》。

积极推进广告管理改革。1982年开始从事广告监督管理工作。为了解决原计划经济体制下广告财税、价格制度不合理问题，多次带队与财政、物价等部门协商，先后解决了广告费列支企业成本、明确广告代理费标准、明确广告公司代收广告发布费纳税标准等影响我国品牌宣传的重大政策性问题，为市场经济体系的完善作出了重要贡献。

引进国际先进品牌管理理念规范设立中外合资广告企业。20世纪80年代，主持推进多项国际交流合作项目，支持设立并逐步规范中外合资合作广告企业，奥美、电通、麦肯、德高等国际知名品牌推广专业企业先后进入中国，带来了全新的品牌管理理念和经验，促进我国民族品牌快速成长、健康发展。

支持促进我国广告教育研究事业。1988年，会同有关部门和专家学者，开展专题调研，支持北京广播学院新闻系开办广告学专业，后设立广告系。会同北京广播学院新闻系拍摄广告从业人员培训电视片。在中央电视台经济频道播出20次。联合厦门大学新闻系开展本科生广告专业培训。

规范广告宣传行为，维护消费者权益和民族品牌形象。20世纪90年代，主持查办并严肃处理了“脑白金成长领袖”“拥有美国一片热土”和沈太福非法集资等社会影响恶劣的虚假广告案件。

起草广告管理相关法规。1985年，承担起草《广告管理条例》工作，历时三年的调研、起草和修改，于1987年完成。该条例对促进和规范当时我国广告业健康发展起到了重要作用。1991年，接受《广告法》起草任务，多次带队考察调研，咨询国内外专家学者，反复征询国务院有关部门及行业意见，历经15次修改，于1994年全国人大常委会审议通过，1995年2月1日起正式实施。《广告法》的出台使中国广告行业步入有法可依、规范发展的新起点。

推进民族品牌商标国际保护工作。1996年，在中华商标协会任职期间提出“商标、广告是企业发展的两翼”的观点，动员“同仁堂”“恒源祥”等“老字号”企业申请商标国际注册，努力推进民族品牌知识产权国际保护，维护民族品牌的合法权益。

发起成立中国4A协会。2004年，联合中视金桥国际传播集团、视新天源广告公司等业内同行，共同发起成立中国4A协会，涵盖了中国优秀的中外合资及本土广告代理公司。先后主持发起中国4A创意金印奖，制定中国4A行业作业标准，开展4A大师进校园活动等，培养和发展中国品牌管理和服务专业力量。

宋秩铭 中国台湾人，1948年生，无党派人士，奥美中国的灵魂人物。

曾任WPP大中华区董事长，现任奥美大中华区董事长，于20世纪70年代在中国台湾展开广告职业生涯，拥有近50年的传播行业经验，服务奥美集团/WPP集团长达40年，是目前中国大陆和港澳台业务前线最资深的广告人。

致力于中国品牌全球化、国际品牌本地化。以他丰富的传播领域经验，帮助中国市场许多不同产业的客户解决问题，成功帮助中国品牌走向全球，国际品牌落地中国市场。他敏锐地掌控运用国际广告经营模式和策略营销，并将其运用在中国台湾和中国大陆市场上。

积极引进专业作业工具和理论，建立作业标准，为中国市场培育了大量专业人才。主张与全球最为知名的广告集团奥美合作，几十年的时间，将国际市场的广告作业模式和工具方法论，在中国台湾和中国大陆市场推广应用。1981年，在参与奥美落地中国台湾的项目中，引荐国泰和奥美集团建立了技术合作关系。1985年，推动国泰和奥美共同创立了中国台湾第一家中外合资的广告公司，台湾奥美广告公司，并担任经营管理人员。在短短数年中陆续增设了公关、顾客关系行销、视觉管理顾问及行动营销公司，台湾奥美迅速成为提供整合广告代理服务的最具规模的广告公司。

在中国大陆的职业生涯起航于1991年，并延续至今。1991年，因在台湾奥美的成功经验，被奥美集团委派至中国大陆市场，促成与上海广告公司的合资计划，成立上海奥美广告有限公司，担任中国区董事长，由上海开始拓展奥美集团在中国大陆的发展。1994年至今，在任大中华区董事长期间，负责奥美在中国大陆、中国台湾和中国香港的业务，与本土广告公司构建伙伴关系，拓展奥美中国的区域化布局，先后实现西岸奥美、奥华奥美（现福建奥美）、加信奥美、奥美世纪、达生（现经纬行动）、银都奥美的并购。

他带领的奥美，从20世纪90年代初期开始，引进优秀的专业人才，培育本土专家，将品牌有价值的观点根植于众多国内客户，协助国内企业建立并打造出强有力的品牌。奥美被称为“广告业的黄埔军校”。

参与主导的典型案例引领行业风向。早期，上海汽车集团帕萨特车型的“走到哪里都不怕”是较为完整的汽车业品牌广告。中国移动的“动感地带”是国内首次针对年轻族群区隔化的品牌策略和广告。引入新加坡奥美创作的中国银行企业形象广告系列，引发企业形象广告重要性的话题。参与众多品牌优化，如伊利、中粮、华润、中化。

注重企业文化的建设，在奥美，提出尊重个人、尊重知识、尊重创造力的经营理念。促成奥美《观点》中文版的诞生，至今为止，奥美《观点》已集结成册7册，帮助品牌和广告公司从业者获取更多专业观点。

奥美在中国大陆创建30周年纪念时(2021年)，他主创并与25位创立初期的高管人士共同撰写并出版了《以红之名》，成为当年畅销书籍。

致力于树立行业规范与提升品质化服务的标准，培养专业人才，推动中国广告业的健康发展。创立中国台湾4A协会并任第一任会长，发起成立中国4A，邀请16家国际广告公司参与，与12家本土广告公司共同组成中国4A的会员基础。

吴汉东 江西东乡人，1951年生，中共党员，著名法学家，专长知识产权。曾任中南财经政法大学校长，现任中南财经政法大学学术委员会主任、文澜资深教授、博士生导师，教育部人文社科重点研究基地中南财经政法大学知识产权研究中心名誉主任，教育部、科技部新时代科技革命与知识产权学科创新基地中方首席专家，兼任教育部社会科学委员会法学学部委员、最高法院知识产权司法保护研究中心学术委员会副主任、国家知识产权咨询专家委员会成员。著有《当代中国法学家文库·吴汉东法学研究系列》(七卷本)。是中国知识产权研究的开拓者和领军人物，在知识产权基础理论研究、知识产权前沿问题探索和知识产权法学教育等方面均取得了具有国内国际影响的重大突破，为丰富和发展中国知识产权学术研究与事业作出了重要贡献。

构建了中国知识产权理论框架。40余年来，作为中国知识产权研究的先行者，系统而深入地阐述了知识产权的基本范畴、基本理论、基本制度，构筑了我国知识产权制度的学说体系。其《知识产权基本问题研究》和《无形财产权制度研究》，是知识产权界公认的有影响的权威著述，分别获得首届中国出版政府奖和司法部优秀科研成果一等奖。在著作权基础理论领域，率先对合理使用这一著作权“世界性难题”进行研究，其专著《著作权合理使用制度研究》入选首届全国优秀博士学位论文奖，是唯一一篇获奖的法学论文。国家社科基金重大项目成果“科学发展观统领下的知识产权战略实施研究”于2011年入选“国家哲学社会科学成果文库”。著《知识产权精要：制度创新与知识创新》获第八届钱端升法学研究成果奖一等奖。

致力于将理论研究与政策实践相结合，为我国知识产权重大决策作出卓越思想贡献。作为教育部人文社会科学重点研究基地、国家保护知识产权工作研究基地、国家知识产权战略研究基地、国家版权局国际版权研究基地的主持人和首席专家，在知识产权领域充分发挥了“国家智库”的重要作用。2006年5月26日，在中共中央政治局第三十一次集体学习时为中央领导讲授“我国知识产权保护的法律和制度建设”。作为中国最早提出知识产权战略观念的学者之一，为2008年颁布《国家知识产权战略纲要》和2021年颁布《知识产权强国建设纲要》提供了专家建议稿，其诸多内容被直接采用。还先后主持起草了国家知识产权“十二五”“十三五”“十四五”规划，为国家社会经济发展和法制建设发挥了重要的“智囊”作用。

在知识产权法学教材编写和知识产权人

才培养方面皆作出了突出贡献。作为国家级重点学科与国家级优秀教学团队的学术带头人，1986年主撰的《知识产权法概论》是我国第一部知识产权法教材。在首届全国教材建设奖中，其主编的《知识产权法》教材获评“全国优秀教材”，同时获评“全国教材建设先进个人”。

致力于中国的知识产权知识普及和政策宣传。为中央党校、国家行政学院、商务部、国资委、国家广电总局、国家知识产权局、国家工商总局、国家版权局以及广东、湖北、陕西等20几个省市的领导干部和30余所高校做过数百场知识产权专题报告，并应邀在中央电视台《焦点访谈》《社会与法》、科教频道等频道或栏目作专家访谈。由国家知识产权局等部门揭晓的“2008中国知识产权风云榜”上，作为唯一的一名学者，荣膺“2008中国知识产权年度最有影响力十大人物”；在品牌中国产业联盟主办的“品牌中国年度人物活动”中，作为唯一的知识产权学界获奖者，被授予“2009保护知识产权特殊贡献奖”称号；2009年、2010年被国际知识产权权威杂志——英国《知识产权管理》(MIP)杂志评选为“全球知识产权最具影响力50人”。2020年，中国版权协会授予吴汉东“中国版权事业终生成就奖”荣誉称号。

丁俊杰 山东诸城人，1964年生于吉林通化，中共党员，现任中国传媒大学（原北京广播学院）学术委员会副主任、国家广告研究院院长，首都传媒经济研究基地（国家CTTI智库）主任、亚洲传媒研究中心名誉主任、中国高等教育学会广告教育专业委员会理事长，教授、博士生导师。中国广告协会第三届、第四届学术委员会主任，《国际品牌观察》杂志主编，中国商务广告协会副会长。1987年7月开始在北京广播学院（今中国传媒大学）任教至今，先后任新闻系副主任、广告系副主任、新闻传播学院副院长、院长、校长助理、副校长等职务。参与创办中国传媒大学的广告学专业，长期从事广告教学（培养广告高级人才）、广告理论研究、品牌论述及研究。对数字营销、互联网等新媒体与传统媒体之间的关系，进行了持续的观察研究和科学客观的论述；对中国广告的社会价值、经济地位的梳理等研究成果对业界实践和学术研究具有较强引领价值。在中国广告业的社会组织建设、公益活动组织和国际交流等方面，也做出了积极的贡献。

2002年7月中国传媒大学广告学专业升级为中国传媒大学广告学院，是全国迄今唯一一所以广告学为主干学科的独立学院，也是中国高等教育学会广告教育专业委员会所在单位。主讲的“广告学概论”是全国首个广告类“国家级精品课程”“国家精品资源共享课程”。主要著作包括《现代广告活动的理论与操作》(1996年，中国三峡出版社)、《现代广告通论》(1997年，中国物价出版社)、《现代广告通论》(第四版，2019年，中国传媒大学出版社)、《广告学概论》(马克思主义理论研究和建设工程教育部重点教材)、《广告的超越》《中国广告传播研究轨迹》《IAI广告作品与数字营销年鉴》《中国营销实效趋势报告》《中国电视专业化频道研究》《广告学导论——现代广告运作原理与实务》。参与主编《影响力营销》(2005年，中国传媒大学出版社)、《寻找广播榜样》(2002年，北京广播学院出版社)、《中国广电媒介集团化研究》(2001年，中国物价出版社)、《国际化背景下的中国媒介产业化透视》(1999年，企业管理出版社)、《媒介经营与产业化研究》(1998年，北京广播学院出版社）等20余部，译作有《当代广告学》《广告：创意与文案》等。在各类专业期刊、核心期刊上发表论文近百篇。

近年来主持多项国家社会科学基金、教育部重点教材建设、国家广电总局社科研究、211重点学科建设、北京市社科规划等重大科研项目，先后参与了《“十三五”广告产业发展规划》《“十四五”广告产业发展规划》两次国家级产业发展规划的制定工作，为推动广告学科研和广告行业管理和实务的发展做出了重大贡献。

自2005年以来，每年受邀参加中国广告论坛发表主题演讲，先后发布《“三重宇宙”场域下的多维时空再造与广告价值重构》《新元素、新连接、新思维——广告价值与未来格局》《广告的“贫困”与“多余”》《超越与共生》等专题研究成果。

潜心致力于城市品牌形象建设研究，带领团队先后开发了“中国城市形象理论研究体系”及“中国城市品牌形象评价体系”，并组织协调了多个城市的品牌及相关项目设计，如韩国首尔市，中国深圳市、无锡市、长春市、柳州市、重庆市、武汉市、成都市等，帮助多个城市树立了自身良好品牌形象，大大提升了这些城市在国际范围的知名度。在2021北京国际设计周城市设计高峰论坛上，发表《城市品牌化发展的顶层逻辑》主题演讲，探讨如何构建城市品牌，提升城市品牌价值。2022年提出“域牌”概念，同时推出了“中国首个域牌顶层设计报告”，系统阐释了“域牌”理论。“域牌”作为一个区域无形资产，既是区域对外宣传推介的重要名片，也成为提升区域发展竞争力和居民幸福指数的重要因素。

刘瑞旗 上海市人，1958年生，中共党员，恒源祥集团创始人，国家知识产权专家库入选专家，上海市品牌建设工作专家委员会首批专家，中国传媒大学客座教授、博士生导师。现任中国工业经济联合会主席团主席、中国传媒大学擘雅品牌研究院名誉院长、中华商标协会副会长、擘雅集团董事长等职务。

自1987年以来，以做文化的方法做品牌，带领恒源祥完成了“由字号到品牌”“由单品到多品”“由经营策略到品牌战略”的转变，使百年老字号焕发生机。潜心经营的同时，致力品牌和文化的研究，在各类刊物发表相关文章400余篇，主持各级科研课题10余项，专著（含主编）7部。先后获得“全国先进工作者”“全国五一劳动奖章”“全国劳动模范”“全国优秀科技工作者”“中国第三届杰出质量人”“上海市市长质量奖”“上海市领军人才”“上海市创建卓越品牌杰出贡献奖”等荣誉。

变革经营模式，创意广告经典。1987年，刘瑞旗调入恒源祥时，恒源祥只是上海滩上一家销售绒线的门市商店，且正处于经营萎靡的阶段。他敏锐地捕捉到“恒源祥”三个字所蕴含的文化与品牌价值，以200元的成本将恒源祥注册为商标，与无锡的毛纺企业进行联合经营，将恒源祥由产品经营的旧模式转变为品牌经营的新模式，即恒源祥的业务主要为品牌的咨询和管理，全部的经营活动围绕着增加品牌的价值而展开。“恒源祥模式”是一种经营模式的创新，百年老字号因此重新焕发了生机。

1992年，他借助当时电视剧《婉君》的热度，创造性地开创了5秒广告形式，即将5秒一遍的“恒源祥，羊羊羊”广告，在每集电视剧的15秒广告时长中连播三次，使恒源祥成为一代人心中抹不去的记忆。恒源祥坚持只为品牌而不为具体产品做广告，这些特点使恒源祥广告成为中国广告史的经典案例。

他策划了许多具有广泛社会影响力的品牌事件。2009—2016 年，恒源祥与中科院北京生科院、莫奈尔化学研究中心等科研机构联合举办七届全球感官品牌论坛；2008 年，恒源祥成为北京奥运会赞助商，此后又成为 2022 年北京冬季奥运会赞助商，是上海市唯一一家“非体育”行业奥运会赞助商；2015 年，恒源祥与劳伦斯共同举办“劳伦斯世界体育奖颁奖典礼”等。还策划了许多与企业社会责任相关的非营利性活动，如 2005 年以来，恒源祥与全国妇联、中国儿童少年基金会联合启动的“恒爱行动”，组织爱心妈妈为孤残儿童编毛衣，16 年来共捐赠爱心毛衣 123 万余件，先后三次获得“中华慈善奖”，为恒源祥带来良好的社会声誉。

推动品牌研究，投身品牌教育。为将品牌推动至国家战略的高度，他积极组建科研团队，从个人、组织、国家（区域）、产品、产业、行业六个维度，先后开展科研课题十余项，对品牌的内涵、定义、规律等进行深入研究。如 2012 年及 2015 年，刘瑞旗团队与中国社会科学院数量经济与技术经济研究所、中国科学技术发展战略研究院等机构联合承担国家重大软科学项目《国家品牌与国家文化软实力研究》《国家品牌战略问题研究》，对国家文化软实力、国家品牌建设等重大问题进行科研攻关，成果受到学界一致好评。

2021 年，刘瑞旗团队受中国大百科全书出版社的委托，组织学术力量承担了“国家重大出版工程 · 中国大百科全书（第三版） · 品牌卷”的编撰工作，刘瑞旗任主编。在编撰过程中他发现，全社会品牌意识的不足，与教育学科体系中品牌学未受相应重视有一定关系，教育部 114 个一级学科（2022）中没有品牌学的一席之地。2021 年，他以个人名义向中国传媒大学捐资建立中国传媒大学擘雅品牌研究院，旨在建构交叉学科门类下品牌学一级学科，推动品牌成为国家战略。研究院的主要任务是创建完善的品牌学科体系，开展与品牌学相关的高水平学术研究、合作交流和社会文化活动，提供品牌相关的咨询服务和培训服务，培养高素质复合型的品牌学学科人才，高质量服务国家品牌战略和经济社会发展。研究院于 2022 年 4 月挂牌成立，正式开展品牌学科的研究和教学工作。

陈泽滨 汉族，广东普宁人，1986 年 9 月生，硕士研究生学历。2010 年 2 月，加入广州立白企业集团有限公司（简称“立白集团”），先后担任品牌管理中心副总经理、CMO、联席 CEO 等职务。2019 年 4 月，担任总裁职务，全面负责集团战略经营管理的各项事务。

在他的带领下，立白集团提供了深受消费者喜爱的“立白”“立白御品”“立白大师香氛”“好爸爸”“洁多芬”“蜜丝”“立白小白白”“香维娅”“蓝天六必治”“泉爽”“所研肌事”等织物洗护、餐具清洁、口腔护理、个人护理等优质产品。经过 20 多年发展，立白集团年销售超 200 亿元，年缴税超 15 亿元，洗涤用品在全国及世界均销量领先，先后获“全国先进基层党组织”“全国五一劳动奖”“全国文明单位”“中华慈善奖”“全国守合同重信用企业”“中国私营企业纳税百强”“中国质量奖提名奖”“中国工业大奖提名奖”“国家级消费品标准化试点创建单位”“中国质量标杆”“中国绿效企业最佳典范奖”等荣誉 100 余项。

为响应习近平总书记“绿水青山就是金山银山”建设生态文明的国家战略和“十四五”“双碳”战略，立白集团现已形成原料、配方、技术、制造、产品上下游绿色全产业链，被世界环保大会授予“国际碳金总奖”，被国家生态环境部授予“中国环境标志企业优秀奖”，被国家工业和信息化部评为“工业产品绿色设计示范企业”，广州番禺生产基地获评“首批国家绿色工厂”。

重视民族品牌的打造和发展，坚持建立品牌与消费者良好的沟通渠道。从业至今，他带领团队完成立白品牌的换新升级，推出了“立白御品”“立白大师香氛”“蜜丝”“立白小白白”等高端品牌和细分品牌。开辟电商渠道，实现增量渠道的有效转化，并通过直播、短视频等形式完成与消费者的深入触达，实现了民族日化品牌服务消费者质量标准的跨越式提升。同时，持续关注品牌企业的数字化转型生态，在2018年正式推进“1+2战略”项目落地，以品牌为引领，布局品牌矩阵服务消费者策略；深化中台赋能，带领企业深入推进数字化转型；建设新兴渠道，赋能直播业务新增长，拉动电商业务高创收，实现从0到1的业务新突破；打造面向生态伙伴的2B平台及面向消费者的2C平台，掌握了企业数字化变革的驱动力。

重视集团社会责任和党建工作，立白集团成为全国党组织架构最健全的非公企业之一，被中组部确定为“全国十大优秀非公党组织典型”并向全国宣传推广。截至2021年底，组织参与各类爱心公益活动超过500余项，受惠各类人群超过10万人次，累计为公益事业投入超5亿元。2020年，陈泽滨和妻子共同出资成立广州尚贤慈善基金会，专注资助贫困脑损伤儿童、支持脑瘫医疗技术的发展，打造“一鹿童行”国内首个专注于脑损伤的康复指导平台，设立超过500万元专项基金，受益儿童已覆盖5省21市，累计受惠人群达5万人次。

积极参与社会活动，热心各项社会发展事业。担任中国青年企业家协会理事、广东省工商联执委、广东省青联委员、广州市工商联副主席、广州市品牌质量创新促进会会长等职，为国家和地方经济建设和品牌发展战略建言献策，受到政府和社会各界的关注与认可，先后获2018年度广州市劳动模范、2018年度十大商标品牌领军人物（广东省商标协会）、2019中国品牌影响力（行业）十大创新企业家（中国国际企业品牌文化博览会、《人民日报》和《中国企业报》等单位主办的“中国品牌影响力评价成果”）、2020年CAMA中国年度品牌领军人物（中国广告协会指导、上海市广告协会、中国广告杂志等单位主办的“第二十一届中国广告与品牌大会”）、2021广东商界十大新锐人物（广东省商业联合会）等多项荣誉。

品牌研究

文章辑览

广告与品牌

刘保孚

一

广告与品牌，既是两个不同的名词，又有着内在的联系。

广告是市场行为，是社会主义市场经济体系中重要的组成部分。在市场经济运行中，广告作为沟通生产与消费的中介，具有辅佐企业开拓市场和引导消费的特殊功能，是国内国际市场信息交换的有效渠道，也是企业参与国际经济循环的重要条件。改革开放以来，我国广告业的地位、作用随着国民经济的发展，日益显示出勃勃生机和活力。广告业的发展，反映一个国家或地区市场经济发育程度，科技进步水平、综合经济实力和社会文化质量。广告业在我国已列为知识密集、技术密集、人才密集的高新技术产业，随着改革开放的不断深化，社会主义市场经济体制不断完善，我国广告还将会有更大的发展，广告在为全面实现我国国民经济和社会发展“九五”和 2010 远景规划服务中，发挥出更大的作用。

品牌是尚未列入词典，但又被社会各界认可的一个新名词。

品牌包含两个含义，品即是物品，物品的等级、种类、当然也含有人的品格；牌则是企业单位为自己产品的专用名称，实际是商标。把两层意思归纳起来，品牌就是高品位的牌子。体现在商品上，应该是广大消费者认可的商品的牌子。品牌没有一个确定的标准，企业作了广泛宣传，消费者使用，大众认可，形成品牌。

品牌由众多因素构成，主要有以下几点：

第一，产品的质量要好，这是品牌站住脚的基础。任何商品都是以供消费者使用为根本目的，而质量又是取得消费者信任的最根本保证。因此，任何商品的质量，都要通过消费者的使用经受检验。

第二，商品既要美观，又要实用；既要适应消费水平，也要适应环境的不断变化（人们的生活水平、居住环境、服装式样等），不能长期不变，更不能几十年一贯制。

第三，注意消费者的反映，即收集售后的信息反馈，并以此作为改进产品质量、花色品种的依据之一，以防止消费者喜爱的商品企业不了解，企业生产的商品消费者不喜爱。

第四，企业对产品的宣传（当然主要是广告）要有计划、有目的，更要有科学性和实用性。计划——体现费用怎么使用；目的——反映以扩大销售、增加企业的经济效益和社会效益；科学性——宣传与产品要绝对相对应；实用性——广告费过多会增加消费者的负担。我国企业的广告费投入不均，1995 年以前，按国民生产总值，一般均未超过 4%，具体到各个行业则有很大的差别，但最多的也不能超过销售额的 10%（也仅仅限于化妆品、酒类、营养液、药品等）。

品牌被广大消费者公认，久而久之形成名牌，因此，名牌是品牌的延伸。名牌不是由谁任意评比、评选出来的，而是在消费者公认的基础上形成的。1990 年以前，国家经委每年要对各类商品进行评比，从中确定金、银、铜三种奖牌。与此同时各省、自治区、直辖市、计划单列市、国务院各工业部也每年评金、银、铜奖。1990 年以后，中央决定不再进行任何形式的评奖。

现在社会上各种名目繁多的评比推荐出来的名牌举不胜举，这些以“钱”买牌行为不仅损害名牌的声誉，也给消费者造成误导。因此，企业绝对不要轻信社会上的各类型的评比、认定、推荐，更不要花费高额外汇购买国际上只有名而无实的奖牌。

1996 年 4 月，中办、国办联合发出通知，要求严格控制各类评比或变相评比，包括对企业、企业经营管理者、企业产品进行评比、评选、评价、评奖、评优、展评等活动。这为企业如何为品牌定位、消费者如何识别品牌（或名牌）提供了界定的依据。

二

广告与品牌，是企业生存、发展中至关重要的手段。品牌是企业立足之本，广告是企业出资为消费者提供信息，使之接受商品的重要媒介。广告与品牌如同鸟类的双翼，只有同时扇动，才能腾空而起。企业在重视科技、保证产品质量的前提下，运用好广告与品牌，产品才能被广大消费者们认可，才能把好广告投入关。按照规定，广告费用可以列入生产或销售成本，而成本又是由原材料、设备投资折旧、工资和各种费用等诸多因素组成，广告投入仅仅是各项费用中的一项。因此，把广告视为权宜之计固然不妥，但不顾客观实际，盲目投入广告更不妥。生产是起点，消费是终点，头脑中引不起重视，加之平时很少使用该种商品，选购时很难下决心。当然，商店作的一些如新到数种 ×× 牌新款式服装、鞋帽或日用百货品等除外，因这类属战术性广告，又是直接销售行为。

企业如何运用好广告与品牌这两个手段，绝对不仅是谁经济实力雄厚，广告费投入多，谁就能扩大销售、占领市场，其中包含着合理使用费用，集中宣传重点，才能充分体现出投入与效益形成正比。如何运用好广告，主要有以下几点：第一，要科学、合理、实事求是销售是中间环节。广告在中间环节中，为生产和消费传递信息，为企业和消费者服务，企业不能等产品滞销了才投入广告，因为在商品经济社会，市场由买方占领，消费者购买商品有一个选择的过程，在选购前，同类产品信息从各种媒体向消费者显示，以引起购买欲望和行动。一个产品平时不作广告，或间断性地作广告，在消费者加大成本，增加消费者的负担。有的企业不考虑自己的实力（包括设备、技术、原材料、技术力量、生产能力、销售渠道等等），片面认为只要大力投入广告费，就可以扩大销售，有了销售渠道，再落实生产及其他有关措施。这种做法实际上带有很大的盲目性，且产品的质量很难保障。科学的方法应当是，根据自身的生产能力，安排生产；根据资金，选择适当的媒体作广告，使有限的费用最大限度地发挥作用。

第二，要把住广告内容关。广告是宣传、介绍、反映产品的，因此，内容必须真实。我国《广告法》第三、四、五条分别规定，“广告应当真实、合法，符合社会主义精神文明建设的要求”“广告不得含有虚假的内容，不得欺骗和误导消费者”“从事广告活动，应当遵循公平、诚实信用的原则”。

广告的生命在于真实，在于与产品实际相符合。真实本身即合法，广告应当如实地介绍商品，不能进行任何形式的虚假宣传或夸大宣传。商品是基础，广告只是它的表现形式，偏离了这个根本，广告就失去了生命力。我国实行社会主义市场经济，信誉必须放在首位，广告中对商品的质量、性能、用途、生产者、产地等作虚假或误导的，都将给消费者造成损失。企业重点应当在产品质量上下功夫，在品种、式样上花力气，有了好的产品，通过广告宣传，使消费者购买到信得过的产品。那些质量并不过关，式样亦不新颖，功能并不齐全，而广告却给人美好的感觉，势必欺骗、误导消费者。公平的原则体现在广告活动中，应当正确引导消费，而诚实信用是商业道德在法律上的体现。

第三，广告的内容应当与产品本身贴切。广告内容允许有合理的艺术夸张，但不允许脱开产品空头许诺。目前我国广告制作手段是先进的，设计队伍也有一定的实力，作品却一般化、雷同化的多。其中有两个因素困扰：一是设计、制作人员受环境、条件的限制，思想上跳不出原有的框框，观察借鉴国外的作品少，创新的少、模仿的多。二是广告主(即企业)思想束缚过多，自认为企业花钱作广告，就应该以我的构思设想为核心，担心内容脱离企业的蓝图效果不佳，各类广告创不出新的思路。因此，要由广告设计者与广告主共同探讨，寻找共同点，创作出真实、美观、可信的广告作品。

第四，摒弃广告活动中的各种不良倾向。改革开放以来，我国广告业发展迅速，广告经营单位增长过快，这种现象从好的方面讲，可以开展竞争，从而促进广告制作水平的提高。但却存在很多问题，其中最大的干扰就是回扣及各种不正当的竞争手段 。

很多人把广告经营片面地列为投入少、见效快、利润高的行业，因此，对社会各界都有很大的吸引力，都在争先涉足广告行业，其实这是一种偏见。目前，全国经营广告的公司有近 2 万家，其中具有全面设计、制作、代理水平的却为数不多。按照正常的规律，广告公司应当按照实力，合理分流，大的综合性的广告公司，为大的企业服务；中、小型广告公司为中、小企业服务。但目前的经营方式则是交叉服务，其前提又是在服务手段而不是在服务质量上下功夫。这种经营方式的结果，有的公司与客户之间讲回扣、吃请、生活方面的许诺，超过了广告质量与效应。这类状况实际上是对提高我国广告整体水平设置了重重障碍，讲得更严重一些，是对我国广告业发展的干扰、破坏。

（本文作者系原国家工商局广告司司长，原载《中华商标》1997 年第 1、2 期）

准确把握知识产权保护的核心要义和法治要求

吴汉东

知识产权保护是知识产权法律规范体系的制度构成，更是当前加强知识产权法治的重点任务。习近平法治思想为全面加强知识产权保护工作提供了根本遵循。根据中国法治实践经验，知识产权保护的基本要义包括依法保护、同等保护、协同保护、分类保护和严格保护。

一、依法保护：法定权利、法治秩序

依法保护，是知识产权法治的核心要义，具有权利法定主义和保障权利行使秩序的基本内涵。知识产权保护以法律的名义，确认知识财产的产权形式，促进知识商品的产权交易，并提供相应的产权法律保障，在本质上理应归类于法律制度范畴。在知识产权法律制度构成中，权利保护是其中的核心组成部分。无救济则无权利，知识产权所有人的权利实现，有赖于法律对其权利的保护。

依法保护知识产权，是全面依法治国和全面建设社会主义现代化国家的重点任务，即在与科技、文化、经济有关的知识产权领域全面推进科学立法、严格执法、公正司法、全民守法，以促进和保障创新发展。知识产权治理的现代化，关键在于法治化；知识产权保护，意味着权利须依法产生，并依法得到保护。依法保护须以法律规定为基本准绳，其基本要义是：在知识产权法治体系中，没有"法外"存在的"权利"，也没有保护权利而采取的"法外"措施。无论权利的保护对象、保护范围、保护方式，还是侵权行为类型、侵权认定规则、侵权责任形态等，概为法律意义上的"规范之治"。因此，负有知识产权保护职责的司法部门和行政机关，承担知识产权纠纷解决和维权事务的仲裁组织、调解机构、行业组织，必须养成法治思维定式。诸如"规则思维""权利义务思维""秩序性思维"等，无一不是从事知识产权保护工作须具备的现代法治思维；同时应该形塑法治行为方式，将法律制度贯彻于知识产权治理活动之中，形成现代法治要求的"办事依法、遇事找法、解决问题用法、化解矛盾靠法"的行为模式。可以认为，依法司法、依法执法、依法仲裁、依法调解、依法自治等，是依法保护知识产权的法治要求。

二、同等保护：主体平等、国民待遇

同等保护，是知识产权主体地位平等和人格独立的民法原则体现。它意味着知识产权受到法律保护，在主体类型上，没有中外国籍之分、公私性质之别，凡依本国法律取得或认可的知识产权，一律平等而无差别地受到保护。在我国《民法典》中，采取知识产权同等保护原则的法律依据有："民事主体在民事活动中的法律地位一律平等"（第四条）；"民事主体依法享有知识产权"（第一百二十三条）；"民事主体按照自己的意愿依法行使民事权利，不受干涉"（第一百三十条）。在民事法律关系中，知识产权主体的权利能力即法律地位平等，知识产权主体的合法权利受到法律的平等保护。同等保护不仅是我国《民法典》所确认的私法原则，也是知识产权国际公约所确认的国际规则，是国际法意义上的国民待遇原则在国内法中的具体表现。国民待遇原则的基本含义，是指在知识产权保护方面，各缔约国之间平等相待，使缔约国国民与本国国民享受同等待遇。这一原则既不要求各国法律的一致性（不涉及知识产权保护水平问题），也不要求适用外国法的规定（不涉及国家主权的地域限制问题），只是要求每个国家在自己的地域范围内独立适用本国法律，不分外国人还是本国人而给予同等保护。根据国际公约的国民待遇原则，我国政府对中外各类主体的创新成果一视同仁、同等保护，表明了我国保护知识产权的国际立场。

三、协同保护：多元共治、化纷止争

协同保护，是现代化治理中“多元共治”模式的具体表现，也是我国知识产权保护政策的实践体验。现代治理的核心特征在于治理主体的多元化，构建一种多元主体共同参与，实现治理权能分化和转移的公共治理模式。多元共治的理念及其实现模式，在我国知识产权领域具体表现为“协同保护”格局，即《知识产权强国建设纲要（2021—2035 年）》所指出的“坚持党中央集中统一领导，实现政府履职尽责、执法部门严格监管、司法机关公正司法、市场主体规范管理、行业组织自律自治、社会公众诚实守信的知识产权协同保护”；“建立完善知识产权仲裁、调解、公证、鉴定和维权援助体系”。

知识产权领域的多元共治，既是多元化的知识产权保护体系，又是多元化的知识产权纠纷解决机制，主要有司法裁判、行政执法、专业仲裁、第三方调解、行业自治等方式。其中，司法裁判在知识产权保护体制中具有主导地位，是具有引导性和决定性的法律保护模式。根据国际公约和我国法律规定，司法裁判具有优先性（案件管辖优先、裁判效力优先）、全面性（保护范围全面、司法审查全面）、终局性（终局裁定、终局效力）的功能和作用。行政执法是加强知识产权保护的普遍而有效的方式。行政执法有着国际公约规定的依据，也体现了我国的治理制度特色和公共资源优势。相比较其他保护模式而言，行政执法具有执法活动主动、执法方式多样、执法效力及时的诸多特点。专业仲裁是一种重要的法律纠纷解决机制，具有高效性、专业性、保密性的特点，可以缓解审判压力，避免行政任性，并以“一裁终局”而优于私人救济。第三方调解有别于专门意义上的司法调解、行政调解和仲裁调解，是第三方主体（如律师或其他专业人士）应当事人双方约请而进行调停、和解的自我治理活动，是对前述各种纠纷解决机制的有益补充。第三方调解具有灵活性、简易性、经济性等特点，但因缺乏强制执行效力而可能存有不确定性问题。相关行业自治多以行业协会的名义对本协会成员的知识产权纠纷进行斡旋、调停、处理，属于私力救济、社会成员自治的范畴，也有着独立存在并应得到法律肯定的价值。

四、分类保护：分门别类、妥善应对

分类保护是指在加强保护时应根据不同类别知识产权的自身属性和特点，在法律原则和规则范围内有区别地采取相应保护措施。知识产权涵盖了著作权、专利权、商标权、商业秘密权、地理标志权、植物新品种权、集成电路布图设计专有权等诸多权利类型，各项权利具有不同的法律特性和保护要求。面对知识产权法律体系现代化要求，我们不仅应构建“门类齐全、结构严密、内外协调”的法律体系，而且也要根据专门法律的不同要求，对不同类别的专有权利进行分类保护。在知识产权保护领域，有三类权利保护对象有别，其保护重点相异：一是文化领域的知识产权保护。文化领域所涵盖的知识产权主要是著作权，保护著作权就是保护文化竞争力，包括版权产业的硬实力和版权传播的软实力。文化领域著作权保护需要把握打击盗版侵权、注重数字版权保护和处理网络纠纷、注重各方利益平衡。二是科技领域的知识产权保护。科技领域所涉及的知识产权主要为专利权和技术秘密权益，保护专利权和技术秘密就是保护科技创新力。其中，专利权保护应坚持权利范围内的严格保护，注重首创发明专利的较高保护。技术秘密权益所涉及的商业秘密保护，是现代知识产权保护体系中重要而独特的制度构成，专门化立法和刑事化责任追究已成为知识产权国际保护的重要发展趋向。三是营销领域的知识产权保护。营销领域涉及的知识产权主要是商标权、商号权和地理标志权，保护标记类知识产权就是保护品牌影响力以及产生的经济发展力。其重要任务是“推进商标品牌建设，加强驰名商标保护，发展传承好传统品牌和老字号，大力培育具有国际影响力的知名商标品牌”“塑造中国商标品牌良好形象”。

五、严格保护：加强救济、强化威慑

严格保护的基本要义是“加强救济、强化威慑”。《知识产权协定》要求各缔约方所提供的民事、行政或刑事程序，应包括可迅速制止侵权的救济和构成阻止进一步侵权的威慑的救济。这就是说，保证知识产权救济程序的及时性、威慑性是各缔约方应当遵循的国际义务。实现全面从严的知识产权保护，主要在于解决举证难、认定难、赔偿计算难的问题，进一步加强制裁力度，提高保护水平。严格保护的首要任务是严格司法保护：一是强化诉前救济措施。积极、稳妥地适用诉前禁令、诉前证据保全、诉前财产保全等临时保护措施，保证权利救济的及时性、有效性。二是强化举证责任。正确适用有限举证责任规则和证明妨碍责任规则，保证举证责任分配的合理性、便捷性。三是强化损害赔偿制度。处理好损害赔偿司法定价与市场定价的关系，准确、恰当地适用法定赔偿和惩罚性赔偿，有力制裁严重侵权行为。四是强化刑事制裁手段。坚持宽严相济的刑事政策，保持刑事制裁的谦抑性和威慑性，正确适用财产刑、自由刑等刑罚措施。

（本文作者系中南财经政法大学学术委员会主任，原载《中国市场监管研究》2022年第7期）

品牌与国家竞争力

刘瑞旗

品牌是第一生产力。到今天，品牌的竞争力正在全球经济发展中起到越来越多的作用，我们为此呼吁中国经济应从中国制造走向中国经营。

有些人认为，国家竞争优势源自廉价与充沛的劳动力；也有些人认为，国家竞争力与资源丰富与否之间可以画上等号。尽管在其他国家持这种观点的人正变得越来越少，但中国目前还这样认为的实在是大有人在。以生产要素、成本要素的比较优势决定生产形态确实有着比较直接的说服力，但越来越多的例证显示生产要素的比较优势并不足以解释丰富多元的贸易形态。

德国、瑞士、日本等国家在劳动力薪水不断高涨的同时，劳动力长期不足与经济持续繁荣的反差，已经让廉价与充沛劳动力是国家竞争优势的说法站不住脚了。过去由充沛的廉价劳动力起家的日本企业之所以能够延续国际竞争优势，原因在于它借助自动化取代人工。中国当下的劳动力确实非常廉价且充沛，但后起之秀的印度正在以更加低廉的叫价与中国争夺外资。而且，大有后来者居上的味道。不用说国家与国家之间的竞争了，就说上海与苏州的竞争吧。苏州吸引外资的数量一度直逼大上海，根本原因就是苏州包括工资在内的商务成本比上海便宜。东南沿海地区的民工荒，已经表明廉价劳动力只能是暂时且特别容易丧失的优势。所以，当今天我们在谈论中国制造遍布全世界的时候，当我们以自己成为世界的制造中心而自喜的时候，当我们因为自己的廉价劳动力而成为世界的制造中心的时候，这个优势不是核心竞争优势，它是可以复制的，那就是“印度制造”或者是别的什么比中国劳动力更廉价的制造，它将会替代“中国制造”。

同样，资源的物产丰富也并不能决定一个国家的富有，更何况，我们能说自己地大物博吗？相对于众多的中国人口来说，我们人均的资源绝不能说富有。其实，德国、日本、瑞士、意大利和韩国等世界上一些贸易表现突出的国家，大多是资源有限而必须依赖进口原料的国家。而且，相对于很多资源丰富的国家，资源不足的韩国、英国和德国反而更加的繁荣。黄沙遍地的以色列成为高效率的农业生产者，更加形象地表明生产要素在产业竞争中的作用，非但不再扮演决定性的角色，而且其价值也在快速的消退中。

显然，永续的竞争优势来自持续的改善和自我提升。具体到企业来说，永续的竞争优势只能来自经年累月发展的营销渠道、独特技术、苦心培养的品牌形象等高级生产要素。美国的大型电脑公司的持续竞争优势，就来自于大量投资研究发展、积累经验形成独特的软件开发技术、减低成本以抵消营销服务网络的花费，以及绝对忠诚的客户。

大量投资于研究发展，固然能够形成只属于自己的核心技术，但在技术可以自由转让的情况下，企业完全可以通过购买的办法来使自己的技术升级换代。也就是说，任何技术和发明都可以通过钱来实现拥有，但这里我们要探究的是，很多像牙膏和肥皂（宝洁）、玛斯糖果（M&M'S）、巧克力（瑞士莲）、雀巢和可口可乐等很多的日用消费品，在技术没有重大突破的情况下，仍能稳坐领导地位数十年，这是什么原因？它完全不能用金钱来购买，那就是品牌的经营能力，品牌经营才是一个企业的核心竞争优势，我们讲核心竞争，那是不能复制的能力才叫作核心能力。

在美国，国民生产总值中60%的部分来自品牌产业创造的价值。比如，美国就可以完全不需要制造，而只需经营品牌就可以创造出价值来。但目前中国的国民生产总值中只有不到20%的价值是由品牌制造业所贡献出来的。因此，中国离不开制造业的兴旺。问题更加严重的是，中国兴旺的制造业所制造的商品挂的却是其他国家的品牌。

一个地区或国家名牌商品的多少，往往是其综合实力、经济竞争能力和科技发展水平的最好反映。以上海为例，近年来，上海品牌日渐式微，显然与上海拥有中国经济发展“龙头老大”的地位极不相称。而在上海本地品牌江河日下的同时，合资品牌却日益扶摇直上。2003年，上海服务业增加值占GDP的比重从2002年的51%下降为48.4%，出现了自20世纪90年代以来的首次下降。在造成服务业增加值占GDP比重下滑的原因中，国际制造业的加快转移，被当作了首要因素。上海服务业增加值占GDP比重的不升反降，意味着上海和服务业占GDP比重均超过85%的纽约、伦敦等世界级大城市的差距越来越远。由此可见，“中国制造”只能是强大中国经济发展的策略和过程，而不能将其视作中国经济发展的战略和终点。否则，就很容易使经济成长成果被黑洞所吞噬。

（本文作者系中华商标协会副会长，原载《连锁·特许》2007年第8期）

效果广告的概念及其研究面向

陈 刚

随着数字经济持续发展，数字技术不断成熟，人工智能、大数据、机器学习在广告领域的深化应用，使得品牌和消费者之间形成了规模化且个性化的互动联系，这推动广告逐步迈入了效果导向的发展阶段。效果广告或者基于效果广告的效果营销逐步成了广告产业数字化发展的重要表征。本文基于数字化发展的大背景，重点对近年效果广告领域的研究内容进行系统回顾，深刻辨析效果广告的概念内涵，提炼重点研究议题，挖掘未来可行的研究方向，以期为后续研究提供有价值的参考。

一、效果广告的概念辨析

（一）效果广告的起源与概念

关于效果广告的概念，不管在学界还是业界，目前都没有权威的界定。较为流行的观点是效果广告（Performance-based Advertising）一词的英文所对应的定义，即为效果而付费的广告。但这一理解在客观性、合理性等方面仍然存在较大不足。在梳理国内外学界相关探讨后，本文尝试性地对效果广告做出界定：效果广告是数字时代为塑造品牌、推销产品或提供服务，并达到可确定的传播效果或销售转化效果，以付费的方式通过平台等向生活者传播有沟通力的内容的广告活动。在这一定义下，效果广告具有三个典型特点：一是过程的可追溯性；二是结果的可衡量性；三是目标的经济性。

（二）效果广告与相关概念辨析

为进一步厘清效果广告的概念，深化对效果广告的理解，结合现有研究基础和业界主要观点，本文尝试性地对效果广告有关的部分概念进行辨析。第一，效果广告与促销广告。促销广告是传统营销视域下企业向消费者直接推销其产品和服务的一种广告形式。促销广告的核心目标是产品销售或服务推广。相对于传统促销广告来说，效果广告最大的区别就是可以实现广告投放的精准化和广告效果监测的准确化。其中的显著差异就是有受大数据的出现、数字技术的发展、人工智能的应用等重要变量的影响。第二，效果广告与品牌广告。在数字时代，品牌广告和效果广告是以广告目的作为区分标准的两种广告类型。品牌广告的目的是建立品牌知名度、美誉度等，虽然它在行为层面的效果可以被量化监测，但在心理、情感等层面却很难被测量。而效果广告则是为促进生活者的进一步行动，包括传播行动（如点赞、转发）、转化行动（如下载 App、购买产品）。相较于品牌广告，效果广告对资金起投量需求较少，降低了企业广告推广的门槛，在数字技术的支持下，效果广告创意生产、投放过程、效果监测等都更易操作。第三，效果广告与程序化广告。程序化广告是通过广告技术平台自动执行广告资源购买的过程。随着广告形式的不断多元化、监测技术持续提升，现在广告主几乎可以对所有形式的广告进行效果监测，包括许多未被程序化的广告资源，如社会化媒体的软文推广、种草广告、电商直播等。在数字时代，程序化广告其实是广告投放形式，也是效果广告在执行层面的一种表现方式。除了程序化广告外，效果广告也可以通过其他非程序化形式进行广告投放活动。

二、效果广告研究的框架构建

本文以近年来相关文献为基础，围绕效果广告研究的主要观点、重点议题进行分析，提炼核心要素，探索性地围绕技术动力、创意生产、传播执行和监管规范四个方面构建了一个整合式分析框架，尝试性地从宏观层面建立效果广告研究的全局性视角，并从微观层面洞察效果广告的内在机理，以期为后续研究提供分析依据。

（一）技术动力

广告技术的持续进步让广告的效果变得更加有迹可循，各类数字营销平台、工具、手段的不断成熟也使得效果广告有了更加广阔的应用领域。围绕技术与效果广告，学者们也展开了深入的探讨，主要观点包括以下三个方面：第一，数字技术是效果广告兴起与发展的核心动力。效果广告的兴起与广告技术的发展密切相关，特别是数据收集、分析、处理等新兴技术的出现为效果广告蓬勃发展构建了新的技术基础。第二，技术公司是技术与效果广告关系交织的重要体现。技术进步也带动了一批与效果广告相关的新型企业的出现。第三，程序化广告是当前技术驱动下效果广告的主流形态。程序化广告的出现源于广告自动化技术和算法技术的发展，它使得广告购买过程能够实时化、自动化地优化。

（二）创意生产

广告的效果取决于其创意元素和传播语境。而创意是广告与生活者产生连接的前沿触点。学者们主要围绕两个方面展开了探讨：一是效果广告的创意生产方式正在持续升级。程序化创意是人工智能驱动广告内容生产和管理变革的重要体现。它也是效果广告创意的主要形式，更是程序化广告不可或缺的部分。二是效果广告创意生产的元素正在不断丰富。通常情况下，创意内容的内在特征对消费者的视觉感知效果具有重要的影响，不同元素组合方式会导致创意的广告效果产生一定差异。在程序化创意的助力下，效果广告创意生产相比于传统的创意生产过程发生了颠覆性的改变，最显著的区别就是形成了一个智能的协同创意创作平台，所有广告主、媒体方、第三方乃至生活者都可以参与进来，随时获取、按需使用高效的创意工具，通过首次创作、二次设计、多次迭代的方式持续生产和优化创 ，在极短时间内创造出成千上万个内容，为提升广告效果提供强大支撑。

（三）传播执行

广告的本质是广告信息的说服性传播活动和过程。“传播”是效果广告研究的重要考虑因素，目前也已经形成了诸多观点。第一，效果广告带动了传播模式的重构式变革进程。主要体现在两个方面：一是效果广告的传播模式实现了从传统的“中心点—节点”模式向网络型传播模式的转变。二是效果广告可以充分利用与生活者直接互动沟通的能力来促成交易。这种以效果为导向的传播模式极大地拓展了广告主的传播和转化水平，使得它在近年正迅速成为广告的主流模式。第二，效果广告引发了传播导向的融合化趋势。一方面，效果广告中的创意、传播、营销正在呈现一体化的融合趋势；另一方面，效果广告和品牌广告的长远发展趋势是品效合一。效果广告和品牌广告必须融合。即使是长期坚持品牌导向的公益广告，目前也正在逐步向效果导向转变，进而实现品效合一。第三，效果广告促使监测对象和监测方式产生了重大改变。一方面效果监测的对象发生了改变；另一方面效果监测的方式产生了变化。传统问卷调研已经难以适应数字时代广告日新月异的发展趋势，大数据作为应用于广告效果监测的最新技术手段，改变了以往的效果监测方式。第四，基于效果广告的效果评估体系已经初步建立。一方面，效果计费方式体系已经建立并正在完善；另一方面，效果广告投放效果评估指标体系也正在不断被丰富。目前已经形成了包含基础类、行为类、结果类等三类指标的评估体系。

（四）监管规范

作为广告产业的重要组成部分，效果广告对经济增长、社会发展也具有重要影响。效果广告的发展也必须受到法律法规、社会道德等方面的约束。第一，用户隐私与数据安全始终是效果广告研究与实践的重点内容。效果广告的快速发展带来了流量造假、数据欺诈等问题，这背后的核心点就是用户隐私和数据安全。这是数字时代商业活动发展共同面临的问题，但效果广告在其中具有一定的代表性。第二，效果广告监管体系已在探索中初步建立并正持续完善。“广告也要讲导向”是我国广告治理和发展的重要指导思想，这凸显了加强重点领域广告监管的必要性。在研究层面，与国外侧重于广告主、媒体方等企业主体责任研究方向不同的是，国内广告监管研究更注重从政府的主体视角出发，分析广告监管导向、政策体系等制度情境。在实践层面，初步建立了以新《广告法》《互联网广告管理暂行办法》《个人信息保护法》构成的法律体系和以互联网广告监测中心为主要工具的监测体系，对强化效果广告监管、规范广告秩序具有重要作用。

三、未来展望

在可见的未来，效果广告仍是我国广告发展的重要形态，效果广告研究也需要进一步被强化与深化，还有诸多问题需要进行探讨与分析。第一，新的制度情境下我国效果广告的发展问题。《个人信息保护法》实施以后，用户隐私信息的获取和使用要求越来越高，相关监管约束也越来越严，这一制度层面的重大变化，将会对效果广告产生怎样的影响？广告主、媒体方、技术公司等又该如何应对？整个广告产业又将朝着怎样的发展方向演变？这些重大问题需要展开深入的理论分析。在实践层面，未来广告的发展都将基于数字化场景，在制度约束下，广告需要减少对用户行为数据等个人信息的依赖。这必然会带来广告系统的重建，需要对人群定向、用户标签、算法推荐、自助投放、过程监测等全链路进行调整和重构。第二，不断涌现的新兴技术业态在效果广告中的应用问题。当前，计算广告、隐私计算、区块链、NFT（非同质化代币），乃至元宇宙等新兴技术理念、业态，在未来将会对经济发展、营销传播产生重要影响，而广告或效果广告是这些技术重要的应用领域。那么，这些动向在效果广告中将会发挥怎样的作用？又会通过哪些机制、产生怎样的影响结果？这些问题也值得深入分析。第三，“品效合一”的内在机理与外在影响问题。虚假广告、流量欺诈已经受到了重视，但人们的焦点可能侧重于效果广告执行过程中对社会、经济等宏观层面产生的消极影响，而没有充分关注效果广告对品牌主可能带来的负面作用。第四，公益传播与效果广告的创新发展问题。在公益传播中引入和借鉴效果广告模式将对达成传播目标产生积极的促进作用。对这一重大议题及相关领域，未来也可以展开关联性的研究，其极具理论意义和实践价值。

（本文作者系北京大学新闻与传播学院院长，原载《现代传播》2022 年第 5 期）

名牌推动中国

李迎丰

一个地区、一个国家经济的竞争能力主要来自该地区或国家经济的特色（具有优势资源相关的产业优势），而不是所谓的“门类齐全”。这种特色经济又得落在自己的支柱产业上，支柱产业又必定要有自己的龙头企业，而龙头企业又必定要有优质名牌产品支撑，这是一脉相承、环环相扣、层层递进的，引出了名牌产品、名牌企业、名牌战略。

名牌产品是高质量、高信誉、高知名度、高市场占有率、高效益的产品，它可以产生巨大的社会效益和经济效益，是国家经济实力的一个重要标志。名牌战略的实施和名牌企业的发展有利于在市场调节下，实现资源的合理配置，进而带动产品结构、企业结构和产业结构的重组、优化和升级，可以大大提高经济增长的质量和效益，从而推动一个国家经济的发展。

一、名牌的特征

一是质量标准高。质量是创名牌的关键，是名牌的保证。名牌首先必须是质量极高的产品或服务，在同类产品或服务中居领先地位。并且，它必须按严于国家标准和国际标准的内控标准或规范来执行，其质量、技术经济指标要高于向消费者公开保证的条件，进而在实际使用中至少不低于消费者在质量标准上的期望值。二是品种更新能力强。名牌产品的一个重要特点就是既继承了传统产品的精华，又及时吸收了当代科技和消费健康取向及现代文明的成果，能使产品不断升级换代，永远具有时代生命力和当代精品的魅力。三是能满足公众的消费心理。名牌产品由于固有的高效益的使用价值和相当高的附加价值，它具有使用心理的满足功能，使消费者在使用某种名牌时，会使自己在多方面满足心理需求，比如使消费者感到自己在社会地位及公众认可等方面的荣耀心理等。四是具有一流的服务。这种一流的服务具有两种功能：其一是满足消费者。这种满足不仅是指上面所说的在购买使用产品时消费者特有的荣耀心理等，还有消费者的那种期待无缺陷的安全感、持久感。其二是创造消费者。一流的服务不仅是满足消费者，满足于他们的现实的要求，更重要的还要能创造消费者，着眼于未来。

二、当前制约名牌发展的几个因素

制约名牌发展的因素分内在和外在两类因素。内在因素方面，主要来自一些认识误区（指生产名牌产品的企业所存在的认识误区）。

一是过分自信于产品本身，不注重宣传，与当今市场经济大宣传大营销的趋势不适应。二是与上一观点正好相反，认为名牌是靠广告、靠宣传、靠反复诉诸人们的感官而出名的。因而只一味地宣传，而忽略了产品的质量。三是不重视名牌产品的开发、升级换代、科技投入，使名牌的市场日益萎缩，逐渐被其他产品替代。外在因素方面，一是缺乏有效的市场保护机制。二是忽略了消费者主体作用，缺乏健全的社会保护机制。三是缺乏自我保护意识，一些企业、企业家和消费者自觉运用法律来保护自己的产品、维护自己的合法权益的意识还不够，往往是假冒伪劣案中的受害者。产生制约名牌发展的外在因素的根源是法律的制裁机制和道德的约束机制缺位。

三、如何创建名牌

第一，政府的作用。由于我国尚未形成健康有序并成熟的市场机制，市场的自然调节功能和资源分配功能尚不健全。因此，需要政府在整个名牌战略实施方面发挥积极的引导和调控作用，为创造名牌培育、发展的氛围和有效机制服务。一是要创造名牌生存和发展的环境。要理顺国家与企业、企业内部的产权关系，健全和完善各类市场；要真正转变政府职能，减少政府对企业的不恰当干预，增强政府对企业发展的宏观规划、预测及政策引导等方面的职能；要加强法制建设，加快立法进度，完善各类立法，同时严肃执法和执法监督，使企业行为和市场竞争在公正的法律框架下进行；要进一步改善舆论宣传环境，使传播媒介真正成为宣传优秀企业，宣传优质名牌产品，披露劣质产品及其企业的可靠阵地，成为消费者可以依赖的朋友，防止、杜绝一些媒体的误导。二是加大对名牌企业的支持力度。各级经济主管部门在目前我国市场经济还不成熟，市场竞争机制还不完善，投融资渠道还不规范畅通，中国名牌在国际市场竞争力还不强的特殊阶段，应当体现政府的扶优扶强作用，在项目审批、资金投向、条件保证等方面，有意识地向名牌产品倾斜，增加对名牌企业的支持力度，推动名牌企业实现经济规模的集约化生产，提高名牌产品在国内外市场的占有率。三是引导、帮助建立以名牌产品为纽带的企业集团。在全球经济一体化的今天，我们尤其应当树立大市场观念，实行对内、对外都开放的政策，坚决打破“部门封锁”“行业垄断”，坚决摒弃“地方保护主义”，支持名牌企业发挥名牌效应，跨部门、跨行业、跨地区、跨国界吸收合作伙伴，以此促进全国乃至更大范围内的资源优化配置，推动企业的技术进步，降低产品的生产成本，提高产品在国内外市场竞争能力，帮助企业积蓄力量，逐步向跨国名牌企业集团迈进。四是保护名牌企业的知识产权，整顿、规范市场经济秩序。国家相关执法管理部门和司法部门都应当为名牌企业维护知识产权提供方便条件，严肃执法，保护名牌企业的合法权益。同时国家要加强对防伪技术的管理和监督，把防伪技术产品纳入专营和法制化管理、监督轨道，防止防伪标志的伪造。

第二，企业的作用。一是必须尽快建立起适合社会主义市场经济体制要求的现代企业制度，使企业真正成为自主经营、自负盈亏、自我发展、自我约束的法人实体和市场竞争的主体。二是发展名牌，关键的因素是人，是人的技术素质。无论是开发新名牌，还是维护老名牌，都必须十分重视人才和技术。三是名牌是在市场上形成的，因此，注重营销战略就成为企业创建名牌的重要内容。另外企业还要积极采用新技术，努力提高防伪能力。企业还需特别重视名牌商标注册工作。在创建名牌的同时，更应注意商标注册，最大限度地保护自己商标权益。

第三，消费者的方面。消费者群体对产品的评价最直接、最客观、最具有实效性。消费者对名牌产生信任感和乐意花较高价（相比于同类产品）重复购买的最直接原因，就是名牌的优质，是名牌在质量上有相对的保证，能满足消费者的期待和需要。技术标准不是产品的充要条件，只是必要条件，而用户满意度——亦即消费者喜欢，才是充要的条件。一是产品质量具有两面性。即质量的物质性与社会性，前者表现为绝对质量，即产品技术经济指标的水平；后者表现为相对质量，即产品满足社会需求的程度。产品的绝对质量也不是说越高越好，只有满足社会需求的相对质量才真正有意义。二是产品功能并非越多越好。企业应十分注意不同目标市场因消费水平差异而造成的对质量的不同要求，并细致地弄清消费者对产品质量要求的程度。只有做到“恰到好处”，才是既满足消费者要求又合乎企业利益的质量。三是质量需求具有不同层次。消费者的质量需求是有层次的。因而，企业应将消费者的要求具体化，分清对不同方面的要求是什么，有针对性地分别采取措施。

第四，技术的方面。一是技术能够创造市场需求。二是技术能够创造购买力。三是技术能够创造消费方式。四是技术能适应新的市场需求。五是技术是质量的生命。一个生产工艺落后，生产手段陈旧，人员素质不高，缺乏创新开发能力的企业，是绝对不可能生产出优质产品的，更谈不上生产名牌产品。六是技术是提高效率的手段。企业内部生产工艺的改进，生产手段的完善，工人素质的提高，为名牌企业提高生产效率奠定了基础。

总之，在现代社会，在全球经济一体化的今天，科学技术日新月异，市场需求瞬息万变，产品更新速度日益加快，竞争越来越激烈。中国经济要想稳健地发展，离不开中国工业的名牌战略。而要想创建中国的名牌（产品和企业），就必须不断地建立完善市场机制，不断地提高生产者及消费者的综合素质，不断地提高企业管理水平；就必须不断地追求技术进步，不断开发新产品，不断提高产品质量和性能，不断提高劳动生产率，提高相应的服务质量。而中国的名牌（产品和企业）反过来则会带动产品结构、企业结构和产业结构的重组、优化和升级，带来行业的发展和区域经济的发展，进而推动国家经济的发展，推动中国的进步与发展。

（本文作者系原中国质检出版社社长，原载2001年9月11日《人民日报》）

发力“五更”“四化”，建设一流品牌

王 永

“得年轻人者得天下”，早已是品牌界的一个共识。打造一流品牌，同样离不开品牌的年轻化。

品牌致力于发展壮大，就要努力巩固原有的消费人群，同时争取扩大增量市场的份额，最终让产品卖得快、卖得多、卖得久，而且卖得贵。在年轻群体已逐渐成为消费增长主力军的当下，品牌年轻化不仅在于让品牌看起来年轻，更在于让更多年轻人喜欢。

而要实现品牌年轻化，就要深入研究年轻人的思维模式，主动了解他们在玩什么，有着什么样的消费理念、互动方式。简单地说，就是用年轻人喜欢的方式，在年轻人经常出没的平台，向他们传播需要传播的理念。

在我看来，要实现品牌年轻化，企业需要在定位、设计、营销、公关、传播等方面做到“五更”。

一是定位更加有趣。如今，一个品牌变得有意思，其实比有意义更重要。用户选择这么多，如果你很无趣，大家就不跟你玩了。

二是设计更有活力。要努力用年轻人喜欢用的色彩、包装、线条、造型等去打动年轻人。

三是营销更重体验。年轻人往往追求新潮、个性化的体验，企业想赢得年轻客户就要重视他们的诉求。品牌年轻化，核心就在于和年轻人搞好交互。

四是公关更加有趣。钉钉在青少年聚集的B站上发布鬼畜视频，向疫情期间被迫上网课的小学生“求饶”，就是个绝佳的公关案例。年轻消费者，更喜欢这种原谅你的感觉，而不是被你说服。

五是传播更加新鲜。有趣的东西才能够吸引消费者的目光，新鲜的东西也能够刺激消费者。我在人民大学等高校讲课的时候，经常把最新的案例加到课件里，果然同学们就更感兴趣。

除了这“五更”之外，要实现品牌年轻化，我还建议做到“四化”。

首先是团队年轻化。长江后浪推前浪，一浪更比一浪强。建设年轻化的品牌管理团队，充分授权让“90后”和“00后”去干，他们的创新思维往往会超越中老年人。

其次是理念年轻化。现在是年轻人的时代，千万不要用老办法开拓新市场。年轻人更知道自己喜欢和讨厌什么。不要用去固化的思维去想象他们，不要强制他们接受我们的老观念。

再次是渠道年轻化。要清楚渠道在变化，勇于挑战乃至跳出自己的认知，抓住年轻人出没的渠道，跟他们进行交流。也就是，到年轻人所在的地方跟他说话，否则年轻人听不到。

最后是语言年轻化。企业家要主动关心年轻人的语言变化，多了解“yyds”这样的流行梗。如果不知道他们在说什么，坚持用自以为是的老套的语言去传播，那年轻人就感知不到。

千万不要挑战年轻人的心智。只有热爱、研究、尊重和拥抱年轻人，才能够实现品牌年轻化，为打造一流品牌夯实用户根基。

（本文作者系中国品牌节秘书长，原载《公关世界》2022年第4期）

一文搞懂地理标志商标、地理标志保护产品和农产品地理标志

张 滢

2022年7月，国家知识产权局发布《关于组织开展地理标志助力乡村振兴行动的通知》，其中一个重要内容是加强地理标志品牌建设，即形成一批有广泛社会影响力和较强市场竞争力的地理标志品牌。笔者经过查阅资料和整理现有法律规定，对地理标志商标、地理标志保护产品、农产品地理标志、原产地域产品等法律概念以及我国现有的地理标志保护体系做简要分析。

一、地理标志的基本概念

地理标志并非我国自然产生的法律名词，而是在中国加入WTO后，根据《与贸易有关的知识产权协定》(以下称为TRIPs协定）而被动接受的一个概念。根据TRIPs协定中的定义，地理标志是指“标示出某商品来源于（世界贸易组织）某成员的地域内，或来源于该地域中的某地区或地方，而该商品的特定质量、信誉或其他特征主要归因于其地理来源”。

原产地名称也是从外国传来的概念，一般认为原产地名称是地理标志的一个下位概念。原产地名称这一说法在我国主要存在于2005年之前，随着2005年7月15日国家质检总局颁布的《地理标志产品保护规定》的实施，《原产地域产品保护规定》同时废止，自此之后，我国普遍用地理标志代替了原产地这一概念。

二、我国现有的地理标志保护体系及形成原因

目前，我国对地理标志的保护主要有三个体系。一是以国家知识产权局为主导的，以《商标法》为主要依据的“集体商标”和“证明商标”注册保护体系；二是以国家市场监督管理总局为主导的，以《地理标志产品保护规定》为主要依据的“地理标志保护产品”登记保护体系；三是以农业农村部为主导的，以《农产品地理标志管理办法》为主要依据的“农产品地理标志”认证保护体系。

2018年根据国务院机构改革方案，将国家知识产权局（商标局）纳入国家市场监督管理总局管理，因此从机构上来讲，目前地理标志的管理部门只有国家市场监督管理总局和农业农村部，但法律上仍未改变三个体系并行的状态。

为什么会产生这种三大体系并行保护的状态呢？究其原因，还得回到TRIPs协定。在TRIPs协定谈判过程中，欧盟和美国产生了分歧。欧盟（特别是法国）很早就开始了对地理标志的保护，而美国是利用商标法保护体系对地理标志进行保护。因为欧盟和美国对地理标志保护体系存在较大分歧，因此在TRIPs协定中采取了搁置争议的解决方式，仅规定各成员国应向利害关系方提供“适当的法律手段”来保护地理标志，这种对地理标志保护手段含糊其词的方式，导致了包括中国在内的成员国在履行本条义务时有较大的选择空间。例如日本和中国台湾地区选择了类似美国的商标法保护体系，韩国和我国则同时吸纳了欧盟和美国两种不同的地理标志保护模式，形成了商标保护体系和地理标志注册体系并存的局面，而我国情况更为复杂，在地理标志注册保护体系中，又分化出了国家质检总局主管的地理标志产品登记和农业农村部主管的农产品地理标志登记两种注册体系。

三、三大保护体系的具体内容

（一）“地理标志商标”保护体系

1. 主要法律依据：《商标法》《商标法实施条例》《集体商标、证明商标注册和管理办法》。

2. 相关定义：“地理标志商标”实际是指将地理标志作为集体商标或证明商标进行保护。集体商标是指以团体、协会或者其他组织名义注册，供该组织成员在商事活动中使用，以表明使用者在该组织中的成员资格的标志；证明商标是指由对某种商品或者服务具有监督能力的组织所控制，而由该组织以外的单位或者个人使用于其商品或者服务，用以证明该商品或者服务的原产地、原料、制造方法、质量或者其他特定品质的标志。

笔者认为，两者相比，证明商标更加贴近于地理标志的一般定义。

3. 主管部门：国务院工商行政管理部门商标局（2018 年机构改革后，现为国家知识产权局）主管全国商标注册和管理的工作。

4. 审批程序：大体上同一般商标的注册流程。考虑到集体商标、证明商标与一般商标存在的差别，《集体商标、证明商标注册和管理办法》在申请主体、申请材料、使用管理等方面做出了更为具体的规定：

（1）申请主体：集体商标的申请主体有三类：团体、协会和其他组织，证明商标因有明确规定申请人自己不得使用该证明商标，所以实践中一般也是由团体、协会或其他公益性组织作为申请主体。以苏州地理标志产品洞庭山碧螺春茶为例，其“洞庭山碧螺春”证明商标即是由苏州市吴中区洞庭山碧螺春茶业协会作为申请人。

（2）申请材料：除商标注册申请所提交的一般文件外，申请人向国家知识产权局申请注册集体商标或证明商标的，还需要提交：①主体资格证明文件，应当详细说明其所具有的或者其委托的机构具有的专业技术人员、专业检测设备等情况，以表明其具有监督使用该地理标志商品的特定品质的能力。②管辖该地理标志所标示地区的人民政府或者行业主管部门的批准文件。外国人或者外国企业申请以地理标志作为集体商标、证明商标注册的，申请人应当提供该地理标志以其名义在其原属国受法律保护的证明。③在申请书中说明：该地理标志所标示的商品的特定质量、信誉或者其他特征；该商品的特定质量、信誉或者其他特征与该地理标志所标示的地区的自然因素和人文因素的关系；该地理标志所标示的地区的范围。④申请编制的集体商标或证明商标的使用管理规则，内容包括：使用商标的宗旨；使用商标的商品的品质；使用商标的手续和条件；使用商标的权利、义务；使用人违反该使用管理规则应当承担的责任；注册人对使用该商标商品的检验监督制度。

5. 注册商标的使用及日常监管。商标申请人提出的商标注册申请被许可后，由国家知识产权局发放商标注册证。对于符合集体商标和证明商标使用条件的主体，商标权人应当许可其使用该商标，并向国家知识产权局备案。地理标志证明商标的使用和维护由商标权人负责。

（二）“地理标志保护产品”保护体系

1. 主要法律依据：《地理标志产品保护规定》《地理标志产品保护规定实施细则（暂行）》《地理标志专用标志使用管理办法（试行）》。

2. 相关定义：地理标志产品是指产自特定地域，所具有的质量、声誉或其他特性本质上取决于该产地的自然因素和人文因素，经审核批准以地理名称进行命名的产品。地理标志产品包括：（1）来自本地区的种植、养殖产品。（2）原材料全部来自本地区或部分来自其他地区，并在本地区按照特定工艺生产和加工的产品。

3. 主管部门：国家质量监督检验检疫总局（2018 年 3 月国务院机构改革，现为国家市场监督管理总局）统一管理全国的地理标志产品保护工作。

4. 审批程序

（1）申请主体：当地县级以上人民政府指定的地理标志产品保护申请机构或人民政府认定的协会和企业。

（2）申请材料：①有关地方政府关于划定地理标志产品产地范围的建议。②有关地方政府成立申请机构或认定协会、企业作为申请人的文件。③地理标志产品的证明材料，包括：地理标志产品保护申请书；产品名称、类别、产地范围及地理特征的说明；产品的理化、感官等质量特色及其与产地的自然因素和人文因素之间关系的说明；产品生产技术规范（包括产品加工工艺、安全卫生要求、加工设备的技术要求等）；产品的知名度，产品生产、销售情况及历史渊源的说明。④拟申请的地理标志产品的技术标准。

（3）审批流程：申请人向县级以上市场监督管理局提出申请——国家市场监督管理总局对收到的申请进行形式审查——审查合格的，发布受理公告，公告期为2个月，接受有关单位和个人对申请提出的异议——专家审查委员会对申请地理标志的产品进行技术审查——技术审查合格的，国家市场监督管理总局发布批准该产品获得地理标志产品的公告。

5. 地理产品专用标志的使用及日常监管：根据《地理标志产品保护规定》，地理标志产品专用标志的审批使用和日常监管都是由当地的市场监督管理部门负责。地理标志保护产品的申请获得批准后，产地范围内的生产者使用地理标志产品专用标志，应向当地提出申请，并提交相应的证明资料，经审查合格注册登记后，发布公告，生产者即可在其产品上使用地理标志产品专用标志，获得地理标志产品保护。地理产品专用标志的监管工作由当地的市场监督管理部门负责。

（三）“农产品地理标志”保护体系

1. 主要法律依据：《农产品地理标志管理办法》《农产品地理标志登记有关规范文件》《农产品地理标志使用规范》。

2. 相关定义：农产品地理标志，是指标示农产品来源于特定地域，产品品质和相关特征主要取决于自然生态环境和历史人文因素，并以地域名称冠名的特有农产品标志。

3. 主管部门：农业农村部负责全国农产品地理标志的登记工作，农业农村部农产品质量安全中心负责农产品地理标志登记的审查和专家评审工作。省级人民政府农业行政主管部门负责本行政区域内农产品地理标志登记申请的受理和初审工作。

4. 审批程序

（1）申请人：农产品地理标志登记申请人为县级以上地方人民政府根据下列条件择优确定的农民专业合作经济组织、行业协会等具有公共管理服务性质的组织，包括社团法人、事业法人等。政府及其组成部门、企业（农民专业合作社）和个人不应作为申请人。

（2）申请材料：符合条件的申请人向省级人民政府农业行政主管部门递交申请材料，包括：①登记申请书。②产品典型特征特性描述和相应产品品质鉴定报告。③产地环境条件、生产技术规范和产品质量安全技术规范。④地域范围确定性文件和生产地域分布图。⑤产品实物样品或者样品图片。⑥其他必要的说明性或者证明性材料。

（3）审批流程：省级农业农村行政主管部门受理申请——在45个工作日内完成申请材料的初审和现场核查，并提出初审意见——符合申请条件的，将申请材料和初审意见报送农业农村部农产品质量安全中心——20个工作日内，质量安全中心对申请材料进行审查，提出审查意见，并组织专家评审——经专家评审通过的，由质量安全中心代表农业农村部向社会公示，公示期20日——质量安全中心接受社会公众的异议——无异议或异议无效的，由农业农村部作出登记决定并公告，向申请人颁发《中华人民共和国农产品地理标志登记证书》，同时公布登记产品相关技术规范和标准。

5. 农产品地理标志的使用及日常监管：对于符合条件的单位和个人，可以向登记证书持有人申请使用农产品地理标志。为符合区域公用农产品品牌的特性，《农产品地理标志管理办法》明确规定，农产品地理标志登记证书持有人不得向农产品地理标志使用人收取使用费。农产品地理标志的使用主要由县级以上人民政府农业农村行政主管部门负责监管。

（本文作者系江苏坤象律师事务所执业律师、专业代理人，原载微信公众号“知产力”2021年9月14日）

研究动态

【2021 中国品牌创新发展论坛】 2021 年 3 月 20 日，由中国互联网新闻中心、中国品牌领袖联盟主办的第七届中国品牌创新发展论坛在北京召开。政府机关相关领导、专家学者、行业领袖、企业家等 200 余位社会各界人士齐聚论坛现场，就品牌发展问题深入研讨，建言献策。本届论坛以“百年巨变 · 品牌强国”为主题，共举办了三场对话，分别以“聚焦与探索：为品牌发展赋新能”“企业如何在危机中寻找确定性”“稳就业，谋发展，民企课题新思考”为主题，教育行业、传媒行业、咨询服务行业、制造行业、美容医疗行业等业界代表，纷纷在论坛上分享了自己对于业内的独特见解。

【2021 品牌强国论坛】 2021 年 3 月 30 日，由专业品牌评价机构 Asiabrand、中国亚洲经济发展协会、《环球时报》社和亚洲品牌网联合举办的 2021 品牌强国论坛在北京拉开帷幕。本届品牌强国系列论坛邀请政商代表、专家学者、主流媒体围绕发挥品牌的引领作用，提升企业市场竞争力和品牌资产价值进行了专业分析、解读和经验分享。首期活动于 3 月 30 日在北京举行，200 余人参与。优秀品牌企业代表为与会企业家们分享了成功经验和品牌创新的思路。二期活动于 5 月 18 日在天津举行，100 余人参与。大会以“品牌赋能企业价值变现”为主题，举办了企业家圆桌论坛，企业家代表们多角度、全方位地探讨了企业在推动经济高质量发展方面的创新与转型升级之路。

【中国企业品牌建设峰会暨媒体发展论坛】 2021 年 5 月 20 日，由今日商讯主办的“2021 中国企业品牌建设峰会暨媒体发展论坛”在南京举行，全国优质品牌商、平台商、服务商、各大企业高管、专家学者及媒体记者共 600 余位嘉宾参会。本次峰会以“凝聚品牌价值，促进企业发展 ”为主题，同期举办中国企业品牌建设峰会、中国媒体发展高峰论坛、中国品牌企业展览交流会、中国品牌企业高层闭门晚宴等主题活动，就如何科学助力企业品牌营销、品牌传播、品牌发展，加强行业媒体传播力度等当下热点问题，邀请政商学界精英共聚一堂，进行深入分析和探讨。

【2021 中国品牌经济峰会暨数字经济创新论坛】 2021 年 5 月 29 日，CBERI SUMMIT 2021 第四届中国品牌经济峰会暨 2021 数字经济创新论坛在北京举行。全天累计签到 600 余人，30 位嘉宾演讲，约 7 万观众通过照片直播等形式参与本次活动。本次峰会以“品牌新场景、数字新生活”为主题。希鸥网创始人 & 中关村中小型科技文化企业促进会副会长李志磊、县学（北京）电子商务技术研究院院长姚广辉等嘉宾在上午进行了主题演讲，社区经济品牌专家佟志强、墨非资本合伙人于波、惊喜鸟企服

CEO 王世伯参加上午场数字品牌圆桌论坛对话；中科奇胜 CEO 李琦、黄小燃果酒品牌创始人邹光华等嘉宾在下午进行了主题演讲，华盛人和资本董事长陈冬龙、君义投资合伙人刘溪、竞马纵横公司董事长姜荣参加下午场数字经济投资论坛对话。

【2021 中国自有品牌战略发展研讨会】 2021 年 9 月 24 日，由上海市品牌授权经营企业协会自有品牌产业研究院主办的 2021 中国自有品牌战略发展座谈会暨《中国自有品牌发展研究报告（2021）》发布会在上海举行。来自行业协会、高校、智库、零售商、制造商、服务商、投资人、媒体人等 30 多位资深专家和负责人齐聚一堂，深度交流中国自有品牌战略发展面临的机遇与挑战，以及自有品牌走向未来新十年的道路与模式。上海市品牌授权经营企业协会副会长、自有品牌产业研究院执行院长方献礼作《中国自有品牌发展研究报告（2021）》研究成果发布。

【2021 中国品牌发展论坛】 2021 年 9 月 25 日，由东湖品牌研究院主办、华中科技大学新闻与信息传播学院和华视传媒集团联合承办的 2021 中国品牌发展论坛暨首届东湖品牌指数发布会在武汉举办。国内品牌学术机构、著名专家学者、知名企业代表、相关政策研究人员、主流媒体等近 100 位各界人士出席本次论坛，活动共吸引了超 10 万观众在线观摩，并引发了政府、学院、行业、媒体等社会各界的热议与探讨。本届论坛以“大变局中的中国品牌张力”为主题，聚焦新时代下品牌建设的核心引擎作用，围绕城市发展、乡村振兴、公共品牌、企业品牌等品牌创新集成之路展开深度研讨，为品牌价值升级研究提供了常态化方向和关键突破口。东湖品牌研究院通过对国家统计局、政府工作报告、学术研究报告、权威媒体及社会化网络平台等公共数据整合研究推出“中国城市 & 湖北品牌发展大数据库”，为城市高端化、品牌化、特色化发展提供了数据支撑，为后续城市多元化发展和创新研究提供范本，也为企业品牌发展提供借鉴和启示。会上还发布了“中国城市品牌力指数”，并从品牌价值评价模型、指数构建与指标体系、榜单数据分析等方面对榜单城市指数进行了深入解读。此外，会上还正式发布了“中国品牌价值评价体系”。

【2021 中国品牌论坛】 2021 年 11 月 30 日，由人民日报社主办的 2021 中国品牌论坛在北京举行。政府主管部门代表、企业负责人、专家学者等 300 余人共聚一堂，开展对话交流，解读政策机遇，共绘品牌发展蓝图。本次论坛以“加强品牌建设 推动高质量发展”为主题。全国人大常委会副委员长沈跃跃在致辞中指出，要不断改革完善知识产权保护体系，健全新领域新业态知识产权保护制度，推进法律有效实施，让“中国质量”享誉全球，让“中国品牌”闪耀世界。人民日报社社长、总编辑庹震在致辞时表示，《人民日报》要发挥全媒体传播优势，在全社会营造培育品牌、创造品牌、尊重品牌、呵护品牌的浓厚氛围。中共中央宣传部副部长吕岩松在致辞中指出，为品牌发展营造良好环境，带动中国品牌产品再优化、服务再提升、品质再升级，进而走出国门、走向世界，成为世界品牌、世界名牌，离不开包括媒体在内的社会各界共同努力。

【2021 中国品牌营销高峰论坛】 2021 年 12 月 25 日，由中国广告主协会主办的 2021 中国品牌营销高峰论坛在北京举行。活动以线下和线上直播相结合的形式，近 100 位政府代表、专家学者、企业负责人参与论坛，线上观看人数达到 258 万人。本届论坛通过开幕致辞、政策指引、经验分享、权威发布、圆桌对话、品

牌媒体电商展等板块，聚焦后疫情时代品牌营销新特点，与营销专家、品牌广告主汇聚一堂，共同探讨新经济形式下品牌营销工作的未来发展。其中，论坛发布了《2021年中国品牌与营销发展报告》、“营销示范案例”以及“首席营销官”与“新锐营销官”名单。该论坛总结了当前经济背景下我国品牌与市场营销发展现状，重点说明了2021年中国品牌发展呈现的六大值得关注的现象和2021中国营销发展态势呈现的七大现象，并分析了目前品牌与营销发展面临的挑战，研讨了未来的发展趋势，对提升企业品牌的竞争力有一定赋能助力的作用。圆桌对话则紧贴“冬奥话题”，以“体育的力量”为主题，围绕冬奥体育发展与体育全民科学健身、体育与媒体普惠传播、体育与品牌营销战略等话题进行了探讨。

【2021中国品牌科学与应用论坛暨全球品牌战略国际研讨会】2021年12月29日，由华东师范大学主办、华东师范大学国家品牌战略研究中心承办的第六届中国品牌科学与应用论坛暨全球品牌战略国际研讨会以线上线下结合的方式召开，来自学术界和业界的20余位专家学者分别发表主旨演讲。本次会议以“国家创新与科技品牌战略”为主题。在上午论坛中，国家品牌战略研究中心发布了年度重要成果——2021大夏“国家冠军品牌强度指数”。

【2021品牌强国经济论坛】2022年1月6日至7日，由国家发改委中国经贸导刊杂志社、中央广播电视总台《发现品牌》栏目组、对外经济贸易大学中国国际品牌战略研究中心等联合主办的2021品牌强国（博鳌）经济论坛在海南召开。政府机构有关领导、专家学者、各行业优秀企业代表等100余人出席活动。论坛以“积极贯彻国家品牌强国战略，促进中国经济全面复苏和高质量发展，提升中国品牌国际影响力和竞争力”为目标，弘扬品牌创新精神，见证中国品牌崛起。期间，主办方发布了《2021中国品牌经济创新发展舆情监测成果评价报告》。报告指出，中国正以“专业化”“标准化”争夺话语权，“科学、公正、公开、公认”的国家品牌评价机制和品牌评价标准体系基本建立，但当前中国品牌的自强之路仍充满挑战，高质量品牌建设任重道远。

【2022“中国品牌改变世界”主题论坛】2022年2月23日下午，由中华商标协会品牌影响力专业委员会主办的“中国品牌改变世界”主题论坛在北京举办。来自品牌领域的专家学者、业界精英、企业负责人等近100人共聚一堂，共话中国品牌建设发展新思路，共绘中国品牌影响力建设蓝图。论坛宣布“2022中国品牌影响力论坛组委会”成立，并召开“中华商标协会品牌影响力专业委员会”第一次会议，授牌14家成员机构、7位权威专家入驻。与会的专家学者及企业高管也带来了各自在品牌建设与研究领域的成果和案例分享。此外，中国社会科学院中国舆情调查实验室首席专家刘志明发布“中国品牌影响力指数研究计划”，明确三项目标：重新定义数字化时代品牌评价标准；打造具有国际影响力的中国品牌评价体系；以指数为牵引，构建中国品牌影响力提升赋能平台。

【2022大健康产业品牌发展研讨会】2022年6月21日，由《品牌文化》杂志社、塔木德富豪会联合主办的2022大健康产业品牌发展研讨会在湖南长沙举行。本次研讨会以“新趋势 新思维 新营销”为主题，现场嘉宾围绕大健康产业未来发展“兼容，精准，专业，持续，共享”密钥，共筑企业发展新高度，进行了深度地讨论，集思广益。大家在讨论中得出共识，未来的大健康产业一定是与健康、文化、康养以及

保健深度融合。通过有形疾病和无形疾病精准的健康检测、预防、调养和康复来实现全民的健康。健康是一个持续坚持的过程，无论是选择哪种方式，都必须考虑时间的维度，才能为自身健康带来本质上的变化。

【2022 中国心理品牌建设高峰论坛】 2022 年 7 月 30 日至 31 日，由中国心理学会心理学普及工作委员会、中国老教授协会职业教育委员会共同主办的 2022 第四届中国心理品牌建设高峰论坛在线上举办，20 余位心理学专家开展主题演讲。本届论坛以“心理服务社会”为主题，中国心理学会科普委王利刚主任、中国老教授协会职业教育委员会沈小君理事长为本届论坛致辞，表达了提升中国心理品牌势能的殷切厚望，期待整合行业学会与协会资源拓展影响力半径，大力普及心理科学。中国心理学会科普委委员陈锡坤先生在论坛总结中强调，要打造心理产业经纪人职业队伍，结合社会需求，为心理学职业规划精细化发展的路径，实现效果与效益的无缝对接，迎来职业春天。此外，论坛特别策划了“心理品牌的中国之路”圆桌会议，邀约了心理学行业知名学者、专家与经营者，分别从平台、政策、人才、整合、互联网等角度为每位心理学从业者的职业成长提出建议。

【2022 中国中华老字号百年品牌高峰论坛】 2022 年 9 月 17 日，由浙江省老字号企业协会、杭州钱塘老字号研究院承办的第十九届中国中华老字号百年品牌高峰论坛暨中华老字号掌门人大会在杭州举行。论坛汇聚 50 余位行业领军人、老字号掌门人与专家学者等社会各界人士，博采众长，共同为传承优秀传统文化、振兴中华民族品牌出谋划策。本届论坛以“宋韵文化 国潮消费”为主题，包含三大议题：议题一“国潮消费”，嘉宾们交流了对“国潮”概念的理解，畅谈结合国潮消费的具体做法；议题二“创新先锋”，嘉宾们就近两年的创新思路各抒己见；议题三“应变之道”，嘉宾们讨论了在当前复杂的经济形势下，如何应对各类不确定性，并展望了未来发展方向。

【2022 中国品牌营销趋势峰会】 2022 年 10 月 19 日，由点燃私域、蓝莓荟主办的“私域扩容，营销智化”第七届中国品牌营销趋势峰会在广州举行。大会邀请了涵盖食品、日化、大健康、科技等领域 500 多家企业的创始人、CEO、CMO、CIO 同台论道，吸引了近 500 名品牌营销人前来参会。本次峰会围绕品牌“私域全域化、营销数智化”两个层面展开分享。“私域全域化”从品牌的迭代、私域关键和品牌私域化之路 3 个方向解构品牌营销趋势；“营销数智化”关注重点为 2022 年元宇宙的崛起、虚拟人虚拟场景成为先锋品牌的营销密码背景下，如何做好数字智能和营销结合。

【2022 中国品牌营销论坛】 2022 年 11 月 11 日，由全国糖酒商品交易会组委会、中国轻工企业投资发展协会主办的 2022 中国品牌营销论坛在成都举行。500 余位食品饮料相关行业决策者、从业者及媒体参加了本次论坛。本届论坛以“探索食品饮料行业新机遇”为主题，探讨中国食品饮料行业发展现状，从资本视角、行业视角、品牌视角、渠道视角、平台视角及营销视角等多维度解析中国大消费的现状，洞察其未来趋势，为其未来提供典范式学习样本及突破路径，从而推动中国食品饮料行业快速、高质量及可持续发展。以“中国大消费品牌的机会在哪里”“解构增长，再造品牌奇迹”两个主题展开高峰论坛探讨。

【2022 中国品牌论坛】 2022 年 12 月 8 日，由人民日报社主办的 2022 中国品牌论坛在北京

举行。本届论坛以“推动中国品牌建设高质量发展”为主题，通过线上线下相结合的方式举行。政府主管部门代表、企业负责人、专家学者120余人参与。全国人大常委会副委员长白玛赤林在致辞中指出，建设品牌强国，要聚焦实体经济、坚持创新驱动、适应国内需求、弘扬企业家精神、坚持文化自信自强。人民日报社社长庹震在致辞中指出，《人民日报》要积极报道各地各部门和广大企业贯彻落实的创新做法、宝贵经验和丰硕成果。提升中国品牌在海内外的美誉度，助力中国品牌走出国门，走向世界。中宣部副部长孙业礼在致辞中指出，希望新闻媒体一如既往地积极参与、主动作为，着力讲好中国品牌的故事，讲好中国品牌质量提升的故事、创新发展的故事、惠及民生的故事、走向世界的故事。本届论坛还发布了2022中国品牌案例。

【2022中国民族品牌创新发展论坛】2022年12月9日，由《南方周末》主办的2022中国民族品牌创新发展论坛在上海落幕。活动现场，经济学界、民族品牌、研究智库等近100位代表大咖云集，共同探索新发展格局下民族品牌的未来趋势及创新路径。南方周末报社副主编、南方周末研究院副院长朱强在致辞中表示，中国民族品牌已然迎来新的发展阶段，品牌建设并非一朝一夕之功，作为一个发展中大国，民族品牌的打造之路始终任重道远。经济学家、国民经济研究所所长樊纲在分享中指出，实现中国民族品牌的腾飞，需要抓住未来高增长的发展趋势，充分利用新技术推进数字化转型。马光远指出，全球经济正面临通胀回落、疫情结束、货币政策收紧、供应链重构等重要拐点，其中调整供应链格局将是中国企业的重要机遇。

【2022中国品牌创新论坛】2022年12月22日，由中国广告协会主办、广告人文化集团协办、创意星球网承办的第29届中国国际广告节中的核心2022中国品牌创新论坛在厦门国际会展中心召开。100余位行业精英和企业领袖参加了此次论坛，并从策略、内容、技术、消费者洞察等各个角度展开深入探讨。会议现场还发布了中国大学生喜爱的活力品牌与中国大学生喜爱的青春好物。由权威媒体与智业公司“广告主金伙伴”推荐企业与产品入榜，并通过参与“中国国际广告节·青春好物节”的大学生“好物星推官”的现场体验与评鉴，依据PA模型为企业和产品品牌打分，分别得出“大学生喜爱的活力品牌”和“大学生喜爱的青春好物”。

【2022中国品牌科学与应用论坛暨全球品牌战略国际研讨会】2022年12月29日，由华东师范大学、中国高等院校市场学研究会品牌专业委员会联合主办、华东师范大学国家品牌战略研究中心承办的第七届“2022中国品牌科学与应用论坛暨全球品牌战略国际研讨会”以线上方式举办，近2000位与会者在线参加了上午的论坛和下午的研讨会。本届论坛以“高质量发展与新品牌战略”为主题，来自学界和业界的10多位学者和专家分别进行了精彩主旨演讲。大会的第一单元聚焦“年度主题：高质量发展与新品牌战略”，中国企业如何通过品牌升级实现高质量发展，由论坛共同主席、美国纽黑文大学终身教授王承璐主持。论坛的第二单元聚焦“卓越品牌实践”，由华东理工大学教授、博士生导师、中国高等院校市场学研究会副会长景奉杰主持。研讨会主题分别是“国际研讨会：全球品牌战略主题”及“品牌科学与应用学术研讨”。

品牌营销案例

初心之地，电波永传——上海电信建党百年城市策展

金奖：内容营销 / 场景营销

广告主：中国电信上海公司

获奖单位：灵动传媒

全案概括 2021年“七一”前夕，上海的500多座公话亭一夜之间集体换装，迅速成为大家走过路过顺手拍照打卡的网红装置，也成了建党百年期间广大市民口中和各大媒体版面上的焦点话题。

上海是中国共产党的诞生地，也是红色通信的起源地。上海电信在遍布市区的公话亭，以红色故事海报、装置艺术的形式，将这座城市的百年革命史、红色通信史展列在街头，使之成了一座座随手学党史、随时学知识的特殊展厅。

这数百座公话亭在这特殊的节日里，以一次城市级策展完成了一幅从旧上海到新魔都的百年发展画卷。

营销背景及目标 2021年7月，是中国共产党建党一百周年的重大节点。作为一家继承了红色通信使命、承担着国家信息基建重任的央企，将以怎样的形式和内容来参与到这一重要时刻？如何以更合适的角度来表达党的初心与使命、电信与上海发展的关系与价值？又如何来达成电信品牌价值的提升以及品牌形象的焕活？

此外，还需要更好地让城市与城市里的人们产生深度的沟通，而不是自说自话。需要让更多的人跟这次活动交互起来，让大众尤其是年轻一代自然地融入其中，看到并理解到一个具有历史感、成就感的百年上海，体会到百年

来那份不变的初心和使命。

营销策略与创意 这是一个重大而有意义的命题，也是一份沉甸甸的责任。因为，上海太大、百年太长、故事太多。

在上海，目前依旧保留着遍布城市大街小巷的公话亭，它们是人们最熟悉也是最陌生的存在，也是上海电信距离人们最近的自媒体。虽然现在很少有人走进去打电话了，但它们依然承担着城市应急和公共通信的任务。它们在淮海路、南京路、瑞金二路、延安西路，在福康里、在渔阳里，在当年革命火种所燃烧的每一个地方。

AI 赋能，唱响百事热爱全开

金奖：技术营销

广告主：百事可乐中国

获奖单位：网易传媒

全案概括 百事可乐推出全新“汽水音符”罐身，洞察“Z 世代”奏出自我旋律的渴望，携手网易云音乐开启颠覆性的 AR×AI 音乐互动营销：“开罐百事，为你的热爱写首歌”。

通过 AR 扫罐 ×AI 写歌的双重黑科技，实时创作由 AI 人声唱响的千人千面热爱单曲。

OGC（职业生产内容）— PGC（专业生产内容）— UGC（用户生产内容）链路打造全网热爱传播闭环，深度共创音乐内容，累计总曝光量超 9 亿人次。

以音乐新罐身为载体，AI 进阶玩法拓展了音乐营销深度，诠释百事一代“听自己的热爱全开”的年轻态度，将品牌热爱转换为产品销售。

营销背景及目标 自 1983 年携手迈克尔·杰克逊开始，百事可乐持续邀请国内外乐坛知名音乐人，用音乐的力量，助力“Z 世代”释放心中热爱。但随着越来越多的品牌入局音乐营销，如何用更耳目一新的音乐内容，区隔化百事可乐独特的音乐基因，成为百事可乐“Z 世代”音乐营销的重点。

营销策略与创意 百事可乐推出以“汽水音符”为主题的全新罐身包装，旨在从产品维度传递品牌“听自己的热爱全开”的全球主题。如何围绕新音乐罐身，升级品牌的音乐营销玩法，拓宽“购买”“饮用”的线下互动场景，是本次战役的策略突破点。

项目从百事一代渴望奏出自我旋律的洞察切入，借创新项目互动技术，颠覆过往的 AR 瓶身玩法，融入 AI 写歌技术，与最受“Z 世代”喜爱的网易云音乐合作，打造一场“双 A”炸场的音乐黑科技营销。

红红虎虎谷粒多 百村干部斗直播

金奖：娱乐营销 / 直播

广告主：内蒙古伊利实业集团股份有限公司

获奖单位：快手磁力引擎 × 谷粒多

全案概括 2021 年快手磁力引擎“新市井商业”品牌元素解锁更多营销势能，谷粒多作为快手长期合作品牌方布局下沉市场，快手坐拥新线市场用户、结合自身直播优势与平台流量，赋予活动充分的产品支持力。

快手始终秉持为普通人赋能的普惠价值观，以“新市井商业”为助农、惠农的营销触点，以短视频和直播为乡村扶贫的信息普惠工具，联动全国 16 家省级头部媒体为项目做权威背书，邀请 100 位村干部进入媒体号直播间进行 PK 带货，将品牌营销与平台践行社会责任相结合，开辟全新营销方式，推动社交电商，赋能乡村农人，助力乡村振兴。

营销背景及目标

营销背景

春促是谷粒多每年都要重点布局的营销节点，2022 年谷粒多基于自身品牌调性和产品的

再次升级，与快手携手打造百村干部大型直播 PK 项目。在项目过程中不仅有效地帮助谷粒多完成了春促期间的市场视野抢占，也与助农活动配合进一步彰显了品牌与平台双方的社会价值。

营销目标

新春季谷粒多宣传蓄力，快手携手谷粒多深度挖掘下沉市场，探索创新营销新方式——品牌 × 平台 × 达人三方矩阵式直播领域合作模式。

贴合政策导向，以乡村振兴作为切入点合作，扶贫公益助农脱贫。

自嗨锅 ×《赘婿》影视剧植入新思路——穿越式植入

金奖：娱乐营销 / 视频植入

广告主：自嗨锅

获奖单位：世纪鲲鹏娱乐营销

全案概括 借势爆款顶流项目帮助自嗨锅提升大众知名度、好感度，建立绝对领导地位，连接年轻用户。

世纪鲲鹏将合作思路聚焦在高质量古装

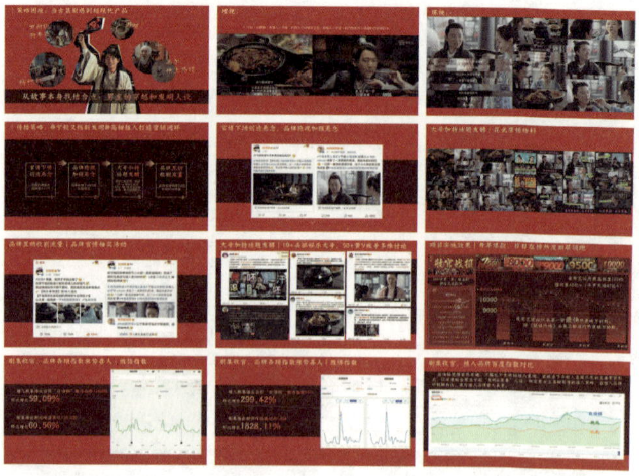

IP《赘婿》上，设计品牌与古装剧新的结合方式，打造“穿越式”植入，为消费者带来全新的观看体验，其中高能输出的“梗”“料”成为二次传播的源泉。自嗨锅刷屏弹幕，官方下场玩“梗”，社交媒体“自来水”主动“打call”，大流量媒介、不一样的创意配方显出营销大威力。

《赘婿》是爱奇艺建站以来最快破万的剧目，全网热搜上榜破 285 次，自嗨锅品牌植入话题“宁毅又搞新发明”登榜微博娱乐榜热搜第 18，全网积累阅读量超 2671.3 万人次，植入情节播出自嗨锅相关正向弹幕点赞超 10000 人次。

营销背景及目标

营销背景

自热行业创立以来，市场竞争愈发激烈。2017 年，自热方便食品企业注册量比 2016 年增长了 75%，截至 2020 年 2 月 26 日，自热食品企业的注册量有 149 家。

自热行业无绝对领导者，作为新兴消费品牌，如何通过营销帮助自嗨锅品牌在众多竞争者中脱颖而出，助力品牌建立绝对领导者地位是营销的重中之重。

因此选择了大流量媒体——影视剧植入。

营销目标

通过营销，帮助自嗨锅品牌在众多竞争者中脱颖而出，以最高效的方式提升品牌知名度、好感度，提高社交平台中品牌与粉丝、年轻互联网用户的互动沟通，助力品牌建立绝对领导者地位。

冠能 × 小米，AIoT 智能养宠新时代

金奖：智慧营销 /AIoT 营销

广告主：冠能

获奖单位：小米营销

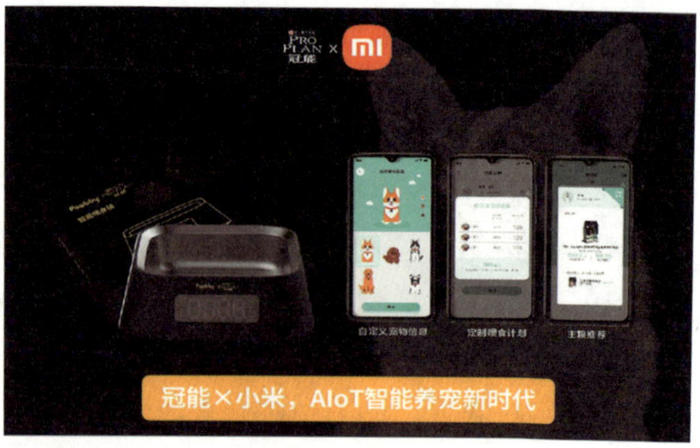

全案概括 传统粗放的养宠方式正在被替代，智能科学养宠时代已经到来。冠能作为全球领先的高端宠物食品品牌，希望将始终坚持的“科学喂养理念”传递给更多宠物主。

小米作为“爆品制造工厂”，拥有强大宠物 IoT 供应链能力及互联网服务能力。

双方跨界合作：利用小米生态链独特优势，定制创新硬件“智能宠物碗”；通过定制软件服务，深度挖掘宠物健康数据价值，提供科学喂养方案；打通京东众筹等电商渠道，助力产品销售；借助行业盛会“它博会”声量，让更多养宠人群现场体验定制喂养计划，并且冠能与小米高层联合举办启动仪式。

在通过 AIoT 助力用户优化养宠体验的同时，传递冠能科学喂养品牌理念，实现更深程度的用户心智建设。

营销背景及目标

营销背景

雀巢冠能，专注于为宠物提供科学的饮食配方产品。

品牌：冠能是美国宠物食品制造企业——雀巢普瑞纳（Purina）旗下的高端宠物食品品牌，创立于 1986 年，已有 35 年的历史。

产品：冠能产品以犬干粮和猫干粮为主，全面覆盖各个体型幼犬和母犬的营养需求。

研究：冠能拥有 500 位不同学科领域的科学家团队，以及遍布全球八大研究中心的庞大科研网络。在全球 130 个国家，建立宠物科学营养研究院，为宠物提供科学健康饮食配方。

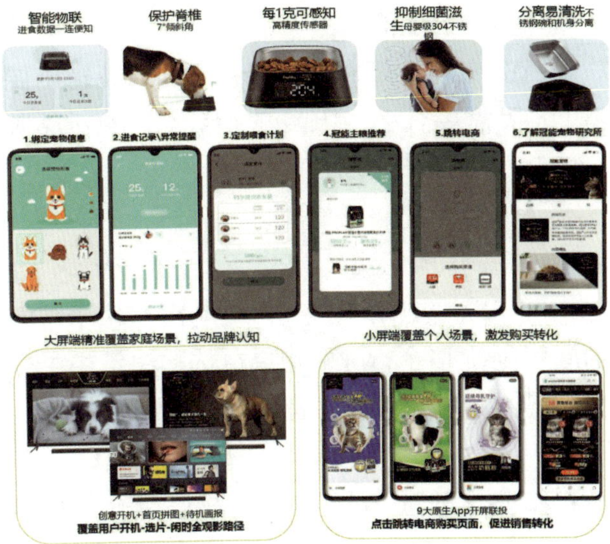

市场：中国宠物市场格局竞争激烈，冠能希望将宠物科学喂养理念传递给更多养宠人群，培养科学喂养习惯。

阿那亚戏剧节

金奖：文旅 IP 营销

广告主：阿那亚

获奖单位：英合互动

全案概括 社区文化渗透贯穿全程。社区文化艺术氛围渲染预埋，破圈吸引大众，为戏剧节引流。

艺人现身带动全网讨论。各领域高口碑艺人现身活动，引爆粉丝圈层，影响泛娱乐人群。

深耕垂圈留存忠实受众。从内容与质量出发，不断巩固戏剧节在垂直圈层的地位，为活动留存坚定粉丝群体。

营销背景及目标 彼岸的门不会关，就像阿那亚的海天帷幕永远敞开。戏剧节是一场精神世界自由的狂欢，为这场生机勃勃的相聚欣喜若狂，倾力而为，贯穿活动始终地打造阿那亚戏剧节独一无二的氛围感与品质感。在内容上拒绝千篇一律，拆解死板，认真触碰厚重的戏剧内核，也层出不穷地用悬念迸发新鲜感。在

扩散上灵活自由延展，抓取活动亮点，关注并研究不同圈层对戏剧“凝望”的视线，用最高效的传播方式让阿那亚的空间与艺术之美被看见、被向往。共性的追求促成相聚，细化精准的触达铺开群体，在吸引与反馈的过程来往中塑造并丰富品牌的内核力量。

营销策略与创意

造势：设置悬念引期待

营造回顾与期待情绪，激发大众关注与表达，引出阿那亚戏剧节内容。

项目通过深挖阿那亚戏剧节的导演团队、25 部剧目等来建立活动的受众期待值。

狂欢：持续制造新鲜感

结合阿那亚独特属性，提炼并放大活动亮点，多维度输出，引爆全网。

回顾阿那亚网红打卡地、阿那亚音乐节等，唤醒大众记忆，抛出阿那亚戏剧节内容。

五菱品牌数字营销

金奖：汽车数字营销

广告主：五菱汽车

获奖单位：北京知家信息科技股份有限公司

全案概括 知家通过品效销思维模型，为传统企业的业绩增长做深度咨询，找到业绩增长突破口，并以与客户共创团队的模式，将营销广告与品牌主市场完美结合，共同完成品牌内容输出，实现品牌声量提升、用户黏性加强，并且与品牌携手打造了全新的社媒端销售渠道、社媒式电商等新营销领域的新销售链路模型，并将这套定制打造的内容赋能品牌经销商，最终完成五菱数字营销 DTC 品牌的建设。

营销背景及目标

品牌认知固化

长久以来，大众已经形成了对于五菱只是一个老牌车企的传统甚至偏见的认知。

新品牌价值观

新的市场环境和品牌革新下，五菱提出要将“人民需要什么，五菱就造什么”的新品牌价值观植入用户认知。

电车同质化困境

近年随着电动车兴起，电动汽车趋于雷同的问题困扰整个行业，用户在选购决策中主要依据品牌，五菱如何在竞争中突破瓶颈?

营销策略与创意 五菱品牌的核心受众，从最

早的“70后”“80后”已然迭代到“90后”乃至“00后”。他们喜欢新潮的内容、新潮的平台、新潮有趣有内容的沟通方式，他们消费能力不算高，但有强烈的交通代步需求以及个性化体验的需求，该群体不喜欢被定义并需要通过个性化定制彰显个人宣言与生活态度，对于质量和外观也有较高要求。他们对于品牌和产品有着自己强烈的见解，他们越来越喜欢参与内容的创作之中。

沃尔沃“路上潜艇”纯电车水底漫游

金奖：汽车品牌营销

广告主：沃尔沃汽车

获奖单位：朗知传媒

全案概括 作为豪华汽车品牌，沃尔沃一改豪华汽车广告里营造高级使用场景、塑造高端车主形象的套路，而是通过各种高难度的实验，向观众直接展示汽车的安全极限。这既符合沃尔沃汽车的品牌传统，也更符合当下短视频、强刺激的内容营销趋势，让更多潜在受众了解沃尔沃汽车的硬核安全实力。

这次的“技术品牌化”内容，着重向消费者普及沃尔沃汽车的“电池安全”实力，打消他们对夏日雨季汽车电池浸水的顾虑。

营销背景及目标 随着新能源汽车销量激增，电池安全问题越来越受到消费者关注。怎样验证一辆车型的电池安全性，成了他们的难题，作为以安全性著称的传统豪华汽车品牌，在新能源时代，如何彰显自己在电动汽车领域的安全硬实力，成为沃尔沃汽车面临的新挑战。

目标：延续沃尔沃汽车一贯的高安全性口碑，强化沃尔沃汽车作为传统豪华汽车品牌，在电动车领域的安全性优势。

营销策略与创意 沃尔沃发起“路上潜艇”——XC40纯电版水底漫游挑战，以前所未有的“电车潜水行驶”高难度吸睛挑战，突破大众传统认知。后期联动知乎实验室，拆解浸泡过的电池包，直观地向消费者证明沃尔沃汽车在电动车领域的安全性优势。双管齐下，迅

速引爆全网热议，成功延续沃尔沃品牌高安全性口碑。

伴随夏日雨季到来，暴雨和城市积水频发。大众认知里，汽车的最大涉水深度，是考验一款纯电汽车安全性、可靠性的标准之一。那如果沃尔沃 XC40 纯电版“潜水”行驶，是否更能突破大众认知，凸显其非比寻常的电池安全性和可靠性？

通过一场硬核试验，将 XC40 纯电版完整浸泡在大型鱼缸中，并遥控开出水面，以此来直观地体现其非比寻常的电池安全性与可靠性。

选车听“郭”说

金奖：汽车品牌营销

广告主：东风日产

获奖单位：省广汽车营销

全案概括 五一购车大节前哨战，车企促销政策扎堆，传播高度同质化，如何实现有效突围？

东风日产联合喜剧明星新式演绎，实现五一传播有效突围。

为了契合泛娱乐时代背景，邀请了知名相声演员郭德纲，围绕轩逸进行全能价值深化传播，把轩逸购车决策，用“郭式语言风格”植入用户心智——“买家轿，选轩逸，幸福一步到位”。

项目以“全能产品力”视频和“逗趣说安全”视频为核心，在微博构建社交话题阵地，充分利用名人效应、圈层影响力辐射更多人群，引爆声量传播核心信息，且进行多渠道分发、创意延展，实现信息高效传播，吸引留资。

营销背景及目标

营销背景

东风日产轩逸自 2006 年正式进入中国市场，目前累计销量超过 400 万辆，占据中国轿车市场销量排行榜数一数二地位。2021 款轩逸基于第 14 代轩逸进一步增添了更加智能的人机互联科技、外观配件与舒适性配置，为消费者提供“一步到位”的购车选择。轿车向来是车企的兵家必争之地，轩逸要维持市场份额面临以下挑战：

汽车行业经历前所未有的疫情冲击，市场销量下行；

轩逸竞品动作不断，加速新品布局导致竞争白热化；

消费者对新轩逸价值升级认知不尽全面。

营销目标

轩逸在夯实销量基盘、维系市场占位的过程中，面对竞品强势进攻，主动出击，利用购车黄金周节点深化产品力，维持高价值感，让轩逸进入客户购买清单是此次营销传播的核心目标。

项目通过各大媒体阵地与社交平台，联合热点资源打造一次高效的营销活动，希望实现：

轩逸全能价值认知补强，实现竞品有效拦截；

消费者社交阵地深互动，提高互动率跟留资率。

京东金融订单公益项目

金奖：金融关联类

广告主：京东金融

获奖单位：京东金融

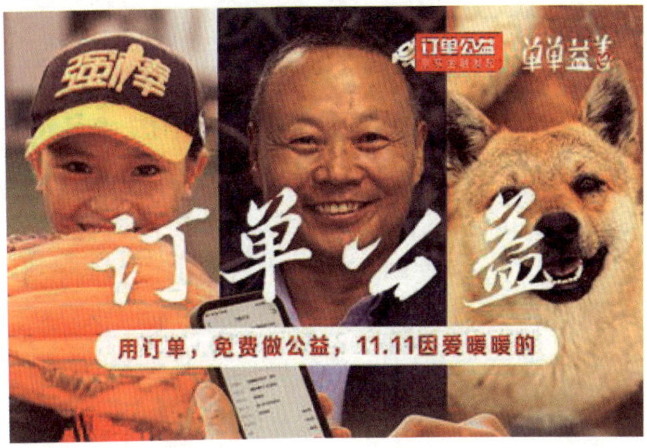

全案概括 “在京东 App 购物，使用京东支付或白条交易完成的订单，每笔订单均可免费兑换公益物资，并由京东为您配捐到指定公益项目中。”

订单公益，为用户消费创造了更高的精神价值，为消费行为赋能，让每一笔消费都具有“利他性”，也降低了用户参与公益的门槛，让捐订单成为一种顺手能做的公益。

这不仅是京东的企业社会责任，更是一种依托其平台流量，带动用户的日常公益习惯的养成，用订单免费做公益，单单益善。

订单公益目前在线的公益项目，包括流浪动物捐助、乡村教育的振兴、青少年体育公益等，项目在“6·18”“11·11”期间传播，也让“捐订单”成为消费高峰期背后一个很有温情的信息点。

订单公益 2021 年 6 月上线以来，获得了包括三联生活周刊、河南广播电台的两家媒体公益联合参与，以及新华社、人民日报海外网、《经济日报》、《参考消息》、中新经纬等多家核心党政媒体、财经类媒体的关注报道。

营销背景及目标 企业做公益，往往不能被用户感知，核心是因为没有让用户参与进来，产生“与有荣焉”的感觉。

所以京东金融打造了一款用户可免费参与的“活跃型公益产品”——订单公益。让用户在京东 App 的每一笔京东支付或白条消费，都可以捐订单来做公益。

传播期为“6·18”和“11·11”电商大促，激增的订单量可以带来更多的用户参与及公益成就，公益也成了大促期间一个“温情的营销点”。但在公益项目预算较少的情况下，如何吸引到用户注意力，让用户参与到公益活动中来，是一大挑战。

（本品牌营销案例稿件均选自《IAI 广告作品数字营销年鉴 2022》）

论点摘编

国家社会品牌战略

【中国国家品牌内涵、特性及其实现路径研究】

舒咏平在《江淮论坛》2021 年第 4 期上撰文认为：

国家品牌是一个时期内一个国家在其他国家公民心目中的总体形象，也是一个国家竞争力的综合体现。中国国家品牌的特性主要有：道路自主性、效率显著性、优势共享性、长远一致性。其实现路径主要有四条，第一，凝神聚力，发挥“中国梦”的价值引领作用。从国家层面来说，“中国梦”为实现中华民族伟大复兴凝聚起强大精神力量，中国国家品牌正是在“中国梦”的价值引领下，不断得到实现、不断获得实践捷报。第二，推动“三个转变”，高质量建设社会主义现代化强国。将“中国创造”“中国质量”落到产品载体上，通过行业品牌引领高质量发展，进而成就中国国家品牌。第三，彰显文化魅力，提升新时代中国文化软实力。中国作为“文明型国家”，其文化软实力就是通过身体力行、成功实践，跨越时空、国度，彰显出具有吸引力、说服力、影响力的全人类共同价值。第四，建立国际信赖与合作，为构筑人类命运共同体作出积极贡献。中国所践行的国际信赖、国际合作和大国责任担当，有力地促进人类命运共同体的构建，彰显了为世界人民谋福祉的务实担当精神与中国国家品牌实力。

【禁止驰名品牌广告对企业社会责任的影响研究——基于第三次商标法修订的准自然实验】

张怀印、操友根、任声策在《消费经济》2021 年第 5 期上撰文认为：

驰名商标认定与企业社会责任承担是激励企业加强品牌建设与提升品牌价值的关键驱动力。但 2013 年商标法修订后，明确禁止企业进行驰名品牌广告宣传。研究以《商标法》第三次修订为准自然实验，基于 2010—2017 年制造业上市企业微观数据，运用双重差分模型考察禁止驰名品牌广告对企业社会责任行为的影响。研究发现，禁止驰名品牌广告对企业社会责任有显著的负向影响，研发投入在禁止驰名品牌广告与企业社会责任之间起到中介作用，企业所有制性质和企业规模在禁止驰名品牌广告与企业社会责任关系间起到负向调节作用。研究结论利于帮助政策制定者思考如何通过科学有效的制度设计，恢复驰名商标激励商誉和品牌的目的，实现市场效率和社会责任的均衡，对新发展格局下，发展繁荣品牌经济加速市场循环具有一定意义。

【上海应当好创新发展先行者——以社会主义现代化进程中的品牌意识创新为视角】

刘晶明在《毛泽东邓小平理论研究》2021 年第 10 期上撰文认为：

中国迈入以建设社会主义现代化经济体系推进现代化的新征程，正在经历从经济大国向经济强国的重大转变。社会主义市场经济品牌意识创新的实质是思想再解放，中国要推动经济高质量发展，实现经济强国目标，就必须在国内每个地区、国内每位公民心中树立与时俱进的品牌意识，要在世界范围内树立大国品牌形象。社会主义现代化强国必然是经济强国，而经济强国又需要高质量的社会主义品牌做支撑。国有经济品牌正是做大做强中国经济的重要抓手，国有经济关系国家安全和国民经济命脉的重要行业和关键领域，在国民经济中发挥主导作用。上海应率先探索国资国有企业品牌创新的路径，深化国资国企改革激发国有品牌活力。一是对标世界一流管理，提升国资国企管理水平，尤其是品牌管理水平。二是探索有别于机关干部的培养模式与考核体系。最后，品牌意识创新要实现对社会主义品牌内涵和外延的再认识，上海要充分开展品牌意识创新实践，解放思想、实事求是，不断拓展社会主义品牌的外延，总结、凝练社会主义品牌意识创新的成功经验，当好"创新发展先行者"，形成一条可推广、复制的发展道路。

【印象与范畴：论品牌视觉符号的国潮趣味】

廖宏勇、刘平云在《装饰》2021 年第 10 期上撰文认为：

品牌国潮视觉符号以"图像自涉"的方式，描述了文化符号新意义的生成过程。其中，"国"是传统文化的认知范式，而"潮"则是将"国"纳入一定时尚领域之后，所进行的价值延展。因此，品牌国潮所体现的并非某种情绪化的文化自信，而是参照当代中国社会情境的深层文化认同。品牌国潮是基于文化经验，对品牌视觉符号意义的释读与判断，是一种借助时空维度的符号元素编织起来的文化印象。这一印象的形成，有赖于一定时空范畴中品牌的实体、界面与品质，以及由此触发的文化记忆。品牌的国潮趣味作为一种视觉性的图像实践，体现了对客观真实的重构，主要体现在对中国传统（民俗）文化符号的当代性演绎上。那些图像事件式的表意与释义，以自然意义、规约意义和内在意义，让文化符号的视觉真实与客观真实有机统一起来。构筑国潮趣味的品牌视觉，需梳理印象与造型、"对象—过程"与要素、类别范畴三个层次的概念和方法路径，以此才能形成承载文化意义的品牌视觉设计思维。

【国家品牌效应：内涵、形成机制及战略影响】

刘培、杨一翁在《企业经济》2021 年第 9 期上撰文认为：

随着全球化进程的加快，各国交流合作的广度和深度越发深入，国家品牌亦受到世界各国越来越多的重视。国家品牌作为一个国家的软实力和战略资本，具有非常强的影响力。国家品牌可以为企业出口、投资、旅游、留学等提供有价值的战略信息，是国际营销领域的重要概念，其概念的演变过程主要经历了来源国、来源国形象、国家形象和国家品牌。积极的国家形象具有潜在的经济价值、政治价值和战略价值，能够更加直接、有力地影响消费、文化、旅游、出口和投资等各方面。为了有效提升国家形象，研究建议有以下几点：一是加速"中国制造"向"中国创造"转变，提高本国产品的认可度和信任度。二是充分利用国家文化资源，为国外消费者带来差异化联想。三是发展国际旅游，形成国家旅游品牌化战略。四是加强对外贸易和投资，塑造积极的国家品牌形象。

【高等教育国家品牌如何形塑？——基于信号理论的新加坡个案研究】

公钦正、张海生在《现代大学教育》2021 年第 4 期上撰文认为：

国家品牌建设是高等教育强国建设的重要任务，也是新时代教育对外开放的新要求。根据信号理论，被观察到的高等教育质量是在实际质量基础上进行品牌建设的结果。新加坡成功塑造了高等教育国家品牌的原因：一是在高等教育实际质量发展到一定水平之后开始正式实施品牌建设，并使质量提升和品牌建设之间形成相互促进的正向循环关系；二是与市场上的资源供应商、顾客、替代产品提供者和中间媒介者等关键行动者建立起积极正向的关系，并将这种关系展示给国际市场上的潜在消费者。因此，为了做强“留学中国”品牌，中国大学应当树立和提高品牌意识，以提升高等教育质量为核心，与其他市场主体建构和谐恰切的关系网络，从而尽快塑造一个与中国高等教育实际质量相对等的国家品牌。此外，在形塑高等教育中国品牌的过程中，无疑还要注意避免过分学习和模仿西方国家高等教育品牌建设的路径依赖，秉承中国文化的特色，扎根中国大地办大学，逐步建构并适时发布符合中国大学发展特色的世界大学排行体系。

【“双循环”新发展格局中企业品牌建设的价值内涵与实践路径探析】

田立加、高英彤在《重庆社会科学》2022年第6期上撰文认为：

供给侧结构性改革和拉动内需是“双循环”新发展格局的重点和基石。企业连接供给与需求、关联国内国外，是推动新发展格局建设与完善的最主要行为体。品牌是企业竞争力的综合体现，代表着供给结构和需求结构升级的方向。企业品牌建设是畅通“内循环”的重要一环，也是改善“外循环”的关键杠杆，对“双循环”新发展格局的建设和完善具有重要的价值。对于帮助企业提升自主创新能力、提高产业链现代化水平、推动消费结构升级及促进高水平对外开放有着重要意义。有鉴于企业品牌建设在“双循环”新发展格局中丰富的价值内涵，企业品牌建设实践路径规划的重要性和迫切性也凸显出来，该研究结合品牌建设相关理论和新发展格局的现实需求，提出了以企业建设为主、政府和多元行为体支援为辅的品牌建设实践路径。企业自身需要对“品牌价值目标”“品牌传播”“品牌创新”“品牌维护”及“品牌国际化”一系列规划进行完善。同时，政府需要制定相应的监管和扶持政策推动企业品牌建设。另外，社会多元主体协同参与并支援也需要纳入实践路径的规划中。在多方共同推动和助力下，企业品牌建设可以有序开展，助力“双循环”新发展格局的构建与完善。

【“一带一路”背景下西北丝绸之路旅游品牌共建机制构建研究】

韩慧林、邹统钎在《青海民族研究》2022年第3期上撰文认为：

当下旅游产品同质化现象越来越明显，游客从“品质中心”日益转化为“品位中心”，强势的目的地品牌形象日益成为吸引游客前往的关键因素。伴随着国家“一带一路”倡议的实施和推进，丝绸之路这一经典旅游品牌被赋予新内涵；面临新机遇，目前处于国内丝绸之路沿线核心地带的西北五省，在区域旅游品牌建设过程中呈现出品牌形象模糊、定位混乱、竞争力微弱等诸多问题。事实上，由于区域旅游品牌准公共产品的产权属性特征，政府部门主导下的品牌塑造和升级更符合经济学解释。鉴于此，可以从“共建目标、共建基础、共建主体、共建治理及共建内容”五个模块入手，通过构建政府主导下的西北丝绸之路旅游品牌共建机制，整合和优化区域旅游资源，释放旅游业发展潜能，进而提升整个西北丝绸之路旅游品牌影响力。

【网络环境下关工委品牌建设的新机遇、新挑战、新路向】

郑智勇、宋乃庆在《西南大学学报》2022年第5期上撰文认为：

我国关工委自1990年2月成立起，逐渐形成了“传承红色基因”“五老关爱工程”“关爱明天普法先行”“弘扬好家教好家风”“中华魂读书”“海峡两岸交流”“中日韩儿童童话交流”等特色品牌，赢得广大青少年和家长的欢迎。各地高校也根据自身实际情况，打造了具有校本特色的关工委品牌。关工委品牌形象立体地展现关工委的工作成果，成为关工委识别标志、精神象征、价值理念的集中体现，代表着关工委良好的形象，是其竞争力和可持续发展能力的重要保障。网络环境下关工委品牌建设不是一蹴而就的，未来需根据网络环境的变化以及学生教育发展规律，继续探索关工委品牌建设的内容和方式，持续发挥信息技术的效率和协同效应，架设新的研究平台，为我国在落实立德树人根本任务上添设有效“助推器”。同时，在关工委品牌发展进程中，应结合高校实际情况和关工委品牌发展规律，注重品牌体验。积累品牌资产与沉淀长期价值，孵化出一批具有关工委工作特色和亮点突出、学生反响较好的特色品牌，最终实现关工委品牌共同体的构建，重构关工委品牌新生态。

【品牌国际化战略与海外品牌绩效研究：“求同”还是“存异”】

谢佩洪、陈昌东在《上海财经大学学报》2022年第4期上撰文认为：

中国企业在“走出去”方面创造了骄人成绩，但并没有培育出真正“走上去”的全球竞争性品牌。中国企业国际化面临着“外来者劣势”和“来源国劣势”的双重劣势，必须获得社会合法性才能有效降低国际化经营中的不确定性风险，降低双重劣势对海外绩效的负面影响。研究基于消费者感知的视角，遵循乌普萨拉模型的内外两条路径，通过3个消费者实验分别探究了品牌同构对海外品牌绩效的作用、品牌异质对海外品牌绩效的作用，以及合法性感知与认知距离对海外品牌绩效的交互作用。研究结果表明，首先，品牌同构对于促进海外品牌绩效的增长具有“顶点效应”，即品牌同构并不会一直促进海外品牌绩效的增长，而是随着品牌同构水平的增加，海外品牌绩效呈先上升后下降的趋势。其次，品牌异质对于促进海外品牌绩效的增长具有“谷点效应”，随着异质性的提升，海外品牌绩效呈先下降后上升的趋势，即并不是所有的异质都能促进海外品牌绩效的增长，只有品牌获得了海外市场的合法性感知且带来了创新价值才会促进海外品牌绩效。再次，品牌同构/异质对海外品牌绩效的影响通过合法性感知的机制来完成，合法性感知是品牌同构/异质促进海外品牌绩效的关键阈值点。最后，认知距离与合法性感知具有交互作用，认知距离越大，合法性感知对海外品牌绩效的中介作用越强。

【企业社会责任行为对东道国消费者的影响研究——基于中国品牌国际化视角】

李峰、崔康乐在《华东经济管理》2022年第6期上撰文认为：

中国品牌的国际化之路已驶入了高质量的快车道，但仍需注意的是在“走出去”过程中，中国品牌不仅要关注经济效益，还要重视因生产经营活动带来的社会责任问题，充分关注东道国的国情以及社会、经济、文化环境，积极响应东道国利益相关者对社会责任的要求。中国品牌社会责任的履行，不仅有利于品牌的可持续发展，而且展现着中国作为负责任大国的国际形象。在个体层面应关注“应之有情”，鼓励消费者参与CSR活动，促进信息公开透明，减少消费者对善因营销的怀疑；在社会层面宣扬“真之有情”，通过慈善捐赠塑造良好的品牌形象，弱化由民族中心主义带来的情感抗拒。通过个体层面与社会层面的“双管齐下”，提升东道国消费者的品牌信任，构建品牌情感，促进品牌与消费者之间建立长期关系。

品牌传播与营销

【数字化情境下品效合一的实现逻辑与研究展望】

谌飞龙在《经济管理》2021年第11期上撰文认为：

由广告的“建立认知”与“销售激活”等基本功能而区分出来的品牌广告与效果广告等广告类型，前者追求长期的品牌形象塑造，后者注重短期的促销效果实现。以往广告投放实务处于有效无品或有品无效的尴尬境地，品效合一作为顺应互联网经济发展趋势的广告营销理念，一经提出备受社会各界关注。品牌广告与效果广告的关系演变具有明显的时代特征，经历过品效分离、品效同步、品效合一等发展阶段，其中品效合一是数字化时代的产物。当前，品效合一作为构建品牌资产和实现效果转化的战略工具，其实现前提是有效运用好广告的工作原理、构面要素和效果衡量等技术手段。在数字化背景下，品效合一的理论与实践未来将从底层逻辑、作用机制、内容触达、结果反馈与数据管理等方面展开探索。

【网红直播带货营销机制研究——基于品牌价值共创视角】

沈占波、代亮在《河北大学学报》2021年第6期上撰文认为：

受益于数字化技术和服务的创新发展，国内各类直播App与直播门户网站随之兴起，网红直播带货营销也应运而生。基于品牌价值共创视角，研究了网红直播带货营销机制，认为网红直播带货营销是消费者参与下的多品牌价值共创互动行为，是对消费者品牌体验价值的重塑。消费者主要与网红个人品牌、待售产品（服务）品牌、直播平台品牌展开价值共创，其中网红个人品牌发挥着品牌价值纽带作用，将各方有效链接，信息流与物流则发挥了重要支持作用。消费者品牌偏好决定了各方在网红直播带货营销中的品牌价值共创路径。消费者偏好网红个人品牌时，应以直播内容营销为核心，重视消费者情感体验；消费者偏好待售产品品牌时，应以品牌社群营销为核心，重视消费者产品体验；消费者偏好带货平台品牌时，以品牌电商营销为核心，重视消费者购物体验。

【主流媒体品牌创新与中国特色传播体系的构建】

刘涛在《电视研究》2021年第11期上撰文认为：

构建具有鲜明中国特色的传播体系，主流媒体既是主力军，也是先锋队。中国战略传播体系正在向使命更重大、形态更高级、结构更优化、功能更强大的阶段演进，这对主流媒体的发展提出了更高要求。评判主流媒体是否高质量发展、能否满足国家战略传播需求的重要标准，是其品牌影响力。品牌影响力的提升，在本质上是一种创新过程。创新意味着在理念、产品、服务、市场、管理模式等方面的更新和突破，是对外部环境带来的机会或威胁的积极响应。主流媒体的传媒品牌创新要做好战略创新，以品牌战略为导向，在集聚优质资源、协同发展要素和强化创新驱动等方面的综合竞争力；要做好品牌定位创新与深耕，塑造出容易识别、便于记忆、印象深刻、感召力强、忠诚度高的传媒品牌；要做好品牌内容生产的创新与再造，整合技术、资金、人才、信息等要素，通过理念变革、机制体制创新与流程再造来提升内容生产力，以品牌化思维打造优质内容产品。要做好品牌融媒体矩阵的优化，基于不同平台的可供性，连接不同的用户，获取不同的生态资源，打造头部品牌，淘汰落后产能，创新技术应用。

【从工具理性到汇合营销：基于直播带货的品牌传播优化路径】

谢新洲、林彦君在《新闻爱好者》2021年第9期上撰文认为：

直播带货因其即时性、互动性、计算传播、高流量、高转化率等特征，给品牌的可见性、差异化、精准化传播带来机遇，并逐步成为营销的重要手段之一。目前学者们普遍认同直播带货是短期变现的渠道，但对于直播带货对品牌价值的长期影响，即直播带货中产品“价格”与“价值”的内在逻辑关系与价值取向始终难以定论。事实上，“直播带货”的本质是数字营销的延伸，通过消弭虚拟社会的社群经济与现实社会的流量积累的边界，形成强化私域流量效果的“汇合营销”方式，为集中管理品牌传播提供重要时间点，从而扩大品牌价值。因此应当跳出“价格”与“价值”的认知框架，最大限度地从动态、整体的视角发挥直播带货的品牌传播效果，同时也应辩证看待目前存在的问题并重塑品牌传播的思维。

【穿透力与说服力：移动互联网时代企业品牌传播特质探析】

王晓维、丁娜在《传媒》2022年第16期撰文认为：

基于人工智能与移动互联网时代的品牌传播，是“点对点”的完成过程，需要新的内容逻辑和新的路径管理，科技力量可帮助品牌方更加精准地找到受众。因此，培育品牌传播的“穿透力”，就是要在企业与消费人群间构建精准的传播路径，传播有影响力的品牌宣传内容。移动互联网为人们获取知识和信息带来巨大便利，让海量信息的攫取、吸收与分析成为可能，极大突破了品牌传播的时间与空间。同时，“i时代”的“去中心化”特质，也为品牌形象建设与传播带来了“造魅”与“祛魅”的互动可能，增强“说服力”成为“i时代”企业品牌宣传的焦点与亮点。关于如何增强说服力、强化共情感，作者提出了三点建议，第一点是坚持正确的价值观，第二点是充分理解受众的消费趋势与心理，第三点是运用新技术、导入新讲述、丰富新渠道。从人心、人性出发，培养穿透力和说服力，是移动互联网和人工智能时代的品牌传播关键。在理解时代传播特质、布局传播路径的同时，全面构建“i”背景下的思维逻辑、思维框架，才能让消费者在“i时代”深度参与企业品牌的塑造。

【从特色到品牌：高校社科学术期刊的实践路向与追求——以“总编视角”和“编辑学研究”栏目为例】

姬建敏在《河南大学学报》2022年第6期上撰文认为：

打造有影响力的高校社科学术期刊品牌，栏目建设是重要抓手。从特色到品牌，其建设之道备受关注。所谓特色，是指一事物区别于他事物的独特风格和形式。对于高校学术期刊而言，创设与众不同的特色栏目，打造卓尔不群的栏目特色，可以说是学术期刊走专业化、特色化、品牌化发展之路的终南捷径。《澳门理工学报》“总编视角”和《河南大学学报》“编辑学研究”栏目虽说创办时间、背景不同，栏目定位、风格也不太一样，但作为中国高校学报界颇有影响的两个编辑出版类特色栏目，在创栏时抓住特色，精准定位；在栏目建设实践中，关注现实热点问题，策划组构学术专题；坚守学术质量，倡导创新争鸣；注重学者办栏，重名家更重新人等，一定程度上可为高校社科学术期刊栏目建设提供参考。

【出版品牌建设的基本逻辑和创新之道】

秦艳华、赵玉山在《出版广角》2022年第18期上撰文认为：

“十三五”以来，我国出版业转企改制成效显著，更多的出版品牌走向世界。加强出版品牌建设，提升出版业的实力、影响力、国际竞争力，创建世界一流出版企业，已经成为我国从出版大国迈向出版强国必须面对的时代课题。我国出版产业化历程较短，市场竞争不充分，行业总体仍然处于产品竞争阶段，品牌建设刚刚起步，表现为市场细分远远不够、品牌运营水平不高，既未达到我国其他竞争性行业水平，也未达到欧美国家出版行业水平。部分国有老牌出版企业积累了一些品牌资源，如商务印书馆的工具书品牌、中华书局的古籍品牌、科学出版社的科技品牌、三联书店的学术品牌等，但这些品牌在很大程度上是基于特定背景、特定资源自然形成的。国有出版企业主动进行品牌规划和日常运营的并不多，民营书业因为市场竞争激烈，品牌意识相对更为强烈，如磨铁、湛庐、蓝狮子等，其在出版品牌的建设和运营方面积累了丰富经验。随着社交媒体兴起、视觉艺术的发展、消费心理的成熟，品牌建设的理念与路径也与时俱进、不断创新。结合市场经济相关理论及出版产业实践，出版品牌建设要做好“一个系统、三条路径”的具体工作。一个系统指的是品牌建设的识别系统。三条路径分别为，自上而下形成品牌共识的理念路径，从内到外品牌建设的行动路径，品牌工程的视觉呈现路径。此外，大数据技术和知识产权也可助力出版品牌创新。

【媒体融合时代出版品牌建设探析】

沈挺在《出版广角》2022年第18期上撰文认为：

出版品牌是出版社形象塑造的重要途径，能有效提升企业的读者号召力和市场影响力，促进企业双效统一发展。纵观整个出版业，近些年诸多国有出版社为实现可持续发展，全方位优化出版理念，在经营实践中积极发挥自身优势，在品牌建设方面开展了诸多尝试，取得了初步成效。但与此同时，也有一些出版单位未能有效把握时代变革及新技术演变带来的发展契机，在科学设定品牌定位、统筹规划融合布局、扩大优质内容供给、着力打造重点品牌项目等方面有所欠缺，存在一些共性问题亟须完善。出版融合路径虽有差异，但殊途同归，都是为了更好响应市场需求，做大做强出版品牌。不论是优质内容的多元呈现，还是外部技术力量支撑下的内容价值增量，要实现出版创新突破，都绕不开如何做好内部流程的优化乃至重塑。这需要出版社打破原有固化的业务壁垒，通过结构性的统筹，将传统纸质出版与新兴数字出版业务整体谋划、同步推进，利用市场需求倒逼经营机制改革，推动优质资源开发效能最大化，数字产品和纸质图书同步开发、协同配合，打造多点开花、齐头并进的良好出版格局。此外还需要立足自身独有资源和既有优势，创新生产流程和管理模式，在数字融通中实现内容运营增值，推动出版品牌从虚到实、从弱到强，从资源集聚、出版融合、营销创新、人才建设等维度去关注品牌建设。

【数字营销背景下销售信用体系构建助力品牌诚信建设——基于HJY卷烟的经验证据】

郭国峰、肖洪、胡亚南在《征信》2022年第8期上撰文认为：

随着互联网时代下烟草经济的发展，卷烟

市场的营销环境呈现出不确定性和复杂性，销售信用风险也随之而来。如何打造烟草市场的数字营销布局，实现重点烟草品牌诚信管理，发挥销售信用体系的作用，显得尤为必要。卷烟企业应树立品牌意识和危机意识，明确信用品牌在卷烟企业发展中的重要作用，防范信用品牌风险，助推卷烟品牌预警机制的落实，建立完善科学的销售信用风险管理体系，确保卷烟品牌运转处于正常状态。目前的烟草行业数据采集系统还不够完善，销售信用风险大，预警的敏感性也存在一定的差异。因此，应尽快完善重点品牌卷烟的数据采集系统，为烟草行业销售信用体系的构建提供强大的数据支持。传统的营销模式已经不再适合烟草企业的发展需求，需要结合时代背景，走在时代发展的前沿，以赢得更好的发展机遇。充分利用数字、网络和多媒体等技术，及时掌握企业重点品牌卷烟供销信息，更好地融入烟草品牌诚信体系建设中。卷烟品牌生态环境处在不断变化之中，要明确卷烟品牌和生产者、行业政策以及法规制定者、消费者、零售商等之间的关系，将卷烟品牌发展与烟草行业环境、政策环境、市场环境、卷烟企业自身发展等因素紧密联系，密切关注卷烟品牌市场环境的变化，实时进行动态监测和监管，并根据销售信用系统及时调整，制定正确的品牌营销策略，营造良好的市场氛围。

【跨界联合广告诉求对消费者品牌态度的影响】

韩杰、王德胜在《当代财经》2022 年第 7 期上撰文认为：

通过跨界联合的方式快速“出圈”并赢得消费者的关注和青睐，已成为本土品牌营销实践的新趋势。研究发现，差异性广告诉求比有限机会广告诉求更能提高消费者的品牌态度；运用差异性诉求广告能满足消费者对自我差异性和独特性的需要，即通过增强消费者酷感知提升跨界联合广告的说服效果。品牌跨界联合的广告设计要针对消费者需求精准定位，运用年轻消费者喜欢的内容形态和表达方式有效传递差异性广告信息。当合作品牌互补性较低时，跨界品牌可以从品牌知名度和产品属性等多个维度对合作品牌进行评价，识别深层次的契合点，并将其作为跨界联合的主要内在连接，通过创意设计创造跨界营销的兴奋点；当合作品牌互补性较高时，跨界品牌更要不断地挖掘品牌内涵和优势，借助合作品牌立体式地展现品牌活力中尚未被激发的部分，注重形成互惠互利、借势增长的强强联合关系。

【价值 • 互动 • 网络：城市品牌国际传播效能评价指标体系建构】

姚曦、郭晓譞、贾煜在《新闻与传播评论》2022 年第 4 期上撰文认为：

经济全球化、社会信息化、文化多元化与政治多极化等相互交织、互为推动，加速了全球流动网络的形成。全球城市即是全球网络中的系统枢纽和主要节点，即利用差异化通路发挥城市的独特价值。该研究基于关系视角建构了“城市品牌国际传播效能的评价指标体系”，面向国际传播效能的实现过程，从三个维度对城市品牌国际传播的有效性进行可视化测量，即价值层（管理力）、互动层（沟通力）与网络层（关系力）。管理力是底层支持基础，影响着城市品牌发展的科学性与可持续性，决定了传播的内容与方向；沟通力反映了传播策略的有效性，决定着城市品牌的国际认知度与联想度；关系力旨在缔造城市共同体网络，稳定的网络机制能够对各维度的全球资源产生虹吸效应，这也是城市品牌国际传播的高级效能表现。

【“后真相”时代品牌传播的逻辑转向及反思】

宋思根在《财贸》2022年第1期上撰文认为：

在“后真相”和媒体可供性极大增强的时代，大众受众已分化出个体受众和社群受众，受众特征表现为消费者个性化和社会性需求更加旺盛，传播逻辑更加倚重品牌传播内容的情绪影响力，而不是生产技术和产品质量等事实本身。现实中，资本和广告都敏感地紧随甚至强化着上述受众特征和传播逻辑，受众的消费逻辑也随之更加呈现个性化和情绪化特征。其中，品牌传播逻辑已经从认知主导转向情感/情绪主导，从需求细分、定位和满足转向需求精准分析、触发和响应，从细分思维主导转向个体思维和群体思维的平衡。因此，未来品牌传播内容本质上是商业模式创新，具有情报/发现价值的渠道将成为品牌传播的中介，要素品牌匹配与集成将成为传播内容。

【传统报业新闻短视频生产及品牌塑造——以中国青年报社“青蜂侠”为例】

杨洁在《出版广角》2022年第9期上撰文认为：

在短视频平台，以影像为载体的内容传播解构了传统新闻模板化的内容文本架构，以场景化、情绪化、碎片化的非线性内容叙事逻辑重构内容生态。对传统报业而言，新闻短视频产品在进入高流量的平台后，要明确内容传播和服务品牌的定位。以“青蜂侠”为代表的传统报业孵化的短视频品牌，在内容生产中完成了内容生产逻辑的转型，也在品牌塑造中完成了媒体的功能化定位。但在“景观社会”中，我们不得不思考以视觉刺激为核心的新闻短视频作品与深度严肃新闻之间的断裂风险，以及在以传播力为主要考虑因素的新闻短视频作品与内容编辑价值游离之间的风险。未来，传统报业在探索短视频新闻生产的过程中，须思考内容价值、平台价值、思想价值三方的协同发展。

【私域营销：品牌破局之新方向】

吴凤颖在《传媒》2022年第2期上撰文认为：

2021年是公域流量和私域流量博弈元年，品牌走到了存量竞争时代，私域营销成为很多行业头部品牌突破发展瓶颈的必选项。私域营销的出现并不是一个概念游戏，它体现了品牌营销思维模型的转变。在去中心化、碎片化的移动互联网环境下，“用户”成为商业的终极节点，品牌营销的进化方向是以“满足用户需求”为根本点。微博、微信、抖音、快手、小红书等带有强烈社交属性媒体平台的发展，带来了去中心化的传播，这使得兴趣爱好不同的用户分布在不同的平台上，呈现出碎片化、分散化的状态。与此同时，日益成熟的电商基础设施和支付技术与各种媒体渠道融合，也催生了无处不在的销售通路，这些共同构成了新的营销格局。此外，品牌需要警惕的是私域平台的不稳定性，其可能会因言论不当或者政策调整而出现封号的状态，这样就会使所积蓄的流量灰飞烟灭，造成意外损失。所以，品牌在不同的发展阶段，应该发挥私域营销和公域营销的互补效应，使二者有机结合在一起进行投放管理。

企业（机构）品牌管理

【CSR实践如何影响企业品牌及声誉？——近十年来相关研究的评估与展望】

邓理峰、涂胜彬在《现代传播》2021年第5期上撰文认为：

围绕CSR与企业品牌和声誉的关系，不同学科的学者做了大量研究。CSR实践往往与企业声誉及品牌管理关系紧密，因而围绕着CSR与企业品牌及声誉的关系，来自不同学科的学人在过去十年间生产了大量的研究论文。经济学背景的学者侧重讨论企业为何承担企业社会责任，旨在剖析CSR的动力机制，管理学学人则更关注企业如何更有效地承担CSR，法学学人会比较多地探讨CSR实践背后的规制与规范等制度逻辑，而社会学学人较常讨论文化传统、习俗惯例等如何影响了CSR实践并产生何种社会后果。由于不同学科学所用理论概念及其所关注问题的差异，该领域的知识生产呈现出碎片化和缺乏关联互动的特征。研究通过考察国内学者以CSR与企业声誉及企业品牌之间关系为主题的主要中英文论文，探索性地呈现了相关研究的基本状况和知识差距，并提出了拓展对传播的理解（交往论）、深度媒介化如何影响CSR过程，结合使用数据挖掘及质化研究方法等路径，从传播学的理论和概念出发，梳理各研究的贡献和差距，并尝试提出对未来研究的展望。

【品牌内化提升社会组织员工品牌绩效的中介路径研究——基于中国非营利部门员工问卷调查数据的实证分析】

王鸣捷、谢曦冉在《现代传播》2021年第11期上撰文认为：

品牌内化在向员工传递品牌知识的同时，可以强化员工对品牌的正面态度，继而提升员工品牌绩效。研究基于组织行为学和心理学相关理论，在构建品牌内化影响员工品牌绩效的一阶段调节链式中介模型的基础上，借助于对290名来自中国大陆262家社会组织员工问卷调查的数据，实证了品牌内化与员工品牌绩效间的中介路径及其边界条件。研究结果显示，品牌认同和品牌留职倾向在品牌内化影响员工品牌绩效的过程中具有链式中介作用；个人—组织匹配在品牌内化对品牌认同的直接影响和对品牌绩效的间接影响（品牌认同为中介）中具有调节作用。因此，社会组织应重视面向内部成员的品牌推销，开展系统化、多层面的品牌内化实践，通过品牌学习、品牌沟通、品牌垂范来系统化地推进品牌内化工作。同时，社会组织可通过提供员工管理参与机会、挑战性工作和柔性化管理等人事举措，以及给予员工更多的组织支持、加强团队建设和组织文化培育等组织建设，来促进员工与组织品牌间的心理联结和“命运共同体”的形成。最后，社会组织应将个人—组织匹配纳入组织人事管理范畴，注重实现员工个人与组织间的良好匹配。在人员的招募、培训和管理中传递品牌价值讯号，使其更好地适应组织的价值观、目标和岗位要求。

【商标侵权认定标准及其价值取向——以“今日油条”案为例】

宁立志、叶紫薇在《华中师范大学学报》2021年第6期上撰文认为：

引起社会广泛关注的“今日油条”商标侵权纠纷案蕴含诸多值得进行学术探讨的疑点。当经营者在不相同且不类似的商品或服务上使用与他人商标近似的商标时，往往会由于二者的商品或服务类别并无关联而不具有导致来源混淆的可能性；但在个案中，若他人在先商标被认定为驰名商标，则可能会造成驰名商标显著性的淡化或不当利用驰名商标市场声誉，从而使该驰名商标具有获得跨类保护的可能。虽然禁止经营者在不相同或不类似的商品或服务类别上使用与驰名商标相同或近似的商标，可能有限制其经营自由的嫌疑，但考虑到商标法在保护商标专用权、维护公平竞争秩序、遏制不正当竞争和倡导品牌自主培育等其他方面的价值取向，当实践中驰名商标的跨类保护界限十分模糊而难以界定时，宜遵从法律价值取向的指引，有利于保护驰名商标权益的决定。

【大数据在国有企业品牌传播中的应用探析】

曲维实在《传媒》2022年第19期上撰文认为：

国有企业加强品牌建设和传播，对于树立国有企业良好形象、壮大发展国有企业至关重要。大数据技术在分析受众、链条传播渠道、选择传播形式等方面作用日益凸显。随着工业互联网赋能千行百业的逐步推进，国有企业的数字化、智能化转型升级正迈出坚实步伐，展现出广阔前景和澎湃动力。大数据技术可以助力国有企业提升品牌美誉度、打造掌门人形象、精准推送品牌传播、精准研判传播效果、倒逼国有企业品牌再造，将文化建设和品牌传播更好地融于国有企业生产经营一体化、协同化发展体系。大数据技术的应用是国有企业在未来市场竞争中的又一大利器。国有企业可以通过打造数据收集—数据分析—数据洞察—决策支撑—数据运行—获取数据的良性闭环。通过大数据的深入研析，可以更精准研判出品牌创新发展方向、品牌竞争力的长处和短板，进一步指导国有企业创新品牌传播策略。

【品牌架构战略对公司价值的影响及其机制研究】

蒋廉雄、蓝紫苑、徐一帆、吴水龙在《外国经济与管理》2022年第11期上撰文认为：

品牌架构体现了一家公司的总体营销战略，它可能通过影响公司的经营效率而影响公司价值。为了深入探讨企业品牌系统管理实践和理论发展中需要解决的重要问题，该研究以2015—2019年的沪深上市公司为研究样本，检验不同品牌架构战略对公司价值的影响，通过实证检验了品牌架构战略和公司价值之间的关系及作用机制。整体来看，不同的品牌架构战略对经营效率以及公司价值具有不同的影响，经营效率在公司品牌架构和公司价值的关系中发挥显著的中介效应。这一基本结论在业务经营层面更加清晰，公司品牌架构通过降低公司业务组织和资源配置的成本而影响公司价值，多品牌架构则通过在新品牌和新产品引入创造收入方面提升经营效率而影响公司价值。研究结论为推进“品牌强国”的国家战略和做大做强的企业战略带来的管理启示有三点：一是企业可优先采用公司品牌架构来更有效地提升公司绩效。二是应重视企业品牌系统的管理，防止盲目扩张品牌数量。三是投资者可以考虑根据上市公司采取的品牌架构战略来判断其业务组织方式和经营效率，从而更有效地判断企业的市场价值，并以此作为投资决策的分析依据。

【消费者如何面对品牌失败？——调节定向和依恋模式的作用】

秦佳良在《企业经济》2022年第10期上撰文认为：

消费者否定品牌的一个重要原因是品牌失败，但每个消费者面对品牌失败时的反应是不同的。研究基于438份有效问卷调查数据进行实证研究，研究结果表明：促进定向的消费者比预防定向的消费者表现出较少的品牌报复和品牌回避以及较多的品牌信任和品牌忠诚。调节定向只对安全型依恋消费者有影响，对恐惧型依恋消费者无影响。促进定向安全型依恋消费者比促进定向恐惧型依恋消费者的品牌回避程度更低；与促进定向恐惧型依恋消费者相比，促进定向安全型依恋消费者更可能信任品牌。因此，企业管理者应该考虑影响消费者对品牌失败反应的个体心理差异因素，了解消费者的调节定向并据此调整营销策略，营销人员应该尝试诱导消费者的依恋模式来实现营销目标。

【众筹品牌推广效果的影响因素研究：基于详尽可能性模型视角】

曾江洪、黄向荣、杨雅兰在《管理评论》2022年第9期上撰文认为：

众筹不仅可以解决小微企业筹集资金的问题，还能够帮助其进行品牌推广。该研究收集了“淘宝众筹”平台上的222个项目及其在“淘宝网”上对应的发起店铺数据，基于ELM理论视角，研究品牌推广效果的影响因素及融资效果的中介作用。主要得出的研究结论有：项目创新性、周期持续性、产品可靠性、项目口碑和发起者口碑对品牌推广效果产生积极影响；对于融资目标更大、最低支持金额更高或发起者为非企业店铺的项目，支持者同时根据中央路径和边缘路径信息全面考察项目进而影响品牌推广效果，对于其他项目，仅通过边缘路径处理信息；项目创新性、周期持续性、信息详尽性和项目口碑对项目融资效果产生积极影响；融资效果负向影响品牌推广效果；融资效果在项目创新性、周期持续性、项目口碑与品牌推广效果之间起中介作用，且直接正效应远大于间接负效应。

【虚拟品牌社区质量影响消费者品牌幸福感机理探究——中介路径及其边界条件实证检验】

沈鹏熠、万德敏、吴佳琦在《中央财经大学学报》2022年第7期上撰文认为：

品牌的成功离不开消费群体的持续关注和接触，虚拟品牌社区的产生不仅为更多消费者提供了相互交流的网络平台，而且丰富了消费者与品牌接触的渠道和方式，加强了消费者与品牌之间的联系。虚拟品牌社区质量管理应聚焦于系统质量、信息质量、服务质量和互动质量的改善，促进虚拟品牌社区平台建设及其服务运营管理，提高虚拟品牌社区质量管理的科学性和有效性，为消费者构建品牌体验新平台。为了促使消费者在虚拟品牌社区中更好地获得品牌幸福感，企业应努力激发消费者在虚拟品牌社区中的心流体验。管理者应积极优化虚拟品牌社区设计，打造沉浸式的虚拟空间和用户体验，采取科技手段过滤负面信息，维护良好的社区互动秩序。在进行虚拟品牌社区建设时，企业需要提供丰富的、多样的资讯渠道，通过广告、公关、销售促进等促销活动增强品牌在虚拟品牌社区中的知名度和美誉度，便于消费者及时全面地掌握相关的品牌信息，并密切关注虚拟品牌社区中的信息动态和关于品牌的热点话题，对目标群体进行有针对性的互动营销，促进消费者的品牌依恋。在运营虚拟品牌社区时，企业应在尊重社区用户隐私的前提下收集、挖掘和分析用户数据，抽取关键用户特征，形成用户标签并构建用户画像，从而识别消费者的兴趣和偏好，基于消费者自我概念精准分析消费者需求，针对核心消费者群体需求进行品牌定位设计，塑造适合消费者自我概念的品牌个性和品牌形象，并在虚拟品牌社区情境中充分挖掘和传播品牌特色元素。

【品牌绿色形象定位对消费者品牌态度的影响机理——基于能力感知与温暖感知的中介作用】

龚思羽、盛光华、岳蓓蓓在《管理评论》2022年第8期上撰文认为：

企业在品牌层面实施环境友好型发展战略，通过绿色形象定位将品牌独特的环保价值和绿色主张传递给消费者，已经成为其获取绿色市场份额、赢得持续性竞争优势的重要前提。企业在塑造品牌环保形象，向目标消费者传递绿色价值主张时，应将绿色功能定位策略与绿色情感定位策略有机结合，通过品牌实际环保价值与社会性价值的双重价值传递，满足消费者对品牌的使用功能诉求与环境伦理诉求，从而激发出消费者对品牌与企业的高能力感知和高温暖感知，提升品牌绿色竞争力。在强化品牌的能力形象感知时，企业不仅要强调品牌所使用的绿色产品革新技术与绿色流程创新技术，还要积极与环保公益事业进行合作以增强品牌的温暖形象感知，通过能力感知与温暖感知的协同效应唤醒消费者的绿色品牌依恋感。并且，塑造品牌的抽象符号属性与象征价值，不断强化品牌的绿色价值理念与消费者自我认知之间的契合程度与联结程度，让品牌的绿色理念成为消费者自我表达及其获取社会认同与赞许的工具，以保障品牌绿色形象定位策略对改善消费者品牌态度、维系长期消费者品牌关系的有效性。

【要素品牌拟人化形象对终端品牌联想的影响机制——基于心理距离和感知风险的双中介视角】

周俪、许基南、沈鹏熠在《企业经济》2022年第5期上撰文认为：

构建适当的要素品牌形象是促进要素供应商与消费者进行品牌沟通的一种有效策略。该研究运用实验法，从心理距离和感知风险两个不同的视角出发，分析要素品牌拟人化形象对终端品牌联想的影响机制。研究结果表明：无论是热情型还是能力型的要素品牌拟人化形象，均能显著影响终端品牌联想；要素品牌拟人化形象有助于拉近消费者与要素品牌的心理距离，从而增强终端品牌联想，且心理距离的中介作用受到消费者价值取向和性别的调节；要素品牌能力型拟人化形象能通过减少消费者的感知风险来增强终端品牌联想，且不受消费者情绪的影响。因此，要素供应商应善于运用要素品牌拟人化这种营销手段来促进要素品牌与消费者的有效沟通，通过热情型或能力型拟人化形象的塑造来强化终端品牌联想。

【品牌的力量：名牌产品与盈余管理】

权小锋、贺超、醋卫华、王晶在《会计研究》2022年第1期上撰文认为：

在市场竞争环境下，企业通过投放广告、积极参与公益活动等方式提高品牌知名度、美誉度和塑造形象。为了鼓励和帮助企业提高产品质量、增强产品的市场竞争力。品牌声誉不仅是品牌在时光长河中沉淀的精神印记，而且会深刻影响企业的战略决策与财务行为。研究选择了2001—2018年制造业上市公司作为研究样本，以“名牌产品”为声誉载体考察获得名牌产品企业的会计行为。研究发现，相比不具有名牌产品的企业，具有名牌产品的企业盈余管理程度显著更低；名牌产品的授予时效越长、等级越高、数量越多，对真实盈余管理行为的抑制效应更显著；声誉约束与资源获取是影响企业盈余管理行为的主要机制。异质性因素考察还发现，产权属性、分析师关注度和内部控制质量在名牌产品与盈余管理的负向关系中发挥了显著的调节效应。因此，企业除了从内部公司治理的维度解决管理层的机会主义行为，还应该持续提高产品质量建设增强品牌声誉和组织认同，从而约束管理层的会计治理行为。同时，对投资者、债权人、供应商等利益相关者而言，对公司会计信息质量的判断，不应仅仅停留在传统的内部治理、外部监督等因素上，还可以从名牌产品的视角审视企业的会计信息质量。

【论品牌叙事主体的运行机制与叙事动能——以北京老字号品牌故事为例】

王新惠在《现代传播》2022年第3期上撰文认为：

品牌故事被认为是能与消费者建立情感联结和价值认同的最好的传播方式之一。品牌传播的主要目的是建立与受众的情感联结，使受众产生价值认同并进行互动参与，相对劝服与硬性宣传，一个生动的品牌故事更能激发品牌活性，引起消费者的思想共鸣。品牌故事叙事主体由文本作者、品牌内容运营者、品牌主、消费者以及作为讲述者的故事叙述者共同构成。品牌故事的多方叙事主体在品牌故事的叙述中各有其特点，品牌故事文本往往是多层多重叙事主体相互作用的结果。其中，品牌内容运营者和故事叙述者是品牌故事最重要的两个叙事主体。品牌内容运营者可以通过丰富叙述视角、增加叙述层次、使用超文本叙事等方式，彰显自我叙事动能，体现出讲故事的特性和技术。

产业品牌管理

【体育品牌整合营销传播新思路：基于中外体育品牌比较的视角】

王鸣捷、谢曦冉在《现代传播》2021 年第 11 期上撰文认为：

国产体育品牌想要在市场中成功突围，学习与赶超国际体育品牌应当以整合营销传播为关键战略，在保持生产力优势的基础上，以消费力提升为导向，以互联网思维发展和提高品牌的传播力和创新力。传播力是品牌影响力生成的媒介，也是形塑品牌文化的关键因素。企业对传播的渠道、形式等反复进行整合重塑，根本目的就是在品牌与顾客及潜在顾客之间建立起广泛且稳定的联通关系，使品牌传播力在广度与深度两重层面得到提升。创新力则决定了品牌能否在变革剧烈的市场长期保持核心竞争优势，其本质上是一种对新技术、新形式的采用能力。这种“新”不只在于产品的更新换代，而是在市场开辟、渠道创新等方方面面都有所体现。此外，品牌还应当在深入把握当前商业世界年轻化、个性化、智能化的核心特点的基础上，拥抱新零售，推动渠道变革，创新顾客体验……使品牌与消费者间的互动关系得到进一步优化，实现消费者从关注到参与的纵向传播。

【品牌作为出版符号的伦理暗示性传播分析】

张瑞希、江作苏在《湖北社会科学》2021 年第 12 期上撰文认为：

在品牌信号芜杂海量的场景中，传播中的心理暗示性不易觉察但呈渐显指向，品牌作为出版符号，其建设不仅会影响出版企业和行业，更会因其跨界性影响到社会的物质层面和精神层面。小到出版品牌的建设，大至国家品牌的建设，都需要伦理作为支撑。当前社会各界都在谈论品牌，在出版界打造属于中国的“世界名牌”已经成为一种追求，但是人们的品牌观念仍然存在一些误区。如果把出版品牌的建设比作一座冰山，以往我们往往只重视“冰山”的“水上部分”，如品牌的设计、品质、营销等，而对“水下部分”，即人的伦理认知，伦理取向认识不够。出版品牌建设范式，理应超出一般意义上的品牌要素，包括标识、口号和包装等，将伦理要素作为出版品牌的基础要素。出版品牌之竞争，也是伦理之竞争。在出版品牌价值跨界的现状下，出版品牌伦理建设也是社会伦理建设，不可成为短板。

【农民专业合作社品牌建设行为影响因素研究——以北京市蔬菜专业合作社为例】

张海洋、刘超、胡宝贵在《中国农业资源与区划》2021 年第 10 期上撰文认为：

品牌建设是引领农民专业合作社发展的关键环节，厘清农民专业合作社品牌建设行为的影响因素成为解决农民专业合作社现有问题、提升农民专业合作社经济绩效和增加农民收入的关键，对于推进农业现代化发展和实施乡村振兴战略具有重要意义。研究基于北京市蔬菜专业合作社的调查数据，利用 Logit 模型和 Probit 模型，从内部条件、外部条件、组织和文化条件以及政府条件四个方面，分析影响农民专业合作社品牌建设行为的关键因素。研究结果表明，内部条件因素中的种植面积、注册年限、“三品一标”情况，外部条件中的市场竞争激烈程度，组织文化条件中的理事长对品牌建设重视程度因素，政府是否进行资金和政策支持因素具有较强的显著性。因此，农民专业合作社应完善合作社内部管理机制、实施规范化运营、加强文化战略建设，同时政府也应该增加扶持力度，共同促进农民专业合作社品牌建设的可持续化发展。

【基于服务创新视角的我国省级公共图书馆文化品牌建设研究——面向省级公共图书馆管理者的调查】

钱明辉、潘菲、李天明、张莉在《国家图书馆学刊》2021年第5期上撰文认为：

公共图书馆如何通过服务创新来提升文化品牌建设成效是近年来学界和业界研究和关注的重要议题，研究通过对全国各省级公共图书馆中高级管理人员的调查分析发现，公共图书馆有必要扩展文化品牌以吸引更多用户并为其获取发展资源和提升社会话语权提供助益，而服务创新是提升图书馆文化品牌建设的一个重要突破口。建议从三个方面提升我国省级公共图书馆文化品牌建设：高度重视专业馆藏资源的整合，加强文化品牌推广力度；开展多元文化休闲服务的设计，提升文化品牌影响力感知的用户体验；面向特殊群体提供定制化服务，丰富文化品牌传播的特色要素。

【品牌代言人丑闻对消费者品牌信任的影响——一个有调节的双中介模型】

刘建新、李东进在《财经论丛》2021年第5期上撰文认为：

品牌代言人丑闻指作为某品牌代言人的明星或名人因为发生违背法律或社会规范而被公开曝光从而导致被贬低或声誉受损的事件。日益频发的品牌代言人丑闻无论是给代言人还是给品牌商以及消费者都带来了巨大的消极影响，通过两个实验研究发现：虽然品牌代言人悖德丑闻与违法丑闻都会降低消费者的品牌信任，但前者较之于后者的影响更严重。对品牌商而言，一是在运作品牌代言活动时需仔细甄选代言人，需对他们的人格特质、道德言行和代言表现等进行全方位评估，降低选错品牌代言人的概率。二是建立品牌代言人丑闻危机预警和处理机制。三是如果丑闻较为轻微，品牌商仍打算沿用该品牌代言人，应该努力做情境性归因而非特质性归因的解释，才更容易赢得消费者的谅解和宽恕。对品牌代言人而言，其丑闻不仅会给自己带来严重的消极影响，而且也会给所代言的品牌造成严重的损失，因此需要遵德守法、严以律己，尽最大可能预防丑闻的发生，保护自己良好的声誉和形象。对消费者而言，应该理性地看待品牌代言人丑闻的发生及其应对，尽管品牌代言人丑闻可能会给自己带来形象或利益损失，但毕竟只是边缘线索，购买品牌产品更应该客观评价其品质线索。对行业监管机构而言，一方面建立健全品牌代言管理制度，努力营造积极向上、健康有序的品牌代言环境，防止不良厂商或代言人依靠丑闻投机取利；另一方面需要建立品牌代言人“负面清单”，坚决打击各种丑恶现象和违法行为，切实保护厂商和消费者的合法权益。

【基于用户生成内容的社交电商品牌权益价值共创机制研究】

王淑翠、宣峥楠、孙兰、王宏莉在《科学学与科学技术管理》2021年第7期上撰文认为：

随着移动互联网技术与数字经济的快速演进，社交电商呈现出多元化的发展态势，这为互联网用户即线上消费者参与企业创新过程提供了更便捷的条件，“用户生成内容（user-generated content，UGC）”即用户通过文字等表达品牌认知和参与品牌营销等方式，成为用户参与品牌权益价值共创的社交电商新趋势。企业应当转变思维，借助社交网络与消费者形成紧密的互动连接，精准把握消费者需求动向，互动营销以强化企业品牌，从而实现企业可持续发展。要不断强化品牌标识，持续输出品牌特征，不断完善质量管理体系，创新产品及服务。建立并维护好自己的社交网络，引导消费者“在场介入”。借助社交平台引入流量，并借助平台建立与消费者互动的窗口，向其展示企业发展动向，从而获得消费者忠诚。要及时对用户反馈作出反应，形成用户画像，挖掘潜在用户需求。用户生成的内容一方面能够帮助企业改进并创新产品，另一方面能够帮助企业形成口碑，无形中提升品牌形象。

【农产品地理标志品牌的空间异质性特征及其影响因素研究】

肖人荣、赵鹏军、戚禹林、卢业勤在《农业现代化研究》2021年第6期上撰文认为：

打造农产品地理标志品牌是深入推动农业供给侧结构性改革，落实乡村振兴战略的重要手段之一。研究以农产品地理标志（AGI）、地理标志产品（PGI）、地理标志商标（GI）中的农产品品牌为研究对象，运用空间分析、地理探测器和定性分析的方法。研究发现，青海、新疆和西藏地理标志品牌发展水平相对较低，三地在打造地理标志品牌时需要有所侧重。中东部地区充分发挥山东、湖北、河南、江苏、浙江等增长极的带动作用，建立相关机制来破除农业资源的省际壁垒，分享农产品地理标志品牌挖掘与发展的工作经验，加速农业技术、农业科技、农业人才等相关要素在区域间的流动，有效推进农产品地理标志品牌经济内循环；西部地区应契合国家“一带一路”倡议，加强同中亚、东南亚等地的合作，打造国际农产品地理标志品牌。同时，政府层面应积极发挥经济职能与社会职能作用，给予企业政策、法律、资金方面的帮助。

【中国电影品牌建设与电影强国建设】

饶曙光、李明昱在《世界电影》2022年第6期上撰文认为：

党的十八大以来，中国电影人心怀“国之大者”，影片质量、银幕数量、电影票房都已实现显著增长。在为这一成绩欣喜的同时，也应当注意到，中国电影仍然存在对外传播能力有限、国际认同度不足、话语权薄弱等问题和困局。而解决这些问题和困局，正是党的二十大对中国电影提出的新要求。作为中国最具权威性、专业性和影响力的评奖活动，中国电影金鸡奖和大众电影百花奖，必然要通过坚守中国特色、完善评价体系、建立话语体系等方式推动中国电影形成独具本土和民族特色的电影品牌，以确保中国电影顺利达成上述要求。

【新发展格局下农产品品牌发展路径研究——基于农产品质量投入的视角】

董银果、钱薇雯在《中国软科学》2022年第8期上撰文认为：

大力发展品牌农业是畅通“双循环”的重要抓手，对实现农产品优质优价及助力乡村振兴具有重要意义。该研究首先运用两阶段博弈模型对比分析企业品牌和区域公用品牌视域下企业质量投入行为的差异，结合中国农产品品牌发展现状，探究新发展格局下中国农产品品牌互动发展路径，并得出以下结论。第一，由于农产品具有经验品和信任品的属性，在企业品牌视域下，尤其当企业品牌影响力和竞争力不足时，消费者无法准确观察到企业的类型以及是否进行质量投入，其支付价格无法激励企业，因而企业质量投入的均衡水平小于利润最大化下的有效水平，无法实现市场的有效产出。第二，当完美监管时，相比企业品牌，公用品牌使消费者对过去产品质量有更多的观察，这种声誉效应增加了企业质量投入的动机；当监管不足时，无论是高市场监管还是低市场监管的公用品牌都比企业品牌更能激励企业进行质量投入，且市场监管趋严时，公用品牌对企业质量投入激励也会变大；当缺乏监管时，公用品牌中的企业存在“搭便车”现象，这会减少企业质量投入动机。第三，扩大品牌成员规模并不一定会提升产品的质量水平。第四，结合中国农产品品牌发展差异，在新发展格局下应建立以龙头企业主导的依托型和以多主体联动的覆盖型两条品牌互动路径。

【中国出版国际传播能力建设研究——基于人才、品牌、渠道维度的思考】

戚德祥、孙红在《中国编辑》2022 年第 11 期上撰文认为：

出版国际传播是以出版企业为主体、出版物为载体进行文化传播的一种形式。出版的国际传播力是指一国的出版业通过开拓国际营销渠道，将其出版理念、出版物及其内容信息有效传递给其他国家市场及公众的能力和因此产生的影响力及效果。综合分析出版传播力内涵和出版国际传播过程可以发现，人才资源、品牌资源、渠道资源是出版国际传播力的核心要素，也是出版国际传播能力建设的核心内容。出版国际传播人才的队伍建设应创新培养机制、使用机制、合作机制、管理机制、持续优化机制，构建新发展格局下的出版国际传播人才培养体系；出版国际传播的品牌建设应适应新媒体时代内容表现形式与传播方式的多元化，创新品牌生产与传播的模式、机制，通过塑造新品牌、加强精准传播，创造和提升出版品牌价值；出版国际传播的渠道建设应优化全球战略布局，构建全球化的国际出版市场生态，拓展多维立体的国际传播渠道，形成覆盖广、效率高、多元化的国际渠道网络。

【文化共性与价值共通：新主流电影国际传播中的国家品牌塑造】

李珍晖、刘静怡在《现代传播》2022 年第 11 期上撰文认为：

国家品牌是一国软实力和声誉的集中体现，安霍尔特提出的国家品牌指数模型将国家品牌划分为六个维度以对国家品牌建设情况进行评估。电影是国家品牌塑造的重要载体，新主流电影更是近年来传递中国社会主流价值、展现当代中国形象的主要电影类型。在国际传播的过程中，新主流电影的文化维度引发最多关注，而治理维度则引起更多讨论。海外观众从新主流电影中感知到综合国力强盛、国民爱国情绪高涨、重视舆论宣传等中国国家品牌形象。但这也反映出新主流电影在塑造国家品牌时存在的定位不清晰、品牌元素选择不当等问题。对此，新主流电影在创作时应当明确国家品牌定位、挖掘国家品牌元素、提升国家品牌意识并转变创作方式，使新主流电影在国际传播中发挥更多的积极作用。

【实体书店品牌文化符号构建与传播策略探析】

许衍凤在《出版发行研究》2022 年第 9 期上撰文认为：

作为文化传播的重要场所，实体书店具有独特的文化符号价值，能够满足消费者的精神需求，文化符号构建与传播是打造实体书店品牌核心竞争力的有效途径。强有力的文化符号不仅具有很高的辨识度，而且能够产生强大的凝聚力，使品牌更容易被消费者识别、回忆与认同。实体书店品牌文化符号价值来源于产品、形象以及环境等多个层面，是一个统一的有机整体。该研究在分析文化符号对实体书店品牌塑造的意义的基础上，基于品牌符号理论模型构建了由产品文化符号、形象文化符号和环境文化符号三个维度构成的实体书店品牌文化符号模型。根据理论模型，对实体书店品牌文化符号构建与传播中面临的文化符号的统一性、差异性与融入性的问题进行了分析，并表示实体书店品牌文化符号构建与传播过程中，需要将能够体现品牌定位和形象识别的元素符号化，具体为视觉、听觉、触觉、味觉、嗅觉等感官符号，并且借助于各种传播媒介进行传播，使其成为消费者进行品牌识别、感知与评价的信息依据，从而达到品牌塑造的最终目的。

【学校高质量发展背景下地方院校品牌建设路径与机制探究——以江苏省为例】

陈冬梅在《中国教育学刊》2022 年第 9 期上撰文认为：

品牌建设是体现院校办学特色、彰显教育教学宗旨、顺应时代办学要求的重要环节，能够有效推进学科建设水平与教育教学体系的提高与优化，对于落实改革驱动、开放合作具有重要的现实意义。通过资料收集和整理发现，部分院校仍存在品牌内涵空洞、品牌规划模糊、品牌建设滞后等问题，因此，进一步优化地方院校品牌建设路径需从学校教育的发展重心出发，以质量带动品牌、以理念凝聚精神、以文化积淀内涵，始终树立以人为本的教育理念，实现院校教学的创新性发展，这对于我国地方院校发展而言将是一件实现创新与突破的持续性工作。良好的院校品牌形象能够推动院校形成良性的竞争优势，促进学校实现跨越式发展。品牌建设为我国地方院校逐步确定了标准化、统一化的发展路径，也为院校设立了特点鲜明的品牌形象，对于推进我国教育迈向新台阶具有积极意义。

【地理标志品牌参与对农产品质量安全的影响研究】

张艳、黄炎忠在《华中农业大学学报》2022 年第 5 期上撰文认为：

地理标志品牌对农户的绿色生产具有诱导效应，能有效促进农产品质量安全的提升。该研究基于湖北省优质水稻生产区的 1193 份稻农样本微观调查数据，利用倾向得分匹配法 PSM 估计了地理标志品牌参与对农户化肥农药使用量的影响路径。带来三点启示：一是加大地理标志品牌建设，让更广大的农民群体受益。结合农户个人特征、生产经营特征和社会环境等影响因素，可以优先引导大规模和有学识的年轻农户参与到地理标志农产品品牌建设中。二是发挥地理标志品牌在减少农户化学品投入和规范农业生产的积极影响，在我国未来农业现代化的进程中，可以通过建设更多的绿色地理标志品牌来实现农产品品牌化和化肥农药减量化两者的协同。三是提升农户的地理标志品牌维护意识，不断完善我国绿色农产品市场机制、地理标志品牌制度和技术执行标准。不仅可以限制农户的不规范化学品投入行为，也可以利用绿色农产品市场溢价来诱导农户的化肥农药减量行为，继而形成农业绿色生产的市场长效机制。

【品牌依恋和地方依恋对旅游目的地口碑推荐的影响——基于品牌形象和企业社会责任形象的差异化研究】

秦俊丽在《商业经济研究》2022 年第 17 期上撰文认为：

口碑推荐是游客自发的一种公民行为，能

为旅游企业或品牌带来无形且巨大的经济效益。本文考察了两种不同类型依恋类型——品牌依恋和地方依恋对旅游地口碑推荐的影响，发现品牌依恋以及地方依恋都促进了消费者对旅游目的地的口碑推荐，热情型以及公益导向形象的旅游品牌能加强品牌依恋对旅游目的地的口碑推荐，而对于能力型和盈利导向形象的旅游品牌，消费者的地方依恋越高，其旅游地口碑推荐的意愿也越强。因此，旅游企业要充分发挥线上和线下社区两种渠道来吸引消费者参与并提升品牌资产，努力建设具有文化特色的旅游目的地，让消费者感受到贴心周到的服务，进而在旅游过程中体验享受和愉快的心情。并且，旅游企业可适当通过调研，研究喜欢本企业的消费者情感依恋，针对不同类型的品牌形象做出合理调整以适应不同类型消费者需求，针对不同类型企业社会责任形象明确自身社会定位并将良好形象展示给消费者。

【新媒体时代高校品牌形象的建构与传播——评《高校品牌构建与公共关系传播》】

蒋睿萍在《新闻爱好者》2022年第6期上撰文认为：

高校形象是高校办学质量、水平的外在化表现与折射，肩负科研、培养人才、服务社会和国际合作交流的重要使命。高校通常是强人性化和强知识性的形象，相较于其他社会组织，高校的社会形象及认知评价更好，且是高校发展及生存的重要资源，高校品牌形象传播直接影响其学生就业层次及生源资料，关乎社会对其的支持和认可的程度，为其重要的无形资产。新媒体时代，高校形象传播方式及手段更加丰富，但部分高校在传播品牌形象时仅关注内部建设及公众需求，偏向于对策性和解释性的成果，对媒介传播的作用缺乏必要的认识，如何利用新媒体建构和传播高校品牌形象是亟须探讨的问题。

【目的地制度性行为对目的地品牌资产的作用路径研究——来自西北五省旅游业的市场证据】

韩慧林、邹统钎在《人文地理》2022年第3期上撰文认为：

由于旅游资源同质化现象越来越明显，想要在游客心目中树立特有的品牌地位绝非一朝一夕之功，良好的制度环境能够为目的地品牌的塑造和完善保驾护航，在旅游消费升级驱动下，目的地品牌化日益成为国内外旅游业竞争的焦点。在目的地品牌资产提升的过程中，除了靠旅游目的地自身的努力，政府和行业层面的制度保障尤为重要。对西北五省来讲，在现阶段的旅游发展过程中，需要实行“政府主导”和“市场机制”相结合的方式。一方面，旅游目的地应该在当前的旅游制度环境积极作为；另一方面，为防止区域旅游合作中的“搭便车”行为，西北五省还需要在政府或行业层面建立有助于区域旅游协调发展的相关机制，如利益平衡机制、冲突协调机制，以营造有利的旅游制度环境，进一步保障区域内的旅游目的地能够积极有效作为。此外还需注意的是，塑造强势的旅游目的地品牌形象并非一个简单的营销战略问题，更可能是一个民族文化自信心的重塑过程，政府在这一过程中应起到引导消费舆论和导向的作用，积极传播中国自身民族文化的特定内涵和优势，为本国旅游品牌赢得更大的市场份额。

【品牌差异化竞争策略研究：基于权力结构的视角】

金亮、温焜在《管理工程学报》2022年第2期上撰文认为：

品牌差异化策略能够满足不同消费者的个性需求，从而占有较多的细分市场，提升市场竞争力。研究以两个品牌差异化竞争制造商和零售商组成的供应链系统为研究对象，发现在零售商实施品牌差异化策略前后，高端品牌制造商和零售商均会对高端品牌产品实施高价策略，普通产品制造商和零售商则均会对普通品牌产品实施低价策略；零售商选择品牌差异化策略存在可行条件，取决于零售商实施品牌差异化策略前销售的产品品牌类型、零售商品牌差异化策略增加的运营成本以及市场竞争程度；同时高端品牌制造商也不总是能获得比普通品牌制造商更多的利润；零售商拥有供应链主导权能够为其带来更多利润，而各个制造商拥有供应链主导权尽管也能获得利润的提升，但却不一定能获得比零售商更多的利润或利润份额。然而，在现实中，还存在制造端或供应端企业的多品牌策略 / 战略，如华为公司推出的 Mate、荣耀、畅享等多个品牌手机，小米公司 (MI) 推出的小米、红米等多个品牌手机。为此，从制造端或供应端企业的视角，并考虑线上、线下分销渠道竞争等因素，研究制造商或供应商多品牌策略的价值及其影响是未来可进一步研究的问题。

【球迷社群忠诚缘何而来——基于品牌社群视角的实证研究】

卢天凤、张鑫在《武汉体育学院报》2022 年第 2 期上撰文认为：

品牌社群视角为球迷社群忠诚的研究提供了一个全新的研究思路。一方面社群层面上的球迷忠诚比个体层面的忠诚更有实践意义；另一方面指导球队俱乐部在球迷社群商业价值开发中，将其看作品牌打造的过程，有助于俱乐部品牌价值和资产的提升，更有助于球迷忠诚的培育，球迷社群可以走得更为长远。品牌社群价值在品牌社群特征和品牌社群忠诚之间起到显著的中介作用，其中中介效应大于品牌社群特征的直接效应；通过探讨压迫品牌社群价值下功能性价值、社交性价值、情感性价值和休闲娱乐性价值四个维度的中介效应后，可以发现在当今分享经济和服务主导逻辑的市场背景下，球迷更看重的是情感性价值和休闲娱乐性价值的实现，并且这两个维度的价值感知与获得对于提升球迷社群忠诚具有举足轻重的帮助。体育社群营销人员要尤为重视满足球迷成员情感性价值需求和休闲娱乐性价值需求，不能仅仅停留在满足传统功能性价值和社交性价值。

【农民合作社联合社品牌创建的影响因素研究——基于权变理论的视角】

丁卓智、李子涵、许婷婷、郑丹在《农业现代化研究》2022 年第 1 期上撰文认为：

品牌建设是农民合作社联合社高质量发展的重要支撑，是推进实现乡村振兴的重要抓手。基于权变理论，利用潍坊市农民合作社联合社数据，运用二元 Logistic 模型，分析影响联合社品牌创建的因素，探讨联合社品牌创建背后的成因。结果表明，调研的联合社中已创建品牌的占比为 31.8%，其中，从事瓜果蔬菜行业和营销型的联合社对品牌创建的需求最高。联合社品牌创建受其组织自身的基本特征、联结方式和组织关系等因素影响，成立年限越长、成员社数量越多，越有利于品牌创建；由政府部门、龙头企业和行业协会推动组建或者参与组建而成的联合社以及同域型、同业型和同项型的联合社，在发展中更倾向于品牌创建；联合社中成员社之间的经营实力分布越均匀、联结和合作程度越紧密，越有利于品牌创建。

区域和城市品牌

【城市形象宣传片的品牌叙事意识研究】

李梅、陈思华在《当代传播》2021 年第 6 期上撰文认为：

城市品牌化是一个城市快速发展的必由之

路。打造并推广一部具备品牌叙事意识的城市形象宣传片，不仅可以使城市得到更多发展机会，而且能提升城市文化软实力。要找准自身的城市定位，筛选特色资源，明确城市的发展诉求，在内容创作与传播过程中融入品牌叙事意识，并结合大众审美与价值观，讲好城市故事，从而推动城市形象的整合传播。建议从“5W 1H”角度着手，以挖掘城市的叙事资源：When——从城市发展历程着手（时间线索、有什么城市大事件）；Where——从历史文化建筑着手（有什么有故事的地方）；Who——从当地历史人物着手（有什么人物故事）；What——从当地传统习俗着手（有什么习俗以及背后的人文故事）；Why——从当地城市定位着手（为什么是这样的定位）；How——从当地发展成果着手（城市发展怎么样、人民生活状态如何）。在传播矩阵即媒体平台投放方面，建议尽量实现全媒体、多渠道投放，以提高受众触达率；选择具有交互性优势的新媒体，变单向宣传为双向沟通，还可考虑增加微信视频号的投放，更容易实现城市文化的圈层式传播，同时可考虑打造情景交互式的城市形象宣传片并在相关平台投放，让受众选择自己想看想了解的内容，加深对内容的认知。

【区域文化自信策略、品牌信任与东道国消费者接受——认知合理性视角】

赵卫宏、谢升成在《管理评论》2021年第8期上撰文认为：

跨国经营的区域品牌往往因为贸易壁垒和文化距离难以走进东道国消费者心智（如信任、接受）。研究基于认知合理性视角，提出并检验了区域文化自信策略（传承内化、创新扩散）影响东道国消费者区域品牌信任与接受的预测模型和情境条件。来自购买过外国区域品牌产品的932个有效样本实证检验结果显示，跨国经营的区域品牌可以通过实施区域文化自信策略获得东道国消费者的信任与接受。其中，通过持续共享、弘扬维护和熏陶内化实施区域文化的传承内化策略，通过组织学习、文化塑造和潮流引领实施区域文化的创新扩散策略，都可以促进东道国消费者的区域品牌信任与接受。而相对于创新扩散策略，区域文化的传承内化策略对区域品牌信任具有更大的影响效能。此外，品牌产品类型与区域经济形态匹配性、区域文化距离的远近和方向，对区域文化自信策略影响区域品牌信任具有不同程度的调节效应。

【区域文化传播与湖南特色文化产业的品牌研究】

王战、靳盼在《传媒》2022年第23期上撰文认为：

品牌文化的塑造与推广是现阶段区域特色文化产业品牌化发展的核心与重点。区域特色文化产业在区域文化的浸润中成长起来，展现出浓厚的地域色彩和独特的文化优势。区域文化底蕴深厚，在新的时代更被赋予了新的意义和时代使命。区域特色文化产业的品牌文化应与区域文化特质相对接，并在注重消费者非功能价值诉求的基础上引发共情体验，最终实现对品牌文化和区域文化的双重认同。因此，区域特色文化产业品牌的发展既要坚持以优异精神内涵构建品牌文化，持续守正创新，夯实品牌基础；又要注重文化传播与产品推广并举，讲好本土故事，传递区域文化精神；更要调动多方力量，以品牌文化为核心多维度、协同式地推进区域文化的传播与特色文化产业品牌的发展。

【有为政府、风险应对与农业区域公用品牌发展——基于赣南脐橙产业的案例研究】

罗连发、黄紫仪、苏智鸿在《宏观质量研究》2022年第10期上撰文认为：

农产品附加值不高，一直是制约我国农业

现代化的核心痛点，而区域公用品牌能够为区域农产品带来市场溢价。欠发达地区在发展产业的过程中，需要将资源禀赋优势转化为现实的竞争优势，但同时也面临着多重风险挑战。研究以赣南脐橙区域公用品牌发展为案例，结合有为政府及政府市场互动理论，分析了政府应对产业成长过程中各类风险的动态过程和一般经验。研究认为，政府在识别产业的潜在比较优势之后，还需要不断面对产业起步成本高、规模化发展动能不足、高质量发展转型困难等各种风险挑战。要应对这些挑战，需要进行持续稳定的政策支持、持续的经验积累及对基层政府有效的激励机制设计。本文对于农业区域公用品牌发展的政策启示在于：第一，加强对特色农业产业持续性政策投入的顶层设计以消除产业发展方向不确定性风险；第二，区域内部要建构竞争与合作双重关系以防范低质化发展风险；第三，政策经验的持续积累以应对产业发展的各类不确定性风险。

【城市品牌建设如何影响数字企业创业？——基于文明城市评选视角的分析】

李言、毛丰付在《经济与管理研究》2022年第9期上撰文认为：

加速数字企业创业是推动数字经济发展的主要手段，也是经济转向高质量发展的重要支撑。首先，城市品牌建设有助于推动数字企业创业，但存在明显的异质性。从全国层面看，城市品牌建设对数字企业创业具有显著的推动作用，且随着控制变量的增加，该结论依然成立。其次，创新活动和风险投资是城市品牌建设推动数字企业创业的重要渠道。具体回归结果表明，城市品牌建设将会通过激发创新活动和吸引风险投资两个渠道促进数字企业创业。为了更好地实现城市品牌建设对数字企业创业的促进作用，在进一步推进改革的过程中还应该注意，城市品牌建设对数字企业创业的影响存在地区差异，要因地制宜地建设城市品牌，尤其需要避免盲目建设、城市品牌空泛化。发挥组合政策工具的经济效应，将城市品牌建设与激发企业家精神的政策和资本市场化配置改革相结合，实现更优的政策组合和更大的政策效果，更好地推动数字经济发展。

【文化产业集聚如何赋能区域产业结构升级——基于城市品牌的中介效应分析】

张苏缘、顾江在《江苏社会科学》2022年第5期上撰文认为：

“十四五”规划纲要中提出经济结构更加优化是新时期经济发展的主要目标之一，兼具低污染性、高附加值等特性的文化产业或将成为撬动区域经济发展的重要支点。文化产业集聚具有“网状”特征，依托规模效应、竞争效应及溢出效应，显著促进区域产业结构升级。文化产业集聚对城市产业结构的影响系数由东部向西部递增，在东北部地区未产生影响；相比于文化资源更丰富的国家历史文化名城，文化产业集聚反而更促进非历史文化名城的产业结构升级。影响机制的间接验证表明，文化产业集聚能够塑造城市品牌，提升城市在消费端和供给端的吸引力，创造高质量企业、核心消费者跨区域互动的“流空间”，进而促进区域产业结构优化。居民消费为文化产业集聚赋能产业结构升级提供了动力机制和信息资源，起到正向调节作用。关于如何推进文化产业集聚，赋能产业结构升级，研究还提出如下观点：第一，提高城市文化产业集聚水平，形成产业协同集聚的“网状”格局，运用“互联网+”平台最大化发挥文化产业集聚的三大效应。第二，利用文化产业集聚带来的创意资源大力开展城市品牌建设活动，以项目为引导促进品牌价值向城市核心产业渗透，带动传统产业转型升级。第三，因地制宜制定文化产业集聚重点任务，探索促进城市产业结构升级的长效机制。

【城市优质品牌资源对经济效率的影响】

刘玉、董妍妍在《资源科学》2022 年第 4 期上撰文认为：

品牌资源作为最重要的软环境要素之一，对提升城市竞争力与促进高质量发展具有重要意义。该研究以世界品牌实验室“中国 500 最具价值品牌”榜单为基础，以上榜品牌所在城市为研究对象，建立 2005—2016 年的面板数据，利用双向固定效应模型实证探究了城市优质品牌资源对经济效率的影响。结果显示：第一，城市优质品牌资源能够促进生产性服务业集聚、提高对外合作水平和创新水平，进而提高城市经济效率，尤其是纯技术效率。第二，第二产业的优质品牌资源对城市经济效率有促进作用但不显著，第三产业的优质品牌资源能够显著促进城市经济效率提高，而且生产性服务业的优质品牌资源比生活性服务业的优质品牌资源更能促进城市经济效率的提高。第三，同样的品牌资源规模下，增加品牌数量不能显著提高城市经济效率，而打造优质品牌多样化则有利于城市经济效率提高。中国发展品牌经济，促进城市经济高质量发展仍任重道远。应该加强政策支持与企业管理，提升品牌竞争力；加强品牌传播推广，激发品牌企业的示范与带动效应；深化品牌战略与产业政策的融合，提高品牌产业分布的多样性和有效性，鼓励在更多产业领域培育建设优质品牌企业，形成产业门类全、覆盖面广的品牌资源网络，带动城市高质量发展。

【基于地方品牌建构的乡村文化旅游活化路径】

薛芮、余吉安在《经济地理》2022 年第 6 期上撰文认为：

乡村文化具有历史、文化、经济、生态等多重价值，需要通过利用来保护、在保护中利用，实现活态传承。发展旅游产业既是乡村振兴的重要力量，也是乡村文化活态传承的重要路径。乡村文化的地方品牌建构以文化原真性为核心，以地方性知识、地方依赖与地方认同为多轮驱动，激活地方依恋、重塑地理想象。乡村文化的旅游活化正是基于这种地方品牌建构，使扎根乡村本地的原真性文化在旅游活动中流动起来，以文化原真性为起点，通过文化消费、去地方化、文化再生产、再地方化的节点，形成循环路径。虽然在旅游语境下的“地方”充斥着“资本”的意味，但“地方”始终是“生活的场所”，资本并非“地方”的关键属性，“栖居”的原真性文化才是“地方”的意义内核，乡村文化的旅游活化目的并不是单纯的经济至上原则，而是通过导入旅游产业使乡村的人文资源在使用价值和情感价值的双重维度上达成和谐的可持续发展。因此在乡村文化的旅游活化过程中，需要注重内部地方品牌的嵌入，即避免乡村原住民地方认同的缺失，使乡村文化在旅游活化路径中去地方化与再地方化的循环始终不与乡村当地的原真性文化脱轨。

CHINA
BRAND
YEARBOOK

品牌荣誉

2021中国品牌价值评价信息

（中国品牌建设促进会发布）

第一组能源化工

序号	企业名称	品牌强度	品牌价值（亿元）	序号	企业名称	品牌强度	品牌价值（亿元）
1	中国石油化工集团有限公司	941	3085.91	21	晶科能源有限公司	914	79.02
2	中国石油天然气集团有限公司	955	3015.24	22	亿利资源集团有限公司	837	71.96
3	国家能源投资集团有限责任公司	915	1882.65	23	山东汇丰石化集团有限公司	852	71.88
4	中国中化集团有限公司	931	740.68	24	淄博齐翔腾达化工股份有限公司	848	67.83
5	中国华电集团有限公司	903	633.06	25	黑龙江鑫达企业集团有限公司	859	40.76
6	山西焦煤集团有限责任公司	882	505.89	26	三角轮胎股份有限公司	910	36.98
7	隆基绿能科技股份有限公司	864	402.16	27	湖北兴发化工集团股份有限公司	935	36.34
8	利华益集团股份有限公司	870	167.62	28	济南圣泉集团股份有限公司	894	33.97
9	阿特斯阳光电力集团股份有限公司	883	158.83	29	中海石油化学股份有限公司	878	31.99
10	浙江龙盛集团股份有限公司	898	152.72	30	浦林成山（山东）轮胎有限公司	902	31.34
11	新疆中泰化学股份有限公司	914	134.16	31	贵州瓮福蓝天氟化工股份有限公司	817	28.72
12	山东玲珑轮胎股份有限公司	933	129.45	32	辽宁宝来生物能源有限公司	783	23.38
13	江苏核电有限公司	816	115.06	33	海利尔药业集团股份有限公司	822	22.37
14	瓮福（集团）有限责任公司	914	112.95	34	利华益维远化学股份有限公司	830	19.91
15	江苏扬农化工集团有限公司	877	110.16	35	山东恒邦冶炼股份有限公司	793	19.29
16	中国石化国际事业有限公司	897	104.72	36	中盐安徽红四方股份有限公司	896	18.18
17	山东京博石油化工有限公司	910	93.67	37	兖矿鲁南化工有限公司	863	16.80
18	富海集团有限公司	896	89.02	38	无锡宝通科技股份有限公司	883	16.01
19	中国石化润滑油有限公司	928	87.23	39	京博农化科技有限公司	892	15.63
20	鲁西集团有限公司	913	79.53	40	山东阳煤恒通化工股份有限公司	838	13.73

（续表）

序号	企业名称	品牌强度	品牌价值（亿元）
41	苏州金宏气体股份有限公司	863	13.33
42	山东海利尔化工有限公司	789	11.81
43	华美节能科技集团有限公司	863	10.23
44	山东华盛橡胶有限公司	841	10.08
45	山东滨农科技有限公司	833	8.89
46	安徽雷鸣科化有限责任公司	815	6.59
47	苏州中来光伏新材股份有限公司	861	5.95
48	中石化石油机械股份有限公司	899	5.80
49	南京玻璃纤维研究设计院有限公司	890	5.37

第二组机械设备制造

序号	企业名称	品牌强度	品牌价值（亿元）
1	中国中车股份有限公司	945	1260.15
2	潍柴动力股份有限公司	953	608.25
3	中联重科股份有限公司	931	207.54
4	永锋集团有限公司	858	128.3
5	海天塑机集团有限公司	914	120.78
6	中铁高新工业股份有限公司	927	99.73
7	广东富华重工制造有限公司	890	89.91
8	江苏上上电缆集团有限公司	942	81.55
9	广西柳工集团有限公司	926	81.06
10	康力电梯股份有限公司	886	79.18
11	陕西鼓风机（集团）有限公司	933	76.72
12	航天江南集团有限公司	914	74.44
13	玫德集团有限公司	887	73.16
14	科沃斯机器人股份有限公司	911	68.45
15	安徽叉车集团有限责任公司	918	67.59
16	中国船舶重工集团公司第七二五研究所（洛阳船舶材料研究所）	908	66.20
17	大连华锐重工集团股份有限公司	914	65.10
18	永鼎集团有限公司	865	63.59
19	山东五征集团有限公司	901	59.16
20	杭州西奥电梯有限公司	875	58.60
21	江苏恒立液压股份有限公司	922	57.27
22	中国一重集团有限公司	903	54.71
23	苏州汇川技术有限公司	871	53.76
24	中铁工程装备集团有限公司	922	50.44
25	四川省宜宾普什集团有限公司	899	48.53
26	杭州制氧机集团股份有限公司	925	45.63
27	烟台杰瑞石油服务集团股份有限公司	893	43.94
28	贵州航天电器股份有限公司	804	42.48
29	浙江捷昌线性驱动科技股份有限公司	873	35.58
30	中铁宝桥集团有限公司	879	35.14
31	一重集团大连核电石化有限公司	889	35.07
32	南京天加环境科技有限公司	866	33.16
33	武汉锐科光纤激光技术股份有限公司	807	32.86
34	加西贝拉压缩机有限公司	918	31.93
35	基蛋生物科技股份有限公司	813	29.93
36	华电重工股份有限公司	888	28.50

（续表）

序号	企业名称	品牌强度	品牌价值（亿元）	序号	企业名称	品牌强度	品牌价值（亿元）
37	重庆三峰卡万塔环境产业有限公司	879	27.20	51	宝鸡石油机械有限责任公司	883	13.31
38	今创集团股份有限公司	838	26.88	52	浙江众合科技股份有限公司	817	12.28
39	山东豪迈机械制造有限公司	870	23.90	53	博众精工科技股份有限公司	874	11.76
40	上海汉钟精机股份有限公司	909	23.25	54	湖南金龙电缆有限公司	733	11.27
41	诺力智能装备股份有限公司	897	21.75	55	杭州中亚机械股份有限公司	879	11.25
42	盛隆电气集团有限公司	713	21.29	56	金杯电工股份有限公司	806	10.94
43	冰轮环境技术股份有限公司	931	20.78	57	烟台东方威思顿电气有限公司	864	10.46
44	西继迅达电梯有限公司	881	20.03	58	上工申贝（集团）股份有限公司	883	9.93
45	威胜集团有限公司	905	17.24	59	慈兴集团有限公司	874	9.56
46	东睦新材料集团股份有限公司	858	17.01	60	锦浪科技股份有限公司	750	9.40
47	江西金虎保险设备集团有限公司	912	16.97	61	滨州渤海活塞有限公司	909	7.51
48	深圳市金溢科技股份有限公司	745	16.70	62	京蓝沐禾节水装备有限公司	858	5.62
49	宁波水表（集团）股份有限公司	901	15.59	63	江苏宏宝集团有限公司	849	5.28
50	金马工业集团股份有限公司	867	15.36				

第三组电子电器

序号	企业名称	品牌强度	品牌价值（亿元）	序号	企业名称	品牌强度	品牌价值（亿元）
1	杭州海康威视数字技术股份有限公司	932	774.01	8	福建星网锐捷通讯股份有限公司	820	69.00
2	浙江大华技术股份有限公司	891	423.73	9	厦门宏发电声股份有限公司	863	58.70
3	通鼎集团有限公司	863	133.63	10	双登集团股份有限公司	822	30.36
4	天能电池集团股份有限公司	917	97.51	11	威胜信息技术股份有限公司	801	23.17
5	超威集团	918	91.99	12	厦门市美亚柏科信息股份有限公司	895	20.47
6	南昌欧菲光电技术有限公司	795	86.34	13	苏州科达科技股份有限公司	764	17.62
7	大全集团有限公司	923	84.35	14	珠海优特电力科技股份有限公司	870	8.70

第四组轻工

序号	企业名称	品牌强度	品牌价值（亿元）
1	贵州茅台酒股份有限公司	938	3090.15
2	珠海格力电器股份有限公司	929	1207.78
3	江苏洋河酒厂股份有限公司	895	702.01
4	泸州老窖股份有限公司	903	558.06
5	农夫山泉股份有限公司	916	499.78
6	杭州娃哈哈集团有限公司	901	491.37
7	福建恒安集团有限公司	912	463.52
8	青岛海信电子产业控股股份有限公司	887	436.84
9	江苏双沟酒业股份有限公司	829	199.64
10	公牛集团股份有限公司	838	190.94
11	中国联塑集团控股有限公司	881	181.68
12	好孩子儿童用品有限公司	935	152.32
13	宁波方太厨具有限公司	895	138.87
14	杭州老板电器股份有限公司	855	136.47
15	纳爱斯集团有限公司	897	100.18
16	贵州茅台酒厂（集团）习酒有限责任公司	821	90.24
17	陕西西凤酒股份有限公司	818	79.89
18	华帝股份有限公司	825	78.87
19	山鹰国际控股股份公司	853	77.41
20	莱克电气股份有限公司	866	70.10
21	广州珠江钢琴集团股份有限公司	917	55.90
22	广州立白企业集团有限公司	866	50.60
23	广东万和新电气股份有限公司	860	50.26
24	福建南平南孚电池有限公司	884	49.38
25	浙江美大实业股份有限公司	806	45.45
26	亚太森博（山东）浆纸有限公司	867	34.10
27	浮来春集团股份有限公司	684	29.57
28	御家汇股份有限公司	737	22.14
29	佛山维尚家具制造有限公司	872	21.31
30	广东三雄极光照明股份有限公司	785	19.52
31	山东华泰纸业股份有限公司	914	17.61
32	浙江夏王纸业有限公司	805	15.95
33	江苏秀强玻璃工艺股份有限公司	849	8.31
34	广东顶固集创家居股份有限公司	805	6.30

第五组汽车及配件

序号	企业名称	品牌强度	品牌价值（亿元）
1	上海汽车集团股份有限公司	927	505.91
2	比亚迪股份有限公司	912	324.90
3	江铃汽车股份有限公司	903	134.06
4	陕西法士特汽车传动集团有限责任公司	918	65.30
5	中国汽车工业工程有限公司	887	32.84
6	青特集团有限公司	875	24.59

第六组冶金有色

序号	企业名称	品牌强度	品牌价值（亿元）
1	山东魏桥创业集团有限公司	875	255.26
2	江西铜业股份有限公司	838	197.14
3	江苏沙钢集团有限公司	867	196.04
4	江阴兴澄特种钢铁有限公司	883	163.42
5	江苏永钢集团有限公司	792	103.86
6	日照钢铁控股集团有限公司	815	80.69
7	中天钢铁集团有限公司	822	77.47
8	大冶特殊钢有限公司	793	75.12
9	南京钢铁股份有限公司	868	64.98
10	山东招金集团有限公司	745	56.93
11	宝武集团鄂城钢铁有限公司	748	56.68
12	常熟市龙腾特种钢有限公司	804	42.25
13	山东泰山钢铁集团有限公司	809	39.93
14	凌源钢铁股份有限公司	749	37.28
15	鲁丽集团有限公司	694	34.27
16	山东富伦钢铁有限公司	640	30.57
17	云南驰宏锌锗股份有限公司	841	18.29
18	山西安泰集团股份有限公司	651	15.85
19	江苏兴达钢帘线股份有限公司	785	14.89
20	宝钛集团有限公司	837	11.31
21	福建省南平铝业股份有限公司	790	9.10

第七组纺织服装鞋帽

序号	企业名称	品牌强度	品牌价值（亿元）
1	雅戈尔集团股份有限公司	922	295.38
2	宁波申洲针织有限公司	904	278.18
3	北京如意时尚投资控股有限公司	937	262.34
4	江苏阳光集团有限公司	906	250.22
5	南山集团有限公司	872	248.15
6	恒申控股集团有限公司	908	165.19
7	江苏东渡纺织集团有限公司	900	159.65
8	红豆集团有限公司	904	121.55
9	鲁泰纺织股份有限公司	913	104.58
10	江苏国望高科纤维有限公司	922	87.12
11	浙江森马服饰股份有限公司	870	83.14
12	罗莱生活科技股份有限公司	917	65.78
13	百隆东方股份有限公司	891	63.68
14	孚日集团股份有限公司	923	57.08
15	即发集团有限公司	915	45.15
16	福建百宏聚纤科技实业有限公司	886	38.67
17	浙江海利得新材料股份有限公司	913	34.73
18	鑫缘茧丝绸集团股份有限公司	907	34.10
19	福建长源纺织有限公司	894	33.30
20	安正时尚集团股份有限公司	900	32.76
21	福建七匹狼实业股份有限公司	896	30.86
22	上海东隆羽绒制品有限公司	891	28.87
23	江苏阳光股份有限公司	917	23.23
24	福建永荣锦江股份有限公司	863	22.92

（续表）

序号	企业名称	品牌强度	品牌价值（亿元）	序号	企业名称	品牌强度	品牌价值（亿元）
25	山东舒朗服装服饰股份有限公司	890	22.55	30	湖北佐尔美服饰有限公司	864	8.00
26	福建凯邦锦纶科技有限公司	856	21.28	31	信泰（福建）科技有限公司	856	5.67
27	烟台泰和新材料股份有限公司	891	18.63	32	骏马化纤股份有限公司	867	5.22
28	福建柒牌时装科技股份有限公司	887	14.05	33	江苏箭鹿毛纺股份有限公司	839	5.07
29	意尔康股份有限公司	880	10.68				

第八组建筑建材

序号	企业名称	品牌强度	品牌价值（亿元）	序号	企业名称	品牌强度	品牌价值（亿元）
1	中国建筑股份有限公司	943	1695.76	12	青岛亿联控股集团有限公司	662	13.44
2	北京东方雨虹防水技术股份有限公司	907	213.95	13	金晶（集团）有限公司	795	12.83
3	巨石集团有限公司	853	154.76	14	湖北长安建设集团股份有限公司	712	11.81
4	浙江伟星新型建材股份有限公司	848	80.56	15	福建省晋江万利瓷业有限公司	706	10.04
5	广东东鹏控股股份有限公司	855	64.14	16	大连天瑞水泥有限公司	748	9.49
6	天元建设集团有限公司	810	51.12	17	中天九州建工集团有限公司	563	9.04
7	山河控股集团有限公司	743	48.31	18	江苏信宁新型建材有限公司	625	7.85
8	长沙远大住宅工业集团股份有限公司	783	42.14	19	陕西富平生态水泥有限公司	678	6.52
9	佛山欧神诺陶瓷有限公司	833	42.02	20	龙建路桥股份有限公司	765	5.78
10	中亿丰建设集团股份有限公司	781	19.27	21	北京市建国伟业防水材料有限公司	777	5.69
11	宏源防水科技集团有限公司	814	18.41	22	四川金安杆塔有限公司	531	5.03

第九组食品加工制造

序号	企业名称	品牌强度	品牌价值（亿元）	序号	企业名称	品牌强度	品牌价值（亿元）
1	山东鲁花集团有限公司	881	283.71	5	安琪酵母股份有限公司	925	146.62
2	黑龙江飞鹤乳业有限公司	835	274.12	6	澳优乳业股份有限公司	780	87.94
3	劲牌有限公司	902	247.95	7	北京顺鑫控股集团有限公司	806	80.32
4	康师傅控股有限公司	843	229.53	8	中国盐业集团有限公司	885	58.86

（续表）

序号	企业名称	品牌强度	品牌价值（亿元）	序号	企业名称	品牌强度	品牌价值（亿元）
9	嘉里粮油(天津)有限公司	803	36.55	16	山东中谷淀粉糖有限公司	747	14.79
10	盐津铺子食品股份有限公司	793	34.86	17	雅客(中国)有限公司	807	13.21
11	福建圣农食品有限公司	748	28.86	18	金冠(中国)食品有限公司	758	11.95
12	三河汇福粮油集团有限公司	633	25.07	19	烟台欣和企业食品有限公司	796	11.84
13	湖北东方红粮食机械股份有限公司	731	24.64	20	荣成泰祥食品股份有限公司	803	11.79
14	漯河市卫龙商贸有限公司	695	22.53	21	山东美佳集团有限公司	775	9.42
15	滨州中裕食品有限公司	7	21.03	22	山东香驰粮油有限公司	793	6.12

第十组医药健康

序号	企业名称	品牌强度	品牌价值（亿元）	序号	企业名称	品牌强度	品牌价值（亿元）
1	广州医药集团有限公司	867	474.52	18	常州四药制药有限公司	886	38.29
2	石药控股集团有限公司	854	325.80	19	烟台东诚药业集团股份有限公司	831	35.56
3	江苏豪森药业集团有限公司	875	246.34	20	江苏康缘集团有限责任公司	895	34.40
4	威高集团有限公司	881	213.52	21	悦康药业集团股份有限公司	842	31.76
5	鲁南制药集团股份有限公司	907	121.91	22	亚宝药业集团股份有限公司	814	28.52
6	吉林敖东药业集团股份有限公司	862	110.82	23	桂林三金药业股份有限公司	831	24.69
7	四川科伦药业股份有限公司	908	98.20	24	瑞阳制药股份有限公司	849	23.60
8	吉林万通集团有限公司	865	96.69	25	辰欣药业股份有限公司	818	20.66
9	沈阳三生制药有限责任公司	817	84.67	26	金陵药业股份有限公司	858	18.52
10	华熙生物科技股份有限公司	812	82.73	27	山东齐都药业有限公司	860	14.85
11	成都康弘药业集团股份有限公司	854	78.94	28	哈药集团生物工程有限公司	808	11.65
12	如新（中国）日用保健品有限公司	803	76.64	29	成都苑东生物制药股份有限公司	830	10.70
13	宜昌人福药业有限责任公司	878	68.44	30	浙江寿仙谷医药股份有限公司	832	8.60
14	陕西步长制药有限公司	823	61.77	31	江西青峰药业有限公司	788	8.45
15	山东罗欣药业集团股份有限公司	888	57.60	32	天津金耀药业有限公司	745	8.35
16	浙江京新药业股份有限公司	872	51.94	33	山东鲁抗医药股份有限公司	897	7.09
17	广州康臣药业有限公司	833	49.84	34	健民药业集团股份有限公司	696	6.99

第十一组金融保险业

序号	企业名称	品牌强度	品牌价值（亿元）	序号	企业名称	品牌强度	品牌价值（亿元）
1	中国工商银行股份有限公司	910	3130.12	9	中国人民保险集团股份有限公司	892	717.22
2	中国建设银行股份有限公司	904	2895.37	10	中国光大银行股份有限公司	806	708.07
3	中国平安保险（集团）股份有限公司	896	2191.01	11	中国太平洋保险(集团）股份有限公司	898	701.64
4	中国农业银行股份有限公司	899	1646.31	12	上海浦东发展银行股份有限公司	906	618.22
5	中国银行股份有限公司	827	1278.65	13	长沙银行股份有限公司	417	134.14
6	中国人寿保险（集团）公司	847	1029.31	14	贵州银行股份有限公司	398	97.10
7	兴业银行股份有限公司	901	863.53	15	中原银行股份有限公司	399	78.58
8	交通银行股份有限公司	876	806.80				

第十二组零售业

序号	企业名称	品牌强度	品牌价值（亿元）	序号	企业名称	品牌强度	品牌价值（亿元）
1	苏宁控股集团有限公司	883	1071.39	5	一心堂药业集团股份有限公司	821	35.69
2	中石化易捷销售有限公司	908	184.61	6	江西绿滋肴控股有限公司	799	13.25
3	中石油昆仑好客有限公司	861	134.49	7	赛诺家居用品(深圳)有限公司	656	10.02
4	中国黄金集团黄金珠宝股份有限公司	787	85.28	8	鲁滨集团有限公司	798	6.91

第十三组交通运输业

序号	企业名称	品牌强度	品牌价值（亿元）	序号	企业名称	品牌强度	品牌价值（亿元）
1	首都机场集团公司	829	351.49	5	南京地铁运营有限责任公司	732	22.04
2	宁波舟山港集团有限公司	908	202.83	6	山东海运股份有限公司	739	17.22
3	深圳市地铁集团有限公司	813	82.87	7	山东京博物流股份有限公司	671	6.15
4	烟台港集团有限公司	790	29.41				

第十四组其他服务

序号	企业名称	品牌强度	品牌价值（亿元）	序号	企业名称	品牌强度	品牌价值（亿元）
1	中国中信集团有限公司	901	1124.57	12	山东国舜建设集团有限公司	840	14.99
2	招商局集团有限公司	890	996.08	13	郑州磨料磨具磨削研究所有限公司	850	11.30
3	内蒙古蒙草生态环境（集团）股份有限公司	845	95.02	14	南京嘉环科技股份有限公司	831	10.84
4	江苏苏美达集团有限公司	874	62.99	15	多伦科技股份有限公司	827	10.45
5	广州金域医学检验集团股份有限公司	867	44.58	16	江西博微新技术有限公司	809	10.42
6	中信建筑设计研究总院有限公司	831	34.01	17	成都文化旅游发展集团有限责任公司	754	10.07
7	湖北纳杰人力资源有限公司	740	28.97	18	四川圣飞房地产有限公司	651	8.57
8	金陵饭店股份有限公司	849	21.02	19	陕西华清宫文化旅游有限公司	849	8.27
9	廊坊市宏泰产业市镇投资有限公司	591	19.57	20	达州天马投资集团有限责任公司	720	6.20
10	税友软件集团股份有限公司	830	17.76	21	廊坊新奥燃气有限公司	729	5.88
11	中通服咨询设计研究院有限公司	892	15.19	22	象山影视城文化产业集团有限公司	809	5.31

第十五组农业

序号	企业名称	品牌强度	品牌价值（亿元）	序号	企业名称	品牌强度	品牌价值（亿元）
1	福建圣农发展股份有限公司	840	100.51	8	天津瑞普生物技术股份有限公司	904	9.56
2	史丹利农业集团股份有限公司	889	32.3	9	蓬莱京鲁渔业有限公司	824	7.87
3	河南豫邮金大地科技服务有限公司	849	18.65	10	方正县盛禧米业有限公司	722	6.32
4	北大荒垦丰种业股份有限公司	811	17.85	11	山东玉皇粮油食品有限公司	814	6.13
5	北票市宏发食品有限公司	755	16.75	12	延寿县仁杰米业有限公司	733	6.09
6	肇源县鲶鱼沟万基谷物加工有限责任公司	752	10.38	13	黑龙江秋然米业有限公司	767	5.96
7	河南正花食品集团有限公司	760	10.35				

第十六组产品品牌

序号	企业名称	品牌强度	品牌价值（亿元）	序号	企业名称	品牌强度	品牌价值（亿元）
1	浙江洁丽雅纺织集团有限公司	907	239.89	2	盘锦北方沥青燃料有限公司	793	143.96

（续表）

序号	企业名称	品牌强度	品牌价值（亿元）	序号	企业名称	品牌强度	品牌价值（亿元）
3	山东南山铝业股份有限公司南山铝材总厂	893	118.00	24	中钢集团邢台机械轧辊有限公司	933	14.20
4	安克创新科技股份有限公司	756	111.94	25	威海广泰空港设备股份有限公司	914	14.04
5	国家能源集团物资有限公司	676	79.15	26	成都生物制品研究所有限责任公司	842	13.74
6	青海盐湖工业股份有限公司	909	78.59	27	正大制药（青岛）有限公司	802	12.61
7	魏桥纺织股份有限公司	913	64.79	28	湖北省齐星汽车车身股份有限公司	710	12.31
8	河北津西钢铁集团股份有限公司	806	60.97	29	中银（宁波）电池有限公司	854	12.26
9	山东星光糖业有限公司	759	35.71	30	山东金胜粮油食品有限公司	835	11.99
10	中节能万润股份有限公司	842	33.51	31	吴江港华燃气有限公司	818	11.57
11	山东钢铁集团日照有限公司	751	28.83	32	山东瑞福锂业有限公司	843	10.83
12	淮北矿业股份有限公司临涣选煤厂	848	28.72	33	上海丝绸集团股份有限公司	902	10.06
13	山东先声生物制药有限公司	821	28.63	34	西安经发地产有限公司	667	9.19
14	江苏中利集团股份有限公司	888	21.24	35	江苏华绿生物科技股份有限公司	837	9.03
15	福建经纬新纤科技实业有限公司	893	21.19	36	江苏双星彩塑新材料股份有限公司	747	8.62
16	临沂金正阳管业有限公司	678	19.95	37	大庆老街基农副产品有限公司	620	7.97
17	天鼎丰控股有限公司	917	19.00	38	湖北天湖蛋禽股份有限公司	715	7.27
18	宝鸡钛业股份有限公司	814	16.19	39	阳信亿利源清真肉类有限公司	748	6.50
19	湖北振华化学股份有限公司	863	15.78	40	方正县宝兴新龙米业有限公司	772	6.36
20	滨州亚光家纺有限公司	904	15.49	41	宜春赣锋锂业有限公司	779	6.28
21	永高股份有限公司	875	14.83	42	山西阳煤化工机械（集团）有限公司	873	6.27
22	中国石化炼油销售有限公司	857	14.63	43	河南华星粉业股份有限公司	767	5.67
23	龙口南山铝压延新材料有限公司	789	14.44	44	山东京阳科技股份有限公司	786	5.53

第十七组自主创新

序号	企业名称	品牌强度	品牌价值（亿元）	序号	企业名称	品牌强度	品牌价值（亿元）
1	万华化学集团股份有限公司	915	248.54	3	福建泉州匹克体育用品有限公司	842	54.52
2	浙江新和成股份有限公司	749	112.47	4	晨光生物科技集团股份有限公司	868	37.42

（续表）

序号	企业名称	品牌强度	品牌价值（亿元）
5	蜡笔小新（福建）食品工业有限公司	788	28.28
6	江苏苏博特新材料股份有限公司	821	26.33
7	福建青松股份有限公司	713	20.08
8	湖南尔康制药股份有限公司	779	20.05
9	恒洁卫浴集团有限公司	841	19.60
10	江苏武进不锈股份有限公司	843	19.59
11	福建武夷山国家级自然保护区正山茶业有限公司	769	18.33
12	泰安路德工程材料有限公司	824	13.93
13	福建火炬电子科技股份有限公司	748	12.31
14	福建龙溪轴承（集团）股份有限公司	882	10.49
15	武夷星茶业有限公司	867	10.14
16	福建福派园食品股份有限公司	740	9.77
17	盛实百草药业有限公司	743	9.05
18	厦门强力巨彩光电科技有限公司	757	8.86
19	四川省淇韵电子科技有限公司	630	8.73
20	嘉文丽（福建）化妆品有限公司	721	8.69
21	上海雅运纺织化工股份有限公司	794	8.38
22	福建博思软件股份有限公司	747	7.78
23	漳州万晖洁具有限公司	726	7.56
24	广东宾宝时尚实业股份有限公司	694	7.13
25	江苏凯伦建材股份有限公司	805	7.03
26	宁波长阳科技股份有限公司	732	6.96
27	中至数据集团股份有限公司	601	6.84
28	四川宏华电气有限责任公司	744	6.82
29	万向通达股份公司	744	6.69
30	福建省三福古典家具有限公司	668	6.68
31	湖南星邦智能装备股份有限公司	837	6.57
32	福建省渔家翁食品有限公司	610	6.54
33	福建久久王食品工业有限公司	683	6.40
34	福建集成伞业有限公司	803	6.39
35	南京麦澜德医疗科技股份有限公司	766	6.15
36	江苏安惠生物科技有限公司	808	6.07
37	宝鸡石油钢管有限责任公司	772	6.07
38	可可（福建）食品有限公司	625	6.01
39	福建省力诚食品有限公司	714	5.96
40	奇峰（福建）食品有限公司	659	5.76
41	鲁普耐特集团有限公司	851	5.70
42	湖北平安电工材料有限公司	793	5.66
43	南京新百药业有限公司	666	5.33
44	福建凯达集团有限公司	721	5.26
45	菱王电梯有限公司	729	5.09
46	安徽元琛环保科技股份有限公司	771	5.08
47	苏州帝奥电梯有限公司	701	5.07
48	陕西盘龙药业集团股份有限公司	747	5.03
49	云南摩尔农庄生物科技开发有限公司	780	5.00

第十八组中华老字号

序号	企业名称	品牌强度	品牌价值（亿元）
1	佛山市海天调味食品股份有限公司	944	496.71
2	漳州片仔癀药业股份有限公司	935	349.46
3	广州王老吉药业股份有限公司	924	226.60
4	东阿阿胶股份有限公司	905	208.46
5	山西杏花村汾酒集团有限责任公司	940	181.90
6	稻香村食品集团股份有限公司	902	167.29
7	安徽迎驾贡酒股份有限公司	848	121.91
8	山东扳倒井股份有限公司	881	119.57
9	马应龙药业集团股份有限公司	926	85.51
10	广西梧州中恒集团股份有限公司	886	84.66
11	江苏恒顺醋业股份有限公司	911	83.71
12	广西梧州制药（集团）股份有限公司	883	70.52
13	山东福牌阿胶股份有限公司	875	50.58
14	山西广誉远国药有限公司	887	36.07
15	天津同仁堂集团股份有限公司	879	26.08
16	天津桂发祥十八街麻花食品股份有限公司	871	19.03
17	南京卫岗乳业有限公司	849	15.83
18	杭州朱府文化发展有限公司	858	15.14
19	安徽省六安瓜片茶业股份有限公司	787	14.66
20	昆明中药厂有限公司	829	13.86
21	广州白云山光华制药股份有限公司	842	13.66
22	广西玉林制药集团有限责任公司	800	13.60
23	黑龙江北大仓集团有限公司	791	9.43
24	广州白云山陈李济药厂有限公司	889	9.35
25	广州白云山中一药业有限公司	875	6.86
26	内蒙古恒丰集团银粮面业 有限责任公司	827	6.85
27	广州白云山奇星药业有限公司	862	6.09
28	烟台三环锁业集团股份有限公司	890	5.75
29	湖南莎丽袜业股份有限公司	787	5.41

第十九组区域品牌（地理标志）

排名	品牌名称
1	安溪铁观音
2	洋河大曲
3	武夷岩茶
4	五常大米
5	普洱茶
6	赣南脐橙
7	安化黑茶
8	烟台苹果
9	贺兰山东麓葡萄酒
10	蒙阴蜜桃
11	盱眙龙虾
12	佳木斯大米
13	南丰蜜桔
14	灵宝苹果
15	中宁枸杞
16	蒲江雀舌

（续表）

排名	品牌名称	排名	品牌名称
17	安岳柠檬	45	百色芒果
18	琯溪蜜柚	46	洛川苹果
19	东宁黑木耳	47	射阳大米
20	科尔沁牛	48	霍山黄芽
21	六安瓜片	49	富平羊奶粉
22	静宁苹果	50	莒南花生
23	横县茉莉花茶	51	赤峰小米
24	奉节脐橙	52	东峰矮脚乌龙
25	乌兰察布马铃薯	53	昭通天麻
26	蒲江猕猴桃	54	赣南茶油
27	庆安大米	55	庐山云雾茶
28	吉林长白山黑木耳	56	富顺香辣酱
29	正阳花生	57	同江大米
30	方正大米	58	龙泉驿水蜜桃
31	汝瓷	59	霍山石斛
32	武夷红茶	60	江津花椒
33	湄潭翠芽	61	横县茉莉花
34	桂林沙糖桔	62	日照绿茶
35	通河大米	63	平邑金银花
36	蒲江丑柑	64	兰州百合
37	蕲艾	65	章丘大葱
38	宣威火腿	66	宁乡猪
39	通辽黄玉米	67	临猗苹果
40	眉县猕猴桃	68	柘城辣椒
41	三亚芒果	69	富平柿饼
42	柴达木枸杞	70	杞县大蒜
43	盐池滩羊肉	71	昭乌达肉羊
44	桂林罗汉果	72	迎驾贡酒

（续表）

排名	品牌名称	排名	品牌名称
73	丹棱桔橙	87	大荔冬枣
74	政和白茶	88	南陵大米
75	中卫硒砂瓜	89	攀枝花芒果
76	钦州大蚝	90	响水大米
77	泰来大米	91	阳朔金桔
78	苍溪猕猴桃	92	邛酒
79	朝阳小米	93	昭平茶
80	忠县柑橘	94	红原牦牛奶粉
81	三门青蟹	95	资中血橙
82	坦洋工夫	96	绥化鲜食玉米
83	米仓山茶	97	政和工夫
84	蜀绣	98	安康富硒茶
85	通江银耳	99	容县沙田柚
86	狗牯脑茶	100	九三大豆

第二十组区域品牌（旅游目的地）

序号	企业名称	品牌强度	品牌价值（亿元）	序号	企业名称	品牌强度	品牌价值（亿元）
1	平遥古城景区	815	479.14	6	泰州市姜堰溱湖旅游度假区	803	150.89
2	沙家浜风景区	793	373.21	7	万佛湖风景区	692	138.83
3	六安茶谷旅游品牌示范区	784	289.73	8	西岭雪山风景名胜区	498	65.23
4	六安茶谷.九十里山水画廊	712	238.11	9	江苏常熟虞山文化旅游度假区	765	24.33
5	安徽天堂寨景区	812	183.21	10	天津泰达航母主题公园	667	23.09

第二十一组城市品牌（地级市）

排名	城市	注：省份	排名	城市	注：省份
1	苏州市	江苏省	3	温州市	浙江省
2	佛山市	广东省	4	东莞市	广东省

（续表）

排名	城市	注：省份	排名	城市	注：省份
5	无锡市	江苏省	33	唐山市	河北省
6	绍兴市	浙江省	34	廊坊市	河北省
7	常州市	江苏省	35	衢州市	浙江省
8	嘉兴市	浙江省	36	泸州市	四川省
9	珠海市	广东省	37	龙岩市	福建省
10	金华市	浙江省	38	三明市	福建省
11	南通市	江苏省	39	汕头市	广东省
12	扬州市	江苏省	40	延安市	陕西省
13	洛阳市	河南省	41	鄂尔多斯市	内蒙古自治区
14	湖州市	浙江省	42	泰安市	山东省
15	惠州市	广东省	43	襄阳市	湖北省
16	宜昌市	湖北省	44	九江市	江西省
17	三亚市	海南省	45	绵阳市	四川省
18	中山市	广东省	46	保定市	河北省
19	镇江市	江苏省	47	秦皇岛市	河北省
20	徐州市	江苏省	48	常德市	湖南省
21	潍坊市	山东省	49	包头市	内蒙古自治区
22	台州市	浙江省	50	梅州市	广东省
23	淄博市	山东省	51	遵义市	贵州省
24	漳州市	福建省	52	榆林市	陕西省
25	威海市	山东省	53	景德镇市	江西省
26	泰州市	江苏省	54	衡阳市	湖南省
27	柳州市	广西壮族自治区	55	江门市	广东省
28	芜湖市	安徽省	56	咸阳市	陕西省
29	济宁市	山东省	57	宣城市	安徽省
30	桂林市	广西壮族自治区	58	乐山市	四川省
31	赣州市	江西省	59	东营市	山东省
32	岳阳市	湖南省	60	潮州市	广东省

（续表）

排名	城市	注：省份	排名	城市	注：省份
61	临沂市	山东省	81	茂名市	广东省
62	肇庆市	广东省	82	南平市	福建省
63	攀枝花市	四川省	83	鞍山市	辽宁省
64	南充市	四川省	84	开封市	河南省
65	上饶市	江西省	85	商丘市	河南省
66	南阳市	河南省	86	玉溪市	云南省
67	湘潭市	湖南省	87	广元市	四川省
68	莆田市	福建省	88	长治市	山西省
69	湛江市	广东省	89	安阳市	河南省
70	许昌市	河南省	90	宁德市	福建省
71	安庆市	安徽省	91	吉林市	吉林省
72	邯郸市	河北省	92	宝鸡市	陕西省
73	株洲市	湖南省	93	马鞍山市	安徽省
74	宜宾市	四川省	94	丽江市	云南省
75	清远市	广东省	95	酒泉市	甘肃省
76	驻马店市	河南省	96	大庆市	黑龙江省
77	吉安市	江西省	97	淮安市	江苏省
78	黄冈市	湖北省	98	大同市	山西省
79	十堰市	湖北省	99	晋城市	山西省
80	承德市	河北省	100	克拉玛依市	新疆维吾尔自治区

2022中国品牌价值评价信息

（中国品牌建设促进会发布）

第一组能源化工

序号	企业名称	品牌强度	品牌价值（亿元）	序号	企业名称	品牌强度	品牌价值（亿元）
1	中国石油化工集团有限公司	950	3275.71	21	开滦（集团）有限责任公司	801	110.87
2	中国石油天然气集团有限公司	945	3173.32	22	中国石化国际事业有限公司	900	106.74
3	国家能源投资集团有限责任公司	908	2363.18	23	山东京博石油化工有限公司	883	100.69
4	中国神华能源股份有限公司	911	1531.17	24	中国石化润滑油有限公司	910	87.23
5	中国中化控股有限责任公司	936	1068.61	25	山东海科控股有限公司	798	85.49
6	山东能源集团有限公司	925	979.19	26	晶科能源股份有限公司	909	84.70
7	晋能控股集团有限公司	807	851.05	27	辽宁红沿河核电有限公司	789	78.72
8	中国华电集团有限公司	896	676.00	28	富海集团新能源控股有限公司	877	77.36
9	隆基绿能科技股份有限公司	890	503.83	29	鲁西化工集团股份有限公司	903	74.00
10	国电电力发展股份有限公司	832	426.99	30	山东汇丰石化集团有限公司	852	72.50
11	万华化学集团股份有限公司	942	287.77	31	湖北三宁化工股份有限公司	848	70.72
12	龙源电力集团股份有限公司	891	188.01	32	淄博齐翔腾达化工股份有限公司	851	70.27
13	浙江龙盛集团股份有限公司	844	178.04	33	三角轮胎股份有限公司	909	43.03
14	山东玲珑轮胎股份有限公司	924	134.68	34	湖北兴发化工集团股份有限公司	933	41.67
15	淮北矿业（集团）有限责任公司	832	127.01	35	济南圣泉集团股份有限公司	865	39.78
16	道恩集团有限公司	844	125.92	36	中海石油化学股份有限公司	885	39.71
17	江苏扬农化工集团有限公司	850	124.67	37	新疆天业（集团）有限公司	908	34.90
18	山东京博控股集团有限公司	888	124.22	38	黑龙江龙煤矿业控股集团有限责任公司	760	34.22
19	瓮福（集团）有限责任公司	913	118.29	39	中国船舶重工集团公司第七一八研究所	825	31.75
20	江苏核电有限公司	869	117.20	40	航锦科技股份有限公司	865	31.29

（续表）

序号	企业名称	品牌强度	品牌价值（亿元）	序号	企业名称	品牌强度	品牌价值（亿元）
41	山西聚义实业集团股份有限公司	731	31.09	54	山东东宏管业股份有限公司	824	12.23
42	贵州华锦铝业有限公司	670	29.53	55	新亚强硅化学股份有限公司	793	12.07
43	中国平煤神马能源化工集团有限责任公司	863	27.10	56	贵州川恒化工股份有限公司	874	11.99
44	浦林成山控股有限公司	870	26.90	57	山东华盛橡胶有限公司	823	10.76
45	滨化集团股份有限公司	840	26.75	58	山东滨农科技有限公司	882	9.57
46	安徽华塑股份有限公司	769	26.21	59	浙江永太科技股份有限公司	787	9.38
47	国家能源集团长源电力股份有限公司	808	25.06	60	国家电投集团贵州金元威宁能源股份有限公司	735	8.97
48	山东万达宝通轮胎有限公司	779	23.96	61	成都硅宝科技股份有限公司	905	8.82
49	中盐安徽红四方股份有限公司	881	20.16	62	九江富达实业有限公司	791	7.64
50	京博农化科技有限公司	818	16.70	63	明达玻璃（成都）有限公司	734	6.65
51	华阳新材料科技集团有限公司	866	15.93	64	金华春光橡塑科技股份有限公司	806	5.95
52	无棣鑫岳化工集团有限公司	758	15.24	65	江苏苏讯新材料科技股份有限公司	752	5.79
53	瓮福达州化工有限责任公司	821	14.08				

第二组机械设备制造

序号	企业名称	品牌强度	品牌价值（亿元）	序号	企业名称	品牌强度	品牌价值（亿元）
1	中国中车股份有限公司	950	1341.18	11	陕西（鼓风机）集团有限公司	937	79.00
2	潍柴动力股份有限公司	956	633.51	12	杭州西奥电梯有限公司	888	76.41
3	海天塑机集团有限公司	920	140.51	13	山东豪迈机械科技股份有限公司	912	71.77
4	中铁高新工业股份有限公司	939	139.05	14	中国船舶重工集团公司第七二五研究所（洛阳船舶材料研究所）	897	70.87
5	海汇集团有限公司	902	90.45	15	江苏恒立液压股份有限公司	928	70.29
6	安徽叉车集团有限责任公司	921	83.74	16	大连华锐重工集团股份有限公司	921	65.81
7	航天江南集团有限公司	896	83.55	17	山东五征集团有限公司	901	62.36
8	天津荣程祥泰投资控股集团有限公司	835	82.08	18	中国一重集团有限公司	925	60.52
9	玫德集团有限公司	910	81.93	19	中铁工程装备集团有限公司	929	55.23
10	康力电梯股份有限公司	899	80.77	20	常熟开关制造有限公司（原常熟开关厂）	909	54.64

（续表）

序号	企业名称	品牌强度	品牌价值（亿元）
21	烟台杰瑞石油服务集团股份有限公司	905	50.19
22	贵州航天电器股份有限公司	867	45.13
23	利欧集团股份有限公司	903	38.92
24	中铁宝桥集团有限公司	889	38.91
25	浙江捷昌线性驱动科技股份有限公司	868	36.92
26	山东豪迈机械制造有限公司	883	36.90
27	西继迅达电梯有限公司	881	35.79
28	天津市金桥焊材集团股份有限公司	902	33.23
29	中国船舶重工集团有限公司第七一六研究所	914	32.27
30	威胜集团有限公司	900	27.30
31	博众精工科技股份有限公司	874	26.93
32	盛隆电气集团有限公司	843	26.42
33	金马工业集团股份有限公司	914	25.70
34	上海汉钟精机股份有限公司	899	23.39
35	江西金虎保险设备集团有限公司	899	21.35
36	冰轮环境技术股份有限公司	933	21.28
37	宁波水表（集团）股份有限公司	919	18.63
38	威海广泰空港设备股份有限公司	911	18.33
39	山东新华医疗器械股份有限公司	883	18.17
40	山东国舜建设集团有限公司	892	17.73
41	中钢集团邢台机械轧辊有限公司	932	14.24
42	烟台东方威思顿电气有限公司	903	13.97
43	锦浪科技股份有限公司	894	13.88
44	宝鸡石油机械有限责任公司	888	13.01
45	中密控股股份有限公司	870	12.98
46	三河同飞制冷股份有限公司	818	12.95
47	浙江长城电工科技股份有限公司	852	12.85
48	上工申贝（集团）股份有限公司	873	11.28
49	中国船舶重工集团应急预警与救援装备股份有限公司	926	10.54
50	中建环能科技股份有限公司	868	10.34
51	西子电梯科技有限公司	842	10.05
52	河北鑫达钢铁集团有限公司	798	10.02
53	湖北华强科技股份有限公司	894	9.09
54	滨州渤海活塞有限公司	912	8.26
55	中国人民解放军第五七一九工厂	903	8.07
56	江苏苏净集团有限公司	866	7.82
57	尤洛卡精准信息工程股份有限公司	846	7.67
58	贵州航天控制技术有限公司	765	7.26
59	中石化石油机械股份有限公司	912	6.43
60	成都熊谷加世电器有限公司	834	5.85
61	成都大宏立机器股份有限公司	826	5.57
62	四机赛瓦石油钻采设备有限公司	859	5.31

第三组电子电气

序号	企业名称	品牌强度	品牌价值（亿元）
1	杭州海康威视数字技术股份有限公司	920	864.21
2	浙江大华技术股份有限公司	922	462.06
3	浪潮集团有限公司	914	413.40
4	新华三技术有限公司	871	397.43

（续表）

序号	企业名称	品牌强度	品牌价值（亿元）	序号	企业名称	品牌强度	品牌价值（亿元）
5	通鼎集团有限公司	841	142.66	15	木林森股份有限公司	873	34.78
6	天能控股集团有限公司	916	120.07	16	威胜信息技术股份有限公司	836	26.12
7	超威集团	896	109.65	17	宁波东方电缆股份有限公司	838	25.65
8	大全集团有限公司	913	101.41	18	苏州晶方半导体科技股份有限公司	834	16.67
9	江苏上上电缆集团有限公司	930	87.11	19	珠海优特电力科技股份有限公司	891	12.06
10	江苏亨通光电股份有限公司	929	82.81	20	苏州科达科技股份有限公司	852	10.37
11	广州广电运通金融电子股份有限公司	879	80.32	21	福建南平太阳电缆股份有限公司	849	7.63
12	中国宝安集团股份有限公司	890	80.29	22	苏州上声电子股份有限公司	820	6.26
13	福建星网锐捷通讯股份有限公司	889	72.09	23	苏州苏大维格科技集团股份有限公司	847	6.24
14	厦门市美亚柏科信息股份有限公司	886	35.33				

第四组轻工

序号	企业名称	品牌强度	品牌价值（亿元）	序号	企业名称	品牌强度	品牌价值（亿元）
1	贵州茅台酒股份有限公司	874	3282.66	15	山鹰国际控股股份公司	879	84.89
2	珠海格力电器股份有限公司	933	1394.18	16	陕西西凤酒股份有限公司	888	81.18
3	江苏洋河酒厂股份有限公司	929	738.35	17	华帝股份有限公司	854	78.76
4	泸州老窖股份有限公司	916	625.94	18	莱克电气股份有限公司	909	72.73
5	农夫山泉股份有限公司	878	557.98	19	科沃斯机器人股份有限公司	919	68.17
6	杭州娃哈哈集团有限公司	906	535.88	20	广东格兰仕集团有限公司	863	63.20
7	劲牌有限公司	871	245.17	21	广州珠江钢琴集团股份有限公司	911	55.19
8	江苏双沟酒业股份有限公司	849	195.74	22	广州立白企业集团有限公司	916	53.30
9	中国联塑集团控股有限公司	913	186.59	23	好孩子儿童用品有限公司	930	52.31
10	烟台张裕葡萄酿酒股份有限公司	869	165.88	24	浙江美大实业股份有限公司	838	51.50
11	宁波方太厨具有限公司	894	154.75	25	爱玛科技集团股份有限公司	877	43.00
12	杭州老板电器股份有限公司	869	150.17	26	亚太森博（山东）浆纸有限公司	884	37.87
13	奥克斯集团有限公司	842	123.90	27	喜临门家具股份有限公司	865	26.52
14	纳爱斯集团有限公司	919	119.38	28	山东华泰纸业股份有限公司	893	25.18

（续表）

序号	企业名称	品牌强度	品牌价值（亿元）	序号	企业名称	品牌强度	品牌价值（亿元）
29	森林包装集团股份有限公司	753	17.44	33	浙江大胜达包装股份有限公司	717	9.65
30	火星人厨具股份有限公司	796	16.90	34	江苏御珍酒业有限公司	742	6.81
31	江苏斯迪克新材料科技股份有限公司	832	12.75	35	江苏尤佳手套有限公司	769	6.30
32	福建福矛酒业集团	756	12.31	36	牡丹江恒丰纸业股份有限公司	861	5.48

第五组汽车及配件

序号	企业名称	品牌强度	品牌价值（亿元）	序号	企业名称	品牌强度	品牌价值（亿元）
1	广州汽车集团股份有限公司	907	295.41	4	金龙联合汽车工业（苏州）有限公司	806	31.15
2	陕西法士特汽车传动集团有限责任公司	910	80.72	5	烟台海德专用汽车有限公司	795	6.01
3	青特集团有限公司	804	31.93				

第六组冶金有色

序号	企业名称	品牌强度	品牌价值（亿元）	序号	企业名称	品牌强度	品牌价值（亿元）
1	山东钢铁集团有限公司	838	337.29	11	常熟市龙腾特种钢有限公司	803	55.72
2	江苏沙钢集团有限公司	866	251.60	12	河南济源钢铁（集团）有限公司	778	55.16
3	太原钢铁（集团）有限公司	897	244.99	13	甘肃酒钢集团宏兴钢铁股份有限公司	801	50.87
4	江阴兴澄特种钢铁有限公司	877	176.98	14	凌源钢铁股份有限公司	794	45.19
5	日照钢铁控股集团有限公司	835	116.70	15	山东泰山钢铁集团有限公司	801	43.16
6	江苏永钢集团有限公司	828	115.04	16	云南驰宏锌锗股份有限公司	867	28.91
7	石横特钢集团有限公司	824	96.30	17	山东恒邦冶炼股份有限公司	797	22.08
8	大冶特殊钢有限公司	841	95.45	18	山东鲁北企业集团总公司	788	20.79
9	中天钢铁集团有限公司	834	81.75	19	东睦新材料集团股份有限公司	850	16.98
10	山东招金集团有限公司	841	62.82	20	宝钛集团有限公司	844	13.83

第七组纺织服装鞋帽

序号	企业名称	品牌强度	品牌价值（亿元）
1	安踏体育用品集团有限公司	881	550.35
2	雅戈尔集团股份有限公司	908	356.61
3	山东魏桥创业集团有限公司	890	334.73
4	宁波申洲针织有限公司	903	294.77
5	南山集团有限公司	859	276.17
6	北京如意时尚投资控股有限公司	929	269.14
7	江苏阳光集团有限公司	928	268.64
8	恒申控股集团有限公司	907	215.38
9	江苏东渡纺织集团有限公司	850	150.41
10	红豆集团有限公司	901	119.35
11	鲁泰纺织股份有限公司	925	112.39
12	罗莱生活科技股份有限公司	912	74.11
13	江苏恒力化纤股份有限公司	909	70.73
14	百隆东方股份有限公司	900	66.76
15	江苏国望高科纤维有限公司	906	59.33
16	孚日集团股份有限公司	912	58.10
17	即发集团有限公司	920	50.23
18	福建百宏聚纤科技实业有限公司	872	39.95
19	鑫缘茧丝绸集团股份有限公司	868	35.98
20	浙江海利得新材料股份有限公司	905	35.48
21	福建长源纺织有限公司	860	33.79
22	安正时尚集团股份有限公司	867	33.23
23	福建凯邦锦纶科技有限公司	851	24.52
24	浙江新澳纺织股份有限公司	858	23.39
25	烟台泰和新材料股份有限公司	897	20.51
26	江苏阳光股份有限公司	891	20.22
27	上海东隆纺织科技（集团）有限公司	820	15.90
28	福建柒牌时装科技股份有限公司	860	14.59
29	日禾戎美股份有限公司	722	12.98
30	湖南梦洁家纺股份有限公司	900	10.48
31	山东南山智尚科技股份有限公司	910	10.13
32	湖北佐尔美服饰有限公司	817	10.09
33	衣拉拉集团股份有限公司	792	9.91
34	信泰（福建）科技有限公司	851	9.04
35	际华三五零二职业装有限公司	883	6.02
36	安徽元琛环保科技股份有限公司	845	5.39
37	华芳集团毛纺织染有限公司	864	5.32

第八组建筑建材

序号	企业名称	品牌强度	品牌价值（亿元）
1	中国建筑集团有限公司	952	1935.30
2	中国交通建设集团有限公司	923	1409.42
3	北京东方雨虹防水技术股份有限公司	888	257.31
4	巨石集团有限公司	872	156.75
5	重庆新鸥鹏企业（集团）有限公司	858	128.92
6	南京金鹰国际集团有限公司	849	105.20
7	浙江伟星新型建材股份有限公司	872	86.27
8	科顺防水科技股份有限公司	873	77.45

（续表）

序号	企业名称	品牌强度	品牌价值（亿元）	序号	企业名称	品牌强度	品牌价值（亿元）
9	广东东鹏控股股份有限公司	793	70.38	18	山东淄建集团有限公司	792	10.33
10	泰山石膏有限公司	857	56.86	19	福建省晋江万利瓷业有限公司	739	10.19
11	山河建设集团有限公司	772	51.84	20	湖南高岭建设集团股份有限公司	742	8.60
12	中建八局第一建设有限公司	911	43.26	21	济宁市立国房地产开发有限公司	491	8.33
13	玉茗建设集团有限责任公司	761	21.37	22	陕西富平生态水泥有限公司	737	6.81
14	金晶（集团）有限公司	796	18.43	23	宁波市政工程建设集团股份有限公司	740	6.38
15	宏源防水科技集团有限公司	817	17.61	24	宁夏青龙管业集团股份有限公司	820	5.93
16	青岛亿联控股集团有限公司	736	16.52	25	北京市建国伟业防水材料有限公司	837	5.83
17	黑龙江省建工集团有限责任公司	701	14.99	26	济宁市立国建筑安装集团有限公司	491	5.39

第九组食品加工制造

序号	企业名称	品牌强度	品牌价值（亿元）	序号	企业名称	品牌强度	品牌价值（亿元）
1	安琪酵母股份有限公司	918	195.02	13	山东中谷淀粉糖有限公司	768	15.57
2	富虹集团油品股份有限公司	632	94.10	14	雅客（中国）有限公司	831	14.74
3	澳优乳业股份有限公司	840	93.09	15	荣成泰祥食品股份有限公司	791	14.15
4	光明乳业股份有限公司	839	91.15	16	烟台欣和企业食品有限公司	834	12.55
5	中国盐业集团有限公司	860	79.04	17	厦门燕之屋生物工程股份有限公司	759	12.42
6	禾丰食品股份有限公司	814	55.72	18	烟台中宠食品股份有限公司	800	11.72
7	福建圣农食品有限公司	752	35.21	19	东方红集团（湖北）粮食机械股份有限公司	746	11.58
8	江西煌上煌集团食品股份有限公司	755	29.84	20	山东天同食品有限公司	816	10.84
9	安佑生物科技集团股份有限公司	709	26.76	21	山东美佳集团有限公司	797	9.56
10	滨州中裕食品有限公司	746	25.67	22	青援食品有限公司	753	8.91
11	湖北周黑鸭企业发展有限公司	808	19.51	23	山东香驰粮油有限公司	758	6.75
12	延寿县鼎鑫生物工程有限公司	747	18.13	24	宁夏沃福百瑞枸杞产业股份有限公司	796	5.00

第十组医药健康

序号	企业名称	品牌强度	品牌价值（亿元）
1	广州医药集团有限公司	913	555.37
2	石药控股集团有限公司	921	401.26
3	江苏豪森药业集团有限公司	886	273.88
4	威高集团有限公司	900	232.75
5	江西济民可信集团有限公司	843	121.36
6	四川科伦药业股份有限公司	915	111.44
7	鲁南制药集团股份有限公司	923	110.53
8	华熙生物科技股份有限公司	800	84.18
9	如新（中国）日用保健品有限公司	813	75.66
10	宜昌人福药业有限责任公司	886	74.34
11	石家庄以岭药业股份有限公司	857	67.25
12	广州康臣药业有限公司	849	64.16
13	山东罗欣药业集团股份有限公司	831	56.49
14	贵州百灵企业集团制药股份有限公司	911	50.95
15	普洛药业股份有限公司	831	44.04
16	烟台东诚药业集团股份有限公司	848	38.86
17	四川济生堂药业有限公司	781	37.41
18	奥美医疗用品股份有限公司	877	37.21
19	四川新绿色药业科技发展有限公司	822	36.75
20	山东新华制药股份有限公司	907	36.30
21	亚宝药业集团股份有限公司	858	29.49
22	辰欣药业股份有限公司	852	25.10
23	瑞阳制药股份有限公司	855	23.66
24	蓝帆医疗股份有限公司	776	23.61
25	牡丹江友搏药业有限责任公司	808	20.61
26	西藏诺迪康药业股份有限公司	797	19.18
27	金陵药业股份有限公司	834	18.73
28	山东齐都药业有限公司	831	14.92
29	成都苑东生物制药股份有限公司	771	11.50
30	西安碑林药业股份有限公司	826	10.50
31	浙江寿仙谷医药股份有限公司	929	10.01
32	山东鲁抗医药股份有限公司	868	9.59
33	江西青峰药业有限公司	803	8.54
34	广州白云山中一药业有限公司	888	7.88

第十一组金融保险业

序号	企业名称	品牌强度	品牌价值（亿元）
1	中国工商银行股份有限公司	912	3290.32
2	中国建设银行股份有限公司	905	3046.33
3	中国平安保险（集团）股份有限公司	892	2211.18
4	中国农业银行股份有限公司	901	1726.08
5	中国银行股份有限公司	856	1335.97
6	中国人寿保险（集团）公司	825	1006.45
7	兴业银行股份有限公司	904	925.26
8	交通银行股份有限公司	881	832.25
9	中国光大银行股份有限公司	845	731.39
10	中国人民保险集团股份有限公司	876	726.35

（续表）

序号	企业名称	品牌强度	品牌价值（亿元）	序号	企业名称	品牌强度	品牌价值（亿元）
11	中国太平洋保险（集团）股份有限公司	887	716.30	14	贵阳银行股份有限公司	470	142.50
12	上海浦东发展银行股份有限公司	837	588.51	15	深圳前海微众银行股份有限公司	396	123.07
13	长沙银行股份有限公司	577	166.98	16	贵州银行股份有限公司	511	106.78

第十二组零售业

序号	企业名称	品牌强度	品牌价值（亿元）	序号	企业名称	品牌强度	品牌价值（亿元）
1	中石化易捷销售有限公司	909	197.53	5	一心堂药业集团股份有限公司	787	40.91
2	中石油昆仑好客有限公司	865	158.13	6	赛诺家居用品（深圳）有限公司	765	11.71
3	金鹰国际商贸集团（中国）有限公司	813	81.06	7	漱玉平民大药房连锁股份有限公司	792	8.85
4	贵州通源集团	684	45.31	8	达州天马投资集团有限责任公司	689	5.58

第十三组交通运输业

序号	企业名称	品牌强度	品牌价值（亿元）	序号	企业名称	品牌强度	品牌价值（亿元）
1	国能朔黄铁路发展有限责任公司	850	124.78	4	山东京博物流股份有限公司	712	6.82
2	山东港口烟台港集团有限公司	797	21.00	5	西藏天路股份有限公司	738	6.16
3	荣庆物流供应链有限公司	771	9.24				

第十四组其他服务

序号	企业名称	品牌强度	品牌价值（亿元）	序号	企业名称	品牌强度	品牌价值（亿元）
1	中国中信集团有限公司	910	1290.07	6	浙江联运环境工程股份有限公司	865	43.31
2	广州无线电集团有限公司	891	104.11	7	贵州省交通规划勘察设计研究院股份有限公司	849	36.85
3	华润万象生活有限公司	895	102.26	8	中钢设备有限公司	743	31.61
4	碧桂园服务控股有限公司	877	96.78	9	聚好看科技股份有限公司	777	27.72
5	广州金域医学检验集团股份有限公司	886	60.02	10	广州红海人力资源集团股份有限公司	709	20.31

（续表）

序号	企业名称	品牌强度	品牌价值（亿元）
11	福建博思软件股份有限公司	783	12.19
12	谱尼测试集团股份有限公司	821	9.77
13	成都佳发安泰教育科技股份有限公司	777	9.43
14	广东中膳健康产业科技有限公司	784	5.71
15	湖南高桥大市场股份有限公司	762	5.40

第十五组农业

序号	企业名称	品牌强度	品牌价值（亿元）
1	福建圣农发展股份有限公司	882	110.66
2	内蒙古蒙草生态环境（集团）股份有限公司	862	99.92
3	黑龙江倍丰农业生产资料集团有限公司	835	75.52
4	金正大生态工程集团股份有限公司	893	37.31
5	史丹利农业集团股份有限公司	895	36.79
6	山东仙坛股份有限公司	818	25.94
7	中牧实业股份有限公司	883	23.56
8	北大荒垦丰种业股份有限公司	827	17.41
9	北票市宏发食品有限公司	735	16.96
10	天津瑞普生物技术股份有限公司	904	14.59
11	中国水产有限公司	850	11.41
12	肇源县鲶鱼沟万基谷物加工有限责任公司	780	11.13
13	黑龙江秋然米业有限公司	828	10.41
14	贵州民投投资股份有限公司	721	10.03
15	延寿县福鑫米业有限公司	725	9.58
16	延寿县仁杰米业有限公司	742	8.73
17	蓬莱京鲁渔业有限公司	832	8.19
18	方正县盛禧米业有限公司	751	7.80
19	山东玉皇粮油食品有限公司	835	6.70
20	巨星农牧有限公司	742	6.36
21	金丰公社农业服务有限公司	812	6.32
22	五常市彩桥米业有限公司	819	6.05
23	福建天马科技集团股份有限公司	848	5.90

第十六组产品品牌

序号	企业名称	品牌强度	品牌价值（亿元）
1	浙江洁丽雅纺织集团有限公司	922	257.87
2	无限极（中国）有限公司	892	230.57
3	山东南山铝业股份有限公司南山铝材总厂	909	137.93
4	山东钢铁股份有限公司	828	125.00
5	包头钢铁（集团）有限责任公司	822	90.51
6	贵州茅台酱香酒营销有限公司	726	80.57
7	宁波钢铁有限公司	786	78.25
8	新凤鸣集团股份有限公司	893	70.75
9	人本集团有限公司	916	69.14
10	魏桥纺织股份有限公司	894	68.47

（续表）

序号	企业名称	品牌强度	品牌价值（亿元）	序号	企业名称	品牌强度	品牌价值（亿元）
11	桐昆集团股份有限公司	868	65.80	37	滨州亚光家纺有限公司	909	16.21
12	河北津西钢铁集团股份有限公司	782	60.89	38	湖北振华化学股份有限公司	870	16.05
13	四川德胜集团钒钛有限公司	786	59.60	39	吉林省吴太感康药业有限公司	789	15.90
14	攀钢集团钒钛资源股份有限公司	772	54.81	40	浙江嘉欣丝绸股份有限公司	856	15.84
15	昆明钢铁控股有限公司	789	53.71	41	铜陵泰富特种材料有限公司	777	15.56
16	青岛特殊钢铁有限公司	775	53.64	42	河北南玻玻璃有限公司	845	13.77
17	石药集团百克（山东）生物制药股份有限公司	828	41.10	43	吴江港华燃气有限公司	812	12.90
18	山东星光糖业有限公司	791	41.00	44	山东金胜粮油食品有限公司	843	12.39
19	陕西延长中煤榆林能源化工有限公司	863	35.25	45	江西铜业铅锌金属有限公司	791	11.47
20	山东先声生物制药有限公司	745	29.69	46	潍坊市宇虹防水材料（集团）有限公司	781	11.41
21	四川峨胜水泥集团股份有限公司	767	28.93	47	浙江精诚模具机械有限公司	874	10.66
22	山东三星玉米产业科技有限公司	760	28.28	48	象山影视城开发有限公司	765	10.26
23	永高股份有限公司	906	25.24	49	宁夏和宁化学有限公司	822	9.74
24	天鼎丰控股有限公司	893	24.78	50	天津长芦汉沽盐场有限责任公司	820	9.47
25	天伟化工有限公司	843	23.91	51	上海丝绸集团股份有限公司	865	9.27
26	大冶有色金属集团控股有限公司	851	23.50	52	陕西延长石油兴化化工有限公司	753	8.93
27	福建经纬新纤科技实业有限公司	879	22.67	53	辽宁五一八内燃机配件有限公司	634	8.22
28	三菱重工海尔（青岛）空调机有限公司	829	22.43	54	方正县宝兴新龙米业有限公司	801	7.92
29	临沂金正阳管业有限公司	721	20.42	55	湖北天湖蛋禽股份有限公司	721	7.89
30	成都生物制品研究所有限责任公司	870	19.34	56	河南省湖波灵威水泥集团有限责任公司	618	6.04
31	陕西陕焦化工有限公司	739	18.39	57	淮北矿业股份有限公司涡北选煤厂	858	6.01
32	中国大冢制药有限公司	756	18.00	58	河南巨龙生物工程股份有限公司	813	5.65
33	宝鸡钛业股份有限公司	814	17.21	59	江苏沃绿宝生物科技股份有限公司	779	5.60
34	正大制药（青岛）有限公司	841	16.63	60	河南华星粉业集团	815	5.45
35	龙口南山铝压延新材料有限公司	820	16.42	61	德尔未来科技控股集团股份有限公司	783	5.45
36	四川省星船城水泥股份有限公司	699	16.42				

第十七组自主创新

序号	企业名称	品牌强度	品牌价值（亿元）
1	浙江新和成股份有限公司	854	131.10
2	福建泉州匹克体育用品有限公司	849	50.48
3	华工科技产业股份有限公司	852	48.21
4	西安巨子生物基因技术股份有限公司	739	46.93
5	晨光生物科技集团股份有限公司	895	42.22
6	贝特瑞新材料集团股份有限公司	870	38.39
7	恒洁卫浴集团有限公司	785	20.49
8	广州广电计量检测股份有限公司	825	19.55
9	江苏武进不锈股份有限公司	841	19.51
10	福建武夷山国家级自然保护区正山茶业有限公司	754	18.57
11	湖北东贝机电集团股份有限公司	854	18.15
12	万邦德制药集团有限公司	727	15.12
13	浙江浙大鸣泉科技有限公司	696	14.85
14	福建青松股份有限公司	711	14.17
15	金冠（中国）食品有限公司	740	13.92
16	罗克佳华科技集团股份有限公司	856	12.83
17	宁波帅特龙集团有限公司	833	12.50
18	浙江甬金金属科技股份有限公司	685	12.15
19	山东华夏神舟新材料有限公司	731	12.11
20	泰安路德工程材料有限公司	845	12.01
21	天津久日新材料股份有限公司	739	11.60
22	福建龙溪轴承（集团）股份有限公司	898	11.29
23	武夷星茶业有限公司	853	11.12
24	江苏凯伦建材股份有限公司	820	11.09
25	湖南星邦智能装备股份有限公司	784	9.97
26	福建福派园食品股份有限公司	759	9.86
27	湖北长江电气有限公司	716	9.80
28	宁波杜亚机电技术有限公司	789	9.67
29	厦门强力巨彩光电科技有限公司	772	9.45
30	中至数据集团股份有限公司	572	9.32
31	中昊晨光化工研究院有限公司	838	9.29
32	多伦科技股份有限公司	774	9.19
33	广州最氧环保科技股份有限公司	590	8.91
34	湖北容百锂电材料有限公司	711	8.67
35	宁波激智科技股份有限公司	769	8.59
36	杭州春来科技有限公司	720	8.51
37	超越科技股份有限公司	838	8.27
38	杭州乒乓智能技术有限公司	679	8.08
39	红宝丽集团股份有限公司	852	8.02
40	西安高科建材科技有限公司	803	7.90
41	漳州万晖洁具有限公司	715	7.60
42	广东宾宝时尚实业股份有限公司	659	7.50
43	福建集成伞业有限公司	750	7.26
44	智洋创新科技股份有限公司	764	7.11
45	四川宏华电气有限责任公司	764	7.09
46	上海雅运纺织化工股份有限公司	790	7.02
47	山东经典重工集团股份有限公司	833	6.82
48	宁波家联科技股份有限公司	800	6.58
49	江西中天智能装备股份有限公司	789	6.45
50	杭州西力智能科技股份有限公司	839	6.41
51	烟台正海生物科技股份有限公司	775	6.05
52	宁波润禾高新材料科技股份有限公司	802	5.57

（续表）

序号	企业名称	品牌强度	品牌价值（亿元）
53	嘉文丽（福建）化妆品有限公司	763	5.56
54	河南新天地药业股份有限公司	789	5.28
55	丹娜（天津）生物科技股份有限公司	883	5.13
56	中国水产舟山海洋渔业有限公司	833	5.07
57	钢研纳克检测技术股份有限公司	748	5.07
58	福建省海佳集团股份有限公司	691	5.06
59	保龄宝生物股份有限公司	869	5.01
60	快意电梯股份有限公司	787	5.01
61	江西晶昊盐化有限公司	628	5.01

第十八组中华老字号

序号	企业名称	品牌强度	品牌价值（亿元）
1	佛山市海天调味食品股份有限公司	928	562.28
2	漳州片仔癀药业股份有限公司	931	370.19
3	山西杏花村汾酒集团有限责任公司	932	232.66
4	广州王老吉药业股份有限公司	896	228.18
5	稻香村食品集团股份有限公司	904	182.77
6	东阿阿胶股份有限公司	849	167.66
7	安徽迎驾贡酒股份有限公司	811	128.31
8	山东扳倒井股份有限公司	846	120.17
9	九芝堂股份有限公司	869	106.81
10	马应龙药业集团股份有限公司	912	89.64
11	江苏恒顺醋业股份有限公司	900	85.78
12	山东福牌阿胶股份有限公司	856	54.25
13	上海永久自行车有限公司	846	41.58
14	山西广誉远国药有限公司	870	33.94
15	北京菜市口百货股份有限公司	854	32.85
16	天津同仁堂集团股份有限公司	865	27.94
17	昆明中药厂有限公司	838	14.86
18	广州白云山光华制药股份有限公司	838	13.19
19	广西玉林制药集团有限责任公司	821	12.00
20	广州白云山陈李济药厂有限公司	881	10.13
21	烟台三环锁业集团股份有限公司	878	6.51
22	湖南莎丽袜业股份有限公司	826	6.05
23	天津宏仁堂药业有限公司	854	5.78
24	四川梓橦宫药业股份有限公司	846	5.05

第十九组区域品牌（地理标志）

序号	品牌名称
1	安溪铁观音
2	洋河大曲
3	烟台葡萄酒
4	武夷岩茶
5	五常大米
6	赣南脐橙

（续表）

序号	品牌名称	序号	品牌名称
7	郫县豆瓣	35	盐池滩羊肉
8	烟台苹果	36	遵义红
9	贺兰山东麓葡萄酒	37	百色芒果
10	盱眙龙虾	38	霍山黄芽
11	佳木斯大米	39	洛川苹果
12	中宁枸杞	40	武鸣沃柑
13	蒲江雀舌	41	赤峰小米
14	安岳柠檬	42	安吉白茶
15	东宁黑木耳	43	东峰矮脚乌龙
16	六安瓜片	44	昭通天麻
17	库尔勒香梨	45	利川红
18	静宁苹果	46	同江大米
19	横县茉莉花茶	47	运城苹果
20	奉节脐橙	48	遵义朝天椒
21	贵州绿茶	49	赣南茶油
22	蒲江猕猴桃	50	庐山云雾茶
23	庆安大米	51	湘莲
24	方正大米	52	富顺香辣酱
25	通河大米	53	霍山石斛
26	汝瓷	54	江津花椒
27	武夷红茶	55	铁岭榛子
28	湄潭翠芽	56	柘城辣椒
29	东坡泡菜	57	花牛苹果
30	蕲艾	58	南溪白酒
31	柳州螺蛳粉	59	政和白茶
32	延寿大米	60	秭归脐橙
33	蒲江丑柑	61	日照绿茶
34	大连大樱桃	62	横县茉莉花

（续表）

序号	品牌名称	序号	品牌名称
63	杞县大蒜	82	米仓山茶
64	兰州百合	83	蜀绣
65	朝天核桃	84	响水大米
66	临猗苹果	85	狗牯脑茶
67	丹棱桔橙	86	阳朔金桔
68	红原牦牛奶	87	南陵大米
69	汉源花椒	88	邛酒
70	泰来大米	89	政和工夫
71	恭城月柿	90	昭平茶
72	大荔冬枣	91	肥城桃
73	九三大豆	92	大连油桃
74	芳林马蹄	93	屏山炒青
75	北苑贡茶	94	都江堰猕猴桃
76	通江银耳	95	绥化鲜食玉米
77	武当道茶	96	万荣苹果
78	钦州大蚝	97	昌邑大姜
79	苍溪猕猴桃	98	容县沙田柚
80	坦洋工夫	99	宜都蜜柑
81	海伦大豆	100	陆川猪

2021—2022年度 优秀商标代理机构名单

（中华商标协会发布）

（排名不分先后）

代理机构	代理机构	代理机构
北京安杰律师事务所	福州华夏商标事务所有限公司	北京品源知识产权代理有限公司
北京国爱律师事务所	山东方宇商标事务所有限公司	上海舒滨知识产权代理有限公司
上海弼兴律师事务所	中国专利代理(香港）有限公司	北京华冠知识产权代理有限公司
北京市柳沈律师事务所	北京集佳知识产权代理有限公司	澳门凯旋知识产权代理有限公司
北京市君合律师事务所	北京中北知识产权代理有限公司	重庆顾迪知识产权服务有限公司
北京市隆安律师事务所	超凡知识产权服务股份有限公司	北京德赛知识产权代理有限公司
深圳市精英商标事务所	鼎宏知识产权服务集团有限公司	广东永华知识产权管理有限公司
罗思(上海）咨询有限公司	北京安度知识产权代理有限公司	北京科亮知识产权代理有限公司
永新专利商标代理有限公司	江苏省宁海商标事务所有限公司	福建中珍知识产权服务有限公司
隆天知识产权代理有限公司	浙江裕阳知识产权代理有限公司	河南知一知识产权代理有限公司
西安市商标事务所有限公司	北京金杜知识产权代理有限公司	上海华诚知识产权代理有限公司
浙江金牌商标代理有限公司	北京三友知识产权代理有限公司	天津福星商标专利代理有限公司
杭州五洲商标服务有限公司	华进联合专利商标代理有限公司	苏州市新苏商标事务所有限公司
陕西华林商标事务有限公司	山东千慧知识产权集团有限公司	北京玺泽知识产权代理有限公司
北京正理商标事务所有限公司	扬州文苑知识产权代理有限公司	长沙齐翔知识产权代理有限公司
中国商标专利事务所有限公司	浙江龙华知识产权集团有限公司	和协知识产权服务集团有限公司
上海专利商标事务所有限公司	北京东正知识产权代理有限公司	中佳知识产权服务集团有限公司
南京天一商标事务所有限公司	北京天驰知识产权代理有限公司	北京万慧达知识产权代理有限公司
四川成都商标事务所有限公司	杭州德龙知识产权代理有限公司	北京东灵通知识产权服务有限公司
浙江广宇商标事务所有限公司	上海百一知识产权代理有限公司	南京中盟知识产权事务所有限公司

（续表）

代理机构	代理机构	代理机构
北京知无忧知识产权服务有限公司	北京英特普罗知识产权代理有限公司	厦门合道联合知识产权事务有限公司
天津正能量知识产权代理有限公司	北京东方天健知识产权代理有限公司	智信禾(北京)知识产权代理有限公司
广东哲力知识产权事务所有限公司	北京磐华捷成知识产权代理有限公司	北京古今来知识产权代理事务所有限公司
甘肃华科润知识产权代理有限公司	北京康信知识产权代理有限责任公司	东岩众智(北京)知识产权代理有限公司
广州市捷成知识产权代理有限公司	重庆西南知识产权运营集团有限公司	武汉捷诚智权知识产权服务集团有限公司
云南东南亚知识产权服务有限公司	福建致群财富知识产权管理有限公司	联为知识产权服务事务所(北京)有限公司
中炬知识产权代理(成都)有限公司	北京铸成联合知识产权代理有限公司	橙庆天和(北京)知识产权代理有限公司
北京律盟知识产权代理有限责任公司	北京天诚联合知识产权代理有限公司	北京林达刘知识产权代理事务所(普通合伙)
北京黄金智慧知识产权代理有限公司	中国贸促会专利商标事务所有限公司	四川省成都市天策商标专利事务所(有限合伙)

第四批商标代理服务金牌示范单位名单

（中华商标协会发布）

（排名不分先后）

示范单位
北京市君合律师事务所
北京市隆安律师事务所
深圳市精英商标事务所
福州华夏商标事务所有限公司
北京品源知识产权代理有限公司

示范单位
北京天驰知识产权代理有限公司
上海百一知识产权代理有限公司
上海华诚知识产权代理有限公司
上海舒滨知识产权代理有限公司
长沙齐翔知识产权代理有限公司

示范单位
中炬知识产权代理（成都）有限公司
北京铸成联合知识产权代理有限公司
智信禾（北京）知识产权代理有限公司
北京林达刘知识产代理事务所（普通合伙）

2021—2022年度优秀商标法务团队名单

（中华商标协会发布）

（排名不分先后）

法务团队	法务团队	法务团队
正泰集团股份有限公司	战马（北京）饮料有限公司	湖北稻花香酒业股份有限公司
北京快手科技有限公司	中国绿发投资集团有限公司	贝壳找房（北京）科技有限公司
厦门美图网科技有限公司	中国移动通信集团有限公司	汉庭星空（上海）酒店管理有限公司
阿里巴巴（中国）有限公司	浙江吉利控股集团有限公司	

2021年度中国广告长城奖获奖机构名单

（中国广告协会、第28届中国广告节发布）

金奖

获奖机构	获奖机构	获奖机构
SG胜加（全场大奖）（金奖数量3）	北京我风堂公关顾问有限公司	北京天与空互动广告有限公司
上海天与空广告有限公司（金奖数量3）	蓝色光标数字营销机构	上海观池文化传播有限公司
小米营销（金奖数量2）	好旺角 GMKOK	英扬传奇集团
巨量引擎（金奖数量2）	北京新意互动数字技术有限公司	有氧 YOYA DIGITAL
木瓜创意（金奖数量2）	百度营销	上海黑闻黑尔广告有限公司
知乎	上海擅美广告有限公司	
陕西营火虫品牌营销策划有限公司	因赛集团	

银奖

获奖机构	获奖机构	获奖机构
上海天与空广告有限公司（银奖数量7）	铂扬广告有限公司	网易传媒
传立媒体（银奖数量2）	广东圣火传媒科技股份有限公司	蓝色光标数字营销机构
北京新意互动数字技术有限公司（银奖数量2）	昌荣传媒股份有限公司	上海观池文化传播有限公司
木瓜创意（银奖数量2）	广东广旭整合营销传播有限公司	英扬传奇集团
PAST|NEXT® 去来传播（银奖数量2）	OPPO小布助手/数动传媒	广东希尔文化传媒投资股份有限公司
上海申通德高地铁广告有限公司（银奖数量2）	朗知传媒	珠海灵蜥创意文化传播有限公司
上海黑闻黑尔广告有限公司（银奖数量2）	OIB.CHINA	有氧 YOYA DIGITAL
陕西营火虫品牌营销策划有限公司	iPlus 艾加营销	朴睿铂尔
知乎	DDB 广州	广州英本创意品牌营销有限公司
广州天与空广告有限公司	小米营销	

铜 奖

获奖机构	获奖机构	获奖机构
上海天与空广告有限公司（铜奖数量 8）	泰安闪亮登场展览服务有限公司	网易传媒
SG 胜加（铜奖数量 4）	北京赞意互动广告传媒有限公司	巨量引擎
传立媒体（铜奖数量 4）	伊利	木瓜创意
北京峰芒广告有限公司（铜奖数量 3）	蓝色光标数字营销机构	广州地铁德高广告有限公司 / 南京德高轨交传媒科技有限公司上海分公司
北京金上元文化发展有限责任公司（铜奖数量 2）	广东广旭整合营销传播有限公司	北京广播电视台
广东希尔文化传媒投资股份有限公司（铜奖数量 2）	火研社	广州蓝色光标市场顾问有限公司
PAST | NEXT® 去来传播（铜奖数量 2）	广州金燕达观文化传播有限公司	小度科技
英扬传奇集团（铜奖数量 2）	碧桂园控股有限公司	微博
TOPic & Loong	北京杰尔思行广告有限公司	北京导火线创意机构
广东省广告集团股份有限公司	Keep	讯飞 AI 营销云
江西华赣传媒集团 · 华赣创意	OIB.CHINA	上海申通德高地铁广告有限公司
广东圣火传媒科技股份有限公司	有氧 YOYA DIGITAL	百度（中国）有限公司深圳分公司
潍坊市公共交通集团有限公司广告分公司	小红书	因赛集团
杭州致力品牌管理有限公司	想象传媒	南通方舟广告有限公司
宁波美颐传媒有限公司	爱奇艺	上海黑闻黑尔广告有限公司
好旺角 GMKOK	小米营销	HuSee

2022年度中国广告长城奖获奖机构名单

（中国广告协会、第29届中国广告节发布）

金奖

获奖机构	获奖机构	获奖机构
SG 胜加（全场大奖）（金奖数量 3）	北京天与空互动广告有限公司	上海能乘文化传播有限公司
有氧 YOYA（金奖数量 6）	哔哩哔哩	上海谦玛网络科技有限公司
广东省广告集团股份有限公司（金奖数量 2）	芬格数字文化集团有限公司	上海擅美广告有限公司
上海天与空广告有限公司（金奖数量 2）	广州有了创意咨询有限公司	上海胜加广告有限公司
TOPic & Loong	快手	因赛集团
阿里妈妈	蓝色光标	华为
安徽省维纳斯广告有限公司	数字营销机构	真传有道（厦门）文化传媒有限公司
北京黑弓文化传播有限公司	磨染 MORETHAN	

银奖

获奖机构	获奖机构	获奖机构
SG 胜加（银奖数量 5）	RedBank 红岸	大方众智创意广告（珠海）有限公司
上海天与空广告有限公司（银奖数量 5）	W	凤凰网
北京天与空互动广告有限公司（银奖数量 2）	阿里妈妈	广东省广告集团股份有限公司
快手磁力引擎（银奖数量 2）	百度营销	广州有了创意咨询有限公司
上海李奥贝纳广告有限公司（银奖数量 2）	北京金上元文化发展有限责任公司	好旺角 GMKOK
上海能乘文化传播有限公司（银奖数量 2）	北京鹏泰互动广告有限公司	湖南天择城旅文化旅游有限公司
25HOURS	哔哩哔哩	火研社
dentsuMB 中国	成都广电天成传媒有限公司	木瓜创意
Pre.1	淳博（上海）文化传播股份有限公司	群玉山

（续表）

获奖机构	获奖机构	获奖机构
上海奥美广告有限公司	上海千羲文化传媒有限公司北京分公司	盐城市明日交投传媒有限公司
上海赤马传媒	上海擅美广告有限公司	壹捌零
上海德高申通地铁广告有限公司	泰安闪亮登场展览服务有限公司	有氧 YOYA
上海动观文化传播有限公司	腾讯 QQ 浏览器	走神 OGK

铜 奖

获奖机构	获奖机构	获奖机构
上海天与空广告有限公司（铜奖数量 13）	哔哩哔哩	泰安闪亮登场展览服务有限公司
SG 胜加（铜奖数量 5）	成都广电天成传媒有限公司	腾讯 QQ 浏览器
壹捌零（铜奖数量 3）	淳博（上海）文化传播股份有限公司	盐城市明日交投传媒有限公司
北京天与空互动广告有限公司（铜奖数量 2）	大方众智创意广告（珠海）有限公司	走神 OGK
快手磁力引擎（铜奖数量 2）	凤凰网	上海希遐广告有限公司
上海李奥贝纳广告有限公司（铜奖数量 2）	广东省广告集团股份有限公司	深圳市点维文化传播有限公司
上海能乘文化传播有限公司（铜奖数量 2）	广州有了创意咨询有限公司	省广营销集团有限公司
网易传媒（铜奖数量 2）	好旺角 GMKOK	时趣互动（北京）科技有限公司
有氧 YOYA（铜奖数量 2）	湖南天择城旅文化旅游有限公司	苏州城市动力传媒股份有限公司
25HOURS	火研社	微博
dentsuMB 中国	木瓜创意	熊强
Pre.1	群玉山	因赛集团
RedBank 红岸	上海奥美广告有限公司	有门互动
W	上海赤马传媒	原象信息科技有限公司
阿里妈妈	上海德高申通地铁广告有限公司	真传有道（厦门）文化传媒有限公司
百度营销	上海动观文化传播有限公司	知乎
北京金上元文化发展有限责任公司	上海千羲文化传媒有限公司北京分公司	至简天成文化传媒有限公司
北京鹏泰互动广告有限公司	上海擅美广告有限公司	浙江众信品牌管理有限公司

2021中国品牌500强

品牌联盟（北京）咨询股份公司、第 11 届中国品牌节发布

排名	品牌名称	品牌价值（亿元）	行业	省份	城市
1	华为	7699.47	通信设备	广东	深圳市
2	中国工商银行	6128.37	金融	北京	北京市
3	国家电网	5775.00	能源	北京	北京市
4	中国移动	4678.91	电信	北京	北京市
5	中国平安	4466.70	金融	广东	深圳市
6	中国石化	3593.60	石油化工	北京	北京市
7	腾讯	3345.73	互联网	广东	深圳市
8	贵州茅台	2888.12	酒类	贵州	遵义市
9	中国人寿	2882.47	金融	北京	北京市
10	中国石油	2172.63	石油化工	北京	北京市
11	阿里巴巴	2078.12	互联网	浙江	杭州市
12	中国建设银行	1464.44	金融	北京	北京市
13	招商银行	1332.41	金融	广东	深圳市
14	中国农业银行	1331.01	金融	北京	北京市
15	海尔集团	1320.65	家电	山东	青岛市
16	字节跳动	1245.66	互联网	北京	北京市
17	小米	1245.00	通信设备	北京	北京市
18	格力电器	1200.77	家电	广东	珠海市
19	中信集团	1141.81	综合	北京	北京市
20	宁德时代	1133.99	电气设备	福建	宁德市
21	中国人保	1123.75	金融	北京	北京市
22	美的集团	1068.45	家电	广东	佛山市

（续表）

排名	品牌名称	品牌价值（亿元）	行业	省份	城市
23	拼多多	1068.36	互联网	上海	上海市
24	美团	1048.83	互联网	北京	北京市
25	中粮集团	1014.92	食品饮料	北京	北京市
26	中国华润	1008.85	综合	北京	北京市
27	五粮液	975.50	酒类	四川	宜宾市
28	中国邮政	916.59	物流	北京	北京市
29	招商局集团	909.60	综合	北京	北京市
30	京东	794.58	互联网	北京	北京市
31	顺丰速运	788.13	物流	广东	深圳市
32	中国中车	782.84	机械制造	北京	北京市
33	中国电信	764.44	电信	北京	北京市
34	青岛啤酒	711.30	酒类	山东	青岛市
35	伊利	659.04	食品饮料	内蒙古	呼和浩特市
36	百度	567.34	互联网	北京	北京市
37	中国建筑	566.83	建筑建材	北京	北京市
38	万科	561.85	地产	广东	深圳市
39	中国银行	547.14	金融	北京	北京市
40	中国一汽	522.68	汽车	吉林	长春市
41	洋河股份	510.22	酒类	江苏	宿迁市
42	比亚迪	506.63	汽车	广东	深圳市
43	三一重工	500.40	机械制造	湖南	长沙市
44	上汽集团	481.59	汽车	上海	上海市
45	吉利控股	477.67	汽车	广东	广州市
46	娃哈哈	474.16	食品饮料	浙江	杭州市
47	安踏	472.98	服装鞋帽	福建	晋江市
48	联想	472.91	电子	北京	北京市
49	南方电网	464.87	能源	广东	广州市
50	广汽集团	455.19	汽车	广东	广州市
51	泸州老窖	441.55	酒类	四川	泸州市
52	海螺水泥	423.47	建筑建材	安徽	芜湖市

（续表）

排名	品牌名称	品牌价值（亿元）	行业	省份	城市
53	潍柴动力	420.85	机械制造	山东	潍坊市
54	交通银行	403.16	金融	上海	上海市
55	国家能源投资	400.39	能源	北京	北京市
56	太平洋保险	389.71	金融	上海	上海市
57	友邦保险	385.42	金融	上海	上海市
58	蒙牛	384.19	食品饮料	内蒙古	呼和浩特市
59	中国航天科工	382.03	机械制造	北京	北京市
60	隆基股份	381.12	电气设备	陕西	西安市
61	新华人寿	375.30	金融	北京	北京市
62	药明康德	373.51	医药医疗	江苏	无锡市
63	中航沈飞	371.08	机械制造	辽宁	沈阳市
64	李宁	364.10	服装鞋帽	北京	北京市
65	北汽集团	359.17	汽车	北京	北京市
66	中兴通讯	358.40	通信设备	广东	深圳市
67	兴业银行	356.11	金融	福建	福州市
68	TCL集团	355.03	家电	广东	惠州市
69	迈瑞医疗	350.02	医药医疗	广东	深圳市
70	保利地产	344.13	地产	上海	上海市
71	中芯国际	342.44	电子	上海	上海市
72	国家电投	341.97	能源	北京	北京市
73	农夫山泉	340.91	食品饮料	浙江	杭州市
74	京东方	338.01	电子	北京	北京市
75	中国交建	335.86	建筑建材	北京	北京市
76	国泰君安	333.57	金融	上海	上海市
77	碧桂园	329.67	地产	广东	佛山市
78	中国中化	325.78	石油化工	北京	北京市
79	中国中铁	323.13	工程	上海	上海市
80	宝钢股份	322.89	钢铁	上海	上海市
81	民生银行	312.81	金融	北京	北京市
82	周大福	312.62	珠宝饰品	广东	深圳市

（续表）

排名	品牌名称	品牌价值（亿元）	行业	省份	城市
83	快手	307.84	互联网	北京	北京市
84	中国电子	297.02	电子	北京	北京市
85	恒瑞医药	292.98	医药医疗	江苏	连云港
86	中国远洋海运	287.76	物流	上海	上海市
87	复星集团	270.90	综合	上海	上海市
88	中国船舶	269.77	机械制造	上海	上海市
89	中国航空工业	262.47	机械制造	北京	北京市
90	中通快递	261.31	物流	上海	上海市
91	长城汽车	260.79	汽车	河北	保定市
92	中国神华	258.25	金属、矿业	北京	北京市
93	中集集团	255.57	物流	广东	深圳市
94	OPPO	253.86	通信设备	广东	东莞市
95	中国联通	250.43	电信	北京	北京市
96	长江电力	242.72	能源	北京	北京市
97	中国核电	240.87	能源	北京	北京市
98	海底捞	239.37	餐饮	四川	简阳市
99	海天味业	236.85	食品饮料	广东	佛山市
100	汾酒	236.53	酒类	山西	汾阳市
101	万达集团	236.43	地产	辽宁	大连市
102	云南白药	235.03	医药医疗	云南	昆明市
103	VIVO	233.85	通信设备	广东	东莞市
104	龙湖集团	233.66	地产	重庆	重庆市
105	老干妈	232.92	食品饮料	贵州	贵阳市
106	中国广核	232.51	能源	广东	深圳市
107	海康威视	228.66	软件和信息技术	浙江	杭州市
108	泰康保险集团	228.45	金融	北京	北京市
109	北方稀土	226.65	金属、矿业	内蒙古	包头市
110	燕京啤酒	226.50	酒类	北京	北京市
111	波司登	226.41	服装鞋帽	江苏	常熟市
112	中国华电	220.85	能源	北京	北京市

（续表）

排名	品牌名称	品牌价值（亿元）	行业	省份	城市
113	大疆无人机	218.57	机械制造	广东	深圳市
114	融创中国	216.47	地产	天津	天津市
115	正威集团	216.16	电子	广东	深圳市
116	新希望	215.85	农林牧渔	四川	成都市
117	包头钢铁	213.81	钢铁	内蒙古	包头市
118	双汇集团	213.74	食品饮料	河南	漯河市
119	中国华能	210.58	能源	北京	北京市
120	网易	210.21	互联网	浙江	杭州市
121	科大讯飞	208.34	软件和信息技术	安徽	合肥市
122	紫金矿业	207.07	金属、矿业	福建	龙岩市
123	中国银联	202.05	金融	上海	上海市
124	浦发银行	201.85	金融	上海	上海市
125	爱奇艺	200.96	互联网	北京	北京市
126	中国国航	200.17	航空服务	北京	北京市
127	闻泰科技	198.75	电子	湖北	黄石市
128	绿地控股	197.56	地产	上海	上海市
129	智飞生物	192.67	医药医疗	重庆	重庆市
130	大唐电力	190.57	电气设备	北京	北京市
131	光明食品	190.44	食品饮料	上海	上海市
132	光大银行	189.05	金融	北京	北京市
133	长春高新	189.03	医药医疗	吉林	长春市
134	爱尔眼科	187.81	医药医疗	湖南	长沙市
135	国科控股	187.07	综合	北京	北京市
136	中国医药	185.71	医药医疗	北京	北京市
137	中国铁建	184.69	工程	北京	北京市
138	牧原股份	183.75	农林牧渔	河南	南阳市
139	苏宁易购	183.10	零售	江苏	南京市
140	长安汽车	180.84	汽车	重庆	重庆市
141	郎酒	180.27	酒类	四川	泸州市
142	鸿海精密	178.13	机械制造	山东	新北市

（续表）

排名	品牌名称	品牌价值（亿元）	行业	省份	城市
143	携程网	177.71	互联网	上海	上海市
144	国药集团	175.95	医药医疗	北京	北京市
145	华侨城	172.95	综合	广东	深圳市
146	天赐材料	171.90	电子	广东	广州市
147	奇瑞汽车	171.41	汽车	安徽	芜湖市
148	立讯精密	170.22	电子	广东	深圳市
149	用友网络	168.54	软件和信息技术	北京	北京市
150	鄂尔多斯	168.51	服装鞋帽	内蒙古	鄂尔多斯市
151	中国海洋石油	167.62	石油化工	北京	北京市
152	中国有色	165.66	金属、矿业	北京	北京市
153	新浪	164.85	互联网	北京	北京市
154	飞鹤	164.84	食品饮料	黑龙江	齐齐哈尔市
155	广药集团	164.82	医药医疗	广东	广州市
156	南方航空	163.35	航空服务	广东	广州市
157	红星美凯龙	163.06	家居	上海	上海市
158	中国中免	162.67	旅游	北京	北京市
159	中国铝业	162.42	金属、矿业	北京	北京市
160	圆通速递	160.65	物流	上海	上海市
161	正泰集团	156.99	机械制造	浙江	乐清市
162	福耀玻璃	155.68	汽车	福建	福清市
163	徐工集团	155.61	机械制造	江苏	徐州市
164	中海远控	155.31	物流	天津	天津市
165	片仔癀	155.07	医药医疗	福建	漳州市
166	通威集团	150.93	综合	四川	成都市
167	上海医药	148.61	医药医疗	上海	上海市
168	居然之家	143.03	家居	湖北	武汉市
169	森马服饰	142.47	服装鞋帽	浙江	温州市
170	广州建筑	142.15	工程	广东	广州市
171	旺旺集团	138.78	食品饮料	上海	上海市
172	搜狗	137.56	互联网	北京	北京市

（续表）

排名	品牌名称	品牌价值（亿元）	行业	省份	城市
173	中国电建	137.05	电气设备	北京	北京市
174	沃森生物	135.74	医药医疗	云南	昆明市
175	小红书	135.03	互联网	上海	上海市
176	中国太平	134.75	金融	北京	北京市
177	中微公司	134.61	电子	上海	上海市
178	方太	134.51	家电	浙江	宁波市
179	恒力集团	134.24	机械制造	江苏	吴江市
180	卓胜微	131.24	电子	江苏	无锡市
181	理想汽车	131.01	汽车	北京	北京市
182	恒生电子	130.73	软件和信息技术	浙江	杭州市
183	顾家家居	130.61	家居	浙江	杭州市
184	阳光控股	129.41	综合	福建	福州市
185	鲁花集团	128.87	食品饮料	山东	莱阳市
186	康师傅	128.64	食品饮料	天津	天津市
187	上机数控	127.88	机械制造	江苏	无锡市
188	小鹏汽车	127.64	汽车	广东	广州市
189	上海家化	126.91	日用品	上海	上海市
190	国电南瑞	125.63	电气设备	江苏	南京市
191	航发动力	125.07	机械制造	陕西	西安市
192	三峡新能源	124.80	能源	北京	北京市
193	三安光电	124.58	电子	湖北	荆州市
194	浪潮集团	121.88	软件和信息技术	山东	济南市
195	华东制药	121.07	医药医疗	浙江	杭州市
196	滴滴出行	120.14	交通出行	北京	北京市
197	东方财富	120.10	金融	上海	上海市
198	哔哩哔哩	120.09	互联网	上海	上海市
199	中国化工	118.25	石油化工	北京	北京市
200	海信	117.93	家电	山东	青岛市
201	中国通号	117.78	通信设备	北京	北京市
202	视源股份	115.38	电子	广东	广州市

（续表）

排名	品牌名称	品牌价值（亿元）	行业	省份	城市
203	苏泊尔	114.41	家电	浙江	玉环市
204	长城润滑油	113.52	石油化工	北京	北京市
205	分众传媒	112.66	文化传媒	广东	广州市
206	李锦记	112.58	食品饮料	广东	江门市
207	东阿阿胶	112.51	医药医疗	山东	聊城市
208	石头科技	112.18	互联网	北京	北京市
209	太平洋建设	111.75	工程	新疆	乌鲁木齐市
210	申通快递	111.65	物流	浙江	玉环市
211	正大制药	106.32	医药医疗	陕西	安康市
212	中联重科	105.46	机械制造	湖南	长沙市
213	白云山	105.32	医药医疗	广东	广州市
214	少林寺	105.14	文化传媒	河南	登封市
215	华大基因	101.87	医药医疗	广东	深圳市
216	新鸿基地产	100.17	地产	广东	广州市
217	鱼跃医疗	100.05	医药医疗	江苏	丹阳市
218	天士力	99.82	医药医疗	天津	天津市
219	锦江国际	98.95	酒店	上海	上海市
220	温氏股份	97.79	农林牧渔	广东	云浮市
221	中国旅游	97.58	旅游	北京	北京市
222	鲁能集团	96.99	综合	山东	济南市
223	雅戈尔	95.74	服装鞋帽	浙江	宁波市
224	恩捷股份	95.47	工程	云南	玉溪市
225	物产中大	95.36	综合	浙江	杭州市
226	利亚德	95.35	电子	北京	北京市
227	达利集团	92.77	食品饮料	福建	宁波市
228	歌尔股份	92.58	电子	山东	潍坊市
229	华友钴业	92.02	金属、矿业	浙江	嘉兴市
230	汇川技术	92.02	电气设备	广东	深圳市
231	海大集团	92.01	农林牧渔	广东	广州市
232	泰格医药	91.91	医药医疗	浙江	杭州市

（续表）

排名	品牌名称	品牌价值（亿元）	行业	省份	城市
233	尚品宅配	90.37	家居	广东	广州市
234	中国建材	90.13	建筑建材	北京	北京市
235	剑南春	88.99	酒类	四川	绵竹市
236	浙江卫视	88.72	文化传媒	浙江	杭州市
237	大族激光	88.56	电子	广东	深圳市
238	君正集团	88.41	能源	内蒙古	乌海市
239	汤臣倍健	88.26	食品饮料	广东	珠海市
240	星宇股份	88.16	汽车	江苏	常州市
241	蓝月亮	87.88	日用品	广东	广州市
242	北方华创	87.38	电子	北京	北京市
243	雅迪电动车	86.90	交通出行	江苏	无锡市
244	贝因美	86.88	食品饮料	浙江	杭州市
245	上海银行	86.29	金融	上海	上海市
246	大华股份	86.25	软件和信息技术	浙江	杭州市
247	特变电工	86.12	电气设备	新疆	昌吉市
248	金蝶软件	85.44	软件和信息技术	广东	深圳市
249	葛洲坝	85.18	综合	北京	北京市
250	乐普医疗	84.20	医药医疗	北京	北京市
251	寒武纪	84.00	电子	北京	北京市
252	韵达股份	83.55	物流	浙江	慈溪市
253	九牧厨卫	83.22	家居	福建	南安市
254	华住酒店	83.18	酒店	上海	上海市
255	兆易创新	83.09	电子	北京	北京市
256	深南电路	82.85	电子	广东	深圳市
257	东方雨虹	82.30	建筑建材	北京	北京市
258	华兰生物	82.29	医药医疗	河南	新乡市
259	鞍钢集团	82.11	钢铁	辽宁	鞍山市
260	山东魏桥	81.83	电气设备	山东	滨州市
261	康希诺生物	81.74	医药医疗	天津	天津市
262	新东方	80.88	教育	北京	北京市

（续表）

排名	品牌名称	品牌价值（亿元）	行业	省份	城市
263	老百姓大药房	80.48	医药医疗	湖南	长沙市
264	长电科技	80.15	电子	江苏	江阴市
265	北京银行	79.62	金融	北京	北京市
266	58集团	79.49	互联网	北京	北京市
267	蔚来汽车	79.19	汽车	上海	上海市
268	厦门航空	78.45	航空服务	福建	厦门市
269	晶澳科技	78.25	电气设备	安徽	合肥市
270	酒鬼酒	78.12	酒类	湖南	吉首市
271	蒙草	78.11	综合	内蒙古	呼和浩特市
272	同花顺	78.03	互联网	浙江	杭州市
273	中科曙光	76.96	软件和信息技术	天津	天津市
274	英科医疗	76.75	医药医疗	山东	淄博市
275	老凤祥	76.25	珠宝饰品	上海	上海市
276	山东黄金	76.22	金属、矿业	山东	济南市
277	爱美客	76.19	医药医疗	北京	北京市
278	蓝思科技	75.72	电子	湖南	长沙市
279	陕西煤业	75.15	金属、矿业	陕西	西安市
280	百雀羚	74.21	日用品	上海	上海市
281	索菲亚	74.06	家居	广东	广州市
282	完美日记	73.50	日用品	广东	广州市
283	汇顶科技	73.49	电子	广东	深圳市
284	奇安信	73.35	软件和信息技术	北京	北京市
285	湖南卫视	73.00	文化传媒	湖南	长沙市
286	四维图新	72.78	软件和信息技术	北京	北京市
287	广汇汽车	72.74	汽车	辽宁	大连市
288	传音控股	72.63	电子	广东	深圳市
289	喜马拉雅	72.63	文化传媒	辽宁	沈阳市
290	韦尔股份	72.61	电子	上海	上海市
291	吉林敖东	72.58	医药医疗	吉林	敦化市
292	仁和药业	72.50	医药医疗	江西	南昌市

（续表）

排名	品牌名称	品牌价值（亿元）	行业	省份	城市
293	浙江荣盛	72.32	综合	浙江	芜湖市
294	澜起科技	72.32	电子	浙江	杭州市
295	安图生物	71.89	医药医疗	河南	郑州市
296	链家	71.72	房产服务	北京	北京市
297	飞科电器	71.67	家电	上海	上海市
298	双星轮胎	71.07	汽车	山东	青岛市
299	芝华仕	70.71	家居	香港	香港特别行政区
300	上海电气	70.70	机械制造	上海	上海市
301	中环股份	70.62	电子	天津	天津市
302	珀莱雅	70.48	日用品	浙江	杭州市
303	宇通客车	70.41	汽车	河南	郑州市
304	绝味食品	70.12	食品饮料	湖南	长沙市
305	周黑鸭	70.07	食品饮料	湖北	武汉市
306	中青旅	69.93	旅游	北京	北京市
307	兵器工业集团	69.71	机械制造	湖南	长沙市
308	格兰仕	69.10	家电	广东	佛山市
309	首钢集团	68.91	钢铁	北京	北京市
310	丸美股份	68.71	日用品	广东	广州市
311	江苏卫视	68.52	文化传媒	江苏	南京市
312	上海建工	68.46	工程	上海	上海市
313	隆平高科	67.03	农林牧渔	湖南	长沙市
314	东方卫视	67.02	文化传媒	上海	上海市
315	国轩高科	67.01	电气设备	安徽	合肥市
316	久泰新材料	66.96	能源	内蒙古	呼和浩特市
317	水井坊	66.74	酒类	四川	成都市
318	老板电器	66.54	家电	浙江	杭州市
319	同仁堂	66.14	医药医疗	北京	北京市
320	纬锂能	65.54	电气设备	广东	惠州市
321	哈啰出行	65.43	交通出行	上海	上海市
322	古井贡酒	65.31	酒类	安徽	亳州市

（续表）

排名	品牌名称	品牌价值（亿元）	行业	省份	城市
323	康泰生物	64.96	医药医疗	广东	深圳市
324	永辉超市	64.87	商业连锁	福建	福州市
325	鹏鼎控股	64.22	电子	广东	深圳市
326	中公教育	63.96	教育	安徽	芜湖市
327	信维通信	63.64	通信设备	广东	深圳市
328	统一食品	63.35	食品饮料	上海	上海市
329	三只松鼠	63.28	食品饮料	安徽	芜湖市
330	宝信软件	63.03	软件和信息技术	上海	上海市
331	美年大健康	62.64	医药医疗	江苏	南通市
332	中国能源建设	61.80	能源	北京	北京市
333	生益科技	61.41	电子	广东	东莞市
334	恒安集团	61.08	日用品	福建	晋江市
335	美特斯邦威	60.90	服装鞋帽	上海	上海市
336	公牛	60.69	日用品	上海	上海市
337	北大荒	60.65	农林牧渔	黑龙江	齐齐哈尔市
338	神州数码	60.46	软件和信息技术	广东	深圳市
339	海澜之家	60.45	服装鞋帽	江苏	江阴市
340	舍得酒业	60.23	酒类	四川	射洪市
341	新奥集团	60.12	能源	河北	廊坊市
342	万向集团	59.77	汽车	浙江	杭州市
343	光线传媒	59.56	文化传媒	北京	北京市
344	搜狐	59.16	互联网	北京	北京市
345	华海药业	59.13	医药医疗	浙江	临海市
346	周大生	58.67	珠宝饰品	广东	深圳市
347	红豆集团	58.52	服装鞋帽	江苏	无锡市
348	小熊电器	58.44	家电	浙江	佛山市
349	特步	58.16	服装鞋帽	福建	泉州市
350	三七互娱	58.09	互联网	广东	芜湖市
351	中国机械工业	57.39	机械制造	北京	北京市
352	金山软件	57.39	软件和信息技术	北京	北京市

（续表）

排名	品牌名称	品牌价值（亿元）	行业	省份	城市
353	顺鑫农业	57.35	酒类	北京	北京市
354	同程旅游	56.71	互联网	北京	北京市
355	盛虹控股	56.51	石油化工	江苏	苏州市
356	沪电股份	56.32	电子	江苏	昆山市
357	科沃斯	55.85	电子	江苏	苏州市
358	货拉拉	55.59	物流	广东	深圳市
359	中电光谷	55.52	电子	湖北	武汉市
360	北新建材	55.35	建筑建材	北京	北京市
361	长城葡萄酒	54.47	酒类	河北	秦皇岛市
362	知乎	54.22	互联网	北京	北京市
363	东方航空	54.11	航空服务	上海	上海市
364	全聚德	53.53	餐饮	北京	北京市
365	商汤科技	53.48	电子	北京	北京市
366	鸿星尔克	53.24	服装鞋帽	福建	泉州市
367	三环集团	52.39	电子	广东	潮州市
368	小罐茶	52.31	食品饮料	北京	北京市
369	奇虎360	51.99	软件和信息技术	北京	北京市
370	猫眼娱乐	51.95	文化传媒	北京	北京市
371	如家酒店	51.95	酒店	江苏	苏州市
372	深信服	51.26	软件和信息技术	广东	深圳市
373	今麦郎	51.26	食品饮料	河北	邢台市
374	王府井	51.05	商业连锁	北京	北京市
375	立白	50.97	日用品	广东	广州市
376	西部矿业	50.52	金属、矿业	青海	西宁市
377	蓝色光标	50.45	文化传媒	北京	北京市
378	中顺洁柔	50.29	日用品	广东	中山市
379	西贝餐饮	50.11	餐饮	广东	广州市
380	中影集团	50.11	文化传媒	北京	北京市
381	紫光国微	50.09	电子	河北	唐山市
382	维达集团	49.94	日用品	广东	江门市

（续表）

排名	品牌名称	品牌价值（亿元）	行业	省份	城市
383	中国重汽	49.18	汽车	山东	济南市
384	江西铜业	49.04	金属、矿业	江西	贵溪市
385	华润微	48.89	电子	上海	上海市
386	格科微	48.15	电子	上海	上海市
387	陌陌	48.09	互联网	北京	北京市
388	金川集团	48.08	金属、矿业	甘肃	金昌市
389	广联达	48.07	软件和信息技术	北京	北京市
390	凤凰卫视	47.85	文化传媒	上海	上海市
391	步步高	47.65	电子	湖南	长沙市
392	东华软件	47.56	软件和信息技术	北京	北京市
393	张裕	47.50	酒类	山东	烟台市
394	元气森林	47.16	食品饮料	天津	天津市
395	晋能控股	46.88	能源	山西	大同市
396	迪安诊断	46.31	医药医疗	浙江	杭州市
397	贝达药业	46.13	医药医疗	浙江	杭州市
398	水羊集团	46.11	日用品	湖南	长沙市
399	旷视科技	45.97	电子	北京	北京市
400	智联招聘	45.68	互联网	北京	北京市
401	君实生物	45.34	医药医疗	上海	上海市
402	涪陵榨菜	45.19	食品饮料	重庆	重庆市
403	金嗓子	45.06	医药医疗	广西	柳州市
404	圣邦股份	44.89	电子	北京	北京市
405	先导智能	44.88	电子	江苏	无锡市
406	金风科技	44.49	电气设备	新疆	乌鲁木齐市
407	万洲国际	44.28	医药医疗	河北	石家庄市
408	烽火通信	44.16	通信设备	湖北	武汉市
409	天合光能	44.00	电子	江苏	常州市
410	稳健医疗	43.92	医药医疗	广东	深圳市
411	呷哺呷哺	43.82	餐饮	北京	北京市
412	健帆生物	42.91	医药医疗	广东	珠海市

（续表）

排名	品牌名称	品牌价值（亿元）	行业	省份	城市
413	纳爱斯	42.76	日用品	浙江	丽水市
414	宝丰能源	42.65	能源	宁夏	银川市
415	三元食品	40.78	食品饮料	北京	北京市
416	Boss直聘	40.77	互联网	北京	北京市
417	我爱我家	40.71	房产服务	云南	昆明市
418	唯品会	40.58	互联网	广东	广州市
419	国美电器	40.56	零售	北京	北京市
420	探路者	40.24	服装鞋帽	北京	北京市
421	中国宝安	40.05	综合	广东	深圳市
422	盼盼食品	39.98	食品饮料	福建	晋江市
423	优信二手车	39.96	互联网	上海	上海市
424	达达快送	39.80	物流	上海	上海市
425	联影医疗	39.67	医药医疗	上海	上海市
426	中国卫通	39.64	软件和信息技术	北京	北京市
427	厨邦酱油	39.43	食品饮料	广东	中山市
428	联网络	39.38	软件和信息技术	福建	厦门市
429	拉芳家化	39.22	日用品	广东	汕头市
430	闪送	38.82	物流	北京	北京市
431	阳光龙净集团	38.79	综合	上海	上海市
432	便利蜂	38.75	商业连锁	北京	北京市
433	香飘飘	38.68	食品饮料	浙江	湖州市
434	长虹	38.61	家电	四川	绵阳市
435	欧菲光	38.49	电子	广东	深圳市
436	洽洽食品	38.46	食品饮料	安徽	合肥市
437	酷特智能	38.20	服装鞋帽	山东	青岛市
438	春秋航空	37.81	航空服务	上海	上海市
439	羚锐制药	37.81	医药医疗	河南	信阳市
440	名创优品	37.49	零售	广东	广州市
441	江中药业	37.29	医药医疗	江西	南昌市
442	威马汽车	37.24	汽车	上海	上海市

（续表）

排名	品牌名称	品牌价值（亿元）	行业	省份	城市
443	妙可蓝多	37.00	食品饮料	上海	上海市
444	中科创达	36.98	软件和信息技术	北京	北京市
445	良品铺子	36.89	食品饮料	湖北	武汉市
446	依图科技	36.54	电子	上海	上海市
447	奇正藏药	36.42	医药医疗	西藏	林芝市
448	真功夫	36.42	餐饮	广东	东莞市
449	酷开科技	36.29	互联网	广东	深圳市
450	自如信息	35.67	房产服务	湖南	长沙市
451	猎豹	35.49	互联网	北京	北京市
452	喜茶	34.97	食品饮料	广东	深圳市
453	高德红外	34.64	电子	湖北	武汉市
454	百岁山	34.43	食品饮料	广东	深圳市
455	首汽约车	34.39	交通出行	北京	北京市
456	西王食品	33.90	食品饮料	山东	邹平市
457	马应龙	33.88	医药医疗	湖北	武汉市
458	优客工场	33.40	房产服务	北京	北京市
459	广西北部湾	33.13	物流	广西	南宁市
460	百果园	33.02	商业连锁	广东	深圳市
461	宝岛眼镜	32.25	日用品	上海	上海市
462	美柚	32.11	互联网	福建	厦门市
463	亨通光电	31.92	通信设备	江苏	苏州市
464	燕谷坊	31.66	食品饮料	内蒙古	呼和浩特市
465	欢聚时代	31.47	互联网	广东	广州市
466	人民电器	31.43	机械制造	浙江	乐清市
467	泡泡玛特	31.40	零售	北京	北京市
468	三全食品	31.05	食品饮料	河南	郑州市
469	中国兵器装备	31.01	机械制造	广东	深圳市
470	博纳影业	30.90	文化传媒	新疆	乌鲁木齐市
471	蜜雪冰城	30.86	食品饮料	河南	郑州市
472	青山控股	30.83	钢铁	安徽	马鞍山市

（续表）

排名	品牌名称	品牌价值（亿元）	行业	省份	城市
473	圣牧	30.57	食品饮料	内蒙古	巴彦淖尔市
474	同济堂	30.38	医药医疗	新疆	乌鲁木齐市
475	金溢科技	30.05	软件和信息技术	广东	深圳市
476	思念食品	29.63	食品饮料	河南	郑州市
477	捷安特	28.72	交通出行	江苏	昆山市
478	振华重工	28.66	机械制造	上海	上海市
479	UCloud	28.16	软件和信息技术	上海	上海市
480	九芝堂	28.14	医药医疗	湖南	长沙市
481	云从科技	27.71	电子	广东	广州市
482	九州通	27.68	医药医疗	湖北	武汉市
483	蓝城兄弟	27.59	互联网	北京	北京市
484	哈药六厂	27.51	医药医疗	黑龙江	哈尔滨市
485	奥克斯	27.44	家电	浙江	宁波市
486	桃李面包	27.40	食品饮料	辽宁	沈阳市
487	庆丰包子铺	27.17	餐饮	北京	北京市
488	喜之郎	26.79	食品饮料	广东	深圳市
489	前程无忧	26.42	互联网	上海	上海市
490	每日优鲜	26.36	互联网	北京	北京市
491	红星二锅头	25.74	酒类	北京	北京市
492	拉卡拉	25.15	软件和信息技术	北京	北京市
493	水滴公司	25.11	互联网	陕西	西安市
494	巨人网络	24.68	文化传媒	重庆	重庆市
495	中国诚通	24.54	金融	上海	上海市
496	一嗨租车	24.18	交通出行	上海	上海市
497	红旗连锁	23.84	商业连锁	四川	成都市
498	东方时尚	23.76	汽车	北京	北京市
499	卫宁健康	23.69	医药医疗	上海	上海市
500	天下秀	23.54	互联网	广西	北海市

【品牌联盟（北京）咨询股份公司】

2022中国品牌500强

品牌联盟（北京）咨询股份公司、第11届中国品牌节发布

排名	品牌名称	品牌价值（亿元）	行业	省份	城市
1	中国石油	18919.66	石油天然气	北京	北京市
2	中国石化	16438.15	石油天然气	北京	北京市
3	国家电网	14030.3	能源	北京	北京市
4	华为	11707.51	科技	广东	深圳市
5	中国建筑	10163.4	建筑工程	北京	北京市
6	台积电	9857.76	半导体	台湾	新竹市
7	腾讯	9212.23	科技	广东	深圳市
8	阿里巴巴	9016.82	科技	浙江	杭州市
9	中国人寿	8707.22	保险	北京	北京市
10	中国工商银行	8015.68	银行	北京	北京市
11	中国平安	7900.93	保险	广东	深圳市
12	中国建设银行	7563.3	银行	北京	北京市
13	中国移动	7165.17	电信	北京	北京市
14	贵州茅台	5740.21	酒类	贵州	遵义市
15	中国中铁	5661.41	建筑工程	北京	北京市
16	中国铁建	5537.75	建筑工程	北京	北京市
17	中国华润	5377.34	综合	北京	北京市
18	中国农业银行	5247.27	银行	北京	北京市
19	中国银行	5165.92	银行	北京	北京市
20	京东	4430.58	科技	北京	北京市
21	中信集团	4416.79	综合金融	北京	北京市
22	中国人保	4269.03	保险	北京	北京市

（续表）

现排名	品牌名称	品牌价值（亿元）	行业	省份	城市
23	上汽集团	4111.25	汽车	上海	上海市
24	招商银行	3951.67	银行	广东	深圳市
25	中国交建	3748.93	建筑工程	北京	北京市
26	太平洋保险	3592.4	保险	上海	上海市
27	宁德时代	3584.45	能源	福建	宁德市
28	友邦保险	3538.67	保险	上海	上海市
29	正威集团	3508.92	金属矿产	广东	深圳市
30	比亚迪	3405.07	汽车	广东	深圳市
31	中粮集团	3374.97	食品饮料	北京	北京市
32	抖音	3363.94	科技	北京	北京市
33	国家能源集团	3320.83	能源	北京	北京市
34	美团	3145.42	科技	北京	北京市
35	南方电网	3136.79	能源	广东	广州市
36	中国电建	3096.12	建筑工程	北京	北京市
37	碧桂园	2905.39	房地产	广东	佛山市
38	中国电信	2835.88	电信	北京	北京市
39	中国兵器工业	2759.45	机械	北京	北京市
40	中国中化	2737.18	化工	北京	北京市
41	联想	2665.25	电子	北京	北京市
42	美的集团	2649.04	家电	广东	佛山市
43	中国海洋石油	2580.99	石油天然气	北京	北京市
44	江西铜业	2571.11	金属矿产	江西	贵溪市
45	中国航空工业	2510.86	航空航天	北京	北京市
46	中国中冶	2503.02	金属矿产	北京	北京市
47	中国远洋海运	2463.73	交通运输	上海	上海市
48	物产中大	2441.38	综合	浙江	杭州市
49	海尔集团	2371.27	家电	山东	青岛市
50	鸿海精密	2318.96	电子	台湾	新北市
51	中国中车	2315.37	机械	北京	北京市
52	交通银行	2220.35	银行	上海	上海市

（续表）

现排名	品牌名称	品牌价值（亿元）	行业	省份	城市
53	太平洋建设	2213.55	建筑工程	新疆	乌鲁木齐市
54	中国联通	2208.46	电信	北京	北京市
55	吉利控股	2116.99	汽车	浙江	杭州市
56	招商局集团	2068.82	综合	北京	北京市
57	五粮液	2059.97	酒类	四川	宜宾市
58	中国保利集团	2042.4	综合	北京	北京市
59	拼多多	2038.02	科技	上海	上海市
60	中国建材	2022.06	建材	北京	北京市
61	绿地控股	2019.95	房地产	上海	上海市
62	兴业银行	2008.58	银行	福建	福州市
63	宝武集团	1984.57	金属矿产	上海	上海市
64	中国船舶	1922.75	机械	上海	上海市
65	周大福	1909.56	珠宝饰品	香港	香港特别行政区
66	国家电投	1868.26	能源	北京	北京市
67	中国机械工业	1853.17	机械	北京	北京市
68	通威集团	1812.18	能源	四川	成都市
69	紫金矿业	1801.34	金属矿产	福建	龙岩市
70	中国一汽	1794.4	汽车	吉林	长春市
71	中国华能	1785.32	能源	北京	北京市
72	顺丰速运	1774.5	交通运输	广东	深圳市
73	光大集团	1740.42	银行	北京	北京市
74	中国邮政	1715.91	交通运输	北京	北京市
75	新华保险	1705.87	保险	北京	北京市
76	荣盛石化	1687.64	化工	浙江	杭州市
77	中国铝业	1687.64	金属矿产	北京	北京市
78	国投	1677.97	综合金融	北京	北京市
79	小米	1671.52	科技	北京	北京市
80	中国电科	1670.6	电子	北京	北京市
81	万科	1641.6	房地产	广东	深圳市
82	中国能建	1626.4	能源	北京	北京市

（续表）

现排名	品牌名称	品牌价值（亿元）	行业	省份	城市
83	北汽集团	1576.27	汽车	北京	北京市
84	鞍钢集团	1565.78	金属矿产	辽宁	鞍山市
85	盛虹控股	1545.12	化工	江苏	苏州市
86	恒力集团	1527.55	机械	江苏	吴江市
87	中煤能源	1512.01	金属矿产	北京	北京市
88	浦发银行	1470.51	银行	上海	上海市
89	长城汽车	1443.17	汽车	河北	保定市
90	金川集团	1441.52	金属矿产	甘肃	金昌市
91	万华化学	1438.79	化工	山东	烟台市
92	首钢集团	1437.38	金属矿产	北京	北京市
93	龙湖集团	1409.83	房地产	重庆	重庆市
94	中国兵器装备	1406.98	机械	北京	北京市
95	中国电子	1404.16	电子	北京	北京市
96	网易	1388.4	科技	浙江	杭州市
97	中国华电	1323.07	能源	北京	北京市
98	京东方	1311.73	半导体	北京	北京市
99	百度	1306.02	科技	北京	北京市
100	立讯精密	1300.15	半导体	广东	深圳市
101	大唐集团	1294.11	能源	北京	北京市
102	TCL集团	1292	家电	广东	惠州市
103	中国航天科工	1289.94	航空航天	北京	北京市
104	三一重工	1285.6	机械	湖南	长沙市
105	晋能控股	1274.63	金属矿产	山西	大同市
106	隆基股份	1268.98	能源	陕西	西安市
107	泰康保险集团	1231.75	保险	北京	北京市
108	上海医药	1227.98	制药	上海	上海市
109	中国航天科技	1216.89	航空航天	北京	北京市
110	陕西煤业	1202.16	金属矿产	陕西	西安市
111	兖矿能源	1198.72	能源	山东	济宁市
112	中核集团	1160.61	能源	北京	北京市

（续表）

现排名	品牌名称	品牌价值（亿元）	行业	省份	城市
113	洛阳钼业	1153.93	金属矿产	河南	洛阳市
114	农夫山泉	1153.79	食品饮料	浙江	杭州市
115	格力电器	1144.16	家电	广东	珠海市
116	中国中免	1136.31	休闲旅游	北京	北京市
117	上海建工	1121.28	建筑工程	上海	上海市
118	快手	1112.94	科技	北京	北京市
119	阳光龙净集团	1110.82	综合	上海	上海市
120	伊利	1092.69	食品饮料	内蒙古	呼和浩特市
121	爱尔眼科	1084.99	医疗	湖南	长沙市
122	长安汽车	1066.24	汽车	重庆	重庆市
123	民生银行	1061.24	银行	北京	北京市
124	潍柴动力	1049.47	机械	山东	潍坊市
125	广药集团	1030.53	制药	广东	广州市
126	万洲国际	1028.38	农林牧渔	河北	石家庄市
127	牧原股份	997.04	农林牧渔	河南	南阳市
128	海天味业	958.95	食品饮料	广东	佛山市
129	奇瑞汽车	928	汽车	安徽	芜湖市
130	迈瑞医疗	920.7	医疗	广东	深圳市
131	华域汽车	909.45	汽车	上海	上海市
132	长江三峡集团	909.3	能源	湖北	武汉市
133	海螺水泥	880.23	建材	安徽	芜湖市
134	山西汾酒	873.4	酒类	山西	汾阳市
135	徐工集团	862.85	机械	江苏	徐州市
136	中国诚通	846.67	综合金融	北京	北京市
137	中国广核	846.67	能源	广东	深圳市
138	广汽集团	844.9	汽车	广东	广州市
139	中国化学	830.5	化工	北京	北京市
140	中集集团	817.87	交通运输	广东	深圳市
141	中兴通讯	802.89	科技	广东	深圳市
142	洋河股份	795.04	酒类	江苏	宿迁市

（续表）

现排名	品牌名称	品牌价值（亿元）	行业	省份	城市
143	北大荒	794.62	农林牧渔	黑龙江	齐齐哈尔市
144	新希望	794.14	农林牧渔	四川	成都市
145	国药集团	783.06	制药	北京	北京市
146	光明食品	778.51	食品饮料	上海	上海市
147	中芯国际	771.79	半导体	上海	上海市
148	中通快递	771.78	交通运输	上海	上海市
149	安踏	760.36	服饰	福建	晋江市
150	广汇汽车	752.66	汽车	辽宁	大连市
151	中国有色	751.68	金属矿产	北京	北京市
152	九州通	748.98	医药	湖北	武汉市
153	东方财富	741.99	证券	上海	上海市
154	理想汽车	712.44	汽车	北京	北京市
155	中国重汽	698.42	汽车	山东	济南市
156	蔚来汽车	687.28	汽车	上海	上海市
157	华侨城	681.92	休闲旅游	广东	深圳市
158	南方航空	672	航空航天	广东	广州市
159	蒙牛	653.63	食品饮料	内蒙古	呼和浩特市
160	旺旺集团	641.08	食品饮料	上海	上海市
161	东方航空	640.75	航空航天	上海	上海市
162	华夏银行	639.54	银行	北京	北京市
163	歌尔股份	636.6	电子	山东	潍坊市
164	泸州老窖	630.72	酒类	四川	泸州市
165	包头钢铁	630.22	金属矿产	内蒙古	包头市
166	上海电气	629.14	机械	上海	上海市
167	永辉超市	622.77	零售	福建	福州市
168	晶澳科技	613.71	能源	安徽	合肥市
169	海大集团	606.98	农林牧渔	广东	广州市
170	天合光能	600.2	能源	江苏	常州市
171	温氏股份	596.22	农林牧渔	广东	云浮市
172	神州数码	595.39	科技	广东	深圳市

（续表）

现排名	品牌名称	品牌价值（亿元）	行业	省份	城市
173	中国国航	571.35	航空航天	北京	北京市
174	华友钴业	568.76	金属矿产	浙江	嘉兴市
175	恒瑞医药	566.18	制药	江苏	连云港
176	大秦铁路	562.51	建筑工程	山西	大同市
177	青山控股	553.85	金属矿产	安徽	马鞍山市
178	北京银行	546.52	银行	北京	北京市
179	特变电工	543.66	能源	新疆	昌吉市
180	江苏银行	543.59	银行	江苏	南京市
181	亿纬锂能	541.53	能源	广东	惠州市
182	赣锋锂业	538.83	能源	江西	新余市
183	卓尔控股	535.8	综合	湖北	武汉市
184	智飞生物	527.07	医疗	重庆	重庆市
185	娃哈哈	520.06	食品饮料	浙江	杭州市
186	恩捷股份	518.05	综合	云南	玉溪市
187	万达集团	494.81	房地产	辽宁	大连市
188	天齐锂业	484.36	能源	四川	成都市
189	闻泰科技	480.45	电子	湖北	黄石市
190	盐湖股份	479.07	金属矿产	青海	格尔木市
191	片仔癀	475.09	制药	福建	漳州市
192	上海银行	474.18	银行	上海	上海市
193	广州建筑	471.7	建筑工程	广东	广州市
194	南京银行	470.39	银行	江苏	南京市
195	四川路桥	470.11	建筑工程	四川	成都市
196	广西北部湾	468.11	交通运输	广西	南宁市
197	李宁	465.33	服饰	北京	北京市
198	双汇集团	462.28	食品饮料	河南	漯河市
199	北方稀土	457.41	金属矿产	内蒙古	包头市
200	青岛啤酒	454.79	酒类	山东	青岛市
201	汇川技术	454.31	能源	广东	深圳市
202	浙商银行	453.6	银行	浙江	杭州市

（续表）

现排名	品牌名称	品牌价值（亿元）	行业	省份	城市
203	复星集团	451.12	医药	上海	上海市
204	长虹	445.24	家电	四川	绵阳市
205	山东黄金	440.24	金属矿产	山东	济南市
206	国泰君安	433.43	证券	上海	上海市
207	浪潮集团	428.74	科技	山东	济南市
208	紫光股份	414.8	科技	北京	北京市
209	老凤祥	413.13	珠宝饰品	上海	上海市
210	云天化	412.82	化工	云南	昆明市
211	波司登	411.23	服饰	江苏	常熟市
212	苏宁易购	411.1	零售	江苏	南京市
213	华泰证券	408.3	证券	江苏	南京市
214	链家	405.6	房地产	北京	北京市
215	云南白药	403.16	制药	云南	昆明市
216	韦尔股份	402.69	电子	上海	上海市
217	中国旅游	399.97	休闲旅游	北京	北京市
218	海信	399.55	家电	山东	青岛市
219	广发证券	390.37	证券	广东	广州市
220	合盛硅业	388.63	金属矿产	浙江	嘉兴市
221	东方电气	385.37	能源	四川	成都市
222	海底捞	383.79	酒店餐饮	四川	简阳市
223	金地集团	378.35	房地产	广东	深圳市
224	圆通速递	378.05	交通运输	上海	上海市
225	阳光电源	376.81	能源	安徽	合肥市
226	东方雨虹	372.37	建材	北京	北京市
227	山西焦煤	370.99	金属矿产	山西	太原市
228	传音控股	364.32	电子	广东	深圳市
229	VIVO	361.68	科技	广东	东莞市
230	福耀玻璃	356.6	汽车	福建	福清市
231	古井贡酒	354.28	酒类	安徽	亳州市
232	小鹏汽车	354.08	汽车	广东	广州市

（续表）

现排名	品牌名称	品牌价值（亿元）	行业	省份	城市
233	宝丰能源	350.24	能源	宁夏	银川市
234	天赐材料	347.69	能源	广东	广州市
235	杭州银行	346.93	银行	浙江	杭州市
236	中天科技	343.34	能源	江苏	南通市
237	中国银河	343.33	证券	北京	北京市
238	海通证券	341.24	证券	上海	上海市
239	人民电器	337.98	家电	浙江	乐清市
240	携程网	336.2	科技	上海	上海市
241	北方华创	334.5	半导体	北京	北京市
242	华东制药	333.22	制药	浙江	杭州市
243	小康股份	330.2	汽车	重庆	重庆市
244	万泰生物	328.51	医疗	北京	北京市
245	欣旺达	327.21	能源	广东	深圳市
246	韵达股份	326.15	交通运输	浙江	慈溪市
247	申万宏源	310.17	证券	新疆	乌鲁木齐市
248	OPPO	308.77	科技	广东	东莞市
249	中联重科	307.49	机械	湖南	长沙市
250	爱旭股份	305.83	能源	上海	上海市
251	璞泰来	305.26	能源	上海	上海市
252	李锦记	301.68	食品饮料	广东	江门市
253	蓝思科技	297.02	电子	湖南	长沙市
254	三花智控	296.21	机械	浙江	绍兴市
255	卫星化学	288.64	化工	浙江	嘉兴市
256	中伟股份	286.59	能源	贵州	铜仁市
257	华鲁恒升	286.27	建筑工程	山东	德州市
258	山东魏桥	282.88	服饰	山东	滨州市
259	福斯特	282.2	能源	浙江	杭州市
260	三安光电	277.43	半导体	湖北	荆州市
261	明阳智能	277.07	能源	广东	中山市
262	鹏鼎控股	276.94	电子	广东	深圳市

（续表）

现排名	品牌名称	品牌价值（亿元）	行业	省份	城市
263	先导智能	273.09	能源	江苏	无锡市
264	中海油服	271.4	石油天然气	天津	天津市
265	康龙化成	268.32	医药	北京	北京市
266	纳思达	266.87	日用品	广东	珠海市
267	科大讯飞	266.27	科技	安徽	合肥市
268	鄂尔多斯	265.11	服饰	内蒙古	鄂尔多斯市
269	爱美客	264.22	医疗	北京	北京市
270	飞鹤	262.68	食品饮料	黑龙江	齐齐哈尔市
271	华住酒店	262.56	酒店餐饮	上海	上海市
272	紫光国微	262.25	半导体	河北	唐山市
273	亨通光电	259.69	科技	江苏	苏州市
274	华利集团	258.34	服饰	广东	中山市
275	欧派家居	257.42	家居	广东	广州市
276	长电科技	254.92	半导体	江苏	江阴市
277	国美电器	252.47	零售	北京	北京市
278	爱玛科技集团	249.51	汽车	天津	天津市
279	金风科技	248.99	能源	新疆	乌鲁木齐市
280	分众传媒	248.37	媒体	广东	广州市
281	哔哩哔哩	248.36	科技	上海	上海市
282	公牛	243.45	日用品	上海	上海市
283	福莱特	242.47	建筑工程	浙江	嘉兴市
284	德赛西威	240.65	汽车	广东	惠州市
285	东方证券	239.38	证券	上海	上海市
286	国轩高科	237.04	能源	安徽	合肥市
287	中国通号	236.15	科技	北京	北京市
288	泰格医药	235.98	制药	浙江	杭州市
289	长春高新	234.33	医药	吉林	长春市
290	西部矿业	232.77	金属矿产	青海	西宁市
291	新天绿能	231.82	能源	河北	石家庄市
292	杉杉股份	231.74	能源	浙江	宁波市

（续表）

现排名	品牌名称	品牌价值（亿元）	行业	省份	城市
293	拓普集团	231.14	汽车	浙江	宁波市
294	美锦能源	230.99	能源	山西	太原市
295	新和成	228.5	医药	浙江	绍兴市
296	达利集团	224.85	食品饮料	福建	宁波市
297	兆易创新	223.39	半导体	北京	北京市
298	正泰集团	221.9	机械	浙江	乐清市
299	宝信软件	220.64	科技	上海	上海市
300	上机数控	218.23	机械	江苏	无锡市
301	上海机场	217.62	航空航天	上海	上海市
302	大华股份	216.34	科技	浙江	杭州市
303	三环集团	214.95	电子	广东	潮州市
304	同仁堂	213.54	医药	北京	北京市
305	重庆啤酒	212.33	酒类	重庆	重庆市
306	时代电气	211.29	能源	湖南	株洲市
307	雅戈尔	208.98	服饰	浙江	宁波市
308	贝泰妮	208.67	日用品	云南	昆明市
309	晶盛机电	207.63	能源	浙江	绍兴市
310	苏泊尔	205.85	家电	浙江	玉环市
311	纳爱斯	202.81	日用品	浙江	丽水市
312	新鸿基地产	201.44	房地产	广东	广州市
313	恒立液压	201.16	机械	江苏	常州市
314	北新建材	200.55	建材	北京	北京市
315	科沃斯	198.71	电子	江苏	苏州市
316	红星美凯龙	197.16	家居	上海	上海市
317	鲁花集团	196.73	食品饮料	山东	莱阳市
318	凯莱英	193.16	医疗	天津	天津市
319	恒安集团	192.76	日用品	福建	晋江市
320	爱奇艺	191.27	科技	北京	北京市
321	蓝色光标	188.74	媒体	北京	北京市
322	统一食品	188.29	食品饮料	上海	上海市

（续表）

现排名	品牌名称	品牌价值（亿元）	行业	省份	城市
323	商汤科技	188.13	电子	北京	北京市
324	视源股份	187.21	电子	广东	广州市
325	中国宝安	186.85	综合	广东	深圳市
326	今世缘	186.36	酒类	江苏	淮安市
327	顾家家居	184.94	家居	浙江	杭州市
328	君正集团	182.64	能源	内蒙古	乌海市
329	申通快递	180.74	交通运输	浙江	玉环市
330	锦江酒店	180.23	酒店餐饮	上海	上海市
331	贝特瑞	178.99	能源	广东	深圳市
332	锦浪科技	177.1	能源	浙江	宁波市
333	唯品会	176.13	科技	广东	广州市
334	雅迪电动车	175.97	交通运输	江苏	无锡市
335	永兴材料	174.19	建材	浙江	湖州市
336	三七互娱	173.77	科技	广东	芜湖市
337	中国煤科	173.17	金属矿产	北京	北京市
338	金山办公	170.68	科技	北京	北京市
339	生益科技	169.68	半导体	广东	东莞市
340	舍得酒业	169.48	酒类	四川	射洪市
341	玲珑轮胎	168.46	汽车	山东	招远市
342	沃森生物	167.81	医疗	云南	昆明市
343	新东方	166.41	教育	北京	北京市
344	用友	165.22	科技	北京	北京市
345	卓胜微	164.71	电子	江苏	无锡市
346	深南电路	163.9	半导体	广东	深圳市
347	中微公司	161.6	半导体	上海	上海市
348	广联达	159.09	科技	北京	北京市
349	恒生电子	155.94	电子	浙江	杭州市
350	Boss直聘	155.33	科技	北京	北京市
351	酒鬼酒	155.25	酒类	湖南	吉首市
352	中国盐业	151.53	日用品	北京	北京市

（续表）

现排名	品牌名称	品牌价值（亿元）	行业	省份	城市
353	海澜之家	150.36	服饰	江苏	江阴市
354	奥克斯	149.04	家电	浙江	宁波市
355	春秋航空	148.26	航空航天	上海	上海市
356	方正证券	145.4	证券	湖南	长沙市
357	中泰证券	144.88	证券	山东	济南市
358	远东股份	144.64	综合	江苏	宜兴市
359	格科微	144.51	半导体	上海	上海市
360	金螳螂	143.02	装修装饰	江苏	苏州市
361	鲁能集团	141.63	综合	山东	济南市
362	中科创达	141.61	科技	北京	北京市
363	圣邦股份	141.44	半导体	北京	北京市
364	盛新锂能	140.97	能源	四川	成都市
365	星宇股份	140.58	汽车	江苏	常州市
366	东方电缆	140.44	能源	浙江	宁波市
367	斯达半导	139.57	半导体	浙江	嘉兴市
368	大族激光	135.29	电子	广东	深圳市
369	维达集团	132.37	日用品	广东	江门市
370	北控水务	130.94	环保	北京	北京市
371	欧菲光	130.92	电子	广东	深圳市
372	大疆无人机	130.77	机械	广东	深圳市
373	中科曙光	128.47	科技	天津	天津市
374	新浪	128.32	科技	北京	北京市
375	多氟多	127.68	能源	河南	焦作市
376	红豆集团	127.38	服饰	江苏	无锡市
377	梦金园	127.19	珠宝饰品	天津	天津市
378	金蝶软件	125.74	科技	广东	深圳市
379	烽火通信	124.69	科技	湖北	武汉市
380	格兰仕	123.97	家电	广东	佛山市
381	奇虎360	119.68	科技	北京	北京市
382	特步	119.66	服饰	福建	泉州市

（续表）

现排名	品牌名称	品牌价值（亿元）	行业	省份	城市
383	居然之家	119.62	家居	湖北	武汉市
384	乐普医疗	118.97	医疗	北京	北京市
385	国科控股	118.02	综合金融	北京	北京市
386	顺鑫农业	117.99	酒类	北京	北京市
387	汤臣倍健	117.81	食品饮料	广东	珠海市
388	南高齿	117.14	机械	江苏	南京市
389	通策医疗	116.93	医疗	浙江	杭州市
390	飞科电器	116.5	家电	上海	上海市
391	珀莱雅	115.9	日用品	浙江	杭州市
392	石头科技	115.4	科技	北京	北京市
393	同花顺	115.11	证券	浙江	杭州市
394	康泰生物	115.03	医疗	广东	深圳市
395	厦门航空	114.79	航空航天	福建	厦门市
396	燕京啤酒	114.16	酒类	北京	北京市
397	水井坊	113.38	酒类	四川	成都市
398	宇通客车	111.67	汽车	河南	郑州市
399	同程旅游	110.33	科技	北京	北京市
400	稳健医疗	107.99	医疗	广东	深圳市
401	老板电器	105.72	家电	浙江	杭州市
402	蓝月亮	105.6	日用品	广东	广州市
403	喜之郎	103.75	食品饮料	广东	深圳市
404	康希诺生物	100.94	医疗	天津	天津市
405	今麦郎	100.51	食品饮料	河北	邢台市
406	绝味食品	99.93	食品饮料	湖南	长沙市
407	华海药业	99.52	制药	浙江	临海市
408	森马服饰	98.75	服饰	浙江	温州市
409	中公教育	97.95	教育	北京	北京市
410	沪电股份	96.66	电子	江苏	昆山市
411	正大天晴药业	96.03	制药	陕西	安康市
412	双良集团	93.65	能源	江苏	江阴市

（续表）

现排名	品牌名称	品牌价值（亿元）	行业	省份	城市
413	上海家化	93.59	日用品	上海	上海市
414	华兰生物	93.06	医疗	河南	新乡市
415	万向集团	93.05	汽车	浙江	杭州市
416	国科微	91.28	半导体	湖南	长沙市
417	龙蟠科技	91.24	化工	江苏	南京市
418	鱼跃医疗	90.2	医疗	江苏	丹阳市
419	索菲亚	89.84	家居	广东	广州市
420	潮宏基	87.3	珠宝饰品	广东	汕头市
421	华大基因	86.38	医疗	广东	深圳市
422	洽洽食品	85.81	食品饮料	安徽	合肥市
423	东华软件	85.33	科技	北京	北京市
424	名创优品	85.14	零售	广东	广州市
425	泡泡玛特	84.2	零售	北京	北京市
426	奇正藏药	83.49	制药	西藏	林芝市
427	七匹狼	83.27	服饰	福建	晋江市
428	欢聚时代	82.33	科技	广东	广州市
429	四维图新	81.8	科技	北京	北京市
430	良品铺子	81.69	食品饮料	湖北	武汉市
431	三全食品	81.29	食品饮料	河南	郑州市
432	三只松鼠	81.17	食品饮料	安徽	芜湖市
433	吉比特	81.11	科技	福建	厦门市
434	英科医疗	80.47	医疗	山东	淄博市
435	步步高	78.97	综合	湖南	长沙市
436	安图生物	76.66	医疗	河南	郑州市
437	喜马拉雅	76.65	媒体	上海	上海市
438	涪陵榨菜	75.2	食品饮料	重庆	重庆市
439	老干妈	75.04	食品饮料	贵州	贵阳市
440	首旅酒店	74.48	酒店餐饮	江苏	苏州市
441	奇安信	73.83	科技	北京	北京市
442	汇顶科技	72.2	电子	广东	深圳市

（续表）

现排名	品牌名称	品牌价值（亿元）	行业	省份	城市
443	桃李面包	71.46	食品饮料	辽宁	沈阳市
444	妙可蓝多	71.3	食品饮料	上海	上海市
445	芝华仕	70.44	家居	香港	香港特别行政区
446	信维通信	70.26	科技	广东	深圳市
447	中顺洁柔	69.87	日用品	广东	中山市
448	百雀羚	69.34	日用品	上海	上海市
449	天士力	69.29	医药	天津	天津市
450	奥康集团	69.01	服饰	浙江	温州市
451	利亚德集团	68.9	电子	北京	北京市
452	老百姓大药房	68.71	制药	湖南	长沙市
453	美年健康	67.5	医疗	江苏	南通市
454	东阿阿胶	66.83	医药	山东	聊城市
455	昆药集团	64.83	制药	云南	昆明市
456	九牧王	64.28	服饰	福建	泉州市
457	贝达药业	63.46	制药	浙江	杭州市
458	搜狐	62.2	科技	北京	北京市
459	拉卡拉	62.02	科技	北京	北京市
460	光线传媒	61.26	媒体	北京	北京市
461	雪天盐业	60.74	食品饮料	湖南	长沙市
462	方太	60.42	家电	浙江	宁波市
463	呷哺呷哺	54.53	酒店餐饮	北京	北京市
464	金嗓子	54.3	医药	广西	柳州市
465	立白	53.54	日用品	广东	广州市
466	天下秀	53.32	科技	广西	北海市
467	鑫荣懋	51.61	零售	广东	深圳市
468	剑南春	50.34	酒类	四川	绵竹市
469	百岁山	50.2	食品饮料	广东	深圳市
470	郎酒	50.11	酒类	四川	泸州市
471	猫人	49.75	服饰	湖北	武汉市
472	西贝餐饮	49.72	酒店餐饮	广东	广州市

（续表）

现排名	品牌名称	品牌价值（亿元）	行业	省份	城市
473	巨人网络	47.97	科技	重庆	重庆市
474	吉林敖东	47.78	医药	吉林	敦化市
475	中安科技集团	45.25	建筑工程	贵州	贵阳市
476	燕谷坊	45.21	食品饮料	内蒙古	呼和浩特市
477	真功夫	45.06	酒店餐饮	广东	东莞市
478	三元食品	44.12	食品饮料	北京	北京市
479	仁和药业	43.88	制药	江西	南昌市
480	美克美家	40.73	家居	江西	赣州市
481	九芝堂	40.03	医药	湖南	长沙市
482	江小白	39.33	酒类	重庆	重庆市
483	小熊电器	39.06	家电	浙江	佛山市
484	马应龙	38.8	医药	湖北	武汉市
485	盼盼食品	38.12	食品饮料	福建	晋江市
486	58集团	38.05	科技	北京	北京市
487	火星人集成灶	36.86	家电	浙江	海宁市
488	天宜上佳	36.19	汽车	北京	北京市
489	江中药业	36.07	制药	江西	南昌市
490	元气森林	35.26	食品饮料	天津	天津市
491	业之峰	35.17	装修装饰	北京	北京市
492	周黑鸭	34.08	食品饮料	湖北	武汉市
493	水羊集团	34.04	日用品	湖南	长沙市
494	立业集团	31.35	综合	广东	深圳市
495	炜赋集团	31.21	房地产	江苏	南通市
496	钻石世家	31.11	珠宝饰品	广东	深圳市
497	联影医疗	31.09	医疗	上海	上海市
498	隆平高科	30.58	农林牧渔	湖南	长沙市
499	哈啰出行	30.27	交通运输	上海	上海市
500	蜜雪冰城	30.15	食品饮料	河南	郑州市

【品牌联盟（北京）咨询股份公司】

2021年度最具价值中国品牌100强榜单

（凯度发布）

排名	品牌名称	品牌价值（亿美元）	品牌价值变化%（VS.2020）
1	腾讯 *	2796.18	0.85
2	阿里巴巴 **	2018.63	0.32
3	茅台	1105.79	1.06
4	美团	528.78	1.21
5	华为	465.68	0.25
6	中国平安 ***	443.59	N/A
7	京东	410.66	0.66
8	抖音	389.2	1.31
9	中国工商银行	385.91	0.01
10	快手	326.42	2.82
11	海尔	264.22	0.41
12	拼多多	246.91	1.6
13	小米	242.38	0.46
14	中国移动	234.4	-0.32
15	百度	232.67	0.57
16	农夫山泉	220.16	新上榜
17	中国建设银行	203.78	-0.03
18	滴滴出行	200.41	0
19	招商银行	193.67	0.71
20	顺丰速运	187.72	0.64
21	中国人寿	175.28	0.38
22	中国农业银行	175.11	-0.06
23	五粮液	174.93	1.18
24	伊利	170.63	0.85
25	海天	157.98	新上榜
26	贝壳找房	136.27	2.64
27	中国银行	128.32	-0.06
28	链家	124.56	4.48
29	饿了么	105.94	0.07
30	网易	100.4	0.87
31	哔哩哔哩	99.59	2.93
32	蒙牛	94.36	0.38
33	美的	93.56	0.58
34	芒果 TV	88.43	新上榜
35	蔚来	86.04	新上榜
36	大众点评	81.45	0.89
37	国窖1573	80.46	2.36
38	中国石化	79.68	0.07
39	新东方	76.73	0.58
40	片仔癀	72.7	新上榜
41	恒大地产	70.75	0
42	爱奇艺	68.49	0.04
43	比亚迪	67.11	1.54
44	今日头条	64.94	1.87

（续表）

排名	品牌名称	品牌价值（亿美元）	品牌价值变化 %（VS.2020）	排名	品牌名称	品牌价值（亿美元）	品牌价值变化 %（VS.2020）
45	优酷	64.17	0.29	73	杏花村	32.1	2.48
46	中国石油	62.79	-0.09	74	安踏	31.34	1.04
47	学而思	62.24	0.35	75	青岛啤酒	30.61	1.11
48	中通快递	60.97	0.39	76	新浪微博	28.36	新上榜
49	中国电信	59.83	-0.16	77	苏宁	28.01	-0.18
50	太平洋保险	59.8	0.43	78	古井贡酒	27.08	1.41
51	洋河	54.84	1.16	79	京东方	26.74	N/A
52	格力	51.23	0.06	80	作业帮	26.66	新上榜
53	中国国际航空	51.06	0.2	81	巨量引擎	26.36	新上榜
54	云南白药	48.92	0.66	82	金蝶	24.24	1.81
55	双汇	48.41	0.24	83	融创	24.17	-0.14
56	联想	47.79	0.61	84	知乎	24.09	1.33
57	泸州老窖	46.96	1.05	85	中国民生银行	23.1	-0.22
58	周大福	46.41	新上榜	86	欧派	22.9	新上榜
59	猿辅导	45.71	新上榜	87	华润置地	22.77	0.02
60	万科	44.44	-0.02	88	自如	22.77	0.1
61	用友	44.14	0.19	89	中国联通	22.67	0.26
62	碧桂园	40.96	0.06	90	龙湖	22.48	0.24
63	交通银行	38	0.15	91	李宁	20.24	1.39
64	飞猪	37.66	新上榜	92	360	20.18	新上榜
65	雪花啤酒	37.03	0.95	93	新华保险	18.92	0.22
66	中国东方航空	36.23	0.25	94	益丰大药房	18.27	新上榜
67	唯品会	34.55	0.61	95	中国人民保险	18.25	-0.06
68	中国南方航空	33.87	0.37	96	国缘	18.24	新上榜
69	保利地产	33.55	0.03	97	韵达快递	18.12	0.0028
70	携程	33.47	0.12	98	同仁堂	17.73	0.12
71	大疆	32.97	-0.13	99	中兴 ****	17.36	N/A
72	泰康	32.35	新上榜	100	大参林	16.99	新上榜

2022年度最具价值中国品牌100强榜单

（凯度发布）

排名	品牌名称	品牌价值（亿美元）	行业
1	腾讯*	2043.78	媒体和娱乐
2	阿里巴巴**	1370.31	零售
3	茅台	1084.9	酒类
4	抖音	434.83	媒体和娱乐
5	美团	419.45	生活服务平台
6	中国工商银行	360.17	银行
7	京东	341.98	零售
8	华为	336.63	消费科技
9	海尔	332.06	物联网生态
10	中国平安	263.2	保险
11	中国移动	230.25	电信服务
12	农夫山泉	199.67	食品饮料
13	中国建设银行	194.66	银行
14	招商银行	192.27	银行
15	中国农业银行	178.66	银行
16	小米	177.26	消费科技
17	百度	160.35	媒体和娱乐
18	快手	153.09	媒体和娱乐
19	顺丰速运	147.33	物流
20	伊利	140.43	食品饮料
21	中国人寿	135.51	保险
22	五粮液	131.69	酒类
23	拼多多	131.43	零售
24	中国银行	123.28	银行
25	海天	118.96	食品饮料
26	蒙牛	100.02	食品饮料
27	滴滴出行	95.14	生活服务平台
28	中国电信	88.19	电信服务
29	比亚迪	86.67	汽车
30	国窖1573	86.15	酒类
31	网易	86.05	媒体和娱乐
32	中国石化	82.91	能源
33	片仔癀	78.57	医疗保健
34	中国石油	72.34	能源
35	美的	72.29	家用电器
36	大众点评	67.92	生活服务平台
37	小红书	66.27	媒体和娱乐
38	周大福	61.09	零售
39	饿了么	60.48	生活服务平台
40	今日头条	55.55	媒体和娱乐
41	中国国际航空	53.72	旅游服务
42	中通快递	53.09	物流
43	哔哩哔哩	51.87	媒体和娱乐
44	蔚来	51.67	汽车

（续表）

排名	品牌名称	品牌价值(亿美元)	行业	排名	品牌名称	品牌价值(亿美元)	行业
45	贝壳找房	47.18	地产中介	73	泰康	29.35	保险
46	联想	46.18	消费科技	74	青岛啤酒	28.12	酒类
47	泸州老窖	44.28	酒类	75	大疆	27.08	消费科技
48	芒果TV	43.69	媒体和娱乐	76	格力	26.86	家用电器
49	链家	43.38	地产中介	77	携程	26.67	生活服务平台
50	中国太平洋保险	43.08	保险	78	古井贡酒	25.97	酒类
51	洋河股份	42.01	酒类	79	兴盛优选	25.06	零售
52	杏花村	41.93	酒类	80	飞猪	24.79	旅游服务
53	科大讯飞	41.61	商业解决方案和科技服务	81	华润置地	23.6	房地产
54	中国东方航空	40.09	旅游服务	82	京东方	22.51	商业解决方案和科技服务
55	交通银行	3930	银行	83	东鹏特饮	21.73	食品饮料
56	优酷	37.76	媒体和娱乐	84	韵达快递	21.63	物流
57	中国南方航空	35.89	旅游服务	85	欧派	21.48	零售
58	薇诺娜	35.7	个人护理	86	中国人民保险	20.27	保险
59	万科	35.43	房地产	87	元气森林	20.15	食品饮料
60	海底捞	34.27	休闲餐饮	88	圆通速递	20.08	物流
61	双汇	34.18	食品饮料	89	苏宁电器	20.07	零售
62	安踏	33.99	服饰	90	同仁堂	19.94	医疗保健
63	喜茶	33.98	快餐	91	新浪微博	19.09	媒体和娱乐
64	李宁	33.64	服饰	92	金蝶	18.67	商业解决方案和科技服务
65	雪花啤酒	33.49	酒类	93	哈弗	17.94	汽车
66	云南白药	33.23	医疗保健	94	TCL	17.79	商业解决方案和科技服务
67	用友	32.95	商业解决方案和科技服务	95	中国民生银行	17.7	银行
68	理想汽车	32.42	汽车	96	龙湖	17.47	房地产
69	碧桂园	32.29	房地产	97	飞鹤	16.94	食品饮料
70	爱奇艺	32	媒体和娱乐	98	国缘	16.7	酒类-
71	保利发展控股***	30.22	房地产	99	融创	16	房地产
72	小鹏汽车	29.46	汽车	100	好来****	15.14	个人护理

（凯度）

CHINA
BRAND
YEARBOOK

统计资料

国内外商标申请注册年度状况表

单位：件

	年份	申请量	注册量
合计	1979—2016	22094108	14508848
	2017	5748175	2792072
	2018	7370709	5007395
	2019	7837441	6405840
	2020	9347568	5760652
	2021	9450507	7738947
	2022	7515961	6177170
国内	1979—2016	20109958	12985610
	2017	5538980	2656039
	2018	7127032	4796851
	2019	7582356	6177791
	2020	9116454	5576545
	2021	9192675	7545358
	2022	7304007	6001698
国外	1979—2016	1984150	1523238
	2017	209195	136033
	2018	243677	210544
	2019	255085	228049
	2020	231114	184107
	2021	257832	193589
	2022	211954	175472

国内商标申请、注册及有效注册量表

单位：件

地区	申请量		注册量		年末有效注册量	
	2021年	2022年	2021年	2022年	2021年	2022年
国内总计	9192675	7304007	7545358	6001698	35322797	40642099
北京	641220	485330	427911	387204	2578614	2908053
天津	95011	71347	67921	54955	352692	399652
河北	282347	232623	239842	195541	1063792	1245125
山西	89251	73459	69498	57184	289394	342608
内蒙古	75793	66468	58946	53232	295125	343184
辽宁	132718	112039	103652	86711	556582	631750
吉林	79358	66140	61471	52747	309803	356321
黑龙江	96990	83689	77776	65721	392827	451792
上海	559352	403117	420985	350704	2117136	2427452
江苏	590311	480272	507784	398631	2335946	2685045
浙江	837586	642028	748628	559986	3675052	4161116
安徽	287123	243320	254033	195276	1011461	1189531
福建	500458	391137	446895	327483	1989159	2277564
江西	181052	145376	172954	120979	671642	782781
山东	545189	464975	465216	373687	2057493	2404114
河南	429656	324474	389068	280931	1489689	1746409
湖北	220348	193549	181590	151030	833494	970111
湖南	244563	196093	211056	162029	902594	1048144
广东	1738500	1369943	1437978	1143878	6766377	7795886

（续表）

地区	申请量		注册量		年末有效注册量	
	2021年	2022年	2021年	2022年	2021年	2022年
广西	121037	103705	97297	78165	389044	461430
海南	70885	66937	38277	43976	160278	203646
重庆	159051	131682	128539	104609	694043	782071
四川	353261	289996	282109	230862	1281664	1492127
贵州	170048	136293	97189	91031	362645	449518
云南	149049	133967	113873	99516	538604	627702
西藏	14180	9899	9889	8661	47472	55810
陕西	169668	147629	142766	108603	620721	714827
甘肃	43494	39544	34945	30104	157464	185375
青海	15091	13148	13179	11028	60756	70421
宁夏	24815	21697	18210	16072	84299	99290
新疆	102382	73657	62485	55654	279325	327518
台湾	13068	9855	11211	8785	182042	183308
香港	157963	79068	150987	95456	766806	812605
澳门	1857	1551	1198	1267	8762	9813
广州	485618	367723	395000	310356	1881904	2160076
长春	39168	33287	29116	26684	145236	175147
武汉	110050	88815	81976	70022	410214	472269
南京	113439	93092	90825	74265	428951	497031
杭州	276743	213107	217131	177843	1025618	1183264
西安	102887	92078	81879	65503	379496	435441
济南	89643	73042	72691	60466	331760	386000
沈阳	48095	41431	39309	31777	213604	240526
成都	193723	153044	168488	124574	771167	876697
大连	32864	28066	23911	21104	137748	156057
厦门	116262	87963	103738	77021	489933	556365
哈尔滨	50799	45281	41442	34794	208781	240007
深圳	574780	449041	464393	370044	2165693	2500626
青岛	105810	90392	87593	72325	391532	457675
宁波	82368	72639	78333	61015	401084	455133

按国别（地区）国外在华商标申请、注册及有效注册量表

单位：件

地区	申请量		注册量		年末有效注册量	
	2021年	2022年	2021年	2022年	2021年	2022年
国内总计	257832	211954	193589	175472	1916723	2029812
安道尔	10	37	4	7	78	62
阿联酋	694	875	404	420	4435	4738
阿富汗	166	82	90	92	395	399
安提瓜和巴布达	20	31	17	9	68	83
安圭拉	50	20	67	24	810	783
阿尔巴尼亚	13	5	8	5	29	31
亚美尼亚	33	16	24	10	212	216
安哥拉	3	4	5	1	45	45
阿根廷	227	138	185	120	1654	1724
奥地利	1785	1292	1001	1137	14346	15053
澳大利亚	7308	6473	6319	4903	49063	52422
阿鲁巴	0	0	0	0	1	1
阿塞拜疆	18	80	15	49	298	327
波黑	8	20	5	25	21	41
巴巴多斯	121	118	83	119	898	970
孟加拉国	22	25	7	11	164	175
比利时	1517	1435	1199	1120	14091	14435
布基纳法索	3	2	3	2	19	14
保加利亚	190	150	123	109	1754	1822

（续表）

地区	申请量		注册量		年末有效注册量	
	2021年	2022年	2021年	2022年	2021年	2022年
巴林	5	28	4	6	124	128
布隆迪	0	0	0	0	16	13
贝宁	5	5	3	5	26	30
百慕大	349	183	260	152	2397	2486
文莱	4	1	18	3	250	207
玻利维亚	3	9	6	2	58	58
巴西	516	557	406	356	4419	4648
巴哈马	30	68	69	39	981	970
博茨瓦纳	0	0	0	0	92	92
白俄罗斯	189	116	124	86	1081	1080
伯利兹	18	29	20	19	568	543
加拿大	4721	3721	3727	2987	26324	28574
刚果（金）	0	0	0	0	20	18
刚果（布）	2	0	0	0	7	7
瑞士	8602	7904	5842	6318	79015	82611
科特迪瓦	2	3	1	2	42	46
库克群岛	61	8	17	44	305	330
智利	557	365	397	351	3308	3620
喀麦隆	9	8	51	30	213	240
哥伦比亚	188	276	101	175	1054	1197
哥斯达黎加	24	56	7	22	109	123
古巴	9	14	8	6	179	199
佛得角	0	0	0	0	1	1
库拉索	8	14	0	3	243	222
塞浦路斯	427	371	318	328	3594	3621
捷克	418	316	257	224	4311	4369
德国	17697	16387	13201	12400	185628	191453
吉布提	0	1	2	0	6	6

（续表）

地区	申请量		注册量		年末有效注册量	
	2021年	2022年	2021年	2022年	2021年	2022年
丹麦	2407	2383	1791	1631	17905	18997
多米尼克	4	0	0	2	19	21
多米尼加	38	33	31	27	205	232
阿尔及利亚	21	46	43	7	264	262
厄瓜多尔	38	23	38	29	238	264
爱沙尼亚	158	139	111	94	748	814
埃及	167	214	120	141	923	1034
厄立特里亚	2	0	0	0	2	2
西班牙	2934	2570	2070	1957	25320	25964
埃塞俄比亚	8	8	2	8	28	35
芬兰	1781	1290	1390	1180	14534	15025
斐济	2	3	8	1	64	64
法国	10696	10109	7638	7677	113100	116242
加蓬	0	0	0	0	1	1
英国	23762	17583	20312	15291	134458	145578
格林纳达	6	1	3	0	10	10
格鲁吉亚	44	19	26	14	233	239
根西岛	5	60	5	44	74	112
加纳	14	20	10	10	61	67
直布罗陀	16	11	14	8	167	156
格陵兰	0	0	2	0	6	6
冈比亚	0	0	0	0	4	4
几内亚	8	10	0	12	55	68
赤道几内亚	0	0	1	0	2	2
希腊	163	176	137	103	1732	1736
危地马拉	23	18	8	20	104	124
几内亚比绍	1	0	0	1	1	2
圭亚那	1	0	2	0	15	15

（续表）

地区	申请量		注册量		年末有效注册量	
	2021年	2022年	2021年	2022年	2021年	2022年
洪都拉斯	5	1	3	6	12	18
克罗地亚	56	112	27	50	408	435
海地	0	0	2	0	32	32
匈牙利	207	131	164	135	1620	1689
印度尼西亚	748	451	582	478	4956	5350
爱尔兰	1114	768	746	707	6236	6825
以色列	920	894	611	656	5286	5814
马恩岛	25	27	47	29	1325	1209
印度	664	727	549	511	4947	5321
伊拉克	482	370	227	292	1388	1636
伊朗	190	325	198	135	1978	2020
冰岛	95	56	69	36	785	780
意大利	8323	6854	6125	5806	85806	88101
泽西岛	86	40	39	48	367	400
牙买加	5	9	7	6	65	64
约旦	131	89	74	53	518	552
日本	30393	24426	25082	22138	254325	268065
肯尼亚	12	10	17	6	152	151
吉尔吉斯斯坦	18	25	10	11	97	113
柬埔寨	36	21	41	12	180	189
科摩罗	0	1	0	0	0	0
圣基茨和尼维斯	1	0	2	0	35	33
朝鲜	73	50	50	79	216	291
韩国	18332	14783	14910	12776	125690	135300
科威特	38	108	16	48	285	324
开曼群岛	1864	2261	1955	1595	29787	31007
哈萨克斯坦	129	137	112	82	838	891
老挝	3	107	3	30	27	56

（续表）

地区	申请量		注册量		年末有效注册量	
	2021年	2022年	2021年	2022年	2021年	2022年
黎巴嫩	82	91	37	57	518	562
圣卢西亚	6	2	1	5	15	20
列支敦士登	124	152	86	131	2663	2754
斯里兰卡	70	12	50	30	347	374
利比里亚	5	10	3	7	23	28
立陶宛	248	87	147	130	820	946
卢森堡	694	643	523	355	8911	8434
拉脱维亚	50	86	71	51	480	500
利比亚	45	84	33	50	141	186
摩洛哥	83	660	35	44	671	683
摩纳哥	158	136	177	87	2136	2052
摩尔多瓦	54	73	27	69	273	333
黑山	2	2	1	1	46	46
马达加斯加	0	7	1	0	40	37
马绍尔群岛	119	56	119	79	970	969
北马其顿	11	13	7	11	99	81
马里	33	10	12	14	100	104
缅甸	123	53	159	65	545	601
蒙古	27	36	18	15	166	180
北马里亚纳群岛	0	9	2	2	5	7
毛里塔尼亚	0	0	2	0	22	19
蒙塞拉特岛	0	0	0	0	2	2
马耳他	131	240	93	94	1361	1447
毛里求斯	56	40	117	51	745	771
马尔代夫	2	32	6	11	19	30
马拉维	0	1	1	0	6	6
墨西哥	461	453	276	364	4812	5049
马来西亚	2054	1451	1556	1293	12747	13762

（续表）

地区	申请量		注册量		年末有效注册量	
	2021年	2022年	2021年	2022年	2021年	2022年
莫桑比克	12	3	11	9	36	33
纳米比亚	7	2	1	5	60	63
尼日尔	0	5	0	1	12	13
尼日利亚	66	36	54	21	322	332
尼加拉瓜	0	3	0	0	9	9
荷兰	3784	3598	3150	3016	37192	39962
挪威	1122	851	698	670	5926	6402
尼泊尔	30	14	5	14	94	104
瑙鲁	0	0	0	0	4	4
新西兰	1798	1496	1477	1219	13110	13863
阿曼	18	6	33	13	209	221
巴拿马	140	75	77	96	748	816
秘鲁	47	87	69	33	456	465
波利尼西亚	1	0	0	1	7	7
巴布亚新几内亚	0	2	1	0	39	33
菲律宾	205	198	173	147	1545	1647
巴基斯坦	132	106	66	85	789	858
波兰	1261	841	845	697	6575	7050
巴勒斯坦	7	1	7	3	27	30
葡萄牙	334	228	250	188	3206	3256
帕劳	0	0	0	0	20	19
巴拉圭	10	29	5	16	71	85
卡塔尔	295	85	39	94	379	471
罗马尼亚	165	74	67	119	872	934
塞尔维亚	158	64	110	42	493	520
俄罗斯	2503	2635	1959	1634	20676	21234
卢旺达	0	0	0	0	5	5
沙特阿拉伯	207	287	114	116	1137	1216

（续表）

地区	申请量		注册量		年末有效注册量	
	2021年	2022年	2021年	2022年	2021年	2022年
所罗门群岛	0	0	0	0	2	2
塞舌尔	870	494	834	585	5163	5521
苏丹	4	8	16	6	126	131
瑞典	3626	2959	2396	2432	22099	23821
新加坡	9279	6536	4669	6781	36075	42684
斯洛文尼亚	199	220	171	127	1439	1517
斯洛伐克	74	181	45	114	1084	1185
塞拉利昂	4	0	4	0	18	18
圣马力诺	19	38	23	9	231	229
塞内加尔	7	6	5	3	62	64
索马里	0	0	1	1	5	6
苏里南	1	0	0	1	1	3
南苏丹	0	1	1	0	1	1
萨尔瓦多	2	3	9	4	27	31
荷属圣马丁	0	0	0	0	1	0
叙利亚	93	107	86	66	496	529
特克斯和凯科斯群岛	4	24	5	5	58	55
乍得	3	0	2	0	18	18
多哥	3	1	2	1	88	89
泰国	1950	1349	1650	1172	13555	14479
塔吉克斯坦	3	2	5	2	35	37
土库曼斯坦	8	3	9	4	70	74
突尼斯	8	14	3	7	147	149
汤加	0	0	0	0	1	1
土耳其	1009	953	649	658	8270	8509
特立尼达和多巴哥	24	5	7	13	87	98
坦桑尼亚	21	28	19	18	116	132
乌克兰	431	221	290	205	2424	2432

（续表）

地区	申请量		注册量		年末有效注册量	
	2021年	2022年	2021年	2022年	2021年	2022年
乌干达	8	2	3	8	30	37
美国	65951	51288	45464	43124	406115	438403
乌拉圭	52	47	39	45	300	344
乌兹别克斯坦	23	44	35	26	127	148
圣文森特和格林纳丁斯	0	1	5	2	24	25
委内瑞拉	36	75	41	30	363	379
英属维尔京群岛	3915	2268	3811	2393	36471	36483
越南	344	373	247	223	1996	2108
瓦努阿图	2	0	4	0	101	99
萨摩亚	41	193	32	45	2275	2240
也门	209	183	149	128	559	685
南非	315	373	236	244	3105	3279
赞比亚	5	0	3	1	12	7
津巴布韦	8	8	1	10	18	26
其他	60	39	19	21	440	124

（国家知识产权局官网）

分地区马德里商标国际注册申请量表

单位：件

地区	2021年	2022年	地区	2021年	2022年
国内总计	**5928**	**5827**	湖南	142	109
北京	299	335	广东	1513	1551
天津	41	119	广西	32	41
河北	198	488	海南	7	10
山西	7	3	重庆	76	51
内蒙古	17	7	四川	78	60
辽宁	13	21	贵州	15	39
吉林	9	24	云南	16	10
黑龙江	10	5	西藏	21	3
上海	424	477	陕西	24	18
江苏	890	690	甘肃	3	8
浙江	803	763	青海	1	0
安徽	277	174	宁夏	7	2
福建	377	287	新疆	9	8
江西	74	23	台湾	20	13
山东	408	345	其他	2	4
河南	35	52	广州	266	395
湖北	80	87	长春	8	13

（续表）

地区	2021年	2022年
武汉	49	62
南京	91	74
杭州	177	162
西安	23	17
济南	101	68
沈阳	5	6
成都	46	39
大连	3	11
厦门	80	74
哈尔滨	6	1
深圳	818	774
青岛	36	74
宁波	115	123

注：本表统计为国家知识产权局收到的中国申请人马德里商标国际注册申请情况。中国香港、澳门不是马德里体系缔约方，如香港、澳门申请人在网上提交马德里申请，将不予受理，在本表中划入“其他”统计项名下。

（国家知识产权局官网）

地理标志作为集体商标、证明商标累计注册量表

单位：件

地区	2021年	2022年	地区	2021年	2022年
合计	**6562**	**7076**	湖北	500	517
国内总计	6347	6849	湖南	222	241
北京	18	19	广东	97	121
天津	27	27	广西	78	98
河北	255	298	海南	93	107
山西	95	108	重庆	284	295
内蒙古	178	183	四川	552	587
辽宁	141	141	贵州	117	121
吉林	102	112	云南	310	347
黑龙江	107	108	西藏	134	146
上海	18	18	陕西	143	156
江苏	379	412	甘肃	155	171
浙江	280	304	青海	40	48
安徽	205	218	宁夏	28	30
福建	594	643	新疆	108	114
江西	125	139	台湾	5	5
山东	855	903	香港	0	0
河南	102	112	澳门	0	0

（续表）

地区	2021年	2022年
国外在华总计	215	227
德国	2	2
西班牙	2	3
法国	154	155
英国	3	3
格鲁吉亚	3	3
意大利	24	34
牙买加	2	2
日本	1	1
墨西哥	2	2
泰国	6	6
美国	14	14
印度	2	2

（国家知识产权局官网）

地理标志产品累计批准量表

单位：件

地区	2021年	2022年
合计	**2490**	**2495**
国内总计	2350	2355
北京	13	13
天津	13	13
河北	73	75
山西	27	27
内蒙古	41	41
辽宁	89	89
吉林	53	53
黑龙江	75	75
上海	12	12
江苏	91	91
浙江	115	115
安徽	86	87
福建	107	107
江西	62	62
山东	81	82
河南	116	116
湖北	165	165
湖南	83	83
广东	162	162
广西	93	93
海南	12	12
重庆	14	14
四川	296	296
贵州	150	150
云南	64	65
西藏	35	35
陕西	86	86
甘肃	68	68
青海	16	16
宁夏	13	13
新疆	39	39
台湾	0	0
香港	0	0
澳门	0	0

（续表）

地区	2021年	2022年	地区	2021年	2022年
国外在华总计	140	140	芬兰	1	1
西班牙	12	12	捷克	2	2
法国	63	63	立陶宛	1	1
英国	4	4	罗马尼亚	1	1
意大利	26	26	葡萄牙	6	6
墨西哥	1	1	瑞典	1	1
美国	1	1	塞浦路斯	1	1
爱尔兰	2	2	塞浦路斯、希腊	1	1
奥地利	1	1	斯洛伐克	1	1
比利时、德国、法国、荷兰	1	1	斯洛文尼亚	1	1
波兰	1	1	希腊	5	5
丹麦	1	1	匈牙利	1	1
德国	5	5			

（国家知识产权局官网）

CHINA
BRAND
YEARBOOK

附录

驰名商标名录（不完全统计）

序号	商标名称	商标申请日期	序号	商标名称	商标申请日期	序号	商标名称	商标申请日期
1	ROLLS-ROYCE	1958-10-20	23	SUBARU	1979-07-17	45	沂州	1980-05-13
2	玫瑰	1960-08-01	24	NIKE	1979-07-28	46	虹波	1980-05-22
3	飞马	1961-01-01	25	CHANEL	1979-08-12	47	江动	1980-05-27
4	东方红	1963-12-27	26	吉列	1979-08-25	48	佳能	1980-05-31
5	伊力	1964-12-01	27	PHILIPS	1979-11-12	49	川江	1980-06-03
6	南京	1977-12-09	28	珠江桥	1979-11-29	50	晨光	1980-06-03
7	长江	1978-01-21	29	兰花	1979-12-08	51	五洲	1980-06-05
8	三峡	1978-07-22	30	飞球	1980-01-01	52	江山	1980-06-05
9	银川	1979-01-17	31	风帆	1980-01-01	53	双菱	1980-06-17
10	永红	1979-02-05	32	松柏	1980-01-26	54	金鸡	1980-06-21
11	双环	1979-02-19	33	S	1980-01-29	55	舞钢	1980-06-21
12	电工	1979-02-28	34	SANEIPAI	1980-01-29	56	ORLANE	1980-07-11
13	黄海	1979-03-20	35	红梅	1980-03-11	57	竹机	1980-07-12
14	寿	1979-03-22	36	凤山	1980-03-20	58	齐二	1980-07-12
15	双鱼	1979-03-22	37	鹤	1980-04-11	59	轩辕	1980-07-29
16	雪碧	1979-05-20	38	飞利浦	1980-04-17	60	西施兰	1980-08-04
17	可口可乐	1979-05-20	39	天府	1980-04-23	61	PEGASUS	1980-08-08
18	GILLETTE	1979-05-22	40	ZXY	1980-04-28	62	大象	1980-08-16
19	环球	1979-06-07	41	长寿	1980-04-28	63	齐一	1980-08-25
20	黑牡丹	1979-06-09	42	二叶	1980-05-06	64	天府	1980-08-26
21	苹果	1979-07-05	43	颜山	1980-05-10	65	飞球	1980-09-08
22	金沙	1979-07-06	44	美乐	1980-05-10	66	巨化	1980-09-11

（续表）

序号	商标名称	商标申请日期	序号	商标名称	商标申请日期	序号	商标名称	商标申请日期
67	云内	1980-09-11	97	万年青	1981-03-12	127	津牌	1981-12-16
68	三鱼	1980-09-15	98	峨眉	1981-03-17	128	环宇	1981-12-17
69	本田	1980-09-15	99	蒙顶	1981-03-25	129	环球	1981-12-21
70	成山	1980-09-30	100	常德	1981-04-04	130	金驼	1981-12-22
71	金飞马	1980-10-01	101	蝶球	1981-04-06	131	四风	1982-01-01
72	环球	1980-10-14	102	重龙山	1981-04-20	132	大观楼	1982-01-01
73	金山	1980-10-18	103	鼎炉	1981-04-27	133	南华	1982-01-08
74	鹃城	1980-10-18	104	力	1981-05-03	134	墨菊	1982-01-22
75	三洋	1980-10-23	105	猴王	1981-05-06	135	童涵春堂	1982-02-10
76	海林	1980-10-25	106	老鼎丰	1981-05-08	136	飞虹	1982-02-10
77	前进	1980-10-25	107	泸州	1981-05-12	137	响沙	1982-02-25
78	培罗蒙	1980-10-28	108	五粮液	1981-05-18	138	ZWZ	1982-03-04
79	武夷	1980-11-03	109	TSD	1981-05-22	139	潘高寿	1982-03-23
80	四方	1980-11-08	110	仙阁	1981-05-22	140	青松	1982-03-25
81	鸽	1980-12-03	111	三峰	1981-06-10	141	太仓	1982-03-29
82	漆花	1980-12-08	112	骆驼	1981-06-12	142	亚西	1982-04-01
83	汾字	1980-12-15	113	扶龙	1981-06-22	143	燕京	1982-04-01
84	竹叶青	1980-12-15	114	勐库	1981-07-02	144	MINOLTA	1982-04-12
85	杏花村	1980-12-15	115	火箭	1981-07-17	145	CAMRY	1982-05-04
86	杜康	1980-12-15	116	明月	1981-07-22	146	CASIO 卡西欧	1982-05-06
87	富春江	1980-12-16	117	吉祥	1981-07-22	147	东药	1982-05-14
88	沈重	1980-12-16	118	梅花	1981-07-28	148	隆中	1982-05-14
89	董	1980-12-16	119	双沟	1981-07-28	149	同仁堂	1982-05-27
90	钱潮	1980-12-20	120	SAMSONITE	1981-08-15	150	桂楼	1982-05-27
91	三溪	1981-01-01	121	玉人	1981-09-02	151	四特	1982-06-07
92	黄山	1981-01-24	122	红三晶	1981-10-05	152	TISSOT 天梭	1982-06-09
93	德懋恭	1981-01-24	123	三门	1981-11-01	153	湘泉	1982-06-14
94	中华	1981-02-28	124	金沙江	1981-11-02	154	水星	1982-06-14
95	银凤	1981-03-05	125	叙府	1981-11-07	155	鸿茅	1982-06-16
96	海陵	1981-03-07	126	光辉	1981-11-23	156	前进	1982-06-17

（续表）

序号	商标名称	商标申请日期	序号	商标名称	商标申请日期	序号	商标名称	商标申请日期
157	梓橦宫	1982-06-22	187	XH	1983-07-22	217	兰陵	1984-03-12
158	吉	1982-06-22	188	逢春	1983-07-25	218	远征	1984-03-17
159	三川	1982-06-24	189	安	1983-07-26	219	红星	1984-03-27
160	宋河	1982-06-30	190	桂冠	1983-07-27	220	新华	1984-04-03
161	天鹅	1982-07-06	191	众生	1983-07-27	221	马钢	1984-04-03
162	哈锅	1982-08-17	192	天宝	1983-07-27	222	金凤	1984-04-14
163	天府	1982-08-31	193	上药	1983-07-29	223	鼎	1984-04-17
164	珍珠	1982-08-31	194	埃索	1983-08-03	224	金珠	1984-04-23
165	皇冠	1982-08-31	195	南安	1983-08-08	225	TZ	1984-04-23
166	常柴	1982-09-08	196	甘露	1983-08-19	226	八公山	1984-04-26
167	顺香斋	1982-09-27	197	星塔	1983-08-27	227	INTEL	1984-05-12
168	仙潭	1982-11-28	198	喜丰	1983-08-31	228	多星	1984-05-16
169	许继	1982-12-08	199	TEXWOOD	1983-10-19	229	太钢	1984-05-21
170	山	1982-12-13	200	COP	1983-10-23	230	水塔	1984-05-21
171	劳动	1982-12-17	201	彭阳春	1983-10-24	231	三鹿	1984-05-22
172	TOTAL	1982-12-30	202	容声	1983-10-25	232	IBM	1984-05-26
173	川威	1983-02-01	203	金象	1983-11-18	233	天仙配	1984-06-04
174	永通	1983-02-17	204	艺萃	1983-12-11	234	NCR	1984-06-14
175	双星	1983-02-22	205	KAPPA	1983-12-17	235	旭日	1984-06-22
176	古城	1983-04-01	206	乌龙	1983-12-19	236	INTEL	1984-06-30
177	小猫	1983-04-02	207	罗浮山	1983-12-27	237	新柴	1984-07-03
178	合力	1983-04-11	208	飞船	1983-12-31	238	LA	1984-07-07
179	冰山 BERG	1983-04-14	209	鼎丰真	1984-01-10	239	TSZ	1984-07-09
180	XIA GONG	1983-04-26	210	云锡	1984-02-06	240	灯塔	1984-07-12
181	东岳	1983-04-29	211	银轮	1984-02-06	241	王朝	1984-07-12
182	CARTIER	1983-05-07	212	文君	1984-02-09	242	YUES SAINT LAURENT	1984-07-20
183	长城	1983-05-18	213	三六	1984-02-13	243	银鹰	1984-07-26
184	红旗	1983-06-25	214	密州	1984-02-13	244	百工	1984-08-13
185	张裕	1983-07-18	215	龙潭	1984-02-27	245	舒药	1984-08-14
186	VW	1983-07-20	216	山推	1984-03-07	246	长安	1984-09-20

（续表）

序号	商标名称	商标申请日期	序号	商标名称	商标申请日期	序号	商标名称	商标申请日期
247	金星	1984-10-10	277	金陵	1985-03-23	307	红玫瑰	1985-08-23
248	禾友	1984-10-19	278	铁马	1985-03-25	308	震雄	1985-08-23
249	东方	1984-10-23	279	MARTELL	1985-03-30	309	BOSS	1985-08-23
250	竹海	1984-10-29	280	棱光	1985-04-02	310	青春宝	1985-08-24
251	夏普	1984-10-30	281	华艺	1985-04-02	311	厦华	1985-09-02
252	PIONEER	1984-11-03	282	广宇	1985-04-04	312	江麓	1985-09-09
253	丛林河	1984-11-12	283	东芝	1985-04-25	313	诗仙太白	1985-09-17
254	郎	1984-11-28	284	尼康	1985-04-25	314	正大	1985-09-19
255	通达	1984-11-29	285	KENWOOD	1985-04-25	315	洋河	1985-09-20
256	安湖	1984-12-03	286	云宇	1985-05-14	316	天立	1985-10-04
257	天宝	1984-12-13	287	美亚	1985-05-14	317	DEC	1985-10-18
258	三花	1984-12-19	288	东佳	1985-05-15	318	泰星	1985-10-19
259	金山	1984-12-20	289	花牛	1985-05-16	319	吉春	1985-11-04
260	琅琊台	1984-12-25	290	TOTO	1985-05-31	320	牧羊	1985-11-08
261	洞庭	1985-01-03	291	人民	1985-06-10	321	高碑店	1985-11-11
262	赖	1985-01-03	292	凌霄	1985-06-10	322	凤凰	1985-11-13
263	绿原	1985-01-08	293	HERMES	1985-06-10	323	BARBIE	1985-11-14
264	溧化	1985-01-12	294	OMRON	1985-06-14	324	NESTLE	1985-11-21
265	美能达	1985-01-18	295	英雄	1985-06-17	325	双乐	1985-12-04
266	亚	1985-01-24	296	峡州碧峰	1985-06-28	326	怀庄	1985-12-30
267	金凤	1985-01-28	297	贡	1985-06-29	327	金兰	1986-01-13
268	路易威登	1985-02-18	298	熊猫	1985-07-05	328	BUICK	1986-01-14
269	LOUIS VUITTON	1985-02-18	299	船	1985-07-17	329	和平	1986-01-14
270	凤祥	1985-02-25	300	巨龙	1985-07-22	330	半球	1986-01-14
271	维他	1985-02-25	301	长乐	1985-07-26	331	明	1986-01-25
272	AUDI	1985-02-26	302	金	1985-07-29	332	银珠	1986-01-27
273	珠江	1985-03-06	303	先科	1985-08-03	333	皓月	1986-02-13
274	新雅	1985-03-16	304	ESPRIT	1985-08-07	334	彩艳	1986-02-24
275	昌	1985-03-20	305	景阳春	1985-08-10	335	淮兴	1986-03-01
276	东宝	1985-03-22	306	建伍	1985-08-16	336	古龙	1986-03-01

（续表）

序号	商标名称	商标申请日期	序号	商标名称	商标申请日期	序号	商标名称	商标申请日期
337	兴发	1986-03-03	367	丹宝利	1986-06-12	397	光明	1986-11-21
338	淮源	1986-03-03	368	BMW	1986-06-24	398	神鹿	1986-12-06
339	麒麟	1986-03-03	369	陈李济	1986-07-07	399	兰岭	1986-12-09
340	金丹	1986-03-04	370	华德	1986-07-10	400	钟厦	1986-12-12
341	矢崎	1986-03-04	371	虎头	1986-07-11	401	鸿雁	1986-12-22
342	杨麻子	1986-03-04	372	CADILLAC	1986-07-14	402	海	1986-12-23
343	玉蝉	1986-03-12	373	五菱	1986-07-22	403	SUN	1987-01-07
344	高丝	1986-03-17	374	川眉	1986-08-06	404	青波	1987-01-19
345	雄鹰	1986-03-17	375	西凤	1986-08-11	405	21 金维他	1987-01-20
346	大白兔	1986-03-18	376	古井贡	1986-08-13	406	高山	1987-01-20
347	双吉	1986-03-21	377	津一	1986-08-16	407	SL	1987-02-02
348	红联	1986-03-26	378	永利坚	1986-08-23	408	上峰	1987-02-08
349	安利	1986-03-28	379	贵州茅台	1986-09-02	409	雪竹	1987-02-13
350	普利司通	1986-04-01	380	剑南春	1986-09-11	410	泉河	1987-02-14
351	春苗	1986-04-07	381	草原	1986-09-19	411	赛马	1987-02-19
352	美年达	1986-04-09	382	双锤	1986-09-22	412	上上	1987-02-23
353	天堂	1986-04-12	383	京萃	1986-09-25	413	SANYO	1987-03-05
354	同心	1986-04-14	384	金杯	1986-10-07	414	JS	1987-03-06
355	强力	1986-04-16	385	火炬	1986-10-09	415	丹热	1987-03-06
356	千岛湖	1986-04-18	386	新蕾	1986-10-10	416	春竹	1987-03-06
357	宝胜	1986-05-06	387	鸭溪	1986-10-17	417	三AAAA	1987-03-09
358	雅诗兰黛	1986-05-07	388	致美斋	1986-10-20	418	雁宾	1987-03-12
359	汤沟	1986-05-12	389	雀巢	1986-10-22	419	鲁光	1987-03-20
360	双钱	1986-05-12	390	NESTLE	1986-10-22	420	山花	1987-03-20
361	COCA-COLA	1986-05-14	391	朋珠	1986-10-22	421	青峰	1987-03-21
362	吉祥	1986-05-19	392	巨轮	1986-10-24	422	古越龙山	1987-03-26
363	博士伦	1986-05-20	393	洮儿河	1986-10-31	423	黑象	1987-03-27
364	蝴蝶牌	1986-06-03	394	耀华	1986-11-04	424	彩虹	1987-03-30
365	双山	1986-06-07	395	龙泉春	1986-11-04	425	琴岛	1987-04-24
366	陶城	1986-06-11	396	吉鹤村	1986-11-17	426	北大仓	1987-04-25

（续表）

序号	商标名称	商标申请日期	序号	商标名称	商标申请日期	序号	商标名称	商标申请日期
427	CITROEN	1987-04-30	457	太阳神	1987-09-08	487	长山	1988-03-09
428	淮海	1987-05-09	458	碎米	1987-09-08	488	旺旺 ONE-ONE	1988-03-15
429	大林	1987-05-11	459	潭州	1987-09-09	489	双汇	1988-03-18
430	固力	1987-05-14	460	IVDRY 爱得利	1987-09-17	490	福矛	1988-03-24
431	洞庭春	1987-05-15	461	双锤	1987-09-28	491	TELOON	1988-03-28
432	雪松	1987-05-16	462	仕奇	1987-09-28	492	胡庆馀堂	1988-04-04
433	英语周报	1987-05-19	463	达驰	1987-10-06	493	百泉	1988-04-11
434	HONDA	1987-05-22	464	红三晶	1987-10-12	494	华林	1988-04-18
435	万宝	1987-06-04	465	雪峰	1987-10-19	495	KAM	1988-04-18
436	飘峰	1987-06-16	466	奔马	1987-11-05	496	花为媒	1988-04-21
437	正虹	1987-06-16	467	山起	1987-11-09	497	金光	1988-05-03
438	TR	1987-06-27	468	鹰	1987-11-12	498	乐仁堂	1988-05-06
439	常蒸	1987-06-29	469	驰动	1987-11-16	499	健力宝	1988-05-06
440	长虹	1987-06-30	470	顶塔	1987-11-23	500	KENDA	1988-05-13
441	东风	1987-07-03	471	双鱼	1987-11-30	501	嘉士利	1988-05-14
442	八公山	1987-07-04	472	禹王	1987-12-01	502	BROTHER	1988-05-20
443	章陵	1987-07-10	473	前锋	1987-12-14	503	共昌	1988-05-21
444	响水	1987-07-10	474	鲁北	1987-12-15	504	华鸥	1988-05-21
445	知音	1987-07-11	475	华北	1987-12-23	505	稻香村	1988-05-24
446	飞跃	1987-07-27	476	虎头	1987-12-26	506	金峰	1988-05-26
447	南大	1987-07-29	477	五芳斋	1988-01-04	507	统一	1988-05-28
448	中化	1987-08-04	478	正新	1988-01-13	508	水镜庄	1988-05-28
449	新飞	1987-08-05	479	天鹅	1988-01-19	509	绿陵	1988-06-07
450	骆驼	1987-08-17	480	钱江	1988-01-22	510	白山	1988-06-09
451	寿比山	1987-08-20	481	前列康	1988-02-01	511	ACER	1988-06-10
452	黄龙山	1987-08-21	482	华泉	1988-02-02	512	合力	1988-06-11
453	伊利	1987-08-22	483	春鹰	1988-02-05	513	君山	1988-06-11
454	钱潮	1987-08-24	484	新界	1988-02-11	514	海飞丝	1988-06-14
455	胜利山	1987-08-27	485	FIYTA	1988-02-15	515	ROBUST	1988-06-15
456	泰隆	1987-09-01	486	龙灯	1988-03-01	516	乐百氏	1988-06-15

（续表）

序号	商标名称	商标申请日期	序号	商标名称	商标申请日期	序号	商标名称	商标申请日期
517	LINKS	1988-06-25	547	皖	1988-10-17	577	鲁安	1989-04-22
518	吗丁啉	1988-06-28	548	锁龙	1988-10-19	578	普兰娜	1989-04-24
519	飞鹤	1988-06-29	549	石岛	1988-10-24	579	鱼泉	1989-04-24
520	大益	1988-07-01	550	洁玉	1988-10-24	580	维达	1989-05-03
521	龙头	1988-07-04	551	力佳	1988-10-27	581	摩卡 MOCCA	1989-05-05
522	金箍	1988-07-13	552	古今	1988-10-31	582	常柴	1989-05-09
523	连众	1988-07-21	553	南阜	1988-10-31	583	湘江	1989-05-12
524	五征	1988-07-22	554	永达	1988-10-31	584	常乐	1989-05-19
525	WISH	1988-07-22	555	朝阳	1988-11-21	585	亚光	1989-06-03
526	珍贝	1988-07-23	556	养生殿	1988-12-03	586	永阳	1989-06-10
527	长岭	1988-07-27	557	沙洲	1988-12-05	587	QTX	1989-06-16
528	常欣	1988-07-29	558	密印寺	1988-12-12	588	津宝	1989-06-16
529	山川	1988-08-10	559	花园	1988-12-16	589	长铃	1989-06-19
530	邦迪	1988-08-11	560	喜得宝	1988-12-17	590	天雨	1989-06-19
531	红星	1988-08-12	561	福耀	1988-12-21	591	长龙	1989-06-30
532	金彩霞	1988-08-15	562	福耀	1988-12-21	592	小角楼	1989-06-30
533	时风	1988-08-16	563	SONY	1988-12-29	593	栋梁	1989-07-03
534	循环	1988-08-16	564	丰华丰	1988-12-29	594	华丹	1989-07-03
535	伊利	1988-08-22	565	健谷	1989-01-07	595	福星	1989-07-08
536	易水	1988-08-30	566	丰田	1989-01-17	596	冠星	1989-07-10
537	TIAN WANG	1988-09-14	567	故事会	1989-01-30	597	万宝	1989-07-11
538	西飞	1988-09-19	568	小鸭	1989-03-14	598	健士	1989-07-12
539	DV	1988-09-26	569	光明	1989-03-28	599	嘉陵	1989-07-13
540	远州	1988-10-04	570	华鹏	1989-04-01	600	新康	1989-07-17
541	金井	1988-10-06	571	济	1989-04-05	601	大宝	1989-07-18
542	警鹰	1988-10-13	572	云鹤	1989-04-06	602	希思黎 SISLEY	1989-07-19
543	运	1988-10-15	573	江海	1989-04-11	603	今古传奇	1989-07-29
544	卧牛山	1988-10-17	574	三角	1989-04-14	604	GOLDLION	1989-07-31
545	宁诚	1988-10-17	575	万达	1989-04-17	605	鲁阳	1989-08-04
546	禹王	1988-10-17	576	惠泉	1989-04-18	606	龙丹	1989-08-18

（续表）

序号	商标名称	商标申请日期	序号	商标名称	商标申请日期	序号	商标名称	商标申请日期
607	东磁	1989-08-21	637	强菱	1989-12-16	667	金囤	1990-04-17
608	老美华	1989-08-22	638	梦兰	1989-12-16	668	云川	1990-04-18
609	金莲	1989-08-22	639	TIGER CAPITAL	1989-12-21	669	汇源	1990-04-18
610	汉山	1989-09-04	640	鹏翎	1989-12-25	670	拜耳	1990-04-28
611	双征	1989-09-22	641	金鹭	1990-01-08	671	西林	1990-04-28
612	HOYA	1989-09-26	642	齐鲁晚报	1990-01-08	672	CERALIA	1990-04-28
613	利达	1989-09-26	643	广天	1990-01-09	673	王星记	1990-05-04
614	老爷车	1989-10-04	644	雪天	1990-01-10	674	淼焱	1990-05-05
615	天工	1989-10-05	645	海马	1990-01-15	675	康恩贝	1990-05-10
616	雪鸟	1989-10-07	646	环驰	1990-01-19	676	3517	1990-05-11
617	一汽	1989-10-10	647	MAXELL	1990-02-04	677	长城 GREAT WALL	1990-05-17
618	水口山	1989-10-14	648	WA HA HA	1990-02-07	678	百合	1990-05-22
619	LEXUS	1989-10-16	649	新润成	1990-02-12	679	宁富	1990-05-28
620	冰山	1989-10-23	650	河阳	1990-02-13	680	鲁丽	1990-05-28
621	DUREX	1989-10-23	651	花秋	1990-03-05	681	杞国	1990-05-30
622	泰山	1989-10-31	652	星	1990-03-07	682	CHUNLAN	1990-06-11
623	龙牡	1989-11-02	653	正大	1990-03-07	683	珍珠液	1990-06-14
624	昆机	1989-11-10	654	北极星 POLARIS	1990-03-20	684	井冈	1990-06-14
625	鹭岛	1989-11-14	655	飘柔	1990-03-22	685	国光	1990-06-16
626	蓝天	1989-11-15	656	斯得雅	1990-03-24	686	高白	1990-06-16
627	江铃	1989-11-20	657	杭宝	1990-03-24	687	旺仔	1990-06-19
628	JMC	1989-11-20	658	FIEREE TIGER	1990-03-28	688	雄英	1990-06-23
629	LI-NING	1989-11-22	659	001	1990-03-29	689	用友	1990-07-02
630	原火	1989-11-23	660	乐家老铺	1990-03-30	690	雪莲	1990-07-10
631	泰开	1989-12-01	661	悦龙	1990-03-30	691	雷允上	1990-07-16
632	梅春	1989-12-04	662	通化	1990-03-31	692	耕生	1990-07-19
633	三枪	1989-12-04	663	博世	1990-04-03	693	新开河	1990-07-21
634	天欣	1989-12-12	664	KINGWAY	1990-04-09	694	迎春	1990-07-23
635	地龙	1989-12-14	665	郁美净	1990-04-13	695	滆湖	1990-07-25
636	东艺	1989-12-15	666	万家	1990-04-14	696	张一元	1990-08-08

（续表）

序号	商标名称	商标申请日期	序号	商标名称	商标申请日期	序号	商标名称	商标申请日期
697	三环	1990-08-10	727	金龙鱼 ARAWANA	1990-11-27	757	WAHAHA	1991-03-02
698	泸河	1990-08-11	728	三征	1990-11-30	758	乐凯	1991-03-06
699	雪达	1990-08-21	729	PEPSI	1990-12-01	759	潜阳	1991-03-06
700	铙山	1990-08-27	730	金皇	1990-12-05	760	太龙	1991-03-18
701	富裕	1990-08-27	731	瑞立	1990-12-05	761	浏阳河	1991-03-18
702	富	1990-09-04	732	月兰	1990-12-08	762	三旺	1991-03-23
703	湘研	1990-09-11	733	星烁	1990-12-10	763	榄菊	1991-03-25
704	富绅	1990-09-15	734	梦特娇	1990-12-15	764	固力	1991-03-25
705	雅芳婷 A-FONTANE	1990-09-18	735	金寿	1990-12-20	765	飞峰	1991-03-25
706	双益	1990-09-21	736	江海	1990-12-21	766	SAN WEI	1991-04-01
707	力星	1990-09-24	737	DONG HAO	1990-12-24	767	KELONG	1991-04-03
708	通力	1990-09-27	738	35	1990-12-24	768	MARLBORO 万宝路	1991-04-03
709	KAPPA	1990-09-27	739	通宇	1990-12-25	769	瑞丰	1991-04-04
710	YAMAHA	1990-10-06	740	MENTHOLATUM	1990-12-27	770	远	1991-04-06
711	洁尔阴	1990-10-16	741	国宝	1990-12-29	771	友谊	1991-04-11
712	东风	1990-10-16	742	威美	1990-12-31	772	光源	1991-04-11
713	FUGUINIAO	1990-10-20	743	大福	1991-01-04	773	东南	1991-04-16
714	富贵鸟	1990-10-20	744	通威	1991-01-04	774	华旗	1991-04-26
715	双登	1990-10-24	745	滨湖	1991-01-09	775	苏青	1991-05-03
716	康洁	1990-10-24	746	宇光	1991-01-12	776	SKYWORTH 创维	1991-05-03
717	企鹅	1990-10-27	747	浪奇	1991-01-14	777	环日	1991-05-07
718	大沙河	1990-10-27	748	飞云	1991-01-14	778	金威	1991-05-08
719	凉州皇台	1990-10-31	749	撒可富	1991-01-21	779	精达	1991-05-18
720	浪潮	1990-11-13	750	中一	1991-01-21	780	玫琳凯	1991-05-27
721	垦丰	1990-11-13	751	安井	1991-01-21	781	苏仙	1991-05-30
722	汇丽	1990-11-13	752	民天	1991-01-22	782	汾阳王	1991-06-01
723	鱼跃	1990-11-14	753	联盟	1991-01-23	783	菱圆	1991-06-07
724	金利来	1990-11-19	754	全柴	1991-01-31	784	明可达	1991-06-10
725	洪达	1990-11-19	755	德大	1991-02-01	785	乐宝	1991-06-11
726	红峰	1990-11-22	756	梵净山	1991-02-27	786	古汉	1991-06-15

（续表）

序号	商标名称	商标申请日期	序号	商标名称	商标申请日期	序号	商标名称	商标申请日期
787	风帆	1991-06-17	817	菊花	1991-09-09	847	QL	1991-12-10
788	LUCKY	1991-06-18	818	新农	1991-09-16	848	吉百利	1991-12-12
789	揽日	1991-06-18	819	BJ	1991-09-16	849	捷安特	1991-12-24
790	后英	1991-06-19	820	芳鸥	1991-09-16	850	东平湖	1991-12-30
791	捷星	1991-06-24	821	震旦	1991-09-20	851	碧浪	1991-12-31
792	亲亲	1991-06-24	822	枫树	1991-09-24	852	格格	1992-01-03
793	鹰球	1991-06-25	823	银桥	1991-09-27	853	金道	1992-01-07
794	兰雁	1991-06-26	824	金日	1991-10-04	854	NXZ	1992-01-11
795	美尔雅	1991-07-02	825	九都	1991-10-08	855	科龙	1992-01-11
796	强生	1991-07-08	826	建捷	1991-10-15	856	月月舒	1992-01-17
797	万通	1991-07-08	827	香雪	1991-10-19	857	乐煤	1992-01-21
798	先锋	1991-07-17	828	希刻劳	1991-10-22	858	江鹰	1992-01-31
799	快克	1991-07-20	829	CECLOR	1991-10-22	859	PEAK	1992-02-18
800	骊骅	1991-07-29	830	威猛	1991-10-23	860	采乐	1992-02-21
801	INTEL INSIDE	1991-07-29	831	金路	1991-10-28	861	DABAO	1992-02-24
802	春兰	1991-07-29	832	豫起	1991-10-28	862	KELON	1992-02-24
803	SHG	1991-07-29	833	鲁南	1991-10-31	863	LONG MARCH	1992-02-26
804	喷施宝	1991-08-05	834	999	1991-11-02	864	金城	1992-03-04
805	益源庆	1991-08-05	835	TITLEIST	1991-11-02	865	明基	1992-03-05
806	雪铁龙	1991-08-08	836	野达	1991-11-11	866	锦屏	1992-03-10
807	南翔	1991-08-12	837	兴洋	1991-11-18	867	密水	1992-03-12
808	六国	1991-08-13	838	仙娥	1991-11-18	868	阿莫仙	1992-03-14
809	雅嘉	1991-08-16	839	安拓 ARROW	1991-11-21	869	港洋	1992-03-18
810	咀香园	1991-08-16	840	紫薇星	1991-11-23	870	展翔	1992-03-19
811	常柴	1991-08-24	841	东强	1991-11-28	871	周大福	1992-03-23
812	祥达	1991-08-29	842	美丰	1991-12-02	872	欧珀莱	1992-03-31
813	沁州	1991-09-02	843	KYMCO	1991-12-04	873	安桥	1992-03-31
814	川	1991-09-03	844	JIA XIPERA	1991-12-05	874	徐工	1992-04-06
815	猴王	1991-09-04	845	国途	1991-12-06	875	双嶷山	1992-04-09
816	泰发	1991-09-07	846	勃农	1991-12-07	876	力士 LUX	1992-04-10

（续表）

序号	商标名称	商标申请日期	序号	商标名称	商标申请日期	序号	商标名称	商标申请日期
877	黑人	1992-04-11	907	绅浪	1992-06-03	937	康地	1992-08-14
878	景田	1992-04-13	908	威力	1992-06-06	938	NANSHAN	1992-08-15
879	星星	1992-04-17	909	张飞	1992-06-06	939	杜蕾斯	1992-08-15
880	冠军	1992-04-21	910	科林	1992-06-11	940	彩练	1992-08-15
881	六神	1992-04-22	911	金舵	1992-06-12	941	荣事达	1992-08-28
882	泰光	1992-04-27	912	北大方正	1992-06-17	942	鲁祥	1992-08-31
883	AIRMATE 艾美特	1992-05-03	913	古洞春	1992-06-18	943	爱迪	1992-08-31
884	CJB	1992-05-05	914	蜂花 BEE & FLOWER	1992-06-24	944	K.N.T	1992-08-31
885	舒肤佳	1992-05-06	915	旷达	1992-06-25	945	海力生	1992-09-07
886	盖天力	1992-05-07	916	采花	1992-06-27	946	寒思	1992-09-10
887	华帝 VANTAGE	1992-05-07	917	有恒	1992-06-29	947	夏利	1992-09-11
888	颜皓	1992-05-09	918	贝蕾	1992-07-03	948	XIALI	1992-09-11
889	蓝鸟	1992-05-09	919	露露	1992-07-03	949	应大	1992-09-11
890	多泰	1992-05-11	920	松花江	1992-07-03	950	CSC	1992-09-14
891	KARON	1992-05-11	921	SAINASI	1992-07-06	951	海王 NEPTUNUS	1992-09-16
892	九洲	1992-05-11	922	鸥都	1992-07-06	952	昭君	1992-09-26
893	建峰	1992-05-13	923	光临	1992-07-10	953	丰山	1992-09-28
894	春绿	1992-05-15	924	盼盼	1992-07-10	954	向旺	1992-09-28
895	芦花	1992-05-16	925	威豹	1992-07-17	955	丹丹	1992-09-30
896	森达	1992-05-18	926	HL	1992-07-18	956	珍珠泉	1992-10-04
897	南方	1992-05-20	927	屹江	1992-07-20	957	依瑶	1992-10-05
898	保宁	1992-05-21	928	唯思可达	1992-07-20	958	皇沟	1992-10-07
899	金港	1992-05-25	929	阪神	1992-07-22	959	扬力	1992-10-08
900	SBS	1992-05-25	930	文王	1992-07-29	960	超力	1992-10-13
901	赛斯特	1992-05-25	931	剑	1992-08-04	961	汇源	1992-10-14
902	华新	1992-05-26	932	辰州	1992-08-07	962	LYC	1992-10-14
903	LI JUN SHA	1992-05-29	933	白敬宇	1992-08-10	963	GALANZ	1992-10-15
904	椰树	1992-05-29	934	中意	1992-08-10	964	海信	1992-10-15
905	欧诗漫	1992-05-30	935	尽美 PELICATE	1992-08-13	965	HISENSE	1992-10-15
906	能达利	1992-06-02	936	春潮	1992-08-14	966	好孩子	1992-10-16

（续表）

序号	商标名称	商标申请日期	序号	商标名称	商标申请日期	序号	商标名称	商标申请日期
967	霸道	1992-10-16	997	裕湘	1992-12-26	1027	SAMSUNG	1993-02-27
968	冷酸灵	1992-10-23	998	兴源	1992-12-28	1028	HC	1993-03-01
969	飞亚达	1992-10-27	999	龙宝	1993-01-08	1029	膳魔师	1993-03-01
970	红豆	1992-10-28	1000	双良	1993-01-11	1030	岳泰	1993-03-06
971	安吉尔	1992-10-30	1001	帅康	1993-01-14	1031	德芙	1993-03-11
972	多威	1992-10-30	1002	英派斯	1993-01-16	1032	六合	1993-03-15
973	松萝山	1992-10-31	1003	克胜	1993-01-18	1033	马利	1993-03-16
974	语文报	1992-11-02	1004	正泰	1993-01-20	1034	金丝猴	1993-03-16
975	康奈	1992-11-09	1005	MR.MUSCLE	1993-01-27	1035	苏中	1993-03-19
976	苏净	1992-11-11	1006	JINCHENG	1993-01-27	1036	龙丰	1993-03-19
977	富康	1992-11-11	1007	老庙	1993-01-27	1037	LIUSHEN	1993-03-23
978	锡发	1992-11-18	1008	天河	1993-01-28	1038	天外天	1993-03-26
979	天脊	1992-11-20	1009	宏发	1993-02-01	1039	天年	1993-03-31
980	亚太	1992-11-21	1010	西玛	1993-02-04	1040	汉王	1993-04-01
981	味事达 MASTER	1992-11-26	1011	森源	1993-02-06	1041	派丽蒙 PARIM	1993-04-08
982	玉皇剑	1992-11-26	1012	玉立	1993-02-08	1042	PIEU TZE HUANG 片仔癀	1993-04-12
983	ZYS	1992-12-01	1013	福临门	1993-02-08	1043	黑妹	1993-04-13
984	新叶	1992-12-02	1014	保圣	1993-02-09	1044	NISSAN	1993-04-13
985	富通	1992-12-07	1015	环球	1993-02-15	1045	LONG DA	1993-04-15
986	5TH STREET 第五街	1992-12-09	1016	虎 TIGER	1993-02-15	1046	霸王花	1993-04-16
987	FORD	1992-12-11	1017	天赐	1993-02-17	1047	冠珠	1993-04-17
988	新秀丽	1992-12-12	1018	鼎鹿	1993-02-20	1048	富春	1993-04-19
989	PENTIUM	1992-12-14	1019	耿瓷	1993-02-23	1049	BAROMON	1993-04-19
990	TITANS	1992-12-14	1020	菱花	1993-02-23	1050	绅士	1993-04-22
991	神奇	1992-12-15	1021	太平洋	1993-02-24	1051	意尔康 YEARCON	1993-04-26
992	吉福	1992-12-16	1022	湘益	1993-02-25	1052	CW	1993-04-27
993	柳青	1992-12-16	1023	bp	1993-02-26	1053	海魁	1993-04-27
994	生生川	1992-12-21	1024	熊猫 PANDA	1993-02-26	1054	五塔	1993-04-29
995	豪爵	1992-12-21	1025	六必治	1993-02-27	1055	绿雪芽	1993-05-03
996	温雅	1992-12-23	1026	地奥	1993-02-27	1056	台福	1993-05-03

（续表）

序号	商标名称	商标申请日期	序号	商标名称	商标申请日期	序号	商标名称	商标申请日期
1057	湖波	1993-05-04	1087	鸾都	1993-07-05	1117	张明	1993-08-12
1058	黑猫神	1993-05-08	1088	再林	1993-07-06	1118	江诗丹顿	1993-08-17
1059	苏中	1993-05-08	1089	美心	1993-07-06	1119	广州	1993-08-17
1060	万新	1993-05-08	1090	信明	1993-07-07	1120	LONGMAN	1993-08-19
1061	TOTO	1993-05-12	1091	帝豪	1993-07-09	1121	朗文	1993-08-19
1062	鲁丰	1993-05-14	1092	轩尼诗	1993-07-09	1122	山川	1993-08-20
1063	鸽翔 SOAR ING PIGEON	1993-05-17	1093	紫霞	1993-07-09	1123	KOMATSU	1993-08-20
1064	赊店	1993-05-18	1094	雅戈尔 YOUNGOR	1993-07-10	1124	拜富	1993-08-25
1065	欧亚	1993-05-20	1095	大自然	1993-07-10	1125	HILTON	1993-08-30
1066	DYZV	1993-05-21	1096	香格里拉	1993-07-10	1126	八益	1993-08-30
1067	北大荒	1993-05-21	1097	KOSE	1993-07-13	1127	海外海	1993-08-30
1068	帝	1993-05-28	1098	昌河	1993-07-13	1128	丘比	1993-08-31
1069	诺和诺德	1993-05-31	1099	奇强	1993-07-16	1129	永大	1993-09-01
1070	女儿红	1993-05-31	1100	全聚德	1993-07-16	1130	李连贵	1993-09-01
1071	芝华仕	1993-05-31	1101	奇星	1993-07-19	1131	便宜坊	1993-09-02
1072	华康	1993-05-31	1102	安心	1993-07-23	1132	陈麻婆	1993-09-03
1073	彩阳	1993-06-01	1103	万家乐	1993-07-27	1133	FIVE A 5A	1993-09-03
1074	威猛先生	1993-06-07	1104	皇城老妈	1993-07-27	1134	中旅	1993-09-07
1075	LING HU	1993-06-07	1105	岷山	1993-07-27	1135	NISSAN	1993-09-08
1076	奔腾	1993-06-07	1106	晶莹	1993-07-31	1136	快乐	1993-09-08
1077	天兴	1993-06-11	1107	知味观	1993-08-02	1137	SHERATON	1993-09-08
1078	强久	1993-06-12	1108	月月舒	1993-08-02	1138	CR	1993-09-11
1079	徐福记	1993-06-19	1109	百令	1993-08-02	1139	S	1993-09-15
1080	七星	1993-06-26	1110	西泠印社	1993-08-02	1140	LPB	1993-09-16
1081	钓鱼台	1993-07-01	1111	楼外楼	1993-08-02	1141	马祥兴	1993-09-20
1082	白天鹅 WHITE SWAN	1993-07-01	1112	NEO-NEON	1993-08-03	1142	松鹤楼	1993-09-20
1083	咸亨 1894	1993-07-01	1113	HUAPENG	1993-08-09	1143	红岛	1993-09-21
1084	狗不理	1993-07-01	1114	狮子楼	1993-08-10	1144	MALATA	1993-09-23
1085	MCDONALD'S	1993-07-01	1115	诗芬	1993-08-11	1145	保利	1993-09-23
1086	KN	1993-07-05	1116	小天鹅 CYGNET	1993-08-11	1146	安尔乐	1993-09-24

（续表）

序号	商标名称	商标申请日期	序号	商标名称	商标申请日期	序号	商标名称	商标申请日期
1147	万达 WD	1993-09-24	1177	龙虎	1993-11-08	1207	KANGWEI	1993-12-30
1148	招商局	1993-09-27	1178	山城	1993-11-09	1208	TORA	1994-01-03
1149	VANKE	1993-09-27	1179	圣光	1993-11-09	1209	华河	1994-01-04
1150	万科	1993-09-27	1180	羊岩山	1993-11-09	1210	晨光	1994-01-07
1151	金陵	1993-09-27	1181	澳瑞特 ORIENT	1993-11-10	1211	康宝莱	1994-01-07
1152	甘露	1993-09-28	1182	名人	1993-11-16	1212	豪格	1994-01-07
1153	巨神	1993-09-28	1183	凤祥	1993-11-19	1213	飞燕	1994-01-08
1154	屈臣氏	1993-09-28	1184	SMC	1993-11-20	1214	黄河	1994-01-11
1155	东方明珠	1993-09-28	1185	KAWASAKI	1993-11-20	1215	小天鹅 LITTLE SWAN	1994-01-13
1156	华天	1993-09-28	1186	日泰	1993-11-22	1216	天鸿	1994-01-13
1157	瑞蚨祥	1993-09-29	1187	JVC	1993-11-26	1217	金洲	1994-01-14
1158	中原 CENTALINE	1993-09-30	1188	PANASONIC	1993-11-26	1218	本强	1994-01-14
1159	喜来登	1993-09-30	1189	天友	1993-12-01	1219	天讯	1994-01-17
1160	PIZZA HUT	1993-09-30	1190	天豫	1993-12-02	1220	CHIGO	1994-01-20
1161	华润	1993-09-30	1191	纽崔莱	1993-12-04	1221	志高	1994-01-20
1162	杰	1993-10-04	1192	益达	1993-12-06	1222	恒安	1994-01-21
1163	川北	1993-10-04	1193	左右	1993-12-10	1223	大雪	1994-01-22
1164	百得	1993-10-08	1194	富林 FWPC	1993-12-13	1224	冰凌	1994-01-24
1165	抗之霸	1993-10-11	1195	华润	1993-12-15	1225	征宙	1994-01-27
1166	御槐	1993-10-11	1196	宝马	1993-12-16	1226	耶莉娅	1994-01-27
1167	楚威	1993-10-11	1197	毛家	1993-12-17	1227	全力	1994-01-29
1168	宜化	1993-10-12	1198	SHARP	1993-12-22	1228	久立	1994-01-31
1169	飞彩	1993-10-12	1199	绿柳居	1993-12-22	1229	鹿王	1994-01-31
1170	MAXXIS	1993-10-14	1200	国圣	1993-12-22	1230	彬伊奴	1994-01-31
1171	琪雅	1993-10-21	1201	黑旋风 HXF	1993-12-23	1231	工农	1994-02-01
1172	TPCO	1993-10-21	1202	YANG YUAN	1993-12-23	1232	克拉琳 CLARINS	1994-02-01
1173	SAST	1993-10-21	1203	美的	1993-12-23	1233	金娃	1994-02-01
1174	上好佳	1993-10-21	1204	FIERCE TIGER	1993-12-28	1234	RAINBOW	1994-02-04
1175	冠生园	1993-11-01	1205	小洋人	1993-12-29	1235	大唐	1994-02-08
1176	鸵鸟	1993-11-01	1206	BPRORSUM	1993-12-30	1236	小王子	1994-02-12

（续表）

序号	商标名称	商标申请日期	序号	商标名称	商标申请日期	序号	商标名称	商标申请日期
1237	OVM	1994-02-14	1267	真不同	1994-04-20	1297	青义	1994-05-24
1238	YVES SAINT LAURENT	1994-02-18	1268	腾升	1994-04-21	1298	蒙努	1994-05-24
1239	多联	1994-02-28	1269	美鱼	1994-04-21	1299	兰馨	1994-05-24
1240	隆力奇	1994-03-01	1270	吴裕泰	1994-04-21	1300	堂皇	1994-05-27
1241	奥克 OXIRANE	1994-03-04	1271	金环	1994-04-21	1301	西瓜太郎.	1994-06-01
1242	花都	1994-03-04	1272	维维	1994-04-22	1302	SUNBRELLA	1994-06-01
1243	崟露	1994-03-07	1273	开磷	1994-04-23	1303	标准	1994-06-03
1244	仙桥	1994-03-17	1274	TCF	1994-04-25	1304	TYPICAL	1994-06-03
1245	京马	1994-03-22	1275	AULDEY	1994-04-25	1305	GULF	1994-06-07
1246	香奈儿	1994-03-23	1276	德力西	1994-04-26	1306	大元	1994-06-08
1247	金冠	1994-03-25	1277	哈德门	1994-04-26	1307	铜鼎	1994-06-13
1248	方圆	1994-03-26	1278	海都	1994-04-28	1308	天地人 TDR	1994-06-13
1249	三利	1994-03-26	1279	国栋	1994-04-28	1309	綦铃	1994-06-13
1250	CAMAT	1994-03-28	1280	河套	1994-04-28	1310	金算盘	1994-06-13
1251	LAND ROVER	1994-03-30	1281	松竹	1994-05-03	1311	高强	1994-06-14
1252	程海	1994-03-31	1282	陈克明 CKM	1994-05-03	1312	佳多	1994-06-15
1253	巨流	1994-04-04	1283	天晴	1994-05-05	1313	富达	1994-06-20
1254	太阳鸟	1994-04-04	1284	三金	1994-05-06	1314	GW	1994-06-20
1255	保灵	1994-04-04	1285	美好	1994-05-06	1315	青特	1994-06-27
1256	SKYEY LION	1994-04-07	1286	黄腾	1994-05-09	1316	CARTELO	1994-06-29
1257	紫玉	1994-04-07	1287	依伦平	1994-05-09	1317	东华	1994-06-30
1258	国茂	1994-04-08	1288	新大陆	1994-05-10	1318	YDF	1994-07-02
1259	华扬	1994-04-09	1289	中联	1994-05-11	1319	KINWAI	1994-07-05
1260	神河	1994-04-11	1290	南方 NANF ANG	1994-05-16	1320	强盾	1994-07-07
1261	高黎贡山	1994-04-14	1291	凯迪拉克	1994-05-16	1321	梦洁	1994-07-07
1262	三立	1994-04-15	1292	耐克	1994-05-16	1322	迈克	1994-07-08
1263	地神	1994-04-15	1293	TIFFANY	1994-05-16	1323	司尔特	1994-07-11
1264	冠云	1994-04-15	1294	威胜	1994-05-19	1324	佛慈	1994-07-11
1265	温氏	1994-04-20	1295	春发	1994-05-19	1325	华德	1994-07-11
1266	夏进	1994-04-20	1296	大圣	1994-05-23	1326	陕汽	1994-07-11

（续表）

序号	商标名称	商标申请日期	序号	商标名称	商标申请日期	序号	商标名称	商标申请日期
1327	S	1994-07-11	1357	蓝猫	1994-08-18	1387	兴盛	1994-09-26
1328	铁将军	1994-07-14	1358	力霸皇	1994-08-19	1388	PIRELLI	1994-09-27
1329	御泉	1994-07-14	1359	DZ	1994-08-22	1389	红宝丽	1994-09-28
1330	YONG TAI	1994-07-16	1360	亚星	1994-08-22	1390	HYT	1994-10-05
1331	海利	1994-07-18	1361	攀登	1994-08-23	1391	宾度 BENATO	1994-10-10
1332	COCOWIND	1994-07-18	1362	福源馆	1994-08-23	1392	常恒	1994-10-11
1333	平安	1994-07-18	1363	沃尔玛	1994-08-23	1393	新大洲	1994-10-11
1334	海源	1994-07-19	1364	HR	1994-08-23	1394	天福	1994-10-12
1335	雅鹿	1994-07-19	1365	默沙东	1994-08-25	1395	沪工	1994-10-14
1336	CITS	1994-07-20	1366	新兴	1994-08-31	1396	彩云	1994-10-17
1337	国旅	1994-07-20	1367	诺基亚 NOKIA	1994-08-31	1397	XINDECO	1994-10-17
1338	嘉实多	1994-07-21	1368	GN	1994-08-31	1398	BT	1994-10-17
1339	GEYA	1994-07-21	1369	碧柔	1994-09-01	1399	霞珍	1994-10-17
1340	玛吉斯	1994-07-21	1370	好丽友	1994-09-01	1400	华业	1994-10-18
1341	樱花	1994-07-21	1371	太太乐	1994-09-02	1401	龙马	1994-10-20
1342	WU MU	1994-07-25	1372	辉山	1994-09-05	1402	UGG	1994-10-24
1343	胜利	1994-07-28	1373	皇马	1994-09-06	1403	贵	1994-10-24
1344	同福	1994-07-28	1374	玉兔	1994-09-06	1404	帅克	1994-10-26
1345	NNANKANG	1994-07-29	1375	东方红	1994-09-06	1405	宫殿	1994-10-26
1346	甘岭	1994-08-01	1376	富安娜	1994-09-07	1406	鸿达	1994-10-27
1347	冠豪	1994-08-01	1377	海鸥	1994-09-08	1407	永和园	1994-10-28
1348	海湾	1994-08-01	1378	大红鹰	1994-09-12	1408	美标	1994-11-02
1349	宝姿	1994-08-03	1379	益利	1994-09-13	1409	冠军	1994-11-05
1350	红叶	1994-08-04	1380	山宝	1994-09-13	1410	CAMRY	1994-11-08
1351	长虹	1994-08-09	1381	联发	1994-09-20	1411	达仁堂	1994-11-10
1352	DYC	1994-08-12	1382	亚通; ATON	1994-09-20	1412	牛栏山	1994-11-10
1353	妈咪爱	1994-08-15	1383	三棱	1994-09-24	1413	杏花楼	1994-11-14
1354	双凤	1994-08-16	1384	闽铝	1994-09-26	1414	LIFAN	1994-11-14
1355	春丝	1994-08-16	1385	圣雪绒	1994-09-26	1415	力帆	1994-11-14
1356	HENGYOU	1994-08-17	1386	福人	1994-09-26	1416	爱好	1994-11-14

（续表）

序号	商标名称	商标申请日期	序号	商标名称	商标申请日期	序号	商标名称	商标申请日期
1417	联邦	1994-11-16	1447	HUAN QIU	1994-12-26	1477	华英	1995-02-23
1418	洲艳	1994-11-18	1448	灵山	1994-12-27	1478	梦想	1995-02-24
1419	苍松	1994-11-19	1449	五得利	1994-12-30	1479	淑女屋	1995-02-27
1420	红牛 REDBULL	1994-11-21	1450	水仙	1995-01-03	1480	老凤祥	1995-02-28
1421	戴梦得	1994-11-22	1451	港进	1995-01-03	1481	牧童	1995-02-28
1422	DF	1994-11-23	1452	人头马	1995-01-06	1482	安琪尔	1995-02-28
1423	平安	1994-11-23	1453	PK	1995-01-09	1483	昆钢	1995-03-02
1424	爱心; LOVINGHEART	1994-11-29	1454	碧浪	1995-01-10	1484	耐都	1995-03-02
1425	樱花	1994-12-02	1455	卡森	1995-01-11	1485	DD	1995-03-03
1426	澳柯玛 AUCMA	1994-12-02	1456	丹华	1995-01-11	1486	津成	1995-03-06
1427	天虎	1994-12-03	1457	JIAN AN	1995-01-12	1487	中生	1995-03-06
1428	五彩	1994-12-03	1458	太湖	1995-01-12	1488	华罗	1995-03-06
1429	SUZUKI	1994-12-05	1459	旺仔	1995-01-14	1489	旭日升	1995-03-07
1430	铃木	1994-12-05	1460	德力西	1995-01-16	1490	霸王	1995-03-08
1431	巴陵	1994-12-06	1461	梦之诗	1995-01-20	1491	龙心	1995-03-09
1432	绿兰莎	1994-12-06	1462	XIAGC	1995-01-23	1492	华亚	1995-03-13
1433	丰日	1994-12-06	1463	中名	1995-01-26	1493	WANGPAI	1995-03-14
1434	皇上皇	1994-12-12	1464	YF	1995-01-26	1494	金	1995-03-14
1435	银鹭	1994-12-12	1465	通菱	1995-01-29	1495	两面针	1995-03-21
1436	龙盛	1994-12-13	1466	华扬	1995-02-05	1496	茅贡	1995-03-25
1437	诚信	1994-12-16	1467	远航	1995-02-09	1497	一步	1995-03-27
1438	中银	1994-12-16	1468	鹏程	1995-02-16	1498	吉尔达	1995-03-28
1439	BOC	1994-12-16	1469	元丰	1995-02-17	1499	浪莎	1995-03-29
1440	开米	1994-12-19	1470	桥防	1995-02-20	1500	新郎	1995-03-30
1441	碧桂园 COUNTRY GARDEN	1994-12-19	1471	地王	1995-02-20	1501	忘不了	1995-03-30
1442	小松	1994-12-20	1472	中铁	1995-02-20	1502	天一堂	1995-04-03
1443	埃美柯	1994-12-21	1473	美宝莲 MAYBELLINE	1995-02-21	1503	PQ	1995-04-03
1444	红桃K	1994-12-22	1474	佳雪	1995-02-22	1504	管家婆	1995-04-03
1445	长青	1994-12-26	1475	YONG CHANG	1995-02-22	1505	老万	1995-04-03
1446	康佳 KONKA	1994-12-26	1476	鹤寿	1995-02-23	1506	ST&SAT	1995-04-03

（续表）

序号	商标名称	商标申请日期	序号	商标名称	商标申请日期	序号	商标名称	商标申请日期
1507	七色花	1995-04-04	1537	君友	1995-05-02	1567	三沟	1995-06-05
1508	狗脑贡	1995-04-04	1538	丛林河	1995-05-05	1568	宇王	1995-06-05
1509	报喜鸟	1995-04-05	1539	飞尼克斯	1995-05-05	1569	众品	1995-06-06
1510	泸州老窖	1995-04-05	1540	元首	1995-05-08	1570	恒柏	1995-06-06
1511	莲花	1995-04-05	1541	建喜	1995-05-08	1571	李立功	1995-06-07
1512	A	1995-04-06	1542	南回	1995-05-09	1572	通天	1995-06-08
1513	六和	1995-04-07	1543	CHANGLING	1995-05-09	1573	老山	1995-06-09
1514	万事利	1995-04-07	1544	长岭	1995-05-09	1574	东华	1995-06-12
1515	五爱	1995-04-08	1545	高龙	1995-05-15	1575	WAN SHENG	1995-06-12
1516	正兴	1995-04-08	1546	金宫	1995-05-15	1576	小站稻	1995-06-12
1517	嘉陵	1995-04-10	1547	佐今明	1995-05-16	1577	银麦	1995-06-12
1518	宣	1995-04-11	1548	隆力奇	1995-05-16	1578	丽邦	1995-06-13
1519	雷诺	1995-04-12	1549	TENGEN	1995-05-17	1579	瑶海	1995-06-14
1520	兴昌	1995-04-17	1550	雪驰	1995-05-18	1580	大国	1995-06-14
1521	南天	1995-04-17	1551	春合	1995-05-18	1581	苦菜花	1995-06-19
1522	MENGTIAN	1995-04-17	1552	芙蓉王	1995-05-18	1582	吉德	1995-06-19
1523	沱	1995-04-17	1553	三尖	1995-05-19	1583	日丰	1995-06-19
1524	温馨鸟	1995-04-18	1554	乐祺	1995-05-19	1584	汇丽	1995-06-19
1525	缘	1995-04-20	1555	源安堂	1995-05-22	1585	荣强	1995-06-19
1526	苏泊尔	1995-04-21	1556	银星	1995-05-22	1586	蓝白	1995-06-19
1527	伊利	1995-04-24	1557	七匹狼 SEPTWOLVES	1995-05-22	1587	万盛达	1995-06-20
1528	美菱	1995-04-24	1558	苹乐	1995-05-24	1588	格瑞特	1995-06-21
1529	YUGUANG	1995-04-26	1559	公牛	1995-05-26	1589	雪花	1995-06-22
1530	全兴	1995-04-26	1560	千里马	1995-05-26	1590	亚宝	1995-06-23
1531	六福	1995-04-26	1561	珂	1995-05-31	1591	GHF	1995-06-26
1532	银珠	1995-04-27	1562	迪士尼	1995-05-31	1592	王老吉	1995-06-26
1533	健将	1995-04-27	1563	喜德来	1995-05-31	1593	华鸿	1995-06-26
1534	美乐	1995-05-02	1564	茅岩莓	1995-06-05	1594	文光	1995-06-26
1535	十八子作	1995-05-02	1565	唐人神	1995-06-05	1595	金纱	1995-06-26
1536	红日 REDSUN	1995-05-02	1566	广积	1995-06-05	1596	星星	1995-06-27

（续表）

序号	商标名称	商标申请日期	序号	商标名称	商标申请日期	序号	商标名称	商标申请日期
1597	宇达	1995-06-27	1627	川洲	1995-07-21	1657	HARSON; 哈森	1995-08-30
1598	公元 ERA	1995-06-27	1628	HUAYI	1995-07-24	1658	富得利	1995-08-30
1599	盾安	1995-06-28	1629	星宇	1995-07-24	1659	奔牛	1995-09-04
1600	兽霸	1995-06-28	1630	好家庭	1995-07-25	1660	桐昆	1995-09-04
1601	杰奥	1995-06-28	1631	地奥	1995-07-27	1661	SHEN MA	1995-09-04
1602	福特	1995-06-29	1632	雷事达	1995-07-27	1662	鄂尔多斯 ERDOS	1995-09-04
1603	兴海	1995-06-30	1633	鹰唛	1995-07-27	1663	SUIDA	1995-09-05
1604	宇通	1995-06-30	1634	热工	1995-07-31	1664	TOSHIBA	1995-09-11
1605	库尔勒香梨	1995-06-30	1635	HUAWEI	1995-08-01	1665	崂山	1995-09-11
1606	金斗山	1995-07-03	1636	神象	1995-08-07	1666	思乐得	1995-09-11
1607	恒源祥	1995-07-03	1637	SHEN XIANG	1995-08-07	1667	火宫殿	1995-09-12
1608	德生	1995-07-04	1638	华兰	1995-08-07	1668	辉丰	1995-09-15
1609	快乐屋 HAPPY HOUSE	1995-07-05	1639	CONCH	1995-08-07	1669	金欧	1995-09-15
1610	蓝深	1995-07-07	1640	福江	1995-08-07	1670	标致 POSH	1995-09-18
1611	LG	1995-07-10	1641	箭达	1995-08-08	1671	豪迈	1995-09-18
1612	莱艺	1995-07-10	1642	龙星	1995-08-14	1672	佰纳	1995-09-20
1613	青岛 TSINGTAO	1995-07-10	1643	CXM	1995-08-14	1673	东来顺	1995-09-27
1614	恒威	1995-07-11	1644	大庄	1995-08-14	1674	DE BEERS	1995-09-27
1615	恒久	1995-07-11	1645	皇冠; GROWN	1995-08-14	1675	金胜	1995-09-29
1616	BOSCH	1995-07-11	1646	建新园	1995-08-15	1676	虎皇	1995-10-04
1617	五一	1995-07-12	1647	山犬	1995-08-17	1677	YX	1995-10-04
1618	太太	1995-07-13	1648	开开	1995-08-21	1678	伟星	1995-10-04
1619	LHC CUBAN ROYAL PALM	1995-07-13	1649	农哈哈	1995-08-22	1679	东汉	1995-10-09
1620	BAIXUE	1995-07-14	1650	玉林	1995-08-25	1680	舒蕾 SLEK	1995-10-11
1621	海神	1995-07-17	1651	皇禽	1995-08-28	1681	百斯盾	1995-10-11
1622	海底捞	1995-07-17	1652	方太	1995-08-28	1682	利君沙	1995-10-12
1623	大哥大 DKD	1995-07-17	1653	华亨	1995-08-28	1683	白兔湖	1995-10-16
1624	舒友	1995-07-18	1654	新中源	1995-08-28	1684	DELIXI	1995-10-16
1625	美尔雅	1995-07-20	1655	FOTILE	1995-08-28	1685	蓝星	1995-10-18
1626	林海	1995-07-21	1656	老苗	1995-08-29	1686	哈根达斯	1995-10-18

（续表）

序号	商标名称	商标申请日期	序号	商标名称	商标申请日期	序号	商标名称	商标申请日期
1687	圣象	1995-10-23	1717	二重	1995-11-20	1747	银河	1995-12-29
1688	得力	1995-10-24	1718	HOYO	1995-11-20	1748	金螳螂	1996-01-02
1689	好媳妇	1995-10-25	1719	洽洽	1995-11-20	1749	威兰西 WELES	1996-01-03
1690	艾兰得	1995-10-26	1720	久隆	1995-11-22	1750	CEFIRO	1996-01-03
1691	全工	1995-10-26	1721	雪豹	1995-11-22	1751	嘉宝莉	1996-01-04
1692	阆洲	1995-10-26	1722	久隆	1995-11-23	1752	蜘蛛王	1996-01-04
1693	利群	1995-10-26	1723	步长	1995-11-27	1753	豪雅	1996-01-05
1694	润香	1995-10-27	1724	AB	1995-11-27	1754	真龙	1996-01-05
1695	诚意	1995-10-27	1725	世联	1995-11-28	1755	稻香村	1996-01-05
1696	春伦	1995-10-27	1726	隆庆祥	1995-11-30	1756	深发	1996-01-08
1697	雪舟	1995-10-30	1727	ZONG SHEN	1995-12-04	1757	吴太	1996-01-11
1698	WACANG	1995-10-30	1728	银宝	1995-12-04	1758	巧媳妇	1996-01-11
1699	启发	1995-10-30	1729	BROS	1995-12-04	1759	陕开	1996-01-12
1700	安记	1995-10-31	1730	波司登	1995-12-04	1760	英特尔	1996-01-12
1701	光益	1995-10-31	1731	陆龙	1995-12-04	1761	铭帝	1996-01-15
1702	太阳城; SUNCITY	1995-11-01	1732	斯美特	1995-12-11	1762	连成	1996-01-16
1703	金曼克	1995-11-02	1733	宇峰	1995-12-11	1763	ZBCB	1996-01-17
1704	方正 FOUNDER	1995-11-02	1734	老周	1995-12-18	1764	宝利特	1996-01-18
1705	英吉多	1995-11-03	1735	兴盛	1995-12-18	1765	日丰	1996-01-18
1706	威龙	1995-11-06	1736	丹泉	1995-12-18	1766	金鹏	1996-01-18
1707	远航	1995-11-07	1737	通明	1995-12-18	1767	鲁泰格蕾芬 LTGRF	1996-01-19
1708	阿尔卑斯	1995-11-07	1738	雪津	1995-12-19	1768	福王	1996-01-19
1709	汾江	1995-11-07	1739	幸运风	1995-12-20	1769	三星 THREE STAR	1996-01-22
1710	亚厦	1995-11-08	1740	美涂士	1995-12-21	1770	力神	1996-01-22
1711	三利	1995-11-10	1741	联谊	1995-12-22	1771	越峰	1996-01-23
1712	国珍	1995-11-13	1742	圣林	1995-12-25	1772	洱宝	1996-01-23
1713	大金	1995-11-15	1743	山鹰	1995-12-26	1773	冠丰	1996-01-24
1714	美加净 MAXAM	1995-11-20	1744	飞捷	1995-12-27	1774	HUATAI	1996-01-24
1715	TAIJI	1995-11-20	1745	丹吉娅	1995-12-27	1775	王字	1996-01-25
1716	好收成	1995-11-20	1746	荣昌	1995-12-28	1776	远兴	1996-01-26

（续表）

序号	商标名称	商标申请日期	序号	商标名称	商标申请日期	序号	商标名称	商标申请日期
1777	天之水	1996-01-26	1807	STIHL	1996-02-12	1837	泰祥	1996-04-02
1778	叙府	1996-01-26	1808	PEARL RIVER	1996-02-12	1838	周君记	1996-04-03
1779	光阳	1996-01-26	1809	海鑫	1996-02-14	1839	心相印	1996-04-05
1780	信得	1996-01-29	1810	广亚	1996-02-14	1840	傲饰	1996-04-08
1781	金字	1996-01-29	1811	尖峰	1996-02-15	1841	驼人	1996-04-08
1782	索普	1996-01-29	1812	紫禁城 FORBIDDEN CITY	1996-02-15	1842	剑南春	1996-04-08
1783	桂湖	1996-01-29	1813	故宫 PALACE MUSEUM	1996-02-15	1843	邦赛	1996-04-08
1784	晶珠	1996-01-29	1814	华晶	1996-02-26	1844	巴国布衣	1996-04-08
1785	迪龙	1996-01-29	1815	鹰金钱 EAGLE COIN	1996-02-26	1845	铜牛	1996-04-08
1786	银龙	1996-01-29	1816	康宝	1996-03-05	1846	春花	1996-04-08
1787	SYS	1996-01-29	1817	SF	1996-03-06	1847	洁能	1996-04-09
1788	梅花 PLUM BLOSSOM	1996-01-29	1818	神剑	1996-03-07	1848	PEOPLE	1996-04-09
1789	恒友 HORAE	1996-01-29	1819	中财	1996-03-11	1849	燕南	1996-04-10
1790	开元	1996-01-29	1820	南瑞	1996-03-11	1850	黄果树	1996-04-10
1791	友达	1996-01-29	1821	DIMERCO	1996-03-13	1851	UNICOM	1996-04-11
1792	恒顺	1996-01-29	1822	别克	1996-03-13	1852	华月	1996-04-12
1793	源力	1996-01-30	1823	华梅	1996-03-13	1853	YAHOO!	1996-04-12
1794	益寿文摘	1996-01-30	1824	亚普 YAPP	1996-03-14	1854	众和	1996-04-15
1795	东银	1996-01-30	1825	乔治白	1996-03-15	1855	双立人	1996-04-15
1796	建发	1996-01-30	1826	济重	1996-03-18	1856	WEIYE	1996-04-16
1797	胡姬花	1996-01-30	1827	泰山	1996-03-22	1857	海亮	1996-04-16
1798	庶人坊	1996-01-30	1828	VSM	1996-03-25	1858	先驱	1996-04-16
1799	钓鱼城	1996-01-30	1829	马可波罗	1996-03-25	1859	顺峰	1996-04-16
1800	天士力	1996-01-31	1830	明	1996-03-25	1860	港星	1996-04-19
1801	中集	1996-01-31	1831	盖克	1996-03-28	1861	VOLVO	1996-04-19
1802	菩提	1996-02-01	1832	南山	1996-03-28	1862	雕	1996-04-22
1803	江中	1996-02-01	1833	ABLE	1996-04-01	1863	雅士利	1996-04-22
1804	太和	1996-02-01	1834	HOOPOE	1996-04-01	1864	北新	1996-04-23
1805	汇仁	1996-02-02	1835	格力 GREE	1996-04-01	1865	交运	1996-04-23
1806	FS	1996-02-02	1836	芭田	1996-04-02	1866	天渊	1996-04-24

（续表）

序号	商标名称	商标申请日期	序号	商标名称	商标申请日期	序号	商标名称	商标申请日期
1867	金鹿	1996-04-25	1897	金杯 GOLD CUP	1996-05-23	1927	CABBEEN	1996-06-27
1868	秋叶原	1996-04-25	1898	富友	1996-05-23	1928	京博	1996-06-28
1869	神华	1996-04-26	1899	青龙	1996-05-24	1929	S	1996-07-01
1870	岱峰 DAIFENG	1996-04-29	1900	萃华	1996-05-24	1930	三联 TRIPARTITE UNION	1996-07-01
1871	阿里山	1996-04-29	1901	妮维雅 NIVEA	1996-05-27	1931	金润	1996-07-01
1872	雅士利	1996-04-29	1902	恒飞	1996-05-27	1932	瑞贝卡 REBECCA	1996-07-01
1873	来思尔 LESSON	1996-04-30	1903	海立	1996-05-30	1933	三房巷	1996-07-02
1874	合兴	1996-05-02	1904	中理	1996-05-31	1934	泰山	1996-07-02
1875	丰喜	1996-05-03	1905	丁家宜	1996-06-03	1935	瑞泰	1996-07-08
1876	福泰	1996-05-03	1906	雅兰 AIRLAND	1996-06-03	1936	驿马	1996-07-08
1877	盛宇	1996-05-06	1907	八马	1996-06-03	1937	妙手	1996-07-08
1878	申鹭达	1996-05-06	1908	思诺芙德 SNOWFORTE	1996-06-03	1938	南孚	1996-07-08
1879	星港 STARDOM	1996-05-09	1909	闪奇	1996-06-10	1939	嘉顺 JSH	1996-07-08
1880	妞妞	1996-05-10	1910	并蒂莲	1996-06-10	1940	喜盈门	1996-07-08
1881	龙达飞	1996-05-10	1911	穗宝	1996-06-11	1941	年年红	1996-07-08
1882	得尔乐	1996-05-13	1912	华夏	1996-06-12	1942	阳光	1996-07-08
1883	三替	1996-05-13	1913	AZONA	1996-06-12	1943	佛分	1996-07-08
1884	东瑞	1996-05-14	1914	丝宝宝	1996-06-14	1944	蕾琪	1996-07-09
1885	华龙	1996-05-16	1915	富驰	1996-06-17	1945	秀珀	1996-07-10
1886	群力	1996-05-16	1916	亚一	1996-06-17	1946	大丰王	1996-07-15
1887	5E	1996-05-20	1917	DFAM	1996-06-17	1947	SUNDIRO	1996-07-15
1888	古今	1996-05-20	1918	焱鑫	1996-06-18	1948	罡阳	1996-07-16
1889	雅倩 ARCHE	1996-05-21	1919	黑牛	1996-06-20	1949	今世缘	1996-07-16
1890	德赛	1996-05-21	1920	冲击波	1996-06-20	1950	白云鄂博	1996-07-19
1891	博士 DOCTOR	1996-05-21	1921	禾丰	1996-06-21	1951	侨兴	1996-07-19
1892	华晋	1996-05-21	1922	汉森	1996-06-24	1952	军霞	1996-07-19
1893	牛头	1996-05-21	1923	锦程	1996-06-24	1953	千色花 FORTRESS	1996-07-22
1894	罗西尼	1996-05-22	1924	奇强	1996-06-25	1954	金虎	1996-07-22
1895	同仁	1996-05-22	1925	海旺	1996-06-25	1955	红叶	1996-07-22
1896	TONGREN	1996-05-22	1926	丰缘	1996-06-26	1956	强力	1996-07-24

（续表）

序号	商标名称	商标申请日期	序号	商标名称	商标申请日期	序号	商标名称	商标申请日期
1957	名典 MING TIEN	1996-07-26	1987	金龙羽	1996-08-27	2017	丹玉	1996-09-23
1958	溪石	1996-07-29	1988	3539	1996-08-27	2018	湘瑞	1996-09-24
1959	雅士利	1996-07-30	1989	威王	1996-08-27	2019	白沙	1996-09-24
1960	沙士; HATU	1996-07-30	1990	银宝	1996-08-28	2020	凯泉	1996-09-25
1961	信义 SINYI	1996-07-31	1991	MONTAGUT	1996-08-30	2021	VK	1996-09-26
1962	三冶	1996-08-02	1992	史密斯	1996-09-02	2022	雄塑	1996-09-26
1963	鲁王	1996-08-02	1993	谊嘉宝	1996-09-02	2023	东康	1996-09-27
1964	美大康	1996-08-05	1994	霸狮腾	1996-09-02	2024	KODAK	1996-09-28
1965	特丽达	1996-08-05	1995	方大	1996-09-03	2025	屯玉	1996-09-28
1966	湘江	1996-08-05	1996	秦俑	1996-09-03	2026	达利发	1996-10-03
1967	双轮	1996-08-05	1997	华钢	1996-09-04	2027	酒鬼	1996-10-07
1968	班尼路 BALENO	1996-08-05	1998	中煤	1996-09-04	2028	南丰	1996-10-07
1969	松鸣岩	1996-08-05	1999	盼盼	1996-09-05	2029	斯尔丽	1996-10-09
1970	米兰登	1996-08-05	2000	爱国者	1996-09-06	2030	ZHONGMIN	1996-10-09
1971	沂蒙山	1996-08-05	2001	中容	1996-09-09	2031	LAFITE	1996-10-10
1972	雷朋	1996-08-05	2002	黄河	1996-09-09	2032	劳力士	1996-10-11
1973	重百	1996-08-05	2003	长城	1996-09-10	2033	红螺	1996-10-14
1974	阿迪达斯	1996-08-07	2004	好舒爽	1996-09-10	2034	QILS	1996-10-15
1975	DAHUA	1996-08-13	2005	科陆	1996-09-10	2035	根	1996-10-16
1976	崀山	1996-08-14	2006	LINKFAIR	1996-09-10	2036	念慈庵	1996-10-17
1977	龙徽 DRAGON SEAL	1996-08-14	2007	石狮	1996-09-12	2037	华素	1996-10-17
1978	LIREN	1996-08-15	2008	羚锐	1996-09-16	2038	迎驾	1996-10-17
1979	SOUND KING	1996-08-19	2009	HAILIN	1996-09-16	2039	黑豹	1996-10-18
1980	泰山	1996-08-19	2010	雀友	1996-09-16	2040	金乡大蒜	1996-10-21
1981	JMP	1996-08-20	2011	AUTUMN DEER	1996-09-16	2041	芝华士	1996-10-22
1982	天目湖	1996-08-20	2012	红叶	1996-09-16	2042	国航	1996-10-22
1983	TY	1996-08-22	2013	RGP	1996-09-17	2043	互助	1996-10-23
1984	雪驰	1996-08-22	2014	润田	1996-09-17	2044	XINAN	1996-10-24
1985	登海	1996-08-23	2015	胜通	1996-09-17	2045	VIAGRA	1996-10-24
1986	文新	1996-08-26	2016	步森	1996-09-23	2046	惠尔康	1996-10-24

（续表）

序号	商标名称	商标申请日期	序号	商标名称	商标申请日期	序号	商标名称	商标申请日期
2047	永达	1996-10-28	2077	旭东	1996-11-26	2107	瑞明	1996-12-17
2048	远洋	1996-10-29	2078	康福	1996-11-27	2108	米盖尔	1996-12-19
2049	康王	1996-11-04	2079	洁丽雅	1996-11-27	2109	利郎	1996-12-19
2050	飙山狼	1996-11-04	2080	安妮	1996-11-28	2110	BK	1996-12-20
2051	楚门文旦	1996-11-04	2081	博依格	1996-11-28	2111	L'OREAL 欧莱雅	1996-12-23
2052	TRANS FAR	1996-11-05	2082	DA SHU	1996-12-02	2112	ZQ	1996-12-23
2053	传化	1996-11-05	2083	欧派	1996-12-02	2113	富士康	1996-12-23
2054	喜临门	1996-11-05	2084	铁人 IRONMAN	1996-12-02	2114	仙	1996-12-23
2055	华光	1996-11-05	2085	建设	1996-12-03	2115	常发	1996-12-24
2056	高斯贝尔 GOSPELL	1996-11-07	2086	LONCIN	1996-12-04	2116	绿茵阁	1996-12-25
2057	大禹	1996-11-08	2087	EVOC	1996-12-06	2117	华西村	1996-12-27
2058	FIDEK	1996-11-08	2088	福辉	1996-12-06	2118	森源	1996-12-27
2059	艳阳天	1996-11-11	2089	经阁	1996-12-09	2119	剑亮	1996-12-30
2060	喜梦宝	1996-11-11	2090	振升	1996-12-09	2120	跃龙	1996-12-30
2061	双灯	1996-11-12	2091	奥妮 AUSNY	1996-12-09	2121	瑞泽	1996-12-30
2062	皮皮狗	1996-11-13	2092	凯撒	1996-12-11	2122	TAIDEN	1996-12-30
2063	富岗	1996-11-15	2093	先声	1996-12-12	2123	榆缆	1996-12-31
2064	白云山	1996-11-18	2094	亚太	1996-12-13	2124	CHI CHENG	1996-12-31
2065	中远	1996-11-18	2095	LB	1996-12-16	2125	圣得西 SUNDANCE	1997-01-03
2066	正邦	1996-11-18	2096	ZPMC	1996-12-16	2126	棒棰岛	1997-01-03
2067	秋水伊人	1996-11-19	2097	铁鎯	1996-12-16	2127	CHNT	1997-01-06
2068	络泰	1996-11-20	2098	AA	1996-12-16	2128	圣运	1997-01-07
2069	梦娜	1996-11-20	2099	海天	1996-12-16	2129	美洁	1997-01-07
2070	沙钢	1996-11-21	2100	观澜湖	1996-12-16	2130	冀高	1997-01-08
2071	飘香	1996-11-21	2101	金辰	1996-12-16	2131	三力士	1997-01-13
2072	新筑	1996-11-25	2102	南街村	1996-12-16	2132	FS	1997-01-13
2073	昌林 JYBF	1996-11-25	2103	敖东	1996-12-17	2133	迎太	1997-01-13
2074	天目湖	1996-11-25	2104	隆兴	1996-12-17	2134	同庆楼	1997-01-13
2075	强人	1996-11-25	2105	正昌	1996-12-17	2135	福润	1997-01-13
2076	金猴	1996-11-25	2106	利林	1996-12-17	2136	FORMULA 1	1997-01-14

（续表）

序号	商标名称	商标申请日期	序号	商标名称	商标申请日期	序号	商标名称	商标申请日期
2137	新华书店	1997-01-14	2167	老房子	1997-03-07	2197	宝光	1997-03-27
2138	养生堂	1997-01-16	2168	捷能	1997-03-10	2198	协孚	1997-03-27
2139	DEC	1997-01-20	2169	森马	1997-03-10	2199	茂祥	1997-03-28
2140	苹果	1997-01-20	2170	三源	1997-03-10	2200	爱仕达 ASD	1997-04-01
2141	康尔馨	1997-01-20	2171	三角梅	1997-03-10	2201	欧意	1997-04-03
2142	讯捷	1997-01-21	2172	乐力 OSTEOFORM	1997-03-11	2202	菱湖	1997-04-03
2143	罗蒙	1997-01-23	2173	汇祥	1997-03-13	2203	珠密琪	1997-04-03
2144	ROMON	1997-01-23	2174	利民	1997-03-14	2204	蒜乡	1997-04-04
2145	湖磨	1997-01-24	2175	金河	1997-03-17	2205	富丽真金	1997-04-04
2146	中意	1997-01-27	2176	铜冠	1997-03-17	2206	GJJ	1997-04-07
2147	亨威	1997-01-28	2177	SEARI	1997-03-17	2207	科密	1997-04-07
2148	涪陵	1997-01-28	2178	湘雅	1997-03-17	2208	劲	1997-04-09
2149	依依	1997-01-29	2179	天誉	1997-03-17	2209	卡朱米	1997-04-10
2150	航嘉	1997-01-29	2180	恒盛	1997-03-17	2210	TAISHAN	1997-04-11
2151	白猫	1997-01-30	2181	微软	1997-03-18	2211	宝钢	1997-04-14
2152	索芙特 SOFTTO	1997-01-31	2182	MICROSOFT	1997-03-18	2212	金得利 JINDELI	1997-04-14
2153	LIDU	1997-01-31	2183	八鱼	1997-03-18	2213	新舒	1997-04-14
2154	天和	1997-02-03	2184	海昌	1997-03-20	2214	BOSCH	1997-04-15
2155	康发	1997-02-03	2185	金威世家	1997-03-20	2215	乌江	1997-04-15
2156	夜视丽 YSL	1997-02-03	2186	同德	1997-03-21	2216	HND	1997-04-16
2157	广田	1997-02-03	2187	金正	1997-03-21	2217	YAMAHA	1997-04-16
2158	升达	1997-02-12	2188	美来	1997-03-21	2218	太标	1997-04-17
2159	长白山	1997-02-12	2189	正点	1997-03-24	2219	中智	1997-04-17
2160	亚德客 AIRTAC	1997-02-13	2190	天仪	1997-03-24	2220	正泰	1997-04-21
2161	林中宝	1997-02-19	2191	肥城	1997-03-24	2221	新特 TBEA	1997-04-21
2162	振康	1997-03-04	2192	SHINCO	1997-03-25	2222	FIREFLY	1997-04-21
2163	BAOTE	1997-03-04	2193	新科	1997-03-25	2223	宏基	1997-04-23
2164	C&U	1997-03-05	2194	睡宝	1997-03-25	2224	聚峰	1997-04-23
2165	南	1997-03-05	2195	砀山	1997-03-26	2225	李锦记 LEE KUM KEE	1997-04-23
2166	汇博	1997-03-07	2196	霞飞	1997-03-27	2226	新光	1997-04-23

（续表）

序号	商标名称	商标申请日期	序号	商标名称	商标申请日期	序号	商标名称	商标申请日期
2227	晋光	1997-04-24	2257	亚邦	1997-05-23	2287	舜宇	1997-06-11
2228	绿宝石	1997-04-24	2258	宝光	1997-05-26	2288	天邦 TECH-BANK	1997-06-11
2229	万金	1997-04-28	2259	嘉丽士	1997-05-27	2289	KH	1997-06-12
2230	河桥	1997-04-29	2260	DTC	1997-05-27	2290	合液	1997-06-13
2231	洞庭山	1997-04-29	2261	百花	1997-05-27	2291	月兔	1997-06-16
2232	高露洁	1997-05-04	2262	舜天 SAINTY	1997-05-27	2292	荣泰	1997-06-16
2233	龙星	1997-05-04	2263	红双喜	1997-05-27	2293	绿A	1997-06-17
2234	琪比小美屋 CHIPISHEAUMEIU	1997-05-05	2264	亨达	1997-05-28	2294	好利来	1997-06-18
2235	索佳	1997-05-05	2265	东易日盛	1997-05-29	2295	金种子	1997-06-18
2236	同洲	1997-05-07	2266	YKK	1997-05-30	2296	LOI	1997-06-19
2237	名花	1997-05-07	2267	京润	1997-06-02	2297	景德镇	1997-06-19
2238	恩华 HWA	1997-05-08	2268	红太阳 RED SUN	1997-06-02	2298	步步高	1997-06-20
2239	集成	1997-05-08	2269	大	1997-06-02	2299	明达	1997-06-23
2240	思朗	1997-05-08	2270	嘉和	1997-06-02	2300	格兰仕	1997-06-23
2241	双合成	1997-05-09	2271	安缆	1997-06-02	2301	钱璟	1997-06-23
2242	崂池	1997-05-12	2272	安凯	1997-06-02	2302	PACO 柏高	1997-06-23
2243	双童	1997-05-12	2273	漓泉	1997-06-02	2303	汉水	1997-06-23
2244	五羊	1997-05-12	2274	芬那丝	1997-06-02	2304	秦丰	1997-06-24
2245	金浩	1997-05-12	2275	GOLDYIP	1997-06-03	2305	QIAO DAN	1997-06-24
2246	春光	1997-05-14	2276	金业	1997-06-03	2306	凯捷利	1997-06-25
2247	顺达	1997-05-14	2277	得益	1997-06-04	2307	泰峰	1997-06-25
2248	博彦 BEYONDSOFT	1997-05-14	2278	BBK	1997-06-05	2308	金象 GOLD ELEPHANT	1997-06-26
2249	舒丽雅	1997-05-15	2279	百威	1997-06-05	2309	洁瑞	1997-06-28
2250	自然美 NATURAL BEAUTY	1997-05-15	2280	洪湖浪	1997-06-05	2310	陆通	1997-07-02
2251	半球	1997-05-16	2281	中美史克	1997-06-09	2311	东盛 TOPSUN	1997-07-02
2252	NRB	1997-05-19	2282	龙泉剑	1997-06-09	2312	益佰	1997-07-02
2253	泸池	1997-05-19	2283	XH	1997-06-09	2313	中粮	1997-07-02
2254	帝舵 TUDOR	1997-05-19	2284	舒曼	1997-06-09	2314	红金龙	1997-07-02
2255	旗舰 FLAGSHIP	1997-05-19	2285	万向	1997-06-10	2315	黄鹤楼	1997-07-02
2256	郫县豆瓣	1997-05-22	2286	YLE	1997-06-11	2316	蒙水	1997-07-02

（续表）

序号	商标名称	商标申请日期	序号	商标名称	商标申请日期	序号	商标名称	商标申请日期
2317	金锣	1997-07-04	2347	永高人 YGGOREN YEEOREN	1997-08-04	2377	丛台	1997-08-26
2318	安超	1997-07-08	2348	HEC	1997-08-04	2378	美欣达 MIZUDA	1997-08-26
2319	IDEAL 爱迪尔	1997-07-08	2349	哈电	1997-08-04	2379	安琪	1997-08-26
2320	宇桥	1997-07-09	2350	中控	1997-08-04	2380	德州	1997-08-29
2321	樱花 SAKURA	1997-07-10	2351	盛湘 SH.X	1997-08-04	2381	AM	1997-09-01
2322	良木	1997-07-14	2352	三元	1997-08-04	2382	罗技	1997-09-01
2323	三五三七 3537	1997-07-14	2353	三顶	1997-08-05	2383	华日	1997-09-01
2324	双竹	1997-07-14	2354	紫金花	1997-08-05	2384	SAMPLE	1997-09-05
2325	东方红	1997-07-14	2355	亨通光电	1997-08-07	2385	爱普	1997-09-08
2326	WOLONG	1997-07-16	2356	施大壮 SDZ	1997-08-07	2386	恒星	1997-09-08
2327	炯龙	1997-07-16	2357	紫山	1997-08-07	2387	海力	1997-09-08
2328	发达	1997-07-16	2358	鑫利	1997-08-08	2388	BJ	1997-09-08
2329	乘风	1997-07-17	2359	海菱 HIGHLEAD	1997-08-11	2389	獐子岛	1997-09-08
2330	奥赛康	1997-07-18	2360	金光	1997-08-11	2390	博大	1997-09-08
2331	平和	1997-07-18	2361	GROUND	1997-08-11	2391	鹏亚	1997-09-09
2332	禾盛	1997-07-18	2362	膜天	1997-08-11	2392	磊达	1997-09-10
2333	罗欣	1997-07-23	2363	生态	1997-08-11	2393	迅达	1997-09-10
2334	鲁鑫	1997-07-23	2364	利亚德 LEYARD	1997-08-12	2394	五常	1997-09-11
2335	晨鸣	1997-07-23	2365	铁工	1997-08-13	2395	清华 TSINGHUA	1997-09-12
2336	工大	1997-07-25	2366	东鹏	1997-08-13	2396	中宁	1997-09-15
2337	天骄	1997-07-25	2367	朝阳	1997-08-15	2397	瑞特	1997-09-15
2338	王守义	1997-07-25	2368	才子 TRIES	1997-08-15	2398	万千	1997-09-17
2339	世纪互联	1997-07-25	2369	工友	1997-08-18	2399	绿箭	1997-09-17
2340	恒导	1997-07-28	2370	李子园	1997-08-18	2400	鑫奉	1997-09-17
2341	千里明	1997-07-29	2371	维他奶	1997-08-18	2401	GOLDEER	1997-09-18
2342	通江	1997-07-29	2372	THB	1997-08-19	2402	SHERWOOD	1997-09-18
2343	宇兴	1997-07-30	2373	古渡	1997-08-20	2403	ANGEL	1997-09-18
2344	全发	1997-07-30	2374	卡西欧	1997-08-20	2404	春明	1997-09-18
2345	欧琳	1997-08-01	2375	OSD	1997-08-20	2405	海正	1997-09-19
2346	归一	1997-08-01	2376	豪盛	1997-08-22	2406	HISUN	1997-09-19

（续表）

序号	商标名称	商标申请日期	序号	商标名称	商标申请日期	序号	商标名称	商标申请日期
2407	丽珠	1997-09-22	2437	三立	1997-10-08	2467	TCL	1997-11-10
2408	永飞	1997-09-23	2438	隆盛 LSH	1997-10-09	2468	SPCC	1997-11-10
2409	HAOJUE	1997-09-23	2439	高仪	1997-10-09	2469	国风	1997-11-10
2410	好邻居	1997-09-23	2440	椰岛	1997-10-09	2470	台达	1997-11-11
2411	石雁 LFW	1997-09-24	2441	PROSUN	1997-10-10	2471	三枪	1997-11-11
2412	云敦 WHACKO	1997-09-25	2442	芬狄诗 FANDECIE	1997-10-13	2472	鹏飞	1997-11-12
2413	荣康	1997-09-25	2443	金鼎	1997-10-14	2473	秦邮	1997-11-14
2414	宏光	1997-09-25	2444	晨化	1997-10-16	2474	白羊	1997-11-17
2415	FUWA	1997-09-26	2445	子龙	1997-10-16	2475	TA	1997-11-17
2416	LLL	1997-09-26	2446	三和	1997-10-17	2476	国强	1997-11-18
2417	康麦斯	1997-09-26	2447	大宝	1997-10-20	2477	豪丰	1997-11-18
2418	华烁 HAISO	1997-09-29	2448	东成	1997-10-20	2478	杉杉 FIRS	1997-11-18
2419	HJ	1997-09-29	2449	太行	1997-10-20	2479	利德	1997-11-19
2420	汇川	1997-09-29	2450	万基	1997-10-21	2480	MESUCA	1997-11-20
2421	HONGHUONIAO	1997-09-29	2451	红五环	1997-10-21	2481	力炬	1997-11-20
2422	詹氏	1997-09-29	2452	高力	1997-10-21	2482	华都	1997-11-20
2423	义丰祥	1997-09-30	2453	威可多	1997-10-21	2483	顺 DS.XF	1997-11-20
2424	华联	1997-09-30	2454	EPRECT	1997-10-21	2484	阿桑娜	1997-11-20
2425	万年贡	1997-09-30	2455	红塑	1997-10-21	2485	澳宝	1997-11-21
2426	三圣	1997-10-05	2456	凌志	1997-10-24	2486	巴贝	1997-11-21
2427	马应龙	1997-10-05	2457	丝丽雅	1997-10-27	2487	FUZHENG	1997-11-24
2428	王力	1997-10-05	2458	图图	1997-10-29	2488	伍仕	1997-11-24
2429	HF	1997-10-05	2459	鸿雁	1997-10-30	2489	珊黛	1997-11-24
2430	玮兰	1997-10-05	2460	VIGOSS	1997-10-31	2490	恒林	1997-11-24
2431	白芽奇兰	1997-10-05	2461	千里马	1997-11-03	2491	开尔	1997-11-24
2432	金塔	1997-10-05	2462	五粮春	1997-11-03	2492	玲珑	1997-11-24
2433	大华	1997-10-05	2463	五粮醇	1997-11-03	2493	条山	1997-11-24
2434	阳坊	1997-10-06	2464	斯得福	1997-11-04	2494	锦兴	1997-11-25
2435	雪中飞	1997-10-06	2465	蟒	1997-11-05	2495	HILON	1997-11-25
2436	清梅居	1997-10-07	2466	澳洋	1997-11-07	2496	常山	1997-11-25

（续表）

序号	商标名称	商标申请日期	序号	商标名称	商标申请日期	序号	商标名称	商标申请日期
2497	国风 GROWFUL	1997-11-28	2527	东北王	1997-12-25	2557	宝硕	1998-01-25
2498	凯帆	1997-11-28	2528	长青	1997-12-29	2558	绿鲜	1998-01-26
2499	宾王	1997-12-01	2529	雅化	1997-12-31	2559	育才	1998-01-27
2500	鸭绿江	1997-12-01	2530	察尔汗	1998-01-04	2560	杭氧	1998-02-04
2501	虎	1997-12-02	2531	坦克	1998-01-04	2561	盛洲	1998-02-04
2502	东部	1997-12-03	2532	龙嫂	1998-01-04	2562	JAC	1998-02-04
2503	古船	1997-12-03	2533	乐美达 ROAD.MATE	1998-01-06	2563	MARY KAY	1998-02-05
2504	章丘	1997-12-04	2534	春保	1998-01-08	2564	武冠	1998-02-05
2505	旭日升	1997-12-05	2535	金莱克	1998-01-08	2565	QSA	1998-02-06
2506	3 A	1997-12-08	2536	毛源昌	1998-01-09	2566	王致和	1998-02-11
2507	希爱 CNI	1997-12-08	2537	胜达	1998-01-09	2567	百联	1998-02-12
2508	虹润	1997-12-08	2538	金汇	1998-01-12	2568	湘鹤	1998-02-13
2509	长友	1997-12-08	2539	MAXPOWER	1998-01-12	2569	吕氏	1998-02-16
2510	好梦来	1997-12-08	2540	NANLING	1998-01-12	2570	力捷迅	1998-02-17
2511	有友	1997-12-09	2541	标王	1998-01-12	2571	月龙	1998-02-17
2512	雨虹	1997-12-11	2542	科伦	1998-01-13	2572	华夏春	1998-02-18
2513	美陵	1997-12-12	2543	费列罗	1998-01-13	2573	盈丰	1998-02-19
2514	R	1997-12-15	2544	依视路	1998-01-14	2574	安佑	1998-02-19
2515	超大	1997-12-15	2545	雅爵	1998-01-14	2575	甘舒霖	1998-02-23
2516	华芳	1997-12-15	2546	北霸	1998-01-15	2576	五洋 WYPJ	1998-02-23
2517	安井	1997-12-15	2547	LC	1998-01-19	2577	NABEL	1998-02-23
2518	佳隆	1997-12-15	2548	欣蔆	1998-01-20	2578	国旅 CITS	1998-02-24
2519	盘江	1997-12-16	2549	PANPAN	1998-01-20	2579	东南	1998-02-27
2520	清田	1997-12-17	2550	吉天利 JTL	1998-01-20	2580	西洋	1998-03-02
2521	美宁	1997-12-19	2551	徽六	1998-01-20	2581	瑞年	1998-03-02
2522	柳工	1997-12-22	2552	富丽达	1998-01-22	2582	中坝	1998-03-02
2523	秋林	1997-12-22	2553	复美欣	1998-01-22	2583	南国	1998-03-04
2524	PCK	1997-12-23	2554	武船	1998-01-22	2584	浩波 HOPE	1998-03-06
2525	吴良材	1997-12-23	2555	法尔胜	1998-01-22	2585	ABC	1998-03-06
2526	黎明 DAWN	1997-12-23	2556	JAGUAR	1998-01-22	2586	华为	1998-03-06

（续表）

序号	商标名称	商标申请日期	序号	商标名称	商标申请日期	序号	商标名称	商标申请日期
2587	中街	1998-03-09	2617	爱特福	1998-03-30	2647	巨峰	1998-04-20
2588	隆基	1998-03-09	2618	探路先锋	1998-03-30	2648	钻立	1998-04-20
2589	TAISHAN	1998-03-09	2619	鹿	1998-03-30	2649	兴事发	1998-04-20
2590	群豪	1998-03-10	2620	新林玉露	1998-03-30	2650	圣起	1998-04-20
2591	LAMEIZI	1998-03-10	2621	老牛	1998-03-31	2651	飞洲	1998-04-20
2592	辣妹子	1998-03-10	2622	韶峰	1998-03-31	2652	汶瑞	1998-04-21
2593	华锋	1998-03-11	2623	恺王	1998-04-02	2653	海思堡 ASPOP	1998-04-22
2594	利达	1998-03-12	2624	豫中	1998-04-06	2654	粟海	1998-04-23
2595	五女山	1998-03-12	2625	万征	1998-04-06	2655	邦德.富士达	1998-04-24
2596	戴尔	1998-03-13	2626	榆园	1998-04-09	2656	法福莱	1998-04-24
2597	晨阳	1998-03-13	2627	东岳联邦	1998-04-09	2657	辉其	1998-04-27
2598	联泰	1998-03-13	2628	王仁和	1998-04-09	2658	老板	1998-04-27
2599	脑白金	1998-03-13	2629	恒锋 EST	1998-04-10	2659	瑞阳	1998-04-28
2600	龙生	1998-03-16	2630	雅丽泰 LUTILE	1998-04-13	2660	希尔安	1998-04-28
2601	JNBY	1998-03-16	2631	祖名	1998-04-13	2661	豪斯汀 HOSTING	1998-04-28
2602	盛隆	1998-03-16	2632	胖哥	1998-04-13	2662	雅培	1998-04-29
2603	登星	1998-03-16	2633	浩沙	1998-04-13	2663	天马	1998-04-29
2604	早康	1998-03-18	2634	光 GDYG	1998-04-13	2664	鑫海	1998-04-29
2605	蓝翔	1998-03-18	2635	同化	1998-04-13	2665	猎豹	1998-04-29
2606	旺润	1998-03-19	2636	老干妈	1998-04-13	2666	阿波罗	1998-05-04
2607	中绿	1998-03-19	2637	慈济	1998-04-14	2667	SHARP NESS	1998-05-04
2608	唐久	1998-03-20	2638	维科 VEKEN	1998-04-14	2668	蓝色沸点 BLUE POINT	1998-05-04
2609	鲸龙	1998-03-23	2639	RONGXIANG	1998-04-15	2669	清江	1998-05-04
2610	赛象	1998-03-23	2640	雅虎	1998-04-16	2670	玛丽	1998-05-04
2611	苏果	1998-03-23	2641	武夷	1998-04-17	2671	HUAHONG	1998-05-04
2612	亿利达 ILIDA	1998-03-23	2642	又一家	1998-04-17	2672	樱雪 INSE	1998-05-04
2613	邮王	1998-03-26	2643	正兴	1998-04-17	2673	石花	1998-05-04
2614	日上	1998-03-26	2644	金桥	1998-04-17	2674	ERKE	1998-05-06
2615	太平鸟 PEACE BIRD	1998-03-27	2645	向阳坊	1998-04-17	2675	以纯	1998-05-06
2616	若男	1998-03-27	2646	杰士邦	1998-04-20	2676	T	1998-05-08

（续表）

序号	商标名称	商标申请日期	序号	商标名称	商标申请日期	序号	商标名称	商标申请日期
2677	迈普	1998-05-08	2707	天源长寿村	1998-05-29	2737	半边天	1998-06-22
2678	澄露	1998-05-08	2708	福麒	1998-05-29	2738	军印	1998-06-22
2679	信元	1998-05-11	2709	辰州 HENZHOU	1998-06-01	2739	祥瑞	1998-06-22
2680	明园	1998-05-11	2710	长园	1998-06-01	2740	南玻	1998-06-22
2681	龙王	1998-05-12	2711	忘不了	1998-06-01	2741	星宇	1998-06-22
2682	肤阴洁	1998-05-13	2712	龙鼎	1998-06-02	2742	喜之郎	1998-06-23
2683	裕祥	1998-05-14	2713	川 HUAN	1998-06-02	2743	HEC	1998-06-25
2684	LS	1998-05-14	2714	轻骑	1998-06-02	2744	保迪	1998-06-25
2685	精大	1998-05-15	2715	巨明	1998-06-04	2745	建科	1998-06-25
2686	新多	1998-05-18	2716	康舒	1998-06-04	2746	晓曦红	1998-06-25
2687	聚丰	1998-05-19	2717	长宇	1998-06-05	2747	皇明	1998-06-25
2688	FESCO	1998-05-19	2718	粒粒晶	1998-06-05	2748	联创	1998-06-26
2689	立效	1998-05-20	2719	东风	1998-06-05	2749	雪阳	1998-06-29
2690	永和安	1998-05-22	2720	永享	1998-06-08	2750	金鸽	1998-06-29
2691	巨宁	1998-05-22	2721	龙的	1998-06-08	2751	恒联	1998-06-30
2692	宁超	1998-05-25	2722	清美	1998-06-08	2752	华羚	1998-06-30
2693	情怡	1998-05-25	2723	OCEANPOWER	1998-06-09	2753	金途	1998-06-30
2694	银泰	1998-05-25	2724	段记 段	1998-06-10	2754	佳丽斯	1998-07-02
2695	珍极	1998-05-25	2725	金万年	1998-06-10	2755	立马	1998-07-03
2696	红星 REDSTAR	1998-05-25	2726	康泰	1998-06-10	2756	京东	1998-07-03
2697	胖太太 P.T.T	1998-05-25	2727	李文	1998-06-11	2757	APG	1998-07-03
2698	宜东	1998-05-25	2728	和玉	1998-06-12	2758	禹洲	1998-07-03
2699	KING LONG	1998-05-25	2729	港鹏 KIC KARPERY	1998-06-12	2759	CHIPOLBROK	1998-07-06
2700	GEMSY	1998-05-26	2730	超人	1998-06-15	2760	KINGKING	1998-07-06
2701	众望	1998-05-26	2731	WUYANG	1998-06-15	2761	武钢	1998-07-06
2702	安吉白茶	1998-05-27	2732	上峰 SALFO	1998-06-15	2762	XWJT	1998-07-06
2703	莎普爱思	1998-05-28	2733	强力	1998-06-15	2763	金笛	1998-07-06
2704	凤	1998-05-28	2734	中强	1998-06-16	2764	C-P	1998-07-06
2705	BAYER	1998-05-29	2735	京东方	1998-06-17	2765	ARROW	1998-07-06
2706	华泰	1998-05-29	2736	远程	1998-06-22	2766	安福	1998-07-07

（续表）

序号	商标名称	商标申请日期	序号	商标名称	商标申请日期	序号	商标名称	商标申请日期
2767	SHENZHOU	1998-07-07	2797	五福	1998-07-22	2827	盛路	1998-08-11
2768	红井源	1998-07-08	2798	宏运	1998-07-22	2828	天河	1998-08-13
2769	沭河	1998-07-09	2799	斗南	1998-07-23	2829	金发	1998-08-17
2770	SORL	1998-07-10	2800	重通	1998-07-23	2830	德众	1998-08-17
2771	永壮	1998-07-13	2801	大桥道	1998-07-23	2831	龙净	1998-08-17
2772	德威	1998-07-13	2802	美思 MEISEE	1998-07-23	2832	梦天姿	1998-08-17
2773	步阳	1998-07-13	2803	ARTRON	1998-07-24	2833	太空梭	1998-08-17
2774	MICROPORT	1998-07-13	2804	友日久	1998-07-24	2834	琴曼	1998-08-17
2775	微创	1998-07-13	2805	波士曼	1998-07-24	2835	海	1998-08-18
2776	祥宇	1998-07-13	2806	JIN CHUANG	1998-07-27	2836	博深	1998-08-18
2777	玉风	1998-07-14	2807	宏岳	1998-07-27	2837	TYC	1998-08-19
2778	谷神	1998-07-14	2808	唐泽	1998-07-27	2838	众华	1998-08-19
2779	长庆	1998-07-14	2809	昆庆	1998-07-27	2839	盾石	1998-08-19
2780	雍和宫	1998-07-14	2810	TORIN	1998-07-28	2840	不老神	1998-08-20
2781	SWAE	1998-07-14	2811	KBT	1998-07-29	2841	华泰	1998-08-20
2782	华强	1998-07-14	2812	环威	1998-07-30	2842	MOVEBEST	1998-08-21
2783	香恋	1998-07-15	2813	金冠 GOLDEN CROWN	1998-07-30	2843	宝力	1998-08-21
2784	红荔	1998-07-15	2814	农夫山泉	1998-07-30	2844	光芒	1998-08-21
2785	展翠	1998-07-16	2815	竹叶青	1998-07-31	2845	红四方	1998-08-24
2786	铸诚	1998-07-16	2816	亚龙	1998-07-31	2846	恒力	1998-08-24
2787	长白山	1998-07-16	2817	北极熊	1998-08-03	2847	绿城 GREEN TOWN	1998-08-24
2788	康辉	1998-07-17	2818	联桥 LIC	1998-08-03	2848	金健 GAEA GEM	1998-08-24
2789	MI YOU	1998-07-20	2819	九联	1998-08-03	2849	诺力 NOBLIFT	1998-08-25
2790	金盆地 JPD	1998-07-20	2820	泰山 CTG	1998-08-03	2850	NEW HONGDA	1998-08-25
2791	福成	1998-07-20	2821	情满旅途	1998-08-03	2851	雁来红	1998-08-25
2792	恒洁	1998-07-20	2822	晨辉	1998-08-04	2852	亚星	1998-08-26
2793	锦江之星	1998-07-20	2823	紫鑫	1998-08-05	2853	金六福	1998-08-26
2794	好迪	1998-07-21	2824	海浩	1998-08-07	2854	惠达	1998-08-28
2795	SHINEWAY	1998-07-22	2825	泰豪	1998-08-10	2855	幸福来	1998-08-28
2796	神威	1998-07-22	2826	即发	1998-08-10	2856	星球	1998-08-31

（续表）

序号	商标名称	商标申请日期	序号	商标名称	商标申请日期	序号	商标名称	商标申请日期
2857	果园	1998-08-31	2887	好波	1998-09-23	2917	武当	1998-11-06
2858	安科	1998-08-31	2888	八喜	1998-09-25	2918	FL	1998-11-09
2859	华尔泰	1998-08-31	2889	JEANSWEST	1998-09-25	2919	惊雷	1998-11-09
2860	梁丰	1998-08-31	2890	LIGHTS	1998-09-28	2920	莎丽	1998-11-09
2861	安溪	1998-08-31	2891	新丰泰	1998-09-28	2921	荟华楼	1998-11-09
2862	XIE MA	1998-09-01	2892	千仞岗	1998-09-28	2922	白金	1998-11-09
2863	得高	1998-09-03	2893	亚亚	1998-09-29	2923	稻花香	1998-11-09
2864	S.DEER	1998-09-03	2894	田秀才	1998-10-05	2924	绿树	1998-11-09
2865	万里江	1998-09-04	2895	同力	1998-10-05	2925	蜀香	1998-11-09
2866	THREECIRCLES	1998-09-07	2896	美驰	1998-10-07	2926	洪森	1998-11-09
2867	三圈	1998-09-07	2897	天玉	1998-10-09	2927	红叶	1998-11-09
2868	卡斯特	1998-09-07	2898	吊桥	1998-10-13	2928	金洋	1998-11-09
2869	QINCHUAN	1998-09-07	2899	广博	1998-10-13	2929	銮	1998-11-10
2870	金鹏	1998-09-08	2900	蓝浪	1998-10-14	2930	兰州百合	1998-11-10
2871	仁吉	1998-09-08	2901	华鲁	1998-10-14	2931	PEACOCK	1998-11-12
2872	安踏	1998-09-10	2902	广乐	1998-10-20	2932	恒信	1998-11-12
2873	景津	1998-09-11	2903	乐万家	1998-10-21	2933	高科	1998-11-13
2874	泰阳	1998-09-14	2904	联塑 L&S	1998-10-26	2934	彪	1998-11-16
2875	KARSER	1998-09-14	2905	纳爱斯	1998-10-27	2935	恒高	1998-11-16
2876	可耐福	1998-09-14	2906	龙工	1998-10-27	2936	信和	1998-11-17
2877	宝业	1998-09-15	2907	步步高	1998-10-27	2937	越泉	1998-11-17
2878	雷达 RAID	1998-09-16	2908	联想 LEGEND	1998-10-28	2938	格兰特	1998-11-17
2879	尚赫 SUN HOPE	1998-09-17	2909	申通 STO	1998-10-29	2939	KINGDREAM	1998-11-18
2880	罗伯特 ROBOT	1998-09-18	2910	金色童年	1998-10-30	2940	晨光	1998-11-20
2881	好迪	1998-09-21	2911	民生	1998-10-30	2941	象	1998-11-23
2882	星湖	1998-09-22	2912	鲁能	1998-11-03	2942	汇亚	1998-11-23
2883	HANDRY	1998-09-22	2913	古丈毛尖	1998-11-04	2943	蓝光	1998-11-23
2884	步人	1998-09-22	2914	宝宝好	1998-11-05	2944	兴民	1998-11-23
2885	莱蒙达	1998-09-22	2915	兴发	1998-11-06	2945	马大姐	1998-11-24
2886	二都	1998-09-22	2916	津大盛源 JDSY	1998-11-06	2946	高富力	1998-11-25

（续表）

序号	商标名称	商标申请日期	序号	商标名称	商标申请日期	序号	商标名称	商标申请日期
2947	H	1998-11-25	2977	康妮雅	1998-12-21	3007	瀛海	1999-01-18
2948	金灶	1998-11-25	2978	TOSPO	1998-12-21	3008	侨鑫 KINGOLD	1999-01-18
2949	杰克 JACK	1998-11-26	2979	庄吉 JUDGER	1998-12-21	3009	婷美	1999-01-19
2950	爱得康 ADEKA	1998-11-26	2980	凯旋	1998-12-21	3010	美罗	1999-01-20
2951	圣阳	1998-11-27	2981	天馨	1998-12-22	3011	KEDA	1999-01-21
2952	NF	1998-11-27	2982	BOLINA ITALIANA	1998-12-22	3012	禹神	1999-01-21
2953	古威隆	1998-11-27	2983	慈鸽	1998-12-22	3013	厦工	1999-01-22
2954	红领	1998-11-30	2984	苏食	1998-12-28	3014	海鸿升	1999-01-22
2955	银河德普	1998-12-01	2985	雷士	1998-12-28	3015	怡开	1999-01-25
2956	海湾 GST	1998-12-01	2986	科健	1998-12-29	3016	SOLEX	1999-01-26
2957	东方骆驼; EASTERN CAMEL	1998-12-01	2987	陶华碧老干妈	1998-12-30	3017	珍奥	1999-01-26
2958	味老大	1998-12-01	2988	金鱼; GOLD FISH	1998-12-31	3018	蒙牛	1999-01-26
2959	南洋胡氏	1998-12-02	2989	红 99	1998-12-31	3019	奇声	1999-01-28
2960	三宁	1998-12-07	2990	泸天化	1999-01-04	3020	蓬江	1999-01-29
2961	平标	1998-12-07	2991	众迎	1999-01-04	3021	GRONHI	1999-01-29
2962	大桥	1998-12-07	2992	草原兴发	1999-01-06	3022	蓝海	1999-01-29
2963	三山岛	1998-12-07	2993	三博	1999-01-08	3023	豪意 HEE	1999-02-01
2964	金沙河	1998-12-07	2994	益生	1999-01-11	3024	新星	1999-02-01
2965	宇航人	1998-12-08	2995	牡丹 PEONY	1999-01-11	3025	玉柴	1999-02-01
2966	张铁军	1998-12-08	2996	洋紫荆 BAUHINIA VARIEGATE	1999-01-11	3026	同春 CTH	1999-02-01
2967	LAX	1998-12-09	2997	持久	1999-01-11	3027	玉兰 FRAGRANT ORCHID	1999-02-01
2968	益达	1998-12-10	2998	白练	1999-01-11	3028	南亚	1999-02-01
2969	MUZI	1998-12-11	2999	信谊; SINE	1999-01-12	3029	维多宝	1999-02-01
2970	硅宝	1998-12-14	3000	唯一 UNIQUE	1999-01-12	3030	森普	1999-02-01
2971	江晟	1998-12-14	3001	金大地	1999-01-14	3031	尊贵	1999-02-04
2972	永林蓝豹	1998-12-14	3002	金蝶	1999-01-14	3032	湘中	1999-02-05
2973	少林寺	1998-12-15	3003	圣达威 SAN DAVID	1999-01-15	3033	古井	1999-02-08
2974	浩特	1998-12-16	3004	凤形	1999-01-18	3034	鸿兴源; HXY	1999-02-08
2975	感康	1998-12-17	3005	明祥 MING XIANG	1999-01-18	3035	PULANNA	1999-02-11
2976	天虹环仪	1998-12-21	3006	APPLES	1999-01-18	3036	光润	1999-02-12

（续表）

序号	商标名称	商标申请日期	序号	商标名称	商标申请日期	序号	商标名称	商标申请日期
3037	中得	1999-02-12	3067	绿杰	1999-03-22	3097	黄鹤楼	1999-04-12
3038	圣奥	1999-02-13	3068	I&D	1999-03-22	3098	汉王	1999-04-14
3039	康芝	1999-02-14	3069	牡丹	1999-03-22	3099	扬帆; SETSAIL	1999-04-15
3040	欧普 OPPLE	1999-02-14	3070	OCHIRLY	1999-03-25	3100	哥俩好	1999-04-16
3041	白鸽	1999-02-23	3071	实德	1999-03-25	3101	WINNER	1999-04-16
3042	埃迪蒙托	1999-02-23	3072	中兴; ZTE	1999-03-26	3102	车圣	1999-04-16
3043	古越	1999-02-23	3073	佳华	1999-03-29	3103	IBM	1999-04-16
3044	韩城大红袍 HCDHPHJ	1999-02-23	3074	如意	1999-03-29	3104	通灵	1999-04-19
3045	中川	1999-02-23	3075	RU YI	1999-03-29	3105	益和	1999-04-19
3046	达克宁	1999-02-25	3076	阿尔曼; ARMAN	1999-03-29	3106	娅丽达	1999-04-19
3047	郎西雅 LONGSEA	1999-02-25	3077	神针	1999-03-29	3107	FCKYS	1999-04-20
3048	龙波	1999-02-26	3078	德意	1999-03-30	3108	康辰; HEALTHSTAR	1999-04-21
3049	鲁桓	1999-03-01	3079	良信	1999-03-31	3109	中宇	1999-04-21
3050	协记	1999-03-01	3080	搜狐; SOHU	1999-03-31	3110	双箭	1999-04-22
3051	鞍轮	1999-03-01	3081	泸宝	1999-04-02	3111	北洋	1999-04-22
3052	红妮	1999-03-02	3082	鑫缘	1999-04-02	3112	全无敌	1999-04-23
3053	广联达	1999-03-05	3083	GRIFINE	1999-04-05	3113	六味斋	1999-04-23
3054	东方 EASTERN	1999-03-05	3084	江滨	1999-04-05	3114	益隆	1999-04-23
3055	辽海	1999-03-08	3085	JIAJUN	1999-04-05	3115	联创 LIAN	1999-04-23
3056	冠星王	1999-03-12	3086	吉瑞祥; GREATSUN	1999-04-05	3116	弘泰	1999-04-26
3057	十笏园	1999-03-12	3087	蓝灯 BLUE LIGHT	1999-04-05	3117	金卫灿; JWC	1999-04-26
3058	好日子	1999-03-12	3088	华通	1999-04-06	3118	博宇	1999-04-26
3059	DONG MING	1999-03-15	3089	爱浪	1999-04-07	3119	润洁	1999-04-27
3060	绿海	1999-03-16	3090	曼都珊	1999-04-09	3120	仁达; RNEA	1999-04-28
3061	双陵春	1999-03-16	3091	青花	1999-04-09	3121	塞飞亚	1999-04-28
3062	菜香源	1999-03-17	3092	洋河	1999-04-09	3122	汇仁	1999-04-29
3063	创恒 TRANHANE	1999-03-19	3093	鑫森淼	1999-04-12	3123	迪沙	1999-04-30
3064	洋丰	1999-03-22	3094	黄龙	1999-04-12	3124	MONOPY	1999-04-30
3065	凌云	1999-03-22	3095	二一三 213	1999-04-12	3125	金山寺	1999-05-04
3066	HSTD	1999-03-22	3096	宝时捷; POSCER	1999-04-12	3126	红山	1999-05-04

（续表）

序号	商标名称	商标申请日期	序号	商标名称	商标申请日期	序号	商标名称	商标申请日期
3127	威宝	1999-05-04	3157	九岳	1999-05-21	3187	蜡笔小新	1999-06-08
3128	青草香	1999-05-04	3158	古麒	1999-05-21	3188	百味林	1999-06-09
3129	华通	1999-05-06	3159	居众	1999-05-24	3189	银	1999-06-10
3130	阔佬	1999-05-06	3160	法派	1999-05-24	3190	中特华星	1999-06-11
3131	乐苹	1999-05-06	3161	圣农; SUNNER	1999-05-24	3191	科海	1999-06-14
3132	苏垦	1999-05-06	3162	兴科	1999-05-24	3192	川消	1999-06-15
3133	桑德	1999-05-06	3163	多喜爱; DOHIA	1999-05-24	3193	超威	1999-06-17
3134	津乐园	1999-05-06	3164	人人乐	1999-05-26	3194	九头鸟	1999-06-18
3135	科虹	1999-05-10	3165	雅居乐	1999-05-26	3195	云雁	1999-06-18
3136	金绣	1999-05-10	3166	今飞	1999-05-27	3196	春竹	1999-06-21
3137	无穷	1999-05-10	3167	欧神诺; OCEANO	1999-05-28	3197	新农	1999-06-21
3138	TRIANGLE	1999-05-10	3168	皖维	1999-05-31	3198	星云	1999-06-21
3139	子云	1999-05-11	3169	NANFU	1999-05-31	3199	超新	1999-06-22
3140	娜尔思	1999-05-11	3170	华鹏	1999-05-31	3200	忠旺	1999-06-22
3141	硅谷	1999-05-13	3171	王中华	1999-05-31	3201	牵手	1999-06-22
3142	朵云轩	1999-05-13	3172	今冠	1999-05-31	3202	金水宝	1999-06-24
3143	新光	1999-05-14	3173	浩翰	1999-05-31	3203	宏宝莱	1999-06-25
3144	芙蓉王	1999-05-14	3174	京达	1999-05-31	3204	以岭	1999-06-28
3145	R&T	1999-05-14	3175	奥淳	1999-05-31	3205	丽鹏	1999-06-28
3146	顺辉	1999-05-14	3176	大羽	1999-06-01	3206	铁扇	1999-06-28
3147	鹿源	1999-05-17	3177	GREEN LAND	1999-06-02	3207	韩建	1999-06-28
3148	棒棒娃	1999-05-17	3178	世兴	1999-06-02	3208	JIUSAN	1999-06-28
3149	报喜鸟	1999-05-17	3179	康洁	1999-06-02	3209	摇篮; CRADLE	1999-06-29
3150	海之情	1999-05-17	3180	康辉	1999-06-02	3210	鲁西	1999-07-01
3151	竹盐	1999-05-18	3181	利生	1999-06-04	3211	春港	1999-07-01
3152	施慧达	1999-05-18	3182	齐心	1999-06-04	3212	邦德	1999-07-02
3153	一片爽	1999-05-18	3183	淄柴	1999-06-07	3213	COSLIGHT	1999-07-02
3154	贝柔	1999-05-19	3184	黑猫	1999-06-07	3214	滑丰	1999-07-02
3155	浏阳河	1999-05-20	3185	达里湖	1999-06-07	3215	谢人	1999-07-05
3156	海达	1999-05-21	3186	YUSIMENG	1999-06-08	3216	亚奥特 YAT	1999-07-05

（续表）

序号	商标名称	商标申请日期	序号	商标名称	商标申请日期	序号	商标名称	商标申请日期
3217	多佳	1999-07-05	3247	SHENGJI	1999-07-28	3277	复旦	1999-08-24
3218	MINHUA	1999-07-06	3248	万安	1999-07-28	3278	怡宝	1999-08-26
3219	CHEN NONG	1999-07-06	3249	雷氏	1999-07-30	3279	盖中盖	1999-08-30
3220	绍兴黄酒	1999-07-06	3250	九洋	1999-08-02	3280	科富	1999-08-30
3221	永新	1999-07-07	3251	SINA	1999-08-02	3281	金昊	1999-08-30
3222	艳珊	1999-07-09	3252	新浪	1999-08-02	3282	鲜八里	1999-08-30
3223	YINJIA	1999-07-12	3253	SINA	1999-08-02	3283	希波	1999-09-02
3224	香其	1999-07-12	3254	惠泽龙	1999-08-03	3284	华森	1999-09-03
3225	蒙娜丽莎 MONALISA	1999-07-12	3255	元升	1999-08-03	3285	BIRD	1999-09-06
3226	建宁通心白莲	1999-07-12	3256	京泰	1999-08-04	3286	GOOGLE	1999-09-06
3227	QUAMA	1999-07-12	3257	宣工	1999-08-05	3287	阿满	1999-09-06
3228	绿草源	1999-07-12	3258	相山	1999-08-05	3288	LEELEN	1999-09-07
3229	苏派	1999-07-12	3259	大鸿	1999-08-09	3289	乐好	1999-09-07
3230	新金	1999-07-14	3260	华春	1999-08-09	3290	安儿乐	1999-09-07
3231	普洱茶	1999-07-16	3261	天喔	1999-08-09	3291	KERCHIN; 科尔沁	1999-09-09
3232	精科	1999-07-19	3262	音飞; INFORAM	1999-08-09	3292	四环	1999-09-09
3233	GRANDVIEW	1999-07-19	3263	雨中鸟	1999-08-09	3293	星聚河	1999-09-13
3234	TW	1999-07-19	3264	银力	1999-08-10	3294	影星	1999-09-13
3235	元宗	1999-07-19	3265	周大生 CHOW TAI SENG	1999-08-11	3295	SCG	1999-09-13
3236	华益	1999-07-20	3266	和	1999-08-12	3296	SCG	1999-09-13
3237	陇星	1999-07-20	3267	NINTAUS	1999-08-13	3297	盐桥	1999-09-14
3238	中精	1999-07-21	3268	洣水河	1999-08-16	3298	精益	1999-09-14
3239	华冶	1999-07-22	3269	万方	1999-08-16	3299	华特	1999-09-16
3240	黄龙洞	1999-07-22	3270	POWER	1999-08-16	3300	太合	1999-09-16
3241	国欣	1999-07-23	3271	维平	1999-08-17	3301	宝起	1999-09-17
3242	天景 SKY SCENERY	1999-07-23	3272	齐鲁	1999-08-18	3302	海花	1999-09-17
3243	舒莱	1999-07-26	3273	福达坊	1999-08-20	3303	LEVI'S	1999-09-17
3244	信邦	1999-07-26	3274	佩尔	1999-08-23	3304	SDLG	1999-09-20
3245	厚福; HOPEFULL	1999-07-26	3275	三五零二	1999-08-23	3305	海堤 SEA DYKE	1999-09-20
3246	双街	1999-07-27	3276	莫干山	1999-08-23	3306	闽中	1999-09-20

（续表）

序号	商标名称	商标申请日期	序号	商标名称	商标申请日期	序号	商标名称	商标申请日期
3307	新华	1999-09-21	3337	银利	1999-10-19	3367	茵茵	1999-11-08
3308	红黄蓝 RED YELLOW BLUE	1999-09-23	3338	麻塘	1999-10-22	3368	飞利浦	1999-11-09
3309	汇源	1999-09-24	3339	镇氏	1999-10-22	3369	水井坊	1999-11-10
3310	PHOENIX	1999-09-24	3340	爱晚	1999-10-22	3370	力神	1999-11-11
3311	十三香	1999-09-29	3341	人人康	1999-10-25	3371	峥嵘	1999-11-12
3312	白沙	1999-09-30	3342	金科	1999-10-25	3372	洁神	1999-11-12
3313	XTEP TEP	1999-09-30	3343	汉斯	1999-10-25	3373	真金	1999-11-12
3314	X	1999-09-30	3344	蓬翔	1999-10-25	3374	澳克士 OKES	1999-11-15
3315	德嘉丽	1999-10-08	3345	AFDG	1999-10-25	3375	天天见	1999-11-15
3316	派奇	1999-10-08	3346	哇哈哈	1999-10-25	3376	星宇	1999-11-15
3317	PULY	1999-10-08	3347	澳雪	1999-10-26	3377	金嘉利	1999-11-15
3318	BEIFA	1999-10-08	3348	永茂	1999-10-26	3378	北极绒	1999-11-16
3319	GONA	1999-10-08	3349	十八盘	1999-10-26	3379	巴龙	1999-11-16
3320	十里花	1999-10-08	3350	土楼	1999-10-26	3380	喜创	1999-11-17
3321	青田石雕	1999-10-08	3351	梧桐	1999-10-28	3381	盛兴	1999-11-18
3322	小森林 XIAOSNLIN	1999-10-08	3352	柘荣太子参; ZRTZS	1999-10-29	3382	ANPON	1999-11-19
3323	新康	1999-10-09	3353	金牛角	1999-10-29	3383	华晔	1999-11-19
3324	COMIX	1999-10-10	3354	长江	1999-11-01	3384	绿冬; GREENWINTER	1999-11-22
3325	洛嘉	1999-10-10	3355	新轮	1999-11-01	3385	箭鹿	1999-11-22
3326	天龙	1999-10-12	3356	金太阳; GOLDEN SUN	1999-11-01	3386	同发	1999-11-22
3327	中盛	1999-10-12	3357	人本	1999-11-01	3387	绿帝	1999-11-22
3328	GY	1999-10-14	3358	粳冠	1999-11-02	3388	双虎	1999-11-22
3329	竹叶青 BAMBOO LEAF GREEN	1999-10-15	3359	海尔曼斯	1999-11-04	3389	HLB	1999-11-23
3330	千森	1999-10-18	3360	云龙	1999-11-04	3390	轻松伴侣	1999-11-23
3331	诺普信	1999-10-18	3361	皖山	1999-11-05	3391	乐福记	1999-11-23
3332	九惠	1999-10-18	3362	华虹	1999-11-05	3392	泰宇	1999-11-24
3333	新农	1999-10-18	3363	三乐	1999-11-05	3393	BALINSHI	1999-11-24
3334	国申	1999-10-18	3364	鲸海	1999-11-08	3394	初元	1999-11-24
3335	海洋岛	1999-10-18	3365	理想	1999-11-08	3395	宏艺	1999-11-25
3336	不二家	1999-10-18	3366	飞达	1999-11-08	3396	燕洋	1999-11-25

（续表）

序号	商标名称	商标申请日期	序号	商标名称	商标申请日期	序号	商标名称	商标申请日期
3397	浩然	1999-11-26	3427	世龙	1999-12-15	3457	鲁花	2000-01-06
3398	PW	1999-11-26	3428	天彩	1999-12-15	3458	赛博	2000-01-06
3399	云南白药	1999-11-29	3429	一东	1999-12-16	3459	OLAY	2000-01-07
3400	稼仙	1999-11-29	3430	爱家	1999-12-17	3460	金茂	2000-01-07
3401	广益	1999-11-30	3431	豪享来	1999-12-17	3461	TONG HE	2000-01-10
3402	银杏; GIN GKO	1999-11-30	3432	金鲁源	1999-12-17	3462	白玉	2000-01-10
3403	棒槌泉	1999-11-30	3433	五凤; FIVE PHOENIX	1999-12-17	3463	日普	2000-01-10
3404	凯森蒙 KESAMON	1999-11-30	3434	福辉	1999-12-17	3464	宝供	2000-01-10
3405	明发	1999-11-30	3435	SDBC	1999-12-17	3465	IPAD	2000-01-10
3406	广越	1999-12-01	3436	顺兴	1999-12-21	3466	LBIS	2000-01-11
3407	JIANQIAO	1999-12-03	3437	鸿润	1999-12-21	3467	曲美	2000-01-11
3408	凯龙	1999-12-03	3438	GOLDEN FIELD	1999-12-23	3468	地恩地	2000-01-12
3409	三精	1999-12-06	3439	SAM	1999-12-24	3469	NESCAFE	2000-01-13
3410	莎莲妮	1999-12-06	3440	菜百 BAI	1999-12-24	3470	赞凯	2000-01-14
3411	SHAPLY	1999-12-06	3441	金冷	1999-12-27	3471	林	2000-01-14
3412	宏陶 WIN TO	1999-12-06	3442	红苹果	1999-12-27	3472	梦兰	2000-01-14
3413	金诃	1999-12-07	3443	NANSHAN	1999-12-27	3473	凤铝 FLENLU	2000-01-18
3414	宝娜斯; BONAS	1999-12-07	3444	宕府王	1999-12-27	3474	鹏鸿	2000-01-18
3415	青格里	1999-12-07	3445	千禧	1999-12-28	3475	晓芹	2000-01-18
3416	阿里巴巴	1999-12-08	3446	伊力	1999-12-28	3476	新象	2000-01-18
3417	神舟	1999-12-08	3447	象王	1999-12-28	3477	坚美	2000-01-20
3418	沂河	1999-12-09	3448	雅芳; AVON	1999-12-29	3478	路路通	2000-01-20
3419	汇福; HOPE FULL	1999-12-10	3449	郴粮机	2000-01-03	3479	苏三零	2000-01-21
3420	海陆	1999-12-13	3450	VIE	2000-01-03	3480	永大 WING TAI	2000-01-21
3421	米老头 UNCLE POP	1999-12-13	3451	东信; DANCING	2000-01-03	3481	仁和春天	2000-01-21
3422	千岛湖	1999-12-13	3452	万象	2000-01-03	3482	万花山	2000-01-24
3423	舜华	1999-12-13	3453	奔牛	2000-01-04	3483	爱心大姐	2000-01-24
3424	佳丽斯	1999-12-14	3454	达芙妮; DAPHNE	2000-01-04	3484	天地壹号	2000-01-24
3425	YANAN	1999-12-14	3455	宏岳	2000-01-05	3485	金龙 GOLD DRAGON	2000-01-24
3426	征和	1999-12-14	3456	恒顺	2000-01-05	3486	樱源	2000-01-24

（续表）

序号	商标名称	商标申请日期	序号	商标名称	商标申请日期	序号	商标名称	商标申请日期
3487	吉人	2000-01-24	3517	FEI LUN	2000-02-29	3547	苏伯	2000-03-29
3488	奋安	2000-01-25	3518	奥米茄 OMICA	2000-03-01	3548	衡	2000-03-30
3489	伊可新	2000-01-27	3519	国台	2000-03-02	3549	太子龙	2000-03-30
3490	WZWN	2000-01-27	3520	大地熊; EARTH-PANDA	2000-03-06	3550	国电南自	2000-03-31
3491	兴唐	2000-01-27	3521	金科	2000-03-06	3551	索力; ULTRASONIC	2000-03-31
3492	安得; ANNTO	2000-01-27	3522	菊乐	2000-03-07	3552	居然之家; EASYHOME	2000-03-31
3493	乔丹	2000-01-27	3523	SENHUAB	2000-03-07	3553	南宝; NANPAO	2000-04-03
3494	奇美	2000-01-31	3524	大德	2000-03-10	3554	新赛斯平	2000-04-03
3495	LANCOME	2000-02-01	3525	IBM	2000-03-10	3555	益工	2000-04-03
3496	黄金搭档	2000-02-01	3526	金杯	2000-03-10	3556	柳绿; LLPJ	2000-04-03
3497	劲霸 K-BOXING	2000-02-02	3527	MILANDENG	2000-03-13	3557	联发	2000-04-03
3498	大京九	2000-02-02	3528	LANCY FROM	2000-03-13	3558	宏达	2000-04-03
3499	百叶龙	2000-02-04	3529	SBS	2000-03-14	3559	东方亮; EASTLIGHT	2000-04-05
3500	龙山	2000-02-12	3530	百年糊涂	2000-03-14	3560	环球	2000-04-06
3501	千年舟	2000-02-12	3531	百度	2000-03-16	3561	XDS	2000-04-07
3502	红梅	2000-02-12	3532	道光	2000-03-17	3562	富思特 FIRSTA	2000-04-07
3503	联盛	2000-02-17	3533	吴大娘	2000-03-17	3563	格莱斯	2000-04-07
3504	日照绿茶	2000-02-17	3534	华伦	2000-03-20	3564	萨米特; SUMMIT	2000-04-07
3505	泰瑞	2000-02-18	3535	华莹	2000-03-20	3565	护彤	2000-04-10
3506	富煌	2000-02-21	3536	雨润	2000-03-20	3566	江旭	2000-04-10
3507	美特斯邦威; METERS BONWE	2000-02-21	3537	腾龙	2000-03-21	3567	情森	2000-04-10
3508	爱登堡	2000-02-22	3538	天格	2000-03-21	3568	YI HUA	2000-04-10
3509	七波辉 7 POOVE	2000-02-22	3539	兔皇	2000-03-23	3569	九鼎	2000-04-10
3510	水晶石 CRYSTAL	2000-02-25	3540	百诗成	2000-03-24	3570	宏宇	2000-04-12
3511	福龙	2000-02-25	3541	百赢	2000-03-27	3571	罗马利奥; ROMARIO	2000-04-13
3512	富新	2000-02-28	3542	郜台	2000-03-27	3572	海恩 HEIN	2000-04-14
3513	西贝	2000-02-28	3543	好雨	2000-03-27	3573	图腾宝佳	2000-04-14
3514	圣雪绒; ST.EDENW	2000-02-28	3544	黄羊河	2000-03-27	3574	六百里	2000-04-17
3515	点石	2000-02-28	3545	威登堡	2000-03-27	3575	倍舒特	2000-04-18
3516	阳光行动	2000-02-29	3546	丸美 MARUBI	2000-03-29	3576	迎春乐	2000-04-18

（续表）

序号	商标名称	商标申请日期	序号	商标名称	商标申请日期	序号	商标名称	商标申请日期
3577	老实人	2000-04-18	3607	成工	2000-05-12	3637	唐特; T.TN	2000-05-25
3578	孙侯	2000-04-19	3608	迪瑞	2000-05-15	3638	XIN KE	2000-05-26
3579	银麦	2000-04-19	3609	赢德	2000-05-15	3639	NR	2000-05-26
3580	瑞普 RINGPU	2000-04-20	3610	老王	2000-05-15	3640	雪雄	2000-05-26
3581	满堂香	2000-04-20	3611	天华之星	2000-05-15	3641	SNOWKEY	2000-05-26
3582	金河田	2000-04-21	3612	远征	2000-05-15	3642	一江	2000-05-29
3583	新发地	2000-04-21	3613	金拇指	2000-05-15	3643	唯达宁	2000-05-29
3584	卧龙	2000-04-24	3614	威露士	2000-05-16	3644	云维	2000-05-30
3585	科行	2000-04-24	3615	宝峰湖	2000-05-16	3645	佶龙	2000-05-30
3586	CS	2000-04-24	3616	ZARA	2000-05-17	3646	FSL	2000-06-01
3587	温特尔; WINTER	2000-04-24	3617	小松	2000-05-18	3647	TIENS	2000-06-01
3588	创奇	2000-04-24	3618	华福	2000-05-18	3648	北方重工	2000-06-02
3589	云南民族村	2000-04-24	3619	商务通	2000-05-19	3649	德胜洋楼; TECSUN	2000-06-02
3590	金德 GINDE	2000-04-24	3620	金味	2000-05-19	3650	永亮	2000-06-02
3591	B	2000-04-24	3621	天力	2000-05-19	3651	昂立	2000-06-02
3592	海飞丝	2000-04-27	3622	海利得	2000-05-19	3652	护佑	2000-06-05
3593	来益	2000-04-27	3623	咯咯哒	2000-05-22	3653	鲁方	2000-06-05
3594	东圣	2000-04-28	3624	联合利华	2000-05-22	3654	源田	2000-06-05
3595	劳斯莱斯	2000-04-28	3625	古田银耳	2000-05-22	3655	WHITE EAGLE	2000-06-05
3596	万奇	2000-04-29	3626	前程无忧	2000-05-22	3656	红相	2000-06-05
3597	国泰沙利	2000-04-29	3627	广之旅 CGZL	2000-05-22	3657	HX	2000-06-05
3598	鄂尔多斯	2000-04-29	3628	毛铺	2000-05-22	3658	仰天雪绿	2000-06-05
3599	联通	2000-04-30	3629	中圣	2000-05-22	3659	欧宝	2000-06-05
3600	东方伍拾年	2000-05-08	3630	新安源	2000-05-22	3660	爽风; SF	2000-06-05
3601	三江源	2000-05-08	3631	OVERLAND	2000-05-22	3661	鲁抗	2000-06-06
3602	香雪	2000-05-08	3632	临海蜜桔	2000-05-23	3662	卓展	2000-06-06
3603	ALFA	2000-05-08	3633	会理	2000-05-23	3663	金菜地	2000-06-06
3604	365	2000-05-08	3634	古河州	2000-05-24	3664	同大 TITAN	2000-06-07
3605	贝斯特	2000-05-08	3635	名士达	2000-05-25	3665	新天 SUNTIME	2000-06-07
3606	劲派	2000-05-11	3636	三环	2000-05-25	3666	ATC	2000-06-07

（续表）

序号	商标名称	商标申请日期	序号	商标名称	商标申请日期	序号	商标名称	商标申请日期
3667	金士力	2000-06-08	3697	K	2000-07-03	3727	奥特朗 OTLAN	2000-07-18
3668	齐润	2000-06-12	3698	亚林	2000-07-03	3728	宝宝金水	2000-07-19
3669	绿海	2000-06-12	3699	裕成	2000-07-03	3729	柔然	2000-07-19
3670	爱尔	2000-06-12	3700	CAV	2000-07-03	3730	国人	2000-07-20
3671	西部人	2000-06-12	3701	JINGKE	2000-07-04	3731	梅花	2000-07-20
3672	和心	2000-06-12	3702	绿利来	2000-07-04	3732	润思	2000-07-21
3673	东	2000-06-12	3703	神人助	2000-07-04	3733	仁和	2000-07-24
3674	太粮	2000-06-13	3704	联众	2000-07-04	3734	鲁抗	2000-07-24
3675	品香园	2000-06-15	3705	万利达	2000-07-06	3735	天梯	2000-07-24
3676	森源	2000-06-15	3706	渝安	2000-07-06	3736	华宏	2000-07-24
3677	独一味	2000-06-19	3707	BST	2000-07-07	3737	航民 HANGMIN	2000-07-24
3678	LING TONG	2000-06-19	3708	天山海世界	2000-07-07	3738	庆发湖	2000-07-25
3679	金雁	2000-06-19	3709	中信	2000-07-07	3739	华旗资讯	2000-07-26
3680	CONCH	2000-06-19	3710	实实	2000-07-07	3740	桑扶兰	2000-07-26
3681	中青旅	2000-06-19	3711	通宝	2000-07-10	3741	德庄 MORALS VILLAGE	2000-07-26
3682	舜天	2000-06-20	3712	天能	2000-07-10	3742	贝因美; BEINGMATE	2000-07-31
3683	乐士 LESLI	2000-06-20	3713	北海明珠; BEIHAI BRIGHT PEARL	2000-07-10	3743	神峡	2000-07-31
3684	坦博尔	2000-06-20	3714	招宝	2000-07-10	3744	神舟	2000-07-31
3685	川仪	2000-06-21	3715	眉州东坡	2000-07-10	3745	金晶	2000-07-31
3686	朗萨; NONESUCH	2000-06-21	3716	瑞珠	2000-07-12	3746	龙湖	2000-07-31
3687	荣亨	2000-06-22	3717	鑫源	2000-07-12	3747	陶华碧老干妈	2000-07-31
3688	蜂之语	2000-06-23	3718	火烧坪	2000-07-12	3748	田七	2000-08-01
3689	我爱我家 55 IJ	2000-06-23	3719	四海	2000-07-12	3749	瑞强	2000-08-01
3690	华豪	2000-06-26	3720	HAIXIN	2000-07-14	3750	金翔	2000-08-02
3691	斯达舒	2000-06-28	3721	沈飞	2000-07-14	3751	BAI YUAN	2000-08-03
3692	能强	2000-06-28	3722	隆平高科	2000-07-17	3752	会稽山	2000-08-03
3693	GOODY	2000-06-28	3723	渡森	2000-07-17	3753	JY	2000-08-03
3694	同飞	2000-06-30	3724	FEI NUO	2000-07-17	3754	JDC	2000-08-07
3695	河套	2000-06-30	3725	虎跑	2000-07-17	3755	JDC	2000-08-07
3696	国维	2000-07-03	3726	茅粮	2000-07-17	3756	鑫裕	2000-08-07

（续表）

序号	商标名称	商标申请日期	序号	商标名称	商标申请日期	序号	商标名称	商标申请日期
3757	QILUHONGYE	2000-08-07	3787	三江源; THREE RIVERS SOURCE	2000-08-21	3817	金溢	2000-09-07
3758	板城	2000-08-09	3788	泰隆祥	2000-08-21	3818	豪进	2000-09-07
3759	王中皇	2000-08-09	3789	霍山黄芽	2000-08-22	3819	HAO JIN	2000-09-07
3760	沃华	2000-08-10	3790	林洋	2000-08-22	3820	伊莱克斯; ELECTROLUX	2000-09-07
3761	皖峰	2000-08-10	3791	TRANDS	2000-08-23	3821	修正	2000-09-08
3762	HHSN	2000-08-11	3792	创世	2000-08-23	3822	百特	2000-09-08
3763	吉阳	2000-08-14	3793	科盛隆	2000-08-25	3823	MAKYE AME; 玛吉阿米	2000-09-08
3764	中本	2000-08-14	3794	海晏堂	2000-08-28	3824	好当家; HOMEY	2000-09-08
3765	聚泉	2000-08-14	3795	平乐正	2000-08-28	3825	潘家园	2000-09-08
3766	诏安红星	2000-08-14	3796	森森	2000-08-28	3826	美陶	2000-09-08
3767	中南	2000-08-14	3797	BESTWAY	2000-08-28	3827	QIANYE	2000-09-11
3768	海滨小金	2000-08-14	3798	碧生源	2000-08-28	3828	淮	2000-09-11
3769	圣凯诺; SANCANAL;CSN	2000-08-14	3799	超迪	2000-08-29	3829	华艺	2000-09-11
3770	华正	2000-08-16	3800	金虎; GOLDEN TIGER	2000-08-29	3830	红旗	2000-09-11
3771	东阿	2000-08-17	3801	TP-LINK	2000-08-29	3831	红蜻蜓	2000-09-11
3772	羊老大	2000-08-17	3802	昌南	2000-08-29	3832	恒兴 EVERGREEN	2000-09-13
3773	河欣	2000-08-18	3803	CLD	2000-08-30	3833	心连心	2000-09-14
3774	北岛	2000-08-18	3804	HAKIN	2000-08-31	3834	全富	2000-09-15
3775	云台山	2000-08-18	3805	鲁中	2000-08-31	3835	乐健	2000-09-18
3776	乔顿 JODOLL	2000-08-18	3806	龙水	2000-08-31	3836	榆树钱	2000-09-18
3777	华宇	2000-08-18	3807	西南铝	2000-09-01	3837	武夷	2000-09-18
3778	JODOLL	2000-08-18	3808	茂茂	2000-09-01	3838	联邦	2000-09-20
3779	诚丰; SHING FENG	2000-08-21	3809	家润多	2000-09-01	3839	生物谷; BIOVALLEY	2000-09-20
3780	立白; LIBY	2000-08-21	3810	TJBC	2000-09-04	3840	TNE	2000-09-20
3781	舜龙	2000-08-21	3811	云龙	2000-09-04	3841	奋起	2000-09-21
3782	易邦	2000-08-21	3812	鼎鑫 ZENITH	2000-09-04	3842	好主人	2000-09-21
3783	金旺	2000-08-21	3813	菲妮斯	2000-09-05	3843	淳	2000-09-21
3784	CONDA	2000-08-21	3814	前海	2000-09-05	3844	泽州	2000-09-22
3785	QUN XING	2000-08-21	3815	绣都; ASILK	2000-09-05	3845	沂蒙	2000-09-25
3786	麻阳	2000-08-21	3816	吉恩	2000-09-07	3846	胜达	2000-09-25

（续表）

序号	商标名称	商标申请日期	序号	商标名称	商标申请日期	序号	商标名称	商标申请日期
3847	正道	2000-09-25	3877	寰通	2000-10-16	3907	蒲兴	2000-10-30
3848	蓝天	2000-09-25	3878	韶力	2000-10-16	3908	BELLE	2000-10-30
3849	固城湖	2000-09-25	3879	世星	2000-10-18	3909	VICTORY	2000-10-30
3850	港丰	2000-09-25	3880	KERNEL	2000-10-19	3910	品品香	2000-10-31
3851	科域; FO KUO	2000-09-26	3881	樱花 SAKURA	2000-10-19	3911	三笑	2000-11-01
3852	白云山	2000-09-26	3882	J&L	2000-10-19	3912	富森	2000-11-01
3853	仙红	2000-09-26	3883	策乐	2000-10-19	3913	森山	2000-11-01
3854	金潮; GOLDEN TIDE	2000-09-27	3884	华胜天成	2000-10-20	3914	森远	2000-11-03
3855	下关	2000-09-27	3885	宝山	2000-10-20	3915	龚老汉	2000-11-03
3856	四季沐歌	2000-09-29	3886	石春	2000-10-20	3916	欧意	2000-11-03
3857	三珍斋	2000-09-29	3887	俏江南; SOUTH BEAUTY	2000-10-20	3917	HC	2000-11-03
3858	驰野	2000-09-29	3888	三棵树	2000-10-23	3918	LH	2000-11-06
3859	真爱	2000-09-30	3889	兴达	2000-10-23	3919	浪度; NONDO	2000-11-07
3860	保德安	2000-10-08	3890	乾亨 QHDL	2000-10-23	3920	金嗓子喉宝	2000-11-07
3861	明旺	2000-10-08	3891	宝应湖 BYH	2000-10-23	3921	劲隆	2000-11-07
3862	招金	2000-10-08	3892	森禾	2000-10-23	3922	元和	2000-11-08
3863	XYG	2000-10-08	3893	盛辉	2000-10-23	3923	大智慧	2000-11-10
3864	阳山	2000-10-08	3894	菲林格尔; VOHRINGER	2000-10-23	3924	双峰	2000-11-13
3865	阿诗玛	2000-10-08	3895	KANAS	2000-10-24	3925	伟鸿	2000-11-13
3866	FRANDISS	2000-10-08	3896	宏星	2000-10-24	3926	培罗成	2000-11-13
3867	梨花湖	2000-10-09	3897	康博	2000-10-26	3927	捷西; TLUCK	2000-11-13
3868	BAISHA	2000-10-10	3898	冠达星; GDX	2000-10-26	3928	业之峰	2000-11-14
3869	华泰龙; WALTELOND	2000-10-12	3899	HERMES	2000-10-26	3929	BB	2000-11-15
3870	国耀	2000-10-13	3900	沈郎乡	2000-10-26	3930	WEICHAI	2000-11-16
3871	XD	2000-10-13	3901	屋宝	2000-10-26	3931	莺歌	2000-11-16
3872	东宏 DONGHONG SHIYE	2000-10-13	3902	物华	2000-10-27	3932	仙龙	2000-11-20
3873	佳享	2000-10-13	3903	金力成; GOLDLECH	2000-10-27	3933	恩泉	2000-11-20
3874	VIEWSONIC	2000-10-16	3904	东昌	2000-10-30	3934	兵娟	2000-11-21
3875	华威集团	2000-10-16	3905	远星	2000-10-30	3935	日春	2000-11-21
3876	玉星	2000-10-16	3906	腾远	2000-10-30	3936	RI, MEI	2000-11-22

（续表）

序号	商标名称	商标申请日期	序号	商标名称	商标申请日期	序号	商标名称	商标申请日期
3937	立邦	2000-11-23	3967	卧龙	2000-12-15	3997	恒康	2001-01-05
3938	金利	2000-11-23	3968	元力	2000-12-15	3998	华凌	2001-01-05
3939	CREST	2000-11-23	3969	小浣熊	2000-12-18	3999	华日	2001-01-05
3940	波尔莱特 POWER LIGHT	2000-11-23	3970	大吉	2000-12-18	4000	吉香居	2001-01-08
3941	祥和鸟; XHN	2000-11-24	3971	久运 LUCK FOREVER	2000-12-18	4001	中奥	2001-01-08
3942	恒瑞	2000-11-27	3972	马兰	2000-12-18	4002	嘉冠	2001-01-08
3943	TENDIER	2000-11-27	3973	金香品雪 JXPX	2000-12-19	4003	张晓毛	2001-01-08
3944	天久	2000-11-27	3974	BOSSSUNWEN	2000-12-21	4004	克刻	2001-01-10
3945	盛唐	2000-11-27	3975	华夏未来	2000-12-21	4005	温馨士	2001-01-10
3946	怡雪	2000-11-27	3976	天	2000-12-22	4006	扬农	2001-01-11
3947	H	2000-11-27	3977	瑞嘉	2000-12-22	4007	BADA	2001-01-11
3948	康怡达思	2000-11-28	3978	合家福	2000-12-25	4008	锦丰	2001-01-11
3949	创成	2000-11-29	3979	三沟	2000-12-25	4009	益君	2001-01-12
3950	欣泰	2000-11-29	3980	秋乐	2000-12-25	4010	神农大丰; GRAND AGRISEEDS	2001-01-12
3951	晚安; GOODNIGHT	2000-11-30	3981	澜沧江	2000-12-26	4011	广铝 GALUMINIUM	2001-01-15
3952	欧圣	2000-12-04	3982	亚工	2000-12-27	4012	庆和	2001-01-15
3953	弋江籽	2000-12-04	3983	想念	2000-12-27	4013	东威	2001-01-15
3954	富春	2000-12-05	3984	HANYULAI	2000-12-27	4014	福挖	2001-01-16
3955	珍	2000-12-05	3985	宝迪	2000-12-28	4015	蒙山	2001-01-17
3956	栗源	2000-12-05	3986	七宝	2000-12-29	4016	白象	2001-01-18
3957	诚实人	2000-12-06	3987	路明	2001-01-02	4017	BOE	2001-01-18
3958	雅诺信	2000-12-07	3988	千金	2001-01-02	4018	迁西	2001-01-19
3959	宝	2000-12-08	3989	广义	2001-01-02	4019	博艺	2001-01-20
3960	圣春	2000-12-08	3990	恒杰	2001-01-02	4020	美赞臣	2001-01-21
3961	东星	2000-12-08	3991	淮海	2001-01-02	4021	联冠	2001-01-21
3962	火焰山	2000-12-11	3992	福瀛	2001-01-02	4022	富通	2001-01-21
3963	园林青	2000-12-11	3993	掌上明珠 PEARL-PALM	2001-01-02	4023	国窖	2001-01-21
3964	申科	2000-12-13	3994	雪峰	2001-01-02	4024	蒙王	2001-01-22
3965	蒂花之秀	2000-12-14	3995	金士百 GINSBER	2001-01-03	4025	乐祥	2001-01-22
3966	海诺	2000-12-14	3996	益盛	2001-01-04	4026	江淮	2001-01-22

（续表）

序号	商标名称	商标申请日期	序号	商标名称	商标申请日期	序号	商标名称	商标申请日期
4027	耿力	2001-01-23	4057	好兆头	2001-02-26	4087	奥箭	2001-03-15
4028	汪氏	2001-01-23	4058	云升	2001-02-26	4088	凤凰树	2001-03-15
4029	中澳	2001-01-31	4059	白山方大	2001-02-27	4089	九喜	2001-03-19
4030	重工	2001-01-31	4060	钟氏	2001-02-28	4090	KELUN	2001-03-19
4031	武夷山大红袍	2001-02-02	4061	露水河; DEW REVER	2001-03-02	4091	征峰	2001-03-19
4032	天信	2001-02-05	4062	昆仑山	2001-03-05	4092	迪欧达; DEODAR	2001-03-19
4033	盛华	2001-02-06	4063	恒通	2001-03-05	4093	百祥 BESTRONG	2001-03-19
4034	宜禾	2001-02-07	4064	圣保堂	2001-03-05	4094	二马泡	2001-03-19
4035	拉芳	2001-02-09	4065	诺亚舟	2001-03-05	4095	联乐	2001-03-19
4036	必存	2001-02-12	4066	蓝贝	2001-03-05	4096	AOEM	2001-03-20
4037	凯德	2001-02-14	4067	习三	2001-03-05	4097	北绿; NORTH GREEN	2001-03-20
4038	鹏运	2001-02-14	4068	太阳	2001-03-05	4098	海鸥	2001-03-23
4039	多维	2001-02-15	4069	襄大	2001-03-05	4099	国鸿	2001-03-26
4040	泊美	2001-02-16	4070	张垣	2001-03-06	4100	国雄	2001-03-26
4041	新百	2001-02-19	4071	舍得	2001-03-06	4101	美丽家园	2001-03-26
4042	漳河	2001-02-19	4072	金奥力	2001-03-08	4102	奥园	2001-03-27
4043	东北	2001-02-19	4073	九河泉	2001-03-08	4103	巨轮	2001-03-28
4044	WCYS	2001-02-19	4074	桂发祥十八街	2001-03-08	4104	爱特福	2001-03-28
4045	HOLLYLAND	2001-02-19	4075	老恒和	2001-03-08	4105	久哥	2001-03-28
4046	万事兴	2001-02-19	4076	湘君府	2001-03-08	4106	三杰	2001-03-28
4047	FZB	2001-02-19	4077	御食园	2001-03-09	4107	山矿	2001-03-30
4048	滇虹 DIHON	2001-02-20	4078	SDZS	2001-03-12	4108	周庄	2001-03-30
4049	邦强	2001-02-20	4079	齐星	2001-03-12	4109	玉星	2001-04-02
4050	渔樵仙	2001-02-20	4080	DER	2001-03-12	4110	富满	2001-04-04
4051	新松公司	2001-02-21	4081	法士特	2001-03-12	4111	圣工	2001-04-05
4052	东风	2001-02-21	4082	泸坊	2001-03-12	4112	天塔 TOWER OF HEAVEN	2001-04-05
4053	绿扬	2001-02-21	4083	养天和	2001-03-12	4113	HRSB	2001-04-05
4054	龙管	2001-02-23	4084	翔宇凯复利	2001-03-14	4114	彩虹	2001-04-09
4055	美岛	2001-02-26	4085	优酸	2001-03-14	4115	天瑞	2001-04-09
4056	吉象	2001-02-26	4086	中海	2001-03-14	4116	喜洋洋	2001-04-09

（续表）

序号	商标名称	商标申请日期	序号	商标名称	商标申请日期	序号	商标名称	商标申请日期
4117	瑞风; REFINE	2001-04-09	4147	漳州水仙花	2001-04-25	4177	SINOCHEM	2001-05-16
4118	正平	2001-04-09	4148	华铝	2001-04-26	4178	中化	2001-05-16
4119	唯怡	2001-04-09	4149	荣宝斋	2001-04-26	4179	福湘	2001-05-16
4120	TIANGUAN	2001-04-10	4150	众安康	2001-04-26	4180	洁荧	2001-05-18
4121	甘诺宝力	2001-04-10	4151	STOR CEZON; 斯多塞尚	2001-04-27	4181	广田	2001-05-18
4122	QIAOPU	2001-04-10	4152	古贝元	2001-04-27	4182	海洋王	2001-05-21
4123	岳海	2001-04-10	4153	蓝电	2001-04-28	4183	SINSKI	2001-05-21
4124	永华	2001-04-12	4154	AVLIGHT	2001-04-28	4184	双峰	2001-05-21
4125	ZNA ZHONGNAN	2001-04-13	4155	粤农	2001-04-28	4185	OLE	2001-05-21
4126	百强	2001-04-13	4156	劲嘉	2001-04-28	4186	杜威	2001-05-22
4127	TANGO	2001-04-16	4157	大喜	2001-04-29	4187	越钢	2001-05-22
4128	皖宝	2001-04-16	4158	鸿星尔克	2001-04-29	4188	ANYCALL	2001-05-23
4129	阿玛施 AMASS	2001-04-16	4159	天阳	2001-04-30	4189	SORL	2001-05-23
4130	XC	2001-04-16	4160	永安	2001-05-08	4190	广成	2001-05-24
4131	顺美; SMG	2001-04-16	4161	云铝	2001-05-08	4191	银联	2001-05-24
4132	索菲亚	2001-04-16	4162	圣夫岛	2001-05-08	4192	沃特	2001-05-24
4133	紫阳富硒茶	2001-04-16	4163	大围山	2001-05-08	4193	KALAILIER	2001-05-25
4134	晨光	2001-04-17	4164	戴思乐	2001-05-08	4194	贝根	2001-05-28
4135	今贝	2001-04-18	4165	义鑫	2001-05-08	4195	银光	2001-05-28
4136	一拉得	2001-04-19	4166	大禹	2001-05-08	4196	沪千	2001-05-28
4137	南极人	2001-04-20	4167	中意	2001-05-08	4197	槐祥	2001-05-28
4138	优派	2001-04-20	4168	解百纳	2001-05-08	4198	金鼎	2001-05-28
4139	绿叶	2001-04-23	4169	东波	2001-05-09	4199	翠华山	2001-05-28
4140	查干湖	2001-04-23	4170	春宾	2001-05-09	4200	西塘	2001-05-28
4141	AUPU	2001-04-23	4171	药信	2001-05-10	4201	保丹	2001-05-28
4142	玉缘	2001-04-23	4172	京万红	2001-05-11	4202	华生	2001-05-29
4143	新芝安	2001-04-24	4173	仲景	2001-05-14	4203	ATHLETIC	2001-05-30
4144	欧联	2001-04-24	4174	999	2001-05-14	4204	好事中; HOSTON	2001-05-31
4145	春天	2001-04-25	4175	七色	2001-05-16	4205	东软	2001-05-31
4146	宏联	2001-04-25	4176	佳吉	2001-05-16	4206	爱诺法赛	2001-06-01

（续表）

序号	商标名称	商标申请日期	序号	商标名称	商标申请日期	序号	商标名称	商标申请日期
4207	沃尔旺	2001-06-01	4237	黑宝	2001-06-18	4267	海状元	2001-07-03
4208	雅鼎	2001-06-01	4238	赛斯德	2001-06-18	4268	元正山 元正	2001-07-03
4209	广信	2001-06-04	4239	富力	2001-06-18	4269	固莱尔	2001-07-04
4210	AST	2001-06-04	4240	珍奇味	2001-06-19	4270	宝人	2001-07-04
4211	银缆	2001-06-04	4241	瑞星	2001-06-19	4271	石库门	2001-07-04
4212	乐海; THE OCEAN OF MUSIC	2001-06-04	4242	金丝狐	2001-06-19	4272	邦手; BANG-UP	2001-07-05
4213	盛虹	2001-06-04	4243	圣迪乐; SUN DAILY	2001-06-19	4273	源鑫	2001-07-05
4214	佳士博 JSB	2001-06-04	4244	东艺	2001-06-20	4274	麦达斯	2001-07-09
4215	新鸽	2001-06-04	4245	章源	2001-06-21	4275	中庄	2001-07-09
4216	蓝冰	2001-06-04	4246	帕兰朵	2001-06-21	4276	千伊	2001-07-09
4217	YOPYE	2001-06-04	4247	拉萨	2001-06-22	4277	武陵	2001-07-09
4218	益群	2001-06-05	4248	味好美	2001-06-22	4278	好医生	2001-07-10
4219	迈瑞	2001-06-06	4249	HELI	2001-06-25	4279	福田欧豹	2001-07-10
4220	红黄蓝 亲子园	2001-06-07	4250	众望	2001-06-25	4280	渝西	2001-07-10
4221	思源	2001-06-08	4251	长缆	2001-06-25	4281	田恒	2001-07-10
4222	峰峰	2001-06-11	4252	远见旅研	2001-06-25	4282	大姐吴兆娥	2001-07-12
4223	康缘	2001-06-11	4253	猴坑	2001-06-25	4283	哈尔斯	2001-07-13
4224	花红	2001-06-11	4254	太极	2001-06-25	4284	嘉华	2001-07-13
4225	虹泰	2001-06-11	4255	徐家木业	2001-06-25	4285	郭国芳	2001-07-13
4226	韩香	2001-06-11	4256	开能	2001-06-25	4286	银邦	2001-07-16
4227	银光	2001-06-11	4257	易事特	2001-06-25	4287	LEO	2001-07-16
4228	元田; YAN-TE	2001-06-11	4258	科远	2001-06-25	4288	云烟	2001-07-16
4229	金万程	2001-06-11	4259	亚达	2001-06-25	4289	萱泽	2001-07-16
4230	西尔丹	2001-06-12	4260	纬创	2001-06-26	4290	甲托	2001-07-17
4231	优兰发	2001-06-14	4261	瑞鹏	2001-06-28	4291	八仙过海	2001-07-17
4232	军星	2001-06-14	4262	永华	2001-06-29	4292	索谷	2001-07-18
4233	米皇	2001-06-14	4263	闽发	2001-07-02	4293	燕之坊	2001-07-18
4234	野娇娇	2001-06-15	4264	恒喜	2001-07-02	4294	径山	2001-07-18
4235	恒涛	2001-06-15	4265	佳恒	2001-07-02	4295	QUANYONG	2001-07-19
4236	装饰家	2001-06-18	4266	富侨	2001-07-02	4296	K-MAX	2001-07-20

（续表）

序号	商标名称	商标申请日期	序号	商标名称	商标申请日期	序号	商标名称	商标申请日期
4297	巴山雀舌	2001-07-20	4327	CMEF	2001-08-09	4357	维信	2001-08-21
4298	楼兰; LOLA	2001-07-20	4328	新怀德	2001-08-10	4358	中脉	2001-08-22
4299	五洲丰	2001-07-23	4329	川珍	2001-08-10	4359	惠美	2001-08-22
4300	敦煌飞天	2001-07-23	4330	阮仕	2001-08-10	4360	逸阳	2001-08-22
4301	大寨; DA ZHAI	2001-07-24	4331	兰亚	2001-08-13	4361	正星	2001-08-23
4302	瑞恩	2001-07-24	4332	伊思贝得	2001-08-13	4362	华之杰	2001-08-24
4303	贵研; SPM	2001-07-24	4333	健马	2001-08-13	4363	多正	2001-08-27
4304	量子高科	2001-07-25	4334	世友	2001-08-13	4364	NOPOSION	2001-08-27
4305	福胶	2001-07-27	4335	舒氏	2001-08-13	4365	英泰	2001-08-27
4306	真巧	2001-07-30	4336	汇银	2001-08-13	4366	泰尔	2001-08-27
4307	KEA	2001-07-30	4337	日子	2001-08-14	4367	丰林	2001-08-27
4308	康力	2001-07-30	4338	明泉宝	2001-08-14	4368	依奴珈 ENAGA	2001-08-27
4309	池之王	2001-07-30	4339	平谷	2001-08-14	4369	LONG DA	2001-08-27
4310	莫高	2001-07-31	4340	比德文	2001-08-14	4370	金考拉	2001-08-27
4311	吉广	2001-07-31	4341	韩丽	2001-08-15	4371	信凯	2001-08-30
4312	晚安 GOODNIGHT及图	2001-08-01	4342	非	2001-08-16	4372	湘江	2001-08-30
4313	玉河	2001-08-01	4343	艾海	2001-08-17	4373	KANGMEI	2001-08-31
4314	明仁	2001-08-02	4344	兴泽	2001-08-17	4374	龙润	2001-08-31
4315	北晨	2001-08-03	4345	卡思迪莱	2001-08-17	4375	鸽瑞	2001-09-03
4316	洛兹	2001-08-03	4346	汇源	2001-08-20	4376	NANTE	2001-09-03
4317	宏立	2001-08-06	4347	芬尼奇	2001-08-20	4377	YAAN	2001-09-06
4318	彩神 FLORA	2001-08-06	4348	理洫王	2001-08-20	4378	龙力	2001-09-06
4319	旭升	2001-08-06	4349	东旭	2001-08-20	4379	欧琳	2001-09-06
4320	西湖	2001-08-06	4350	CRSBG	2001-08-20	4380	A ZENITH及图	2001-09-10
4321	新元	2001-08-06	4351	成大方圆	2001-08-20	4381	华润	2001-09-10
4322	神沟九寨红	2001-08-07	4352	顽皮 WANPY	2001-08-20	4382	华成; HCH	2001-09-10
4323	江特	2001-08-07	4353	帝龙	2001-08-20	4383	麦乡	2001-09-10
4324	恒宇	2001-08-07	4354	金佰川	2001-08-20	4384	亿童	2001-09-10
4325	森艺	2001-08-08	4355	天拓	2001-08-20	4385	宇花	2001-09-10
4326	冰洁	2001-08-08	4356	喜来健	2001-08-21	4386	固克KUCK	2001-09-11

（续表）

序号	商标名称	商标申请日期	序号	商标名称	商标申请日期	序号	商标名称	商标申请日期
4387	FION	2001-09-13	4417	广泽	2001-09-27	4447	贾湖	2001-10-22
4388	徽商	2001-09-13	4418	江雁	2001-09-28	4448	沂蒙山	2001-10-22
4389	绿都	2001-09-13	4419	鼎福	2001-09-28	4449	吉东	2001-10-22
4390	友搏	2001-09-14	4420	耳朵眼	2001-09-29	4450	HENGYI	2001-10-23
4391	宝岛	2001-09-14	4421	FITNESS 凤灵	2001-09-29	4451	太阳魂	2001-10-23
4392	华夏百分	2001-09-17	4422	大富豪	2001-09-30	4452	昌辉	2001-10-23
4393	施丹利	2001-09-17	4423	力贻苹	2001-10-08	4453	北国之春 THE SPRING OF NORTH	2001-10-23
4394	AW AV	2001-09-17	4424	全友	2001-10-08	4454	希努尔	2001-10-25
4395	闪星; TWINKLING STAR	2001-09-17	4425	TRI-RING	2001-10-08	4455	GJ	2001-10-26
4396	山焦	2001-09-17	4426	艾莱依	2001-10-08	4456	集发	2001-10-26
4397	M-ZONE	2001-09-17	4427	UMGG	2001-10-08	4457	溜溜	2001-10-26
4398	动感地带	2001-09-17	4428	忘不了	2001-10-08	4458	远山	2001-10-29
4399	森骄	2001-09-17	4429	首钢	2001-10-11	4459	颐园	2001-10-29
4400	惠成	2001-09-17	4430	COSINE	2001-10-15	4460	江南布衣	2001-10-29
4401	青蛙王子	2001-09-18	4431	澳利龙	2001-10-15	4461	361	2001-10-29
4402	梨花	2001-09-18	4432	节节高	2001-10-15	4462	欢乐家	2001-10-29
4403	太子	2001-09-19	4433	枝江	2001-10-15	4463	飘柔REJOICE	2001-10-30
4404	万里马及图	2001-09-19	4434	东古	2001-10-16	4464	金至尊	2001-11-02
4405	KASEN	2001-09-19	4435	TIAN JIANG	2001-10-17	4465	NVC	2001-11-05
4406	生辉	2001-09-20	4436	HUAXI 华曦	2001-10-17	4466	普瑞特	2001-11-05
4407	宝德	2001-09-21	4437	长康	2001-10-18	4467	永辉	2001-11-05
4408	笑呵呵	2001-09-21	4438	双灯	2001-10-18	4468	丹江口源头	2001-11-08
4409	捷马	2001-09-21	4439	泉阳泉	2001-10-19	4469	驼王	2001-11-08
4410	苏利	2001-09-24	4440	RUI GUANG	2001-10-19	4470	荆山锦	2001-11-12
4411	天宇	2001-09-24	4441	欧兰宁	2001-10-22	4471	谭木匠	2001-11-12
4412	SHIP	2001-09-24	4442	中德	2001-10-22	4472	天鸣	2001-11-12
4413	曼佳美	2001-09-24	4443	三鑫	2001-10-22	4473	北达	2001-11-13
4414	橡六	2001-09-25	4444	薪薪	2001-10-22	4474	亚伦	2001-11-13
4415	马钢	2001-09-27	4445	GOLDTEL	2001-10-22	4475	VASTITUDE	2001-11-14
4416	金夫人 GOLDEN LADY	2001-09-27	4446	赛格	2001-10-22	4476	尚德电力	2001-11-16

（续表）

序号	商标名称	商标申请日期	序号	商标名称	商标申请日期	序号	商标名称	商标申请日期
4477	蓝黛	2001-11-16	4507	东方	2001-12-05	4537	BENQ	2001-12-24
4478	高炉家	2001-11-16	4508	葵花药业	2001-12-06	4538	FUHONG EDIBLE OIL	2001-12-25
4479	沃夫特VOLFERTILE	2001-11-19	4509	济钢	2001-12-06	4539	高源HIGHLAND	2001-12-25
4480	美素MUSEUM	2001-11-19	4510	金桥	2001-12-07	4540	周大金	2001-12-25
4481	宏发	2001-11-19	4511	天能	2001-12-10	4541	LIHUAHAT	2001-12-26
4482	创业	2001-11-19	4512	天使之泪	2001-12-10	4542	如家	2001-12-26
4483	洲克	2001-11-19	4513	梦语 WORD OF DREAM	2001-12-10	4543	胡秀容; 小胡	2001-12-27
4484	通鼎光电	2001-11-21	4514	含羞草	2001-12-10	4544	骑龙	2001-12-27
4485	LI LIN	2001-11-22	4515	日月谷	2001-12-10	4545	世纪金榜	2001-12-29
4486	彩	2001-11-22	4516	国电南瑞	2001-12-11	4546	全球通	2001-12-29
4487	大顺	2001-11-22	4517	拜尔	2001-12-12	4547	金鹭	2001-12-30
4488	康辉	2001-11-22	4518	齐隆	2001-12-13	4548	HK	2001-12-31
4489	大西洋	2001-11-23	4519	SHEN FENG	2001-12-13	4549	大化	2002-01-04
4490	BOMIN	2001-11-23	4520	联河	2001-12-14	4550	山峰	2002-01-04
4491	CST	2001-11-23	4521	亿路发	2001-12-14	4551	云昆	2002-01-04
4492	青食	2001-11-26	4522	NE TIGER	2001-12-14	4552	磊艺	2002-01-04
4493	三特	2001-11-27	4523	博林特	2001-12-17	4553	佳宝; JEBO	2002-01-04
4494	神苗	2001-11-27	4524	东伟	2001-12-17	4554	华兰	2002-01-04
4495	太威	2001-11-27	4525	厨邦	2001-12-17	4555	九牧王 JOE ONE	2002-01-04
4496	远望	2001-11-30	4526	香芝源	2001-12-17	4556	维宝	2002-01-04
4497	天鹅	2001-11-30	4527	曲堤	2001-12-17	4557	小浣熊	2002-01-07
4498	吉绿源	2001-11-30	4528	兴贸	2001-12-18	4558	岩舒	2002-01-07
4499	自然堂	2001-12-03	4529	CARPENTER	2001-12-18	4559	阳标	2002-01-07
4500	KIN LONG	2001-12-03	4530	盛运	2001-12-24	4560	百成	2002-01-09
4501	天驹	2001-12-03	4531	章鼓	2001-12-24	4561	小肥羊	2002-01-09
4502	MOUTAI	2001-12-03	4532	祁连山	2001-12-24	4562	鑫秋	2002-01-10
4503	巴丹	2001-12-03	4533	桑罗	2001-12-24	4563	LZY	2002-01-11
4504	吟飞RINGWAY	2001-12-03	4534	易呱平	2001-12-24	4564	智通人才; CHITONE	2002-01-11
4505	巴拉巴拉	2001-12-03	4535	颐而康	2001-12-24	4565	特地	2002-01-11
4506	楚天	2001-12-05	4536	富娃	2001-12-24	4566	HDP	2002-01-14

（续表）

序号	商标名称	商标申请日期	序号	商标名称	商标申请日期	序号	商标名称	商标申请日期
4567	九禾	2002-01-14	4597	GXG	2002-01-29	4627	SHILIN	2002-02-25
4568	生命伟业; SW	2002-01-14	4598	济生堂	2002-01-30	4628	海湖	2002-02-25
4569	艺龙	2002-01-14	4599	时代阳光	2002-01-30	4629	翠绿	2002-02-26
4570	钻石	2002-01-14	4600	H; HUA XING	2002-01-31	4630	迪诺雅	2002-02-28
4571	玖龙	2002-01-14	4601	固美	2002-01-31	4631	顺丰	2002-02-28
4572	斯尔摩	2002-01-15	4602	亚辉	2002-01-31	4632	龙蟠	2002-03-04
4573	梦天	2002-01-18	4603	天锻	2002-02-01	4633	康夫	2002-03-04
4574	赛格鸥; SAGEO	2002-01-18	4604	CE	2002-02-01	4634	惠万家	2002-03-04
4575	武当道	2002-01-18	4605	苏浙汇; 金萌	2002-02-01	4635	德美	2002-03-04
4576	东方万旗	2002-01-18	4606	净雅	2002-02-01	4636	大阳	2002-03-04
4577	荣尔	2002-01-21	4607	百丽	2002-02-01	4637	西诺	2002-03-04
4578	生久	2002-01-21	4608	足友	2002-02-04	4638	万利隆	2002-03-05
4579	银鹭	2002-01-21	4609	天圣; TS	2002-02-05	4639	牙博士	2002-03-07
4580	双弘 DOUBLE GREAT	2002-01-21	4610	WENTON; W	2002-02-06	4640	依丽兰 EVENILAND	2002-03-07
4581	汉爵	2002-01-21	4611	金坛子	2002-02-07	4641	武夷星	2002-03-07
4582	HJH	2002-01-21	4612	龙仓	2002-02-07	4642	中洋	2002-03-11
4583	甘汁圆 G	2002-01-21	4613	沙漠绿洲; DESER OASIS; DO	2002-02-08	4643	宝岛	2002-03-11
4584	银鹭	2002-01-21	4614	纽曼	2002-02-08	4644	汇强; Q	2002-03-12
4585	丹芭碧	2002-01-22	4615	吉路尔	2002-02-08	4645	双丰; H	2002-03-13
4586	中科蓝天; GREENPOWER	2002-01-22	4616	HAINUO	2002-02-09	4646	鑫展旺; XZW	2002-03-14
4587	华东	2002-01-24	4617	百爵	2002-02-09	4647	九泰	2002-03-14
4588	邓村绿茶	2002-01-24	4618	洛基 LODGI	2002-02-09	4648	凤凰庄 PHOENIXVILLAGE	2002-03-14
4589	智阳	2002-01-24	4619	青苹果	2002-02-09	4649	纤丝鸟	2002-03-15
4590	伊美尔	2002-01-24	4620	金锚	2002-02-09	4650	梦祥	2002-03-15
4591	瑞春; R	2002-01-24	4621	豪迈	2002-02-11	4651	鲁山	2002-03-18
4592	瑞阳; 阳	2002-01-28	4622	泽光	2002-02-19	4652	武立	2002-03-18
4593	湖菱	2002-01-28	4623	银祥	2002-02-19	4653	国琛; K	2002-03-18
4594	爱迪生	2002-01-28	4624	THINKPAD	2002-02-21	4654	掌门神	2002-03-18
4595	三雄极光	2002-01-29	4625	春蒙	2002-02-22	4655	YASHIPS	2002-03-18
4596	鸭王	2002-01-29	4626	太阳城洋伞; SUN CITY	2002-02-22	4656	赛克; SYKEE	2002-03-19

（续表）

序号	商标名称	商标申请日期	序号	商标名称	商标申请日期	序号	商标名称	商标申请日期
4657	大司马	2002-03-19	4687	裕园; 裕	2002-04-05	4717	顾家 KUKA	2002-04-19
4658	东湖	2002-03-19	4688	海密梯克	2002-04-08	4718	TAIFENG	2002-04-19
4659	三维	2002-03-20	4689	桂花	2002-04-08	4719	千禧之星; MILLENNIUM STAR	2002-04-22
4660	冀东	2002-03-20	4690	宇龙	2002-04-08	4720	瑞捷	2002-04-23
4661	HONG HUA; HH	2002-03-21	4691	高力登; GD; Y	2002-04-09	4721	豫重	2002-04-23
4662	永德利	2002-03-21	4692	ENOX	2002-04-10	4722	长领	2002-04-23
4663	中原	2002-03-25	4693	蓝天	2002-04-11	4723	味之家	2002-04-25
4664	天行	2002-03-25	4694	山润	2002-04-11	4724	参花	2002-04-25
4665	振泰; Z	2002-03-25	4695	青专	2002-04-12	4725	SY	2002-04-25
4666	角山	2002-03-25	4696	康力	2002-04-15	4726	三祥	2002-04-26
4667	伟业	2002-03-26	4697	洞庭	2002-04-15	4727	浇注明天	2002-04-26
4668	优瑞纳斯	2002-03-26	4698	南骏	2002-04-15	4728	仙琚	2002-04-27
4669	龙	2002-03-26	4699	红蚂蚁; RED ANT	2002-04-15	4729	促福达	2002-04-27
4670	哈药	2002-03-27	4700	红星美凯龙; MACALLINE;M	2002-04-15	4730	九畹丝绵茶	2002-04-27
4671	汇丰 HUGE FUND HF	2002-03-27	4701	皓月; H	2002-04-15	4731	徽记	2002-04-29
4672	颐高	2002-03-29	4702	阿颖	2002-04-15	4732	坤兴; KUN XING	2002-04-29
4673	曙光	2002-03-29	4703	巴运情	2002-04-15	4733	宝塔山BTS	2002-05-08
4674	镇	2002-03-29	4704	九芝堂	2002-04-16	4734	仙芝楼	2002-05-08
4675	ZOJE 中捷	2002-04-01	4705	长强Q	2002-04-16	4735	金工	2002-05-08
4676	卡帕斯	2002-04-01	4706	楚天	2002-04-16	4736	中意	2002-05-08
4677	DAMINGGONG	2002-04-01	4707	HD	2002-04-16	4737	宏图三胞	2002-05-08
4678	人人家	2002-04-01	4708	福田; FUTINA	2002-04-16	4738	三星	2002-05-08
4679	紫林	2002-04-01	4709	得胜	2002-04-16	4739	和源; HE YUAN	2002-05-08
4680	海名威	2002-04-01	4710	CASKA	2002-04-16	4740	乐义	2002-05-09
4681	裕龙	2002-04-01	4711	天际	2002-04-16	4741	东宝	2002-05-10
4682	楚园春	2002-04-01	4712	起亚	2002-04-16	4742	太阳宝	2002-05-10
4683	海日星	2002-04-02	4713	GENIUS; 杰事杰	2002-04-17	4743	方盛	2002-05-13
4684	泰德	2002-04-03	4714	双步	2002-04-18	4744	安岳柠檬	2002-05-16
4685	南山	2002-04-03	4715	SCITECH	2002-04-19	4745	SJEC	2002-05-16
4686	元祖食品; GANSO	2002-04-05	4716	新梅	2002-04-19	4746	鲁泰	2002-05-16

（续表）

序号	商标名称	商标申请日期	序号	商标名称	商标申请日期	序号	商标名称	商标申请日期
4747	楚源; CY	2002-05-17	4777	同方	2002-05-31	4807	太极	2002-06-13
4748	吉祥鸟	2002-05-17	4778	皇城相府	2002-06-03	4808	重齿; CQ. GEARBOX	2002-06-13
4749	凯迪龙; KDILON	2002-05-17	4779	立方	2002-06-03	4809	巨一	2002-06-13
4750	恒福	2002-05-17	4780	吴通	2002-06-03	4810	塔山	2002-06-13
4751	湘丰	2002-05-20	4781	口味王	2002-06-03	4811	一品绣	2002-06-13
4752	伊泰	2002-05-21	4782	南都NARADA	2002-06-03	4812	铁四院	2002-06-14
4753	欣悦	2002-05-21	4783	阳光	2002-06-03	4813	锐科特	2002-06-14
4754	宇标 Y	2002-05-21	4784	金典	2002-06-03	4814	侨昌	2002-06-17
4755	如意情	2002-05-21	4785	DE CAI	2002-06-03	4815	九洲普惠	2002-06-17
4756	杜蕾斯	2002-05-21	4786	美克美家; MARKORFURNISHINGS	2002-06-04	4816	骏仕	2002-06-17
4757	五洲通	2002-05-22	4787	HUAFU	2002-06-05	4817	洪家	2002-06-17
4758	光强	2002-05-22	4788	蓓尔丽	2002-06-05	4818	会兴	2002-06-18
4759	HOWYAWL	2002-05-23	4789	甘竹	2002-06-05	4819	舒华; SHUA	2002-06-20
4760	广裕发	2002-05-23	4790	红星	2002-06-05	4820	利客来; LI KE LAI	2002-06-20
4761	WEI PENG	2002-05-24	4791	惠发; HF	2002-06-06	4821	婴儿乐	2002-06-20
4762	友发	2002-05-24	4792	陆琴脚艺	2002-06-06	4822	绿色芳山; LSFS	2002-06-21
4763	仁增多吉	2002-05-27	4793	绿树; GREEN TREE	2002-06-06	4823	金贵	2002-06-21
4764	狮丹努; SEDUNO	2002-05-27	4794	LSDZ	2002-06-07	4824	大明宫	2002-06-21
4765	孟电	2002-05-27	4795	沈防	2002-06-07	4825	丹姿	2002-06-24
4766	G 劲刚	2002-05-28	4796	三全	2002-06-07	4826	建丰	2002-06-24
4767	绿盟科技NSFOCUS	2002-05-28	4797	南之缘; Y	2002-06-10	4827	淞湖	2002-06-24
4768	老铭人	2002-05-28	4798	快达	2002-06-10	4828	梦米兰	2002-06-24
4769	华宇达	2002-05-28	4799	华熠 HY	2002-06-10	4829	双剑	2002-06-25
4770	澳森地板; A	2002-05-28	4800	欣欣大庄园 DD	2002-06-10	4830	HUA WEI	2002-06-25
4771	圣和	2002-05-29	4801	万家丽	2002-06-10	4831	欧姆龙	2002-06-26
4772	永德信	2002-05-29	4802	山一 S	2002-06-11	4832	南方路机; NFLG	2002-06-27
4773	BOLON	2002-05-29	4803	盘龙云海	2002-06-11	4833	东方海洋 ORIENTAL OCEAN	2002-06-27
4774	旺德府	2002-05-29	4804	元亨利通	2002-06-11	4834	昊宝HAOBAO	2002-06-28
4775	帮登	2002-05-30	4805	永兴冰糖橙	2002-06-12	4835	斯巴鲁	2002-06-28
4776	顶能	2002-05-30	4806	乡都	2002-06-12	4836	星艺 XING YI	2002-06-28

（续表）

序号	商标名称	商标申请日期	序号	商标名称	商标申请日期	序号	商标名称	商标申请日期
4837	VAST SEA	2002-07-01	4867	LEOCH	2002-07-16	4897	华伍; H	2002-07-31
4838	荣誉	2002-07-01	4868	献王	2002-07-16	4898	FERRARI	2002-07-31
4839	仙鹤	2002-07-02	4869	顺鑫; SHUN XIN	2002-07-17	4899	冠盛	2002-08-01
4840	SANLG	2002-07-02	4870	妇炎洁	2002-07-18	4900	阳光大姐	2002-08-02
4841	SHANDA	2002-07-04	4871	奥克斯; AUX	2002-07-18	4901	威纳邦 WILUBO	2002-08-05
4842	名石	2002-07-04	4872	康比特	2002-07-18	4902	富尔	2002-08-05
4843	东纶	2002-07-04	4873	蜀江锦院	2002-07-19	4903	陇神	2002-08-05
4844	康弘	2002-07-05	4874	石桥	2002-07-19	4904	金强	2002-08-05
4845	通润	2002-07-05	4875	AURATIC	2002-07-19	4905	燎原	2002-08-05
4846	天地磁砖 TIANDI CERAMIC TILES	2002-07-05	4876	CSPC	2002-07-22	4906	LIAO YUAN	2002-08-05
4847	鑫金昉	2002-07-05	4877	赛德力	2002-07-22	4907	太阳雨 SUNRAIN	2002-08-05
4848	三针; HREE; 3	2002-07-08	4878	TB;百泰首饰; BAI TAI JEWELLERY	2002-07-22	4908	论道	2002-08-06
4849	新亚 SHINE	2002-07-08	4879	倍优特 EAUTY	2002-07-22	4909	安剑	2002-08-06
4850	华程; HC	2002-07-08	4880	华光	2002-07-23	4910	三超网业	2002-08-06
4851	永隆	2002-07-08	4881	红林; HL	2002-07-23	4911	射阳	2002-08-06
4852	智育; ZY	2002-07-08	4882	HAD; 华安达	2002-07-23	4912	阿波罗	2002-08-06
4853	越美; SUPER DELUXE BROCADE	2002-07-08	4883	远洲	2002-07-23	4913	南山	2002-08-08
4854	加加	2002-07-09	4884	IMPERIAL HORSE	2002-07-26	4914	LINCE	2002-08-08
4855	HOVEI	2002-07-09	4885	金意陶; KITO	2002-07-26	4915	龙泉青瓷	2002-08-08
4856	巢三珍	2002-07-09	4886	御马	2002-07-26	4916	太阳 SUN	2002-08-09
4857	SENJE	2002-07-10	4887	凌雪	2002-07-26	4917	十三村	2002-08-09
4858	六维物流	2002-07-11	4888	怡嘉琦	2002-07-26	4918	贡品轩	2002-08-09
4859	蒙伦达克	2002-07-11	4889	伊之密; YIZUMI	2002-07-29	4919	泰鑫玛柯	2002-08-09
4860	宝世达	2002-07-12	4890	脉动	2002-07-29	4920	西曼	2002-08-09
4861	HEGLL	2002-07-12	4891	正字; 正	2002-07-30	4921	王野	2002-08-09
4862	滨河九粮液	2002-07-15	4892	金门高粱酒	2002-07-30	4922	六必居	2002-08-09
4863	拍	2002-07-15	4893	金多福	2002-07-30	4923	兰江	2002-08-12
4864	万通	2002-07-15	4894	千足	2002-07-30	4924	鼎威	2002-08-12
4865	香香仔	2002-07-15	4895	天正	2002-07-30	4925	同方	2002-08-12
4866	湘江	2002-07-16	4896	远健; ORIGENE	2002-07-31	4926	蜀之源	2002-08-12

（续表）

序号	商标名称	商标申请日期	序号	商标名称	商标申请日期	序号	商标名称	商标申请日期
4927	CONTEC	2002-08-12	4957	KE MAI	2002-08-30	4987	六大茶山; SIX FAMOUS TEA MOUNTAIM	2002-09-18
4928	名典; MING DIAN	2002-08-12	4958	华友	2002-09-02	4988	燕之屋	2002-09-18
4929	元朗	2002-08-12	4959	力源	2002-09-02	4989	兴钢	2002-09-19
4930	锅丰	2002-08-12	4960	朱鹮	2002-09-02	4990	金满楼	2002-09-19
4931	香贡世家	2002-08-12	4961	大佛	2002-09-02	4991	百神	2002-09-23
4932	宏英	2002-08-13	4962	HONGYING	2002-09-03	4992	罗普斯金; LPSK	2002-09-23
4933	DIQIU	2002-08-13	4963	AIGO	2002-09-03	4993	凯迪拉克	2002-09-23
4934	吉润; JR	2002-08-13	4964	塑康	2002-09-05	4994	华裕	2002-09-23
4935	NBLF	2002-08-15	4965	郑源	2002-09-05	4995	湘电	2002-09-24
4936	海投	2002-08-15	4966	沾化冬枣	2002-09-05	4996	绿升	2002-09-24
4937	新箭鹿; NEW JIANLU	2002-08-15	4967	克丽缇娜	2002-09-06	4997	一生缘	2002-09-24
4938	华隆	2002-08-19	4968	奥林特; ONITL	2002-09-06	4998	谢正安	2002-09-24
4939	自由点	2002-08-19	4969	SBT	2002-09-09	4999	维多利	2002-09-24
4940	DEEP BLUE	2002-08-19	4970	山山	2002-09-09	5000	万和	2002-09-24
4941	天丰; SKYRICH	2002-08-20	4971	湘鄂情; X. E. FLAVOUR	2002-09-09	5001	可比克; CAPICO	2002-09-25
4942	大翔	2002-08-20	4972	如兰	2002-09-09	5002	红帆	2002-09-27
4943	S	2002-08-20	4973	金潭玉液	2002-09-11	5003	铁刹山	2002-09-27
4944	黑金刚	2002-08-21	4974	鲁丰	2002-09-12	5004	DAPAI	2002-09-27
4945	迪信通	2002-08-21	4975	束兰	2002-09-12	5005	超臣	2002-09-28
4946	亚洲渔港	2002-08-21	4976	宝华林	2002-09-12	5006	英杰	2002-09-28
4947	曼妮芬; MANIFORM	2002-08-21	4977	满婷	2002-09-13	5007	土	2002-09-28
4948	悦康药业 YOUCARE	2002-08-23	4978	梦舒雅	2002-09-13	5008	海螺	2002-09-28
4949	志荣	2002-08-23	4979	吉元	2002-09-13	5009	蓝焰	2002-09-29
4950	蒙顶山茶; MDSC	2002-08-23	4980	望儿山	2002-09-13	5010	隆顺榕	2002-09-29
4951	宇特; TY	2002-08-26	4981	裕祥	2002-09-16	5011	一大早	2002-09-29
4952	新八建	2002-08-26	4982	赤渡	2002-09-16	5012	百能; PENER	2002-09-30
4953	CPET	2002-08-26	4983	三美	2002-09-17	5013	科利达	2002-09-30
4954	益康	2002-08-27	4984	墨龙	2002-09-17	5014	音儿	2002-09-30
4955	天龙	2002-08-29	4985	天峡	2002-09-17	5015	金花	2002-10-08
4956	格尔森	2002-08-29	4986	天山; TIAN SHAN	2002-09-17	5016	HEDY	2002-10-08

（续表）

序号	商标名称	商标申请日期	序号	商标名称	商标申请日期	序号	商标名称	商标申请日期
5017	春秋	2002-10-08	5047	姐弟俩	2002-10-30	5077	五更炉	2002-11-14
5018	靓虾王	2002-10-08	5048	信乐	2002-10-31	5078	89	2002-11-15
5019	祁尔康	2002-10-08	5049	FANTAC	2002-10-31	5079	S; 双赢	2002-11-15
5020	鼎湖	2002-10-08	5050	可来比	2002-10-31	5080	亚亨; YH	2002-11-15
5021	KIFA	2002-10-09	5051	红花	2002-11-01	5081	中原第一漂	2002-11-15
5022	飞鹤	2002-10-10	5052	立福	2002-11-01	5082	浩信	2002-11-15
5023	优士	2002-10-11	5053	兆君	2002-11-01	5083	SX; 双仙	2002-11-18
5024	黄麦岭; HML	2002-10-14	5054	金大福; KING TAI FOOK	2002-11-01	5084	CLM	2002-11-18
5025	WOER; W	2002-10-14	5055	汉口精武	2002-11-01	5085	老爷岭 LYL	2002-11-18
5026	盐池滩羊	2002-10-14	5056	名雕	2002-11-04	5086	绿地	2002-11-18
5027	亮欢寨	2002-10-15	5057	老拨云堂	2002-11-04	5087	法恩莎; FAENZA	2002-11-18
5028	和业	2002-10-16	5058	珍华堂	2002-11-04	5088	五合	2002-11-19
5029	海澜之家; HEILAN HOME	2002-10-16	5059	B	2002-11-04	5089	海马	2002-11-19
5030	华祥苑	2002-10-18	5060	顺艺	2002-11-04	5090	爱到家	2002-11-19
5031	东药	2002-10-21	5061	大东南	2002-11-05	5091	豫克瑞	2002-11-20
5032	XYYP	2002-10-21	5062	天线宝宝	2002-11-05	5092	十里香	2002-11-20
5033	双勇	2002-10-21	5063	GIONEE	2002-11-07	5093	玉溪	2002-11-21
5034	本雅明	2002-10-22	5064	金立	2002-11-07	5094	NHLL	2002-11-22
5035	红苹; REDAPPLE	2002-10-25	5065	东祥	2002-11-07	5095	山田	2002-11-25
5036	蓝德	2002-10-25	5066	华仪 HEAG	2002-11-08	5096	六颗星	2002-11-25
5037	美瑞德; MEIRUID	2002-10-25	5067	峰宇	2002-11-08	5097	WEPON	2002-11-25
5038	宝怡	2002-10-28	5068	佐力	2002-11-11	5098	如一坊	2002-11-25
5039	大参林	2002-10-28	5069	中玉	2002-11-11	5099	娇子	2002-11-25
5040	苍溪雪梨; CANG XI XUE LI	2002-10-28	5070	雾里青	2002-11-11	5100	凯帝斯 CKETIS CK	2002-11-25
5041	圣保罗	2002-10-28	5071	泉岩	2002-11-12	5101	梅园	2002-11-25
5042	MARISFROLG	2002-10-28	5072	金上桥	2002-11-12	5102	犀牛	2002-11-26
5043	新亚强	2002-10-29	5073	LENOVO	2002-11-13	5103	华艺; HUAYI LAMPS; HY	2002-11-26
5044	美迪雅阁; MEDYAG	2002-10-29	5074	湘泰	2002-11-13	5104	YBMJ	2002-11-27
5045	岷县当归 岷县 MG	2002-10-30	5075	宇平人形	2002-11-13	5105	藏缘	2002-11-27
5046	万通; W	2002-10-30	5076	欧迪芬; ORDIFEN	2002-11-13	5106	美客多	2002-11-28

（续表）

序号	商标名称	商标申请日期	序号	商标名称	商标申请日期	序号	商标名称	商标申请日期
5107	罗浮宫	2002-11-29	5137	华鹤	2002-12-16	5167	康龙	2003-01-06
5108	绣林	2002-11-29	5138	九阳	2002-12-17	5168	玉荷	2003-01-06
5109	洁美	2002-12-02	5139	舒友	2002-12-17	5169	陬福	2003-01-06
5110	绿翔	2002-12-02	5140	百岁山	2002-12-17	5170	B; 博际	2003-01-07
5111	金霞	2002-12-02	5141	九阳	2002-12-17	5171	LANDS WORTH	2003-01-08
5112	三彩	2002-12-02	5142	咏鹅	2002-12-17	5172	本草纲目	2003-01-09
5113	华美; HM	2002-12-03	5143	君临	2002-12-19	5173	万丰	2003-01-09
5114	响莲	2002-12-03	5144	金百万	2002-12-19	5174	格瑞; G	2003-01-09
5115	高丰	2002-12-04	5145	水天堂	2002-12-20	5175	田师傅	2003-01-10
5116	圆绿	2002-12-05	5146	LAN TIAN	2002-12-24	5176	奇鹰	2003-01-10
5117	复地; FORTE	2002-12-05	5147	雪山来客	2002-12-24	5177	缘梦圆; YMYM	2003-01-13
5118	沁新	2002-12-09	5148	SAB	2002-12-24	5178	西庆	2003-01-14
5119	海旸	2002-12-09	5149	要得乐	2002-12-25	5179	苗泰	2003-01-14
5120	大明宝贝	2002-12-09	5150	千秋	2002-12-27	5180	顶固	2003-01-14
5121	饭扫光	2002-12-09	5151	君禾	2002-12-27	5181	匡通	2003-01-14
5122	富岛	2002-12-10	5152	鑫湘汇	2002-12-27	5182	龙影	2003-01-14
5123	德昌祥	2002-12-10	5153	云霄	2002-12-27	5183	爱普生; EPSON	2003-01-15
5124	VTION	2002-12-10	5154	鹦鹉	2002-12-27	5184	圣达因	2003-01-15
5125	BILIN	2002-12-10	5155	安然众合	2002-12-30	5185	血必净	2003-01-17
5126	圣德保 SAN DEBO	2002-12-10	5156	归真堂; GREETOWN	2002-12-30	5186	NTSJ	2003-01-20
5127	彩龙; GINGER DRAGON	2002-12-10	5157	FAVORITE; 法瑞特	2002-12-30	5187	惠邦	2003-01-20
5128	天佑德	2002-12-11	5158	DH	2002-12-30	5188	柏森工程	2003-01-20
5129	点石	2002-12-12	5159	中企; ZHONG QI	2002-12-30	5189	梦金园	2003-01-20
5130	CSZD	2002-12-13	5160	南丝路; SOUTH SIIK ROAD	2002-12-31	5190	芍花	2003-01-21
5131	JADE; 翠钰	2002-12-16	5161	洁柔	2003-01-02	5191	天矿; TIKUG; TK	2003-01-21
5132	恩必普	2002-12-16	5162	天地伟业; TIANDYTECH	2003-01-03	5192	LUZERNE	2003-01-21
5133	乾坤	2002-12-16	5163	柳瞳	2003-01-03	5193	白银	2003-01-21
5134	力扬	2002-12-16	5164	盈成	2003-01-03	5194	LEMEN	2003-01-22
5135	绿岭	2002-12-16	5165	冠福	2003-01-06	5195	LIU YANG FIREWORKS; 浏阳花炮	2003-01-22
5136	EAST	2002-12-16	5166	新港木业	2003-01-06	5196	哥弟; GIRDEAR	2003-01-23

（续表）

序号	商标名称	商标申请日期	序号	商标名称	商标申请日期	序号	商标名称	商标申请日期
5197	金鹰; GETM	2003-01-27	5227	IMEX	2003-02-27	5257	KMC	2003-03-18
5198	DLBF	2003-01-27	5228	艾瑞斯特; IRISATED	2003-02-28	5258	芬雪琳	2003-03-18
5199	小龙王	2003-01-27	5229	利美达	2003-02-28	5259	腾药	2003-03-19
5200	宝视达; BEST	2003-01-27	5230	秭归脐橙	2003-03-03	5260	滕龙北大仓	2003-03-19
5201	哈尔滨	2003-01-27	5231	神丹	2003-03-03	5261	山河智能	2003-03-20
5202	万华	2003-01-28	5232	SD; 双达	2003-03-04	5262	来福士广场; RAFFLES CITY	2003-03-20
5203	澳翔	2003-01-28	5233	长影世纪城	2003-03-04	5263	思念; SYNEAR	2003-03-20
5204	妙府	2003-01-29	5234	猫哆哩	2003-03-04	5264	回力神	2003-03-21
5205	一笑堂	2003-01-30	5235	北京	2003-03-04	5265	可可鸭; QQ DUCK	2003-03-21
5206	SAILUN	2003-01-30	5236	久盛	2003-03-05	5266	柳宗元	2003-03-24
5207	简金品; JHAN	2003-01-30	5237	两岸	2003-03-05	5267	美步楼梯	2003-03-24
5208	FH	2003-01-31	5238	阿斯德	2003-03-06	5268	瑞麒 SWIKY	2003-03-24
5209	大自然	2003-02-08	5239	我乐 OLO	2003-03-06	5269	双盛	2003-03-24
5210	世纪红	2003-02-08	5240	申达; SD	2003-03-06	5270	木林森	2003-03-24
5211	福鼎槟榔芋; FUDING BINGLANG TARO	2003-02-08	5241	圣斯克	2003-03-07	5271	沃是崴	2003-03-25
5212	法蓝瓷	2003-02-11	5242	华纳	2003-03-10	5272	龙舟	2003-03-25
5213	HUATONG	2003-02-13	5243	新日	2003-03-10	5273	宏祥	2003-03-25
5214	久大; JD	2003-02-14	5244	诚纳四海	2003-03-10	5274	UPS	2003-03-26
5215	蒙山	2003-02-17	5245	DELANDIS	2003-03-10	5275	意利宝陶瓷; YINIBAO	2003-03-27
5216	海格雷; HG	2003-02-17	5246	比亚迪	2003-03-10	5276	春然	2003-03-27
5217	森地	2003-02-17	5247	寿仙谷	2003-03-11	5277	正忠; ZZ	2003-03-28
5218	通裕	2003-02-18	5248	怡莲	2003-03-12	5278	斯沃; SIWO	2003-03-28
5219	颜神龙泉	2003-02-20	5249	阿诗丹顿	2003-03-12	5279	心连心	2003-03-28
5220	金科	2003-02-21	5250	谷王	2003-03-13	5280	艺蒙; M	2003-03-28
5221	兴乐	2003-02-24	5251	WORLD 22	2003-03-14	5281	DONGMENG	2003-03-28
5222	VIEX	2003-02-25	5252	心实	2003-03-17	5282	汇众	2003-03-28
5223	老凯俚	2003-02-25	5253	齐星; MADE IN QIXING	2003-03-17	5283	恒久; HJ	2003-03-31
5224	起帆	2003-02-26	5254	龙; 龙鹏	2003-03-17	5284	大澳	2003-03-31
5225	湘怀金珠	2003-02-26	5255	巴德士	2003-03-18	5285	赛科	2003-03-31
5226	圣山	2003-02-27	5256	肛泰	2003-03-18	5286	日月星; SUNMOONSTAR	2003-03-31

（续表）

序号	商标名称	商标申请日期	序号	商标名称	商标申请日期	序号	商标名称	商标申请日期
5287	楼兰	2003-03-31	5317	圣豪; SUNHAO	2003-04-16	5347	玉宇	2003-05-14
5288	瘐祺	2003-04-01	5318	牛石牌; NIU SHI BRAND	2003-04-16	5348	人之初	2003-05-14
5289	江峡	2003-04-01	5319	JIYOU; 1985	2003-04-16	5349	NIVS	2003-05-15
5290	QQ	2003-04-01	5320	瑞明	2003-04-18	5350	伟业	2003-05-15
5291	东成石材	2003-04-01	5321	新祥	2003-04-21	5351	金康达; D	2003-05-16
5292	MANGO	2003-04-02	5322	威丽	2003-04-21	5352	鑫电	2003-05-19
5293	钹宝	2003-04-03	5323	金帅	2003-04-22	5353	森蜂园	2003-05-19
5294	TIBETAN SHEEP	2003-04-03	5324	星海; XINGHAI INSTRUMENT	2003-04-22	5354	万山红遍	2003-05-19
5295	庄子开拓	2003-04-03	5325	WELECTONE	2003-04-22	5355	福满门	2003-05-20
5296	宏兴隆	2003-04-04	5326	HANDE	2003-04-22	5356	SUNWAVE	2003-05-20
5297	桑贝斯兰德 SUNSPACELAND	2003-04-04	5327	臣功再欣	2003-04-23	5357	庆元	2003-05-20
5298	诺奇	2003-04-04	5328	宁都黄鸡	2003-04-23	5358	恒远	2003-05-20
5299	路虎	2003-04-04	5329	永生堂	2003-04-24	5359	CNHTC	2003-05-20
5300	文挚	2003-04-07	5330	居立; JL	2003-04-25	5360	HAOTAITAI	2003-05-21
5301	玉莲	2003-04-07	5331	劲尔丰	2003-04-28	5361	马家沟	2003-05-21
5302	苏美	2003-04-07	5332	东马屯	2003-04-28	5362	FOTON	2003-05-21
5303	盘锦大米; 盘锦	2003-04-07	5333	米仓山	2003-04-28	5363	现代美; MODERN BEAUTY	2003-05-21
5304	GEELY	2003-04-08	5334	华乐	2003-04-28	5364	良奇	2003-05-22
5305	派意特	2003-04-09	5335	野树林	2003-04-28	5365	红黄蓝幼儿园	2003-05-26
5306	天齐堂	2003-04-11	5336	厨大哥	2003-04-30	5366	蓝帆	2003-05-26
5307	江佳	2003-04-11	5337	朵彩	2003-04-30	5367	长飞	2003-05-26
5308	阜丰	2003-04-11	5338	石门	2003-05-06	5368	创辉; C&H	2003-05-26
5309	东达蒙古王	2003-04-11	5339	上塑	2003-05-06	5369	耐驰; N	2003-05-27
5310	夏	2003-04-11	5340	恩达家纺; ENDA HOMETEXEILE	2003-05-06	5370	SPARK	2003-05-27
5311	SHQC	2003-04-14	5341	万勤	2003-05-07	5371	DOMAIN DM	2003-05-27
5312	稳润光电; WENRUN OPTOELECTRONIC	2003-04-14	5342	德诚	2003-05-07	5372	绿色心情	2003-05-27
5313	晶牛 CRYSTALBULL J	2003-04-14	5343	果秀	2003-05-07	5373	富春	2003-05-27
5314	上品堂	2003-04-15	5344	盐津铺子	2003-05-08	5374	金雀	2003-05-27
5315	付士	2003-04-15	5345	牛头	2003-05-09	5375	连城红心地瓜干	2003-05-28
5316	双西	2003-04-15	5346	心连心电器	2003-05-12	5376	GUO LIAN; G	2003-05-28

（续表）

序号	商标名称	商标申请日期	序号	商标名称	商标申请日期	序号	商标名称	商标申请日期
5377	红魔	2003-05-29	5407	刚正; H	2003-06-16	5437	全筑	2003-07-01
5378	潮宏基; CHJ	2003-05-30	5408	广雅	2003-06-16	5438	蓝色经典	2003-07-01
5379	俊杰; JUNGIE	2003-05-30	5409	RENLE	2003-06-16	5439	荣冠	2003-07-01
5380	华信	2003-05-30	5410	TIEZIMEI	2003-06-16	5440	天下红	2003-07-03
5381	西北骄; XBJ	2003-05-30	5411	七只羊	2003-06-16	5441	瓦伦蒂诺	2003-07-04
5382	JIAN MING	2003-06-02	5412	永恒; Y	2003-06-17	5442	京博	2003-07-07
5383	裕成陶瓷	2003-06-02	5413	得利斯	2003-06-17	5443	锦源	2003-07-08
5384	翔盛	2003-06-02	5414	卡米亚; KMY	2003-06-18	5444	崇锻; CHONG DUAN	2003-07-08
5385	金戈利	2003-06-03	5415	艺能	2003-06-19	5445	云峰集团; YUNFENG	2003-07-08
5386	久	2003-06-03	5416	鑫鲜	2003-06-20	5446	SUIZHU; SZ	2003-07-08
5387	恒亮	2003-06-03	5417	兔宝宝	2003-06-20	5447	GOODLUCK	2003-07-09
5388	永盛烧坊	2003-06-03	5418	羊中王	2003-06-20	5448	名品世家	2003-07-09
5389	漫步者; EDIFIER	2003-06-04	5419	三峡人家	2003-06-23	5449	良玉; LY	2003-07-09
5390	川南	2003-06-04	5420	鸿昌; HONCHA;H	2003-06-24	5450	东北王	2003-07-11
5391	老百姓	2003-06-04	5421	华孚	2003-06-24	5451	SOLITA	2003-07-15
5392	UPPER	2003-06-04	5422	龙阳; LONG YANG PRECISE COPPER TUBE	2003-06-25	5452	力诺	2003-07-15
5393	珍宝岛	2003-06-06	5423	R.A.I.F.U.	2003-06-25	5453	黄国	2003-07-15
5394	沈鼓; SBW	2003-06-06	5424	EBOHR	2003-06-25	5454	众德 KJXN	2003-07-16
5395	盾轮; DURUN	2003-06-06	5425	依波	2003-06-25	5455	SPARK	2003-07-16
5396	银翔	2003-06-06	5426	润成创展; RCCZ	2003-06-25	5456	尼罗河	2003-07-18
5397	胖大妈	2003-06-06	5427	雄洲	2003-06-27	5457	腾飞石业; TENGFEI STONE	2003-07-18
5398	富谷	2003-06-06	5428	丝乡	2003-06-27	5458	玖久	2003-07-18
5399	一滕	2003-06-09	5429	地欣	2003-06-30	5459	INSUN	2003-07-18
5400	鸿申; HONG SHEN	2003-06-09	5430	吉盟	2003-06-30	5460	喜盈盈	2003-07-21
5401	晨茂	2003-06-10	5431	飞旺	2003-06-30	5461	福盈门	2003-07-21
5402	力诺瑞特	2003-06-10	5432	邯光	2003-06-30	5462	好风景	2003-07-21
5403	DYNASTY	2003-06-11	5433	天豪	2003-07-01	5463	神塑	2003-07-22
5404	若羌红枣	2003-06-11	5434	伟盛; WEI SHENG	2003-07-01	5464	三诺	2003-07-23
5405	JUST DO IT	2003-06-13	5435	裕东; YD	2003-07-01	5465	后谷	2003-07-24
5406	小店	2003-06-13	5436	邦格; BANK GREEN	2003-07-01	5466	LIAHERD	2003-07-25

（续表）

序号	商标名称	商标申请日期	序号	商标名称	商标申请日期	序号	商标名称	商标申请日期
5467	净月潭	2003-07-25	5497	欢驼	2003-08-08	5527	RENDA	2003-08-22
5468	保兰德; POWER LAND	2003-07-25	5498	金飞鱼; GOLDEN FLYING FISH	2003-08-08	5528	绿之韵; GREEN CHARM	2003-08-22
5469	CANATURE	2003-07-25	5499	泉源	2003-08-08	5529	君力	2003-08-22
5470	亨斯迈	2003-07-28	5500	明港	2003-08-08	5530	南胜; N	2003-08-22
5471	天士力TASLY	2003-07-28	5501	HM	2003-08-11	5531	大唐西市	2003-08-25
5472	HUNTKEY	2003-07-28	5502	DMS	2003-08-11	5532	阳和	2003-08-26
5473	UTHAI	2003-07-28	5503	传化	2003-08-12	5533	闰土	2003-08-26
5474	亚泰; 泰	2003-07-29	5504	晨鸿	2003-08-12	5534	瑞华素; RUIHUAZOL	2003-08-26
5475	真心	2003-07-29	5505	神水藏药	2003-08-13	5535	能; 青能	2003-08-26
5476	珀莱雅	2003-07-30	5506	HUATE H	2003-08-13	5536	斗南; M	2003-08-27
5477	金菜花	2003-07-30	5507	诗邦	2003-08-14	5537	XHT	2003-08-27
5478	千年	2003-07-30	5508	美即	2003-08-14	5538	布哈拉; BHL	2003-08-27
5479	梦彩	2003-07-30	5509	HSON	2003-08-15	5539	佶利迩	2003-08-27
5480	湘运	2003-07-30	5510	TIANZIBAIE	2003-08-15	5540	翼辰	2003-08-28
5481	永进	2003-07-31	5511	振隆; ZLTC	2003-08-15	5541	德山 DS	2003-08-28
5482	哈达牌	2003-08-01	5512	新长福	2003-08-15	5542	澳优	2003-08-29
5483	SGB	2003-08-01	5513	温都城	2003-08-15	5543	江口醇	2003-08-29
5484	方特	2003-08-01	5514	H	2003-08-15	5544	普安康	2003-09-01
5485	西影	2003-08-01	5515	御马	2003-08-15	5545	大汉	2003-09-01
5486	仙洋洋	2003-08-04	5516	圣马 SUN MART	2003-08-18	5546	大禹	2003-09-02
5487	东岭集团	2003-08-04	5517	百伦	2003-08-18	5547	华鼎	2003-09-02
5488	中川 JONCHN	2003-08-05	5518	鄂中	2003-08-19	5548	凯洋 K	2003-09-02
5489	华烨; HY	2003-08-05	5519	南氏	2003-08-19	5549	百年康鑫	2003-09-03
5490	FROGNIEZILA	2003-08-05	5520	夏溪花木市场	2003-08-19	5550	生信	2003-09-03
5491	强辉	2003-08-05	5521	冀阳	2003-08-19	5551	信龙	2003-09-03
5492	刘巧儿	2003-08-06	5522	王者	2003-08-20	5552	国缘	2003-09-03
5493	派森百	2003-08-06	5523	物美	2003-08-20	5553	兴达	2003-09-03
5494	YABO	2003-08-06	5524	海大厨; SEAFOOD MASTER	2003-08-20	5554	仙坛	2003-09-05
5495	宜长	2003-08-07	5525	道道全	2003-08-20	5555	ZENITH; D	2003-09-08
5496	万控	2003-08-07	5526	华鲁; H	2003-08-21	5556	名郎	2003-09-08

（续表）

序号	商标名称	商标申请日期	序号	商标名称	商标申请日期	序号	商标名称	商标申请日期
5557	彦旗乌拉街	2003-09-08	5587	卡尼	2003-09-30	5617	宝珍	2003-10-20
5558	索力得; SOLID	2003-09-09	5588	北奔	2003-09-30	5618	千山	2003-10-20
5559	鸣晓	2003-09-09	5589	金太阳; GOLD SUN	2003-09-30	5619	野牛	2003-10-21
5560	欧莱克	2003-09-09	5590	盱眙龙虾	2003-09-30	5620	山力 SUNNY S	2003-10-21
5561	渔米之湘	2003-09-09	5591	一正	2003-10-08	5621	鑫安	2003-10-21
5562	欧路莎; ORANS	2003-09-09	5592	宇田	2003-10-08	5622	汇鸿	2003-10-21
5563	雄峰	2003-09-09	5593	NLS	2003-10-08	5623	龙须	2003-10-21
5564	DMTG	2003-09-11	5594	亮之星	2003-10-08	5624	飞毛腿 SCUD	2003-10-24
5565	陪都 PD	2003-09-15	5595	红人HONRN	2003-10-08	5625	踏浪	2003-10-24
5566	华清池	2003-09-15	5596	宣和	2003-10-08	5626	佳瑞龙	2003-10-24
5567	珍视明	2003-09-17	5597	志元	2003-10-08	5627	七彩云南	2003-10-27
5568	CAOPU AC	2003-09-18	5598	荣泽; RZ	2003-10-08	5628	河甲	2003-10-27
5569	大红门	2003-09-18	5599	高丽村	2003-10-08	5629	长坂坡	2003-10-28
5570	吉农高新	2003-09-19	5600	野岭	2003-10-08	5630	安华洁具; ANNWA	2003-10-30
5571	HFF	2003-09-22	5601	暖倍儿	2003-10-09	5631	JOES	2003-10-30
5572	劲霸	2003-09-22	5602	亿福	2003-10-10	5632	奇正	2003-10-31
5573	姚记	2003-09-23	5603	辽筑; LZ	2003-10-13	5633	佳贝特	2003-10-31
5574	大卫; DW	2003-09-24	5604	小猪班纳; PEPCO	2003-10-13	5634	开口笑	2003-10-31
5575	LEAR	2003-09-25	5605	大红袍	2003-10-14	5635	金晖; JIN UI	2003-11-03
5576	恒盾	2003-09-25	5606	XYC	2003-10-14	5636	兴龙	2003-11-03
5577	飞鹰	2003-09-26	5607	顺溪	2003-10-14	5637	XINQUAN	2003-11-03
5578	锦晖陶瓷	2003-09-26	5608	圣花	2003-10-14	5638	金华市金华火腿	2003-11-03
5579	三安	2003-09-27	5609	祥云传播	2003-10-14	5639	家丰	2003-11-03
5580	二仙坡	2003-09-27	5610	力鹏	2003-10-16	5640	红狮犸	2003-11-04
5581	穆堂香	2003-09-28	5611	金鲁丽	2003-10-16	5641	CHESHING	2003-11-04
5582	金盾开林	2003-09-29	5612	金色时代庄园; GOLDENTIMESFAZENDA	2003-10-17	5642	新城	2003-11-04
5583	天马	2003-09-29	5613	万事兴	2003-10-17	5643	美视达	2003-11-04
5584	龙	2003-09-29	5614	九宫山	2003-10-17	5644	锦达	2003-11-04
5585	好棒美	2003-09-29	5615	宏昌天马	2003-10-17	5645	吉炭; JT	2003-11-05
5586	钻之韵	2003-09-29	5616	广宇; GY	2003-10-20	5646	超威 SUPERB	2003-11-06

（续表）

序号	商标名称	商标申请日期	序号	商标名称	商标申请日期	序号	商标名称	商标申请日期
5647	恒旭	2003-11-07	5677	烽火	2003-11-25	5707	迪邦	2003-12-15
5648	JIER	2003-11-07	5678	百乐; BAILE	2003-11-25	5708	华记思奇香	2003-12-15
5649	新悦	2003-11-07	5679	盈众	2003-11-25	5709	宏一	2003-12-16
5650	HAI LUN	2003-11-07	5680	德勤企业; DEQIN BUSINESS ENTERPRISE	2003-11-25	5710	GBF	2003-12-16
5651	特普丽; TOPLI	2003-11-07	5681	SG	2003-11-27	5711	三旸	2003-12-16
5652	明健盛	2003-11-11	5682	今辰	2003-11-28	5712	北宝	2003-12-17
5653	大森庄园	2003-11-11	5683	鸿鹰	2003-11-28	5713	广药集团; GPC	2003-12-19
5654	雅格	2003-11-11	5684	宏瑞	2003-11-28	5714	静思园	2003-12-19
5655	伟昌	2003-11-12	5685	DONGHAIXIANG	2003-11-28	5715	七彩庄园; COLOURFUL MANOR	2003-12-19
5656	福田	2003-11-12	5686	英亚	2003-12-01	5716	西湖之春	2003-12-19
5657	盛京	2003-11-14	5687	一条龙	2003-12-02	5717	金前程	2003-12-19
5658	白马	2003-11-17	5688	楷模	2003-12-02	5718	龙腾盛世	2003-12-22
5659	耐久	2003-11-17	5689	好想你	2003-12-02	5719	维思特; WEISITE	2003-12-22
5660	泓膏	2003-11-17	5690	凤球唛	2003-12-02	5720	阿瓦山寨	2003-12-22
5661	振宇	2003-11-17	5691	沙洲优黄	2003-12-03	5721	STAL	2003-12-23
5662	开山	2003-11-18	5692	久居香	2003-12-04	5722	方远	2003-12-23
5663	TZ	2003-11-18	5693	众恒	2003-12-05	5723	维之王	2003-12-23
5664	爱玛; MARINA	2003-11-18	5694	土博士	2003-12-08	5724	运泰	2003-12-23
5665	水洞沟	2003-11-18	5695	美亚宝铝业; MEI YAO BAO ALUMINUM; M	2003-12-08	5725	缘与美	2003-12-24
5666	新宏	2003-11-19	5696	中韩	2003-12-08	5726	孔明菜 KONG MING CAI	2003-12-24
5667	太可思; TKS	2003-11-19	5697	精艺瓷	2003-12-09	5727	同程	2003-12-25
5668	标建; B	2003-11-20	5698	文山三七	2003-12-10	5728	亿阳	2003-12-26
5669	轻松伴侣	2003-11-20	5699	BRIGHT; 博耐特	2003-12-10	5729	忠芝; ZZ	2003-12-26
5670	东方	2003-11-20	5700	百岁坊	2003-12-10	5730	SOBEY	2003-12-26
5671	嘉禾雪; HX	2003-11-21	5701	丰田山庄	2003-12-10	5731	龙蛙	2003-12-26
5672	加西亚	2003-11-21	5702	JISCO	2003-12-10	5732	新元素	2003-12-26
5673	迈金农; MAKINGRON	2003-11-24	5703	WCON	2003-12-11	5733	三普	2003-12-29
5674	SHENGRUI	2003-11-24	5704	汤臣倍健	2003-12-11	5734	DSLY	2003-12-29
5675	贵派; GOLDP	2003-11-24	5705	金保罗	2003-12-11	5735	纳杰电气NA JIE	2003-12-29
5676	复地; FORTE	2003-11-24	5706	鸿笙; S	2003-12-12	5736	正大富通	2003-12-29

（续表）

序号	商标名称	商标申请日期	序号	商标名称	商标申请日期	序号	商标名称	商标申请日期
5737	新宇	2003-12-30	5767	荣利	2004-01-14	5797	IFE; 快意; MOVING&SERVING	2004-02-20
5738	万恒	2003-12-30	5768	普利森 PRECION	2004-01-15	5798	陆凯	2004-02-20
5739	天下农庄	2003-12-30	5769	飞亚达 FIYTA	2004-01-15	5799	BIEM LFDLKK	2004-02-20
5740	锦江	2003-12-30	5770	天语	2004-01-16	5800	晶山	2004-02-23
5741	卓远	2003-12-30	5771	石丫	2004-01-17	5801	YDD	2004-02-23
5742	华美; HUAMEL	2003-12-30	5772	羽叶	2004-01-20	5802	DFT	2004-02-23
5743	银霞	2003-12-31	5773	三门青蟹; SAN MEN BLUE CRAB	2004-01-21	5803	常海	2004-02-23
5744	海投	2004-01-02	5774	九力	2004-01-29	5804	美麟	2004-02-23
5745	金富瑞	2004-01-05	5775	大唐芙蓉园; DATANGLOTUSGARDER	2004-01-29	5805	波顿; BOTON	2004-02-24
5746	隆饰	2004-01-05	5776	新农	2004-01-29	5806	MAQI	2004-02-24
5747	兴辉	2004-01-05	5777	星光达	2004-02-06	5807	WBJF	2004-02-24
5748	沈大内窥镜; SHENDA ENDOSCOPE	2004-01-05	5778	宁夏红	2004-02-09	5808	飞雕	2004-02-24
5749	建华	2004-01-05	5779	圣鹿	2004-02-09	5809	TTC	2004-02-24
5750	WSFR	2004-01-06	5780	永强	2004-02-10	5810	蓬莱阁	2004-02-25
5751	宏发	2004-01-06	5781	万里扬	2004-02-11	5811	HONGPENG	2004-02-27
5752	BOHUA	2004-01-07	5782	果维康	2004-02-13	5812	五江	2004-02-27
5753	三五0六	2004-01-08	5783	雪莱特	2004-02-13	5813	双宝	2004-03-01
5754	品品好	2004-01-08	5784	REFLECTIVE ATERIAL; DM	2004-02-13	5814	博雅堂	2004-03-01
5755	明发商业广场	2004-01-09	5785	悟道尖	2004-02-16	5815	郑光	2004-03-01
5756	中冠	2004-01-09	5786	武鹰	2004-02-16	5816	翔宇	2004-03-01
5757	乾盛; QS	2004-01-09	5787	WANB	2004-02-17	5817	MAND YAMAN	2004-03-01
5758	泰格	2004-01-12	5788	TECHSEM	2004-02-17	5818	LUTIAN	2004-03-02
5759	七彩鸽	2004-01-12	5789	欧美尔	2004-02-17	5819	XIN LONG	2004-03-02
5760	张鸭子	2004-01-12	5790	陵海东亚	2004-02-17	5820	小南国	2004-03-02
5761	惠多利	2004-01-12	5791	杰克龙	2004-02-18	5821	亿钧	2004-03-02
5762	中坤 ZK	2004-01-13	5792	骏丰频谱	2004-02-18	5822	国蕴	2004-03-02
5763	DAFENG	2004-01-13	5793	欧迪美	2004-02-19	5823	友源	2004-03-03
5764	双叶	2004-01-13	5794	中意	2004-02-19	5824	普正	2004-03-04
5765	晓阳春	2004-01-13	5795	兴柏	2004-02-19	5825	利家居陶瓷	2004-03-04
5766	S; 盛财	2004-01-14	5796	普德	2004-02-20	5826	过桥缘	2004-03-04

（续表）

序号	商标名称	商标申请日期	序号	商标名称	商标申请日期	序号	商标名称	商标申请日期
5827	谷神	2004-03-05	5857	多彩 DELUX	2004-03-25	5887	BAOSE	2004-04-09
5828	奇瑞; CHERY; A	2004-03-05	5858	HONGYI; H	2004-03-26	5888	双象	2004-04-09
5829	陈家沟	2004-03-05	5859	天下凤凰	2004-03-26	5889	三叶牌	2004-04-12
5830	大禹	2004-03-08	5860	优卡丹	2004-03-29	5890	欧铃	2004-04-12
5831	柏慧燕都	2004-03-10	5861	石来运好 SLYH	2004-03-29	5891	莲发 LIANFA	2004-04-12
5832	基祥	2004-03-10	5862	惠人	2004-03-29	5892	菲时特	2004-04-13
5833	CHIVAS	2004-03-11	5863	潮流前线	2004-03-29	5893	普顿; PT	2004-04-14
5834	力士德	2004-03-15	5864	跃进	2004-03-29	5894	恒亿	2004-04-14
5835	云南红	2004-03-15	5865	独伊佳	2004-03-29	5895	茶花	2004-04-14
5836	鄂洪山菜苔	2004-03-15	5866	同鑫	2004-03-29	5896	阿五美食	2004-04-14
5837	慕思; DE RUCCI;DR	2004-03-15	5867	银桥	2004-03-29	5897	健之佳	2004-04-14
5838	JIABAO JB	2004-03-15	5868	贝德罗	2004-03-29	5898	大全	2004-04-15
5839	愉悦	2004-03-15	5869	秦妈	2004-03-30	5899	奉节脐橙 FJQCH	2004-04-16
5840	CZ	2004-03-16	5870	奥威斯; OYC; X	2004-03-31	5900	中鼎	2004-04-16
5841	我的钢铁; MYSTEEL	2004-03-16	5871	HANKOOK	2004-03-31	5901	DSJ	2004-04-19
5842	欧浦	2004-03-17	5872	三恒	2004-04-01	5902	湘窖酒	2004-04-19
5843	TIFFANY&CO.	2004-03-18	5873	龙越	2004-04-01	5903	绿杰	2004-04-20
5844	NEWSMY	2004-03-19	5874	京味福	2004-04-01	5904	黄鹤楼	2004-04-22
5845	特瓷卫浴; TECI	2004-03-19	5875	纽威	2004-04-02	5905	锡林郭勒羊肉 THE MUTTON OF XILINGOL	2004-04-22
5846	永丰	2004-03-19	5876	微光电机 W	2004-04-02	5906	华夏万生	2004-04-23
5847	煤友; MY	2004-03-22	5877	英皇; CRW	2004-04-02	5907	亿互	2004-04-23
5848	亿利旺德福	2004-03-22	5878	力尔	2004-04-05	5908	鑫盈	2004-04-23
5849	新世纪	2004-03-22	5879	津桥	2004-04-05	5909	ZHSU	2004-04-26
5850	华兴	2004-03-23	5880	圣牛	2004-04-05	5910	藏诺	2004-04-26
5851	良仁	2004-03-23	5881	旺正	2004-04-05	5911	ZLM	2004-04-26
5852	康乐佳	2004-03-23	5882	和美华	2004-04-05	5912	餐餐想	2004-04-26
5853	蛟龙; JL	2004-03-23	5883	亿光	2004-04-06	5913	奋进	2004-04-27
5854	开尔	2004-03-24	5884	EVERLIGHT	2004-04-06	5914	宏浪	2004-04-27
5855	SHINI	2004-03-24	5885	九木堂	2004-04-06	5915	大明眼镜	2004-04-28
5856	丹王	2004-03-25	5886	午子; WUZI	2004-04-07	5916	九牧; JOMOO	2004-04-29

（续表）

序号	商标名称	商标申请日期	序号	商标名称	商标申请日期	序号	商标名称	商标申请日期
5917	双星	2004-04-29	5947	CNC	2004-05-21	5977	大亚	2004-06-17
5918	YN	2004-05-08	5948	华强; Q	2004-05-24	5978	艾谱	2004-06-21
5919	青山	2004-05-08	5949	全兴大曲	2004-05-24	5979	玉鹭	2004-06-21
5920	SUNGROW	2004-05-08	5950	京鲁远洋	2004-05-24	5980	汪氏 WONGS	2004-06-21
5921	KANG HUA	2004-05-09	5951	BAOLAI	2004-05-25	5981	阳光家园; SUNLIGHT HOMELAND	2004-06-21
5922	翼虎	2004-05-09	5952	贝贝卡西	2004-05-25	5982	安石集团; LS	2004-06-22
5923	杰科 GIEC	2004-05-09	5953	武汉东湖宾馆; WUHAN EAST LAKE HOTEL	2004-05-25	5983	北味	2004-06-22
5924	福格森	2004-05-09	5954	明月	2004-05-26	5984	三江雪	2004-06-22
5925	远洋	2004-05-10	5955	华硝	2004-05-27	5985	恒圣	2004-06-23
5926	哈弗	2004-05-10	5956	羲皇	2004-05-27	5986	古南丰 GNF	2004-06-25
5927	佛玛; FOURMA	2004-05-10	5957	1912	2004-05-28	5987	熊熊银匠	2004-06-28
5928	鸡冠洞; JIGUAN CAVE	2004-05-10	5958	龙杉	2004-06-01	5988	欧亚; EUROPE ASIA	2004-06-28
5929	CITY.W 城市之窗家具	2004-05-11	5959	双鹰	2004-06-01	5989	XCC	2004-06-29
5930	金欧雅; KING ART	2004-05-12	5960	元丰通宝; 双上绿芽	2004-06-01	5990	SN	2004-06-29
5931	味品堂	2004-05-13	5961	荟萃楼	2004-06-01	5991	御丰	2004-06-30
5932	开心一百	2004-05-13	5962	智乐堡; CHI LOK BO	2004-06-02	5992	QITELE	2004-07-01
5933	立信	2004-05-14	5963	插旗	2004-06-02	5993	XINLAN	2004-07-02
5934	汉森	2004-05-14	5964	JXLY	2004-06-04	5994	KASUN; 卡尔凯旋	2004-07-06
5935	新天龙;T	2004-05-17	5965	东岳	2004-06-04	5995	JING LONG	2004-07-09
5936	润源	2004-05-17	5966	水泊	2004-06-04	5996	成	2004-07-09
5937	豪宝	2004-05-18	5967	SAYYAS; 森鹰纯木窗	2004-06-07	5997	大丰	2004-07-12
5938	古越楼台	2004-05-18	5968	柏兆记	2004-06-08	5998	九江潮	2004-07-12
5939	喜燕; HAPPY SWALLOW	2004-05-19	5969	迪康	2004-06-09	5999	永航	2004-07-13
5940	凯悦	2004-05-19	5970	DUGANG; 三都港	2004-06-10	6000	圣德宝	2004-07-13
5941	DDD	2004-05-19	5971	神针	2004-06-11	6001	年年福	2004-07-14
5942	海琦王	2004-05-19	5972	H	2004-06-14	6002	绿进	2004-07-16
5943	洛斐尔	2004-05-20	5973	祥云飞龙; XYFL	2004-06-14	6003	银色世纪; SILVER CENTURY	2004-07-19
5944	微山湖湿地红荷	2004-05-20	5974	LINIX	2004-06-15	6004	甲米仓	2004-07-19
5945	AOKANG	2004-05-20	5975	锐搏	2004-06-15	6005	秀水	2004-07-19
5946	枣博士	2004-05-21	5976	飞龙	2004-06-16	6006	久美	2004-07-21

（续表）

序号	商标名称	商标申请日期
6007	犇福	2004-07-22
6008	鹭岛	2004-07-23
6009	富光	2004-07-23
6010	富顺达	2004-07-26
6011	丝侬; SILKISS	2004-07-27
6012	彪	2004-07-27
6013	富全	2004-07-27
6014	湘妹	2004-07-29
6015	景瑞; J	2004-07-29
6016	凤美	2004-07-30
6017	沙窝 WS	2004-07-30
6018	FXH	2004-08-02
6019	OMOM	2004-08-02
6020	恒旭	2004-08-03
6021	民族	2004-08-03
6022	天业	2004-08-03
6023	华能	2004-08-04
6024	威特; VEECTORY	2004-08-04
6025	农高会	2004-08-04
6026	正喜	2004-08-05
6027	金拓天	2004-08-06
6028	麒麟瑞祥; KYLIN LUCKY	2004-08-06
6029	万丰	2004-08-06
6030	FENGBAO INDUSTRY	2004-08-09
6031	美临	2004-08-09
6032	圣宝龙; SUNMONO	2004-08-10
6033	玉娜	2004-08-10
6034	三弘	2004-08-12
6035	中大国际; ZHONG DA INTERNATIONAL	2004-08-12
6036	红官窑	2004-08-12

序号	商标名称	商标申请日期
6037	津优	2004-08-13
6038	胜通	2004-08-16
6039	巨邦; GREAT NATION	2004-08-17
6040	林钰王	2004-08-17
6041	玛雅房屋; MAIAN	2004-08-18
6042	华重	2004-08-18
6043	YIKANGBAO	2004-08-18
6044	百汇	2004-08-19
6045	荣成海带 RKELP	2004-08-19
6046	迅雷	2004-08-19
6047	奥德卡; AK	2004-08-20
6048	秦皇求仙贡	2004-08-20
6049	徽厨	2004-08-20
6050	美瞳	2004-08-23
6051	益生; LBEPTECH	2004-08-23
6052	银圣王	2004-08-23
6053	印象刘三姐; IMPRESSION SANJIE LIU; M	2004-08-23
6054	海汇	2004-08-24
6055	宗艺	2004-08-24
6056	真牌; ZHEN BRAND及图	2004-08-24
6057	万洲	2004-08-26
6058	金卡 KJ	2004-08-27
6059	钱缘	2004-08-27
6060	王振国	2004-08-30
6061	长生岛	2004-08-30
6062	平凉金果; G	2004-08-30
6063	万里石; WANLISTONE	2004-09-02
6064	仕诚	2004-09-03
6065	梦之蓝	2004-09-06
6066	奥威	2004-09-06

序号	商标名称	商标申请日期
6067	新远	2004-09-06
6068	蓬建	2004-09-06
6069	巾帼西丽	2004-09-07
6070	天旭	2004-09-09
6071	渡民	2004-09-09
6072	一朵	2004-09-09
6073	尧治河	2004-09-13
6074	HAOCEN	2004-09-13
6075	百兴	2004-09-13
6076	明银	2004-09-14
6077	名福	2004-09-14
6078	新富士; XFS	2004-09-14
6079	鸭宝宝	2004-09-17
6080	潼天铜业; T	2004-09-21
6081	象王	2004-09-24
6082	好吃点	2004-09-24
6083	HY	2004-09-27
6084	海克斯康	2004-09-28
6085	三奇	2004-09-28
6086	程力威	2004-09-28
6087	天助	2004-09-28
6088	诺丁山	2004-09-29
6089	3515	2004-09-29
6090	国投	2004-09-29
6091	WEIHUA	2004-09-30
6092	CARPOLY; 嘉宝莉	2004-10-08
6093	宏绿; HL	2004-10-08
6094	HKC	2004-10-09
6095	天湖	2004-10-09
6096	TIANWEI	2004-10-09

（续表）

序号	商标名称	商标申请日期	序号	商标名称	商标申请日期	序号	商标名称	商标申请日期
6097	兴晋钢	2004-10-12	6127	关公坊	2004-11-11	6157	中裕	2004-12-03
6098	喜达瑞克	2004-10-15	6128	HANSENCN	2004-11-12	6158	银韧华南; YRN	2004-12-06
6099	NEWSUN	2004-10-18	6129	中国石油	2004-11-12	6159	汉河	2004-12-06
6100	新轮	2004-10-18	6130	G	2004-11-12	6160	SIAIT CABLE	2004-12-06
6101	舒客	2004-10-19	6131	天工	2004-11-15	6161	宏图	2004-12-07
6102	江南公社	2004-10-20	6132	隆华	2004-11-15	6162	航天康达	2004-12-07
6103	楚谷香	2004-10-21	6133	WH	2004-11-16	6163	大漠行	2004-12-07
6104	鸿路; HOLU	2004-10-22	6134	金搏利	2004-11-17	6164	星友	2004-12-13
6105	华一; HY	2004-10-25	6135	亮甲	2004-11-18	6165	欧派	2004-12-13
6106	金凰	2004-10-25	6136	MIN CHENG	2004-11-18	6166	新特华宇	2004-12-16
6107	梦都; DREAMCITY RESTAURANTS	2004-10-25	6137	XKC; 鑫凯宸	2004-11-19	6167	爱舍墙纸	2004-12-20
6108	蓝雁	2004-10-26	6138	滨农	2004-11-22	6168	峪口禽业; YUKOU POULTRY	2004-12-21
6109	创鑫; 金金金	2004-10-27	6139	金贸	2004-11-22	6169	三祥	2004-12-21
6110	面包新语	2004-10-28	6140	财神岛; CSD	2004-11-22	6170	华通	2004-12-21
6111	九乡	2004-10-28	6141	DONGYIN	2004-11-23	6171	玉峰	2004-12-21
6112	SJT; 生态洁; SJT; ECOLOAJCCLEAN	2004-10-29	6142	开元刀神; KYDS	2004-11-23	6172	BIG FORTUNE	2004-12-22
6113	DUCKLING BRAND	2004-10-29	6143	来伊份	2004-11-23	6173	S; 映山	2004-12-22
6114	金山	2004-11-01	6144	大平	2004-11-24	6174	胶州大白菜	2004-12-22
6115	鸿晨	2004-11-01	6145	天方茶苑	2004-11-25	6175	醉三秋	2004-12-23
6116	YW	2004-11-01	6146	海南岛	2004-11-25	6176	玥玛	2004-12-24
6117	K; KTK	2004-11-01	6147	中富	2004-11-26	6177	安邦	2004-12-27
6118	思嘉	2004-11-03	6148	威士顿; WESTERN	2004-11-29	6178	SK	2004-12-27
6119	K POWER SPORTS	2004-11-05	6149	海为	2004-11-29	6179	宣威火腿 XUAN WEI HAM	2004-12-30
6120	瀚华	2004-11-05	6150	巴陵春	2004-11-29	6180	东昇	2004-12-30
6121	TCAC	2004-11-08	6151	盛博奥	2004-11-29	6181	美晶	2005-01-04
6122	犇星	2004-11-09	6152	德邦物流; DEPPON	2004-11-29	6182	汉光	2005-01-05
6123	JNCARBON	2004-11-09	6153	大丰港	2004-11-30	6183	仟吉	2005-01-05
6124	翠花	2004-11-10	6154	菇芳源	2004-11-30	6184	鼎鑫	2005-01-06
6125	坚朗	2004-11-11	6155	奇爽	2004-12-01	6185	希思黎	2005-01-07
6126	新贵	2004-11-11	6156	富炬	2004-12-02	6186	科赛基农	2005-01-10

（续表）

序号	商标名称	商标申请日期	序号	商标名称	商标申请日期	序号	商标名称	商标申请日期
6187	帝奥	2005-01-11	6217	美津园	2005-03-01	6247	COOLPIX	2005-03-28
6188	DHI·DCW	2005-01-11	6218	YI LI YUAN	2005-03-02	6248	中闽魏氏	2005-03-28
6189	齐都药业; QIDU PHARMACEUTICAL	2005-01-12	6219	同城游	2005-03-03	6249	卡达	2005-03-28
6190	艾兰仕	2005-01-12	6220	卓创	2005-03-04	6250	贵太太	2005-03-28
6191	妙恋	2005-01-13	6221	越泉	2005-03-09	6251	OPPO	2005-03-29
6192	GF	2005-01-14	6222	雨生	2005-03-09	6252	毕斯曼; BESMART	2005-03-31
6193	可可西里	2005-01-17	6223	口香传	2005-03-10	6253	金煌	2005-03-31
6194	华谊兄弟	2005-01-17	6224	HAIER	2005-03-11	6254	白云	2005-04-01
6195	莱姆佳	2005-01-18	6225	海尔	2005-03-11	6255	正商	2005-04-04
6196	无印良品	2005-01-19	6226	WOMA	2005-03-11	6256	兴润	2005-04-04
6197	君之红	2005-01-19	6227	华数	2005-03-11	6257	KELING; KL	2005-04-04
6198	联嘉祥; LJX	2005-01-24	6228	开仪; KY	2005-03-11	6258	共荣	2005-04-06
6199	特变电工; TBEA	2005-01-24	6229	伊之密 YIZUMI	2005-03-15	6259	爽歪歪	2005-04-07
6200	西贝	2005-01-26	6230	新南悦; XNY	2005-03-16	6260	多彩贵州	2005-04-08
6201	瑞倪维儿; RINAWALE	2005-01-28	6231	天利	2005-03-18	6261	团圆岛 T	2005-04-08
6202	镇江香醋	2005-01-31	6232	THTF	2005-03-18	6262	科前生物; KQ	2005-04-11
6203	金宇	2005-01-31	6233	九州通	2005-03-18	6263	远扬	2005-04-11
6204	BAOXING	2005-01-31	6234	银宝	2005-03-21	6264	康视达	2005-04-11
6205	上方检测; S	2005-02-04	6235	麻辣空间; HOTSPACE	2005-03-21	6265	亚欧	2005-04-11
6206	五二五	2005-02-05	6236	广汽	2005-03-21	6266	精为天	2005-04-11
6207	合众思壮	2005-02-05	6237	多维尔; DAR	2005-03-21	6267	詹氏富源	2005-04-11
6208	UNISTRONG	2005-02-05	6238	ED	2005-03-22	6268	绝味	2005-04-11
6209	万鹤源	2005-02-05	6239	雪龙	2005-03-23	6269	羊楼洞	2005-04-13
6210	金鲵	2005-02-08	6240	香格里拉	2005-03-23	6270	草原阿妈	2005-04-13
6211	环科; HK	2005-02-16	6241	梅安森科技 MAS	2005-03-24	6271	BADELITE	2005-04-15
6212	大运	2005-02-17	6242	KING DEER; SINCE 1985	2005-03-25	6272	雅客	2005-04-18
6213	3000浦	2005-02-21	6243	陶润	2005-03-25	6273	雅客	2005-04-18
6214	恒欣	2005-02-23	6244	金沂蒙	2005-03-28	6274	龙山园	2005-04-18
6215	85度C	2005-02-25	6245	可立袋	2005-03-28	6275	涝河桥	2005-04-19
6216	PGTEX	2005-03-01	6246	富士力; FSL	2005-03-28	6276	BIG PAWER	2005-04-19

（续表）

序号	商标名称	商标申请日期	序号	商标名称	商标申请日期	序号	商标名称	商标申请日期
6277	金梭牛仔; JINSUODENIM	2005-04-20	6307	新丝路; NSR NEW SILK ROAD	2005-05-25	6337	ANZE	2005-06-17
6278	HNTDDL	2005-04-21	6308	宏济堂	2005-05-27	6338	塞飞亚草原鸭	2005-06-17
6279	锦秀家园	2005-04-21	6309	佳恒	2005-05-27	6339	通力	2005-06-20
6280	ORITOCEAN	2005-04-21	6310	申锡	2005-05-30	6340	TSP	2005-06-20
6281	汇汇	2005-04-25	6311	祝丰	2005-05-30	6341	豫飞	2005-06-21
6282	井竹	2005-04-25	6312	未来星	2005-05-30	6342	阜宁大米	2005-06-22
6283	越橘庄园	2005-04-25	6313	华尚	2005-05-30	6343	大业	2005-06-23
6284	洪湖清水; THE CLEAN WATER OF HONG HU	2005-04-27	6314	金联宇	2005-05-31	6344	统一电器; UNIFICATION ELECTRIAL	2005-06-23
6285	学海导航	2005-04-29	6315	津西	2005-06-02	6345	奇龙山	2005-06-27
6286	TGOOD	2005-04-30	6316	HUBAO	2005-06-02	6346	远东电缆; FAR EAST CABLE	2005-06-27
6287	聚大洋; GATHER GREAT OCEAN	2005-05-08	6317	爹地宝贝	2005-06-03	6347	帝王	2005-07-01
6288	雨兰; RAIN ORCHID	2005-05-08	6318	中靖	2005-06-03	6348	MIPAI	2005-07-01
6289	湘雅	2005-05-08	6319	李耳	2005-06-03	6349	老谢家茶	2005-07-01
6290	青灿	2005-05-09	6320	源森	2005-06-03	6350	鳌	2005-07-04
6291	巴川	2005-05-09	6321	乐视	2005-06-03	6351	HUATONGGROUP	2005-07-05
6292	华昌	2005-05-12	6322	哎呀呀	2005-06-06	6352	味博士	2005-07-05
6293	SNTO	2005-05-16	6323	莫泰	2005-06-06	6353	特仑苏	2005-07-06
6294	金牌厨柜; GOLDENHOME	2005-05-16	6324	香山硒砂	2005-06-07	6354	CHYNDN	2005-07-11
6295	鲁普耐特	2005-05-16	6325	宝克	2005-06-09	6355	福龙马	2005-07-11
6296	金科	2005-05-16	6326	天容	2005-06-13	6356	仙居杨梅	2005-07-11
6297	流沙河	2005-05-16	6327	SYHT	2005-06-13	6357	HG	2005-07-13
6298	武夷源	2005-05-17	6328	安惠生物科技; AIPHAY	2005-06-13	6358	珠华	2005-07-13
6299	国红	2005-05-17	6329	石门银峰	2005-06-13	6359	邻里中心	2005-07-13
6300	冠洲; G	2005-05-18	6330	时代新材	2005-06-13	6360	CHL	2005-07-18
6301	私家厨房	2005-05-18	6331	翰园碑林	2005-06-13	6361	栖息园	2005-07-18
6302	DEC	2005-05-20	6332	宝源	2005-06-13	6362	二龙屯	2005-07-18
6303	舒恒; SH	2005-05-23	6333	北玻; NORTH GLASS	2005-06-15	6363	SUNFED	2005-07-18
6304	万杰牌	2005-05-23	6334	中德型材	2005-06-15	6364	楚胜; CS	2005-07-18
6305	天博; B	2005-05-23	6335	定西马铃薯	2005-06-15	6365	宝纺; B	2005-07-18
6306	HAO MEI	2005-05-25	6336	DELLMA	2005-06-16	6366	美莱	2005-07-18

（续表）

序号	商标名称	商标申请日期	序号	商标名称	商标申请日期	序号	商标名称	商标申请日期
6367	清样	2005-07-19	6397	罗威	2005-08-15	6427	祥福	2005-09-07
6368	鄂州武昌鱼; WUCHANG FISH IN E ZHOU	2005-07-20	6398	可爱宝贝; MIGNON BABY	2005-08-15	6428	百世佳	2005-09-08
6369	金大州	2005-07-22	6399	RINCON	2005-08-15	6429	恋尔	2005-09-08
6370	青莹	2005-07-25	6400	JCTC; TERMINAL & CONNECTORS	2005-08-16	6430	EG	2005-09-09
6371	伦云	2005-07-25	6401	山博电机; SHANBO EM	2005-08-17	6431	双沟珍宝坊	2005-09-09
6372	香飘飘; XIANG PIAOA	2005-07-25	6402	王者	2005-08-18	6432	中钞国鼎	2005-09-09
6373	SHUNAN	2005-07-25	6403	老相食	2005-08-18	6433	天威	2005-09-09
6374	九华山	2005-07-28	6404	民兴电缆; MIN XING CABLES	2005-08-19	6434	脑心通	2005-09-12
6375	灵方	2005-08-01	6405	赛菲尔	2005-08-19	6435	陇西黄芪	2005-09-12
6376	安立泰; AT	2005-08-01	6406	骏通	2005-08-19	6436	飞狐	2005-09-12
6377	郝富霞	2005-08-01	6407	龙精牌	2005-08-22	6437	百山	2005-09-13
6378	小康	2005-08-01	6408	骏马	2005-08-22	6438	永创; YOUNGSUN	2005-09-15
6379	昆玉	2005-08-01	6409	KJ	2005-08-22	6439	延长	2005-09-19
6380	清谷新禾; PUREFRESHFARM	2005-08-02	6410	北显	2005-08-22	6440	延长	2005-09-19
6381	孔子学院; CONFUCIUS INSTITUTE	2005-08-02	6411	恒丰银行	2005-08-23	6441	龙信	2005-09-19
6382	誉丰	2005-08-04	6412	明一	2005-08-24	6442	澳康达; AKD	2005-09-20
6383	陶然居	2005-08-05	6413	水; 木	2005-08-25	6443	伟大	2005-09-23
6384	郁龙	2005-08-05	6414	茗匠	2005-08-26	6444	南陵大米	2005-09-23
6385	金丝源	2005-08-05	6415	云河	2005-08-29	6445	海华	2005-09-26
6386	苏宁电器	2005-08-08	6416	好酷娃	2005-08-29	6446	FINEHOPE	2005-09-26
6387	天虹; H	2005-08-08	6417	好吉利	2005-08-29	6447	诗仙太白; 诗仙太白盛世唐朝	2005-09-26
6388	华自	2005-08-08	6418	HODORINE	2005-08-29	6448	TOPSTAR	2005-09-26
6389	陕富; FM	2005-08-08	6419	MERCURY	2005-08-29	6449	通士达	2005-09-26
6390	海格; HIGER	2005-08-08	6420	龙骧	2005-09-02	6450	乐歌	2005-09-26
6391	SEALL	2005-08-08	6421	富源魔芋	2005-09-02	6451	天利	2005-09-29
6392	美利达; MERIDA	2005-08-08	6422	富源大河乌猪; FUYUANDAHEWU PIG	2005-09-02	6452	HONEYWELL	2005-09-30
6393	SUNING	2005-08-08	6423	保龙; BL	2005-09-05	6453	泽菲	2005-10-08
6394	TAISUN	2005-08-11	6424	传奇世界网络游戏; THE WORLD OF LEGEND	2005-09-05	6454	湄潭翠芽	2005-10-08
6395	永达	2005-08-12	6425	JGH	2005-09-05	6455	盖世	2005-10-10
6396	常泰	2005-08-15	6426	CP.	2005-09-06	6456	豪豪瓷砖; HAO; HAOHAO CRAMICS	2005-10-12

（续表）

序号	商标名称	商标申请日期	序号	商标名称	商标申请日期	序号	商标名称	商标申请日期
6457	天和	2005-10-13	6487	华骏	2005-11-17	6517	愚公移山	2005-12-27
6458	故园	2005-10-17	6488	纬创	2005-11-18	6518	CANBO	2005-12-27
6459	红杜鹃	2005-10-17	6489	济民可信	2005-11-21	6519	大润发	2005-12-29
6460	辽大; DALIANTYRE	2005-10-17	6490	漳平水仙茶	2005-11-21	6520	力邦喜通	2006-01-04
6461	ZUANYAN	2005-10-18	6491	湖湘	2005-11-24	6521	程海保尔	2006-01-04
6462	南苑	2005-10-18	6492	汾州裕源	2005-11-24	6522	亚玛顿	2006-01-06
6463	恒盛	2005-10-21	6493	欧阳晓玲	2005-11-25	6523	YHE	2006-01-09
6464	辰欣	2005-10-21	6494	康欣科技; COMING SCIENCE	2005-11-25	6524	AUX	2006-01-09
6465	沱; TUOPAI	2005-10-21	6495	群峰	2005-11-28	6525	CD	2006-01-09
6466	永康; YONG KANG	2005-10-24	6496	豪迈; HUMANE	2005-11-28	6526	湘佳达	2006-01-13
6467	富迪; FD	2005-10-24	6497	敬业; JINGYE GROUP	2005-11-29	6527	HODO	2006-01-13
6468	湘佳	2005-10-25	6498	尼尔	2005-11-30	6528	西京医院	2006-01-16
6469	WHOLE FOLKS	2005-10-31	6499	今麦郎	2005-12-02	6529	六个核桃	2006-01-19
6470	紫轩	2005-10-31	6500	FENG RUN; FR	2005-12-05	6530	蒙都	2006-01-20
6471	香雪园	2005-10-31	6501	四而	2005-12-05	6531	恒远; ETERNAL	2006-01-23
6472	东邦; DB	2005-11-02	6502	OKEST	2005-12-05	6532	AP	2006-01-23
6473	永杰铝; YJL	2005-11-04	6503	安秀; AN.SHOW	2005-12-05	6533	海康威视	2006-01-23
6474	鹤庆乾	2005-11-04	6504	CY	2005-12-06	6534	大泽山葡萄; DZS	2006-01-23
6475	惠淼聚	2005-11-07	6505	西王	2005-12-07	6535	恒顶	2006-01-23
6476	完美; PERFECT	2005-11-07	6506	大牧场; BIG PASTURE	2005-12-08	6536	YUYU	2006-01-23
6477	满疆红	2005-11-10	6507	金利隆	2005-12-12	6537	御芝林	2006-01-24
6478	和玉缘; 缘; 人结玉缘	2005-11-10	6508	博云	2005-12-12	6538	万洋	2006-01-26
6479	翎羽	2005-11-14	6509	迪欧 U.N.D.C. DIO	2005-12-12	6539	小俊男	2006-01-26
6480	玉森	2005-11-14	6510	久信; JIU XIN	2005-12-14	6540	SUNSI	2006-01-28
6481	APG	2005-11-14	6511	康之味	2005-12-19	6541	远洋; YY	2006-02-05
6482	南纺; NF	2005-11-14	6512	巴城阳澄湖	2005-12-19	6542	好多鱼	2006-02-07
6483	课堂内外	2005-11-14	6513	尊贵; ZUN GUI ELECTRICAL	2005-12-26	6543	普秀; PURSUE	2006-02-14
6484	口水娃	2005-11-16	6514	育达	2005-12-26	6544	天健; TJ	2006-02-17
6485	本钢; BG	2005-11-17	6515	巴马丽琅	2005-12-26	6545	天山	2006-02-20
6486	3554	2005-11-17	6516	安美达	2005-12-27	6546	皆佳	2006-02-21

（续表）

序号	商标名称	商标申请日期	序号	商标名称	商标申请日期	序号	商标名称	商标申请日期
6547	龙翔	2006-02-24	6577	牧宝	2006-03-29	6607	SKYSEA	2006-05-15
6548	雀氏; CHIAUS	2006-02-24	6578	金艺华	2006-03-31	6608	GOOGLE	2006-05-15
6549	解忧公主	2006-02-27	6579	三峡步步升	2006-04-04	6609	贝乐得; B L D	2006-05-15
6550	1872	2006-02-27	6580	六盘山; LIUPANSHANMALINGSHU	2006-04-06	6610	爱依梦佳	2006-05-15
6551	创想伟业	2006-02-27	6581	独凤轩	2006-04-06	6611	三高 3C3G	2006-05-17
6552	MONDO	2006-02-27	6582	CLD	2006-04-10	6612	金久龙	2006-05-19
6553	HBC	2006-03-01	6583	BOTO	2006-04-10	6613	头牌	2006-05-19
6554	峩眉雪芽	2006-03-03	6584	西京	2006-04-10	6614	豪爵	2006-05-22
6555	百味林; BWL	2006-03-03	6585	江特	2006-04-10	6615	开漳圣王	2006-05-22
6556	新民晚报 XINMIN EVENING NEWS	2006-03-07	6586	红花郎 HONG HUA LANG	2006-04-10	6616	八亿	2006-05-24
6557	小鸟	2006-03-08	6587	林都	2006-04-17	6617	超懿	2006-05-25
6558	PAMICA	2006-03-08	6588	舜皇	2006-04-17	6618	庆沣祥	2006-05-26
6559	恒珠	2006-03-13	6589	梵思诺; VERSINO	2006-04-17	6619	爱斐堡	2006-05-26
6560	蒙多	2006-03-14	6590	虔锋	2006-04-18	6620	拾味馆 RESTAURANT	2006-05-26
6561	思盼	2006-03-15	6591	益盛龙	2006-04-21	6621	环科	2006-05-29
6562	PASNEW	2006-03-16	6592	吉塔 JI TA	2006-04-21	6622	CHB	2006-05-29
6563	九子香辣蟹	2006-03-17	6593	双瑞; 725	2006-04-24	6623	大九华	2006-06-05
6564	东方电气	2006-03-17	6594	振辉	2006-04-24	6624	连城兰花	2006-06-05
6565	笑厨	2006-03-17	6595	三和	2006-04-25	6625	喜颂	2006-06-05
6566	五星	2006-03-17	6596	宝亨达首饰; BHD	2006-04-26	6626	金洞庭春	2006-06-07
6567	NTP	2006-03-20	6597	宾西	2006-04-27	6627	雄鹰	2006-06-09
6568	驰田金钢; CHITIAN	2006-03-20	6598	江船长; CAPTIAN JIANG	2006-04-27	6628	韦尔斯	2006-06-12
6569	5100	2006-03-21	6599	金和缘	2006-04-30	6629	乾程	2006-06-12
6570	PRUDENTIAL	2006-03-23	6600	土老憨; SIMPLE AND HONEST GAFFER	2006-05-08	6630	CNYD	2006-06-12
6571	环太; HUANTAI	2006-03-24	6601	青建	2006-05-08	6631	TOTEM	2006-06-12
6572	I DO	2006-03-24	6602	手心缘	2006-05-08	6632	崂山	2006-06-12
6573	果洲绿宝	2006-03-24	6603	SIMPLE AND HONEST GAFFER; 土老憨	2006-05-08	6633	湘益	2006-06-13
6574	艺星	2006-03-24	6604	西吉马铃薯 POTATO XIJI	2006-05-09	6634	燕滦	2006-06-16
6575	心润	2006-03-27	6605	聚香达	2006-05-12	6635	仙客来	2006-06-19
6576	枫叶	2006-03-28	6606	好运来; GOODFORTUNE	2006-05-15	6636	金雪驰	2006-06-19

（续表）

序号	商标名称	商标申请日期	序号	商标名称	商标申请日期	序号	商标名称	商标申请日期
6637	矿源	2006-06-19	6667	达茂草原羊	2006-07-18	6697	BLB	2006-08-31
6638	鹿港	2006-06-19	6668	世纪天鸿; ASTRO CENTURY	2006-07-21	6698	传奇 CHUANQI FIREWORKS	2006-09-01
6639	西北金行	2006-06-20	6669	康洁利	2006-07-24	6699	岳西翠兰	2006-09-01
6640	京基	2006-06-22	6670	伟特 VATE	2006-07-24	6700	WT	2006-09-04
6641	新力	2006-06-23	6671	戎立特	2006-07-27	6701	安能信锐	2006-09-04
6642	鸽鸽	2006-06-23	6672	方家铺子	2006-07-28	6702	钰兴	2006-09-07
6643	信天下	2006-06-26	6673	英福	2006-07-31	6703	新海	2006-09-07
6644	载丰	2006-06-26	6674	嗒嘀嗒	2006-07-31	6704	施可丰	2006-09-08
6645	华图	2006-06-27	6675	罗娜尔	2006-08-02	6705	纽宾凯	2006-09-11
6646	贴心服务	2006-06-28	6676	XJEC	2006-08-04	6706	良品堂	2006-09-13
6647	华致	2006-07-03	6677	瑞洋陶瓷; RUIYANG CERAMICS	2006-08-04	6707	哈肉联; HRL SINCE; 1913	2006-09-13
6648	星矿	2006-07-03	6678	奇乐	2006-08-07	6708	金立华	2006-09-14
6649	良品铺子	2006-07-03	6679	能一郎; WEWIN	2006-08-07	6709	帕罗; PALUOPO; P	2006-09-14
6650	中国农资; SINO-AGRI	2006-07-05	6680	闽山	2006-08-11	6710	金翼; GOLDWING	2006-09-15
6651	COSUNTER	2006-07-05	6681	蘇	2006-08-11	6711	航天磁; SPACEMAGNETS	2006-09-18
6652	森泰; S&T	2006-07-06	6682	福满天; F	2006-08-14	6712	恒天源	2006-09-20
6653	曾家山	2006-07-07	6683	亮宝楼; L B T REASURES	2006-08-14	6713	塘栖枇杷	2006-09-22
6654	白莲	2006-07-10	6684	塞外香	2006-08-16	6714	淘宝	2006-09-25
6655	AAB	2006-07-10	6685	杏韵	2006-08-18	6715	莎蔓·莉莎; SAMUN LISA	2006-09-25
6656	东晓	2006-07-10	6686	歪脖脖	2006-08-21	6716	汉家刘氏	2006-09-26
6657	艾芬达; AVONFLOW	2006-07-10	6687	长寿花; LONGEVITY FLOWER	2006-08-21	6717	百乐海	2006-09-28
6658	富亚	2006-07-10	6688	天龙	2006-08-22	6718	大地蓝	2006-10-08
6659	YNJS; 金社裕农	2006-07-11	6689	名宇	2006-08-23	6719	FUYONG	2006-10-08
6660	吉羊麒鸣	2006-07-13	6690	罕山	2006-08-23	6720	海帝; HD	2006-10-08
6661	草原王	2006-07-14	6691	奥丁; ODIN; HBXTHXCWSPB	2006-08-24	6721	北城致远	2006-10-16
6662	DAE	2006-07-17	6692	隆源	2006-08-24	6722	去哪儿; QUNAR COM	2006-10-17
6663	建峰	2006-07-17	6693	旗牌王; KLPONE	2006-08-28	6723	金威	2006-10-18
6664	含羞草; MIMOSA	2006-07-17	6694	金鸡	2006-08-28	6724	BOER	2006-10-24
6665	潘祥记	2006-07-17	6695	小刀	2006-08-28	6725	JIN DUN	2006-10-25
6666	农家良道	2006-07-17	6696	梅花	2006-08-30	6726	新鸥鹏	2006-10-26

（续表）

序号	商标名称	商标申请日期	序号	商标名称	商标申请日期	序号	商标名称	商标申请日期
6727	菓子町园道	2006-10-27	6757	奢香夫人	2006-12-25	6787	兖矿	2007-02-12
6728	庄品健	2006-10-27	6758	奥星; AO XING LIANG YOU	2006-12-25	6788	阿克苏苹果; AKSU; AKESU APPLE	2007-02-15
6729	FORBON	2006-10-30	6759	陈升号	2006-12-26	6789	格林米特	2007-02-16
6730	永吉	2006-10-30	6760	南靖兰花	2006-12-30	6790	怀泉	2007-02-16
6731	星皇; STARKING	2006-10-30	6761	栗子园	2006-12-31	6791	华顺	2007-02-17
6732	冠雅	2006-10-31	6762	宏业	2006-12-31	6792	布达拉宫; POTALA PALACE	2007-02-17
6733	GUANYA	2006-10-31	6763	卢氏	2007-01-04	6793	森淼; GREEN OCEAN	2007-03-01
6734	羊把式; 把式; YANG BA SHI	2006-11-03	6764	快乐购; HAPPIGO	2007-01-11	6794	德氏 DESHI	2007-03-08
6735	青木川	2006-11-06	6765	稻园	2007-01-11	6795	花彤	2007-03-09
6736	萧翔	2006-11-06	6766	欧利特	2007-01-12	6796	优酷; 世界都在看; YOUKU	2007-03-12
6737	方正大米	2006-11-06	6767	月亮湾	2007-01-12	6797	深思 SIASE	2007-03-19
6738	申菱	2006-11-08	6768	YAN DI	2007-01-15	6798	肯帝亚 KENTIER	2007-03-23
6739	北草地	2006-11-20	6769	龙王垭 LONG KING VALLEY	2007-01-17	6799	凯雪	2007-03-23
6740	金色年华	2006-11-20	6770	大荒地	2007-01-19	6800	宾之郎	2007-03-26
6741	华峰; K	2006-11-20	6771	元方缘	2007-01-26	6801	贡嘎雪	2007-04-02
6742	亿友	2006-11-24	6772	喜地山	2007-01-29	6802	超威; CHILWEE	2007-04-02
6743	金广	2006-11-24	6773	湘天	2007-01-29	6803	煊华	2007-04-02
6744	潘家湾	2006-11-27	6774	天菊	2007-01-30	6804	苏云	2007-04-02
6745	金万家; J	2006-11-29	6775	雅迪	2007-01-30	6805	一致	2007-04-04
6746	习酒	2006-11-29	6776	百合康	2007-01-31	6806	金兰	2007-04-04
6747	金后盾	2006-12-04	6777	奢华王子 SHWZ	2007-02-01	6807	顺帆	2007-04-09
6748	神州行陶瓷; SHENZHOUXING CERAMICS	2006-12-04	6778	美肤宝	2007-02-02	6808	九狮寨	2007-04-13
6749	SHVS	2006-12-11	6779	林源春	2007-02-05	6809	雅邦斯诺尔; ABSNER	2007-04-16
6750	国雅	2006-12-11	6780	怡达	2007-02-06	6810	绿湘园	2007-04-16
6751	WESTFIELD OUTDOOR	2006-12-14	6781	福邦	2007-02-06	6811	华鲁	2007-04-17
6752	依利特	2006-12-18	6782	桃园家饰 TYJS TAO YUAN FAMILY DECORATIONS	2007-02-06	6812	安化黑茶	2007-04-19
6753	接福	2006-12-20	6783	君乐宝	2007-02-07	6813	天山	2007-04-20
6754	金骆 GOLDEN CAMEL	2006-12-21	6784	再辉不锈钢 ZAIHUI STAINLESS STEEL	2007-02-08	6814	赐康	2007-04-23
6755	宝生	2006-12-22	6785	OWAYS; 傲威; O	2007-02-08	6815	爱恋	2007-04-23
6756	恒润	2006-12-25	6786	歌莉娅	2007-02-09	6816	DONLIM	2007-04-23

（续表）

序号	商标名称	商标申请日期	序号	商标名称	商标申请日期	序号	商标名称	商标申请日期
6817	A	2007-04-26	6847	MICHELIN	2007-07-16	6877	盛老汉	2007-09-14
6818	LL	2007-05-08	6848	鼎晨	2007-07-20	6878	皓光	2007-09-14
6819	盛一	2007-05-10	6849	TUS	2007-07-20	6879	宝贝第一; BABYFIRST	2007-09-14
6820	景丽华	2007-05-14	6850	佳艺 YJ	2007-07-23	6880	俊知技术 TRIGIANT	2007-09-14
6821	烟台苹果	2007-05-15	6851	天翔	2007-07-23	6881	三杯香	2007-09-17
6822	TIAN YUANMENG YE; TM	2007-05-16	6852	QRRS	2007-07-23	6882	桃花姬	2007-09-19
6823	梅雪	2007-05-17	6853	上一道	2007-07-23	6883	QDS	2007-09-21
6824	武冈卤菜	2007-05-17	6854	坦洋工夫	2007-07-30	6884	BYD	2007-09-24
6825	集成	2007-05-18	6855	桐庐雪水云绿茶	2007-07-30	6885	清光 KINQUA	2007-09-25
6826	NGPMC; W	2007-05-21	6856	龙生	2007-07-31	6886	大家之家	2007-09-25
6827	圣工; SG	2007-05-21	6857	天兆猪业; TIANZOW BREEDING	2007-08-06	6887	玉屏箫笛; YPXD	2007-09-26
6828	皖王面粉集团; 皖王 WANWANG FLOUR GROUP; W	2007-05-21	6858	恒进	2007-08-13	6888	中国人保; PICC	2007-09-29
6829	酷派; COOLPAD	2007-05-24	6859	颜宏; YH	2007-08-13	6889	神鹭	2007-09-30
6830	华菱	2007-05-30	6860	D 迪思	2007-08-13	6890	JCET	2007-10-08
6831	淮海	2007-05-31	6861	汉源花椒	2007-08-16	6891	星沙物流 SINSA LOGTICS	2007-10-08
6832	永圆	2007-05-31	6862	美之宝	2007-08-20	6892	金尚骏仿古砖	2007-10-10
6833	极草	2007-06-04	6863	撒拉黄河石艺 SLHHSY	2007-08-20	6893	茶淀	2007-10-11
6834	圣源	2007-06-04	6864	中	2007-08-21	6894	小白点	2007-10-11
6835	优乐美; U.LOVEIT	2007-06-05	6865	PALACE MUSEUM; FORBIDDEN CITY; 紫禁城	2007-08-21	6895	灵武长枣	2007-10-16
6836	银座	2007-06-18	6866	1905	2007-08-24	6896	科宝 KB	2007-10-19
6837	铁锚	2007-06-20	6867	银光	2007-08-27	6897	顺清柔	2007-10-22
6838	速写	2007-06-22	6868	盐池甘草	2007-08-29	6898	黄金资讯	2007-10-22
6839	CASARTE	2007-06-25	6869	瑞鑫	2007-08-29	6899	菲菘舍芮丝 FEE CERISE	2007-10-26
6840	兰山	2007-07-02	6870	万和芯	2007-08-31	6900	神王	2007-10-29
6841	WESTER	2007-07-02	6871	GAOSHEN	2007-08-31	6901	三诺 NOD	2007-10-29
6842	好巴食	2007-07-02	6872	卡萨帝	2007-08-31	6902	百年金海	2007-10-29
6843	芮来	2007-07-09	6873	金犀	2007-09-03	6903	兆邦	2007-10-29
6844	建湖大米	2007-07-09	6874	本草天香; BCTX	2007-09-11	6904	ECNUP	2007-11-05
6845	健元鹿业	2007-07-12	6875	柴达木	2007-09-11	6905	ANDROID	2007-11-06
6846	天清食品	2007-07-12	6876	清华同方 TSINGHUATONGFANG	2007-09-12	6906	F	2007-11-06

（续表）

序号	商标名称	商标申请日期	序号	商标名称	商标申请日期	序号	商标名称	商标申请日期
6907	福乐	2007-11-07	6937	中沃	2008-01-08	6967	福鼎白茶; FUDING WHITE TEA	2008-03-14
6908	华祥苑	2007-11-08	6938	GLONG	2008-01-09	6968	南日鲍 NAN RI ABALONE	2008-03-14
6909	博亚	2007-11-09	6939	福湘漆; FU XIANG PAINT	2008-01-11	6969	天地星 TDX	2008-03-17
6910	天之衡酒业	2007-11-09	6940	远翔化工 YUAN XIANG CHEMICAL	2008-01-11	6970	金宏气体 JINHONG GAS	2008-03-18
6911	豪森	2007-11-12	6941	GUODIAN CABLE	2008-01-11	6971	缘天然	2008-03-20
6912	宇腾	2007-11-12	6942	陕旅	2008-01-11	6972	STNC G	2008-03-21
6913	常香缘	2007-11-14	6943	鸿铭	2008-01-14	6973	盈盛号	2008-03-21
6914	惠通	2007-11-19	6944	湘牵	2008-01-14	6974	磊达; LD	2008-03-24
6915	龙池桥	2007-11-19	6945	延川红枣	2008-01-14	6975	金易恒升	2008-03-28
6916	吉祥百得	2007-11-23	6946	洮河绿野	2008-01-15	6976	开化龙顶	2008-03-31
6917	大姚核桃; DAYAO WALNUT	2007-11-26	6947	中冶南方 WISDRI	2008-01-18	6977	途牛	2008-04-01
6918	佰草集 HERBORIST	2007-11-30	6948	鸿基	2008-01-21	6978	天合	2008-04-02
6919	兰天	2007-12-03	6949	欧林雅 OLY	2008-01-21	6979	渔家姑娘 FISHERMAN'S DAUGHTER	2008-04-08
6920	昌盛元	2007-12-03	6950	优·敏芭古藏香 MENPA	2008-01-22	6980	双英汽配	2008-04-17
6921	小熊	2007-12-03	6951	宝来利来	2008-01-22	6981	钜豪	2008-04-21
6922	绒典	2007-12-03	6952	武平绿茶; WUPING GREEN TEA	2008-01-23	6982	宋姐	2008-04-22
6923	奶牛梦工场	2007-12-04	6953	威尔斯 WEIERS	2008-01-25	6983	金丰华	2008-04-28
6924	北疆	2007-12-05	6954	楼; 19	2008-01-28	6984	增旺	2008-04-28
6925	王	2007-12-12	6955	松溪绿茶; SONG XI GREEN TEA	2008-01-28	6985	龙云大有	2008-04-29
6926	赣南脐橙	2007-12-14	6956	顶创; TOPCREATION	2008-01-31	6986	JINQIAO	2008-04-30
6927	卡罗娜 KALONA	2007-12-19	6957	雪龙黑牛; SNOW DRAGON BEEF	2008-02-01	6987	洛川苹果	2008-05-06
6928	赛斯德	2007-12-24	6958	艺龙	2008-02-18	6988	蒙古王	2008-05-07
6929	三福	2007-12-24	6959	金帅	2008-02-22	6989	宝钛 BAOTI	2008-05-08
6930	同心圆枣	2007-12-27	6960	同喜	2008-02-25	6990	明正电气 MINGZHENGELECTRICITY MN	2008-05-15
6931	草原红太阳	2007-12-27	6961	博爱	2008-02-29	6991	香泰乐	2008-05-15
6932	海浪微排	2007-12-29	6962	桑乐金	2008-02-29	6992	美晨	2008-05-16
6933	鸿远 HNHY Y	2008-01-02	6963	城固柑桔	2008-03-03	6993	金侨集团 JINQIAOGROUP	2008-05-19
6934	舒兰大米; SHULANRICE	2008-01-02	6964	征服者 CONQUEROR	2008-03-04	6994	房陵本草	2008-05-26
6935	AOTO	2008-01-02	6965	一舟	2008-03-07	6995	嘉美瑞	2008-05-27
6936	政和工夫	2008-01-07	6966	天业	2008-03-12	6996	白沙溪	2008-05-29

（续表）

序号	商标名称	商标申请日期	序号	商标名称	商标申请日期	序号	商标名称	商标申请日期
6997	新美华; MH	2008-05-30	7027	中装	2008-07-28	7057	精功	2008-10-16
6998	恒天	2008-05-30	7028	伊帕尔汗	2008-08-04	7058	锦江科技	2008-10-17
6999	TH	2008-06-02	7029	BOHAO BIOTECH	2008-08-06	7059	泰和乌鸡	2008-10-20
7000	T1	2008-06-02	7030	安科 AC	2008-08-11	7060	御印象 YU CERAMICS	2008-10-23
7001	泉宇	2008-06-02	7031	天山绿茶 TIANSHAN GREENTEA	2008-08-11	7061	中集华骏	2008-10-23
7002	恩施玉露	2008-06-03	7032	欧卡罗陶瓷 OKALO	2008-08-13	7062	美庐; MLOVE	2008-10-27
7003	赛克; SYKEE	2008-06-04	7033	DY	2008-08-15	7063	恒大牌	2008-10-27
7004	航天电器	2008-06-06	7034	天元	2008-08-22	7064	洪泽湖	2008-10-29
7005	江河源	2008-06-06	7035	锂坤达	2008-08-25	7065	鑫统领	2008-10-30
7006	爱视	2008-06-10	7036	高服	2008-08-25	7066	临鑫圆	2008-10-30
7007	六桂福	2008-06-10	7037	隆鑫	2008-08-25	7067	万福香; WFX	2008-10-30
7008	城南故事	2008-06-16	7038	和其昌	2008-08-25	7068	谷韵	2008-10-31
7009	济草堂	2008-06-18	7039	CNSUN	2008-08-28	7069	友军	2008-11-04
7010	中牛	2008-06-24	7040	洋乐贝	2008-09-02	7070	黄河旋风 HUANGHEWHIRLWIND	2008-11-06
7011	HICORP	2008-06-26	7041	高金食品; GOLDKINN FOODS	2008-09-05	7071	营口大米	2008-11-06
7012	ORLANTO奥兰通	2008-06-27	7042	锦苑	2008-09-05	7072	秋林	2008-11-06
7013	食乐康 SKANG	2008-06-27	7043	威高 WEGO	2008-09-16	7073	思威琪	2008-11-10
7014	百果园	2008-06-27	7044	虔东稀土 GQD	2008-09-22	7074	紫云猕猴桃	2008-11-11
7015	宏斌; HOPEN	2008-06-30	7045	扬子江	2008-09-22	7075	海捷	2008-11-12
7016	卓尔	2008-07-02	7046	WETOWN	2008-09-22	7076	豫花	2008-11-12
7017	潞安	2008-07-03	7047	凯米特	2008-09-25	7077	灵州雪	2008-11-14
7018	歌润	2008-07-04	7048	铁锚 TM	2008-09-26	7078	民之乐	2008-11-21
7019	特妙	2008-07-07	7049	平安	2008-09-26	7079	中杭宁马 ZH	2008-11-28
7020	中南神箭	2008-07-08	7050	PINGAN	2008-09-26	7080	农工商房产 NGS REAL ESTATE	2008-11-28
7021	依爱	2008-07-18	7051	德兰集团 DELAN	2008-09-27	7081	凯迪 KD	2008-12-03
7022	味奇 WEICKY	2008-07-21	7052	一心堂	2008-10-06	7082	渭源白条党参	2008-12-08
7023	HAOKOUFU	2008-07-21	7053	弘阳	2008-10-06	7083	寻乌蜜桔	2008-12-10
7024	一品红	2008-07-22	7054	吴氏润安	2008-10-08	7084	TRKO	2008-12-12
7025	宝瑞林 BRL	2008-07-22	7055	三湘股份	2008-10-13	7085	JJ	2008-12-15
7026	红树湾	2008-07-24	7056	好味屋	2008-10-15	7086	龙源四方	2008-12-18

（续表）

序号	商标名称	商标申请日期	序号	商标名称	商标申请日期	序号	商标名称	商标申请日期
7087	霞浦海带	2008-12-23	7117	K	2009-03-12	7147	CAMKIDS	2009-05-18
7088	世宇科技	2008-12-24	7118	肉宝王	2009-03-12	7148	GK	2009-05-26
7089	丰康生物 丰 FENG KANG BIOLOGICAL	2008-12-26	7119	楚天 TRUKING T	2009-03-18	7149	龙腾 LT	2009-05-27
7090	京球 KIJO	2008-12-29	7120	谷尊 GRAINGOD	2009-03-19	7150	ZKEC	2009-05-27
7091	晋帛时代	2008-12-29	7121	华名华居古典家具	2009-03-20	7151	魏氏红	2009-05-31
7092	宝捷	2008-12-30	7122	淮安红椒	2009-03-20	7152	SUNACCESS	2009-06-02
7093	晨耕	2009-01-05	7123	天玺 TX	2009-03-23	7153	容和集团 R	2009-06-03
7094	华美瑞	2009-01-06	7124	昊源	2009-03-30	7154	转转 Z	2009-06-04
7095	KALTENDIN	2009-01-09	7125	陬福	2009-03-30	7155	圣雪海羊绒	2009-06-10
7096	NAISSANT	2009-01-12	7126	永子	2009-03-30	7156	大湖	2009-06-10
7097	SINOLION	2009-01-12	7127	苏宁	2009-03-30	7157	南江黄羊	2009-06-11
7098	凯龙	2009-01-19	7128	武当金银花	2009-03-30	7158	铜鼎	2009-06-12
7099	天宴	2009-01-19	7129	FORSTAR	2009-03-31	7159	天德盛	2009-06-15
7100	西王集团 XIWANG GROUP	2009-01-24	7130	意大隆 EDL	2009-04-01	7160	烈鹰	2009-06-19
7101	正远 ZENGRAN ZY	2009-02-09	7131	DOMIN	2009-04-01	7161	谷道粮原	2009-06-25
7102	阿汤嫂	2009-02-12	7132	广印堂	2009-04-09	7162	AKCOME	2009-06-26
7103	路德	2009-02-16	7133	SWOTO	2009-04-16	7163	中科曙光	2009-06-26
7104	WUXINGGUOPIN WU XING GUO PIN	2009-02-16	7134	长白山人参	2009-04-17	7164	衣尚	2009-06-26
7105	永新	2009-02-17	7135	YNYL	2009-04-21	7165	梵净山	2009-06-29
7106	公牛 BULL	2009-02-17	7136	口口香	2009-04-21	7166	雄风	2009-06-30
7107	SUNBRELLA	2009-02-17	7137	磐五味 C	2009-04-23	7167	布绣嘎玛	2009-06-30
7108	寒地黑土 COLD ZONE BLACK GLEBE	2009-02-18	7138	虹鑫	2009-04-27	7168	永德兴	2009-07-07
7109	顺多利	2009-02-23	7139	盐源苹果	2009-04-30	7169	宾川拉乌核桃	2009-07-10
7110	华驰	2009-02-27	7140	菲洛索菲	2009-05-04	7170	明太郎	2009-07-10
7111	慈溪杨梅	2009-03-02	7141	YWY	2009-05-07	7171	宇祥	2009-07-15
7112	陆宇	2009-03-02	7142	王万保	2009-05-08	7172	金九	2009-07-17
7113	嘉施利 GARSONI	2009-03-06	7143	钰丰苑	2009-05-11	7173	兴仁薏仁米	2009-07-21
7114	荣宝隆	2009-03-09	7144	玉宇	2009-05-15	7174	汉顺	2009-07-22
7115	WHRBC	2009-03-10	7145	华安铁观音	2009-05-18	7175	新龙	2009-07-27
7116	吉宇泰	2009-03-10	7146	辉隆	2009-05-18	7176	天泽乐	2009-07-27

（续表）

序号	商标名称	商标申请日期	序号	商标名称	商标申请日期	序号	商标名称	商标申请日期
7177	建瓯锥栗	2009-07-27	7207	HP	2009-10-12	7237	金龙	2010-02-09
7178	国员陶瓷 GUO YUAN CERAMICS	2009-07-30	7208	盖州苹果 GAI ZHOU APPLE	2009-10-19	7238	QQ 星	2010-02-10
7179	玉沙	2009-07-31	7209	驰乐 CILE	2009-10-19	7239	上能 SUNEL U	2010-02-11
7180	天桥起重	2009-08-03	7210	丰群 FQ	2009-10-20	7240	旺盛 ONE-SHINE	2010-02-20
7181	协信	2009-08-04	7211	青云山	2009-10-20	7241	大秦王朝	2010-02-26
7182	八瓣莲花	2009-08-10	7212	黔阳	2009-10-27	7242	洪湖水乡 HONGHU LAND OF RIVERSAND LAKES	2010-03-08
7183	地球卫士	2009-08-11	7213	水密码	2009-10-28	7243	满意村 MANYICHUN	2010-03-15
7184	李氏王朝	2009-08-11	7214	章鸭子	2009-10-29	7244	中瑞	2010-03-16
7185	天下五谷	2009-08-12	7215	SEVALO	2009-11-05	7245	实达实	2010-03-29
7186	ZTM	2009-08-13	7216	蓝丝羽 LANSIU	2009-11-17	7246	朝天核桃	2010-03-29
7187	正安白茶	2009-08-14	7217	铭海	2009-11-19	7247	豫联创	2010-03-30
7188	CACAR	2009-08-21	7218	好地 HD	2009-11-20	7248	丽尊 BLINKMAX	2010-03-31
7189	奥克斯	2009-08-28	7219	龙玻 DG	2009-11-23	7249	青达	2010-04-06
7190	KKD	2009-09-02	7220	苍溪红心猕猴桃	2009-11-27	7250	夏新 AMOI	2010-04-06
7191	丰收大地	2009-09-04	7221	宏锻	2009-12-01	7251	开县春橙	2010-04-06
7192	九业	2009-09-09	7222	京一	2009-12-01	7252	六妙	2010-04-08
7193	自然梦	2009-09-09	7223	伍家台贡茶	2009-12-07	7253	新郎酒 XINLANG LIQUOR	2010-04-14
7194	杨嘉	2009-09-09	7224	石阡苔茶	2009-12-17	7254	昌邑大姜	2010-04-14
7195	九鼎	2009-09-10	7225	神地 SHENDI AGRICULTURE BRANCH TRADE S	2009-12-21	7255	剛福	2010-04-21
7196	天顺源 PURE SOURCE FOOD	2009-09-16	7226	周黑鸭	2009-12-22	7256	百年皇牛	2010-04-21
7197	六盘山苗木	2009-09-18	7227	百年六合	2009-12-24	7257	南洋·迪克	2010-04-21
7198	DMP	2009-09-18	7228	JC	2010-01-07	7258	剛福	2010-04-21
7199	和田玉枣 HETIAN JADE DATE	2009-09-21	7229	景峰制药	2010-01-08	7259	万隆	2010-04-23
7200	客来福 KLF	2009-09-22	7230	雪仙丽 XUSANY	2010-01-08	7260	金地 GOLDFIELD	2010-04-27
7201	A	2009-09-24	7231	HQF	2010-01-19	7261	奇酷 CHIKOOL	2010-05-10
7202	秦川	2009-09-24	7232	三融	2010-01-26	7262	久久	2010-05-11
7203	泰升 S	2009-09-30	7233	金泰源	2010-01-27	7263	展泰有色	2010-05-11
7204	兴邦	2009-09-30	7234	HAI SHUN CORPORATION	2010-01-27	7264	霸王花	2010-05-13
7205	361°	2009-10-09	7235	SXLX	2010-02-02	7265	蝴蝶泉陶瓷 HUDIEQUAN	2010-05-13
7206	宝骏	2009-10-09	7236	五谷农庄 GRAIN FARMS	2010-02-02	7266	瑞洁	2010-05-17

（续表）

序号	商标名称	商标申请日期	序号	商标名称	商标申请日期	序号	商标名称	商标申请日期
7267	宇腾	2010-05-17	7297	白驼	2010-08-16	7327	朝天吼	2010-11-19
7268	喜威	2010-05-20	7298	施朗格	2010-08-16	7328	天虹	2010-11-19
7269	利农	2010-05-24	7299	凤冈锌硒茶	2010-08-18	7329	CHENGZHONG GARDEN	2010-11-29
7270	养元青	2010-05-27	7300	惠洁	2010-08-24	7330	恒大	2010-12-02
7271	金特莱	2010-05-28	7301	丽春 RECHEERS	2010-08-30	7331	钻石世家 SHINING HOUSE	2010-12-06
7272	名仁	2010-05-31	7302	嗗爱她	2010-09-02	7332	天之红	2010-12-20
7273	韩氏 HANSY	2010-05-31	7303	ITG	2010-09-03	7333	华昌达	2010-12-21
7274	天友	2010-06-03	7304	楚工龙泰	2010-09-10	7334	洪湖渔家	2010-12-21
7275	SICORE	2010-06-04	7305	名艺名居 CLASSICAL FURNITURE	2010-09-16	7335	长恨歌	2010-12-31
7276	花溪玉田 HUAXI	2010-06-08	7306	井岗绿宝	2010-09-16	7336	平利绞股蓝	2011-01-04
7277	HUNTSMAN	2010-06-12	7307	FYW D	2010-09-21	7337	恒申 HSC	2011-01-04
7278	驰宏锌锗 CHIHONG ZN&GE	2010-06-17	7308	LC	2010-09-26	7338	青藏绒 QIZARO	2011-01-04
7279	西牛皮	2010-06-18	7309	蔡洪坊	2010-09-28	7339	小瑯高	2011-01-06
7280	楚江红	2010-06-21	7310	好彩头	2010-09-29	7340	小棉袄	2011-01-17
7281	蒲江雀舌	2010-06-21	7311	紫罗兰 VIOLET	2010-10-12	7341	爱尔家佳 AIR	2011-01-18
7282	唐邦	2010-06-28	7312	好思家	2010-10-13	7342	玲珑	2011-01-20
7283	潜江龙虾	2010-06-29	7313	陶 建水紫陶 JIANSHUI PURPLE POTTERY JS	2010-10-14	7343	微信	2011-01-24
7284	科普达	2010-06-30	7314	土林	2010-10-19	7344	陶星	2011-02-16
7285	BIMETALLIC CABLE BC	2010-07-05	7315	华莱健	2010-11-01	7345	西湖龙井	2011-02-18
7286	SUNTAK	2010-07-13	7316	邻水脐橙	2010-11-01	7346	DONGHUA STEEL	2011-02-21
7287	竹塔泥蚶	2010-07-28	7317	周南驿	2010-11-03	7347	松阳银猴	2011-02-28
7288	汇尔杰 HJ	2010-07-29	7318	咿呀	2010-11-03	7348	营口海蜇	2011-02-28
7289	佳惠	2010-07-30	7319	安网 APSW	2010-11-05	7349	神栗	2011-02-28
7290	悦生合	2010-08-03	7320	360 WWW.360.CN	2010-11-08	7350	波迪	2011-03-02
7291	格桑花	2010-08-04	7321	网宿科技 EEE	2010-11-08	7351	元秘-D WONBI-D	2011-03-04
7292	中南百草原	2010-08-04	7322	志邦 ZBOM	2010-11-10	7352	京安	2011-03-09
7293	西夏王 XI XIA KING	2010-08-06	7323	WJ	2010-11-11	7353	国一	2011-03-28
7294	百瑞源	2010-08-09	7324	南华兰陵	2010-11-15	7354	同太和 1915	2011-03-31
7295	河洛盛世	2010-08-10	7325	KLF	2010-11-15	7355	叠石桥	2011-04-06
7296	黄龙核桃 HUANG LONG WALNUT	2010-08-12	7326	丰三主粮	2010-11-17	7356	环宇	2011-04-06

（续表）

序号	商标名称	商标申请日期	序号	商标名称	商标申请日期	序号	商标名称	商标申请日期
7357	狗牯脑	2011-04-12	7379	正山堂	2011-09-22	7401	襄阳山药	2012-05-25
7358	六和美食 LIUHE	2011-04-13	7380	西吉芹菜 CZ	2011-10-09	7402	黄川 CH	2012-06-07
7359	静宁苹果	2011-04-14	7381	腾邦 TEMPUS	2011-10-21	7403	玉蝶	2012-08-21
7360	CHANGYIN	2011-04-18	7382	泰石	2011-10-24	7404	比音勒芬	2012-08-21
7361	中沃 体质能量	2011-04-19	7383	D	2011-11-10	7405	法官泉	2012-09-03
7362	食为先	2011-04-20	7384	TR	2011-11-14	7406	恒都	2012-09-24
7363	宝玉陈	2011-04-21	7385	鑫方圆	2011-11-23	7407	瑞兆激光 LASER Z	2012-10-11
7364	康大 KONDE	2011-05-03	7386	两湖绿谷	2011-12-08	7408	STARBUCKS	2012-10-18
7365	美好时光 SWEET HOUR	2011-05-09	7387	RUNKUN	2012-01-05	7409	奥吉星	2012-11-09
7366	二度梅	2011-05-16	7388	ABC KIDS	2012-01-06	7410	农友 NY	2012-11-12
7367	宁德大黄鱼	2011-06-29	7389	美丽雅	2012-01-31	7411	勐海茶	2012-11-16
7368	健康坊 HEALTH SHOPPE	2011-06-30	7390	万象城	2012-02-13	7412	大疆	2012-11-22
7369	宝石机械 BOMCO	2011-07-06	7391	泾渭茯茶 泾渭	2012-02-13	7413	DJI	2013-01-11
7370	CST	2011-07-11	7392	2012-02-14	2012-02-14	7414	宝清大白板	2013-06-09
7371	华	2011-07-15	7393	洱海	2012-02-21	7415	长乐街	2013-06-25
7372	中荣	2011-07-25	7394	德润农	2012-02-28	7416	金苑	2013-07-31
7373	晋州鸭梨	2011-07-28	7395	颐神源	2012-03-14	7417	好视力	2013-07-31
7374	ECONESS ENERGY	2011-08-08	7396	TAIHO	2012-03-15	7418	泥河湾	2013-08-15
7375	传神	2011-08-16	7397	5369	2012-04-16	7419	九龙口大闸蟹	2013-08-26
7376	丰都肉牛	2011-08-22	7398	诗尼曼	2012-04-19	7420	金广	2014-01-28
7377	五峰绿茶	2011-08-29	7399	清江野渔 QINGJIANGWILDFISH	2012-04-20	7421	义乌中国小商品城	2014-03-05
7378	森风	2011-09-07	7400	彭厨	2012-04-28	7422	酷狗音乐	2014-06-26

（知产宝）

国家有关品牌管理的法律法规名录

知识产权保护管理

《中华人民共和国商标法》(1982.8.23)

《中华人民共和国专利法》(1984.3.12)

《中华人民共和国反不正当竞争法》(1993.9.12)

《中华人民共和国专利法实施细则》(2001.6.15)

《中华人民共和国商标法实施条例》(2002.8.3)

《集体商标、证明商标注册和管理办法》(2003.4.17)

《驰名商标认定和保护规定》(2003.4.17)

质量管理

《中华人民共和国计量法》(1985.9.6)

《中华人民共和国标准化法》(1988.12.29)

《中华人民共和国产品质量法》(1993.2.22)

《中华人民共和国安全生产法》(2002.6.29)

《中华人民共和国产品认证认可条例》(2003.9.3)

《中华人民共和国工业产品生产许可证管理条例实施办法》(2014.4.8)

地理标志产品管理

《原产地标记管理规定》(2001.3.5)

《地理标志产品保护规定》(2005.5.16)

《农产品地理标志管理办法》(2008.2.1)

《地理标志专用标志使用管理办法(试行)》(2020.4.3)

广告管理

《广告管理条例》（1987.10.26）

《医疗广告管理办法》（1993.9.25）

《中华人民共和国广告法》（1994.10.27）

《互联网信息服务管理办法》（2000.9.25）

《房地产广告发布规定》（2015.12.24）

《公益广告促进和管理暂行办法》（2016.1.15）

《药品、医疗器械、保健食品、特殊医学用途配方食品广告审查管理暂行办法》（2019.12.24）

国际条约

欧盟委员会关于农产品和食品质量计划的1151/2012法规

《保护工业产权巴黎公约》

《与贸易有关的知识产权协定》

《中华人民共和国政府与欧洲联盟地理标志保护与合作协定》

《原产地名称和地理标志里斯本协定日内瓦文本》

（中华商标协会商标品牌文化推广专业委员会）

索引

索 引

说明

1．本索引为内文分目、条目主题词分类索引，主题词以分目、条目标题中出现的专业名词或名词词组、机构名称、会议名称、活动名称、文件名称等为主。

2．本索引按汉语拼音顺序排列。以汉字打头主题词按首字的音节、音调排序，音节相同时，则以第二个字排序。以阿拉伯数字和字母开头的排在索引的最前面。

3．本索引的文字部分为主题词，主题词之后的阿拉伯数字表示所在正文中的页码。主题词后有多个页码的，表示该主题词均在这些位置出现。

D

E

F

G

H

J

K

L

M

N

M

Q

R

S

T

W

X

Y

后记

2021年夏，凤凰年鉴编辑服务（北京）有限公司（凤凰年鉴公司）董事长郑和平向中华商标协会秘书长吴东平提议，中华商标协会可以主持编纂一本中华品牌年鉴（年鉴），逐年记录我国品牌建设发展的大事要事，凤凰年鉴公司可以组建编辑部承担具体工作。这项提议得到了中华商标协会马夫会长的支持，同年11月，中华商标协会与凤凰年鉴公司签订了年鉴编纂合作协议。2022年4月，中华商标协会马夫会长主持召开了年鉴编纂筹备会议暨第一次编委会，原国家工商总局老领导刘凡和国家知识产权局老领导赵刚出席了会议，年鉴编纂工作正式启动。

本卷年鉴组稿和编辑工作中，中华商标协会领导多次召集会议，研究推动年鉴编纂工作。本卷年鉴为创刊卷，编辑部多次召开编审会，调整编纂思路和编纂大纲及组稿方案，本卷年鉴在原计划收录2021年内容的基础上，进一步补充了2022年的内容，虽然编辑时间略有推迟，在中国工商出版社的支持和努力下，仍然保证了于2023年出版。

中华品牌年鉴是记载我国自主品牌成长发展历史的综合性年刊，收集资料跨越地区、行业、国有民营界限，涉及品牌法治、管理、研究、实务等方方面面。作为品牌文化建设的探索和创新，在年鉴特有的存史功能基础上，积极拓展专业媒体的宣传展示和行业手册功能，为提升区域和企业品牌价值服务，为专业人士提高专业能力服务。刘玉亭、刘平均、刘凡、冯并、张玉香、赵刚等老领导关心指导编纂工作，张恒彬等专家顾问为编好年鉴提出了很多重要咨询意见，编委会成员单位和参编机构踊跃来稿，年鉴编辑部全体成员在此一并衷心感谢！

本卷年鉴的编排工作肯定存在很多缺点和不足，欢迎广大读者联系我们，提出宝贵意见，并踊跃来稿，共同支持和参与年鉴的编纂工作。

中华品牌年鉴编辑部

2023年11月

中华品牌年鉴编辑部地址 / 北京市东城区天坛东路 74 号 210 室
电话 / 010-67091731
传真 / 010-67091731
邮箱 / fenghuang_nj@vip.163.com
网址 / www.fenghuangyearbook.com